新 완전절진
TOEIC
베이직
LC

개정판

정주영 · 윤기원 · 글로벌어학연구소 공저

완전절친 TOEIC 베이직 LC

개정 3판 1쇄 발행 2018년 3월 5일
       3쇄 발행 2020년 7월 10일

지은이 정주영·윤기원·글로벌어학연구소
마케팅 정병건

펴낸곳 ㈜글로벌21
출판등록 2019년 1월 3일
주소 서울시 종로구 삼일대로 15길 19
전화 02)6365-5169 팩스 02)6365-5179
www.global21.co.kr

ISBN 978-89-8233-307-1 13740

- 이 책에 실린 모든 내용, 디자인, 편집 구성의 저작권은 ㈜글로벌21과 지은이에게 있습니다.
  허락 없이 복제하거나 다른 매체에 옮겨 실을 수 없습니다.
- 본 도서는 『야금야금 공부해 한 번에 고득점 토익 베이직 LC』를 토익 신유형에 맞게 개정한 도서입니다.
- 잘못된 책은 구입하신 곳에서 바꿔 드립니다.

머리말 Prologue

우리는 유년 시절부터 대학생이 되기까지, 그리고 대학을 졸업하고 취직하기까지, 심지어 직장 내에서 승진이나 직무 적성 시험 통과를 위해서도 영어 학습에 적지 않은 비용과 시간을 투자해 오고 있습니다.

토익 시험 또한 대학 입시나 취업, 고시 준비, 직장 내에서의 영어 능력을 평가하는 척도로 여겨져 대학생, 성인은 물론 심지어 중·고등학생까지도 응시하고 있는 현실입니다. 최근 몇 년간 추이를 볼 때, 토익 응시생 수는 연인원 2백만 명 이상을 유지하고 있고 새로운 스피킹 시험들이 그 자리를 대체해 감에도 불구하고 여전히 토익 고득점을 향한 수험생들의 열기는 식지 않고 있습니다.

이에 부응하여, 서점가에는 수많은 토익 수험서와 기초 학습서들이 자리를 차지하고 수험생들의 선택을 기다리고 있으나, 지나치게 복잡한 이론으로 무장한 수험서들이 많은 것도 사실입니다. 이는 토익 입문자들에게 부담이 되고 오히려 학습 능률을 떨어뜨리는 부작용을 낳을 수 있습니다.

이에, 우리 필자들은 다년간 토익 강의와 집필에 몸담아 온 경험을 살려 불필요하고 장황한 해설과 군더더기 요소들을 과감히 없앰과 동시에 오직 신경향 문제 분석을 통한 출제 핵심 포인트와 풍부한 출제 예상 문제를 집중적으로 학습함으로써 짧은 기간 내에 토익 고득점에 이르도록 하는, **완전절친 TOEIC 베이직 LC/RC 개정판**을 새롭게 펴내게 되었습니다.

특히, 기본적인 출제 유형 분석과 풀이 전략에 더하여 토익 입문자들을 위한 가이드 역할을 할 수 있도록 기출 토익에서 빈출되는 필수 어휘, 관용 표현, 패턴 예문은 물론 다양한 비즈니스 상황 및 실생활과 연계된 대화문과 지문을 다룸으로써 단순히 과거 출제 패턴만을 답습하는 것이 아닌, 다가올 시험에 적극적으로 대처할 수 있는 기본기를 갖출 수 있도록 하였습니다.

완전절친 TOEIC 베이직 LC/RC 개정판으로 토익에 입문하는 수험생 여러분들이 이 책에 수록된 핵심 포인트와 문제 풀이 전략을 차근차근 익히고 기초학습과 실전문제 풀이를 병행해 나간다면 분명, 단기간에 높은 토익 점수를 얻게 될 것을 믿어 의심치 않으며 모쪼록 이 책이 수험생 여러분이 뜻하는 목표를 달성하는 데 큰 도움이 되기를 기대합니다.

차례 Contents

이 책의 구성과 특징	006
TOEIC 소개	008
학습 캘린더	010

PART 1

Unit 01	1인 사진	014
Unit 02	2인 이상 사진	020
Unit 03	사물/풍경 사진	028
Unit 04	복합 사진	034
Part Test 1		042

PART 2

Unit 01	Who의문문	046
Unit 02	What의문문	050
Unit 03	Where의문문	055
Unit 04	When의문문	059
Unit 05	How의문문	064
Unit 06	Why의문문	068
Unit 07	Which의문문	073
Unit 08	be동사/조동사의문문	077
Unit 09	부정/부가의문문	082
Unit 10	제안/요청의문문	086
Unit 11	평서문	091
Unit 12	간접/선택의문문	095
Part Test 2		100

PART 3

Unit	Title	Page
Unit 01	주제/목적을 묻는 문제	104
Unit 02	장소/신분을 묻는 문제	112
Unit 03	방법/이유/수치, 문제점/우려/감정을 묻는 문제	122
Unit 04	미래에 할 일, 제안/요청사항을 묻는 문제	130
Unit 05	사내업무	140
Unit 06	고용/인사	148
Unit 07	사내시설/설비이용	158
Unit 08	대외업무	166
Unit 09	예약/주문	176
Unit 10	제품구입/문의	184
Unit 11	공공장소 1 (식당, 은행, 도서관 등)	194
Unit 12	공공장소 2 (교통/주차, 숙박, 부동산)	202
Part Test 3		212

PART 4

Unit	Title	Page
Unit 01	주제/목적을 묻는 문제	222
Unit 02	장소/신분을 묻는 문제	230
Unit 03	방법/이유/수치, 문제점/우려사항을 묻는 문제	240
Unit 04	미래에 할 일, 제안/요청사항을 묻는 문제	248
Unit 05	전화 메시지	258
Unit 06	회의, 연설	266
Unit 07	안내, 공지	276
Unit 08	인물 소개	284
Unit 09	관광, 견학	294
Unit 10	광고	302
Unit 11	라디오 방송 (토크, 날씨, 교통)	312
Unit 12	뉴스 보도	320
Part Test 4		330

Final Test 338

이 책의 구성과 특징

적을 알고 나를 알면 **백전백승**!

출제 유형 및 풀이 전략

신경향 토익 출제 유형을 소개하고 그에 따른 풀이 전략을 단계별로 제시합니다. 세부문제 유형에 따른 특징 설명, 대표문제 예시, Step별 풀이 전략 등을 통해 문제에 대한 이해를 돕고 각 유형에 적용 가능한 차별화된 문제풀이 요령을 제시합니다.

Sample Test 및 분석

신토익 출제 유형을 반영한 샘플 테스트를 풀어보도록 하고 풀이 전략, 문제 분석 및 해법을 제시합니다.

Checkup

앞서 익힌 풀이 전략을 토대로 직접 신유형 문제를 풀어보고 학습한 내용을 확인할 수 있도록 합니다.

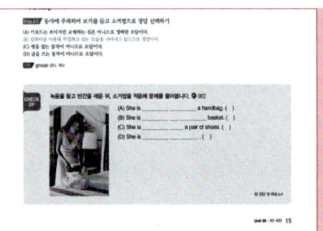

필수 표현 Paraphrasing

핵심 표현, 질의 응답 대화문 등 토익 시험에서 빈출되는 필수 학습 내용을 각 파트별로 정리하여 기초 실력을 갖추고 문제 풀이에 대비할 수 있도록 하였습니다.

리스닝에선 **핵심 표현 캐치**가 무엇보다 중요!

Practice Test
기학습한 유형 파악과 전략, 기초 학습 과정을 거쳐 직접 출제 유형 문제를 풀어보며 실력을 다져나갈 수 있도록 합니다. 특히, Listening에서 가장 중요시되는 핵심 표현 파악 연습을 위해 Dictation 훈련 과정을 접목하였습니다.

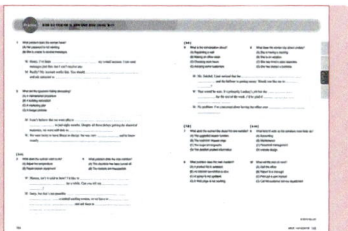

Actual Test
일정 Unit 학습 뒤에는 신유형을 반영한 Actual Test를 수록하였습니다. 해당 Unit 학습 과정에서 신토익 대비 문제 풀이 기술을 효과적으로 연습하고 실력을 점검해 볼 수 있도록 하였습니다.

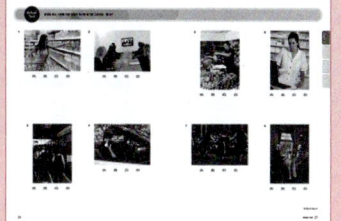

Part Test
각 파트의 학습을 마무리하는 연습문제로 리스닝 각 파트별 학습 내용에 대한 실력 확인과 중간 점검이 가능합니다.

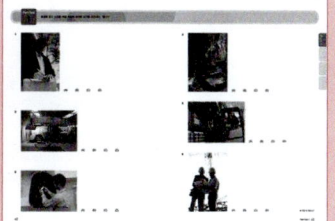

미리보는 토익, Final Test!

Final Test
실제 시험과 같은 출제 분야, 유형, 난이도의 실전 모의고사를 권말에 수록, 실전처럼 풀어봄으로써 자신의 학업 성취도를 파악합니다. 동시에 토익 신유형에 대한 적응력을 키울 수 있도록 합니다.

TOEIC 소개

토익이란?

TOEIC(Test of English for International Communication)은 영어가 모국어가 아닌 사람들을 대상으로 언어 본래의 기능인 커뮤니케이션 능력에 중점을 두고 일상생활, 또는 국제업무 등에 필요한 실용영어 능력을 평가하는 시험입니다. 1979년 미국 ETS(Educational Testing Service)에 의해 개발된 이래 전 세계 150개 국가 14,000개의 기관에서 승진 또는 해외파견 인원선발 등의 목적으로 널리 활용되고 있으며 우리나라에는 1982년 도입되었습니다. 현재 전 세계적으로 해마다 약 600만 명 이상이 응시하고 있습니다.

토익 시험의 구성

구성	Part	Part별 출제 내용		문항 수	제한 시간	배점
Listening Comprehension	1	사진 묘사		6	45분	495점
	2	질의 응답		25		
	3	짧은 대화		39	100	
	4	설명문		30		
Reading Comprehension	5	단문 공란 메우기(문법/어휘)		30	75분	495점
	6	장문 공란 메우기		16		
	7	독해	단일 지문	29	100	
			이중 지문	10		
			삼중 지문	15		
Total		7개 파트		200문항	120분	990점

토익 시험 출제 분야

TOEIC 시험에서는 주로 일상생활과 회사 업무 등에서 사용되는 어휘, 표현, 대화, 문장들을 다루며, 크게는 다음과 같은 분야와 관련된 문제들이 출제됩니다.

▶ **전문적인 비즈니스** | 계약, 협상, 마케팅, 세일즈, 비즈니스 계획, 회의
▶ **제조** | 공장 관리, 조립 라인, 품질 관리
▶ **금융과 예산** | 은행, 투자, 세금, 회계, 청구
▶ **개발** | 연구, 제품 개발
▶ **사무실** | 임원 회의, 위원 회의, 편지, 메모, 전화, 팩스, e-mail, 사무 장비와 가구
▶ **인사** | 구인, 채용, 퇴직, 급여, 승진, 취업 지원과 자기 소개
▶ **주택/기업 부동산** | 건축, 설계서, 구입과 임대, 전기와 가스 서비스
▶ **여행** | 기차, 비행기, 택시, 버스, 배, 유람선, 티켓, 일정, 역과 공항 안내, 자동차 렌트, 호텔, 예약, 연기와 취소

| 토익 시험 접수 | TOEIC 시험은 인터넷으로만 접수가 가능합니다. 한국토익위원회 사이트(www.toeic.co.kr)에서 시험 일정 및 접수 기간 등 세부 내용을 확인할 수 있습니다. |

| 토익 시험장 지참 준비물 | ▶ 신분증 | 반드시 규정된 신분증(주민등록증, 운전면허증, 기간 만료 전의 여권, 공무원증 등)을 지참해야 합니다. 신분증이 없으면 시험을 볼 수 없습니다.
▶ 필기구 | 연필, 지우개 (볼펜이나 사인펜은 사용할 수 없음)
▶ 시계 | 아날로그 손목시계 (전자식 시계는 사용할 수 없음) |

| 토익 시험 시간표 | [오전 9:30 시험의 경우]
▶ 09:30 ~ 09:39 | 입실(9:40 이후에는 입실 불가)
▶ 09:40 ~ 09:45 | 답안지 작성 관련 오리엔테이션
▶ 09:45 ~ 09:50 | 휴식
▶ 09:50 ~ 10:05 | 신분증 확인
▶ 10:05 ~ 10:10 | 문제지 배부 및 파본 확인
▶ 10:10 ~ 10:55 | 듣기 평가 (Listening Comprehension)
▶ 10:55 ~ 12:10 | 독해 평가 (Reading Comprehension) |

| 토익 시험 성적 확인 | 정기시험 성적은 시험일로부터 약 5일 후 인터넷 홈페이지를 통해 확인할 수 있습니다. 단, 특별시험 성적은 시험일로부터 약 2주 내외에 확인할 수 있습니다. TOEIC 성적표는 우편으로 수령하거나 온라인으로 발급받을 수 있습니다. 우편 수령 시 성적 발표 후 약 7~10일 정도가 소요되며, 온라인으로 발급받을 경우 자신의 토익 성적 유효 기간 내에 홈페이지에 접속하여 직접 출력할 수 있습니다. (TOEIC 성적은 해당 시험 시행일로부터 2년 간 유효) |

출처 : www.toeic.co.kr

학습 캘린더

유닛별 학습캘린더

● 목표 점수와 학습 시작일, 완료일을 정한 뒤, 각 Unit별로 학습 날짜를 정해 학습해 보세요. 하나의 Unit을 하루에 끝내기 어려울 경우, Unit당 학습 기간을 정하는 것도 좋습니다.

목표 점수	점
학습 시작일	년 월 일
학습 완료일	년 월 일

	학습 내용	학습 날짜
Part 1	Unit 01	/
	Unit 02	/
	Unit 03	/
	Unit 04	/
	Part Test	/
Part 2	Unit 01	/
	Unit 02	/
	Unit 03	/
	Unit 04	/
	Unit 05	/
	Unit 06	/
	Unit 07	/
	Unit 08	/
	Unit 09	/
	Unit 10	/
	Unit 11	/
	Unit 12	/
	Part Test	/
Part 3	Unit 01	/
	Unit 02	/
	Unit 03	/
	Unit 04	/
	Unit 05	/

	학습 내용	학습 날짜
Part 3	Unit 06	/
	Unit 07	/
	Unit 08	/
	Unit 09	/
	Unit 10	/
	Unit 11	/
	Unit 12	/
	Part Test	/
Part 4	Unit 01	/
	Unit 02	/
	Unit 03	/
	Unit 04	/
	Unit 05	/
	Unit 06	/
	Unit 07	/
	Unit 08	/
	Unit 09	/
	Unit 10	/
	Unit 11	/
	Unit 12	/
	Part Test	/
	Final Test	/

월별 학습캘린더

● 목표 점수와 학습 시작일, 완료일을 정한 뒤, 스스로 일정을 계획해서 학습해 보세요. 8주에 걸쳐 모든 Unit을 학습하는 방법, 또는 4주에 걸쳐 모든 Unit을 학습한 뒤 나머지 4주 동안 복습하는 방법이 있습니다.

목표 점수	점
학습 시작일	년 월 일
학습 완료일	년 월 일

월	화	수	목	금	토	일

Part 1

▶ 출제 유형 및 경향
- 1인 또는 다수의 인물이 등장하는 사진이나, 실내, 야외, 공공장소, 자연 등을 배경으로 하는 사진, 또는 특정 사물에 초점을 둔 사진, 인물과 사물이 어우러진 사진 등이 출제된다.
- 사진에서 가장 눈에 띄는 것이 정답이 아닌 문제도 종종 출제된다.
- 익숙하지 않은 사물 명사(ex. pole 장대, pier 부두, wheelbarrow 손수레) 또는 고난도 어휘
  (semi-circle 반원형, circular 원형의, polish 광을 내다) 등이 정답 또는 오답에 등장한다.
- 현재 진행 수동형 등을 이용해 보기가 긴 문제가 1~2개 등장한다.

▶ 풀이 전략
- 문제지에 제시된 사진을 구석구석 살펴 주요 인물, 동작과 사물 이외에 배경, 주변 사물 등을 파악하여 어떤 보기에라도 대비한다.
- 보기를 들으며 소거법을 이용하여 사진과 관련 없는 것부터 지워 나가며 문제를 푼다.
- 유사 발음, 혼동 어휘, 다의어를 이용한 오답 유형에 현혹되지 않도록 주의한다.

▶ 학습 전략
- 같은 상황과 동작이라도 여러 가지 다른 표현으로 나타낼 수 있으므로 다양한 필수 표현을 외워 두도록 한다.
- 인물이 사물을 대상으로 하는 특정 동작을 나타낼 때 쓰는 현재 진행 수동형 표현에 익숙해지도록 한다.
- 평소에 영국, 호주 발음과 억양에 대한 듣기 연습을 충분히 하여 실전에 대비한다.

Part 1

Unit 01 ● 1인 사진
Unit 02 ● 2인 이상 사진
Unit 03 ● 사물/풍경 사진
Unit 04 ● 복합 사진
Part Test 1

Unit 01 1인 사진

Part 1 가운데 한 명의 인물이 등장하는 문제 유형에서는 인물의 주된 동작과 상태를 살펴야 합니다. 물건을 다루거나 옮기는 행동, 특정 방향이나 사물을 쳐다보는 행동, 앉아 있거나 서 있는 자세, 또는 의복 상태의 특이점 등을 묘사하는 문제가 출제됩니다.

문제유형

A man is operating a machine.

- 기계를 작동시키는(operating a machine) 남자의 동작이 사진의 주요 포인트입니다.
- 이외에도 안전모를 쓰고 있는 상태(wearing a cap)나, 앉아 있는 자세(sitting)도 눈에 띕니다.
- 등장인물이 남자이므로 보기는 he, a man/person 등으로 제시됩니다. 또는 등장인물의 직업을 가리켜, a worker 등으로 제시되기도 합니다.

문제풀이전략

Step 1 사진을 보자마자 인물의 주요 동작, 상태 등을 재빠르게 파악합니다. 어떤 사물을 어떻게 다루는지, 시선은 어디를 향하는지, 어떠한 자세를 취하고 있는지 등을 눈여겨보도록 합니다.

Step 2 동작이나 상태를 나타내는 동사구에 집중하며 보기를 듣습니다. 단, 이때 동작을 나타내는 표현은 맞지만 동작이 가해지는 사물을 달리하여 혼동을 줄 수 있으므로 주의합니다.

   ex He is operating a computer. (×)

Step 3 거리가 먼 보기부터 소거법(×, ○, △)을 적용해가며 정답을 찾습니다. 정답과 제일 거리가 먼 보기에는 ×, 정답이라는 확신이 드는 보기에는 ○, 헷갈리거나 제대로 듣지 못한 것은 △로 표시합니다.

Sample Test

Step별 문제 풀이 전략을 적용해 문제를 풀어보세요. 🎧 001

(A)　　(B)　　(C)　　(D)

문제분석

(A) He is **changing** a keyboard. 남자가 키보드를 교체하고 있다. (×)
(B) He is **working** on the computer. 남자가 컴퓨터로 일하고 있다. (○)
(C) He is **grasping** a bottle. 남자가 병을 잡고 있다. (×)
(D) He is **writing in** a notebook. 남자가 노트에 필기를 하고 있다. (×)

Step 1 사진 속의 동작, 상태, 자세 살펴보며 표현 예상하기

- 주요동작: typing on the keyboard, working at the computer, looking at the monitor
- 상태: wearing glasses
- 자세: sitting

Step 2·3 동사에 주의하며 보기를 듣고 소거법으로 정답 선택하기

(A) 키보드는 보이지만 교체하는 것은 아니므로 명백한 오답이다.
(B) 컴퓨터를 이용해 작업하고 있는 모습을 나타내고 있으므로 정답이다.
(C) 병을 잡는 동작이 아니므로 오답이다.
(D) 글을 쓰는 동작이 아니므로 오답이다.

어휘 grasp 잡다, 쥐다

CHECK UP 녹음을 듣고 빈칸을 채운 뒤, 소거법을 적용해 문제를 풀어봅니다. 🎧 002

(A) She is _____ _____ a handbag. ( )
(B) She is _____ ___ _____ basket. ( )
(C) She is _____ _____ a pair of shoes. ( )
(D) She is _____ ___ _____ . ( )

○ 정답 및 해설 p.4

Unit 01 : 1인 사진　15

사진묘사 빈출표현

문제 풀이에 밑거름이 되는 다음의 주요 표현을 반드시 암기하도록 합니다.

▶ **물건을 움직이거나 옮기는 동작 (다루다, 옮기다, 들다, 짐을 싸다)**

lifting a box 상자를 들어 올리고 있다
holding a suitcase 여행 가방을 가지고 있다
operating a machine 기계를 조작하고 있다
placing files in a cabinet 파일을 캐비닛에 넣고 있다
putting away some plates 접시를 치우고 있다
lifting a bicycle 자전거를 들어 올리고 있다

▶ **손과 팔을 이용한 동작 (팔을 뻗다, …에 (손이) 닿다, 잡다/쥐다)**

reaching for groceries 식료품에 손을 뻗고 있다
grasping a bottle of water 물병을 손에 쥐고 있다

▶ **도구를 이용하거나 수리하는 동작 (만지다, 수리하다, 조작하다)**

using a tool 도구를 이용하고 있다
working on a machine 기계 작업을 하고 있다
repairing some eyeglasses 안경을 수리하고 있다
repairing a light 조명을 수리하고 있다

▶ **정지된 자세 (앉다, 서다, 기대다, 무릎을 꿇다)**

leaning on a railing 난간에 기대어 있다
leaning against the wall 벽에 기대어 있다
sitting on a sofa 소파에 앉아 있다
sitting with one's legs crossed 다리를 꼬고 앉아 있다
kneeling by the truck 트럭 옆에서 무릎을 꿇고 있다
lying on the grass 풀밭 위에 누워 있다

▶ 응시하는 동작 (바라보다, 구경하다, 세심히 살펴보다)

looking at some merchandise 물건을 구경하고 있다
looking down at a menu 메뉴를 내려다보고 있다
looking through a handbag 핸드백을 들여다보고 있다
watching television/a film 텔레비전/영화를 보고 있다
examining something 무언가를 살펴보고 있다

▶ 옷차림, 의복 상태 (입다, 쓰다, 벗다)

wearing a hat 모자를 쓰고 있다
wearing a tie 넥타이를 매고 있다
wearing a protective glove 보호장갑을 끼고 있다
putting on sunglasses 선글라스를 써 보고 있다
removing a jacket 재킷을 벗고 있다

More to TOEIC

Part 1에서는 동작과 사물을 묘사하기 위해 다양한 표현을 제시합니다.

▶ 등장 인물이 종이 위에 무엇인가를 적고 있는 동작

The man is doing some paperwork.
The man is writing on a document/notebook.
The man is using a pen.
The man is holding a pen in his right hand.

Practice 녹음된 내용을 듣고 빈칸을 채운 뒤, 각각의 사진을 가장 잘 묘사한 문장을 찾아보세요. 🔊 003

1

(A) He is _____ _____ _____.

(B) He is _____ _____ _____.

2

(A) She is _____ _____ a water fountain.

(B) She is _____ _____ _____ _____ _____.

3

(A) She is _____ _____ _____ _____.

(B) She is _____ _____ _____.

녹음된 내용을 듣고 빈칸을 채운 뒤, 소거법을 이용해 각각의 사진을 가장 잘 묘사한 문장을 찾아보세요. 🎧 004

4

(A) He is _____ ____ ____ _____ of the truck.

(B) He is _____ ____ _____ _____.

(C) He is _____ gravel ____ ____ _____.

(D) He is _____ _____ some tools.

5

(A) A man is _____ _____ ____ _____.

(B) A man is _____ _____ _____.

(C) A man is _____ ____ _____ ____ ____ _____.

(D) A man is _____ _____ _____.

6

(A) He is _____ _____ _____.

(B) He is _____ _____ ____ ____ _____.

(C) He is _____ _____ _____.

(D) He is _____ ____ _____ _____.

Unit 02 2인 이상 사진

Part 1 가운데 두 명 이상의 인물이 등장하는 문제 유형에서는 인물들의 공통된 동작과 상태, 위치 등을 살펴야 합니다. 또한, 인물 주위에 있는 풍경이나 물건에도 주의를 기울여야 합니다. 등장인물 각자의 행동상 특이점을 묘사하는 문제도 출제됩니다. 보기에서 제시되는 동작을 등장 인물의 행동과 다르게 제시하여 혼동을 유도할 수 있으므로 특히 주어와 동사에 집중해서 들어야 합니다.

문제유형

They are having a meeting.

- 2명 이상의 인물의 공통된 동작(having a meeting, listening to a speaker)이 주요 포인트가 됩니다.
- 한 명이 두드러지는 개별동작(a man pointing to a white board)을 보이기도 합니다.
- 보기의 주어는 모두 같은(They/People/Some people) 경우가 많으나, 개별 인물(The man/woman/he/she), 사물(The white board/The meeting room)과 섞여 쓰이기도 합니다.

문제풀이전략

Step 1 사진을 스캔하며 인물들의 공통된 동작, 위치, 상태 등을 재빨리 파악합니다. 눈에 띄는 개별 행동을 하는 인물이 있다면 그의 동작, 위치, 상태 등에 주목합니다. 마찬가지로 주위 풍경, 사물에도 주의를 기울입니다.

Step 2 보기에서 제시되는 주어는 등장인물 각자의 행동묘사를 위해 각기 다를 수도 있습니다. 이때는 주어와 동사 모두 집중해서 들어야 합니다.

Step 3 거리가 먼 보기부터 소거법(×, ○, △)을 적용해가며 정답을 찾습니다. 정답과 제일 거리가 먼 보기에는 ×, 정답이라는 확신이 드는 보기에는 ○, 헷갈리거나 제대로 듣지 못한 것은 △로 표시합니다.

★ 이때 인물의 주요 행동을 가리키는 동사가 들린다고 이를 바로 정답으로 고르지 않도록 주의합니다.

Sample Test

Step별 문제 풀이 전략을 적용해 문제를 풀어보세요. 🔊 005

(A)　　(B)　　(C)　　(D)

문제분석

(A) Some women are **lying** on a bench.　여자들은 벤치에 누워 있다. (×)
(B) One of the **women** is walking in a park.　한 여자는 공원에서 걷고 있다. (×)
(C) Some women are **sitting** next to each other.　여자들은 나란히 앉아 있다. (○)
(D) One of the women is **gesturing** as she speaks.　한 여자는 말을 하며 손동작을 하고 있다. (△)

Step 1 동작, 상태, 위치 살피기

- 공통동작: sitting, talking on the phone
- 공통상태: wearing short-sleeved shirts, pants
- 개별동작: with one's legs crossed
- 개별상태: carrying a bag
- 장소, 위치: on a bench, next to each other

Step 2·3 주어・동사 주의하여 소거법 적용하며 풀기

(A) 벤치는 보이나 누워있는(lying) 동작으로 잘못 묘사하고 있다.
(B) 여자의 행동을 잘못 묘사하고 있다.
(C) 벤치에 나란히 앉아 있는 모습을 나타내므로 정답이다.
(D) 여자는 손동작을 하고 있지 않다.

어휘 lie 눕다　next to each other 나란히　gesture 몸짓하다

CHECK UP

녹음을 듣고 빈칸을 채운 뒤, 소거법을 적용해 문제를 풀어봅니다. 🔊 006

(A) _____ _____ are _____ a game. ( )
(B) _____ _____ are _____ _____ _____ across the counter. ( )
(C) A man is _____ _____ the desk. ( )
(D) A woman is taking a box down _____ _____ _____. ( )

○ 정답 및 해설 p.6

Unit 02 : 2인 이상 사진　**21**

사진묘사 빈출표현

문제 풀이에 밑거름이 되는 다음의 주요 표현을 반드시 암기하도록 합니다.

▶ **공공장소에 모여 있는 동작 (줄을 서다, 기다리다, 마주하다, 모이다)**

waiting in line 줄 서서 기다리고 있다
standing in line 줄을 서 있다
paying at a cashier 계산원에게 돈을 지불하고 있다
waiting to get on ~을 타기 위해 기다리고 있다

▶ **업무·회의 동작 (회의하다, 발표에 참석하다, 컴퓨터로 일하다)**

listening to ~을 듣고 있다
working together 함께 일하고 있다
be gathered around the table 테이블 주위에 모여 있다
be seated in front of the computer 컴퓨터 앞에 앉아 있다

▶ **물건 등을 건네거나 전달하는 동작 (건네주다, ~에게 …을 제공하다/해주다)**

passing a carton 종이 상자를 건네고 있다
applying A to B A를 B에 바르고 있다
loading something onto a truck 트럭에 무언가를 싣고 있다

▶ **행진하거나 전진하는 동작 (나아가다, 건너다, 걷다, 뛰다)**

walking in the same direction 같은 방향으로 걷고 있다
crossing a bridge/square 다리/광장을 건너고 있다
running as a group 무리를 지어 뛰고 있다

▶ 구경하거나 쳐다보는 동작 (물건을 구경하다, 고르다, 살펴보다)

examining books 책을 꼼꼼히 살펴보고 있다
watching a presentation/presenter 발표/발표자를 바라보고 있다
shopping for hats 모자를 쇼핑하고 있다

▶ 야외에서 운동을 하거나 연주하는 동작 (경기하다, 놀다, 연주하다)

playing a game outdoors 야외에서 게임을 하고 있다
performing outdoors 야외에서 연주를 하고 있다

More to TOEIC

Part 1에서는 동작과 사물을 묘사하기 위해 다양한 표현을 제시합니다.

▶ 등장인물이 서로 얼굴을 마주하고 있는 동작

facing each other 서로 얼굴을 마주보고 있다
having a conversation 대화를 나누고 있다
talking to each other 이야기를 하고 있다
greeting 인사를 나누고 있다
One man is speaking with a woman. 한 남자가 여자와 이야기하고 있다.

Unit 02 : 2인 이상 사진

Practice 녹음된 내용을 듣고 빈칸을 채운 뒤, 각각의 사진을 가장 잘 묘사한 문장을 찾아보세요. 007

1

(A) They are _____ ____ ____ _____.

(B) They are _____ in a river.

2

(A) The people are _____ ____ _____ _____ of the desk.

(B) The people are _____ _____.

3

(A) People are _____ ____ hats.

(B) Some people are _____ _____.

녹음된 내용을 듣고 빈칸을 채운 뒤, 소거법을 이용해 각각의 사진을 가장 잘 묘사한 문장을 찾아보세요. 🔊 008

4

(A) Two people are _____ ____ a menu.

(B) A woman is _____ _____ into a cup.

(C) A man is _____ a napkin.

(D) People are _____ ____ a table.

5

(A) People are _____ slides.

(B) People are _____ _____.

(C) A person's hand is _____.

(D) The woman is _____ _____ in a presentation.

6

(A) Some people are _____ ___ _____ on a field.

(B) The people are _____ _____ _____.

(C) Some people are purchasing _____ _____.

(D) A band is _____ _____.

Actual Test

음성을 듣고 사진을 가장 적절히 묘사한 보기를 고르세요. 009

1

(A)　　(B)　　(C)　　(D)

2

(A)　　(B)　　(C)　　(D)

3

(A)　　(B)　　(C)　　(D)

4

(A)　　(B)　　(C)　　(D)

5

(A)　　(B)　　(C)　　(D)

6

(A)　　(B)　　(C)　　(D)

7

(A)　　(B)　　(C)　　(D)

8

(A)　　(B)　　(C)　　(D)

Unit 03 사물/풍경 사진

Part 1

사물/풍경 사진은 가구나 장식 등이 배치되어 있는 실내 전경이나, 물건 등이 특정 위치에 매달려 있는 모습, 산이나 건물이 배경인 강·바다 등의 실외 풍경, 다리, 물 위에 떠 있는 배 등을 묘사하며 사람은 등장하지 않습니다. 사진의 초점이 다소 분산되므로 골고루 살피는 것이 중요합니다. 사물의 이름, 위치나 장소 등을 묘사하는 전치사 표현과 상태를 나타내는 주요 동사를 알아두어 문제 풀이에 대비하도록 합니다.

문제유형

A ferry is passing under the bridge.

- 건물들이 강을 내려다보고(overlooking water) 있습니다.
- 강 위로 다리가 놓여 있고(over the water), 그 밑을 보트가 지나고(passing) 있습니다.
- 주어는 건물(buildings), 강(water, river), 보트(a boat, a ferry), 다리(a bridge) 등으로 다양하게 제시됩니다.

문제풀이전략

Step 1 사진을 보자마자 등장하는 사물의 종류와 이름을 파악하고 주어에 집중하여 듣습니다. 비교적 생소한 waterway(수로), archway(아치형 문), wheelbarrow(손수레), drain(하수구) 등의 단어도 알아두도록 합니다.

Step 2 장소나 위치를 나타내는 전치사구, 상태를 나타내는 동사구에 집중하며 보기를 듣습니다.

Step 3 거리가 먼 보기부터 소거법(×, ○, △)을 적용해가며 정답을 찾습니다. 단, 사진에 없는 사물이나 사람의 행동과 관련된 현재진행수동형(be + being + -ing) 등이 들리면 무조건 정답이 아니므로 ×로 표시합니다.

Sample Test

Step별 문제 풀이 전략을 적용해 문제를 풀어보세요. 🎧 010

(A)   (B)   (C)   (D)

문제분석

(A) A **table** is **positioned** in front of the sofa. 소파 앞에 테이블이 놓여 있다. (○)
(B) Some **curtains** are **being shut**. 일부 커튼이 쳐지고 있다. (△)
(C) A **desk** has been **cleared off**. 책상에는 아무것도 없다. (×)
(D) Some **boxes** are **piled on the floor**. 바닥에는 박스가 쌓여 있다. (×)

Step 1·2 주어와 동사구/전치사구 집중하여 듣기
- 주요 사물: table, sofa, curtains, lighting
- 상태: positioned/placed, hanging
- 장소나 위치: in front of, in the center of, in the corner of

Step 3 사진과 관련 없는 보기를 제거하는 소거법을 적용하여 풀기

(A) 소파 앞에 테이블이 위치한 모습을 정확하게 묘사하고 있으므로 정답이다.
(B) 현재진행수동태는 누군가에 의해 사물에 동작이 가해지는 모습을 나타내는데, 사진에는 사람이 등장하지 않으므로 오답이다. 또한, 커튼은 열려져 있다.
(C) 책상은 보이지 않으므로 없는 사물을 제시한 오답이다.
(D) 바닥에 상자는 찾아볼 수 없으므로 없는 사물을 제시한 오답이다.

어휘 position v. (물건 등을) ~에 두다   shut 닫다   clear off ~을 치우다   pile (물건 등을) 쌓다

CHECK UP 녹음을 듣고 빈칸을 채운 뒤, 소거법을 적용해 문제를 풀어봅니다. 🎧 011

(A) _____ is being _____ by a sales person. ( )
(B) Wrist watches are being _____ with a linen cloth. ( )
(C) _____ _____ of jewelry are _____. ( )
(D) A woman is _____ _____ a pair of earrings. ( )

○ 정답 및 해설 p.11

사진묘사 빈출표현

문제 풀이에 밑거름이 되는 다음의 주요 표현을 반드시 암기하도록 합니다.

▶ 사물이 매달린 상태 (걸려 있다, 매달려 있다)

hanging from the ceiling 천장에 매달려 있다
be suspended above the table 테이블 위쪽에 매달려 있다
hanging on a wall 벽에 걸려 있다
be hung near a lamp 램프 근처에 걸려 있다

▶ 사물이 위치하거나 진열된 상태 (놓여 있다, 버려져 있다)

be placed next to each other 나란히 놓여 있다
be placed in a mug 머그잔 안에 놓여 있다
be positioned in front of ~ 앞에 놓여 있다
be arranged in a circle 둥글게 배치되어 있다
be left next to a pile of rocks 돌무더기 옆에 있다

▶ 사물이 쌓여진 상태

be arranged in piles 쌓여서 진열되어 있다
be piled on the chair 의자 위에 쌓여 있다
be piled beside the walkway 인도 옆에 쌓여 있다
be stacked next to the fireplace 벽난로 옆에 쌓여 있다

▶ 탈 것이 정박하거나 주차된 상태

be parked in an open area 야외에 주차되어 있다
be parked in a row 나란히 주차되어 있다
be parked along the street 길가에 주차되어 있다
be docked in a harbor 항구에 정박해 있다
be docked by an outdoor restaurant 야외 레스토랑 옆에 정박해 있다

▶ 높은 건물이나 배경이 굽어보는 상태 (굽어보다, 내려다보다)

overlook a waterway 수로를 내려다보다
overlook the harbor 항구를 내려다보다
be above the water 물 위에 있다
be reflected on the water 물 위에 반사되다

More to TOEIC

Part 1에서는 특정한 장소와 사물을 묘사하기 위해 다양한 표현을 제시합니다.

▶ 여러 가지 사물이 놓인 거실 풍경

The picture is hanging from the wall. 벽에 사진이 걸려 있다.
The lamp is placed in the corner of the room. 램프는 방 구석에 놓여 있다.
There is a flower vase on the table. 테이블 위에 화병이 놓여 있다.
The sofa is positioned against the wall. 소파는 벽 앞에 놓여 있다.
Curtains have been opened up. 커튼은 열려져 있다.

Practice 녹음된 내용을 듣고 빈칸을 채운 뒤, 각각의 사진을 가장 잘 묘사한 문장을 찾아보세요. 012

1

(A) Vegetables are _____ in piles.

(B) Vegetables are being _____ from a truck.

2

(A) A cargo ship is _____ the shore.

(B) Numerous _____ ____ _____ in the harbor.

3

(A) Patio umbrellas _____ _____ _____.

(B) Outdoor chairs are _____ in a storeroom.

녹음된 내용을 듣고 빈칸을 채운 뒤, 소거법을 이용해 각각의 사진을 가장 잘 묘사한 문장을 찾아보세요. 🔊 013

4

(A) Curtains have been _____ ____.

(B) Chairs in a seating area are _____.

(C) A picture is _____ from the wall.

(D) Potted plants are _____ above the table.

5

(A) Some cars are _____ near the building.

(B) Cars are _____ at the traffic signal.

(C) A building is _____ _____.

(D) People are _____ _____ the crosswalk.

6

(A) Candles have been _____ on each table.

(B) A restaurant is _____ _____ guests.

(C) The tables are _____ _____ tablecloths.

(D) All of the chairs are _____.

◐ 정답 및 해설 p.11

Unit 03 : 사물/풍경 사진

Unit 04 복합 사진

Part 1

복합 사진은 식당, 도서관, 기차역, 버스 정류장, 공원 등과 같은 공공장소를 주요 배경으로 하며, 사물의 위치와 상태, 사람의 동작과 상태 등을 모두 살펴야 합니다.

문제유형

Bottles are on the table and the shelves.

- 식당으로 보이는 곳에 두 명의 손님이 앉아 있고(seated), 한 명의 웨이터가 시중을 들고(serving) 있습니다.
- 테이블 위에 병들이 놓여 있고(be on the table), 뒤 배경의 선반에도 병들이 진열되어(displayed on the shelves) 있습니다.
- 주어는 사람(server, customers), 사물(bottles, shelves, table) 등을 이용해 다양하게 제시됩니다.

문제풀이전략

Step 1 주요 배경이 되는 장소, 사물의 위치와 상태, 사람의 위치와 동작 및 상태 등을 재빨리 파악합니다. 주어는 다양하게 제시되므로 집중하여 듣습니다.

Step 2 주어의 상태와 위치, 동작 등을 설명하는 동사구도 반드시 들어야 합니다.

Step 3 거리가 먼 보기부터 소거법(×, ○, △)을 적용해가며 정답을 찾습니다. 사람이 사물에 특정 동작을 가하는 현재진행수동형(be + being + -ing), 사물의 상태를 나타내는 현재완료수동형(have + been + p.p.) 등이 제시되므로 이에 유의하며 듣습니다.

Sample Test

Step별 문제 풀이 전략을 적용해 문제를 풀어보세요. 🎧 014

(A)   (B)   (C)   (D)

문제분석

(A) A **man is preparing** a meal on the kitchen counter. 남자는 조리대에서 식사를 준비하고 있다. (x)
(B) A **fan** is being **hung** on the **ceiling**. 천장에 선풍기가 걸려 있다. (x)
(C) Some **chairs** are being lifted **on the table**. 의자들이 테이블 위로 올려지고 있다. (△)
(D) Some **dishes** have been **set on the table**. 접시들이 테이블 위에 차려져 있다. (o)

Step 1·2 주어와 동사구 듣기

- 배경: banquet hall, reception area
- 사물: tables, chairs, dishes
- 사물 위치와 상태: on the wall, on the table, be set
- 사람 동작: carrying, moving

Step 3 소거법 적용하며 풀기

(A) 남자는 물건을 나르고 있으므로 남자의 동작을 잘못 묘사한 오답이다.
(B) 사진에 선풍기는 보이지 않으므로 없는 사물을 이용한 오답이다.
(C) 의자는 바닥에 놓여 있으므로 오답이다.
(D) 테이블 위에 접시들이 놓여 있는 모습이므로 정답이다.

어휘 kitchen counter 주방 조리대 hang 매달려 있다 ceiling 천장 dish 접시

CHECK UP 녹음을 듣고 빈칸을 채운 뒤, 소거법을 적용해 문제를 풀어봅니다. 🎧 015

(A) A woman is _____ merchandise on the shelves. (　)
(B) _____ ____ _____ have been _____ on a wall. (　)
(C) Merchandise has been _____ ____ _____ _____ of the store. (　)
(D) A man is _____ _____ a pair of running shoes. (　)

○ 정답 및 해설 p.13

사진묘사 빈출표현

문제 풀이에 밑거름이 되는 다음의 주요 표현을 반드시 암기하도록 합니다.

▶ 실내에서 작업하는 모습

a house being repaired 수리 중인 집
some workers reaching for a ceiling 천장에 손을 뻗고 있는 인부
ladders leaning against the wall 벽에 기대어진 사다리들
some workers standing on a workstation 작업대에 올라선 인부

▶ 상점에서 쇼핑하는 모습

a man carrying a shopping basket 쇼핑 바구니를 들고 있는 남자
a man looking at a mobile phone 휴대폰을 들여다 보는 남자
a shopping basket filled with groceries 식료품들로 채워진 쇼핑 바구니
merchandise placed in a refrigerator 냉장고에 진열된 상품

▶ 정원에서 작업하는 모습

a woman working on the plant 식물을 가지고 작업하고 있는 여자
a woman wearing an apron 앞치마를 착용하고 있는 여자
some potted plants hanging in a green house 비닐하우스에 걸려 있는 화분 식물

▶ 야외 테이블에 앉아 있는 모습

some empty chairs 비어 있는 의자
chairs placed around the table 테이블 주위에 놓여진 의자
people seated on the outdoor table 야외 테이블에 앉아 있는 사람들

▶ 악기를 연주하는 모습

a woman playing a guitar 기타를 치는 여자
a set of drum assembled 조립이 완료된 드럼
musicians singing on a stage 무대에서 공연하고 있는 뮤지션
instruments being played 연주되고 있는 악기들

▶ 바닷가에서 낚시하는 모습

bicycles parked in an open area 야외에 세워 둔 자전거
fishing tool leaning against the railing 난간에 기대어진 낚시 도구
people looking into the water 바다를 들여다보고 있는 사람들
a man sitting on a bicycle 자전거에 앉아 있는 남자

More to TOEIC

Part 1에서는 특정 풍경과 사물, 사람 묘사를 위해 다양한 표현을 제시합니다.

▶ 강연장에 사람이 가득 차 있는 풍경

A lecture room is filled with people. 강연장에는 사람들이 가득 차 있다.
A speaker is giving a presentation. 연사가 프레젠테이션을 하고 있다.
All of the seats are occupied. 모든 좌석에 사람이 앉아 있다.
Windows extend to the ceiling. 창문은 천장까지 이어진다.

Unit 04 : 복합 사진

Practice

녹음된 내용을 듣고 빈칸을 채운 뒤, 각각의 사진을 가장 잘 묘사한 문장을 찾아보세요. 🔊 016

1

(A) A small group is _____ _____ _____ _____ _____.

(B) A picture is _____ _____ in a waiting room.

2

(A) A woman is _____ _____ on the shelf.

(B) They're _____ _____ _____ _____ together.

3

(A) A pole is _____ _____ _____ _____ the window.

(B) A worker is _____ _____ _____ with water.

녹음된 내용을 듣고 빈칸을 채운 뒤, 소거법을 이용해 각각의 사진을 가장 잘 묘사한 문장을 찾아보세요. 🎧 017

4

(A) The section of the room is _____ _____ _____.

(B) A camera is _____ _____ in the cabinet.

(C) The lights are _____ _____ ____.

(D) A man is _____ ____ _____ ____ a crowd.

5

(A) There's ____ _____ ____ _____ in front of the artwork.

(B) A high-rise building is _____ _____.

(C) There's a yard _____ by a fence.

(D) A walkway is _____ _____.

6

(A) A wheelbarrow _____ _____ _____ next to a _____ of soil.

(B) The lanes of highway are _____ by a wall.

(C) A man is _____ ____ railway tracks.

(D) A shovel has been _____ ____ _____ _____.

○ 정답 및 해설 p.13

Unit 04 : 복합 사진   39

Actual Test

음성을 듣고 사진을 가장 적절히 묘사한 보기를 고르세요. 🔊 018

1

(A)   (B)   (C)   (D)

2

(A)   (B)   (C)   (D)

3

(A)   (B)   (C)   (D)

4

(A)   (B)   (C)   (D)

5

(A)　　(B)　　(C)　　(D)

6

(A)　　(B)　　(C)　　(D)

7

(A)　　(B)　　(C)　　(D)

8

(A)　　(B)　　(C)　　(D)

Part Test 1

음성을 듣고 사진을 가장 적절히 묘사한 보기를 고르세요. 019

1

(A)　　(B)　　(C)　　(D)

2

(A)　　(B)　　(C)　　(D)

3

(A)　　(B)　　(C)　　(D)

4

(A)   (B)   (C)   (D)

5

(A)   (B)   (C)   (D)

6

(A)   (B)   (C)   (D)

Part 2

▶ 출제 유형 및 경향
- 의문사의문문, 일반의문문(be동사/조동사), 부정/부가의문문, 제안/요청 의문문, 선택의문문, 평서문이 등장한다.
- 의문사의문문 > 일반의문문 > 부정/부가의문문 > 평서문 등의 비율로 출제되는데, 최근 평서문의 비중이 점점 높아지고 있다.
- 정형화된 응답 대신 우회적 응답, 되묻는 응답, 문맥을 제대로 파악해야 풀 수 있는 응답 등이 정답이 되는 경우가 점점 늘어나는 추세이다.
- 마지막 2~3문제는 다른 문제에 비해 1.5~2배 정도 길이가 긴 질문이 출제된다.

▶ 풀이 전략
- 의문사의문문은 의문사가 문제의 핵심이므로 이를 놓치지 않고 반드시 들어야 한다. 또한, 주요 내용을 구성하는 명사, 동사 부분을 캐치하여 묻는 바를 정확히 파악해야 한다.
- 유사 발음, 동일 어휘 반복, 다의어 등을 이용한 혼동 보기에 주의하며 문제를 푼다.
- 놓친 문제는 빨리 잊고 다음 문제에 집중하도록 한다.

▶ 학습 전략
- 질문에 따른 응답 유형을 익혀 의문사의문문에 대비한다. 또한, 우회적 응답, 제3의 의견 등을 제시하는 응답 유형도 알아두도록 한다.
- 동의어, 유사 발음 어휘, 다의어 등을 가능한 많이 외워 혼동 보기에 대비하도록 한다.
- 단문을 듣고 짧은 시간 내 정답을 고르고 바로 다음 문제로 넘어가는 실전 문제 풀이 연습을 통해 집중력과 순발력을 기르도록 한다.

Part 2

Unit 01 ● Who의문문
Unit 02 ● What의문문
Unit 03 ● Where의문문
Unit 04 ● When의문문
Unit 05 ● How의문문
Unit 06 ● Why의문문
Unit 07 ● Which의문문
Unit 08 ● be동사/조동사의문문
Unit 09 ● 부정/부가의문문
Unit 10 ● 제안/요청의문문
Unit 11 ● 평서문
Unit 12 ● 간접/선택의문문
Part Test 2

Part 2

Unit 01 Who의문문

Who의문문은 특정 행위를 하거나 책임을 맡은 인물이 누구인지 묻는 질문으로서 사람 이름, 직업, 직위, 소속, 가족적·사회적 관계 등을 제시한 것이 정답이 됩니다. 의문사를 정확히 들으면 문제 포인트를 빨리 파악할 수 있는 비교적 쉬운 유형에 속합니다.

문제유형

● 문제
Q. **Who is responsible for** marketing new products?
→ 신제품 마케팅의 '담당자'가 누구인지 묻고 있습니다.

● 정답 유형
A. **My assistant** handles that.
→ 직위(assistant)를 직접 언급하여 정답을 제시합니다.

A. **Mr. Brown** is.
→ 이름을 언급하기도 합니다.

A. **I have no idea**.
→ '누군지 모르겠다'며 응답을 회피하는 경우도 있습니다.

● 오답 유형
Yes, it sells well.
→ 질문의 product(제품)에서 연상할 수 있는 sells well(잘 팔리다)을 이용한 함정입니다.

By Wednesday.
→ 질문의 who를 제대로 듣지 못하거나 질문의 포인트를 잘못 파악했을 때 고를 수 있는 응답입니다.

문제풀이전략

Step 1 무엇보다도 의문사 Who를 정확하게 듣는 것이 중요합니다. 그 다음 이어지는 「동사 + 목적어」, 「be동사 + 보어」 등을 통해 질문의 핵심을 파악합니다.

Step 2 사람 이름, 조직 이름, 부서명, 직책, 직업 등을 나타낸 응답에 귀를 기울입니다. 간혹 I have no idea.와 같이 '잘 모르겠다' 또는 I'll check it.과 같은 '확인해보겠다, 알아보겠다'는 식의 응답도 정답으로 제시됩니다.

Step 3 의문사를 잘못 듣고 고를 수 있는 유형의 혼동보기에 주의합니다. 또한, 질문에 나오는 단어와 발음이 같거나 유사한 단어, 또는 질문의 특정 단어와 연관된 의미를 이용한 오답이 출제되는 경우가 있으니 주의합니다.

Sample Test

Step별 문제풀이전략을 적용해 문제를 풀어보세요. 🎧 020

(A)　　(B)　　(C)

문제분석

Who wrote the budget report? 누가 예산보고서를 작성했나요?
(A) I rode my bicycle. 저는 자전거를 탔어요. (×)
(B) Denis from accounting. 회계팀의 Denis입니다. (O)
(C) There is one on the desk. 책상 위에 하나 있습니다. (×)

Step 1 의문사 듣기와 문제 포인트 파악
• 예산 보고서를 작성한 이는 누구인가?

Step 2 사람 이름, 직위, 직책 등에 유의하며 보기 듣기
• (B) 회계팀의 Denis라고 하며 소속과 이름을 밝힘

Step 3 의문사를 잘못 들은 경우, 또는 유사발음, 의미 연상을 이용한 혼동보기
• (A) rode → wrote와 유사한 발음을 이용한 혼동 보기
• (C) Where에 대한 답변으로 적절

어휘 budget 예산 rode ride (타다)의 과거형 accounting 회계

CHECK UP 녹음된 내용을 듣고 빈칸을 채운 다음 정답을 골라보세요. 🎧 021

1 Who gave the sales presentation?
　(A) ___ _____ Anthony _____.
　(B) It's a _____ from my father.

2 Who's going to _____ _____ the client?
　(A) At the _____.
　(B) ____ _____ do it.

○ 정답 및 해설 p.20

빈출답변

문제풀이에 꼭 필요한 다음의 주요 답변 유형을 반드시 암기하도록 합니다.

▶ 사람 이름

Mrs. Greene did/has. Greene 씨가 했습니다.
Mr. Clark from accounting. 회계 팀의 Clark 씨입니다.
Simpson will take care of it. Simpson이 처리할 겁니다.
Mr. Ray will be in charge. Ray 씨가 담당할 겁니다.
Mr. Lee will be leading my group.
Lee 씨가 저희 팀을 이끌 것입니다.

Mr. Chan worked on it. Chan 씨가 그것을 했습니다.
I think/believe it's Sean. Sean일 겁니다.
It must be Anna. Anna일 겁니다.
That would be Jennifer. Jennifer일 겁니다.
Robert was the last to leave.
Robert가 마지막에 나간 사람입니다.

▶ 직위 · 직책, 직업

My assistant. 제 조수입니다.
The president. 회장님입니다.
The company vice president. 부사장님입니다.

The project manager does. 프로젝트 매니저가 합니다.
One of our new employees. 신입 직원 중 한 명입니다.

▶ 부서

Call the technical department. 기술팀에 전화해 보세요.
Try calling the maintenance. 운영팀에 전화해 보세요.

The facilities department will. 시설팀이 할 겁니다.

▶ 회피 응답 (잘 모르겠다, 확인해 보겠다, ~에게 알아봐라)

Let me check. 확인해 보겠습니다.
I'm not sure but I will check.
잘 모르지만 확인해 보겠습니다.
It hasn't been decided yet. 아직 결정되지 않았습니다.
You should ask our manager. 저희 매니저에게 물어보셔야 합니다.

Why don't you ask Miranda?
Miranda에게 한 번 물어보시는 것은 어떤가요?
You'll be meeting her at noon.
정오에 그녀를 만나실 겁니다.

More to TOEIC

오답으로 출제되는 유사발음 어휘를 뜻과 함께 외워봅니다.

replace 교체하다 / place (자리에) 두다, 놓다; 장소
prepare 준비하다 / repair 수리하다, 고치다
knock 두드리다 / lock 잠그다

department 부서 / apartment 부서
note 노트 / notice 공지하다

Practice

음성을 듣고 빈칸을 채운 뒤, 질문에 알맞은 응답을 고르세요. 022

1   _____ _____ a copy of this _____ ?
    (A) From the copy machine.
    (B) The project manager does.

2   _____ _____ Mr. Daniels _____ the office furniture?
    (A) He did it by himself.
    (B) They moved out.

3   _____ _____ ____ _____ to about _____ the printer?
    (A) Yes, please turn it off.
    (B) Try calling maintenance.

4   _____ _____ _____ the new photo identification?
    (A) It was very organized.
    (B) _____ _____ _____ yesterday.
    (C) A picture and _____.

5   Who's using the _____ _____?
    (A) No, not right now.
    (B) Let me _____.
    (C) About _____ _____.

6   _____ _____ _____ the extra tables in the _____ _____?
    (A) I believe the _____ ____ _____.
    (B) No, that _____ _____ _____ ____.
    (C) The _____ _____ did.

정답 및 해설 p.20

Part 2

Unit 02 What의문문

What의문사는 '무엇'이라는 뜻으로 다양한 의문문을 만들어 사물의 상태, 날씨, 직업, 비용, 방법, 시간, 장소 등을 묻습니다. 따라서 의문사 뒤에 이어지는 「be동사 + 보어」 또는 「조동사 + 주어 + 동사」까지 모두 들어야 문제 포인트를 제대로 파악할 수 있습니다. 의문사만 듣고도 풀 수 있는 다른 의문사 의문문과 달리 질문의 핵심을 놓치면 답을 고르기 어려운, 비교적 어려운 유형에 속합니다.

문제유형

● **문제**

Q. What are your main duties as personnel manager?
→ 인사팀장으로서의 주요 업무가 무엇인지 묻고 있습니다.

● **정답 유형**

A. I am responsible for employee education.
→ '직원 교육'을 맡고 있다며 자신이 하는 업무를 구체적으로 제시한 응답입니다.

● **오답 유형**

① Mainly in the office.
→ 질문의 main과 비슷한 발음의 단어 mainly(주로)를 이용한 오답으로서, 장소를 묻는 where의문문에 대한 정답으로 가능합니다.

② It's due this Thursday.
→ 역시 질문의 duties와 비슷한 발음의 due를 이용한 오답입니다.

문제풀이전략

Step 1 「What + be동사 + 보어?」, 「What + 명사 + 동사?」, 「What + 조동사 + 주어 + 동사」와 같이 의문사에 이어지는 구문을 들어 질문 포인트를 정확히 파악해야 합니다.

Step 2 응답유형은 정해진 바가 없어 사람·사물의 이름이나 상태, 방법, 이유, 가격 등의 정보나 사실, 또는 개인의 의견 등이 나올 수 있다는 것을 알아야 합니다. yes/no로 시작하는 응답은 정답이 아니므로 정답에서 바로 제외합니다.

Step 3 의문사를 잘못 듣고 고를 수 있는 유형의 혼동보기에 주의합니다. 또한, 질문의 단어와 발음이 같거나 유사한 단어, 또는 질문의 특정 단어와 관련 있는 의미를 이용한 오답이 출제되는 경우가 있으니 주의합니다.

Sample Test
Step별 문제풀이전략을 적용해 문제를 풀어보세요. 🔊 023

(A)　　　(B)　　　(C)

문제분석

What is the fastest way to the art museum? 미술관으로 가는 가장 빠른 길은 무엇입니까?
(A) Drive down Harbor Street. 하버 스트리트 쪽으로 운전하세요. (○)
(B) In ten minutes. 10분 후에요. (×)
(C) Thanks but I don't need a ride. 고맙지만, 태워주지 않으셔도 됩니다. (×)

Step 1 의문사와 이어지는 「be동사 + 보어」 듣고 질문 포인트 파악
- 미술관에 가는 가장 **빠른** 길은?

Step 2 구체적 사물과 방법을 지칭한 응답 찾기
- (A) 차를 몰고 하버 스트리트로 가기

Step 3 의문사를 잘못 들은 경우, 또는 유사발음, 의미 연상을 이용한 혼동보기
- (B) 걸리는 시간을 물었을 때(How long~?) 가능한 응답
- (C) 미술관에 가는 상황을 이용한 혼동보기

어휘 art museum 미술관　in + 시간 ~안에　down ~을 따라　ride (차, 자전거 등을) 타다

CHECK UP 녹음된 내용을 듣고 빈칸을 채운 다음 정답을 골라보세요. 🔊 024

1　What are you eating for dinner?
　(A) Just _____ _____.
　(B) Sure, I can _____ _____ _____ _____ _____.

2　_____ _____ _____ _____ _____ _____ our new interns?
　(A) We've already _____ _____.
　(B) They're very _____.

○ 정답 및 해설 p.22

빈출답변

문제풀이에 꼭 필요한 다음의 주요 답변 유형을 반드시 암기하도록 합니다.

▶ 「What + be동사 + 보어」

Q. What was the weather like on your holiday?
휴가 때 날씨는 어땠나요?

A. It was sunny all the time.
계속 맑았습니다.

Q. What's the quarterly newsletter called?
분기별 뉴스레터는 무엇이라고 부르나요?

A. The title's on the front page.
타이틀은 맨 첫 페이지에 있습니다.

Q. What are the features of this machine?
이 기계의 특징은 무엇인가요?

A. Let me show you the manual.
제가 사용설명서를 보여드리겠습니다.

▶ 「What + 명사」

Q. What time will the train arrive?
기차는 언제 도착하나요?

A. At 10:30 A.M.
오전 10시 30분에요.

Q. What color did you paint the room?
어떤 색으로 방에 페인트칠을 했나요?

A. I chose light blue.
밝은 파랑으로 했습니다.

Q. What size suit do you wear?
옷 사이즈는 얼마를 입으시나요?

A. Usually a medium.
보통 중간 크기로 입습니다.

▶ 「What + 조동사 + 주어 + 동사」

Q. What should I do with the extra brochures?
여분의 안내책자로 무엇을 해야 할까요?

A. Put them in a supply room.
비품실에 넣어 두세요.

Q. What did you learn at the seminar?
세미나에서 무엇을 배웠나요?

A. How to use a database.
데이터베이스 사용법이요.

▶ What do you think of ~? / What kind of ~?

Q. What do you think of our new uniforms?
우리 새 유니폼에 대해 어떻게 생각하세요?

A. They're very comfortable.
아주 편안합니다.

Q. What kind of shoes are you looking for?
어떤 종류의 신발을 찾으시나요?

A. Something comfortable for walking.
걸을 때 편한 걸로요.

More to TOEIC

오답으로 출제되는 유사발음 어휘를 뜻과 함께 외워봅니다.

serve 접대하다 / service 서비스
quarterly 분기마다의 / quarter 4분의 1, 분기
called 불리는 / cold 날씨가 추운

personnel 전 직원 / personal 개인적인
cost 비용 / lost 잃어버린

Practice 음성을 듣고 빈칸을 채운 뒤, 질문에 알맞은 응답을 고르세요. 🔊 025

1 What's on this week's schedule?
   (A) A meeting with _____ _____.
   (B) _____ _____ _____ _____ this week.

2 What's the phone number for Humphrey's Dental Clinic?
   (A) About the cavity _____.
   (B) I'll have to _____ _____ _____.

3 What's happening at the community center this week?
   (A) Thanks, _____ _____ _____.
   (B) ____ _____ _____ on Russian literature.

4 _____ _____ _____ _____ features of this _____ _____?
   (A) We had it _____.
   (B) Yes, it's been cleaned.
   (C) It has top _____ _____.

5 _____ _____ will the flight to Barcelona _____?
   (A) Only 20 kilometers.
   (B) _____ _____ _____ sharp.
   (C) A _____ _____.

6 _____ _____ _____ _____ to Kevin's _____ _____?
   (A) I won't be _____.
   (B) He had _____ _____.
   (C) Yes, I _____ _____ _____.

Actual Test 음성을 듣고 질문에 알맞은 응답을 고르세요. 🎧 026

1	Mark your answer.	(A)	(B)	(C)
2	Mark your answer.	(A)	(B)	(C)
3	Mark your answer.	(A)	(B)	(C)
4	Mark your answer.	(A)	(B)	(C)
5	Mark your answer.	(A)	(B)	(C)
6	Mark your answer.	(A)	(B)	(C)
7	Mark your answer.	(A)	(B)	(C)
8	Mark your answer.	(A)	(B)	(C)
9	Mark your answer.	(A)	(B)	(C)
10	Mark your answer.	(A)	(B)	(C)
11	Mark your answer.	(A)	(B)	(C)
12	Mark your answer.	(A)	(B)	(C)

○ 정답 및 해설 p.23

Unit 03 Where의문문

Part 2

Where의문문은 사람·물건이 위치한 장소, 또는 이들의 출처나 소재 등을 묻는 문제로 출제되며, 장소나 위치 또는 방향을 나타내는 전치사구가 정답으로 주로 등장합니다. 간혹, 출처를 나타내는 사람이 정답으로 등장하기도 하며, '모르겠다', '~에게 물어봐라'라는 식의 우회적 응답도 가능합니다. 비교적 정답을 고르기 쉬운 유형에 속합니다.

문제유형

● 문제

Q. Where are the extra notepads?
→ 노트가 있는 장소를 묻고 있습니다.

● 정답 유형

A. It's in the supplies cabinet.
→ 사물의 위치 in the supplies cabinet(비품 캐비닛)을 언급하여 응답합니다.

A. Sarah keeps it.
→ 사람 이름을 언급하기도 합니다.

A. Did you look on my desk?
→ 책상을 확인했냐며 우회적 응답을 하기도 합니다.

● 오답 유형

① A couple of extra ones.
→ '추가로 두어 개'라며, 질문의 notepads의 개수를 이용해 혼동을 줍니다.

② He borrowed them.
→ 질문의 where를 제대로 듣지 못하거나 질문의 포인트를 잘못 파악했을 때 고를 수 있는 응답입니다.

문제풀이전략

Step 1 무엇보다도 의문사 Where를 정확하게 듣는 것이 중요합니다. 특히 when과 혼동하지 않도록 않도록 주의합니다. 그 다음 이어지는 「be동사 + 주어」, 「조동사 + 주어 + 동사」 등을 통해 질문의 핵심을 파악합니다.

Step 2 장소나 위치, 방향, 거리명, 특정 지명 이외에 사람이나 직책을 이용한 정답 표현을 답으로 고르도록 합니다.

Step 3 질문의 단어와 발음이 같거나 유사한 단어, 또는 질문의 특정 단어에서 연상할 수 있는 상황을 이용한 오답이 출제되는 경우가 있으니 주의합니다.

Sample Test
Step별 문제풀이전략을 적용해 문제를 풀어보세요. 🔊 027

(A)　　(B)　　(C)

문제분석

Where did you **park** your **car**? 차를 어디에 주차했나요?
(A) No, it doesn't start. 아니요, 차가 시동이 걸리지 않습니다. (✕)
(B) It's mine. 그것은 제 것입니다. (✕)
(C) In front of the building. 건물 앞에 주차했습니다. (○)

Step 1 의문사 듣기와 문제 포인트 파악
　　• 차를 주차한 위치는 어디인가?

Step 2 장소나 위치, 방향, 거리명, 지명 등에 유의하며 듣기
　　• (C) 건물 앞이라고 구체적 위치를 설명

Step 3 의문사를 잘못 들은 경우, 또는 유사발음, 의미 연상을 이용한 혼동보기
　　• (A) 의문사 의문문에 no로 응답, 질문과 관련 없는 응답
　　• (B) 차의 주인이 누구인지 묻는 질문에 가능한 응답

어휘 park v. 주차하다　start (차 등의) 시동이 걸리다　in front of ~의 앞에

CHECK UP
녹음된 내용을 듣고 빈칸을 채운 다음 정답을 골라보세요. 🔊 028

1　_____ can I _____ _____ _____ going to downtown?
　(A) The bus stop's _____ _____ _____.
　(B) Every ten minutes.

2　_____ _____ _____ to the auditorium?
　(A) A musical _____.
　(B) Actually, it's _____ _____.

○ 정답 및 해설 p.27

빈출답변

문제풀이에 꼭 필요한 다음의 주요 답변 유형을 반드시 암기하도록 합니다.

▶ 위치, 장소의 전치사구 1

across the street from the park 공원 맞은편에서
at the intersection of ~의 교차로에서
at the district office 지역 사무실에서
at the store 가게에서
from Washington D.C. 워싱턴 D.C.로부터
in town 시내에서

near the bus stop 버스 정류장 근처에서
next to the post office 우체국 옆에서
at one of our branches 지사 중 한 군데에서
The Royal Garden Hotel 로얄 가든 호텔에서
to Amsterdam 암스테르담으로

▶ 위치, 장소의 전치사구 2

at the corner 구석에
at the end of the hallway 복도 끝에
down the hall 복도를 따라가서
in a closet 벽장 안에
in my suitcase 여행 가방 안에
in the bottom drawer 맨 밑 서랍에
in front of the building 건물 앞에

in the cabinet 캐비닛 안에
in the conference room 회의실 안에
in the warehouse 창고 안에
at the door 문 쪽에
on a counter 카운터 위에
under the counter 카운터 밑에

▶ 사람, 출처, 행방

at our last gathering 지난번 모임에서
on our website 우리 웹사이트에서
to my home address 우리집 주소로

from our investors 우리 투자자들로부터
Sandra has it. Sandra가 갖고 있다.

▶ 우회적 응답

I'll bring it to you. 제가 가져다 드리겠습니다.
Did you look on John's desk?
John의 책상을 살펴보았나요?

We haven't decided yet. 아직 결정하지 않았어요.
Ask the purchasing manager.
구매부 과장님께 물어보세요.

More to TOEIC

오답으로 출제되는 유사발음 어휘를 뜻과 함께 외워봅니다.

repair 수리하다 / fair 공정한; 박람회
degree 학위 / agree 동의하다
reception 리셉션, 환영 / receipt 영수증

proposal 제안서 / professional 전문적인
project 프로젝트 / object 물건

Practice
음성을 듣고 빈칸을 채운 뒤, 질문에 알맞은 응답을 고르세요. 029

1 Where is the supply room?
   (A) _____ _____ _____ _____ the hallway.
   (B) It's being _____.

2 _____ is Anthony _____?
   (A) From Montreal.
   (B) To get a sandwich.

3 _____ _____ _____ _____ these golf clubs?
   (A) I bought them _____ _____.
   (B) Try it on, please.

4 Where can I _____ _____ _____?
   (A) Put them _____ _____ _____.
   (B) It'll take a month or so.
   (C) It _____ _____ Istanbul.

5 Where will the trade show _____ _____?
   (A) The _____ _____ is 20 dollars.
   (B) The beginning of next month.
   (C) At the Anaheim _____ _____.

6 _____ _____ ____ _____ these electric cables?
   (A) In the _____ _____ of your desk.
   (B) From the _____ store.
   (C) The power has been _____ _____.

○ 정답 및 해설 p.27

Part 2

Unit 04 When의문문

When의문문은 행사, 일, 업무 등의 시작, 마감되는 시점, 기차나 비행기가 출발·도착하는 시간 등을 묻습니다. 시간, 요일, 월, 기간 등을 나타내는 전치사구 및 관용표현, 또는 시간의 부사절 등이 정답으로 출제되며, 미래, 과거, 현재 등이 고루 등장합니다.

문제유형

● 문제

Q. When does the tourist information center close?
→ 관광안내소가 언제 문을 닫는지 묻고 있습니다.

● 정답 유형

A. At 6 o'clock.
→ '6시'라며 구체적 시각을 밝혀 응답합니다.

● 오답 유형

① City maps are available.
→ '시내 지도를 구할 수 있다'라며, tourist information center에서 연상할 수 있는 단어를 이용한 오답입니다.

② It's the closest one.
→ 역시 질문의 close와 유사한 발음의 closest를 이용한 오답입니다.

문제풀이전략

Step 1 무엇보다도 의문사 When을 정확하게 듣는 것이 중요합니다. 그 다음 이어지는 「be동사 + 주어」, 「조동사 + 주어 + 동사」 등을 통해 질문의 핵심을 파악합니다.

Step 2 시각, 날짜, 요일, 월, 기간 등을 나타내는 부사구, 과거/현재/미래 시제표현, 기타 시간을 나타내는 관용표현 등을 답으로 고르도록 합니다.

Step 3 의문사를 잘못 듣고 고를 수 있는 유형의 혼동보기에 주의합니다. 또한, 질문의 단어와 발음이 같거나 유사한 단어, 또는 질문의 특정 단어와 연관된 의미를 이용한 오답이 출제되는 경우가 있으니 주의합니다.

Sample Test

Step별 문제풀이전략을 적용해 문제를 풀어보세요. 🔊 030

(A)　　　(B)　　　(C)

문제분석

When was the newspaper article released? 신문 기사가 나온 때는 언제입니까?
(A) In a science magazine. 과학 잡지에서요. (×)
(B) Last Thursday. 지난 목요일입니다. (○)
(C) I recently did. 근래에 제가 했어요. (×)

Step 1 의문사 듣기와 문제 포인트 파악
　• 신문 기사가 나온 때는?

Step 2 시각, 날짜, 요일 및 기타 시간 관용표현 등에 유의하며 듣기
　• 지난주 목요일이라며 날짜를 밝힘

Step 3 의문사를 잘못 들은 경우, 또는 유사발음, 의미 연상을 이용한 혼동보기
　• (A) newspaper article과 의미상 관련 있는 magazine을 이용한 혼동보기
　• (C) 질문의 요지와 관련 없음

어휘 article 신문 기사　release 내보내다, 발표하다　recently 최근에

CHECK UP 녹음된 내용을 듣고 빈칸을 채운 다음 정답을 골라보세요. 🔊 031

1　When are you leaving for Los Angeles?
　　(A) _____ _____ _____ _____ this month.
　　(B) For ____ _____ _____ _____.

2　_____ are we expecting our clients?
　　(A) _____ _____ _____.
　　(B) At the airport.

○ 정답 및 해설 p.29

빈출답변

문제풀이에 꼭 필요한 다음의 주요 답변 유형을 반드시 암기하도록 합니다.

▶ 시간, 요일, 월, 기간

at 10 o'clock 10시에
around 6 6시 경에
between 1 and 3 o'clock 1시에서 3시 사이에
at midnight 자정에
this morning 오늘 아침에
at noon 정오에
tomorrow evening 내일 저녁에

on Thursday 목요일에
in June 6월에
at the end of this month 이번 달 말에
at the beginning of next month 다음 달 초에
by the end of this week 이번 주말까지
before the end of this week 이번 주말 전에
after the workshop 워크숍 후에

▶ 부사

yesterday 어제
last week/month/year 지난주에/지난달에/작년에
late last night 지난밤 늦게
two days ago 이틀 전에

currently 현재
soon 곧, 얼마 안 있어
next week/month/year 다음 주에/다음 달에/내년에
next May 내년 5월에

▶ 관용표현

sooner than expected 예상보다 일찍
no later than 늦어도 ~까지
until tomorrow 내일까지
in a few minutes 몇 분 후에
in 20 minutes 20분 있다가

in half an hour 30분 있다가
sometime next week 다음주 아무 때나
sometime in October 10월 중 아무 때나
right after I check the numbers 제가 숫자를 확인한 직후에
when he comes back 그가 돌아오면

More to TOEIC

오답으로 출제되는 유사발음 어휘를 뜻과 함께 외워봅니다.

close 문을 닫다 / closest 가장 가까운(형용사 close의 최상급)
promote 승진하다 / promotional 홍보의, 판촉의
advertising 광고업 / advertisement 광고

dental 치과의 / dent 찌그러진 곳
ship 배송하다 / shipment 배송품

Practice

음성을 듣고 빈칸을 채운 뒤, 질문에 알맞은 응답을 고르세요. 🎧 032

1 When will the _____ _____?
   (A) No, she didn't win.
   (B) _____ _____ _____.

2 _____ does your subscription _____?
   (A) I got the renewal information.
   (B) _____ _____.

3 When will the orders be _____?
   (A) A free _____.
   (B) They were sent out _____.

4 _____ will someone come to _____ _____ _____?
   (A) _____ _____ are ready.
   (B) Maybe _____.
   (C) Put it here.

5 When will the office _____ _____ _____?
   (A) _____ than expected.
   (B) For about a _____.
   (C) Please send me the estimate.

6 When was _____ _____ _____ _____ _____ Mr. Greene?
   (A) By _____.
   (B) He's my supervisor.
   (C) In _____.

○ 정답 및 해설 p.29

Actual Test

음성을 듣고 질문에 알맞은 응답을 고르세요. 🎧 033

1	Mark your answer.	(A)	(B)	(C)
2	Mark your answer.	(A)	(B)	(C)
3	Mark your answer.	(A)	(B)	(C)
4	Mark your answer.	(A)	(B)	(C)
5	Mark your answer.	(A)	(B)	(C)
6	Mark your answer.	(A)	(B)	(C)
7	Mark your answer.	(A)	(B)	(C)
8	Mark your answer.	(A)	(B)	(C)
9	Mark your answer.	(A)	(B)	(C)
10	Mark your answer.	(A)	(B)	(C)
11	Mark your answer.	(A)	(B)	(C)
12	Mark your answer.	(A)	(B)	(C)

정답 및 해설 p.30

Unit 05 How의문문

Part 2

How의문문은 방법, 의견, 느낌, 상태 등을 묻거나, 다음에 부사/형용사와 쓰여 가격, 수량, 기간 등을 묻습니다. 질문 형태가 다양한 만큼 여러 응답이 가능하므로, 의문사 다음에 이어지는 [조동사 + 주어 + 동사] 등을 잘 들어 질문의 핵심을 정확히 파악하는 것이 중요합니다.

문제유형

● 문제

Q. How did you fix your computer?
→ 컴퓨터를 수리한 방법을 묻고 있습니다.

● 정답 유형

A. I just restarted it.
→ 재시동을 했다며 구체적인 방법을 들어 응답하고 있습니다.

A. I called the technical support.
→ 기술 지원팀에 전화했다며, 수리 작업의 주체를 밝혀 응답하고 있습니다.

● 오답 유형

① A network error.
→ 네트워크 에러라는 것은 computer와 관련해서 연상할 수 있는 오답입니다.

② It's under my desk.
→ 책상 밑에 있다며 위치를 들어 응답하고 있습니다. 의문사를 잘못 듣거나, 질문의 핵심을 놓칠 때 고를 수 있는 오답입니다.

문제풀이전략

Step 1 의문사 how를 정확히 들은 다음, 이어지는 「조동사 + 주어 + 동사」, 「be동사 + 주어(+ 보어)」 구조를 통해 질문의 핵심을 파악합니다.

Step 2 방법, 수단, 의견을 나타내거나 수량, 가격, 빈도수 등으로 응답한 것을 고릅니다. 이외에 I have no idea.와 같이 '잘 모르겠다' 또는 I'll check it.과 같이 '확인해보겠다, 알아보겠다'는 식의 응답도 정답으로 제시됩니다.

Step 3 질문에 나오는 단어와 발음이 같거나 유사한 단어, 또는 질문의 특정 단어에서 연상할 수 있는 동작이나 사물, 정황을 이용한 오답이 출제되는 경우가 있으니 주의합니다.

| Sample Test | Step별 문제풀이전략을 적용해 문제를 풀어보세요. 🔊 034 |

(A)　　　(B)　　　(C)

문제분석

How much printing paper do we have? 인쇄 용지가 얼마나 남았죠?
(A) Not this time. 이번은 아닙니다. (×)
(B) Next to the printer. 프린터 옆에요. (×)
(C) Two small boxes. 작은 상자로 두 개입니다. (○)

Step 1 의문사 듣기와 문제 포인트 파악
　• 남은 인쇄 용지 분량은 얼마인가?

Step 2 방법, 수단, 의견, 수량, 가격, 빈도수 등에 유의하며 듣기
　• (C) 작은 상자 두 개가 남았다며 정확한 수량 제시

Step 3 의문사를 잘못 들은 경우, 또는 유사발음, 의미 연상을 이용한 혼동보기
　• (A) 질문과 관계가 먼 응답
　• (B) 질문의 printing paper와 유사한 발음인 printer를 이용한 함정 오답

어휘 printing paper 인쇄 용지

CHECK UP 녹음된 내용을 듣고 빈칸을 채운 다음 정답을 골라보세요. 🔊 035

1　How was your business trip to Mexico?
　(A) I was pretty _____.
　(B) She is also _____ _____ _____.

2　_____ do you _____ _____ _____?
　(A) I usually _____ _____ _____ _____.
　(B) Before lunch.

◯ 정답 및 해설 p.34

빈출답변

문제풀이에 꼭 필요한 다음의 주요 답변 유형을 반드시 암기하도록 합니다.

▶ 방법, 수단

Q. How did you learn about the research seminar?
연구 세미나에 대해서는 어떻게 알았나요?
A. By checking the website.
웹사이트를 확인했습니다.

Q. How did you hear about the job?
일자리에 대해서는 어떻게 알았나요?
A. I saw an advertisement.
광고를 봤습니다.

Q. How did you avoid the traffic jam this morning?
오늘 아침 교통 정체는 어떻게 피했나요?
A. I took a different route.
다른 길로 갔습니다.

Q. How should I organize the billing records?
청구서 내역을 어떻게 정리할까요?
A. By dates.
날짜별로요.

Q. How do I get to the post office?
우체국에 어떻게 갈 수 있나요?
A. Turn left at the corner.
코너에서 왼쪽으로 도세요.

▶ 의견, 상태

Q. How's your computer working?
컴퓨터는 작동 상태가 어떻습니까?
A. It's very fast.
속도가 매우 빨라요.

Q. How did you like the presentation?
그 프레젠테이션은 어땠어요?
A. Dr. Johnson was an excellent speaker.
존슨 박사님이 강연을 정말 잘하셨어요.

▶ 수량, 빈도, 가격, 기간

Q. How often is the mail delivered here?
우편물은 여기로 얼마나 자주 배송되나요?
A. Twice a day.
하루 두 번이요.

Q. How many applications did you receive?
신청서를 얼마나 받았나요?
A. There were about 50.
50장 정도 됩니다.

Q. How long have you worked here?
이곳에서 얼마나 오랫동안 근무했나요?
A. More than ten years.
10년 넘게요.

More to TOEIC

오답으로 출제되는 유사발음 어휘를 뜻과 함께 외워봅니다.

duty 의무 / due ~할 예정인
presentation 프레젠테이션 / station 역
complete 완전한 / compete 경쟁하다

director 이사 / direction 방향
office 사무실 / offer 제공하다

Practice
음성을 듣고 빈칸을 채운 뒤, 질문에 알맞은 응답을 고르세요. 🔊 036

1 How can I _____ _____ _____ _____?
   (A) I loaned him a few books.
   (B) You can _____ _____ _____ _____.

2 _____ _____ _____ _____ _____ the airport?
   (A) At around 6.
   (B) I use _____ _____.

3 _____ _____ _____ does the candidate speak?
   (A) Look it up in a _____.
   (B) _____ , _____ _____.

4 _____ _____ have you _____ _____ _____ _____?
   (A) It takes ____ _____ _____ _____.
   (B) _____ _____ three months.
   (C) It's not working.

5 How did you _____ _____ the historical building?
   (A) It's quite old.
   (B) _____ _____ _____ _____.
   (C) I searched for it _____ _____.

6 _____ _____ ____ _____ the digital media committee?
   (A) _____ Ms. Anderson.
   (B) They meet every Monday.
   (C) My _____ does.

Unit 06 Why의문문

Part 2

Why의문문은 행동이나 현상, 발생한 일에 대한 이유, 목적 등을 묻습니다. 이에 접속사 because를 생략하고 바로 이유를 제시하는 응답이 많으며, 그 밖에 접속사 for, so that, 목적을 나타내는 to부정사구를 이용한 응답도 등장합니다. 비교적 난도가 있는 편에 속합니다.

문제유형

● **문제**

Q. Why is Catherine in such a hurry?
→ Catherine이라는 인물이 서두르는 이유를 묻고 있습니다.

● **정답 유형**

A. Because she is late for an appointment.
→ 약속에 늦어서라며 이유를 밝혀 응답하고 있습니다. 이 때 접속사 because를 생략한 응답도 가능합니다.

● **오답 유형**

① To calm down.
→ 진정하기 위해서라며 이유를 밝히고 있으나, 질문의 요지와 거리가 먼 오답입니다.

② In Ohio for a technology fair.
→ 오하이오에서 열린 기술박람회라는 장소로 응답하고 있으므로 where의문문 등에 가능한 응답입니다.

문제풀이전략

Step 1 의문사 why와 「조동사 + 주어 + 동사」, 「be동사 + 주어(+ 보어)」와 같이 의문사에 이어지는 구문을 들어 질문 포인트를 정확히 파악해야 합니다.

Step 2 이유나 목적을 나타내는 응답은 문장이나 to부정사 형태로 제시되며, 문장 형태는 길이가 길기 때문에 의미를 정확히 파악해야 합니다. because로 시작하는 경우와 그렇지 않은 경우가 있으므로 주의합니다.

Step 3 Yes/No로 시작하는 응답은 정답이 아닙니다. 단, why don't you/we~?와 같이 제안을 나타내는 의문문은 yes/no로 응답이 가능하므로 주의합니다. 의문사를 잘못 들은 경우 고를 수 있는 오답, 질문의 단어와 발음이 유사하거나 연상을 이용한 오답 등에 주의합니다.

Sample Test

Step별 문제풀이전략을 적용해 문제를 풀어보세요. 🎧 037

(A)   (B)   (C)

문제분석

Why did you **call the travel agency**? 여행사에 왜 전화를 했나요?
(A) Because I had to change my itinerary. 여행 일정을 바꿔야 했기 때문입니다. (○)
(B) At 10:30. 10시 30분에요. (×)
(C) Yes, my assistant handles it. 네, 제 조수가 그것을 다룹니다. (×)

Step 1 의문사와 이어지는 「주어 + 동사」 듣고 질문 포인트 파악
  • 여행사에 전화한 이유

Step 2 이유나 목적을 나타낸 응답 찾기
  • (A) 여행 일정을 바꾸기 위해서라고 이유 설명

Step 3 의문사를 잘못 들은 경우를 이용한 오답
  • (B) 전화 건 시간을 묻는 when의문문에 가능한 응답
  • (C) yes라고 응답하고 있으므로 일단 제외. 이어지는 내용도 질문과 관련 없는 응답

어휘 itinerary 여행 일정 계획

CHECK UP 녹음된 내용을 듣고 빈칸을 채운 다음 정답을 골라보세요. 🎧 038

1 Why do you like _____ _____ _____?
   (A) _____ _____ _____ _____.
   (B) Only after the game.

2 _____ _____ _____ _____ _____ still open?
   (A) Yes, I like my job.
   (B) We weren't able to _____ _____ _____ _____.

➡ 정답 및 해설 p.36

빈출답변

문제풀이에 꼭 필요한 다음의 주요 답변 유형을 반드시 암기하도록 합니다.

▶ 이유, 목적 – 문장 형태 응답

Q. Why are there so many people in front of the theater?
극장 앞에 왜 이리 사람이 많은 거죠?

A. Because the film made a big hit.
영화가 크게 히트를 쳤기 때문이죠.

Q. Why do you want to be a school teacher?
왜 학교 선생님이 되고 싶은가요?

A. Because I like children.
왜냐하면 저는 어린이들을 좋아하니까요.

Q. Why was Thomas so late?
Thomas는 왜 늦었나요?

A. Because his train was delayed.
그의 기차가 지연되었습니다.

Q. Why are there so many packages in the hallway?
복도에 왜 그리 많은 소포가 있나요?

A. The delivery service just left them.
택배 회사에서 두고 갔습니다.

Q. Why hasn't the guest speaker arrived yet?
왜 초대 연사는 아직 도착하지 않았죠?

A. Her flight was delayed.
그녀의 항공편이 지연되었습니다.

▶ 이유, 목적 – to부정사 응답

Q. Why was the wall repainted?
벽은 왜 다시 페인트칠 되었나요?

A. To match the new carpet.
새로 깐 카펫과 색을 맞추기 위해서요.

Q. Why are they expanding Durby Road?
그들은 왜 Durby Road를 넓히나요?

A. To accommodate more traffic.
더 많은 교통량을 수용하려고요.

Q. Why are they taking tables out of the house?
그들은 왜 집밖으로 테이블을 옮기나요?

A. To make room for a party.
파티를 위한 공간을 만들기 위해서요.

▶ 우회적 응답

Q. Why didn't you ask for a receipt?
왜 영수증을 요청하지 않았나요?

A. I didn't think about it.
그것에 대해 생각하지 않았습니다.

Q. Why haven't we seen Mr. Pearson lately?
왜 우리는 요즘 Pearson 씨를 볼 수 없죠?

A. I was wondering the same thing.
저도 그게 궁금했습니다.

More to TOEIC

오답으로 출제되는 유사발음 어휘를 뜻과 함께 외워봅니다.

agenda 의제 / **agent** 대리인
chart 차트 / **cart** 카트
purchase 구입하다 / **purse** 지갑

production 생산 / **product** 제품
business 비즈니스 / **busy** 바쁜

Practice

음성을 듣고 빈칸을 채운 뒤, 질문에 알맞은 응답을 고르세요. 039

1 _____ _____ _____ take the morning class?
   (A) I don't have any.
   (B) _____ _____ _____ _____.

2 Why are there _____ _____ _____ in the hallway?
   (A) _____ _____ _____ _____ just arrived.
   (B) Yes, _____ _____ _____.

3 Why should we _____ _____ _____ by express mail?
   (A) The tracking number is _____.
   (B) The delivery is _____ _____ _____ this Friday.

4 Why didn't you _____ _____ ____ _____?
   (A) No, I haven't.
   (B) ____ _____ _____ _____ ____.
   (C) By _____ _____.

5 Why are they _____ the lecture room?
   (A) Starting on Sunday.
   (B) _____ _____ more people.
   (C) The advance reservations.

6 Why was the factory's opening _____?
   (A) It opens _____.
   (B) The workforce _____ _____.
   (C) On the _____ ____.

Actual Test

음성을 듣고 질문에 알맞은 응답을 고르세요.  040

1   Mark your answer.   (A)   (B)   (C)

2   Mark your answer.   (A)   (B)   (C)

3   Mark your answer.   (A)   (B)   (C)

4   Mark your answer.   (A)   (B)   (C)

5   Mark your answer.   (A)   (B)   (C)

6   Mark your answer.   (A)   (B)   (C)

7   Mark your answer.   (A)   (B)   (C)

8   Mark your answer.   (A)   (B)   (C)

9   Mark your answer.   (A)   (B)   (C)

10 Mark your answer.   (A)   (B)   (C)

11 Mark your answer.   (A)   (B)   (C)

12 Mark your answer.   (A)   (B)   (C)

정답 및 해설 p.37

Part 2

Unit 07 Which의문문

Which의문문은 특정 범위 안에 있는 사물이나 일, 사람 중 어느 것 또는 누구를 선택할지 묻는 경우에 쓰입니다. 「Which + (of) + 명사」의 구조를 주로 취하며, 이 부분에 문제의 핵심이 들어 있으므로 반드시 집중해서 들어야 합니다. 평균 1문제 미만으로 출제되어 비중은 낮은 편입니다.

문제유형

● **문제**

Q. **Which button** should I press first?
→ 먼저 어느 버튼을 눌러야 하는지 묻고 있습니다.

● **정답 유형**

A. **The blue one.**
→ '파란색'이라고 하며, 대명사 one을 이용하여 구체적인 사물을 가리키고 있습니다.

● **오답 유형**

① No, the second.
→ 순서를 묻는 질문의 first에서 연상할 수 있는 second를 이용한 오답입니다.

② I'm stressed out.
→ '저는 지쳤습니다'라는 의미로서, 질문의 press와 유사하게 들리는 stressed를 이용한 오답입니다.

문제풀이전략

Step 1 「Which + (of) + 명사」가 질문의 핵심이므로 이 부분을 놓치지 말고 들어야 합니다.

Step 2 사물의 위치나 상태, 특징을 나타낸 표현에 주의합니다. 특히 대명사 the one ~으로 시작되는 응답이 정답인 경우가 많으니 이에 집중합니다. 한편, '어느 것도 상관없다'는 식의 우회적 응답이나, 제3의 것을 선택하는 응답도 가능하니 문제 풀이시 이 또한 염두해야 합니다.

Step 3 질문의 단어와 발음이 같거나 유사한 단어, 또는 질문에 나온 특정 단어에서 연상할 수 있는 동작이나 사물, 정황을 이용한 오답이 출제되는 경우가 있으니 주의합니다.

Sample Test
Step별 문제풀이전략을 적용해 문제를 풀어보세요. 🎧 041

(A)　　(B)　　(C)

문제분석

Which files should I send to the storage? 어느 파일을 창고에 보내야 하나요?
(A) They can't be filed. 그것들은 문서로 정리될 수 없습니다. (×)
(B) Yes, it is stored downstairs. 네, 그것은 아래층에 보관되어 있습니다. (×)
(C) They're in that yellow box. 그것들은 저 노란색 박스 안에 있습니다. (○)

Step 1 「Which + (of) + 명사」 듣기
- 어느 파일을 보낼 것인가?

Step 2 사물의 특징, 위치 등을 나타내거나, 대명사 the one으로 된 표현
- (C) 사물의 위치를 가리키는 응답으로서 정답

Step 3 유사, 혹은 동일 발음, 연상을 이용한 혼동보기는 정답에서 제외
- (A) 질문의 files의 동사형 file을 이용한 혼동보기
- (B) 질문의 storage의 동사형 store를 이용한 혼동보기

어휘 storage 보관소, 창고　file 문서로 정리하다　downstairs 아래층에

CHECK UP
녹음된 내용을 듣고 빈칸을 채운 다음 정답을 골라보세요. 🎧 042

1　Which movie are you _____ _____ _____?
　(A) _____ _____ _____ _____.
　(B) She is going to do it.

2　_____ _____ _____ is the closest to the office?
　(A) They close early.
　(B) _____ _____ on Elm Street.

○ 정답 및 해설 p.41

빈출답변

문제풀이에 꼭 필요한 다음의 주요 답변 유형을 반드시 암기하도록 합니다.

▶ **the one을 이용한 응답**

Q. Which office is yours?
당신 사무실은 어느 것입니까?

A. The one in the corner.
코너에 있는 것입니다.

Q. Which form should I fill out first?
어떤 양식을 먼저 작성해야 하나요?

A. The yellow one.
노란색이요.

Q. Which news stand is closest to the office?
사무실에서 가까운 가판대가 어느 것인가요?

A. The one on Bali Street.
Bali 가에 있는 것이요.

Q. Which cubicle were you assigned?
어느 칸막이에 자리를 배정 받았나요?

A. The one across from Cathy.
Cathy 맞은편 자리입니다.

▶ **대상을 직접 언급한 응답**

Q. Which pharmaceutical company does Ms. Rose represent?
Rose 씨는 어느 제약회사에 다니나요?

A. She works for Global Pharms.
Global Pharms사에서 근무합니다.

Q. Which performance are you going to?
어느 공연에 갈 건가요?

A. The 4 P.M. one/performance.
4시에 있는 거요.

Q. Which sales representative helped you?
어떤 영업사원이 당신을 도와주었나요?

A. I believe it was Nelson.
Nelson이었습니다.

▶ **우회적 응답**

Q. Which airline are you taking to Tokyo?
도쿄에 어느 항공사 비행기를 타고 가나요?

A. I haven't booked my flight yet.
아직 비행기를 예약하지 않았습니다.

Q. Which café has the fastest service?
어떤 카페가 서비스가 가장 빠른가요?

A. Are you in a hurry?
급하신가요?

More to TOEIC

오답으로 출제되는 유사발음 어휘를 뜻과 함께 외워봅니다.

company 회사 / **accompany** 동반하다
folder 폴더 / **fold** 접다
assign 임무를 배정하다 / **sign** 서명

represent 대표하다, 나타내다 / **representative** 대표, 직원
office 사무실 / **official** 공식적인

Practice
음성을 듣고 빈칸을 채운 뒤, 질문에 알맞은 응답을 고르세요. 🔊 043

1 Which light is _____?
   (A) The one in the _____.
   (B) _____ , _____ _____.

2 _____ _____ _____ _____?
   (A) Isn't it yours?
   (B) The one _____ _____ _____ _____.

3 _____ _____ _____ did you choose?
   (A) Sure, I'll _____ _____.
   (B) _____ _____ _____ _____.

4 _____ _____ _____ _____ from the guest list?
   (A) I'm going to invite them.
   (B) _____ _____ still haven't been added.
   (C) Yes, they're _____ _____ ____ _____.

5 _____ _____ _____ _____ _____ at the meeting?
   (A) The quarterly loss.
   (B) I enjoy meeting everyone.
   (C) _____ _____ _____ _____ _____.

6 _____ _____ _____ _____ _____ _____ to Pioneer Square?
   (A) Ms. Chang is.
   (B) No, maybe _____.
   (C) I need to _____ _____ _____ first.

Part 2

Unit 08 be동사/조동사의문문

be동사/조동사의문문은 일반의문문으로서, 사람이나 사물의 상태, 성격 등을 묻거나 사실, 계획, 의견을 묻는 등 다양하게 쓰이며 과거, 현재, 미래 등 여러 시제에 유의해야 합니다. yes/no로 응답하여 긍정 또는 부정을 나타내거나 종종 이를 생략하기도 합니다. 정형화된 응답 유형이 없으므로 질문 내용을 파악하고 답을 찾아야 하는, 다소 난도가 있는 문제입니다.

문제유형

● **문제**

Q. Is the library open until 10 tonight?
→ 도서관이 밤 10시까지 문을 여는지 묻고 있습니다.

● **정답 유형**

A. No, it closes at 8.
→ no라고 부정한 뒤, 8시에 문을 닫는다고 정정해주는 응답입니다.

● **오답 유형**

① I can't make it today.
→ 질문의 tonight과 같이 때를 나타내는 today를 이용해 혼동을 주고 있습니다.

② Yes, she's the librarian.
→ 질문의 library에서 연상할 수 있는 librarian이라는 말을 이용해 혼동을 주고 있습니다.

문제풀이전략

Step 1 질문의 의미 파악을 위해 be동사/조동사 다음에 이어지는 「주어 + 보어」, 「주어 + 동사 (+ 목적어/보어)」에 집중해 들어야 합니다.

Step 2 yes/no로 응답하는 것이 정석이나 이를 생략하고 바로 정답을 제시하는 경우가 많으니 주의합니다.

Step 3 의문사를 잘못 듣고 고를 수 있는 유형의 혼동보기에 주의합니다. 또한, 질문에 나오는 단어와 발음이 같거나 유사한 단어, 또는 질문의 특정 단어와 관련 있는 의미를 이용한 오답이 출제되는 경우가 있으니 주의합니다.

Sample Test
Step별 문제풀이전략을 적용해 문제를 풀어보세요. 🔊 044

(A)　　(B)　　(C)

문제분석

Did **Miranda give a speech** yet? 미란다는 연설을 했나요?
(A) Put it next to the speaker. 그것을 스피커 옆에 두세요. (×)
(B) No, it's scheduled for this afternoon. 아니요, 그건 오늘 오후에 있을 예정입니다. (○)
(C) Sure, I can do that. 물론이죠, 제가 할 수 있습니다. (×)

Step 1 「주어 + 보어」, 「주어 + 동사 (+ 목적어/보어)」를 듣고 내용 파악
- Miranda가 연설을 했는지 여부를 묻고 있음

Step 2 yes/no 다음에 이어지는 내용이 질문과 어울리는 것 고르기
- no라고 부정한 뒤, 이유에 대해 덧붙임

Step 3 유사, 혹은 동일 발음, 연상을 이용한 혼동보기는 정답에서 제외
- (A) 질문의 speech와 관련 있는 speaker를 이용한 오답
- (C) 주어(주체)와 시제가 잘못 사용된 오답

어휘 give a speech 연설을 하다 be scheduled for ~로 예정되다

CHECK UP
녹음된 내용을 듣고 빈칸을 채운 다음 정답을 골라보세요. 🔊 045

1 _____ _____ _____ _____ to help me?
　(A) I don't have a watch.
　(B) Sure. _____ _____ ____ _____?

2 Are you _____ _____ _____ _____ _____?
　(A) ____ _____ _____.
　(B) I'm _____ _____.

○ 정답 및 해설 p.43

빈출답변

문제풀이에 꼭 필요한 다음의 주요 답변 유형을 반드시 암기하도록 합니다.

▶ be동사

Q. Are you going to the film festival?
영화제에 갈 건가요?

A. I'm planning to.
그럴 생각입니다.

Q. Is this the right place to buy stamps?
여기가 우표를 사는 곳 맞나요?

A. Yes, I can help you here.
네, 제가 도와드릴게요.

Q. Is Mr. O'Brian available today?
오늘 O'Brian 씨를 만날 수 있나요?

A. No, he is out of town.
아니요, 그는 외지에 있습니다.

▶ 조동사 do

Q. Did you get the computer you ordered?
주문한 컴퓨터 받았나요?

A. Yes, it's in my office.
네, 그것은 제 사무실에 있습니다.

Q. Do you want to drive with me to the seminar?
세미나에 차로 데려다 드릴까요?

A. Thanks, but I'm going with Phoebe.
고맙지만, 저는 Phoebe와 갈 겁니다.

▶ 조동사 have

Q. Has Mr. Locke hired an assistant yet?
Locke 씨는 조수를 고용하셨나요?

A. She started work yesterday.
그녀는 어제부터 일을 시작했습니다.

Q. Have you received your work visa?
취업 비자를 받았나요?

A. Not yet.
아니요, 아직요.

▶ 기타 조동사

Q. Can I make an appointment to get my car inspected?
차량 점검 예약을 할 수 있을까요?

A. You don't need an appointment.
예약은 필요 없으십니다.

Q. Would you like your coffee refilled?
커피를 리필해 드릴까요?

A. No thank you.
고맙지만, 됐습니다.

More to TOEIC

오답으로 출제되는 유사발음 어휘를 뜻과 함께 외워봅니다.

refer 참조하다 / **refill** 리필하다, 다시 채우다
drive 운전하다 / **driveway** 진입로
library 도서관 / **librarian** 사서

contact 연락하다 / **contract** 계약
pharmacy 약국 / **pharmacist** 약사

Practice

음성을 듣고 빈칸을 채운 뒤, 질문에 알맞은 응답을 고르세요. 🔊 046

1. Are the items in this section _____ _____?
   (A) Yes, but _____ _____.
   (B) They are _____ _____ _____.

2. Did you _____ _____ _____ _____?
   (A) No, I _____ _____ _____ _____ ____ ____.
   (B) Try to _____ _____ _____.

3. Is the _____ _____ _____ today?
   (A) Yes, but _____ _____ ____ _____.
   (B) I can _____ _____.

4. Can you _____ _____ ____ _____ _____ on Wednesday?
   (A) It's been delivered.
   (B) I should be _____ ____ ____ _____.
   (C) _____ _____ _____.

5. Are you going to _____ _____ _____ _____ to dinner?
   (A) Yes, please.
   (B) _____ _____ _____?
   (C) No, _____ _____ this afternoon.

6. Has your _____ _____ ____ _____ _____ been approved?
   (A) It's still _____ _____.
   (B) No, it's _____.
   (C) The Chinese Embassy.

○ 정답 및 해설 p.43

80

Actual Test

음성을 듣고 질문에 알맞은 응답을 고르세요. 🎧 047

1	Mark your answer.	(A)	(B)	(C)
2	Mark your answer.	(A)	(B)	(C)
3	Mark your answer.	(A)	(B)	(C)
4	Mark your answer.	(A)	(B)	(C)
5	Mark your answer.	(A)	(B)	(C)
6	Mark your answer.	(A)	(B)	(C)
7	Mark your answer.	(A)	(B)	(C)
8	Mark your answer.	(A)	(B)	(C)
9	Mark your answer.	(A)	(B)	(C)
10	Mark your answer.	(A)	(B)	(C)
11	Mark your answer.	(A)	(B)	(C)
12	Mark your answer.	(A)	(B)	(C)

○ 정답 및 해설 p.44

Unit 09 부정/부가의문문

Part 2

부정/부가의문문은 자신의 생각이나 사실 여부를 재차 확인하거나, 상대의 동의를 구하는 것을 목적으로 합니다. 질문의 not의 유무와 관계없이 질문에 대해 긍정이면 yes, 부정할 때는 no로 응답합니다. 비교적 비중이 높은 편이므로 철저한 대비가 필요합니다.

문제유형

● **문제 1 – 부정의문문**

Q. Doesn't the department store charge a parking fee?
→ 백화점에서는 주차 요금을 부과하지 않는지 확인하고 있습니다.

● **정답 유형 1 – 부정의문문**

A. No, not on Wednesdays.
→ 이에 No라고 부정한 뒤, 수요일에는 요금을 부과하지 않는다고 덧붙여 응답합니다.

● **문제 2 – 부가의문문**

Q. You've been to this restaurant before, haven't you?
→ 이 레스토랑에 와 본 경험이 있는지 확인하고 있습니다.

● **정답 유형 2 – 부가의문문**

A. Yes, I came with a client.
→ Yes라고 긍정한 뒤, 고객과 왔었다고 덧붙여 응답합니다.

문제풀이전략

Step 1 질문 내용 파악을 위해 「주어 + 보어」, 「주어 + 동사 (+ 목적어/보어)」에 집중해 들어야 합니다.

Step 2 부정의문문인 경우 not의 유무, 부가의문문인 경우 뒤에 붙는 「be동사/조동사 (+ not) + 주어」에 관계없이 질문에 대해 긍정이면 yes, 부정이면 no로 응답합니다. 단, yes 또는 no에 이어지는 부연설명이 질문과 어울리는 것인지 주의해야 합니다.

Step 3 질문에 나오는 단어와 발음이 같거나 유사한 단어, 또는 질문의 특정 단어에서 연상할 수 있는 사물, 동작, 정황을 이용한 오답이 출제되는 경우가 있으니 주의합니다.

Sample Test

Step별 문제풀이전략을 적용해 문제를 풀어보세요. 🔊 048

(A)　　　(B)　　　(C)

문제분석

Didn't you receive the acceptance **letter**? 합격 통지서를 받지 않았나요?
(A) Yes, and I replied. 네, 그래서 응답했습니다. (○)
(B) Please send me the order form later. 나중에 저에게 주문 양식을 보내주세요. (×)
(C) Let me check the address. 제가 주소를 확인해 보겠습니다. (×)

Step 1 「주어 + 보어」, 「주어 + 동사 (+ 목적어/보어)」를 듣고 내용 파악
　　　• 합격 통지서를 받았는지 여부 확인

Step 2 not의 유무에 관계없이 긍정이면 yes, 부정이면 no로 응답하고 부연 설명
　　　• (A) yes라고 긍정한 뒤, 다음에 취한 행동을 구체적으로 설명

Step 3 유사, 혹은 동일 발음, 연상을 이용한 혼동보기는 정답에서 제외
　　　• (B) 질문의 letter와 유사한 발음으로 들리는 later를 이용한 혼동보기
　　　• (C) letter에서 연상할 수 있는 address를 이용한 혼동보기

어휘 acceptance letter 합격 통지서　reply 답변하다　form 양식, 서식

CHECK UP

녹음된 내용을 듣고 빈칸을 채운 다음 정답을 골라보세요. 🔊 049

1　You _____ _____ _____ _____, didn't you?
　　(A) It was a two-week _____.
　　(B) Yes, I just _____ ___ _____ ____.

2　Haven't the _____ _____ _____ _____ _____ yet?
　　(A) You mean _____ _____ _____ _____ _____ _____?
　　(B) It's the _____ _____.

⊙ 정답 및 해설 p.48

빈출답변

문제풀이에 꼭 필요한 다음의 주요 답변 유형을 반드시 암기하도록 합니다.

▶ 부정의문문

Q. Aren't you going to the planning committee meeting?
기획위원회 회의에 가지 않으실 건가요?

A. I'm on my way now.
지금 가는 중입니다.

Q. Didn't your manager retire this year?
당신 부서의 부장님이 올해 퇴직하지 않으셨나요?

A. No, she transferred to a different branch.
아니요, 다른 지점으로 전근 가셨어요.

Q. Don't we have to submit the rough draft soon? 우리는 곧 초안을 제출해야 하지 않나요?

A. It's due in a month.
한 달 후가 마감입니다.

Q. Don't you want to see the invoice for the delivery? 배송 송장을 확인하고 싶지 않으세요?

A. Just leave it with my assistant.
제 비서에게 주고 가세요.

▶ 부가의문문

Q. Mr. Song is the one who designed the new website, didn't he? Song 씨는 새 웹사이트를 디자인하셨죠, 그렇지 않나요?

A. Yes, he is the best.
네, 그의 실력은 최고입니다.

Q. The utility fees are going up next week, aren't they? 공공요금이 다음 주에 오를 겁니다. 그렇지 않나요?

A. Not until next month, I think.
다음 달까지는 아닐 겁니다.

Q. You confirmed the hotel reservations, didn't you? 호텔 예약을 확인했죠, 그렇지 않나요?

A. Yes, I just called them.
네, 방금 전화했습니다.

Q. The presentation hasn't ended yet, has it?
프레젠테이션은 아직 안 끝났죠, 그렇죠?

A. No, but it'll be over soon.
아니요, 하지만 곧 끝날 겁니다.

More to TOEIC

오답으로 출제되는 유사발음 어휘를 뜻과 함께 외워봅니다.

rough 거친 / enough 충분한
invoice 송장 / voice 목소리
main 주요한 / mainly 주로

letter 편지 / later 나중에
exit 비상구 / exhibit 전시회

Practice 음성을 듣고 빈칸을 채운 뒤, 질문에 알맞은 응답을 고르세요. 🎧 050

1 Didn't you _____ _____ _____ at the Hongkong branch?
   (A) I've already _____ _____ _____.
   (B) Yes, _____ _____ _____ _____?

2 _____ _____ _____ _____ tomorrow, doesn't it?
   (A) He was promoted to a _____ _____.
   (B) I think _____ _____ _____.

3 _____ _____ _____ _____ _____ yet, has it?
   (A) No, but it'll be _____ _____.
   (B) I certainly _____ _____.

4 Won't our _____ _____ _____ by two o'clock?
   (A) That's _____ _____ _____ _____.
   (B) _____ _____ _____ _____ _____.
   (C) Did they?

5 You've _____ ____ _____ _____, haven't you?
   (A) No, I _____ _____.
   (B) _____ _____ _____ _____.
   (C) Send me the next issue.

6 You haven't _____ ____ _____ _____ Rome yet, have you?
   (A) Right, it is a _____ _____.
   (B) I _____ _____ _____ at the airport.
   (C) I haven't but I'll _____ _____.

○ 정답 및 해설 p.48

Unit 09 : 부정/부가의문문

Part 2

Unit 10 제안/요청의문문

제안/요청의문문은 조동사 등이 포함된 여러 가지 관용표현을 이용하는 경우가 많으므로 이들을 익혀두면 문제의 의도 파악이 용이합니다. 응답 유형은 역시 That's a good idea. Thanks, I'd appreciate that.과 같이 정형화된 관용표현이 많이 등장하므로 이들을 익혀 문제 풀이에 대비하도록 합니다. 비중이 높은 편에 속하는 유형입니다.

문제유형

● 문제
　Q. Could I have a copy of the train schedule?
　→ 기차 시간표 사본을 요청하고 있습니다.

● 정답 유형
　A. Sure, they're available at the ticket booth.
　→ 물론이라고 요청을 수락한 뒤, 매표소에서 구할 수 있다며 위치를 알려주고 있습니다.

● 오답 유형
　① The train to Manchester.
　→ train schedule(기차 시간표)에서 연상할 수 있는 행선지 Manchester(맨체스터)를 이용한 오답입니다.

　② The training starts at 10.
　→ 교육은 10시에 시작한다는 의미로서, 질문의 train과 유사한 발음인 training을 이용한 오답입니다.

문제풀이전략

Step 1 제안 · 요청을 나타내는 Would/Could you ~? Should we ~? Why don't we/you ~? 등의 질문 유형을 숙지하여, 문제 의도를 빠르게 파악하도록 합니다.

Step 2 수락, 거절, 보류 등을 나타내는 관용표현 및 회화표현이 정답인 경우가 많으므로 이에 집중하며 듣습니다.

Step 3 의문사를 잘못 듣고 고를 수 있는 혼동보기에 주의합니다. 또한, 질문에 나오는 단어와 발음이 같거나 유사한 단어, 또는 질문의 특정 단어와 관련 있는 의미를 이용한 오답이 출제되는 경우가 있으니 주의합니다.

| Sample Test | Step별 문제풀이전략을 적용해 문제를 풀어보세요. 🔊 051 |

(A)　　　(B)　　　(C)

문제분석

Could you make me a copy of this document? 이 문서를 좀 복사해 주시겠습니까?
(A) Yes, I believe it is. 네, 그런 것 같습니다. (✗)
(B) Both of the pages. 양쪽 페이지 모두요. (✗)
(C) I'm afraid the copy machine's broken. 복사기가 고장 난거 같습니다. (○)

Step 1 질문 유형을 통한 문제 의도 파악
 • 문서를 복사해 줄 것을 요청

Step 2 수락, 거절, 보류 등을 나타내는 관용표현으로 된 정답 찾기
 • (C) 복사기가 고장 나서 어쩔 수 없이 거절하는 응답

Step 3 유사, 혹은 동일 발음, 연상을 이용한 혼동보기는 정답에서 제외
 • (A) yes라고 긍정하나 이어지는 내용은 질문의 요지와 관련 없는 오답
 • (B) document에서 연상할 수 있는 page를 이용한 혼동보기

어휘 make a copy 복사하다 document 문서 I'm afraid (that) ~ (유감스럽게도) ~이다

CHECK UP 녹음된 내용을 듣고 빈칸을 채운 다음 정답을 골라보세요. 🔊 052

1 _____ _____ _____ us for lunch on Friday?
   (A) I enjoyed it.
   (B) _____ _____?

2 Can I _____ _____ _____ ____ _____ with the paperwork?
   (A) _____ _____ _____.
   (B) _____ _____ handmade ones.

정답 및 해설 p.50

빈출답변

문제풀이에 꼭 필요한 다음의 주요 답변 유형을 반드시 암기하도록 합니다.

▶ 제안·요청과 승낙

Q. **Would you** like to receive our e-mail updates?
이메일 업데이트를 받아보시겠어요?

A. I'd be delighted to.
그거 좋을 것 같습니다.

Q. **Would you** like me to give you a ride?
제가 차를 태워 드릴까요?

A. That'd be great/nice/fine.
그거 좋겠네요.

Q. **Could you** fax these charts by Wednesday?
이 차트를 수요일까지 팩스로 보내주시겠어요?

A. I'll do it right now.
지금 바로 하겠습니다.

▶ 제안·요청과 거절

Q. **Why don't you** give me your business card?
저에게 명함 좀 주시겠어요?

A. I am sorry, but I don't have any.
미안하지만, 가지고 있는 게 없습니다.

Q. **Would you** be interested in joining us for dinner? 우리와 저녁 식사 함께 하실래요?

A. I'd like to, but I already have plans.
그러고 싶지만 선약이 있습니다.

▶ 제안·요청에 대한 되묻기 or 추가 의견, 정보

Q. **How about** going bowling this Friday?
금요일에 볼링 치러 가는 게 어때요?

A. What time?
몇 시에요?

Q. **Would you please** fill out this form before you see the doctor? 진찰 받기 전에 이 양식을 작성해 주시겠어요?

A. Do you have a pen I can use?
제가 쓸 만한 펜이 있을까요?

Q. **Should we** contact Mr. Kim directly?
Kim 씨에게 직접 연락해야 할까요?

A. His secretary is easier to reach.
그의 비서에게 연락하는 게 더 쉬울 겁니다.

More to TOEIC

오답으로 출제되는 유사발음 어휘를 뜻과 함께 외워봅니다.

train 열차 / training 교육
picnic 피크닉, 소풍 / pick it up 그것을 집어들다 ; 들러서 가져가다
receive 받다 / receipt 영수증

fax 팩스 / fix 고치다
taxi 택시 / tax 세금

Practice

음성을 듣고 빈칸을 채운 뒤, 질문에 알맞은 응답을 고르세요. 🎧 053

1 _____ _____ _____ share a taxi to the City Hall?
   (A) _____ ____ _____ _____.
   (B) No, she didn't ask him.

2 Will you _____ _____ _____ _____ _____ tonight?
   (A) Yes, I did.
   (B) Thanks, but ____ _____ _____ _____.

3 _____ _____ _____ _____ the dirt on the carpet?
   (A) No, I didn't _____ _____.
   (B) _____ _____ _____ _____ in a minute.

4 Should we _____ _____ _____ to meet with Mr. Boris?
   (A) His secretary will _____ _____ ____ ____.
   (B) A team leader was _____.
   (C) _____ _____ _____ _____.

5 Would you like to _____ _____ _____ _____?
   (A) Please _____ _____ _____ _____.
   (B) I've already _____ ____ _____ ____.
   (C) A calendar of community events.

6 _____ _____ ____ the draft of the proposal before you leave today.
   (A) About the _____ _____.
   (B) He is _____ _____.
   (C) I _____ _____.

정답 및 해설 p.50

Actual Test

음성을 듣고 질문에 알맞은 응답을 고르세요. 🎧 054

1	Mark your answer.		(A)	(B)	(C)
2	Mark your answer.		(A)	(B)	(C)
3	Mark your answer.		(A)	(B)	(C)
4	Mark your answer.		(A)	(B)	(C)
5	Mark your answer.		(A)	(B)	(C)
6	Mark your answer.		(A)	(B)	(C)
7	Mark your answer.		(A)	(B)	(C)
8	Mark your answer.		(A)	(B)	(C)
9	Mark your answer.		(A)	(B)	(C)
10	Mark your answer.		(A)	(B)	(C)
11	Mark your answer.		(A)	(B)	(C)
12	Mark your answer.		(A)	(B)	(C)

○ 정답 및 해설 p.51

Unit 11 평서문

Part 2

평서문은 정보·사실의 전달 및 확인, 개인의 의견, 느낌, 주장을 나타내는 등 광범위한 의도를 담고 있기 때문에 질문의 맥락을 정확히 파악하는 것이 중요합니다. 이에 따른 응답도 정해진 규칙이 없어 질문과 뜻이 통하는 것을 골라야 하므로 실질적인 듣기 실력을 필요로 합니다. 비중이 높음 편에 속하는 유형입니다.

문제유형

● **문제**

Q. The walls in the reception area are going to be repainted.
→ 안내 구역 쪽에 있는 벽에 페인트칠을 다시 할 것이라고 알려주고 있습니다.

● **정답 유형**

A. That will make it more attractive.
→ 더욱 근사해 보일 것이라며 개인적 의견을 말하여 응답하고 있습니다.

● **오답 유형**

① The paintings are displayed.
→ 질문의 repainted와 유사한 발음의 painting을 이용한 오답입니다.

② I found a mistake in the receipt.
→ 질문의 reception과 유사한 발음의 receipt를 이용한 오답입니다.

문제풀이전략

Step 1 「주어 + 동사 (+ 목적어/보어)」 등의 주요 문장 성분을 모두 잘 듣고 질문의 의도를 정확히 이해하도록 합니다.

Step 2 정해진 응답 유형이 없으므로 질문과 뜻이 가장 잘 통하는 보기를 정답으로 고릅니다.

Step 3 제시문에 나오는 단어와 발음이 같거나 유사한 단어, 또는 질문의 특정 단어에서 연상할 수 있는 정황을 이용한 오답이 출제되는 경우가 있으니 주의합니다.

| Sample Test | Step별 문제풀이전략을 적용해 문제를 풀어보세요. 🔊 055 |

(A)   (B)   (C)

문제분석

I'm going to **stay in Berlin** for three days. 나는 베를린에 3일 동안 머무를 겁니다.
(A) I got the notice by e-mail. 저는 이메일로 공지를 받았습니다. (✕)
(B) You should try the opera house. 오페라 하우스에 가보세요. (○)
(C) The express train is more convenient. 특급열차가 더 편리합니다. (✕)

Step 1 주요 문장성분을 듣고 질문의 의도 파악
  • 베를린에 머물 계획을 알림

Step 2 질문과 가장 의미가 통하는 보기 선택
  • (B) (머무는 동안)오페라 하우스에 한번 가보라며 제안

Step 3 유사, 혹은 동일 발음, 연상을 이용한 혼동보기는 정답에서 제외
  • (A) 질문의 요지와 거리가 먼 오답
  • (C) Berlin이라는 장소로 연상할 수 있는 교통수단 train을 이용한 오답

어휘 stay 머무르다 express train 특급열차 convenient 편리한

CHECK UP 녹음된 내용을 듣고 빈칸을 채운 다음 정답을 골라보세요. 🔊 056

1 I'd like you to _____ _____ _____ _____ by the end of this week.
   (A) A news report mentioned that.
   (B) OK, _____ _____ _____ _____.

2 Ms. Kobayashi went to Beijing for her _____ _____.
   (A) _____ _____ _____ once.
   (B) Let's _____ _____ _____.

○ 정답 및 해설 p.55

빈출답변

문제풀이에 꼭 필요한 다음의 주요 답변 유형을 반드시 암기하도록 합니다.

▶ 사실 확인, 정보전달

Q. That light in the corner has been out for a while.
구석에 있는 조명이 한동안 불이 들어오지 않고 있어요.

A. Oh, I haven't noticed.
아, 저는 몰랐네요.

Q. Dr. Lee will be coming in this afternoon.
Lee 박사님은 오늘 오후에 오실 겁니다.

A. Isn't he on holiday?
휴가 중이시지 않나요?

Q. We use customized software for our designs.
우리는 디자인을 위해 주문형 소프트웨어를 사용합니다.

A. Can you show me how it works?
어떻게 작동하는지 보여주시겠어요?

▶ 개인적 의견, 감정, 주장

Q. I really enjoyed the baseball game.
야구 경기가 정말 재미있었어요.

A. I'm sorry I missed it.
제가 그걸 못 봐서 아쉬워요.

Q. I think I'm going to return this jacket to the store.
이 재킷을 매장에 반품해야 할 것 같아요.

A. Don't you like it?
재킷이 마음에 안 드세요?

Q. It looks like Mark missed his train this morning.
Mark는 오늘 아침 열차를 놓친 것 같아요

A. Call me when he gets in.
그가 들어오면 나에게 전화 주세요.

▶ 권유, 제안, 요청

Q. I'll be happy to drive you to the airport.
공항까지 차로 모셔다 드리겠습니다.

A. Thanks, but I just called a taxi.
고맙습니다. 하지만 택시를 불렀어요.

Q. I'd like some information about getting a business loan. 사업 대출 관련 정보를 얻었으면 합니다.

A. OK, someone will be with you shortly.
좋습니다. 곧 담당자와 만나도록 해드리겠습니다.

Q. You're welcome to use my computer when I'm away. 제가 없을 때는 언제든지 제 컴퓨터를 쓰세요.

A. Thanks, mine is still not working.
고마워요. 제것은 여전히 작동이 안 돼요.

Q. Maybe we should call technical support.
기술지원팀에 전화해야 할 것 같아요.

A. I can fix this myself.
제가 고칠 수 있어요.

More to TOEIC

오답으로 출제되는 유사발음 어휘를 뜻과 함께 외워봅니다.

light 조명 / right 옳은/오른쪽
customize 맞춤제작하다 / customer 고객
design 디자인 / resign 사임하다
carpet 카펫 / car 자동차
information 정보 / inform 알리다

Practice

음성을 듣고 빈칸을 채운 뒤, 질문에 알맞은 응답을 고르세요. 🔊 057

1. _____ _____ _____ at 6 during the weekdays.
   (A) _____ _____ on weekends?
   (B) Admission is $3 for adults.

2. I've _____ _____ _____ _____ _____.
   (A) Definitely, I will.
   (B) _____ _____ _____ _____ then?

3. _____ _____ _____ a health checkup.
   (A) According to your _____ _____.
   (B) OK, _____ _____ _____?

4. I'm not _____ _____ _____ _____ _____ _____ _____.
   (A) I thought _____ _____ _____.
   (B) Sorry, I wasn't there.
   (C) _____ _____ _____ _____.

5. We _____ _____ _____ for website designs.
   (A) Can you show me some samples?
   (B) _____ _____ _____ _____ _____ _____.
   (C) Please _____ _____.

6. I will _____ _____ _____ _____ _____ for the report.
   (A) It's about the _____ _____.
   (B) A long time ago.
   (C) Great, _____ _____ _____ _____ _____?

Unit 12 간접/선택의문문

간접의문문과 선택의문문은 질문의 길이가 긴데다가 의미를 완전히 파악하고 풀어야 하는, 가장 어려운 난도에 속합니다. 간접의문문은 비교적 출제 비중이 높지 않은 반면, 선택의문문은 출제 비중이 높은 편입니다. 선택의문문은 특히 선택을 나타내는 관용표현이 정답으로 제시되므로 이를 숙지하여 문제 풀이에 대비하도록 합니다.

문제유형

● 문제 1 – 간접의문문

Q. Do you know who will organize the fundraising event?
→ 누가 기금행사를 진행하는지 알고 있는지 묻고 있습니다.

● 정답 유형 1 – 간접의문문

A. Robert has volunteered.
→ Robert가 자원했다고 하며 사람을 가리켜 응답하고 있습니다.

● 문제 2 – 선택의문문

Q. Would you rather meet at the construction site or at the office?
→ 공사장에서 만날지, 사무실에서 만날지 묻고 있습니다.

● 정답 유형 2 – 선택의문문

A. I'd rather see you at the office.
→ 사무실을 선택하여 응답하고 있습니다.

문제풀이전략

Step 1 간접의문문은 Do you know ~/Can I ask ~/Can you tell me ~? 다음에 이어지는 의문사 절이나 접속사절을 잘 들어야 합니다. 선택의문문은 절, 구, 단어 등을 or로 연결하여 둘 중 하나를 선택해야 하므로 대비되는 부분을 주의깊게 잘 들어야 합니다.

Step 2 간접의문문은 yes/no로 응답하지 않고, 문장 속 의문사가 묻는 대상에 적절한 것을 정답으로 골라야 합니다. 선택의문문은 둘 중 하나를 선택하여 그대로 언급하거나 다르게 바꿔서 표현한 응답, 또는 아무거나 상관없다거나 둘 다 아니라는 식의 응답이 가능합니다.

Step 3 질문에 나오는 단어와 발음이 같거나 유사한 단어, 또는 질문의 특정 단어에서 연상할 수 있는 상황을 이용한 오답이 출제되는 경우가 있으니 주의합니다.

Sample Test
Step별 문제풀이전략을 적용해 문제를 풀어보세요. 🎧 058

(A)　　　(B)　　　(C)

문제분석

Should we respond to the client's request **by e-mail** or **by telephone**?
고객의 요청에 이메일로 응답할까요, 아니면 전화로 할까요?

(A) Either will be fine. 아무거나 상관없습니다. (O)
(B) I'll let her know you're here. 당신이 여기 있다는 것을 그녀에게 알릴게요. (X)
(C) No more than 10. 10개 이상은 안 됩니다. (X)

Step 1 or로 연결되는 절, 구, 단어를 잘 듣기
- 이메일(by e-mail)과 전화(by telephone)중 선호하는 방법

Step 2 둘 중 하나 선택, 아무거나 상관없다, 둘 다 아니다
- (A) 둘 중 아무거나 상관없다고 응답

Step 3 유사, 혹은 동일 발음, 연상을 이용한 혼동보기는 정답에서 제외
- (B) 질문의 요지와 거리가 먼 오답
- (C) 질문의 요지와 거리가 먼 오답

어휘 respond to ~에 응답하다　by + 수단 ~을 가지고　either 둘 중 하나

CHECK UP
녹음된 내용을 듣고 빈칸을 채운 다음 정답을 골라보세요. 🎧 059

1　_____ _____ _____ _____ _____ Mr. Ferrell is meeting with?
　(A) You're probably right.
　(B) _____ _____ _____.

2　Would you prefer an _____ _____ _____ _____?
　(A) Let's _____ _____.
　(B) _____ is fine with me.

○ 정답 및 해설 p.57

빈출답변

문제풀이에 꼭 필요한 다음의 주요 답변 유형을 반드시 암기하도록 합니다.

▶ 간접의문문

Q. Do you know why Ms. Ford is moving to Miami?
왜 Ford 부인이 마이애미로 이사하는지 아시나요?

A. She's starting a business.
그녀는 사업을 시작합니다.

Q. Can you show me how to use this machine?
이 기계를 어떻게 사용하는지 알려주시겠어요?

A. I can help you after lunch.
점심식사 후에 도와드릴 수 있어요.

▶ 선택의문문 응답 유형 1 (A, B 둘 중 하나를 선택)

Q. Should we schedule the interviews for the morning or the afternoon? 면접 일정을 아침으로 할까요, 오후로 할까요?

A. I'd prefer the afternoon.
저는 오후가 더 좋습니다.

Q. Would you rather go to the basketball game or stay home? 농구경기를 보러 가겠어요, 아니면 집에 있을래요?

A. I'd rather go to the game.
경기에 가겠습니다.

Q. Will you continue to work here or move to the branch office? 여기서 계속 일할건가요, 아니면 지사로 전근을 가요?

A. I'm planning on staying.
저는 머무를 예정입니다.

▶ 선택의문문 응답 유형 2 (A, B 둘 중 아무거나)

Q. Would you like to buy a new mobile phone or keep the one you have?
휴대폰을 새로 살건가요, 아니면 쓰던 것을 계속 쓸건가요?

A. Either will be fine. / It doesn't matter.
아무거나 상관없어요.

A. I don't have any preference.
더 선호하는 건 없어요.

▶ 선택의문문 응답 유형 3 (반문, 또는 새로운 의견 제시)

Q. Should we make color copies or black-and-white ones? 컬러복사를 할까요, 흑백복사를 할까요?

A. What does Ms. Henderson prefer?
Henderson 씨는 어떤 것을 좋아하시나요?

A. Whichever costs less.
돈이 적게 드는 것으로요.

More to TOEIC

오답으로 출제되는 유사발음 어휘를 뜻과 함께 외워봅니다.

moving 움직이는 / move 이사
computer 컴퓨터 / completed 완료된
result 결과 / reserve 예약하다

tire 피곤하게 하다 / tired 피곤한
throw 던지다 / draw 서랍

Unit 12 : 간접/선택의문문

Practice

음성을 듣고 빈칸을 채운 뒤, 질문에 알맞은 응답을 고르세요. 🎧 060

1 Can you tell me _____ _____ _____ on your desk are?
   (A) _____ _____ _____ _____.
   (B) A report, _____ _____ _____.

2 Are you interested in ____ _____ ____ ____ _____ _____?
   (A) We'll only need half of it.
   (B) _____ _____ _____ _____ three days a week.

3 _____ _____ _____ _____ is attending the sales meeting in Toronto?
   (A) In the convention center.
   (B) ____ _____ _____ _____ yet.

4 _____ _____ _____ ____ _____ _____ _____ or keep the old one?
   (A) _____ _____ ____ the price.
   (B) In the catalogue.
   (C) Not far from here.

5 Is it alright _____ _____ _____ _____ _____ on your computer?
   (A) It's not _____.
   (B) She was told to do so.
   (C) Yes, if it's _____.

6 _____ _____ _____ _____ Ms. Trump is _____ _____ ____ _____ in Chicago?
   (A) No, it was the _____ _____.
   (B) Please _____ ____ ____ _____ _____.
   (C) She's _____ ____ _____ _____ _____.

○ 정답 및 해설 p.57

Actual Test

음성을 듣고 질문에 알맞은 응답을 고르세요. 061

1	Mark your answer.	(A)	(B)	(C)	
2	Mark your answer.	(A)	(B)	(C)	
3	Mark your answer.	(A)	(B)	(C)	
4	Mark your answer.	(A)	(B)	(C)	
5	Mark your answer.	(A)	(B)	(C)	
6	Mark your answer.	(A)	(B)	(C)	
7	Mark your answer.	(A)	(B)	(C)	
8	Mark your answer.	(A)	(B)	(C)	
9	Mark your answer.	(A)	(B)	(C)	
10	Mark your answer.	(A)	(B)	(C)	
11	Mark your answer.	(A)	(B)	(C)	
12	Mark your answer.	(A)	(B)	(C)	

정답 및 해설 p.59

Part Test 2

음성을 듣고 질문에 알맞은 응답을 고르세요. 062

7	Mark your answer on your answer sheet.	(A)	(B)	(C)
8	Mark your answer on your answer sheet.	(A)	(B)	(C)
9	Mark your answer on your answer sheet.	(A)	(B)	(C)
10	Mark your answer on your answer sheet.	(A)	(B)	(C)
11	Mark your answer on your answer sheet.	(A)	(B)	(C)
12	Mark your answer on your answer sheet.	(A)	(B)	(C)
13	Mark your answer on your answer sheet.	(A)	(B)	(C)
14	Mark your answer on your answer sheet.	(A)	(B)	(C)
15	Mark your answer on your answer sheet.	(A)	(B)	(C)
16	Mark your answer on your answer sheet.	(A)	(B)	(C)
17	Mark your answer on your answer sheet.	(A)	(B)	(C)
18	Mark your answer on your answer sheet.	(A)	(B)	(C)
19	Mark your answer on your answer sheet.	(A)	(B)	(C)
20	Mark your answer on your answer sheet.	(A)	(B)	(C)
21	Mark your answer on your answer sheet.	(A)	(B)	(C)
22	Mark your answer on your answer sheet.	(A)	(B)	(C)
23	Mark your answer on your answer sheet.	(A)	(B)	(C)
24	Mark your answer on your answer sheet.	(A)	(B)	(C)
25	Mark your answer on your answer sheet.	(A)	(B)	(C)

26	Mark your answer on your answer sheet.	(A)	(B)	(C)
27	Mark your answer on your answer sheet.	(A)	(B)	(C)
28	Mark your answer on your answer sheet.	(A)	(B)	(C)
29	Mark your answer on your answer sheet.	(A)	(B)	(C)
30	Mark your answer on your answer sheet.	(A)	(B)	(C)
31	Mark your answer on your answer sheet.	(A)	(B)	(C)

○ 정답 및 해설 p.62

Part 3

▶ 출제 유형 및 경향

- 비즈니스 환경 또는 일상생활과 관련하여 두 명 혹은 세 명이 주고받는 대화가 등장한다.
- 대화 길이가 전반적으로 길어져 체감 난이도가 훨씬 높아졌다.
- 대화의 주제와 이를 뒷받침하는 세부 내용, 그리고 문제 풀이에 혼동을 주기 위해 대화 주제와 관련 없는 내용이 언급되기도 한다.
- 정답은 대화 내용을 그대로 옮긴 형태보다는 Paraphrasing(다른 표현으로 바꾸기)되어 출제되는 경우가 대다수이다.
- 도표나 그래픽, 지도 등 시각 정보를 이용한 문제가 출제된다.

▶ 풀이 전략

- 대화를 듣기 전 문제와 보기, 표나 그림을 미리 읽는다. 이 때, 단어 하나하나를 꼼꼼히 다 읽기보다는 의문사, 명사, 동사 등을 통해 주요 핵심만 파악하는 것이 중요하다.
- 문제를 읽고 나서 전체를 고루 듣고 유추해서 풀어야 하는 유형인지, 특정 부분을 정확히 듣고 풀어야 하는 유형인지 파악하도록 한다.
- 문제와 시각 정보에 등장하는 사람 이름, 사물 이름, 특정 날짜 등을 숙지하여 대화를 들을 때 이에 집중하여 듣도록 한다.
- 정답은 Paraphrasing되어 제시되는 경우가 많으니 주의한다. 또한, 대화에서 들린 단어나 구를 그대로 인용한 오답 보기에 주의하여 답을 고르도록 한다.
- 3인 대화문에서 주고 받는 정보를 잘 캐치할 수 있도록 한다.

▶ 학습 전략

- 호흡이 긴 대화를 이해하기 위해서는 실질적인 듣기 실력을 강화해야 한다. 평소에 따라 말하기 연습, 받아쓰기 연습 등을 통해 발음 이해 등 청취력을 향상시키도록 한다.
- Paraphrasing 표현을 숙지하여 대화 내용이 정답에서 어떤 식으로 제시되는지 알아두도록 한다.
- 대화의 흐름 파악에 도움이 되는 각 주제별, 상황별 주요 어휘와 필수 표현을 익히도록 한다.
- 일상 대화에서 많이 쓰이는 관용표현을 공부하도록 한다.

Part 3

Unit 01 ● 주제/목적을 묻는 문제
Unit 02 ● 장소/신분을 묻는 문제
Unit 03 ● 방법/이유/수치, 문제점/우려/감정을 묻는 문제
Unit 04 ● 미래에 할 일, 제안/요청사항을 묻는 문제
Unit 05 ● 사내업무
Unit 06 ● 고용/인사
Unit 07 ● 사내시설/설비이용
Unit 08 ● 대외업무
Unit 09 ● 예약/주문
Unit 10 ● 제품구입/문의
Unit 11 ● 공공장소 1 (식당, 은행, 도서관 등)
Unit 12 ● 공공장소 2 (교통/주차, 숙박, 부동산)
Part Test 3

Part 3

Unit 01 주제/목적을 묻는 문제

주제나 목적을 묻는 문제는 일상생활이나 비즈니스 환경에서 이루어지는 대화의 주제를 묻거나, 전화상에서는 전화를 건 목적 등을 묻습니다. 대부분 대화 초반에 정답의 근거가 제시되나, 대화 곳곳에 흩어진 단서를 종합하여 정답을 유추해야 하는 경우도 있습니다. 3문제 중 맨 처음에 등장하는 경우가 대부분이나, 간혹 앞에 장소나 직업을 묻는 문제가 있어 두 번째 오는 경우도 있습니다.

출제유형

- 화자들이 나누는 대화의 주제, 또는 중심 소재를 묻는 문제
- 전화상에서 전화를 건 목적이나 이유를 묻는 문제

문제유형

● **주제를 묻는 문제**

What is the main topic of the conversation? 대화의 주제는 무엇인가?
→ A job interview 면접

What are the speakers mainly discussing? 화자들은 주로 무엇을 논의하고 있는가?
→ What they will do in the evening 저녁에 무엇을 할 것인지

What are the speakers talking about? 화자들은 무엇에 대해 이야기하고 있는가?
→ Arrangements for a meeting 회의 준비

What event are the speakers talking about? 화자들은 어떤 이벤트에 대해 이야기하고 있는가?
→ An art exhibit 미술 전시

What are the speakers doing? 화자들은 무엇을 하고 있는가? → Working on a report 보고서 작성
What do the speakers plan to do? 화자들은 무엇을 할 계획인가? → Go on a trip 여행을 간다

● **목적을 묻는 문제**

Why is the man/woman calling? 남자/여자는 왜 전화를 걸었는가?
→ To make a reservation 예약을 하기 위해

What is the purpose of the man's call? 남자가 전화건 목적은 무엇인가?
→ To ask about an item 물품에 대해 문의하기 위해

According to the woman, what is the purpose of the event? 여자에 따르면, 행사의 목적은 무엇인가?
→ To celebrate an anniversary 기념일을 축하하기 위해

What is the purpose of the man's visit? 남자가 방문한 목적은 무엇인가?
→ To repair a sink 싱크대를 수리하기 위해

문제풀이전략

Step 1 문제를 읽어 질문의 핵심 포인트를 정확히 파악하도록 합니다.

> Why is the woman calling? 여자는 왜 전화를 거는가?

Step 2 주제나 목적을 먼저 언급하는 것으로 대화를 시작하는 경우가 많으니 대화 초반을 잘 듣습니다.

> W: I was shopping at the Prince Mall and noticed that there's a store for rent. I'm planning to open a hair salon. Could you show me around the space?
> Prince Mall에서 쇼핑을 하던 중이었는데, 임대 중인 매장을 발견했습니다. 헤어 살롱을 오픈할 예정인데, 그 장소를 좀 볼 수 있을까요?
>
> M: No problem. Let me get the key to the front door.
> 물론이죠. 현관 열쇠를 가져오겠습니다.

Step 3 대화를 들으며 미리 읽어둔 보기와 내용이 일치하는 것을 정답으로 고르도록 합니다. 대화의 어구나 단어가 정답에 그대로 제시되기 보다는 다른 단어로 바꾸는(paraphrasing) 경우가 많으므로 이에 주의합니다.

> W: I was shopping at the Prince Mall and noticed that there's a store for rent. I'm planning to open a hair salon. Could you show me around the space?
>
> M: No problem. Let me get the key to the front door.
>
> Why is the woman calling?
> (A) To inquire about a property
> (B) To rent some supplies
>
> ☞ 여자는 임대 중인 매장을 둘러보고 싶다고 하므로 전화 건 목적은 (A) '부동산과 관련해 문의하기 위해서'임을 알 수 있다.

Sample Test
Step별 문제 풀이 전략을 적용해 문제를 풀어보세요. 🔊 063

1. Why is the woman calling?
   (A) To confirm an e-mail address
   (B) To book a different flight
   (C) To ask for a repair
   (D) To complain about a service

2. What does the man suggest?
   (A) Getting a tourist visa
   (B) Printing out a schedule
   (C) Contacting a manager
   (D) Using a website

3. What problem does the woman mention?
   (A) She forgot to make a hotel reservation.
   (B) She received the wrong invoice.
   (C) She does not have a travel guide.
   (D) She does not have access to the Internet.

문제분석

M: Thanks for calling One World Tourism. My name is Patrick Grey. How may I help you?

W: Hello, this is Michelle Liu. ¹ I'd like to reschedule my flight to London.

M: Certainly, I can help you do that. But first, do you know that ² you can also change your itinerary on our website? We provide passengers with a convenient timetable online. I suggest you trying that next time. It's simple to use and quicker than making a phone call.

W: Well, I usually change my flight schedule online, but currently ³ my Internet connection's not working. This time I can't help but doing it by phone.

남: One World Tourism에 전화 주셔서 감사합니다. 저는 Patrick Grey입니다. 어떻게 도와드릴까요?

여: 안녕하세요, Michelle Liu라고 합니다. 런던행 비행기 일정을 바꾸려고 합니다.

남: 물론 도와드리겠습니다. 하지만 먼저, 저희 웹사이트에서도 일정 변경이 가능한 걸 알고 계신지요? 저희는 승객 여러분께서 편리하게 보실 수 있는 온라인 시간표를 제공합니다. 다음에는 이것을 이용해 보시는 게 어떨지요. 전화로 하는 것보다 훨씬 간단하고 빠릅니다.

여: 보통은 온라인에서 항공 스케줄을 변경하는데, 지금은 인터넷 연결이 되지 않고 있어서요. 이번에는 전화로 밖에 할 수가 없네요.

어휘 / reschedule 일정을 변경하다 flight 항공편, 비행기 itinerary 여행 일정, 여정 timetable 시간표 make a phone call 전화를 걸다 work 작동하다 cannot help but -ing ~하는 수밖에 없다 confirm 확인하다, 확정하다 ask for ~을 요청하다 complain about ~에 대해 불만을 나타내다 tourist visa 관광 비자 make a reservation 예약하다 invoice 운송장, 청구내역서 have access to ~에 접속하다

1. **Why** is the **woman calling**?
   여자가 전화한 이유는 무엇인가?
   (A) 이메일 주소를 확인하기 위해
   (B) 다른 항공편을 예약하기 위해
   (C) 수리를 요청하기 위해
   (D) 서비스에 대해 불만을 나타내기 위해

   Step 1 질문의 핵심어 : Why, woman calling
   Step 2·3 여자의 말
   - I'd like to reschedule my flight to London.을 통해 여자가 전화한 이유를 알 수 있다. 대화의 reschedule my flight가 book a different flight로 paraphrasing 되었다. 정답은 (B)가 된다.

2. **What** does the **man suggest**?
   남자는 무엇을 제안하는가?
   (A) 관광 비자를 얻는다
   (B) 일정표를 출력한다
   (C) 매니저에게 연락한다
   (D) 웹사이트를 이용한다

   Step 1 질문의 핵심어 : What, man suggest
   Step 3 남자의 말
   - you can also change your itinerary on our website에서 웹사이트를 통해 여행 일정을 변경할 것을 제안하므로 정답은 (D)가 된다.

3. **What problem** does the **woman mention**?
   여자가 언급한 문제는 무엇인가?
   (A) 호텔 예약하는 것을 잊었다.
   (B) 잘못된 운송장을 받았다.
   (C) 여행 가이드가 없다.
   (D) 인터넷에 접속할 수 없다.

   Step 1 질문의 핵심어 : What problem, woman mention
   Step 3 여자의 말
   - my Internet connection's not working이 does not have access to the Internet으로 paraphrasing 된 (D)가 정답이다.

필수표현

다음 paraphrasing 구문을 익혀보세요.

▶ 동사(구) 전환

stop by the rental office 대여 사무실에 들르다	→	**come to her office** 사무실에 오다
hire 3 new sales associates 세 명의 새 영업 사원을 고용하다	→	**hire new employees** 신입 직원을 고용하다
sign up for it 그것에 등록하다	→	**register for an event** 행사에 참가신청하다
send someone to your office 사무실로 사람을 보내다	→	**arrange for a sales representative to visit** 영업사원이 방문하도록 주선하다
showing it to everyone 그것을 모두에게 보여주는	→	**present some results** 일부 결과를 제시하다
meet at 10 o'clock instead of 9 9시 대신 10시에 만나다	→	**change a meeting time** 만날 시간을 변경하다
meeting with the clients 고객들을 만나는 것	→	**meet some clients** 일부 고객들과 만나다
calling to say I'm sorry 미안하다 말하려 전화하는	→	**offer an apology** 사과하다
unveil our entire shoe collections 신발 제품 전체를 선보이다	→	**present products** 제품을 보여주다
reschedule my flight 항공편 일정을 조정하다	→	**book a different flight** 다른 항공편을 예약하다
misplaced the key 열쇠를 잘못 두었다	→	**a lost key** 잃어버린 열쇠
travel a lot 여행을 많이 하다	→	**frequent travel** 잦은 여행
copy 복사하다	→	**make a copy** 복사하다
book a table (식당) 테이블을 예약하다	→	**make a dinner reservation** 저녁식사를 예약하다
review the proposal 제안서를 검토하다	→	**go over the proposal** 제안서를 검토하다
fire an employee 직원을 해고하다	→	**lay off** 정리해고하다
make a speech 연설하다	→	**deliver a speech** 연설하다
put off the event 행사를 연기하다	→	**delay the festival** 페스티벌을 연기하다

Unit 01 : 주제/목적을 묻는 문제

place an ad 광고를 내다	→	advertise 광고하다
be held once a year 1년에 한 번 씩 열리다	→	the annual event 연중 행사
take a different route 다른 도로로 가다	→	take a detour 우회하다
take some time off 쉬다	→	go on a vacation 휴가를 가다
call off the meeting 회의를 취소하다	→	cancel a meeting 회의를 취소하다
participate in the training program 교육 프로그램에 참가하다	→	attend the workshop 워크숍에 참가하다
give me a ride 차를 태워주다	→	drive you to work 회사까지 차를 태워주다
e-mail the test result 테스트 결과를 이메일로 보내다	→	send the report by e-mail 보고서를 이메일로 보내다

▶ 형용사(구)/명사(구)/문장 전환

correct information 정확한 정보	→	some updated 일부 업데이트 된
sweater 스웨터	→	clothing 의류
sale of the apartment building 아파트 건물의 매매	→	real estate sale 부동산 매매
buildings 건물	→	properties 부동산
easy to follow 따라 하기 쉬운	→	simple instruction 간단한 안내
I'll get it on my way out. 나가는 길에 가져갈 겁니다.	→	deliver 전달하다
Internet connection is not working. 인터넷 연결이 되지 않는다.	→	do not have access to the Internet 인터넷에 접속할 수 없다
hospital 병원	→	doctor's office 병원
realtor 부동산업자	→	real estate agent 부동산중개인
exercise 운동	→	working out 규칙적 운동
stationary 문구류	→	office supplies 사무실 비품

▶ 문장 전환

I'd like to find out what's in it. 그 속에 무엇이 들었는지 알고 싶습니다.	→	request product information 제품 정보를 요청하다
I can get a city parking permit. 저는 시내 주차권을 받을 수 있습니다.	→	purchase a parking permit 주차권을 구입하다
You can renew ~. ~을 연장할 수 있다.	→	make a renewal 연장하다
It's just too heavy. 그것은 들기에 너무 무겁다.	→	its weight 그것의 무게

More to TOEIC

Part 3 대화문을 듣는 데 알아두면 유용한 중요 표현을 익혀봅니다.

▶ 말문을 열거나 주위를 환기시킬 때

Listen / Look, ~ (상대방의 집중을 유도하며) 내말 좀 들어봐, 있잖아
Listen, I'm really busy this morning. 있잖아, 나는 오늘 아침에 매우 바빠.

Speaking of ~ (이미 언급된 화제에서 덧붙일 때) ~ 얘기가 나와서 말인데
Speaking of the president, he will retire next month. 회장님 얘기가 나와서 말인데, 다음 달에 은퇴하신대.

Come to think of it, ~ (갑자기 중요한 것을 떠올리며) 그러고 보니
Come to think of it, I've got to check my e-mail now. 그러고 보니 지금 이메일을 확인해야겠어.

If you ask me, ~ (개인적 의견을 말할 때) 제 개인적인 생각으로는
If you ask me, managers should also go on a training course. 제 생각으로는 관리자들 역시 교육을 받아야 합니다.

Well, ~ (상대방의 말을 다소 정정해야 하거나 망설일 때) 음, 글쎄요
Well, the grand opening is scheduled for May 1st. 음, 개장식은 5월 1일로 잡혀 있습니다.

Practice 음성을 듣고 빈칸을 채운 뒤, 질문에 알맞은 응답을 고르세요. 🔊 064

1 What is the purpose of the call?
(A) To join a mailing list
(B) To increase an order

> M: Hello, this is Adam Simpson from Fuji Industries. I _____ ____ _____ this morning to _____ ____ _____ for 200 company brochures. But I'd like to _____ ____ _____ to 500 units. Will you still be able to ship them to us by _____?

2 What are the speakers discussing?
(A) Updating an invitation list
(B) Reducing the cost of event
(C) Expanding a dining area
(D) Rescheduling a reception

> M: We have a problem with ____ _____ _____ planned next week. I just found out that the banquet room we reserved is _____ _____ to accommodate all the guests we invited. All the other banquet rooms in the local hotels are _____ _____.
>
> W: Then, we have no choice but to _____ ____ _____ ____ ____ _____ . We'll _____ _____ _____ to those whose invitations are canceled.

[3-4]

3 What is the conversation mainly about?
(A) A sporting event
(B) A music festival

4 What is the woman's problem?
(A) She forgot her ticket.
(B) She has to go to work.

> M: Daisy, I just _____ _____ _____ _____ for a baseball game at Aces Ballpark. I'm wondering if you _____ _____ ____ ____ _____ ____ this Saturday.
>
> W: Thanks for the offer. I'm a huge fan of baseball and I'd like to go and watch the game. But unfortunately ____ _____ ____ _____ _____ _____.
>
> M: That's too bad. You can still watch the game on TV after work.

[5-6]

5 According to the man, what is being advertised?
   (A) A community festival
   (B) A sports competition
   (C) A footwear show
   (D) A restaurant opening

6 What does the woman propose?
   (A) Reserving hotel rooms
   (B) Presenting products
   (C) Purchasing tickets
   (D) Inviting friends

> M: Hey, Kelly. Did you _____ _____ _____ in today's newspaper about the New York Shoe Expo? It's going to ____ _____ _____ _____ at the Granada Convention Center.
>
> W: That would be ____ _____ _____ ____ unveil our entire shoe collection from winter boots to flip-flops. I wonder if we could _____ ____ ____ _____ _____ and how much the entry fee would be.
>
> M: There is _____ _____ about the advertisement on their website. Let me check.

[7-8]

7 What are the speakers discussing?
   (A) An upcoming sale
   (B) A bus tour
   (C) A radio program
   (D) An advertising campaign

8 What is the man concerned about?
   (A) Developing new products
   (B) Completing an assignment on time
   (C) Keeping costs within budget
   (D) Finding convenient transportation

[9-10]

9 According to the man, why did Mr. Evanston call?
   (A) To get information about sale
   (B) To respond to a message
   (C) To inquire about a job application
   (D) To report an incomplete order

10 According to the woman, what does Courtney do?
   (A) Trains new employees
   (B) Manages customer service
   (C) Orders office supplies
   (D) Keeps track of deliveries

Unit 02 장소/신분을 묻는 문제

Part 3

대화가 이루어지는 장소나, 화자들의 직업, 업종 분야 등을 묻는 질문은 대화 중 직접적으로 언급되는 경우가 있고, 이를 암시하는 단서를 통해 유추해야 하는 경우도 있습니다. 문제유형을 숙지하여 보기를 다 읽지 않고도 묻는 바를 바로 파악할 수 있도록 합니다. 대화 중 정답이 그대로 제시되는, 비교적 쉬운 난도에 속하는 문제입니다.

출제유형

- 대화 장소, 화자들이 위치한 장소, 근무 장소 등을 묻는 문제
- 화자의 직업, 신분, 종사하는 업종 분야 등을 묻는 문제

문제유형

- **장소를 묻는 질문**

    Where most likely are the speakers? 화자들은 어디에 있겠는가? → At an airport 공항

    Where (most likely) does this conversation take place? 이 대화는 어디에서 일어나겠는가?
    → In a restaurant 식당

    Where (most likely) does the man work? 남자는 어디에서 일하는가? → At a pharmacy 약국

    Where does the woman probably work? 여자는 어디에서 일하는가?
    → At a construction company 건설회사

    Where do the speakers most likely work? 화자들은 어디에서 일하겠는가?
    → At an advertising agency 광고 대행사

- **신분을 묻는 질문**

    Who is the man/woman? 남자/여자는 누구인가?
    → A furniture salesperson 가구 판매 직원

    Who most likely are the speakers? 화자들은 누구인가?
    → website designers 웹사이트 디자이너

    Who most likely is the man? 남자는 누구이겠는가? → A computer technician 컴퓨터 수리 기사

    Who most likely is the woman talking to? 여자는 누구에게 이야기하는가?
    → A receptionist 안내 직원

    What business does the woman work for? 여자는 어떤 분야에 근무하는가?
    → A vehicle manufacturer 자동차 제조 업체

    What type of company is the woman working for? 여자는 어떤 종류의 회사에서 일하는가?
    → A car dealership 자동차 대리점

문제풀이전략

Step 1 문제를 미리 읽어 질문의 핵심 포인트를 정확히 파악하도록 합니다.

> **Who** is the **man**? 남자는 누구인가?

Step 2 대화 초반에 장소나 직업을 직접적으로 언급하는 경우가 많으니, 이를 반드시 들어야 합니다. 대화 중반부나 후반부에 장소나 직업을 암시하는 단서가 제시되기도 하므로 끝까지 주의해서 듣도록 합니다.

> M: Hello, this is Ken Locke **calling from the Daily Economy**. I heard your charity group is planning a fund-raising to help families in need. I'd like to **write an article about it**.
> 여보세요, Daily Economy지의 Ken Locke라고 합니다. 귀 자선 단체에서 어려운 가정을 위한 모금행사를 준비중이라고 들었습니다. 그에 관한 기사를 쓰고자 합니다.
>
> W: Hi, Mr. Locke. I'm Margaret Finch, in charge of Public Relations Division. How may I help you?
> 안녕하세요. Locke 씨, 저는 홍보부의 Margaret Finch라고 합니다. 어떻게 도와 드릴까요?

Step 3 대화를 들으며 미리 읽어둔 보기와 내용이 일치하는 것을 정답으로 고르도록 합니다.

> M: Hello, this is Ken Locke **calling from the Daily Economy**. I heard your charity group is planning a fund-raising to help families in need. I'd like to **write an article about it**.
>
> W: Hi, Mr. Locke. I'm Margaret Finch, in charge of Public Relations Division. How may I help you?
>
> **Who** is the **man**?
>
> (A) A librarian
>
> **(B) A newspaper reporter**
>
> ☞ 자신의 소속을 밝힌 뒤 신문에 기사를 싣고 싶다고 하므로 신문기자임을 알 수 있다.

Sample Test
Step별 문제 풀이 전략을 적용해 문제를 풀어보세요. 🔊 065

1 Who is the woman?
(A) A security guard
(B) A computer technician
(C) A sales representative
(D) A delivery person

2 What is the man's problem?
(A) He does not know how to use some software.
(B) His new computer has not been delivered.
(C) He did not finish the inventory on time.
(D) He lost some important documents.

3 What does the woman suggest the man do?
(A) Call the warehouse
(B) Report to a product manager
(C) Attend a training session
(D) Submit a complaint

문제분석

M: ¹ Thank you for showing me how to use this program. ² This new inventory recording software has been giving me trouble.

W: No problem. ¹ You're not the first person in the office to call Technical Support for help. It seems a bit confusing for users who are not familiar with computer programs. I'm sure it will make things easier once you get used to it.

M: I hope so. Once I figure out how to use this software I'll be able to keep track of our inventory more accurately and efficiently.

W: Well, the technology department is holding a three day workshop that goes over the basic features of the program next week. ³ You should come to the training if you're still having problems.

남: 이 프로그램을 어떻게 사용하는지 알려줘서 고마워요. 이 새로운 재고 기록 프로그램은 저한테는 골칫거리였거든요.

여: 별말씀을요. 기술 지원팀에 전화를 해서 도움을 요청한 게 당신이 처음은 아닌걸요. 컴퓨터 프로그램에 익숙하지 않은 분들에게는 좀 헷갈릴 수 있어요. 하지만 일단 익숙해지고 나면 일하기가 수월해질 겁니다.

남: 그러길 바랍니다. 프로그램 사용법을 알고 나면 좀 더 정확하고 효율적으로 재고 조사를 할 수 있겠죠.

여: 기술지원팀에서 다음 주에 이 프로그램의 기본 기능을 함께 알아보는 3일짜리 워크숍을 엽니다. 여전히 어려움이 있으면 교육에 한 번 참여해 보세요.

어휘 inventory 재고 조사 Technical Support 기술 지원 부서 confusing 혼란을 주는, 헷갈리는 be familiar with ~을 잘 알다 get used to ~에 익숙해지다 figure out 파악하다 keep track of ~을 기록하다 accurately 정확하게 efficiently 효율적으로 hold (행사, 회의 등을) 열다 go over 검토하다, 확인하다 feature 특징, 성능 on time 시간을 어기지 않고, 정각에 warehouse 물류창고 report to ~에게 보고하다 submit 제출하다 complaint 불만

---

1. **Who** is the **woman**?
   여자는 누구인가?
   (A) 보안 경비
   (B) 컴퓨터 기술자
   (C) 영업사원
   (D) 배달원

   Step 1 질문의 핵심어 : who, woman
   Step 2 여자의 직업은 언급되지 않으므로 여러 단서를 통해 유추한다. 남자는 프로그램 사용법을 가르쳐 준 것에 감사하고, 여자는 기술팀에서 여러 문의를 받았다고 하므로 정답은 (B)가 된다.

2. **What** is the **man's problem**?
   남자의 문제는 무엇인가?
   (A) 소프트웨어 사용법을 모른다.
   (B) 새 컴퓨터가 배달되지 않았다.
   (C) 제 시간에 재고조사를 끝내지 못했다.
   (D) 중요한 문서들을 잃어버렸다.

   Step 1 질문의 핵심어 : what, man's problem
   Step 3 남자의 문제점은 첫 대화인 This new inventory recording software has been giving me trouble.에서 알 수 있다. 소프트웨어 사용에 있어 문제가 있었다고 하므로 정답은 (A)가 된다.

3. **What** does the **woman suggest** the man do?
   여자는 남자에게 무엇을 하도록 제안하는가?
   (A) 창고에 전화를 건다
   (B) 제품 관리자에게 보고한다
   (C) 교육에 참가한다
   (D) 불만 신고를 한다

   Step 1 질문의 핵심어 : what, woman suggest
   Step 3 여자의 마지막 대화인 You should come to the training if you're still having problems.에서 교육에 참가하라고 하므로 정답은 (C)가 된다.

필수표현

다음 paraphrasing 구문을 익혀보세요.

▶ 동사(구)/형용사(구) 전환

attached 첨부된	→ **included** 포함된
be supposed to do ~하기로 되어 있다	→ **be scheduled to do** ~할 예정이다
access the Internet 인터넷에 접속하다	→ **connect to the Internet** 인터넷에 연결하다
write down 적다	→ **fill out** 기입하다
sold out 매진된	→ **out of stock** 품절된
sign up right away 바로 등록하다	→ **register soon** 곧 등록하다
work overtime 초과근무하다	→ **work extra hours** 몇 시간 더 일하다
finish the project 프로젝트를 끝내다	→ **complete some work** 일을 끝내다
repair the computer 컴퓨터를 수리하다	→ **fix some device** 장비를 수리하다
take a few days off 며칠 쉬다	→ **taking sometime off** 얼마 동안 쉬다
leave for a business trip 출장을 떠나다	→ **be on a business trip** 출장 중이다
fill in this customer's form 소비자 양식을 작성하다	→ **fill out a form** 양식을 작성하다
get some advice 조언을 구하다	→ **recommendation** 권고, 추천
lost my suitcase 여행 가방을 잃어버렸다	→ **a missing item** 잃어버린 물건
come to the training 교육에 오다	→ **attend a training session** 교육에 참가하다
call the supplier and ask if there are any problems 공급 업체에 전화해 문제가 있는지 묻다	→ **tell the supplier about an error** 공급 업체에 문제에 대해 이야기하다
launched 출시하다	→ **released** 발표하다
get to my office 사무실에 가다	→ **commute to work** 통근하다

presenting at a conference 컨퍼런스에서 발표하는	→	give a presentation 프레젠테이션을 하다
cancel my newspaper subscription 신문 정기 구독을 취소하다	→	stop a subscription 정기 구독을 중단하다
use public address system to announce 안내를 위해 공공 방송 시설을 이용하다	→	make an announcement 안내 방송을 하다
changing your work schedule 근무 시간을 바꾸다	→	adjust his work schedule 근무 시간을 조정하다
stay a half hour 30분간 머무르다	→	stay at work 30 minutes later 직장에 30분 후까지 머무르다
keep a lot of expensive equipment 비싼 장비를 많이 보유하다	→	storing valuable equipment 귀중한 장비를 보관하다
see if there have been any cancellations 취소된 것이 있는지 확인하다	→	checking for cancellations 취소 사항 확인하기

▶ 명사(구)/형용사(구)/부사(구) 전환

new accountant 신임 회계사	→	new employee 신입 직원
area outside 야외 공간	→	outdoor space 옥외 공간
snow storm 눈보라	→	bad weather 악천후
art gallery 미술관	→	art exhibition 미술 전시회
two year warranty 2년 품질 보증	→	guarantee for two years 2년 동안 보장하다
money left over 남은 돈	→	budget surplus 잉여 예산
the office renovations 사무실 개조	→	building renovation 건물 개조
busy at work 회사 일이 바쁜	→	don't have free time 자유 시간이 없는
later this week 이번 주 나중에	→	in a week 일주일 후에
your name and phone number 이름과 전화번호	→	contact information 연락처
restaurant guide 식당 안내 책자	→	a list of restaurants 식당 리스트
very complicated and confusing 매우 복잡하고 헷갈리는	→	difficult 어려운

consumer feedback of our new microwave oven 전자 오븐 신제품에 대한 고객의 피드백	→	plan for testing an appliance 전자 제품 테스트를 위한 계획

▶ 문장 전환

Go out of town on Sunday so I can only come on Saturday. 일요일에 다른 곳에 가므로 토요일에만 참여할 수 있습니다.	→	can attend only a part of an event 행사 일부만 참여할 수 있다
Why don't I call? 제가 전화하는 게 어떨까요?	→	contact a coworker 동료에게 전화하다
Our headquarters is moving. 본사가 이전합니다.	→	A business will relocate. 회사가 다른 곳으로 갈 겁니다.
Workers were out sick. 직원들이 아파서 못 나왔다.	→	Employees were unavailable. 직원들이 자리에 없었다.

More to TOEIC

Part 3 대화문을 듣는 데 알아두면 유용한 중요 표현을 익혀봅니다.

▶ 화제를 전환하거나 덧붙일 때

By the way (대화의 화제를 급히 바꿀 때) 그건 그렇고, 그러나 저러나
Thank you for your help. By the way, could you recommend a good restaurant near here?
도와주셔서 감사합니다. 그나저나 주위에 괜찮은 레스토랑 있으면 소개해 주시겠어요?.

However (앞서 언급된 것과 대조를 나타내어) 그러나, 하지만
A one way ticket is still 10 dollars. However, next month's fare will go up 2 dollars.
편도 티켓은 10달러입니다. 하지만, 내달에는 요금이 2달러 오를 것입니다.

Actually (정보를 알려주거나, 잘못된 정보를 정정할 때) 사실은 말이야
A: Is that the new Indian restaurant that opened two weeks ago? 2주 전에 오픈한 것은 새 인도 식당인가요?
B: Well, actually, it's a Turkish restaurant. 글쎄요, 사실은 터키 레스토랑입니다.

In fact (예상치 못한 정보를 일러 줄 때) 사실은
We should pick a restaurant near the office. In fact, the Harriot restaurant would be good.
우리는 사무실 근처에 있는 레스토랑을 골라야 합니다. 사실 Harriot이 좋을 겁니다.

Practice

음성을 듣고 빈칸을 채운 뒤, 질문에 알맞은 응답을 고르세요. 🔊 066

1 Who most likely is the woman?

(A) A product developer

(B) A sales representative

> W: Hi, Mr. Cage. We've _____ _____ _____ for twenty vacuum cleaners and they will be _____ ___ ___ ___ ___ ___ _____. But right now I'd like to tell you about some _____ _____ _____ our company is promoting.

2 Where most likely are the speakers?

(A) At an office

(B) At a restaurant

(C) At a department store

(D) At a warehouse

> M: Hi, Abbey. What are all these _____ ___ ___ _____ _____? Are you _____ ___ _____ _____ and moving to another office?
>
> W: No, they are actually _____ _____ ___ _____ _____ _____ we threw for Mr. Evans yesterday. I have to _____ _____ to maintenance. Will you _____ ___ _____ _____ _____?

[3-4]

3 Where do the speakers most likely work?

(A) At an auto mechanic shop

(B) At a delivery service

4 What will the man do next?

(A) Tell a supplier about an error

(B) Inform a customer of a charge

> W: Dylan, do you know if ____ _____ ___ _____ _____ _____ _____? We need them to fix Mrs. Thomas's sports car. She is coming to _____ ___ ___ _____ _____ so we have to get _____ ___ _____ ___ _____.
>
> M: Let me check our records. Well, it seems like we _____ _____ ___ _____ today. I'll ___ ___ _____ _____ ___ if there are any problems.

[5-6]

5 What type of business does the man work for?
 (A) A magazine publisher
 (B) A gardening service
 (C) A real estate agency
 (D) A quality control department

6 What does the man offer to do?
 (A) Contribute a magazine column
 (B) Change a schedule
 (C) Give a pay raise
 (D) Provide a recommendation

> M: Hi, Ms. Seymour. This is Martin Ames, _____ _____ of Home Design Digest. I just read an article you wrote for Houses and Gardens magazine and was _____ _____. So, I'd like to ask if you'd be interested in _____ ____ _____ _____ for our magazine.
>
> W: That sounds good to me. But starting next month, I'm going to be _____ _____ at the local community center. So I'm not sure whether I will _____ _____ _____ ____ _____ ____ _____ on a regular basis.
>
> M: Then, how about _____ ____ _____? I assume that would give you enough time to fulfill your other responsibilities.

[7-8]

7 What will the company do in October?
 (A) Hire additional employees
 (B) Release new products
 (C) Update a computer system
 (D) Review payroll procedures

8 In what department do the speakers most likely work?
 (A) Human resources
 (B) Payroll
 (C) Sales
 (D) Accounting

[9-10]

9 Who is the man?
 (A) A real estate agent
 (B) A career counselor
 (C) A bus driver
 (D) A tour guide

10 What does the woman ask about?
 (A) What utility fees she will be charged
 (B) Where she can purchase a car
 (C) How she would commute to work
 (D) When the apartment will be available

Actual Test

대화를 듣고 질문에 알맞은 응답을 고르세요. 067

1. What is the conversation mainly about?
   (A) A schedule change
   (B) A colleague's promotion
   (C) A product review
   (D) An invitation to an event

2. What problem does the man mention?
   (A) He cannot visit the location.
   (B) He has too much work.
   (C) He lost his flight ticket.
   (D) He does not have a serial number.

3. What has Marble Manufacturing recently done?
   (A) Built a new facility
   (B) Found a new distributor
   (C) Changed a benefits package
   (D) Modified an assembly line

4. Where do the speakers most likely work?
   (A) At a travel agency
   (B) At an electronics company
   (C) At a doctor's office
   (D) At an advertising firm

NEW
5. What does the woman mean when she says, "I really can't say for sure"?
   (A) She is not allowed to give some information.
   (B) She doesn't know if she can take on a new work yet.
   (C) She is not happy with her current job.
   (D) She has to correct some errors in a report.

6. What does the man propose?
   (A) Signing a contract
   (B) Contacting a travel agent
   (C) Joining a meeting
   (D) Launching a new project

7. Who most likely are the speakers?
   (A) Magazine reporters
   (B) Exhibition managers
   (C) Tour guides
   (D) Restaurant staff

NEW
8. Look at the graphic. When will the man work at the festival?
   (A) On August 5
   (B) On August 6
   (C) On August 7
   (D) On August 8

> International Food Exposition
> August 6-8
> Please register by Aug. 5

9. What does the woman say she will do?
   (A) Welcome visitors
   (B) Go on vacation
   (C) Assist a coworker
   (D) Prepare some food

10. Where most likely are the speakers?
    (A) At a farm
    (B) At a supermarket
    (C) At a food delivery company
    (D) At a sandwich bar

11. According to the woman, why will the lunch special be changed?
    (A) A shipment did not arrive.
    (B) A meal is sold out.
    (C) A chef cooked the wrong dish.
    (D) Some customers have complained.

NEW
12. Look at the graphic. How much will the new special cost?
    (A) $6.50
    (B) $7.00
    (C) $8.00
    (D) $9.00

> Bacon sandwich $6.50
> Fish sandwich $7.00
> Turkey sandwich $8.00
> Chicken sandwich $9.00

Part 3

Unit 03 방법/이유/수치, 문제점/우려/감정을 묻는 문제

방법이나 이유, 문제점을 묻는 문제는 세부사항에 대한 문제로서 대화의 특정 부분을 노려 들어야 합니다. 대화 시작 전 미리 문제와 보기를 읽어 문제 의도를 파악한 뒤, 해당 내용이 언급될 때 답을 찾을 수 있도록 해야 합니다.

출제유형

- **방법/이유/수치**: 특정한 일을 수행하는 방법이나 수단 또는 시점, 기간, 빈도, 수량 등을 묻는 문제
- **문제점/우려/감정**: 화자가 겪는 문제점, 걱정하는 바, 감정 상태를 묻는 문제

문제유형

- **방법 · 이유 · 수치를 묻는 문제**

  How did the **woman learn** about the **play**? 여자는 연극에 대해 어떻게 알게 되었나?
  → From a website 웹사이트를 통해서

  How do the **speakers resolve** the **issue**? 화자들은 문제를 어떻게 해결하는가?
  → By changing a schedule 스케줄을 변경함으로써

  How long has the **man worked** at his **current job**? 남자는 지금의 업무를 얼마동안 해왔는가?
  → Two years 2년

  How many people have been **invited**? 얼마나 많은 사람들이 초대되었는가? → 30 30명

  When will the **woman** probably **return**? 여자는 언제 돌아오겠는가?
  → In 20 minutes 20분 후에

  Why does the **woman** want to **meet** with the **man**? 여자는 왜 남자를 만나고 싶어 하는가?
  → To discuss a performance review 업무 평가에 대해 논의하기 위해

- **문제점/우려/감정을 묻는 문제**

  What was the **problem** with the **product**? 제품에는 어떤 문제가 있는가?
  → They are overpriced. 가격이 너무 비싸게 책정되었다.

  What is the **man concerned about**? 남자는 무엇을 우려하는가?
  → The amount of free time he has 그에게 남겨진 여유 시간

  What is the **woman worried** about? 여자는 무엇에 대해 염려하는가?
  → Arriving on time. 제 시간에 도착하는 것.

  Why is the **man upset**? 남자는 왜 화가 났는가? → He did not receive some plans. 계획안을 받지 못했다.

  Why is the **man surprised**? 남자는 왜 놀랐는가?
  → A repair can be done immediately. 수리가 바로 될 수 있다.

문제풀이전략

Step 1 문제와 보기를 미리 읽어 문제 의도를 정확히 파악하도록 합니다.

> What problem does the woman report? 여자는 어떤 문제점을 보고하는가?

Step 2 질문에 the woman/man과 같이 화자가 드러나는 경우, 그 사람의 말에 정답이 제시되므로 집중해서 듣도록 합니다. 이유, 문제점 등을 묻는 문제는 I am calling about the problem with ~ / but / unfortunately / however 뒤에 언급되는 부분에 특히 주의합니다.

> W: Hi, I work in this building and I'm calling about the problem with my cabinet lock. It won't open. Could one of the maintenance crew members come to fix it? 안녕하세요, 저는 이 건물에서 근무하는데 제 캐비닛 자물쇠 때문에 전화 드립니다. 자물쇠가 열리지 않아요. 시설 관리 직원이 와서 고쳐주실 수 있나요?
>
> M: Every crew is not available right now, but let me check if the security guard can help you. 모든 직원이 당장 시간을 낼 수 없습니다만, 경비 직원이 혹시 도와 드릴 수 있을지 확인해 보겠습니다.

Step 3 대화를 들으며 미리 읽어둔 보기와 내용이 일치하는 것을 정답으로 고르도록 합니다. 대화의 어구나 단어를 다른 단어로 바꾸어(paraphrasing) 제시하는 경우가 많으므로 이에 주의합니다.

> W: Hi, I work in this building and I'm calling about the problem with my cabinet lock. It won't open. Could one of the maintenance crew members come to fix it?
>
> M: Every crew is not available right now, but let me check if the security guard can help you.
>
> What problem does the woman report?
> (A) A window is stuck.
> (B) A lock is broken.
>
> ☞ 여자는 캐비닛 자물쇠가 열리지 않아서 연락을 했다.

Sample Test

Step별 문제 풀이 전략을 적용해 문제를 풀어보세요. ♦ 068

1. What is the purpose of the contest?
   (A) To recruit competent employees
   (B) To advertise products
   (C) To reduce expenses
   (D) To encourage recycling

2. Why is the woman unable to participate?
   (A) She will be out of the office.
   (B) She will be changing jobs.
   (C) She lacks relevant experience.
   (D) She has a lot of work.

3. What will the winner receive?
   (A) A paid vacation
   (B) A gift certificate
   (C) A mobile phone
   (D) A cash bonus

문제분석

M: I just saw a notice saying that [1] there will be an in-house advertising contest. Our company will accept [1] essays and posters and choose one that best represents our existing products.

W: I also read that on the company website. It has been too long since our products were supported by any advertising. It might be partially responsible for decreasing sales. I'd like to be a part of the contest [2] but I don't think I can enter it. I will be away next month on sick leave.

M: Oh, I'm sorry to hear that. [3] The winner will receive $1,000 in prize money, and with your background in product development and brilliant ideas, your entry would have a good chance of being chosen.

남: 방금 사내 광고 콘테스트가 있을 것이라는 공지를 봤습니다. 회사 측에서는 기존 자사 제품을 가장 잘 표현한 에세이와 포스터를 뽑을 거라고 하네요.

여: 저도 회사 웹사이트에서 읽었어요. 우리 회사 제품이 광고의 지원을 받은지는 꽤 오래됐죠. 그게 부분적으로는 매출이 줄어드는 이유가 될 수도 있어요. 저도 콘테스트에 참가하고 싶지만, 다음 달에 병가를 내서 회사에 오지 않아 참가할 수 없을 것 같아요.

남: 아, 그것 참 안됐네요. 우승자는 상금으로 1,000달러를 받는다고 하는데, 당신의 제품 개발 경력과 번뜩이는 아이디어를 가지고 참가하면 뽑힐 가능성이 많은데 말입니다.

어휘 in-house 사내의, 내부의 accept 받다, 수용하다 represent 나타내다, 대표하다 existing 기존의 partially 부분적으로 decreasing 줄어드는 enter 참가하다 sick leave 병가 background 배경 brilliant 뛰어난 entry 참가 recruit 모집하다 competent 능력 있는 expense 비용, 지출 encourage 부추기다, 독려하다 recycling 재활용 lack 부족하다 relevant 관련 있는 paid 유료의, 돈이 지급된

---

1. **What** is the **purpose** of the **contest**?
   콘테스트의 목적은 무엇인가?
   (A) 역량 있는 직원을 모집하기 위해
   (B) 제품을 광고하기 위해
   (C) 비용을 줄이기 위해
   (D) 재활용을 촉진하기 위해

   Step 1 질문의 핵심어 : what, purpose, contest
   Step 3 콘테스트에 대해서 언급하는 남자의 첫 대화, there will be an in-house advertising contest, essays and ~ represents our existing products 등을 보면 제품 광고를 위한 것임을 알 수 있으므로 정답은 (B)가 된다.

2. **Why** is the **woman unable** to **participate**?
   여자는 왜 참가할 수 없는가?
   (A) 사무실에 있지 않을 것이다.
   (B) 직업을 바꿀 것이다.
   (C) 관련 경험이 없다.
   (D) 할 일이 많다.

   Step 1 질문의 핵심어 : why, woman unable, participate
   Step 2·3 여자가 참가하지 못하는 이유는 but I don't think I can enter it.다음에 언급되었다. I will be away next month on sick leave.에서 병가로 인해 회사에 올 수 없음을 알 수 있다. be away가 out of the office로 paraphrasing 되었다.

3. **What** will the **winner receive**?
   우승자는 무엇을 받게 되는가?
   (A) 유급 휴가
   (B) 상품권
   (C) 휴대전화
   (D) 현금 보너스

   Step 1 질문의 핵심어 : what, winner receive
   Step 3 남자의 마지막 말 The winner will receive $1,000 in prize money에서 상금 1,000달러를 받게 된다고 하였으므로 정답은 (D)가 된다.

필수표현

다음 paraphrasing 구문을 익혀보세요.

▶ 동사(구)/형용사(구) 전환

check the order 주문을 확인하다	→ confirm an order 주문을 확인하다
ask 문의하다	→ consult 상의하다
be transferring 전근을 가다	→ be relocated 재배치되다
take a look at ~을 보다	→ review 검토하다
promote our products 제품을 홍보하다	→ promotional approach 홍보 방법
take turns 교대하다	→ share responsibilities 업무를 분담하다
show around 구경시켜주다	→ give the man a tour 견학시켜주다
leave for the day 퇴근하다	→ leaving the office 사무실을 나서다(퇴근하다)
forgot to bring the company credit card 법인카드 가져오는 것을 잊었다	→ not have a necessary credit card 필요한 신용카드가 없다
call 전화하다	→ contact 연락하다
sell out quickly 빨리 매진되다	→ be popular 인기가 좋은
ask someone else to do 다른 사람에게 요청하다	→ talk to a colleague 동료에게 이야기하다
get the coat in a different color 다른 색상의 코트를 구하다	→ exchange a clothing item 의류 제품을 교환하다
check the supplies 비품을 조사하다	→ check the inventory 재고 목록을 확인하다
buy audio-video equipment 시청각 장비를 구입하다	→ purchase some equipment 장비를 구입하다
take a bus 버스를 타다	→ use public transportation 대중 교통을 이용하다
send you an e-mail to confirm the change 변경 사항을 확인하는 이메일을 보내다	→ send you a confirmation e-mail 확인 메일을 보내다
be at a conference 컨퍼런스에 가 있다	→ attend a conference 컨퍼런스에 참가하다

Unit 03 : 방법/이유/수치, 문제점/우려/감정을 묻는 문제

forward me your travel plans 나에게 여행 계획서를 보내다	→	send a travel itinerary 여행 일정표를 보내다
let my friends know 내 친구에게 알리다	→	contact some friends 친구에게 연락하다
have a good size tear 크게 찢어진 부분이 있다	→	damaged 손상된
bring us quite more businesses 우리에게 더 많은 사업을 가져다 주다	→	bring more customers 더 많은 고객을 끌어오다
wants to renovate that office next 다음에 그 사무실을 개조하고 싶다	→	discuss a future project 향후 프로젝트를 논의하다
leave for ~ to attend a conference 컨퍼런스에 참가하기 위해 ~로 떠나다	→	departing on a trip 출장을 떠나다
send you an e-mail with a date 날짜가 표시된 이메일을 보내다	→	send a schedule 일정표를 보내다
answer a couple of questions 몇 가지 질문에 대답하다	→	respond to a survey 설문조사에 응답하다
send you a free replacement 무료 교체품을 보내다	→	replace a product 제품을 교환하다
take these dishes off the counter 카운터에서 이 접시들을 치우다	→	clear a work area 작업 공간을 깨끗이 하다
working on the revisions to the floor plans 도면 수정 작업을 하고 있는	→	revising a floor plan 도면 수정하기

▶ 명사(구)/형용사(구)/부사(구) 전환

customers reviews 고객 리뷰	→	feedbacks from customers 고객들의 피드백
safety glasses 보호 안경	→	protective gear 보호 장비
how many people we can invite 우리가 초대할 수 있는 인원	→	the number of attendees 참석자수
agent for property 부동산 중개인	→	real estate agent 부동산 중개인
marketing proposal 마케팅 제안서	→	business proposal 사업 제안서
a variety of dining options 다양한 저녁식사 옵션	→	increasing dining options 추가되는 저녁식사 옵션
a list of documents required for the application 신청에 필요한 서류 목록	→	a list of application materials 신청 자료 목록
a reservation for dinner 저녁식사 예약	→	at a restaurant 레스토랑에서

because of the thunderstorm 천둥 번개 치는 폭우 때문에	→	poor weather conditions 나쁜 기상 조건
opera 오페라	→	musical performance 음악 공연

▶ 문장 전환

We have a convenient online payment option. 편리한 온라인 결제 옵션을 가지고 있다.	→	using a website 웹사이트 이용하기
I like to ask her to come. 그녀에게 오라고 요청하고자 합니다.	→	invite her to a meeting 회의에 초대하다
Until 9 o'clock. Would you like to come then? 9시까지요. 그 때 오시겠습니까?	→	come in after nine o'clock 9시 이후에 오다
I'll check with our express mail service. 특급 우편 서비스를 확인해 보겠습니다.	→	arrange for a delivery 배달을 준비하다

More to TOEIC

Part 3 대화문을 듣는 데 알아두면 유용한 중요 표현을 익혀봅시다.

▶ 예를 들거나 구체화할 때

For instance (언급된 것에 대한 예시를 나타내며) 예를 들면
We could perhaps hold the welcoming party at a restaurant, at Café Voltaire for instance.
우리는 환영 파티를 레스토랑에서 열 수 있을 겁니다. 예를 들어 Café Voltaire 같은 데서요.

Particularly / In particular (예시가 특별함을 강조할 때) 특히, 유난히
What in particular did you like about the last apartment that we saw?
우리가 보았던 마지막 아파트에서 특히 어떤 점이 좋았나요?

That is to say / In other words (한 번 언급된 것을 다른 말로 바꿀 때) 다시 말하자면
He left for London a week ago, that is to say, on the 10th of September.
그는 지난주에 런던으로 출발했는데, 다시 말하자면 9월 10일이다.

Apparently (남에게서 얻은 정보를 인용하여) 듣자니, 보아하니
A: Is the food ready to be served? 음식이 준비되었나요?
B: No, it's not. I just spoke to the caterer. Apparently there was some miscommunication.
아니오. 저는 출장연회업자와 얘기했는데요. 보아하니, 의사소통에 실수가 있었습니다.

I suppose (자신의 생각을 조심스럽게 드러내거나 마지못해 동의하며) ~이겠지요
He won't be able to make it to the party, I suppose. 그는 파티에 올 수 없을 것 같아요, 제 생각에는요.

Practice

음성을 듣고 빈칸을 채운 뒤, 질문에 알맞은 응답을 고르세요. 🔊 069

1 What problem does the speaker mention?
(A) The number of visitors has decreased.
(B) There are not enough tours.

> M: As the summer vacation has started, we've been _____ __ ___ ___
> _____ _____. Besides, all of the museum tours are _____ _____, so I'm turning people away. Maybe we can _____ _____ _____ during the weekdays.

2 How will the speakers probably resolve the issue?
(A) By contacting the city council
(B) By increasing advertising
(C) By hiring more employees
(D) By cutting budgets

> W: I just got a phone call from Mr. Owen from the city planning committee and he asked us to _____ ___ _____ _____ _____ earlier than scheduled. This means we'll have to ___ ___ _____ _____ to get everything done ___ _____.
> M: I understand. But I hope you will _____ _____ _____ _____.

[3-4]

3 What problems are the speakers discussing?
(A) A printing error has been found.
(B) A vendor cannot complete an order.

4 What does the man ask the woman to do?
(A) Postpone a company event
(B) Find out additional information

> W: Mr. Swanson, I spoke to Kenny from Astoria Catering this morning. He said they're not going to be able to _____ ___ _____ _____ _____ for our opening event next week. The good news is I've found _____ _____ _____ that just started business in the area.
> M: Good hear that. Try and find out exactly _____ _____ _____ _____ and ___ _____ _____ _____ _____ to prepare.

[5-6]

5 What is the woman doing?
 (A) Contacting an architecture firm
 (B) Planning an advertising campaign
 (C) Revising a floor plan
 (D) Browsing a store catalog

6 Why is the man unable to help the woman?
 (A) He has to attend a meeting.
 (B) He is leaving the office.
 (C) His computer is out of order.
 (D) He has not received permission.

> W: Francis, I'm working on ___ _____ ___ _____ _____ _____ for Jack's Department Store. But I need more _____ _____ _____ _____ _____ that are available to us.
> M: Well, I wish I could check that for you but I'm just about to leave for the day. Do you mind _____ _____ _____?
> W: Actually, I really need to _____ _____ _____ ___ _____. Is there any way I could _____ ___ ___ _____ _____?

[7-8]

7 Why did the man go to Istanbul?
 (A) To finalize a deal
 (B) To hold a training session
 (C) To investigate a problem
 (D) To conduct a job interview

8 What problem did the man have on his trip?
 (A) He lost his travel expense receipts.
 (B) His clients failed to provide directions.
 (C) He did not have a necessary credit card.
 (D) He forgot to bring travel documents.

[9-10]

9 According to the woman, what is the purpose of the event?
 (A) To honor a special guest
 (B) To attract more customers
 (C) To celebrate a milestone
 (D) To introduce a new product

10 How many guests will be invited?
 (A) 50
 (B) 100
 (C) 150
 (D) 200

Unit 04 미래에 할 일, 제안/요청사항을 묻는 문제

Part 3

미래에 할 일을 묻는 문제나 제안/요청의문문 역시 지문의 특정 부분을 잘 듣고 풀어야 하는 문제로 3 문제 중 마지막 문제로 주로 출제됩니다. 따라서 대화 중, 특히 후반부에 단서가 제시되는 경우가 많습니다. 출제 비중이 높은 유형입니다.

출제유형

- **미래에 할 일**: 대화가 끝난 후 화자가 할 일, 미래 특정 날짜의 계획 등을 묻는 문제
- **제안 · 요청**: 상대방에게 한 제안이나 요청사항이 무엇인지 묻는 문제

문제유형

● 미래에 할 일, 발생할 일

What will the man most likely do next? 남자는 다음에 무엇을 하겠는가?
→ Make a purchase 물건을 구입한다

What will the woman do next? 여자는 다음에 무엇을 하겠는가?
→ Get something to eat 먹을 것을 찾는다

According to the man, what will occur next week? 남자에 따르면, 다음 주에 어떤 일이 벌어지겠는가?
→ A colleague will visit. 동료가 방문할 것이다.

What does the woman say will happen next month? 여자는 다음 달에 어떤 일이 있을 것이라고 하는가?
→ A facility will be renovated. 시설이 개조될 것이다.

What does the woman have to do today? 여자는 오늘 무엇을 해야 하는가?
→ Unpack some items 상품의 포장을 푼다.

● 제안 · 요청을 나타내는 질문

What does the man offer to do? 남자는 무엇을 하겠다고 제안하는가?
→ Visit the woman's workplace 여자가 근무하는 곳을 방문하는 것

What does the woman ask the man to do? 여자는 남자에게 무엇을 하도록 요청하는가?
→ Contact a restaurant 레스토랑에 연락하라

What does the woman suggest the man do? 여자는 남자에게 무엇을 하라고 제안하는가?
→ Make an appointment 예약을 하라

What does the woman instruct the man to do? 여자는 남자에게 무엇을 하도록 지시하는가?
→ Turn right at the corner 코너에서 우회전하라

문제풀이전략

Step 1 문제와 보기를 미리 읽어 문제 의도를 정확히 파악하도록 합니다.

> What will the man probably do next? 남자는 다음에 무엇을 할 것인가?

Step 2 문제지에 나온 질문을 염두하여 대화문을 들으며 각각에 해당하는 핵심 표현과 요지를 파악해 내야 합니다. do next 형의 문제는 특히 대화의 후반부를 잘 들어야 합니다.

> W: All requests for repairs must be made in writing. The easiest thing for you to do is to send us an e-mail explaining the problem.
> M: Oh, I see. I'll do it right away.
>
> 여: 모든 수리요청은 서면으로 작성되어야 합니다. 가장 쉬운 것은 문제점을 설명하는 이메일을 저희에게 보내는 것입니다.
> 남: 아, 알겠습니다. 바로 그렇게 하죠.

Step 3 대화를 들으며 미리 읽어둔 보기와 내용이 일치하는 것을 정답으로 고르도록 합니다. 대화의 어구나 단어가 정답에 그대로 제시되기 보다는 다른 단어로 바꾸는(paraphrasing) 경우가 많으므로 이에 주의합니다.

> W: All requests for repairs must be made in writing. The easiest thing for you to do is to send us an e-mail explaining the problem.
> M: Oh, I see. I'll do it right away.
>
> What will the man probably do next?
> (A) Send an e-mail
> (B) Make a payment
>
> ☞ 여자가 이메일을 보내는 것이 쉬운 방법이라고 하자 남자가 그렇게 하겠다고 하므로 남자는 이메일을 보낼 것임을 알 수 있다.

Sample Test

Step별 문제 풀이 전략을 적용해 문제를 풀어보세요. 🔊 070

1 What are the clients concerned about?
(A) The cost of a project
(B) The quality of a product
(C) The location of a meeting
(D) The performance of athletes

2 What does the man suggest?
(A) Finding a new advertising agency
(B) Hiring different models
(C) Postponing the deadline
(D) Editing some pictures

3 What will the woman most likely do next?
(A) Respond to an e-mail
(B) Reschedule the arrival time
(C) Travel to a different city
(D) Consult with team members

문제분석

W: Daniel, our client from Berner Foods held a meeting to discuss the cuts in their advertising budget. They like our plans but [1] **they're worried that the cost is much higher than expected.**

M: Hmm, Berner Foods is one of our oldest clients so we should do whatever we can to keep their business. Perhaps we can reduce production costs by [2] **hiring less expensive amateur models instead of professional athletes** for the sports drink commercials.

W: That sounds like a good idea. [3] **I will call our department staff in for a meeting so we can start discussing** other alternatives.

남: Daniel, Berner Foods 사의 의뢰인이 광고 예산 삭감을 논의하기 위해 회의를 열었어요. 우리의 계획이 마음에 들지만, 비용이 예상보다 훨씬 높은 것에 대해 우려하고 있습니다.

남: 음, Berner Foods사는 가장 오래된 고객사 중 하나이니, 그들과 사업 관계를 유지하려면 어떤 일이라도 해야 할 겁니다. 프로 운동선수가 아닌 아마추어 모델을 고용해서 스포츠 음료 광고를 함으로써 제작비를 줄일 수 있을 겁니다.

여: 그거 좋은 생각이네요. 부서 직원 전부 회의에 소집하여 다른 대안에 대해 논의해 보도록 하겠습니다.

어휘 cut 삭감, 절감 budget 예산 cost 비용 higher than expected 예상보다 높은 production 제작 instead of ~ 대신에 professional athlete 프로 운동선수 commercial 상업 광고 alternative 대안, 대책 quality 질 performance 능력, 역량 edit 편집하다 respond to ~에 답장하다 consult with ~와 상의하다

---

1. **What** are the **clients concerned** about?
   고객들은 무엇을 우려하는가?
   (A) 프로젝트 비용
   (B) 제품의 질
   (C) 회의 장소
   (D) 선수의 기량

   Step 1 질문의 핵심어 : what, clients concerned
   Step 3 여자의 첫 번째 말 가운데 they're worried that the cost is much higher than expected에서 비용이 예상보다 높은 것을 우려하고 있다고 하므로 정답은 (A)가 된다.

2. **What** does the **man suggest**?
   남자는 무엇을 제안하는가?
   (A) 새 광고 대행사를 찾는다
   (B) 다른 모델을 고용한다
   (C) 마감일을 연기한다
   (D) 사진을 편집한다

   Step 1 질문의 핵심어 : what, man suggest
   Step 3 광고비 절감에 관해 남자가 제안하는 바는 hiring less expensive amateur models instead of professional athletes에서 알 수 있다. 프로 운동선수 대신 아마추어 모델을 고용하자고 하므로 정답은 (B)가 된다.

3. **What** will the **woman** most likely **do next**?
   여자는 다음에 무엇을 하겠는가?
   (A) 이메일에 답장한다
   (B) 도착 시간을 조정한다
   (C) 다른 도시로 여행한다
   (D) 팀원과 상의한다

   Step 1 질문의 핵심어 : what, woman, do next
   Step 2·3 여자의 마지막 말 I will call our department staff in for a meeting so we can start discussing ~에서 부서원들을 불러 회의를 하겠다고 하므로 정답은 (D)가 된다. discuss가 consult로 paraphrasing 되었다.

필수표현

다음 paraphrasing 구문을 익혀보세요.

▶ 동사(구)/명사(구) 전환

hired a couple of new sales people 신입 영업사원을 몇 명 고용했다	→	**hire additional employees** 추가 인력을 고용하다
remodeling in my kitchen 부엌 리모델링하는 것	→	**working on a home improvement project** 집수리를 위한 계획을 세우다
help you with the process 절차 진행을 도와주다	→	**guide him through a process** 절차가 진행되는 동안 안내하다
void the old ticket 이전 티켓을 무효로 처리하다	→	**cancel a ticket** 티켓을 취소하다
write an article 기사를 쓰다	→	**a newspaper reporter** 신문 기자
help with our accounting 회계에 대한 도움	→	**accounting needs** 회계에 필요한 것
getting a new apartment 새 아파트를 구하다	→	**locating an apartment** 아파트를 찾다
call a local real estate agency 부동산 중개소에 전화하다	→	**contact a real estate agent** 부동산 중개인에게 연락하다
look for ~을 찾다	→	**find** 찾다
stop by your desk 자리에 들르다	→	**visiting the man's workstation** 남자가 일하는 곳에 가다
arrived late 늦게 도착했다	→	**delayed** 지연되었다
be out of town 타지에 가 있다	→	**not available** (사람이) 자리에 없다
lead the workshop 워크숍을 진행하다	→	**teach a class** 수업을 하다
advertise the job opening 채용 공고를 내다	→	**find qualified job applicants** 능력 있는 지원자를 찾다
stop by 들르다	→	**visit** 방문하다
buy tickets on our website 웹사이트에서 티켓을 구입하다	→	**buy tickets online** 온라인으로 티켓을 구입하다
adjust our budget 예산안을 조정하다	→	**update a budget** 예산안을 업데이트하다
go to the technology conference 기술 컨퍼런스에 가다	→	**attend a conference** 컨퍼런스에 참가하다

Unit 04 : 미래에 할 일, 제안/요청사항을 묻는 문제

make time for some sightseeing 관광할 시간을 내다	→	do some sightseeing 관광을 하다
buy a home 집을 사다	→	purchase a house 주택을 구매하다
telecommunicate 원거리 통신으로 보내다, 재택근무하다	→	work from home 집에서 근무하다
get me the test results 테스트 결과를 나에게 가져다주다	→	turn in a report 보고서를 제출하다
get some roofing supplies 지붕 수리 장비를 가져오다	→	pick up supplies 장비를 가져오다
reschedule my physical exam 건강검진 일정을 바꾸다	→	change an appointment 예약을 바꾸다
give visitors a tour of our factory 방문객에게 공장을 견학시켜주다	→	lead a factory tour 공장 견학을 진행하다
check and see how much progress has been made 얼마나 진척되었는지 확인하다	→	check on the progress 진행 상황을 확인하다

▶ 명사(구)/형용사(구)/부사(구) 전환

a portfolio 포트폴리오	→	work samples 작업 샘플
firm's banquet 회사 연회	→	a company banquet 회사 연회
dresses and skirts 드레스와 스커트	→	at a clothing store 의류 매장에서
torn dresses 찢어진 드레스	→	damaged items 파손된 상품
how I'd get to my office 사무실에 어떻게 도착하는지	→	how she would commute to work 직장으로 어떻게 출퇴근하는지
the name and phone number 이름과 전화번호	→	contact information 연락처
a different electric outlet 다른 전원 콘센트	→	another power outlet 또 다른 전원 콘센트
paperwork 문서	→	document 서류
noise reduction headphones 소음 제거 헤드폰	→	special equipment 특별한 도구
company event 회사 행사	→	retirement party 퇴임식
a week after from now 지금으로부터 일주일 후에	→	in a week 일주일 후에

three months away	→	in three months
3개월이 남은		3개월 후에

▶ **문장 전환**

I'll check the park's website.	→	log into the event's website
공원 웹사이트를 확인해 보겠습니다.		행사 웹사이트에 접속하다
My husband and I are planning to visit our families.	→	He will be taking some time off.
제 남편과 저는 가족을 방문하려고 합니다.		그는 휴가를 갈 것이다.
I'm just about to go home for the day.	→	He is leaving the office.
지금 막 퇴근하려고 합니다.		그는 사무실을 나서고 있다.
The elevator isn't working.	→	A mechanical device is broken.
엘리베이터는 작동하지 않는다.		기계가 고장 났다.
The computer stopped working.	→	have problem with the computer
컴퓨터가 작동을 멈추었다.		컴퓨터에 문제가 있다

More to TOEIC

Part 3 대화문을 듣는 데 알아두면 유용한 중요 표현을 익혀봅니다.

▶ **결론을 내리거나 대화를 마무리 지을 때**

finally (결론을 나타내어) 마지막으로
I guess you finally got some time off, didn't you?
결국 휴가를 내었군요, 그렇지 않았나요?

so (앞서 언급된 내용의 결론을 나타내어) 그리하여, 그러므로
I won't be at the meeting tomorrow morning, so could you take notes for me?
저는 내일 오전 회의에 갈 수 없어요. 그러니 저 대신 필기 좀 해주시겠어요?

after all (결과를 나타내어) 결국에는, 어쨌든
I'm happy to say we're right on schedule. The bad weather didn't hold us after all.
일정에 맞추게 되어서 잘 됐네요. 궂은 날씨도 결국 우리를 막지 못했네요.

fine / great / right / OK (동의를 나타내어) 됐습니다. 좋습니다.
A: I'll check with the store manager and confirm the price of the camera for you.
B: Great. I'm glad the price has gone down.
A: 매장 매니저한테 확인해서 카메라 가격을 확인해 드리겠습니다.
B: 좋습니다. 가격이 내려가서 다행이네요.

Practice 음성을 듣고 빈칸을 채운 뒤, 질문에 알맞은 응답을 고르세요. 🎧 071

1 Where will the speaker be on November 5th?
   (A) At a training session
   (B) At an international conference

> M: I just found our new intern _____ _____ on November 5th. Isn't that when the International Biomass Conference _____ _____ in Hongkong? All the staff members in our department will be _____ ____ _____.

2 What will the woman do next?
   (A) Obtain a parking permit
   (B) Call a security guard
   (C) Open a new office
   (D) Move her car

> M: Ms. Wells. I'm sorry but, employees are no longer _____ ____ _____ in the visitor's parking area. Please _____ _____ ____.
> W: Oh, I didn't know that. Then, _____ _____ should I go to?

[3-4]

3 What problem does the woman report?
   (A) An office door is locked.
   (B) A mechanical device is broken.

4 What does the man say he will do?
   (A) Send a repair person
   (B) Locate some tools

> W: Hi, I have an office ____ ____ _____ _____ of this building and I'm calling because the _____ _____ _____.
> M: Sorry for the _____. I'll send one of our maintenance crew members down and _____ ____ ____ ____. But I suggest _____ _____ _____ because it will take a while to _____ _____ _____. Can you tell me _____ _____ ____ _____?
> W: It's the south elevator that _____ _____ the eighth and twentieth floors.

[5-6]

5 What is the problem?
(A) A delivery has not arrived yet.
(B) A part is missing from a package.
(C) An office is not currently open.
(D) Some equipment is not working.

6 What does the woman suggest the man do?
(A) Buy some speakers
(B) Call back later
(C) Speak to a manager
(D) Try another power outlet

> M: Hi, I'm calling to report a problem with a stereo system I bought from your store last week. It just doesn't _____ ____ when I plug it in.
> W: I'm sorry for the inconvenience. Have you _____ ____ _____ _____ _____? That sometimes _____ ____ _____.
> M: Of course. I've tried that twice already but ____ _____ _____.

[7-8]

7 What does the woman want help with?
(A) Advertising a job opening
(B) Moving some furniture
(C) Locating an apartment
(D) Renting a vehicle

8 What does the man suggest?
(A) Making a budget
(B) Checking a local newspaper
(C) Driving to the office
(D) Contacting a real estate agent

[9-10]

9 What is the man trying to do?
(A) Purchase a town map
(B) Fix a mechanical problem
(C) Find a restaurant
(D) Get tickets for an event

10 What will the man likely do next?
(A) Turn left at the corner
(B) Call to reserve a table
(C) Present a coupon
(D) Visit a nearby restaurant

대화를 듣고 질문에 알맞은 응답을 고르세요. 072

1. What problem did the man report?
   (A) He sent a message to the wrong person.
   (B) His proposal has been rejected.
   (C) He cannot access the Internet.
   (D) His business schedule has been changed.

2. What will the man do tomorrow?
   (A) Organize some documents
   (B) Dispose of old computers
   (C) Leave for a business trip
   (D) Ask for technical advice

3. How will the woman address the problem?
   (A) By calling a technical service center
   (B) By giving the man prior notice
   (C) By reporting to a supervisor
   (D) By visiting the man's workstation

4. Why is the man praised?
   (A) He donated money to a charity event.
   (B) He recently received a promotion.
   (C) He successfully promoted some products.
   (D) He improved a product's design.

5. Why is the man concerned?
   (A) Product presentations are behind schedule.
   (B) Travel preparations are incomplete.
   (C) A confirmation e-mail hasn't been received.
   (D) Some expense receipts are missing.

6. What does the woman say she will do?
   (A) Attend a trade show
   (B) Talk to the accounting manager
   (C) Review a production process
   (D) Inquire about employment

7. What does the woman want to order?
   (A) Business cards
   (B) Invitation cards
   (C) Birthday cards
   (D) Greeting cards

NEW
8. Look at the graphic. How much will the woman's order cost?
   (A) $ 60
   (B) $ 85
   (C) $ 110
   (D) $ 125

Quantity	Price
1 pack (25 cards)	$ 60
2 packs (50 cards)	$ 85
3 packs (75 cards)	$ 110
4 packs (100 cards)	$ 135 ($125)

9. What does the woman ask the man?
   (A) When to visit the printing shop
   (B) Where to order the cards
   (C) How to design the cards
   (D) How to send an image

10. What are the speakers planning to attend?
    (A) A play
    (B) A product demonstration
    (C) A concert
    (D) A retirement celebration

NEW
11. Look at the graphic. Where will the speakers sit?
    (A) Section A
    (B) Section B
    (C) Section C
    (D) Section D

Entrance	Stage		Exit
	Section A	Section B	
	Section C	Section D	

12. What does the man suggest doing?
    (A) Giving away maps
    (B) Purchasing tickets on-site
    (C) Inviting another coworker
    (D) Taking public transportation

Unit 05 사내업무

Part 3

Part 3에서 사내업무 관련 대화는 가장 많은 비중을 차지합니다. 회사에서 발생하는 업무 종류 및 특정 업무 수행, 타부서 간 업무 공유 및 협조요청, 관련 회의 및 프레젠테이션, 문서작성 등에 관한 대화를 주로 다룹니다.

출제유형

- 업무 시스템, 업무 지침, 출장 및 외근, 담당자, 근무 장소 등을 묻는 문제
- 업무에 발생한 문제점, 해결책·방법 제시, 업무상 제안·요청 등에 관한 문제

문제유형

- **전체를 듣고 푸는 유형**

    What are the speakers mainly discussing? 화자들은 주로 무엇에 관해 대화하고 있는가?
    → Preparing for a presentation 프레젠테이션 준비

    What is the conversation mainly about? 대화는 주로 무엇에 관한 것인가?
    → A training course 교육 과정

    Where are the speakers most likely work? 화자들은 어디에서 근무하겠는가?
    → At a manufacturing company 제조업체

    Why is the woman calling? 여자는 왜 전화하는가?
    → To inquire about a product test 제품 테스트에 대해 문의하기 위해

    Who most likely is the woman? 여자는 누구이겠는가?
    → A graphic designer 그래픽 디자이너

- **세부 사항을 듣고 푸는 유형**

    Why is the woman unavailable this afternoon? 여자는 왜 오후에 시간을 낼 수 없는가?
    → She has to go to a training session. 교육에 가야 한다.

    What does the man offer to do? 남자는 무엇을 하겠다고 하는가?
    → Reserve a banquet room 연회장을 예약한다

    What does the man suggest? 남자는 무엇을 제안하는가?
    → Sending documents by e-mail 이메일로 문서를 보낸다

    What is the man waiting to receive? 남자는 무엇을 받고자 기다리는가? → An identification card 신분증

    According to the woman, why is she unable to complete her work?
    여자의 말에 의하면, 여자는 왜 일을 끝마칠 수 없는가?
    → Some documents haven't been received. 일부 문서가 도착하지 않았다.

문제풀이전략

Step 1 질문을 먼저 읽고 의문사를 포함한 핵심 단어를 통해 질문의 포인트를 숙지하도록 합니다.

> **What** are the **speakers discussing**? 화자는 무엇을 논의하는가?

Step 2 질문과 직접적으로 연관된 부분에 집중하여 대화를 듣습니다. 대화의 흐름은 질문 순서와 일치하므로 순차적으로 문제를 풀도록 합니다.

> W: You know the **managers will be visiting** from the branch office in Amsterdam. I was thinking of **giving them a tour** of some of the local sights.
> M: That's a great idea.
>
> 여: 암스테르담 지사 관리자들이 방문한다는 것을 알고 계시지요. 저는 그들에게 지역 명소를 관광시켜 줄까 생각하고 있었습니다.
> 남: 그거 좋은 생각입니다.

Step 3 대화를 들으며 미리 읽어둔 보기와 내용이 일치하는 것을 정답으로 고르도록 합니다. 다른 단어로 바꾸어 (paraphrasing) 제시되는 정답에 유의합니다.

> W: You know the **managers will be visiting** from the branch office in Amsterdam. I was thinking of **giving them a tour** of some of the local sights.
> M: That's a great idea.
>
> What are the **speakers discussing**?
> **(A) Entertaining visitors**
> (B) Traveling to Amsterdam
>
> ☞ 여자가 방문 예정인 관리자들에게 시내 관광을 시켜주겠다고 하자 남자가 좋은 생각이라 하며 동의하고 있으므로 이들이 방문객을 접대하는 방법에 대해 이야기하고 있음을 알 수 있다.

Sample Test
Step별 문제 풀이 전략을 적용해 문제를 풀어보세요. 🔊 073

1. What does the woman want to discuss with the man?
   (A) An e-mail system
   (B) An upcoming business trip
   (C) A reimbursement
   (D) A relocation policy

2. When does the woman say she submitted the paperwork?
   (A) Today
   (B) Yesterday
   (C) Last week
   (D) Last month

3. According to the man, what may have caused the problem?
   (A) A travel delay
   (B) A conflicting schedule
   (C) A last-minute request
   (D) A newly introduced procedure

문제분석

W: Hi, Logan. I submitted [1] my expense report to get reimbursed for the business trip I took to Shanghai last month. [1] But I haven't received a check yet.

M: Oh, I'm sorry to hear that. When was the paperwork handed in?

W: I remember [2] sending it sometime last week. But let me check my calendar to see the exact date.

M: Okay. But you should know that [3] we made some changes to the procedure for reporting expenses. There is a possibility that your paperwork wasn't sufficient enough. If you give me your extension number I'll look into it and get back to you soon.

여: 안녕하세요, Logan. 저는 지난달 상하이 출장에서 발생한 비용을 환급받기 위해 지출보고서를 제출했습니다. 그런데 아직 수표를 받지 못했어요.

남: 아, 그것 참 안타깝군요. 서류를 언제 제출했나요?

여: 지난주에 제출한 걸로 기억합니다. 정확한 날짜는 캘린더를 확인해 봐야 될 것 같아요.

남: 알겠습니다. 하지만, 저희가 비용 보고에 관한 절차 일부를 수정했다는 것을 알아두셔야 합니다. 제출한 서류에서 부족했던 부분이 있을 가능성도 있어요. 저에게 내선번호를 알려 주시면 확인한 뒤 바로 연락드리겠습니다.

어휘 submit 제출하다 expense 비용, 지출 reimburse 비용을 변제하다 paperwork 문서, 서류 hand in ~을 제출하다 exact 정확한 possibility 가능성 sufficient 충분한 extension number 내선번호 look into ~을 조사해보다 get back to ~에게 다시 연락하다 upcoming 앞으로 다가오는 relocation 이사, 이전 policy 정책, 방침 conflicting 상충하는 last-minute 막판에, 막바지에

1. **What** does the **woman** want to **discuss** with the **man**?
   여자는 남자와 무엇에 대해 논의하고자 하는가?
   (A) 이메일 시스템
   (B) 다음 출장
   (C) 비용 변제
   (D) 이사 정책

   Step 1 질문의 핵심어 : What, woman, discuss, man
   Step 2 여자가 처음 한 말 중 my expense report to get reimbursed for the business trip, But I haven't received a check yet에서 출장비 변제를 위해 보고서를 제출했으나 아직 비용을 받지 못했다고 하므로 여자가 논의하고자 하는 바는 reimbursement임을 알 수 있다.

2. **When** does the **woman** say she **submitted** the **paperwork**?
   여자는 언제 서류를 제출했다고 하는가?
   (A) 오늘
   (B) 어제
   (C) 지난주
   (D) 지난달

   Step 1 질문의 핵심어 : When, woman, submitted, paperwork
   Step 2 언제 서류를 제출했는지 묻는 남자의 질문에 sending it sometime last week라고 대략적인 날짜를 알려주고 있다.

3. According to the **man**, **what** may have **caused** the **problem**?
   남자에 의하면, 무엇이 문제를 일으켰겠는가?
   (A) 여행 지연
   (B) 스케줄 충돌
   (C) 막바지에 한 요청
   (D) 새로 도입된 절차

   Step 1 질문의 핵심어 : man, what, caused, problem
   Step 2-3 마지막 남자의 말에 의하면, we made some changes to the procedure for reporting expenses와 같이 절차상에 변동이 있다고 한다. some changes to the procedure가 A newly introduced procedure로 paraphrasing 되었다.

필수표현

사내업무 상황에서 자주 등장하는 다음 필수 표현을 반드시 암기하도록 합니다.

▶ 업무 분야

accounting	회계	We should find someone to help with our accounting. 우리는 회계를 도와줄 사람을 찾아야 한다.
personnel(=human resources)	인사	I have a 10 o'clock interview with Mr. West in personnel. 나는 인사부의 West 씨와 10시에 면접이 있다.
advertising	광고	We start developing our new advertising campaign. 우리는 새 광고캠페인을 개발하기 시작한다.
shipping	운송	I'll check the shipping record. 내가 배송 기록을 확인하겠다.
manufacturing	제조	The people in the research office found manufacturing defects. 연구실 사람들은 제조상의 결함을 발견했다.
packaging	포장	It is difficult to design new product packaging. 새 제품 포장지를 디자인하는 것은 어렵다.
maintenance	시설관리	The maintenance crew came by to fix the heater. 시설관리팀 직원이 히터를 고치러 들렀다.

▶ 회의·발표

budget	예산	A budget must be approved first. 예산이 먼저 승인되어야 한다.
proposal	제안서	I have already written a draft of the proposal. 나는 이미 제안서의 초안을 작성했다.
figure	수치, 숫자	This quarter's sales figures are much lower than we expected. 이번 분기 매출 수치는 예상보다 훨씬 낮다.
session	(회의, 교육 등의) 기간	Five new interns are coming in today for an orientation session. 5명의 신입 인턴사원이 오늘 오리엔테이션에 올 것이다.
presentation	프레젠테이션	It looks like there will be a lot of interesting presentations. 많은 재미있는 프레젠테이션이 있을 것으로 보인다.
demonstration	시연, 발표	We used the extra space for our cooking demonstrations. 우리는 요리 시범을 보이기 위해 여분의 공간을 활용했다.
feedback	의견, 피드백	There was a negative feedback about the design. 디자인에 대해 부정적인 의견이 있었다.
agenda	안건, 의제	We set the agenda and came up with the list of speakers. 우리는 회의 안건을 마련했고 강연자 명단을 생각해냈다.
handout	유인물, 배포자료	The printer is broken and I can't print out the handouts. 프린터가 고장 나서 유인물을 출력할 수 없다.

review 검토하다	He needs to review safety procedures.	그는 안전 절차를 검토해야 한다.
summary 요약, 개요	The manager helped her complete a summary.	과장은 그녀가 요약문을 완성하도록 도와주었다.
make a presentation 프레젠테이션을 하다	Another vendor is making a presentation on Thursday.	다른 납품업자가 목요일에 발표를 할 것이다.
put together 종합하다	I can put together a list of the best ideas we have.	우리가 가진 최고의 아이디어가 적힌 리스트를 취합할 수 있다.

▶ 업무 수행

focus 집중하다	It is hard to focus with all the noise from the construction.	공사로 인한 소음 때문에 집중하기가 어렵다.
adjust 조율하다	You will have to adjust your vacation plan.	휴가 계획을 조정해야 할 것이다.
issue 발행하다	The company-issued credit card was not working.	회사가 발급한 신용카드를 사용할 수 없었다.
install 설치하다	Some new machinery is being installed.	새로운 기계가 설치되는 중이다.
accommodate 수용하다	The room cannot accommodate larger groups.	그 방에는 큰 규모의 단체를 수용할 수 없다.
submit 제출하다	Your paperwork was not submitted correctly.	서류가 올바르게 제출되지 않았다.
report 보고하다; 보고서	Ms. Shin reported that the lights won't turn on in the meeting room.	Shin 씨는 회의실 불이 켜지지 않을거라고 보고했다.
meet 충족시키다	The new software meets your company's needs.	이 새로운 소프트웨어는 귀사의 요구에 부합합니다.
arrange 마련하다, 준비하다	I can arrange to interview the director of the play.	연극 연출가와 인터뷰할 수 있도록 자리를 마련할 수 있다.
inspection 조사	I just completed the inspection of your new office building.	저는 방금 새 사무실 건물에 대한 점검을 마쳤습니다.
replace 교체하다	What I did is simply replace the keyboard.	내가 한 것이라고는 키보드를 교체한 것이다.
reimbursement 환급	I can authorize a request for reimbursement without the receipts.	영수증이 없이도 변제 요청을 승인할 수 있다.
status 상태	The sales person offered to change the status of an order.	판매자는 주문 상태를 변경해주겠다고 했다.
take over 업무를 인수하다	I'd like you to take over the coordination of the ad campaign.	광고 캠페인 조율 업무를 당신이 맡아 주었으면 합니다.
make a change 변경하다	We are going to have to make some changes to our promotion plans.	우리는 홍보 계획을 몇 가지 수정할 것이다.

work overtime 초과근무하다	Plant workers will have to work overtime. 공장 근로자들은 초과 근무를 해야 할 것이다.	
complete 끝마치다, 완성하다	The renovations won't be completed until next year. 보수작업은 내년이 되어야 끝날 것이다.	
handle ~을 처리하다	Ms. Vernon doesn't handle client accounts any more. Vernon 씨는 더 이상 고객구좌를 다루지 않는다.	
make it 도착하다, 참석하다	I can make it to my appointment by 3:00. 나는 3시 약속에 갈 수 있을 것이다.	
leave for the day 퇴근하다	The marketing manager already left for the day. 마케팅 담당자는 이미 퇴근했다.	
get involved in ~에 관여하다	Everyone in the office could get involved in the project. 사무실에 있는 사람들은 프로젝트에 관여할 수 있을 것이다.	
be expected to do ~할 예정이다	The remodeling project is expected to last three months. 리모델링 프로젝트는 3개월 정도 계속될 것으로 예상된다.	
manage to do 가까스로 ~하다	The contractor managed to meet the deadline. 하청업자는 간신히 마감일을 맞출 수 있었다.	
come up with (생각을) 떠올리다	We have come up with the plans for getting consumer feedback. 우리는 소비자 피드백을 위한 아이디어를 떠올렸다.	

More to TOEIC

Part 3 대화문을 듣는 데 알아두면 유용한 중요 표현을 익혀봅니다.

▶ **업무상 문의, 제안, 동의**

Could you tell me ~? (정보를 요청할 때) ~를 알려주시겠어요?
Could you tell me what type of clients I'll be working with?
제가 어떤 유형의 고객과 일하게 될지 알려주시겠어요?

I wonder / was wondering if ~ (문의할 때) ~인지 궁금해서요.
I was wondering if you've completed the estimates for the new telephone system.
새 전화시스템 관련 견적서 작업을 마쳤는지 궁금해서요.

It would be better if ~ (제안을 나타내어) ~하는 것이 좋을 것 같아요.
It would be better if I send the report as an e-mail attachment.
제가 보고서를 이메일에 첨부해서 보내는 것이 좋을 것 같습니다.

I want to make sure (that) ~ (당부를 나타낼 때) 반드시 ~했으면 합니다.
I want to make sure nothing gets broken. 아무것도 파손되지 않아야 합니다.

That shouldn't be a problem. (상대방을 안심시킬 때) 문제 될 거 없어요.
As long as everything is here by the end of the week, that shouldn't be a problem.
모든 것이 이번 주까지 이곳에 도착하기만 하면 문제될 것이 없어요.

Practice 음성을 듣고 빈칸을 채운 뒤, 질문에 알맞은 응답을 고르세요. 🎧 074

1 Where do the speakers most likely work?
(A) At a manufacturing plant
(B) At a printing company

> M: We've just _____ ___ _____ for a thousand business cards from Lamanza Manufacturing. But right now, we don't _____ _____ _____ on the schedule to print them all today.
> W: No problem. I'll _____ _____ ___ _____ _____ _____ _____ _____ to work an extra shift.

2 What are the speakers mainly discussing?
(A) A manufacturing process
(B) A plan for testing an appliance
(C) An inspection of a factory
(D) New researchers

> M: We are going to _____ _____ _____ on our new microwave oven. We'll _____ _____ _____ at random and ask them to use our oven for a week. Afterwards we'll _____ _____ ___ _____ ____ if they had any problems.
> W: That's a good idea, but I _____ ___ _____. ___ _____ ___ _____ to collect feedback from at least twenty users.

[3-4]

3 What event will take place tomorrow?
(A) A wedding
(B) A retirement party

4 What does the man say he did?
(A) Confirmed the invitation list
(B) Arranged for food options

> W: Hi, Jeremy. _____ ___ ___ _____ _____ _____ for the president's retirement party tomorrow? Have you _____ ___ _____ ____?
> M: Yes, I've called each person on the list to _____ _____ _____ _____ _____ _____. There will be 250 guests in total. But I learned _____ _____ _____ _____ _____, so we should _____ ___ _____ _____ _____ to our menu selection.

[5-6]

5. What is the topic of the conversation?
   (A) A quarterly budget
   (B) A software upgrade
   (C) A meeting with clients
   (D) A marketing proposal

6. According to the man, why is he unable to complete his work?
   (A) Internet access is not available.
   (B) He needs a supervisor's signature.
   (C) He is busy with other projects.
   (D) Product testing is incomplete.

> W: Darren, have you _____ _____ ____ the marketing strategy for our new product? It's due this afternoon.
> M: It's almost done. All I need to do is _____ _____ _____ _____ from my manager. But he's _____ ____ _____ _____ meeting with clients. I'll be able to _____ ____ once I have the _____ _____.

[7-8]

7. Where most likely do the speakers work?
   (A) At a post office
   (B) At a delivery service
   (C) At a clothing factory
   (D) At a power plant

8. What does the man ask about?
   (A) A safety procedure
   (B) A pay rate
   (C) A business trip
   (D) A storage location

[9-10]

9. What is the woman asking employees to submit?
   (A) Schedule preferences
   (B) Contact information
   (C) Survey results
   (D) Completed questionnaires

10. What has the woman recently done?
    (A) Opened a new store location
    (B) Hired additional staff
    (C) Added a new product line
    (D) Set up an online store

Part 3

Unit 06 고용/인사

Part 3에서 고용/인사에 관한 내용은 또 하나의 주요 대화 소재가 됩니다. 고용과 관련하여서는 구인 방법, 채용 절차, 면접 등이 대화의 주요 소재로 등장하며, 인사와 관련하여서는 인사 이동, 업무 평가, 복지 혜택 등에 관한 내용이 주를 이룹니다.

출제유형

- 고용: 산업 분야, 직종, 직급, 서류나 면접 진행 상황, 날짜 등을 묻는 문제
- 인사: 인사 이동, 업무 평가, 승진 및 퇴직, 휴가, 결근, 급여 인상 등을 묻는 문제

문제유형

- **전체를 듣고 푸는 유형**

    Why is the **woman calling** the company? 여자는 왜 회사에 전화를 거는가?
    → To ask about a job application 입사지원에 대해 문의하기 위해

    What are the **speakers** mainly **discussing**? 화자들은 무엇에 대해 논의하고 있는가?
    → A job opening 일자리 공고

    Where most likely does the **conversation take place**? 대화는 어디에서 일어나겠는가?
    → At an architectural firm 건축회사

    What area does the **man work in**? 남자는 어떤 분야에서 일하는가?
    → Sales 영업

    What kind of **business** does the **woman work for**? 여자는 어떤 유형의 비즈니스에 종사하는가?
    → A hotel 호텔

- **세부 사항을 듣고 푸는 유형**

    According to the man, **what** has **resulted in** the **delay**? 남자에 의하면, 무엇이 지연을 초래하였는가?
    → A scheduling difficulty 스케줄상의 어려움

    When will the **woman** probably **be contacted** again? 여자는 언제 다시 연락을 받겠는가?
    → Next week 다음 주에

    What suggestion does the **man make**? 남자는 어떤 것을 제안하는가?
    → Hiring an outside consultant 외부 컨설턴트를 고용하는 것

    What does the **man want** to do? 남자는 무엇을 원하는가?
    → Adjust his work schedule 작업 스케줄을 조정하는 것

    What does the **woman remind** the **man to do**? 여자는 남자에게 무엇을 상기시키는가?
    → Stay at work 30 minutes later 회사에 30분 더 남아 있는 것

문제풀이전략

Step 1 질문을 먼저 읽고 의문사를 포함한 핵심 단어를 통해 질문의 포인트를 숙지하도록 합니다.

What is the woman calling about? 여자는 무엇 때문에 전화를 거는가?

Step 2 대화를 들으며 질문과 직접적으로 연관된 부분을 정확히 잡아내어 문제를 풉니다. 대화의 흐름은 질문 순서와 일치하므로 순차적으로 문제를 풀도록 합니다.

W: Hello, I'm trying to get some information about your six-month internships during the summer. Could you connect me to the right department?
여보세요. 저는 올 여름에 있을 6개월 인턴십에 대한 정보를 알고자 합니다. 담당 부서로 연결해 주시겠어요?
M: Sure, hold on, please. 물론입니다. 잠시만 기다리세요.

Step 3 대화를 들으며 미리 읽어둔 보기와 내용이 일치하는 것을 정답으로 고르도록 합니다. 다른 단어로 바꾸어 (paraphrasing) 제시되는 정답에 유의합니다.

W: Hello, I'm trying to get some information about your six-month internships during the summer. Could you connect me to the right department?
M: Sure, hold on, please.

What is the woman calling about?
(A) A business seminar
(B) A summer internship

☞ 여자는 여름 6개월간 인턴십에 대해 알고 싶다고 말하고 있다.

Sample Test
Step별 문제 풀이 전략을 적용해 문제를 풀어보세요. 🎧 075

1. Where most likely does the conversation take place?
   (A) At an accounting firm
   (B) At an advertising agency
   (C) At an architectural firm
   (D) At a telephone company

2. What does the man inquire about?
   (A) His salary
   (B) His work hours
   (C) His job duties
   (D) His identification badge

3. What advice does the woman give the man?
   (A) To wait in the lobby
   (B) To consult a supervisor
   (C) To request a copy of a contract
   (D) To attend a training session

문제분석

M: Good morning, I'm Steve Jackson. [1] I'll be working part-time for the next three months here at Bloomfield Accounting. I was told to look for Ms. Melinda Shaw.

W: Welcome, Mr. Jackson. Melinda is in a meeting right now and won't be back for half an hour. Please have a seat. Why don't you read this handbook while you wait? It's about our company policies and general guidelines for temporary workers.

M: Thank you. This is my first time [1] working at an accounting firm. [2] Could you tell me about my responsibilities?

W: You'll be performing general office tasks such as keeping records, filing, typing and so on. [3] Melinda is going to be your supervisor, so you can ask her about the job description in more detail.

남: 안녕하세요, 저는 Steve Jackson입니다. 앞으로 석 달 동안 이곳 Bloomfield Accounting사에서 파트타임으로 근무하게 되었습니다. Melinda Shaw 씨를 찾아보라고 해서요.

여: 어서 오세요, Jackson 씨. Melinda는 지금 회의중이어서 30분 후에 돌아올 겁니다. 앉으세요. 기다리시는 동안 이 안내서를 읽어보는 게 어때요? 임시직원들을 위한 회사방침 소개와 기본지침에 관한 겁니다.

남: 감사합니다. 회계사무소에서 일하는 건 처음이라서요. 제가 할 일에 대해 알려주실 수 있나요?

여: 문서 기록이나 파일 작성, 타이핑 같은 일반 사무업무를 하게 될 겁니다. Melinda가 상관이 될 것이니 업무에 관한 자세한 것은 그녀에게 물어보세요.

어휘 half an hour 30분 have a seat 자리에 앉다 handbook 안내서, 교육서 policy 정책, 방침 guideline 지침, 안내 temporary 일시적인, 임시의 accounting firm 회계사무소 task 직무, 업무 supervisor 감독관, 상사 job description 직무 소개 in detail 자세하게 consult ~와 상의하다 attend 참석하다

---

1. **Where** most likely does the **conversation take place**?

대화는 어디에서 일어나겠는가?

(A) 회계사무소
(B) 광고 대행사
(C) 건축회사
(D) 전화회사

Step 1 질문의 핵심어 : Where, conversation take place

Step 2 대화가 일어나는 장소는 남자의 첫 번째 말 중 I'll be working part-time ~ here at Bloomfield Accounting과 중반부의 working at an accounting firm.에서 알 수 있다. 일하는 장소는 회계사무소이므로 정답은 (A)가 된다.

2. **What** does the **man inquire** about?

남자는 무엇에 대해 문의하는가?

(A) 급여
(B) 근무시간
(C) 직무
(D) 사원증

Step 1 질문의 핵심어 : What, man inquire

Step 2·3 남자가 여자에게 질문하는 Could you tell me about my responsibilities?을 보면 해야 할 일이 무엇인지 묻고 있으므로 정답은 (C)가 된다. responsibilities가 job duties로 paraphrasing되었다.

3. **What advice** does the **woman give** the **man**?

여자는 남자에게 어떤 조언을 하는가?

(A) 로비에서 기다린다
(B) 상사와 상의한다
(C) 계약서 사본을 요청한다
(D) 교육에 참가한다

Step 1 질문의 핵심어 : What advice, woman give, man

Step 2 여자의 마지막 말 중 Melinda is going to be your supervisor, ~ ask her about the job description in more detail을 보면, 직무에 관한 자세한 사항은 상사가 될 Melinda에게 물어보라고 조언하고 있으므로 정답은 (B)가 된다.

필수표현

고용, 인사 상황에서 자주 등장하는 다음 필수 표현을 반드시 암기하도록 합니다.

▶ 채용 · 면접

job description 직무 소개	I have an e-mail you sent me with the job description. 당신이 보내준 직무 소개가 담긴 이메일을 보관하고 있습니다.
applicant 지원자/후보자	All of the job applicants sent copies of their résumés by e-mail. 모든 지원자들은 이력서 사본을 이메일로 보냈다.
qualification 자격	You will never get a good job unless you have any qualifications. 자격을 갖추지 않으면 좋은 일자리를 얻을 수 없을 것이다.
hire 고용하다	We have to hire a new customer service representative. 우리는 새 고객서비스 담당 직원을 고용해야 한다.
position 일자리, 직책	A description of open positions will be posted on the bulletin board. 채용 직종에 대한 설명이 게시판에 공지될 것이다.
résumé 이력서	We have received your résumé for the financial analyst position. 당신이 재무 분석직 지원을 위해 제출한 귀하의 이력서를 접수했습니다.
commute 통근(하다)	You should allow some extra time for your morning commute. 아침 출근을 위해 여분의 시간을 두어야 한다.
job interview 면접	We'd like to conduct job interviews at the job fair next month. 우리는 다음달 채용 박람회에서 면접을 진행하고자 한다.
hiring committee 채용 위원회	Our hiring committee offered the position of Vice President to Mr. Sanjay. 우리 채용위원회는 Sanjay 씨에게 부회장직을 제안했다.
apply for ~에 지원하다	He applied for that job at the shipping company. 그는 운송회사에서 난 일자리에 지원했다.
conduct (면접 등을) 실시하다	The human resources manager conducted an interview. 인사과장은 면접을 실시했다.
come in for an interview 면접을 보러 가다	I really appreciate the opportunity to come in for an interview. 면접 기회를 얻게 되어 너무 감사합니다.
accept a job offer 일자리를 수락하다	We are thrilled that she has accepted our job offer. 그녀가 우리의 일자리 제안을 받아들여서 너무 기쁩니다.
a letter of reference 추천서	A letter of reference is often required as part of an application process. 전형 절차의 일부로서 종종 추천서가 요구된다.
be considered for the position 채용 대상으로 고려되다	Applicants must have at least one year's experience in order to be considered for a position. 채용 고려 대상이 되려는 지원자는 적어도 1년 이상의 경력이 있어야 한다.
previous work experience 이전 경력	First of all, please tell us about your previous work experience. 우선 이전 경력에 대해 말씀해 보세요.

▶ 직책 · 업무

director 부장, 이사	A marketing director will retire next year. 마케팅 이사는 내년에 은퇴할 것이다.
supervisor 감독자, 관리자, 상사	My supervisor told me to call the help desk. 상사는 안내데스크에 전화하라고 말했다.
colleague(=coworker) 동료	You were recommended to me by a colleague. 당신을 제 동료가 추천하였습니다.
headquarters 본사	The office headquarters has relocated. 본사 사무실은 이전했다.
branch 지점, 지사	The London branch will need some sales representatives. 런던 지사에서는 영업사원이 필요할 것이다.
assignment(=task) (할당된) 업무	The hardest thing I had to learn was to handle multiple assignments at once. 제가 배워야 했던 가장 어려운 것은 한 번에 여러 가지 일을 처리하는 것입니다.
be in charge of ~을 담당하다	Robert is in charge of the reimbursement process. Robert는 비용 환급을 담당하고 있다.
work on ~을 가지고 작업하다	I have to work on my speech for the conference. 나는 컨퍼런스에서 할 연설문을 작성해야 한다.

▶ 휴가 · 퇴직 · 전근

take a vacation 휴가를 가다	Michael wants to take a summer vacation. Michael은 여름 휴가를 가고 싶어 한다.
retirement 은퇴, 퇴임	My company is looking for a large space for a retirement dinner. 우리 회사는 퇴임 만찬을 위한 넓은 장소를 찾고 있습니다.
transfer 전근가다	Mr. Wang will be transferred to Hongkong next week. Wang 씨는 다음 주에 홍콩 지사로 전근을 갈 것이다.
replace ~을 대신하다	We need someone to replace the coordinator right away. 우리는 코디네이터를 대체할 만한 인물을 즉시 찾아야 한다.
temporary 임시직의	We wanted to thank the temporary workers for all their hard work. 우리는 열심히 일해준 임시직 직원들에게 감사하고 싶습니다.
fill in for ~을 대신하다	The employment agency sent me here to fill in for the next two weeks. 채용 대행 업체에서 다음 2주 동안 업무를 대신하도록 나를 보냈습니다.
relax 휴식을 취하다	The vice president hopes to relax and spend some time with your family this summer. 부사장은 올 여름 당신의 가족과 함께 휴식을 취하며 시간을 보내고 싶어한다.
take sick leave 병가를 내다	The accounting manager got a flu, so he's taken sick leave. 회계과 과장이 독감에 걸려 병가를 냈다.

▶ 직원 교육

improve 개선시키다, 향상시키다	The program has improved employees' communication skills. 그 프로그램은 직원들의 의사소통 기술을 향상시켰다.
on-the-job training 직무 교육	Successful candidates will be offered comprehensive on-the-job training. 합격자들은 총체적인 직무교육을 받게 될 것이다.
register for ~에 등록하다	20 employees have registered for the sales seminar. 20명의 직원들이 영업 세미나에 등록했다.
training session 교육	The instructor will be running a training session most of the day. 강사는 하루의 대부분을 교육을 진행하는 데 보낼 것이다.
recommend 추천하다	She is highly recommended by other employees. 그녀는 다른 직원들에 의해 강력히 추천을 받는다.
employee handbook 직원 교육서	The employee handbook covers dress code, vacation policy and so on. 직원 교육서는 복장 규정과 휴가 정책 등에 관한 내용을 다루고 있다.

More to TOEIC

Part 3 대화문을 듣는 데 알아두면 유용한 중요 표현을 익혀봅니다.

▶ 면접 상황

My greatest strength is ~ (자신의 강점을 소개할 때) 저의 가장 큰 장점은 ~입니다.

My greatest strength is the ability to focus on my work.
저의 가장 큰 장점은 업무에 집중할 수 있는 능력입니다.

I think it is time for me to ~ (이직 사유를 밝히며) ~해야 할 때라고 생각합니다.

I think it is time for me to look for a more hands-on position.
직접 몸으로 겪는 일을 찾을 때라고 생각합니다.

I have a solid background in ~ (업무 또는 학업을 소개하며) 저는 ~에 탄탄한 경력이 있습니다.

I have a solid background in product management.
저는 제품 관리에 관한 탄탄한 경력이 있습니다.

I have done ... including ~ (업무를 구체적으로 소개하며) ~을 포함한 ··· 을 했습니다.

I have improved a number of the systems including the order tracking system.
저는 주문 추적 시스템을 포함한 많은 시스템을 개선했습니다.

I'm confident that ~ (각오를 밝히며) 저는 ~을 확신합니다.

I am confident that I can contribute to the sales goal of your department.
귀 부서의 영업 실적에 기여할 수 있다고 확신합니다.

Practice

음성을 듣고 빈칸을 채운 뒤, 질문에 알맞은 응답을 고르세요. 076

1 What is the topic of the conversation?

(A) A company's anniversary
(B) A colleague's promotion

> M: Hi, Debora. Did you hear that Thomas was _____ ____ _____ _____? The marketing department is _____ ____ _____ _____ next Friday to celebrate.
>
> W: Yes, I am really _____ _____ _____. He's been working hard for the last seven years and ____ _____ ____. Why don't we collect some money and _____ _____ ____ _____?

2 What about the man impressed the woman?

(A) His past employment
(B) His academic record
(C) His communication skills
(D) His recommendation letters

> W: Thank you for coming in for an interview. I want to say that I'm very impressed with _____ _____ _____ _____ _____. You've also worked with some large architecture firms. Can you tell me why you are _____ _____ _____ _____ _____ with us?
>
> M: Your company has earned a reputation for _____ ____ _____ _____ and I'd like to _____ ____ _____ that make it possible.

[3-4]

3 Where should the man go next Monday?

(A) To a financial meeting
(B) To the human resources office

4 What does the woman ask the man to do?

(A) Submit a form
(B) Bring some photos

> W: Hello, Mr. Clark. This is Janice Monroe from Human Resources at Bellswonton Incorporated. I'm just calling to confirm that _____ _____ _____ ____ _____ _____ is next Monday. Is that correct?
>
> M: Of course. I'm _____ _____ ____ ____. By the way, should I _____ ____ ____ _____ _____ _____ when I'm at work?
>
> W: Yes, I'd like you to _____ ____ _____ _____ ____ ____ _____. And be sure to _____ _____ _____ _____ ____ _____ since we'll be _____ _____ _____ _____ _____ _____.

154

[5-6]

5 What department does the man work in?
   (A) Payroll
   (B) Maintenance
   (C) Marketing
   (D) Personnel

6 What does the woman ask about?
   (A) The time of an interview
   (B) The date a job begins
   (C) The requirements for a position
   (D) The name of a customer

> W: Hello, Ms. Mason. This is Steve Sanders ___ ___ ___ ___ at Austin Manufacturing. I'm calling about ___ ___ ___. One of my colleagues has recommended you as a general manager and I'd like to ___ ___ ___ ___. Are you interested?
>
> W: It would be an honor. But I am ___ ___, so I would have to give my company at least ___ ___ ___. When do you want me to start?

[7-8]

7 Why is the woman calling the company?
   (A) To inquire about a payment
   (B) To confirm a reservation
   (C) To ask about a job application
   (D) To find out where an office is located

8 According to the man, when will applicants be contacted?
   (A) In three days
   (B) Next week
   (C) By the end of this week
   (D) In a month

[9-10]

9 What are the speakers mainly discussing?
   (A) A job opening
   (B) An ongoing project
   (C) A company reorganization
   (D) A contract termination

10 What does the woman request more information about?
    (A) A company's location
    (B) A hiring process
    (C) An online store
    (D) A starting salary

Actual Test

대화를 듣고 질문에 알맞은 응답을 고르세요. 🔊 077

1. Why is the woman calling?
   (A) To confirm an e-mail address
   (B) To complain about a hair product
   (C) To inquire about a product test
   (D) To ask about a store's location

2. What does the man say he did last Friday?
   (A) Arranged a business trip
   (B) Sent some results
   (C) Repaired a computer
   (D) Misplaced some documents

3. According to the man, what is the problem with the hair conditioner?
   (A) It doesn't smell good.
   (B) It isn't available online.
   (C) It is overpriced.
   (D) It is out of stock.

4. What does the woman want to do?
   (A) Attend a workshop
   (B) Move to a different city
   (C) Share a ride to work
   (D) Adjust her work schedule

5. What does the woman say she has to do next month?
   (A) Take care of her children
   (B) Transfer to a different department
   (C) Leave work earlier
   (D) Order office supplies

6. What does the man say he will do?
   (A) Change her work shift
   (B) Notify her of the result
   (C) Go over the request
   (D) Report a problem to his supervisor

7   Where is the conversation most likely taking place?
    (A) At an interior design company
    (B) At a construction firm
    (C) At a newspaper company
    (D) At a graphic design firm

8   What does the woman say the men will do this month?
    (A) Share an office
    (B) Move to a branch office
    (C) Launch a new marketing campaign
    (D) Go on a business trip

9   How long has Steven been working for the firm?
    (A) Half a year
    (B) Two years
    (C) Twelve months
    (D) A decade

10 Why has the man come to the building?
    (A) To paint the break room
    (B) To get a copier installed
    (C) To install speakers
    (D) To repair a phone

NEW
11 Look at the graphic. Which room will the man most likely go to?
    (A) Office 1
    (B) Office 2
    (C) Employee Lounge
    (D) Conference Room

12 What does the man ask to do?
    (A) Make some copies
    (B) Use an office phone
    (C) Wait in the reception area
    (D) Go to a truck downstairs

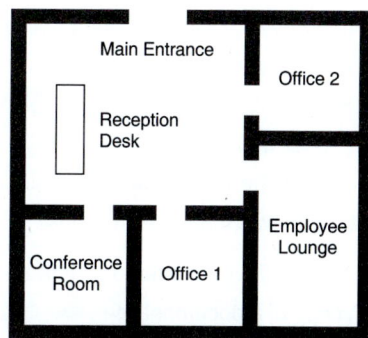

Unit 07 사내시설/설비이용

Part 3

회사 내 시설이나 시스템 이용 시 발생할 수 있는 문제 상황이 대화 소재가 됩니다. 사무기기, 비품 등의 사용에 대한 문의나 고장신고 및 수리, 컴퓨터나 시스템 이용, 에러 발생 등에 관련된 내용이 등장합니다.

출제유형

- 사무기기 고장 및 수리, 각종 비품, 사무실 내부 환경, 보수 요청 등에 관한 문제
- 컴퓨터 소프트웨어, 안전 시스템 등의 설치 안내 및 사용 방법 등에 관한 문제

문제유형

- **전체를 듣고 푸는 유형**

  What are the speakers mainly discussing? 화자들은 무엇에 대해 논의하고 있는가?
  → A building renovation 건물 개조

  What is the conversation about? 무엇에 관한 대화인가?
  → Caring for some plants 식물 돌보기

  Who most likely is the man? 남자는 누구이겠는가?
  → A maintenance worker 시설 관리자

  What kind of work do the speakers most likely do? 화자들은 어떤 일을 하겠는가?
  → Technical support 기술 지원

  What problem are the speakers mainly discussing? 화자들은 주로 어떤 문제에 대해 논의하고 있는가?
  → Loud noises 시끄러운 소음

- **세부 사항을 듣고 푸는 유형**

  What does the woman say happened last week? 여자는 지난주에 어떤 일이 있었다고 하는가?
  → A repair was made. 수리가 진행되었다.

  What does the man offer to give the woman? 남자는 여자에게 무엇을 주겠다고 하는가?
  → A copy of a document 복사한 문서

  What problem does the man mention? 남자는 어떤 문제에 대해 언급하는가?
  → Some controls are inaccessible. 제어장치에 접근할 수 없다.

  What does the man say he is concerned about? 남자는 무엇에 대해 걱정한다고 하는가?
  → The appearance of an office area 사무실 외관

  What does the woman ask the man about? 여자는 남자에게 무엇을 요청하는가?
  → Accessing some files 파일로의 접근

문제풀이전략

Step 1 질문을 먼저 읽고 의문사를 포함한 핵심 단어를 통해 질문의 포인트를 숙지하도록 합니다.

What does the man say he has done? 남자는 무엇을 했다고 하는가?

Step 2 대화를 들으며 질문과 직접적으로 연관된 부분을 정확히 잡아내어 문제를 풉니다. 대화의 흐름은 질문 순서와 일치하므로 순차적으로 문제를 풀도록 합니다.

M: Hi, I'm having trouble with my G200 photocopier. I've read the user manual but I can't get it to work properly.
안녕하세요, 제 G200 복사기에 문제가 생겼는데요. 사용설명서를 읽었는데 제대로 작동시키지 못하겠습니다.

W: Okay. Can you tell me what the problem is?
알겠습니다. 무엇이 문제인지 알려주시겠어요?

Step 3 대화를 들으며 미리 읽어둔 보기와 내용이 일치하는 것을 정답으로 고르도록 합니다. 다른 단어로 바꾸어 (paraphrasing) 제시되는 정답에 유의합니다.

M: Hi, I'm having trouble with my G200 photocopier. I've read the user manual but I can't get it to work properly.

W: Okay. Can you tell me what the problem is?

What does the man say he has done?
(A) Read the user manual
(B) Talked to a supervisor

☞ 남자는 사용설명서를 읽었다며 자신이 한 일을 알리고 있다.

Sample Test

Step별 문제 풀이 전략을 적용해 문제를 풀어보세요. 🔊 078

1. What does the woman say happened last week?
   (A) Office furniture was removed.
   (B) The walls were painted.
   (C) A device was repaired.
   (D) An order was changed.

2. What does the man ask for?
   (A) An employee's name
   (B) The date of a payment
   (C) The address of a building
   (D) A work order number

3. What is Mr. Johnson asked to do?
   (A) Charge a repair fee
   (B) Replace some computer parts
   (C) Contact a supervisor
   (D) Arrive before 4 P.M.

문제분석

W: Hello. This is Molly Rodriguez from marketing. [1] Last week, one of the crews in your maintenance department repaired my desktop computer. It was working fine until yesterday, but then it suddenly started making squeaking noises.

M: Well, that could be caused by a number of different things. [2] If you give me the name of our crew member, I'll have him drop by your office today and take a look at it.

W: Thank you very much. His name is [3] Robert Johnson. I'm going to leave work early today to prepare for my business trip to Singapore. [3] So I'd like him to get here before four o'clock.

여: 안녕하세요. 저는 마케팅 팀의 Molly Rodriguez입니다. 지난주에 시설관리팀 직원 중 한 분이 오셔서 제 컴퓨터를 수리해 주셨습니다. 그것은 어제까지 작동이 잘 되었는데 갑자기 삐걱거리는 소음을 내기 시작했습니다.

남: 음, 그건 여러 가지 다른 이유가 있을 것입니다. 저희 직원 이름을 알려주시면, 그가 오늘 Rodriguez 씨 사무실에 들러 한 번 점검해 보게 하겠습니다.

여: 감사합니다. 그 분 이름은 Robert Johnson입니다. 저는 싱가포르 출장 준비 때문에 오늘 일찍 퇴근할 것입니다. 그래서 4시 전에 와주셨으면 합니다.

어휘 / crew 직원 maintenance 관리, 보수 squeaking 삐걱삐걱 소리를 내는 drop by 들르다 take a look at ~을 살펴보다 leave work 퇴근하다 business trip 출장 remove 제거하다, 없애다 device 도구, 장치 order 주문 fee 수수료, 요금 replace 교체하다 supervisor 감독관, 상사

---

1. **What** does the woman say **happened last week**?

   여자는 지난주에 어떤 일이 있었다고 하는가?
   (A) 사무실 가구가 옮겨졌다.
   (B) 벽에 페인트칠이 되었다.
   (C) 장치가 수리되었다.
   (D) 주문이 변경되었다.

   Step 1 질문의 핵심어 : What, happened last week
   Step 3 지난주에 있었던 일을 묻고 있으므로 last week가 언급된 부분에 집중한다. Last week, one of the crews ~ repaired my desktop computer에서 컴퓨터가 수리되었다고 하므로 정답은 (C)가 된다. my desktop computer가 a device로 paraphrasing 되었다.

2. **What** does the **man ask for**?

   남자는 무엇을 요청하는가?
   (A) 직원 이름
   (B) 지급 일자
   (C) 건물 주소
   (D) 작업 주문 번호

   Step 1 질문의 핵심어 : What, man ask for
   Step 2 남자의 말 중 If you give me the name of our crew member에서 컴퓨터를 수리한 직원의 이름을 알려달라고 하므로 정답은 (A)가 된다.

3. **What** is Mr. **Johnson** asked to do?

   Johnson 씨는 무엇을 요청 받는가?
   (A) 수리비를 청구한다
   (B) 컴퓨터 부품을 교체한다
   (C) 상사에게 연락한다
   (D) 오후 4시 이전에 도착한다

   Step 1 질문의 핵심어 : What, Johnson asked to do
   Step 2 여자의 마지막 말로 보아 수리를 한 사람은 Robert Johnson인데, So I'd like him to get here before four o'clock에서 그가 사무실에 4시 이전에 오길 원한다고 하므로 정답은 (D)가 된다.

필수표현

사내 시설, 설비 이용 상황에서 자주 등장하는 다음 필수 표현을 반드시 암기하도록 합니다.

▶ 사무기기 · 사무용품

projector 프로젝터, 영사기	I need to set up a projector in the meeting room. 회의실에 프로젝터를 설치해야 한다.
fax 팩스(로 보내다)	The contracts have to be faxed to the downtown office. 계약서는 시내 사무실에 팩스로 보내져야 한다.
laptop (computer) 노트북 컴퓨터	We are ready to introduce our new line of laptop computers this June. 우리는 올 6월에 새 노트북 제품을 선보일 준비가 되어 있다.
computer parts 컴퓨터 부품	Apparently, they sent the computer parts to the wrong address. 분명히 그들은 컴퓨터 부품을 엉뚱한 주소로 보냈다.
cartridge 카트리지	The copy machine needs a new cartridge. 복사기는 새 카트리지가 필요하다.
portable 휴대가 간편한	The new model is just as compact and portable as the original one. 새 모델은 원래 모델만큼 크기도 작고 휴대가 간편하다.
cabinet 캐비닛	The secretary filed the confidential document in a locked cabinet. 비서는 기밀문서를 자물쇠로 잠근 캐비닛에 보관했다.

▶ 시설 · 설비

install 설치하다	Try installing the latest version of the accounting program on your computer. 컴퓨터에 최신 버전의 회계 프로그램을 설치하도록 하십시오.
insulate 단열 처리하다	Homeowners should insulate their homes to conserve energy. 집주인들은 에너지 절약을 위해 집에 단열 처리를 해야 한다.
feature 특징, 특성	To better serve our members, we added new features to the website. 회원들에게 보다 나은 서비스를 제공하기 위해 우리는 웹사이트에 새로운 기능을 추가했다.
electricity 전기, 전력	The electricity has just been turned off. 전기가 차단되었다.
heating unit 난방기	One of the employees in facilities has repaired heating unit in my office. 시설팀 직원 한 명이 내 사무실의 난방기를 수리했다.
lighting fixture 조명 시설	The store carries several new lines of energy-saving lighting fixtures. 매장에서는 에너지 절약형 신형 조명 시설을 여러 종류 갖추고 있다.
interior 인테리어	The crews nearly finished with the interior painting. 인부들은 실내 페인트칠을 거의 끝냈다.
instrument 기구, 도구	He does not know how the instrument works. 그는 그 기구가 어떻게 작동하는지 모른다.
function 기능	The updated search function makes it so much easier to navigate the site. 업데이트된 검색 기능으로 인해 사이트를 둘러보기가 훨씬 수월해졌다.

▶ 증상 · 문제점

break down 고장나다	One of the machines on the production floor broke down last night. 생산 현장에 있는 기계 중 하나가 지난 밤 고장이 났다.	
out of order 고장난	The elevator near the main entrance is out of order. 중앙 현관 근처 엘리베이터가 고장이 났다.	
inaccessible 접근할 수 없는	Temperature controls are inaccessible. 온도 조절기에는 접근할 수 없다.	
convert (용도 등을) 변경하다	They converted a warehouse into a factory. 그들은 창고를 공장으로 용도를 변경했다.	
missing 분실된	A part is missing from a package. 포장 제품에서 부품이 하나 빠져 있다.	
spacious 넓은	It is a brand-new building with a spacious and attractive reception area. 그것은 넓고 근사한 접견 장소를 갖춘 신축 건물이다.	
restart 다시 시작하다	The mechanics suggested he restart the computer. 기술자는 그에게 컴퓨터를 다시 시작하라고 제안했다.	
accurate 정확한	We provide an accurate list of inventory. 우리는 정확한 재고품 목록을 제공한다.	
unplugged 플러그를 뺀	Please make sure all electrical equipment is unplugged. 모든 전자 기기의 플러그를 반드시 빼 놓으십시오.	
setting 환경, 설정	His e-mail settings need to be adjusted. 그의 이메일 설정은 조정될 필요가 있다.	
loose 헐거운, 느슨한	There were some loose wires hanging out of the wall. 벽 바깥으로 느슨하게 전선이 걸려 있다.	
device 장치	You will have to pass your identification badge over the scanning device. 신분증을 스캔 장비에 통과시켜야 할 것이다.	
leaking 물이 새는	I noticed one of the window frames is leaking. 창틀 한 군데에서 물이 새고 있는 것을 발견했다.	
complicated 복잡한	They complained that the new e-mail procedure is too complicated. 그들은 새 이메일 절차가 너무 복잡하다고 불만을 토로했다.	

▶ 수리 · 보수

connect 연결하다	He helped me connect my computer to the new printer.	
	그는 내 컴퓨터를 새로 구입한 프린터에 연결하게 도와줬다.	
set up 설치하다, 세우다	They set up an automatic payment system.	
	그들은 자동 납부 시스템을 설치했다.	
work properly 제대로 작동하다	I have read the user manual but I couldn't get the photocopier to work properly. 사용설명서를 읽었으나 복사기를 제대로 작동시킬 수 없었다.	
link 연결되다	When I clicked on the button, it linked to a blank page.	
	버튼을 클릭하자, 그것은 빈 페이지로 연결되었다.	
remove 제거하다	The plumber was able to remove whatever is blocking the drain pipe.	
	그 배관공은 하수도 관을 막고 있는 것이 무엇이든지 모두 제거할 수 있었다.	
rearrange 다시 배열하다	The new sofa was bigger than the old one, so they had to rearrange the rest of the furniture. 새 소파는 이전 것 보다 훨씬 커서 그들은 나머지 가구를 다시 배치해야 했다.	
be hooked up 연결되다	The computer is hooked up with the projector.	
	컴퓨터는 프로젝터와 연결되었다.	

More to TOEIC

Part 3 대화문을 듣는 데 알아두면 유용한 중요 표현을 익혀봅니다.

▶ 지시사항 요청과 답변

What is the best way to ~? ~하는 가장 좋은 방법은 무엇인가요?
What is the best way to upgrade the accounting system?
회계 프로그램을 업그레이드하는 가장 좋은 방법은 무엇인가요?

How do I ~? ~을 어떻게 하나요?
How do I register for the course?
강좌에는 어떻게 등록하나요?

The first thing to do is ~ 맨 먼저 할 것은 ~입니다.
The first thing you will need to do is figure out the installation process.
당신이 맨 먼저 할 일은 설치과정을 알아내는 것입니다.

When you've finished, ~ 끝나면 ~을 하세요.
When you've finished installing, try restarting the computer.
설치가 끝나면 컴퓨터를 다시 시작하세요.

Unit 07 : 사내시설/설비이용 163

Practice

음성을 듣고 빈칸을 채운 뒤, 질문에 알맞은 응답을 고르세요. 🔊 079

1 What problem does the woman have?
(A) Her password is not working.
(B) She is unable to receive messages.

> W: Henry, I've been _____ __ _____ _____ my e-mail account. I can send messages just fine, but I can't receive any.
> M: Really? My account works fine. You should _____ _____ _____ _____ and ask someone to _____ _____ _____ _____.

2 What are the speakers mainly discussing?
(A) A maintenance procedure
(B) A building renovation
(C) A marketing plan
(D) A budget process

> M: I can't believe that we were able to _____ ____ _____ _____ ____ _____ _____ in just eight months. Despite all those delays getting the electrical materials, we were still able to _____ ____ _____.
> W: We were lucky to have Bruce in charge. He was very _____ and he knew exactly _____ ____ _____ _____ _____.

[3-4]

3 What does the woman want to do?
(A) Adjust the temperature
(B) Repair broken equipment

4 What problem does the man mention?
(A) The electricity has been turned off.
(B) The controls are inaccessible.

> W: Marcus, isn't it cold in here? I'd like to _____ _____ _____ _____ _____ _____ for a while. Can you tell me _____ ____ ____ _____?
> M: Sorry, but that's not possible. ____ _____ _____ ____ _____ _____ a central cooling system, so we have to _____ ____ _____ _____ and ask them to _____ _____ _____ _____.

[5-6]

5. What is the conversation about?
   (A) Repainting a wall
   (B) Making an office clean
   (C) Checking work hours
   (D) Advising some customers

6. What does the woman say about Lindsay?
   (A) She is having a meeting.
   (B) She is on vacation.
   (C) She has hired a sales associate.
   (D) She has started a business.

M: Ms. Satchel, I just noticed that the _____ _____ ____ ____ _____ and the hallway is getting messy. Would you like me to _____ _____?

W: That would be nice. It's primarily Lindsay's job but she ____ _____ ____ _____ for the rest of the week. I'd be glad if _____ _____ ____ _____ _____ _____.

M: No problem. I'm concerned about having the office area _____ _____ _____ _____.

[7-8]

7. What does the woman like about the new website?
   (A) The upgraded search function
   (B) The customer request page
   (C) The larger photographs
   (D) The detailed product information

8. What problem does the man mention?
   (A) A product list is outdated.
   (B) An Internet connection is slow.
   (C) A server is not updated.
   (D) A Web page is not working.

[9-10]

9. What kind of work do the speakers most likely do?
   (A) Accounting
   (B) Maintenance
   (C) Personnel management
   (D) website design

10. What will the man do next?
    (A) Visit the office
    (B) Report to a manager
    (C) Print out a user manual
    (D) Call the customer service department

Part 3

Unit 08 대외업무

회사 내부에서 수행하기 어려운 일을 외부 업체나 개인에게 의뢰할 때 발생하는 거래나 협업 관계를 소재로 한 대화가 중심이 됩니다. 대화 소재나 등장하는 어휘 중 일부는 흔히 접할 수 없는 것이어서 다소 어려울 수도 있는 유형의 대화입니다.

출제유형

- 프로젝트 또는 서비스 분야 관련 제안이나 요청 등에 관한 문제
- 협상, 계약 성사, 인수 및 합병, 비용 처리 등에 관한 요구 사항을 묻는 문제

문제유형

- **전체를 듣고 푸는 유형**

  What are the **speakers discussing**? 화자들은 무엇을 논의하고 있는가?
  → A possible merger 가능성 있는 기업 합병

  What is the main **purpose** of the **call**? 전화를 건 주요 목적은 무엇인가?
  → To arrange a costume fitting 의상 피팅을 준비하기 위해

  What are the **speakers** mainly **discussing**? 화자들은 무엇에 대해 주로 논의하고 있는가?
  → Installing solar panels 태양 전지판 설치하기

  What type of **work** does the **man's company do**? 남자의 회사는 어떤 종류의 일을 하는가?
  → Building renovation 건물 개조

  Who is the **woman**? 여자는 누구인가? → A cafeteria manager 카페테리아 매니저

- **세부 사항을 듣고 푸는 유형**

  What type of **service** does the **man provide**? 남자는 어떤 종류의 서비스를 제공하는가?
  → Landscaping 조경

  What is the **woman** calling to **request**? 여자는 무엇을 요구하기 위해 전화하는가?
  → A cost estimate 비용 견적서

  Why does the **woman** want to **meet on Friday**? 여자는 왜 금요일에 만나고자 하는가?
  → To discuss a future project 향후 프로젝트를 논의하기 위해

  What problem is being **discussed**? 어떤 문제가 논의되고 있는가?
  → Some work has not been finished. 일부 작업이 끝나지 않았다.

  What does the **man** say about **Ms. Jones**? 남자는 Jones 씨에 대해 무엇이라고 하는가?
  → She signed the contract. 계약서에 서명했다.

문제풀이전략

Step 1 질문을 먼저 읽고 의문사를 포함한 핵심 단어를 통해 질문의 포인트를 숙지하도록 합니다.

> What does the man request? 남자는 무엇을 요청하는가?

Step 2 대화를 들으며 질문과 직접적으로 연관된 부분을 정확히 잡아내어 문제를 풉니다. 대화의 흐름은 질문 순서와 일치하므로 순차적으로 문제를 풀도록 합니다.

> M: I'd like to have a new sign for my restaurant and find out how much your company charges.
> W: I could send someone to your store to take some measurements and give you a cost estimate for a new sign.
>
> 남: 레스토랑에 간판을 새로 걸려고 합니다. 귀사에서 비용을 얼마나 청구하는지 알고 싶어서요.
> 여: 제가 매장으로 직원을 보내어 치수를 재고 간판 견적서를 제시하도록 하겠습니다.

Step 3 대화를 들으며 미리 읽어둔 보기와 내용이 일치하는 것을 정답으로 고르도록 합니다. 다른 단어로 바꾸어 (paraphrasing) 제시되는 정답에 유의합니다.

> M: I'd like to have a new sign for my restaurant and find out how much your company charges.
> W: I could send someone to your store to take some measurements and give you a cost estimate for a new sign.
>
> What does the man request?
> (A) A price estimate
> (B) A discount on a service
>
> ☞ 남자는 레스토랑 간판에 대해 비용이 얼마나 드는지 알고 싶어하므로 남자가 요구하는 것은 가격 견적서임을 알 수 있다.

Sample Test

Step별 문제 풀이 전략을 적용해 문제를 풀어보세요. 🎧 080

1 What are the speakers discussing?
(A) Visiting a factory
(B) Installing lighting fixtures
(C) Hiring some workers
(D) Drafting a proposal

2 What is the woman concerned about?
(A) The cost of materials
(B) Local building regulations
(C) Weather conditions
(D) A project deadline

3 What does the man offer to do?
(A) Replace some building materials
(B) Assign more people to a project
(C) Schedule a factory inspection
(D) Request information from an agent

문제분석

M: Hello, Ms. Yoshida. This is Bill Martinez from Top Employment Agency. I'm calling to discuss your factory renovation project. Since our last meeting, [1] I was able to locate twenty construction workers as you requested. They all live nearby, so they'll be able to start immediately.

W: That's great. Thank you for [1] finding a local workforce for the project. But, there has been a change in our schedule. [2] The management wants us to finish the work earlier than originally planned. So we're going to need at least ten more people to work an extra shift.

M: I see. In that case, [3] I'll make some phone calls and see if I can find more people available for this job.

남: 안녕하세요, Yoshida 씨. 저는 Top Employment Agency의 Bill Martinez라고 합니다. 공장 개조 공사에 대해 논의하고자 전화 드립니다. 지난 미팅 이후로, 저는 Yoshida 씨께서 요청하신 20명의 공사 인부를 찾을 수 있었습니다. 그들은 모두 근처에 거주하므로 당장 일을 시작할 수 있을 것입니다.

여: 그거 잘 됐네요. 프로젝트에 투입될 주변 인력을 찾아줘서 감사합니다. 그런데 저희 스케줄이 변동이 생겼습니다. 경영진에서는 원래 일정보다 일찍 작업을 끝내길 원하세요. 그래서 추가 근무를 할 수 있는 인원이 적어도 10명은 더 필요합니다.

남: 알겠습니다. 그렇다면 몇 군데 전화를 해서 일을 할 수 있는 사람이 더 있는지 알아보겠습니다.

어휘 / renovation 보수, 개조 locate 찾다, 발견하다 construction worker 공사인부 immediately 즉시, 바로 workforce 인력 earlier than originally scheduled 원래 일정보다 먼저 at least 적어도 shift 교대로 하는 근무 in that case 그렇다면, 그런 경우라면 available 시간을 낼 수 있는 install 설치하다 lighting fixture 조명기구 draft 초안을 작성하다 proposal 제안서 material 자료, 자재 regulation 규칙, 법령 condition (물리적) 환경, (특정 시기의) 날씨 replace 교체하다 assign (일을) 맡기다, (인력을) 배정하다 inspection 점검, 검사

1. **What** are the **speakers discussing**?
   화자들은 무엇을 논의하고 있는가?
   (A) 공장 방문
   (B) 조명 설치
   (C) 근로자 고용
   (D) 제안서 초안 작성

   Step 1 질문의 핵심어 : What, speakers discussing
   Step 2 대화 주제를 묻고 있으므로 여러 단서를 종합하여 정답을 유추한다. I was ~ twenty construction workers as you requested, finding a local workforce for the project 등을 통해 프로젝트에 필요한 인력 구인과 관련된 대화임을 알 수 있으므로 (C)가 정답이다.

2. **What** is the **woman concerned** about?
   여자는 무엇을 염려하는가?
   (A) 자재 비용
   (B) 지역 건물 규제
   (C) 날씨 상태
   (D) 프로젝트 마감일

   Step 1 질문의 핵심어 : What, woman concerned
   Step 2 여자의 말 The management wants us to finish the work earlier than originally planned에서 예정보다 일찍 작업을 끝내야 한다고 하므로 여자가 염려하는 것은 (D)임을 알 수 있다.

3. **What** does the **man offer** to do?
   남자는 무엇을 하겠다고 하는가?
   (A) 건축 자재를 교체한다
   (B) 프로젝트에 더 많은 인력을 배치한다
   (C) 공장 점검 일정을 잡는다
   (D) 에이전트에게 정보를 요청한다

   Step 1 질문의 핵심어 : What, man offer
   Step 2 남자의 마지막 말 I'll make some ~ see if I can find more people available for this job에서 추가 인력을 찾아보겠다고 하므로 정답은 (B)가 된다. find more people available이 Assign more people로 paraphrasing 되었다.

필수표현

대외업무 상황에서 자주 등장하는 다음 필수 표현을 반드시 암기하도록 합니다.

▶ 협상 · 계약 · 공지

deal with ~와의 거래	We have signed the deal with several large retailers in Argentina. 우리는 아르헨티나의 여러 대형 소매업체와 거래 계약을 맺었다.
agreement 협의, 합의	The two companies completed the final terms of the agreement. 두 회사는 최종 협의안을 완성했다.
claim 청구하다	Without original receipts, you won't be able to claim the reimbursement. 영수증 원본이 없으면, 비용 상환을 요청할 수 없습니다.
contract 계약	I'd like to go over the contract with you first. 당신과 계약서를 먼저 검토해 보고자 합니다.
negotiation 협상	The two companies reached an agreement after months of negotiations. 두 회사는 수개월 간 협상 끝에 합의에 이르렀다.
estimate 견적서	We will accept the lowest of three estimates for the construction work. 우리는 공사를 위해 3개의 견적서 중 가장 비용이 낮은 것을 선택할 것이다.
budget proposal 예산안	The city council members approved the budget proposal after the meeting. 시의원들은 회의 후 예산안을 승인했다.
anticipate 예상하다	The remodeling work is taking a bit longer than anticipated. 리모델링 작업은 예상보다 조금 더 오래 걸립니다.
take advantage of ~을 이용하다	To take advantage of our special offers, visit our website. 저희 특별 행사를 이용하시려면 웹사이트를 방문하세요.

▶ 거래 · 제안 · 조건

client 고객, 의뢰인	The client has hired our architecture firm to remodel their hotel lobby. 그 고객은 호텔 로비의 리모델링을 위해 우리 건축회사를 고용했다.
do business with ~와 거래하다	Terra Express is doing business with the Chinese importer. Terra Express 사는 중국인 수입업자와 거래를 하고 있다.
unavailable (사람이) 시간을 낼 수 있는	A manager will be unavailable on Thursday. 매니저는 목요일에 시간을 낼 수 없을 것이다.
recently 최근에	We recently started using a new payroll system. 우리는 최근에 새 급여 시스템을 사용하기 시작했다.
direction 가는 길, 방향	If you'd like directions to the museum, please press 2 now. 박물관으로 오시는 길을 안내 받으시려면 지금 2번을 누르세요.
cost ~의 비용이 들다	How much does it costs to install these panels? 이 패널을 설치하는데 비용이 얼마나 드나요?
thoroughly 철저하게	Be sure to practice your presentation thoroughly. 프레젠테이션 연습을 철저히 하도록 하라.

a wide variety of 다양한 종류의 ~	The museum displays a wide variety of paintings by local artists. 박물관에서는 지역 출신 화가들이 그린 다양한 종류의 회화 작품을 선보이고 있다.
professional 전문적인, 전문의	It will be expensive to hire professional designer. 전문 디자이너를 고용하는 것은 비용이 많이 들 것이다.
subscription 정기 구독	We are offering a month's trial subscription with free newspaper delivery. 우리는 시범적으로 한 달간 신문 정기 구독 서비스를 해드리며, 배송은 무료입니다.
particular 특정한	I am afraid we are out of that particular item. 죄송합니다만 저희에겐 그 특정 품목이 없습니다.
promote (제품 등을) 홍보하다	They want us to design the brochure to promote their new services. 그들은 우리가 그들의 새로운 서비스를 홍보할 안내 책자를 디자인하길 원한다.
status 상태, 현황	I am here today to give you an update on the status of our work. 저는 오늘 여러분께 작업 상황을 업데이트 해드리려고 합니다.

▶ 출장

reimburse 상환하다	I'd like to be reimbursed for these expenses as soon as possible. 저는 이 비용들을 가능한 빨리 상환 받았으면 합니다.
travel expense 출장비	The company will pay for your travel expenses. 회사에서 출장비를 지급할 것이다.
be out of town 타지에 있다	Dr. Fox is out of town at a medical conference. Fox 박사는 의학 컨퍼런스 참석을 위해 타지에 가 있다.
on business 업무차	I will be out of town on business for a few days. 나는 출장 때문에 며칠간 타지에 있을 것이다.
get back(=return) 돌아오다	When you get back from Toronto, call me and we will confirm the date. 토론토에서 돌아오면 저에게 전화해서 날짜를 확정하도록 합시다.
overseas 해외로	I will be doing a lot of traveling overseas on my new job. 새 직장에서 나는 해외로 많은 여행을 갈 것이다.

▶ 영업·운영

cooperate 협력하다	The two companies agreed to cooperate in joint ventures. 두 회사는 합작 벤처를 세워 협력하기로 합의했다.
measurement 수치	After taking some measurements, I can give you a cost estimate for a new sign. 수치를 측정한 다음에, 저는 새 간판에 대한 비용 견적을 내 드릴 수 있습니다.
take over ~을 떠맡다, 인수하다	I'd like you to take over the coordination of the ad campaign. 당신이 광고 캠페인의 조율 업무를 맡아 주었으면 합니다.
extend 연장하다, 늘이다	The deadline for renovation has been extended. 리노베이션 마감일이 연장되었다.
register for ~에 등록하다	Customers are encouraged to register for a shopper's card. 고객 여러분께서는 고객 카드 발급을 위해 등록해 주십시오.
exceed 초과하다	The business' losses are said to exceed $10 million. 그 사업에 발생한 손실은 천만 달러가 넘는다고 한다.

More to TOEIC

Part 3 대화문을 듣는 데 알아두면 유용한 중요 표현을 익혀봅니다.

▶ 거래처 응대

There seems to be / have been ~ ~이 있는 것 같습니다. / ~이 있었던 것 같습니다.
There seems to have been a slight misunderstanding.
약간의 오해가 있었던 것 같습니다.

I can actually look into ~ 제가 ~을 알아볼 수 있습니다.
I can actually look into what caused the delay.
무엇이 지연을 일으켰는지 알아볼 수 있습니다.

I can assure you ~ ~은 확실히 하겠습니다.
I can assure you we'll do everything we can to send it out to you today.
오늘 그것을 보내드리기 위해 저희는 최선을 다하겠다는 것을 확실히 말씀 드리겠습니다.

Let me check ~ ~을 확인해 드리겠습니다.
Let me check the storage room to see if we still have one in stock.
제가 창고를 확인하고 재고가 있는지 알려드리겠습니다.

Practice 음성을 듣고 빈칸을 채운 뒤, 질문에 알맞은 응답을 고르세요. 081

1 What is the woman calling about?
(A) Purchasing some furniture
(B) Moving to a different location

> W: Hello, I'm _____ _____ _____ _____ _____.
> My company is _____ ____ ____ Kansas City at the end of this month. I'd like to know _____ _____ _____ _____ _____.
> M: No problem. If you give me your address, I'll _____ _____ _____. Once he looks over your furniture and goods, he'll _____ _____ _____ _____ _____.

2 What type of service does the man provide?
(A) Gardening (B) Painting
(C) Housecleaning (D) Roofing

> W: Hi, my name is Sandra Peters. I've heard good things about _____ _____ _____ from a friend. I'd like to _____ ____ _____ for routine garden maintenance.
> M: I am glad to hear that. _____ _____ would you like to _____ _____ _____?

[3-4]

3 Where does the woman work?
(A) In a doctor's office
(B) In an accounting firm

4 What does the woman say about Ms. Phillips?
(A) She just opened a new business.
(B) She is very experienced.

> M: Hello. This is Michael Shepherd calling. I'm _____ ____ _____ _____, and I need an accountant ____ _____ _____ ____ _____.
> W: Thank you for calling. If you are _____ ____ ____ _____ _____, I would recommend Ms. Phillips. She's been with us for several years and _____ ____ _____ ____ _____ ____ _____ start-up. Would you like me to _____ _____ _____ ____ _____?

[5-6]

5 What problem does the man mention?
(A) An item was out of stock.
(B) A shipment was late.
(C) A travel document was lost.
(D) Some information was incorrect.

6 What will the woman ask the agency to do?
(A) Contact a supervisor
(B) Update a mailing list
(C) Complete work earlier
(D) Postpone an event

> W: Ron, did you get the delivery from the print shop yet? They _____ _____ ____ _____ ____ _____ _____ _____ _____ for our new tour packages.
> M: I did. I _____ _____ _____ _____, but they have to be redone. The information on the price list was wrong. The shop manager _____ ___ _____ ____ _____ _____ by tomorrow morning.
> W: Well, that's not going to work. I'm going to call them and tell them to _____ ___ _____ ____ _____ _____. I want _____ _____ ____ ____ _____ to our regular customers tomorrow.

[7-8]

7 What type of business does the man work for?
(A) A car rental agency
(B) A landscaping company
(C) A wedding-planning service
(D) A real estate firm

8 What caused the delay?
(A) An order has not been received.
(B) A system has broken down.
(C) Some work has not been finished.
(D) An address was incorrect.

[9-10]

9 What does the woman want to design?
(A) A logo
(B) A brochure
(C) A website
(D) Clothing

10 What does the woman offer to do?
(A) Train new employees
(B) Write a proposal
(C) Schedule an interview
(D) Contact a colleague

Actual Test

대화를 듣고 질문에 알맞은 응답을 고르세요. 082

1. Where do the speakers most likely work?
   (A) At an insurance company
   (B) At a catering company
   (C) At a courier
   (D) At a convenience store

NEW
2. Why does the woman say, "This isn't the first time this has happened"?
   (A) She is disappointed with a supplier.
   (B) She is satisfied with the service.
   (C) She wants to hire some more employees.
   (D) She knows how to handle the matter.

3. What will the woman most likely do next?
   (A) Bring some friends
   (B) Speak with a manager
   (C) Order tables
   (D) Go to a store

4. What problem are the speakers mainly discussing?
   (A) A power outage
   (B) Poor lighting
   (C) Loud noises
   (D) E-mail delays

5. What does the man have to do today?
   (A) Sort out some catalogues
   (B) Prepare a sales report
   (C) Discuss a schedule change
   (D) Produce some booklets

6. What does the woman suggest?
   (A) Trying a different area
   (B) Consulting with a manager
   (C) Helping the man with a project
   (D) Forwarding a message

7. According to the woman, why are they moving to a new office?
   (A) The rent is too high.
   (B) The space is too small.
   (C) They want go near the airport.
   (D) They are hiring new employees.

8. What addition has the woman requested?
   (A) A counter
   (B) A break room
   (C) A conference room
   (D) A storage room

9. According to the woman, why must the work be completed in September?
   (A) The main office will be closed.
   (B) An inspection will take place.
   (C) A conference is scheduled.
   (D) Inspectors need an estimate.

NEW

10. Look at the graphic. What is the name of the man speaking?
    (A) Kevin Wong
    (B) Calvin Harris
    (C) Tyler Posey
    (D) Willy Smith

Inbox		
Name	Subject	Date
Kevin Wong	Budget report	Sep 3
Calvin Harris	Hiring plan	Sep 2
Tyler Posey	Production schedule	Sep 2
Willy Smith	Sales projections	Sep 1

11. How will the woman help the man?
    (A) By printing out a document
    (B) By going downstairs
    (C) By booking a flight
    (D) By setting up a new printer

12. Why will the woman be absent from a meeting?
    (A) She is having a job interview.
    (B) She has to deliver a package.
    (C) She has to pick up a client.
    (D) She is leaving for a trip.

Unit 09 예약/주문

Part 3

Part 3에 자주 등장하는 대화 소재 중 하나로서 일상생활에서 흔히 벌어지는 숙박, 항공권, 공연, 행사, 진료 등의 예약, 물건의 주문·배송 등에 관한 대화가 등장합니다. 평소에 예약, 주문과 연관된 다양한 표현을 익혀 대화 내용을 재빨리 파악하는 연습을 하도록 합니다.

출제유형

- 예약·주문 대상 및 상태, 장소 및 담당자 등을 묻는 문제
- 예약·주문 일정 확인, 변경 및 취소 요청 또는 그에 대한 이유 등을 묻는 문제

문제유형

● 전체를 듣고 푸는 유형

What is the **purpose** of the call? 전화를 건 목적은 무엇인가?
→ To schedule an appointment 예약을 잡기 위해

Why is the **woman** calling? 여자는 왜 전화를 하는가?
→ To reschedule an appointment 예약을 변경하기 위해

Where does the **man** most likely **work**? 남자는 어디에서 근무하겠는가?
→ At a theater 극장

What is the **purpose** of the **call**? 전화를 건 목적은 무엇인가?
→ To change a schedule 스케줄을 바꾸기 위해

Who most likely is the **woman**? 여자는 누구이겠는가?
→ A catering service employee 출장 음식 제공 서비스 직원

● 세부 사항을 듣고 푸는 유형

Why might the **event be canceled**? 행사는 왜 취소되었는가?
→ Poor weather conditions are expected. 기상 악화가 예상된다.

What does the **woman** decide to **do**? 여자는 무엇을 하기로 했는가?
→ Use a different form of transportation 다른 교통수단을 이용한다

What is the **woman's problem**? 여자의 문제점은 무엇인가?
→ She has a scheduling conflict. 스케줄이 겹친다.

What does the **woman ask** about? 여자는 무엇에 대해 문의하는가? → Additional tickets 추가 티켓

What does the **woman** say she **will do**? 여자는 무엇을 하겠다고 하는가?
→ Send a revised estimate 수정된 견적서를 보낸다

문제풀이전략

Step 1 질문을 먼저 읽고 의문사를 포함한 핵심 단어를 통해 질문의 포인트를 숙지하도록 합니다.

> **When** did the **woman place** an **order**? 여자는 언제 주문을 했는가?

Step 2 대화를 들으며 질문과 직접적으로 연관된 부분을 정확히 짚어 가며 문제를 풉니다. 대화의 흐름은 질문 순서와 일치하므로 순차적으로 문제를 풀도록 합니다.

> W: Hello. I called and ordered tickets for tomorrow's theater performance last Saturday. But they haven't arrived in the mail yet. I'm concerned about what to do.
> 지난 토요일에 전화해서 내일 극장 공연 티켓을 주문했습니다. 그런데 티켓이 우편으로 아직 도착하지 않았습니다. 제가 어떻게 해야 할지요.
>
> M: Can I have your name, please?
> 성함 좀 알려 주시겠습니까?

Step 3 대화를 들으며 미리 읽어둔 보기와 내용이 일치하는 것을 정답으로 고르도록 합니다. 다른 단어로 바꾸어 (paraphrasing) 제시되는 정답에 유의합니다.

> W: Hello. I called and ordered tickets for tomorrow's theater performance last Saturday. But they haven't arrived in the mail yet. I'm concerned about what to do.
>
> M: Can I have your name, please?
>
> When did the woman place an order?
> (A) On Friday
> (B) On Saturday
>
> ☞ 여자는 지난 토요일에 내일 공연 티켓을 주문했다고 하므로 주문한 날짜는 토요일임을 알 수 있다.

Sample Test

Step별 문제 풀이 전략을 적용해 문제를 풀어보세요. 🔊 083

1. Where does the man work?
   (A) At a local theater
   (B) At a restaurant
   (C) At a travel agency
   (D) At a furniture store

2. Why is the woman calling?
   (A) To change a reservation
   (B) To ask for directions
   (C) To buy some groceries
   (D) To book movie tickets

3. What option does the man offer the woman?
   (A) Selecting a different day
   (B) Choosing another restaurant
   (C) Come in at a later time
   (D) Making a phone call

문제분석

W: Good morning. I [1] made a dinner reservation on Friday night. My name is Alicia Carr.

M: Yes, Ms. Carr. I see your reservation of a party of five at seven o'clock. Would you like me to [1] confirm your reservation?

W: Actually, [2] I'm calling to change the booking from five people to seven. I have more friends to bring with me.

M: Sorry, but [1][2] the tables are fully booked on Friday night, so [3] we won't be able to accommodate a larger party until 9 o'clock. Would you like to come in then?

여: 안녕하세요. 제가 금요일 저녁식사 예약을 했는데요. 제 이름은 Alicia Carr입니다.

남: 네, Carr 씨. 7시에 다섯 분 예약하셨군요. 예약을 확정해 드릴까요?

여: 실은, 예약 인원을 다섯 명에서 일곱 명으로 바꾸려고요. 친구를 더 데려가려고 해서요.

남: 죄송합니다만, 금요일 저녁에는 테이블 예약이 모두 찼습니다. 그래서 9시까지는 더 많은 손님을 받을 수 없습니다. 그 때라도 오시겠습니까?

어휘 reservation 예약 party (방문 등을 함께 하는) 단체 confirm 확인하다, 확정하다 booking 예약 fully 가득, 완전히 booked 예약된 accommodate (인원을) 수용하다

---

1. **Where** does the **man work**?
   남자는 어디에서 근무하는가?
   (A) 지역 극장
   (B) 식당
   (C) 여행사
   (D) 가구점

   Step 1 질문의 핵심어 : Where, man work
   Step 2 made a dinner reservation, confirm your reservation에서 식당에서 일한다는 것을 알 수 있으며, the tables are fully booked, ~ accommodate 등을 통해서도 이를 확인할 수 있다.

2. **Why** is the **woman calling**?
   여자는 왜 전화를 했는가?
   (A) 예약 변경을 위해
   (B) 가는 방법을 묻기 위해
   (C) 식료품을 사기 위해
   (D) 영화 티켓을 예매하기 위해

   Step 1 질문의 핵심어 : Why, woman calling
   Step 2·3 I'm calling ~ 다음에 전화 건 목적이 나오게 된다. 인원 수를 변경하려 하고 있다. booking이 reservation으로 paraphrasing 되었다.

3. **What option** does the **man offer** the **woman**?
   남자는 여자에게 어떤 선택 사항을 제시하는가?
   (A) 다른 날짜를 골라라
   (B) 다른 레스토랑을 선택해라
   (C) 나중에 와라
   (D) 전화를 해라

   Step 1 질문의 핵심어 : What option, man offer
   Step 2·3 인원을 늘릴 수 없다고 하며 남자는 대화 마지막에 9시 이후에는 가능하다고 선택 사항을 제시하고 있다. come in then(9 o'clock)이 Come in at a later time으로 paraphrasing 되었다.

필수표현

예약, 주문 상황에서 자주 등장하는 다음 필수 표현을 반드시 암기하도록 합니다.

▶ **예약 · 주문 · 서비스**

appointment (진료 등의) 예약, (사람을 만날) 약속	I'd like to make an appointment for an eye exam. 안과 진료 예약을 하려고 합니다.
reserve 예약하다	The assistant reserved a table. 조수는 테이블을 예약했다.
reservation 예약	Mr. Jung made a lunch reservation. Jung 씨는 점심식사를 예약했다.
confirm (예약 등을) 확정하다, 확인하다	The agent confirmed the flight ticket. 대리인은 비행기 티켓 예매를 확인했다.
confirmation number 예약 확인 번호	Please provide your confirmation number. 예약 확인 번호를 제시해 주세요.
order 주문하다	The model we ordered is selling so fast. 우리가 주문한 모델은 아주 빠른 속도로 팔리고 있다.
place an order 주문하다	I placed an order for high speed tabletop mixer. 나는 테이블용 고속 믹서를 하나 주문했다.
inventory 재고	I posted an inventory list in the hallway. 나는 복도에 재고 목록을 붙여 놓았다.
in stock 재고가 있는	We have over 500 frames in stock. 우리는 500개가 넘는 틀을 보유하고 있다.
schedule 일정을 잡다	I called a technician to schedule a repair appointment. 나는 수리 예약을 하려고 기술자에게 전화를 했다.
performance 공연, 상연	There are still a few seats available for that performance. 그 공연을 볼 수 있는 좌석은 아직 몇 개 남아 있다.
in line 줄지어 서 있는	Customers are waiting in line at the checkout counter. 고객들은 계산대에서 줄서서 기다리고 있다.
front row 앞줄	We have got a few seats left in the front row, $200 each. 저희에게는 앞줄에 몇 좌석이 남아 있으며, 각각 200달러입니다.
admission 입장(료)	This annual festival is open to the public, and admission is free. 이번 연례 축제는 대중들에게 개방되며, 입장료는 무료이다.
exhibit 전시(품)	We celebrate the opening of our 5th annual exhibit of contemporary art. 우리는 제5회 현대 미술 전시회의 개막을 축하합니다.
display 전시(하다)	She will arrange to have sculptures displayed at the community center. 그녀가 커뮤니티 센터에 조각 작품이 전시되게 처리할 것이다.
check in(↔ check out) 비행기에 체크인하다, 호텔에 투숙하다	Please check in at least two hours before flight departure. 적어도 비행기 출발 2시간 전에는 체크인 하십시오.
travel agency 여행사	The travel agency will completely organize your trip to Europe. 여행사에서 당신의 유럽 여행을 완벽히 준비할 것입니다.

front desk 안내 데스크	I can hold your luggage here at the front desk. 여기 안내 데스크에서 짐을 맡아 두고 있겠습니다.

▶ 배송 · 선적

deliver 배달하다, 배송하다	An item was delivered late. 상품은 늦게 배달되었다.
delivery 배달	The delivery has just arrived. 배송품이 방금 도착했다.
ship 물건을 선적하다	Your order was shipped last Tuesday. 당신의 주문품은 지난 화요일 배송되었습니다.
shipment 선적, 운송품	We're expecting another shipment in the next few days. 우리는 며칠 후에 올 다른 운송품을 기다리고 있다.

▶ 취소 · 연장 · 변경

cancel 취소하다	We should cancel a dinner reservation. 우리는 저녁식사 예약을 취소해야 한다.
reschedule (일정을) 조정하다, 변경하다	I will reschedule your dental appointment. 치과 진료 시간을 변경해 드리겠습니다.
postpone 늦추다, 지연시키다	Why don't we postpone the meeting? 우리 회의를 늦추는 게 어떨까요?
renew (계약 등을) 연장하다, 갱신하다	I'm calling to renew a subscription. 정기 구독을 연장하려고 전화했습니다.
delay 지연시키다, 미루다	The shipment has been delayed. 배송이 늦어졌다.

▶ 일정 · 계획

itinerary 일정표	I need to change my itinerary for my business trip. 출장 일정표를 바꾸어야 한다.
arrange (계획 등을) 수립하다	I'll see if I can arrange the meeting. 내가 회의를 준비할 수 있을지 알아보겠다.
be scheduled to do ~할 예정이다	The plane is scheduled to leave in 10 minutes. 비행기는 10분 후에 이륙할 예정이다.
be supposed to do ~하기로 되어 있다	The hotel is supposed to e-mail me about my reservation. 호텔은 나에게 예약 관련 이메일을 보내주기로 되어 있다.
be expected to do ~할 것으로 예상되다	The plane is expected to depart at 5:30 P.M. 비행기는 오후 5시 30분에 이륙할 예정이다.
as planned 계획한 대로	The building construction was finished as planned. 건물 공사는 계획대로 완료되었다.
up-to-date 가장 최근의, 최신의	The schedule is not up-to-date. 이 스케줄 표는 가장 최근 것이 아니다.

More to TOEIC

Part 3 대화문을 듣는 데 알아두면 유용한 중요 표현을 익혀봅니다.

▶ 예약하기 및 취소

I would like to reserve ~ in the name of ~ ~이름으로 ~을 예약하려고 합니다.
I would like to reserve a suite room in the name of Richard Gardener.
Richard Gardener의 이름으로 스위트룸을 예약하려고 합니다.

I wonder whether we can postpone ~ ~을 연기할 수 있는지 궁금합니다.
I wonder whether we can postpone our meeting. 우리 미팅을 연기할 수 있는지 궁금합니다.

Can we make it later / earlier? 나중에 / 일찍 만날 수 있을까요?
I can't make it tomorrow at 2 P.M. Can we make it a bit later, at around 4 P.M.?
저는 내일 오후 2시에 올 수 없습니다. 그것보다 조금 늦은 오후 4시 경에 만날 수 있을까요?

Would it be possible to ~? ~하는 것이 가능할까요?
Would it be possible to set another date? 다른 날짜로 일정을 잡는 것이 가능할까요?

I'm afraid I have to cancel ~ 아쉽지만 ~을 취소해야 합니다.
I'm afraid I have to cancel our appointment for tomorrow. 아쉽지만 내일 약속을 취소해야겠습니다.

Practice

음성을 듣고 빈칸을 채운 뒤, 질문에 알맞은 응답을 고르세요. 🔊 084

1 What type of business does the woman work for?
  (A) A magazine publisher
  (B) A moving company

> W: Good morning. _____ _____ Style Weekly. How can I help you?
> M: Hi, this is Rupert Jackson. I'm a _____ ___ _____ _____. The final issue will be _____ this Thursday and I'd like to _____ ___ _____.

2 What is the conversation mainly about?
  (A) A hotel opening
  (B) Travel plans
  (C) A meeting
  (D) A vacation

> W: Bill, I need you to _____ ___ _____ _____ from San Diego. I was planning to return immediately after my meeting, but I have to _____ ___ _____ _____.
> M: No problem. I'll change the _____ _____ _____ _____ and I can _____ the taxi to take you _____ _____ _____ the hotel.

[3-4]

3 What is the purpose of the man's call?
  (A) To inquire about tickets
  (B) To request an order form

4 What will the man probably do next?
  (A) Send a brochure
  (B) Contact a colleague

> M: Hello, _____ _____ ____ _____ ____ there are any _____ _____ for the flight to Tokyo on Friday, May 18th.
> W: Yes, but there are _____ ____ _____ _____ on that day. We've got a couple of tickets for aisle seats and one for window seats. The prices are the same.
> M: Oh, I'm _____ _____ _____ with someone from my work so I should ask him about which he'd like. I'll _____ _____ _____ in a minute and let you know about our decision.

182

[5-6]

5. What type of event are the speakers discussing?
   (A) An annual conference
   (B) A sporting event
   (C) A music festival
   (D) A medical seminar

6. Why was the event rescheduled?
   (A) Program schedules have been changed.
   (B) Some musicians are not available.
   (C) Bad weather is predicted.
   (D) A food order was not placed on time.

> M: Did you hear that the annual _____ _____ ___ _____ today?
> W: Actually, it's not canceled, but just _____ _____ _____ _____.
>   It is _____ ___ _____ this weekend.
> M: I wonder why they postponed it just _____ ___ _____. The festival is always inside the local community center.
> W: I heard that this year's opening performance will be _____ ___ ___ _____ _____ in Mallow Park.

[7-8]

7. Who is the man?
   (A) A travel agent
   (B) A software technician
   (C) A hotel employee
   (D) A store clerk

8. What is the purpose of the phone call?
   (A) To confirm the dates of a trip
   (B) To book a hotel room
   (C) To inquire about a reservation
   (D) To reserve a vehicle

[9-10]

9. What are the speakers mainly discussing?
   (A) A business contract
   (B) A conference
   (C) A training class
   (D) A mail delivery

10. What is the woman's problem?
    (A) She has a scheduling conflict.
    (B) She has to work late.
    (C) She doesn't have tickets.
    (D) The program has been canceled.

Unit 10 제품구입/문의

Part 3

일상생활에서 흔히 접할 수 있는 제품 구입, 각종 편의 서비스 이용 등에서 발생하는 대화 상황을 다룹니다. 상점, 백화점, 온라인 등을 통한 상품 문의, 구입한 상품에 대한 불만, 교환 및 환불 요청 등이 대화의 주요 소재가 됩니다.

출제유형

- 제품/서비스의 종류, 대화 장소, 담당자 등을 묻는 문제
- 성능 및 사용법 문의, 구매 및 환불 요청 등에 관한 문제

문제유형

- **전체를 듣고 푸는 유형**

    What are the speakers mainly discussing? 화자들은 무엇에 대해 논의하고 있는가?
    → A shipment of merchandise 상품 배송

    Why is the woman calling? 여자는 왜 전화하는가?
    → To request product information 제품 정보를 요청하기 위해

    What product are the speakers discussing? 화자들은 어떤 제품에 대해 논의하고 있는가?
    → A mobile phone 휴대폰

    Who most likely is the man? 남자는 누구이겠는가?
    → A technician 기술자

    Where do the speakers probably work? 화자들은 어디에서 근무하겠는가?
    → At a clothing store 의류 매장

- **세부 사항을 듣고 푸는 유형**

    What does the man offer to do? 남자는 무엇을 하겠다고 제안하는가?
    → Arrange for a sales representative to visit 영업사원이 방문하도록 한다

    What does the man ask about? 남자는 무엇에 대해 질문하는가?
    → The price of a service 서비스 비용

    What problem occurred a few months ago? 몇 달 전에는 어떤 일이 일어났는가?
    → Some damaged items were delivered. 파손된 물품이 도착했다.

    What does the woman dislike about the item? 여자는 물건의 어떤 점이 마음에 들지 않는가?
    → The color 색상

    What does the man suggest the woman do? 남자는 여자에게 무엇을 할 것을 제안하는가?
    → Talk to another employee 다른 직원과 이야기하라

문제풀이전략

Step 1 질문을 먼저 읽고 의문사를 포함한 핵심 단어를 통해 질문의 포인트를 숙지하도록 합니다.

What does the woman **want to buy**? 여자는 무엇을 구입하고 싶다고 하는가?

Step 2 대화를 들으며 질문과 직접적으로 연관된 부분을 정확히 잡아내어 문제를 풉니다. 대화의 흐름은 질문 순서와 일치하므로 순차적으로 문제를 풀도록 합니다.

W: Excuse me. **I'd like to buy a portable computer** with a large screen and photo editing programs.
실례합니다. 화면이 크고 사진 편집 프로그램이 있는 휴대용 컴퓨터를 사려고 합니다.
M: Then, I recommend the laptop from QGI Computers. 그럼, QGI Computers의 노트북을 추천합니다.

Step 3 대화를 들으며 미리 읽어둔 보기와 내용이 일치하는 것을 정답으로 고르도록 합니다. 다른 단어로 바꾸어 (paraphrasing) 제시되는 정답에 유의합니다.

W: Excuse me. **I'd like to buy a portable computer** with a large screen and photo editing programs.
M: Then, I recommend the laptop from QGI Computers.

What does the woman **want to buy**?
(A) A camera
(B) A computer

☞ 여자는 가지고 다닐 수 있는 컴퓨터를 사고 싶다고 말하고 있다.

Sample Test
Step별 문제 풀이 전략을 적용해 문제를 풀어보세요. 🔊 085

1. Where does the conversation most likely take place?
   (A) In a travel agency
   (B) In a clothing store
   (C) In a warehouse
   (D) In a ski resort

2. What does the woman ask about the item?
   (A) The price
   (B) The color
   (C) The packaging
   (D) The size

3. What will the man probably do next?
   (A) Issue a receipt
   (B) Give a refund
   (C) Pack some merchandise
   (D) Contact another branch

문제분석

W: Excuse me. ¹ I'm interested in purchasing the winter coat in your display window. But I don't think it will fit me. ^{1,2} Do you have any in stock in a size 6?

M: Sorry, but we just sold the last one earlier today. The next shipment is scheduled to arrive in a week though. Would you like me to set one aside for you?

W: Oh, I can't wait until next week. I need it for my skiing trip and I'm leaving tomorrow.

M: Then, I suggest you visit one of our other stores across town. ³ If you want, I can make a call to see if they have one in stock.

여: 실례합니다. 여기 진열장에 있는 겨울용 코트를 사고 싶어서요. 그런데 저한테 맞을 것 같지 않네요. 6사이즈가 있나요?

남: 죄송합니다만, 오늘 일찍 마지막 남은 것을 팔았습니다. 다음 물건은 일주일 후에 들어오기로 되어 있습니다. 제가 제품을 하나 빼놓을까요?

여: 아, 다음 주까지 기다릴 수 없어요. 스키 여행 가는 데 필요한데, 내일 떠나거든요.

남: 그렇다면, 다른 곳에 있는 저희 매장을 한 번 방문해 보세요. 원하신다면 재고가 남아 있는지 전화로 알아봐 드릴 수 있습니다.

어휘 display window 진열장, 쇼윈도 fit 꼭 맞다 in stock 재고가 있는 be scheduled to do ~할 예정이다 set aside ~을 한쪽으로 치워놓다 make a call 전화를 걸다 issue 발급하다 refund 환불 pack 포장하다

---

1. Where does the conversation most likely take place?
대화는 어디에서 일어나겠는가?
(A) 여행사
(B) 의류 매장
(C) 창고
(D) 스키 리조트

Step 1 질문의 핵심어 : Where, conversation, take place
Step 2 여자의 첫 번째 말 가운데 I'm interested in purchasing the winter coat in your display window, Do you have any in stock in a size 6? 를 보면 마음에 드는 코트의 사이즈가 있는지 묻고 있으므로 정답은 (B)가 된다.

2. What does the woman ask about the item?
여자는 제품의 무엇에 대해 묻는가?
(A) 가격
(B) 색상
(C) 포장
(D) 크기

Step 1 질문의 핵심어 : What, woman ask, item
Step 3 여자의 첫 번째 말 가운데 Do you have any in stock in a size 6? 를 보면 옷의 사이즈를 묻고 있으므로 정답은 (D)가 된다.

3. What will the man probably do next?
남자는 다음에 무엇을 하겠는가?
(A) 영수증을 발급한다
(B) 환불을 해준다
(C) 제품을 포장한다
(D) 다른 지점에 연락한다

Step 1 질문의 핵심어 : What, man, do next
Step 2·3 남자는 여자에게 옷이 다 팔렸으니 다른 지점에 가보라고 제안한 뒤, If you want, I can make a call to see if they have one in stock. 과 같이 전화를 걸어 물건이 있는지 알아봐 주겠다고 하므로 정답은 (D)가 된다. make a call이 Contact로 paraphrasing 되었다.

필수표현

제품 구입, 문의 상황에서 자주 등장하는 다음 필수 표현을 반드시 암기하도록 합니다.

▶ 상품 문의

item 물품, 제품	The items arrived damaged. 물품들이 파손된 채 도착했다.
merchandise 상품	We are getting in our spring merchandise next week. 우리는 다음 주에 봄 상품을 받을 것이다.
purchase 구매(하다)	I stopped by to purchase some floor lamps. 나는 마루에 놓는 스탠드를 구입하기 위해 들렀다.
special offer 특별 할인	This special offer is good only until the end of the month. 이 특별 할인은 이번 달 말까지 유효하다.
brand-new 신상품의	Thanks for showing me the brand-new compact car. 새로 나온 소형차를 보여 주셔서 감사합니다.
line 제품 라인, 제품군	We are launching the new line of cosmetics in January. 우리는 1월에 새 화장품 종류를 선보일 것이다.
inventory 재고 (조사)	Robin will be able to get the inventory finished on time. Robin은 재고 조사를 제 시간에 끝낼 수 있을 것이다.
invoice 운송장, 청구 내역서	I double-checked the invoice but I couldn't find any error. 운송장을 다시 확인했는데, 잘못된 점은 찾을 수 없었다.

▶ 구매

place an order 주문하다	You placed an order on our website for a high-speed mixer. 저희 웹사이트에서 고속 믹서를 주문하셨습니다.
gift-wrap 선물 포장하다	The sales clerk gift-wrapped the shopper's purchase. 판매사원은 손님이 구매한 물건을 선물 포장했다.
set aside 물건을 빼두다	Would you like me to set aside the item for you? 그 상품을 따로 빼 놓을까요?
cover 다루다, 보장하다, 포함하다	The instructor covered a lot about new advertising trends in just two hours. 강사는 단지 2시간 내에 새로운 광고 트렌드에 대해 많은 것을 다루었다.
carry 물건을 취급하다	The advertisement said your store carry rare books. 광고에서 보니 희귀한 책을 취급하신다면서요.
retail 소매	You will receive 20% discount off the retail price. 소매 가격에서 20퍼센트 할인을 받으실 겁니다.
site 장소, 부지	The committee hasn't yet chosen a site for a new plant. 위원회는 아직 새 공장을 위한 부지를 선정하지 못했다.
reasonable 가격이 적절한	I bought electronics there before and their prices were reasonable. 전에 그 곳에서 전자제품을 구입했었는데, 가격은 적절한 수준이었다.

Unit 10 : 제품구입/문의 **187**

▶ 교환·환불

exchange 교환(하다)	I'd like to exchange the blouse for a new one. 이 블라우스를 새것으로 교환하고 싶습니다.	
return 반품/반환(하다)	I'd like to return these two travel books on Paris. 이 파리 여행 안내서 두 권을 반품하고 싶습니다.	
refund 환불	I'd like to offer you a refund to apologize for the inconvenience. 불편을 끼친 것을 사과하는 의미에서 환불해 드리겠습니다.	
receipt 영수증	We offer a cash refund if the item is brought back with a receipt. 영수증과 함께 제품을 가지고 오시면 현금으로 환불해 드립니다.	
make a payment 지불하다	Customers can make payments online at any time. 고객들은 언제라도 온라인상에서 지불할 수 있다.	
in cash 현금으로	You have been paying your monthly membership fees in cash. 매달 회비를 현금으로 납부하고 계셨습니다.	
accept (계산 시) ~을 받다	We accept only cash payments. 우리는 현금만 받습니다.	
pick up ~를 찾다	Be sure to pick up a discount coupon at the customer service counter. 고객서비스 카운터에서 할인 쿠폰을 받아 가십시오.	
under warranty 품질 보증을 받는	The washing machine is still under warranty since I bought it three months ago. 세탁기는 3개월 전에 구입했기 때문에 아직 품질 보증을 받는다.	

▶ 제품·서비스에 대한 불만

defective 불량의, 하자가 있는	Defective items must be returned to the manufacturer. 불량품은 제조업체에게 돌려보내져야 한다.	
replacement 교체(품)	Would you like a replacement or refund? 교체품을 원하시나요, 환불을 원하시나요?	
complaint 불만	She called to file a complaint about the product. 그녀는 제품에 대한 불만신고를 하려고 전화했다.	
notice 알아차리다	We have noticed that you haven't paid your phone bill in 2 months. 우리는 귀하가 전화비를 2달 동안 내지 않았다는 것을 알았습니다.	
billing error 청구서 오류	The law allows consumers to refuse to pay for credit card billing errors. 법에 따르면 신용카드 청구서에 오류가 있으면 고객은 납부를 거부할 수 있다.	
competitor 경쟁 업체	Our top competitors will soon be releasing products similar to ours. 우리의 최대 경쟁 업체는 곧 우리 것과 비슷한 제품을 출시할 것이다.	
disappointed 실망한	I was disappointed to see that you shipped the wrong products. 잘못된 제품을 발송해 주신 것을 보고 저는 실망했습니다.	
quality 질, 품질	We are concerned about the quality of the building materials. 우리는 건설 자재의 품질에 대해 걱정이 된다.	
customer service 고객 서비스	A customer service representatives will help you shortly. 고객 서비스 담당자가 바로 도와드릴 것입니다.	

More to TOEIC

Part 3 대화문을 듣는 데 알아두면 유용한 중요 표현을 익혀봅니다.

▶ **불만 신고와 해결 방안 제시**

I'd like to address ~ (문제를 제기할 때) ~에 대해 언급하고 싶습니다.

Your delivery service was pretty fast but there is one issue **I'd like to address**.
배송 서비스는 매우 빨랐지만 한 가지 문제점을 언급하고 싶습니다.

I'm calling to complain about ~ ~에 대해 불만을 알리려 전화합니다.

I'm calling to complain about your bus service to the airport.
공항까지 가는 버스 서비스에 대한 불만을 알리려고 전화합니다.

I will see if ~ (정보를 확인할 때) ~인지 알아보겠습니다.

I will see if one of our stores across the street has the item in stock.
건너편에 있는 저희 매장에 그 제품의 재고가 있는지 알아보겠습니다.

Let me look at ~ (사실을 확인해 줄 때) ~을 확인해 보겠습니다.

Let me look at your customer account record to be sure.
확실하게 하기 위해 고객님의 계좌 기록을 확인해 보겠습니다.

Practice

음성을 듣고 빈칸을 채운 뒤, 질문에 알맞은 응답을 고르세요. 🔊 086

1 What kind of product is the woman inquiring about?

(A) Computer software

(B) An alarm system

> W: Hello, I'm calling to get more information about your _____ _____ _____.
> I'd like to _____ _____ _____ _____.
> M: Why don't you _____ _____ _____ _____? I will show you how well it
> _____ _____ _____ _____ _____.

2 Who most likely is the man?

(A) A sales person

(B) A technician

(C) An interior designer

(D) An event organizer

> M: I've just finished _____ _____ _____ _____. There was a loose wire
> that was _____ _____ _____. It should be working fine now.
> W: Thanks for doing it so quickly. Now I can _____ _____ and _____
> _____ _____ _____ _____ a housewarming party.

[3-4]

3 What kind of products are the speakers discussing?

(A) Car accessories

(B) Audio devices

4 According to the woman, why is the store offering a discount?

(A) To celebrate its grand opening

(B) To reduce its stock

> M: Excuse me. I _____ _____ _____ saying that your store is _____ _____
> _____ _____ on some speakers. I'm interested in buying a set.
> W: Yes, we are offering a 30% discount on Super Sonic's Play 3 models from last year.
> We're _____ _____ _____ _____ _____ _____ _____ to make
> room for the new line of portable speakers.

[5-6]

5 What does the woman say about the product she's purchased?
 (A) It is overpriced.
 (B) It can edit audio files.
 (C) It is difficult to use.
 (D) It arrived damaged.

6 What service does the website provide?
 (A) A software upgrade
 (B) A user manual
 (C) An access code
 (D) A newsletter

> W: Hello, I'm calling about the photo-editing software that I _____ _____ _____ _____. I've installed it but I found it _____ _____ _____ to use.
> M: Actually, we _____ ___ _____ ___ _____ _____ for our customers on our website.
> W: That's wonderful. How can I watch them?
> M: Well, you'll need your activation code. _____ ___ ___ our website and type in the number that _____ _____ _____ _____. Afterwards you'll be _____ _____ _____ the video tutorial.

[7-8]

7 What does the woman say she will do?
 (A) Take inventory of warehouse
 (B) Start a small business
 (C) Plan an office relocation
 (D) Work on her home

8 What type of paint does the man recommend?
 (A) Outdoor
 (B) Fireproof
 (C) Water-resistant
 (D) Enamel

[9-10]

9 Why is the woman calling?
 (A) To register for a course
 (B) To report a problem
 (C) To inquire about a delivery
 (D) To request product information

10 What does the man offer to do?
 (A) Cancel a product order
 (B) Consult with an expert
 (C) Arrange for a salesperson to visit
 (D) Mail some brochures

Actual Test

대화를 듣고 질문에 알맞은 응답을 고르세요. 087

1. Where do the speakers probably work?
   (A) At a bookstore
   (B) At a shoe store
   (C) At a printing press
   (D) At a shipping company

2. What are the speakers mainly discussing?
   (A) The layout of an office
   (B) The size of a storage room
   (C) The design of products
   (D) A shipment of merchandise

3. What problem occurred two weeks ago?
   (A) Damaged items were received.
   (B) A sales receipt was not included.
   (C) A supplier went out of business.
   (D) A shipment was sent to the wrong address.

4. Why is the man calling?
   (A) His car has broken down.
   (B) He lost an important document.
   (C) His flight was canceled.
   (D) He has won a sponsorship.

5. What will take place tomorrow afternoon?
   (A) A training session
   (B) A press conference
   (C) A client meeting
   (D) A company banquet

6. What will the woman take from the man's office?
   (A) Some manuals
   (B) Newspaper
   (C) Certificates
   (D) Résumés

7   What is the man doing this week?
    (A) Cooking some food
    (B) Moving to a new house
    (C) Renovating his bathroom
    (D) Launching a new brand

8   What does the man say about Pro-Hide paint?
    (A) He has used it before.
    (B) His neighbor recommended it.
    (C) It is durable.
    (D) The price is reasonable.

NEW
9   Look at the graphic. Which discount will the man receive?
    (A) 5%
    (B) 10%
    (C) 15%
    (D) 20%

Coupon
Save up to 20% !!

Buy .... Save
1 gallon 5%
2 gallons 10%
3 gallons 15%
4 gallons 20%

Valid in-store only
Promotion is valid from 24 Aug to 31

10 Why is the woman calling?
    (A) To confirm an order
    (B) To inquire about a conference
    (C) To provide a referral
    (D) To reschedule an appointment

11 What does the man want to do?
    (A) Call a pharmacy
    (B) Go to a different location
    (C) See a new doctor
    (D) Take public transportation

12 What does the man say he has to do tomorrow morning?
    (A) Pick up a car
    (B) Finish a report
    (C) Meet with a client
    (D) Get a prescription

Part 3

Unit 11 공공장소 1 (식당, 은행, 도서관 등)

일상생활에서 자주 이용하는 공공장소인 은행, 식당, 박물관, 의료 기관 등에서 접할 수 있는 상황이 대화 소재로 등장합니다. 대화 소재의 특성상 장소나 인물을 묻는 문제가 자주 등장합니다.

출제유형

- 대화 장소나 화자의 직업·신분을 묻는 문제
- 운영 시간, 이용 방법, 요금·비용 문의, 장소별 서비스 특징에 관한 문제

문제유형

- **전체를 듣고 푸는 유형**

  Where are the speakers? 화자들은 어디에 있는가?
  → At a museum 박물관에

  Who is Mr. Litt? Litt 씨는 누구인가?
  → A bank employee 은행 직원

  Why is the woman calling? 여자는 왜 전화하는가?
  → To clarify a doctor's instructions 의사의 지침을 확인하기 위해

  Why is the man calling? 남자는 왜 전화하는가?
  → To take out a business loan 사업 자금 대출을 받기 위해

- **세부 사항을 듣고 푸는 유형**

  How did the woman learn about the café? 여자는 카페에 대해 어떻게 알았는가?
  → A friend took her there. 친구가 그곳에 데리고 갔다.

  What problem does the woman call to discuss? 여자는 어떤 문제를 논의하기 위해 전화하는가?
  → A fee was charged in error. 금액이 잘못 청구되었다.

  What does the woman like about the restaurant? 여자는 레스토랑의 어떤 점을 좋아하는가?
  → It has many food choices. 다양한 음식을 선택할 수 있다.

  What does the man say about Dr. Hessington? 남자는 Hessington 박사에 대해 무엇이라고 하는가?
  → She is at a conference. 그녀는 총회에 참석 중이다.

  What information does the woman ask for? 여자는 어떤 정보를 요청하는가?
  → A postal code 우편번호

  What would the man like to do? 남자는 무엇을 하고자 하는가?
  → Purchase a parking permit 주차권을 구입한다

문제풀이전략

Step 1 질문을 먼저 읽고 의문사를 포함한 핵심 단어를 통해 질문의 포인트를 숙지하도록 합니다.

Where most likely are the **speakers**? 화자들은 어디에 있는가?

Step 2 대화를 들으며 질문과 직접적으로 연관된 부분을 정확히 잡아내어 문제를 풉니다. 대화의 흐름은 질문 순서와 일치하므로 순차적으로 문제를 풀도록 합니다.

M: Good morning, can you tell me where to go to **close my savings account**?
안녕하세요. 은행 계좌를 해지하려면 어디로 가야하는지 알려주시겠어요?
W: **I can do that for you** here. But may I ask why you're closing your account with us?
여기에서 해 드릴 수 있습니다. 그런데 왜 계좌를 해지하시려는지 여쭤봐도 될까요?

Step 3 대화를 들으며 미리 읽어둔 보기와 내용이 일치하는 것을 정답으로 고르도록 합니다. 다른 단어로 바꾸어 (paraphrasing) 제시되는 정답에 유의합니다.

M: Good morning, can you tell me where to go to **close my savings account**?
W: **I can do that for you** here. But may I ask why you're closing your account with us?
Where most likely are the **speakers**?
(A) At a law firm
(B) At a bank

☞ 은행 계좌를 어디에서 해지하는지 묻는 남자의 질문에 여자가 그 자리에서 해주겠다고 하므로 대화 장소는 은행임을 알 수 있다.

Sample Test

Step별 문제 풀이 전략을 적용해 문제를 풀어보세요. 🔊 088

1 What problem does the woman call to discuss?
(A) Some books are not available.
(B) A fee was charged by mistake.
(C) Some belongings have gone missing.
(D) An e-mail was sent to the wrong person.

2 What information does the man ask the woman for?
(A) A credit card number
(B) A check-out date
(C) The book's title
(D) The woman's address

3 What does the man say he will do?
(A) Talk to another librarian
(B) Reserve a copy of a book
(C) Cancel a shipment
(D) Update the woman's account

문제분석

W: Hello, my name is Shannon Hewitt and I'm calling to check on my library account. I received an e-mail saying that I have to [1] pay a late fee for an overdue book. But I remember returning the book on time.

M: Okay, let me check that out for you. [2] Please give me your membership number or the title of the book you borrowed.

W: It's called Ranger's Apprentice, and it was written by John Flanagan.

M: Thank you. Well, first of all, I have to apologize for our mistake. It seems there has been a computer error. I can see that we received the book before it was due. I'll [3] cancel the charges to your account immediately.

여: 안녕하세요, 저는 Shannon Hewitt라고 하며, 제 도서관 계정을 확인하기 위해서 전화드립니다. 이메일을 받았는데 반납이 늦어진 책이 있어 연체료를 물어야 한다고 합니다. 그런데 저는 제 때 책을 반납한 것으로 기억합니다.

남: 알겠습니다. 제가 조사해 보죠. 회원번호나 대출했던 책 제목을 알려주세요.

여: 책 제목은 Ranger's Apprentice이고, John Flanagan이 썼습니다.

남: 고맙습니다. 음, 우선 저희 쪽에 실수가 있었다는 것에 사과드립니다. 컴퓨터 상에 에러가 있었던 것 같아요. 책이 반납일자 전에 들어온 것을 알 수 있네요. 제가 계정에 부과된 연체금을 바로 취소해 드릴게요.

어휘 check on ~을 확인하다 account (이용자) 계정, 계좌 late fee 연체료 overdue 기한이 지난 on time 시간을 어기지 않고 check out ~가 맞는지 조사하다 apologize for ~에 대해 사과하다 due ~하기로 된 charge n. 부과금 v. (요금을) 부과하다 immediately 즉시, 바로 belonging 소지품 missing 잃어버린, 분실된 check-out (도서 등의) 대출 reserve 예비로 두다

---

1. **What problem** does the **woman** call to **discuss**?
   여자는 어떤 문제를 논의하기 위해 전화하는가?
   (A) 일부 책을 구할 수 없다.
   (B) 비용이 잘못 청구되었다.
   (C) 일부 소지품이 분실되었다.
   (D) 이메일을 다른 사람에게 보냈다.

   Step 1 질문의 핵심어 : What problem, woman, discuss
   Step 2 여자의 첫 번째 말에서 책을 제 때 반납했는데 연체료가 부과되었다는 이메일을 받고 이를 확인하기 위해 전화했다고 하므로 정답은 (B)가 된다.

2. **What information** does the **man ask** the **woman for**?
   남자는 여자에게 어떤 정보를 요청하는가?
   (A) 신용카드 번호
   (B) 대출 일자
   (C) 책 제목
   (D) 여자의 집 주소

   Step 1 질문의 핵심어 : What information, man ask, woman for
   Step 3 남자는 여자에게 회원번호나 책 제목을 알려달라고 하고 있으므로 정답은 (C)가 된다.

3. **What** does the **man** say he **will do**?
   남자는 무엇을 하겠다고 하는가?
   (A) 다른 사서와 이야기한다
   (B) 책을 따로 보관해 두겠다
   (C) 배송을 취소한다
   (D) 여자의 사용자 계정을 업데이트한다

   Step 1 질문의 핵심어 : What, man, will do
   Step 3 남자는 시스템 에러로 연체료가 잘못 부과되었다고 사과한 뒤, 회원 계정에서 이를 취소해 주겠다고 하므로 정답은 (D)가 된다. cancel the charges to your account가 Update the woman's account로 paraphrasing 되었다.

필수표현

공공장소 관련 상황에서 자주 등장하는 다음 필수 표현을 반드시 암기하도록 합니다.

▶ 식당

diner 식사하는 사람	The restaurant staff served diners delicious food on a large plate. 식당 직원은 커다란 접시 위에 맛있는 요리를 내어 손님들에게 대접했다.
flavor 맛, 풍미	I enjoy the mixed teas with different flavors. 나는 다른 여러 가지 맛이 혼합된 차를 즐겨 마신다.
culinary 요리의, 음식의	Paris is known as the world's culinary capital. 파리는 세계 요리의 수도로 알려져 있다.
serve (음식 등을) 제공하다	The café serves excellent coffee. 그 카페는 최상의 커피를 제공한다.
cuisine 요리	We specialize in international cuisine, serving dishes from Africa, Asia and South America. 우리는 외국 요리를 전문으로 하며 아프리카, 아시아, 남미 음식을 제공한다.
bill 계산서	The bill was not paid in full. 계산서 내역이 모두 지불되지 않았다.
ingredient 재료	Ms. Stewart's dishes are made exclusively from organic ingredients. Stewart 부인의 요리는 오직 유기농 재료로만 만들어진다.
assorted 여러 가지의, 갖은	The guests liked the dishes of assorted raw vegetables with a dressing. 초대 손님들은 드레싱을 곁들인 갖가지 생야채 모듬 요리를 좋아했다.
recipe 조리법, 요리법	The soup contains unusual recipes. 그 수프에는 특별한 조리법이 포함되어 있다.
take an order 주문을 받다	A waiter will be with you shortly to take your order. 웨이터가 곧 와서 주문을 받을 겁니다.
eat out 외식하다	We haven't decided whether to eat out or order in. 외식을 할지 배달시켜 먹을지 정하지 않았다.

▶ 은행

deposit 예금; 예금하다	I need to deposit my paycheck at a bank. 나는 급여를 은행에 저금해야 한다.
loan 대출, 대부	Your loan application was received on March 2nd. 귀하의 대출 신청은 3월 2일에 접수되었습니다.
interest rate 이자율	Each bank can determine its own interest rate on loans. 은행은 개별적으로 대출에 대한 이자율을 정할 수 있다.
transfer 송금; 송금하다	The bank has confirmed the transfer of $10,000 to my account. 은행에서는 내 계좌로 1만 달러가 송금된 것을 확인해 주었다.
withdraw (예금을) 인출하다	Your money is guaranteed and can be withdrawn at any time. 귀하의 돈은 안전이 보장되며 언제든지 인출될 수 있습니다.

open a bank account 계좌를 개설하다	I need to open a bank account for my company. 회사용 계좌를 개설해야 한다.
balance (은행) 잔고	The company's success is reflected in its healthy bank balance. 회사의 성공은 탄탄한 은행 잔고를 통해 반영된다.
exchange rate 환율	The Dollar-to-Euro exchange rate has been stable for the last couple of years. 달러대 유로화 환율은 지난 몇 년 동안 안정적이었다.

▶ 도서관 · 우체국

overdue 기한이 지난	I owe a late fee for an overdue library book. 나는 반납 기한이 지난 도서관 책으로 인해 연체료를 물어야 한다.
checkout (도서 등의) 대출	Newly released books can be borrowed at the checkout desk. 새로 출시된 책은 대출대에서 빌릴 수 있다.
late fee 연체료	I received a notice saying I was being charged the late fee. 나는 연체료가 부과되었다는 통지를 받았다.
publish 출판하다	We'd like to publish a story about Dr. Bronnan. 우리는 Bronnan 박사님의 이야기를 책으로 내고 싶습니다.
archive 기록 보관소	Access to our special archives can be arranged by contacting our head librarian. 특별 기록 보관소로의 출입은 도서관장에게 연락함으로써 이루어질 수 있다.
return 반납하다	The book you returned to the overnight deposit box is damaged. 귀하가 지난밤에 무인 반납대를 통해 반납한 책은 손상되었습니다.
express delivery 특송	Express delivery service would be an additional 10 dollars. 특송은 추가로 10달러가 더 들 것이다.
postal code 우편번호	They use the six-digit postal code. 그들은 6자리 우편번호를 사용한다.

▶ 병원 · 약국

clinic 개인 병원, 클리닉	When you leave the clinic, just make sure you take the prescription. 병원을 나가실 때 처방전을 반드시 가지고 가십시오.
medical practice 진료 행위	He showed interests in our laboratory equipment for his medical practice. 그는 진료를 위한 우리의 실험용 장비에 관심을 보였다.
checkup 건강 검진	She made an appointment for her annual medical checkup. 그녀는 연례 건강 검진을 받으려고 예약을 했다.
fill a prescription 약을 조제하다	Have you ever filled any prescription at this pharmacy before? 이 약국에서 이전에 약을 조제하신 적이 있나요?
examine 검진하다, 진찰하다	I'm getting my teeth examined at 4:30. 나는 4시 30분에 치과 진료가 있다.
see a doctor 진료를 받다	I'd like to make an appointment to see a doctor. 진료를 받으려 예약을 하고자 합니다.
take medicine 약을 복용하다	He was advised to take medicine three times a day and have a good rest. 그는 하루에 3번 약을 복용하고 푹 쉬어야 한다고 권고 받았다.
feel well(=be in good shape) 건강 상태가 좋다	He's feeling better since he started working out. 그는 운동을 시작하고 나서 몸 상태가 더 좋아지는 것을 느끼고 있다.

More to TOEIC

Part 3 대화문을 듣는 데 알아두면 유용한 중요 표현을 익혀봅니다.

▶ 약국에서 처방받기

I am here to ~ (목적을 나타내어) ~하려고 왔습니다.
I am here to get my prescription filled. 약을 처방받으려고 왔습니다.

~ will be ready in ~ ~은 ~ 후에 준비될 것입니다.
Your prescription will be ready in 20 minutes. 손님의 조제약은 20분 후에 준비될 것입니다.

How should I ~? ~은 어떻게 해야 하나요?
How should I take this medication? 이 약은 어떻게 복용해야 하죠?

Should I avoid ~? ~은 피해야 하나요?
Should I avoid alcohol with this medication? 이 약을 먹을 때는 술을 피해야 하나요?

Should I expect ~? ~을 예상해야 하나요?
Should I expect any side effects? 부작용을 예상해야 하나요?

Practice
음성을 듣고 빈칸을 채운 뒤, 질문에 알맞은 응답을 고르세요. 🔊 089

1 What problem does the man mention?
(A) The checkout line is too long.
(B) An item is out of stock.

> M: Leslie, look! There are so many people _____ ____ _____ at the checkout counter. I don't understand why _____ ____ ____ ____ _____ working right now. It's going to _____ ____ ____ _____ to pay for the groceries.
> W: Yes, and we only _____ ____ _____ _____ before our dinner guests arrive.

2 What does the woman say about the books?
(A) They are about to be sold.
(B) They are available online.
(C) They are in fragile condition.
(D) They are being restored.

> M: Hi, I'd like to _____ _____ _____ _____ on 19th century art history from your archive.
> W: I'm terribly sorry, but we don't allow books from our archive ____ _____ ____ _____ because they're very old and the _____ _____ _____ _____.

[3-4]

3 What would the man like to do?
(A) Sign a lease
(B) Purchase a parking permit

4 How long is the man going to stay?
(A) Three months
(B) One year

> M: Excuse me, I just _____ _____ _____ _____ _____ yesterday. I was told that I can ____ ____ _____ _____ here.
> W: Yes, I can help you with that. A three-month permit is $150, and we also _____ ____ _____ _____ for $500.
> M: Well, I'm only _____ ____ _____ _____ for my internship, so a three-month permit would be perfect for me.

[5-6]

5 What type of book is the man looking for?
  (A) A science book
  (B) A travel guide
  (C) A mystery novel
  (D) A dictionary

6 Why is the book unavailable?
  (A) It has been lost.
  (B) It has been purchased.
  (C) It has not been published yet.
  (D) It has not been returned.

> M: Excuse me, I was wondering if _____ _____ ___ _____ _____ *A Glance Into Asia*. It contains a lot of _____ _____ _____ _____ throughout southeast Asia.
>
> W: Hold on for a minutes while I _____ _____ _____. Well, it ___ _____ ___ ___ _____ at the end of the month. I can _____ _____ _____ _____ _____ _____, and we'll e-mail you the moment the book is released.

[7-8]

7 What does the man say about Dr. Evans?
  (A) She is with a patient.
  (B) She is out of the office.
  (C) She is at a conference.
  (D) She has opened a new clinic.

8 Why is the woman calling?
  (A) To confirm an appointment
  (B) To request copies of test results
  (C) To refill a prescription
  (D) To clarify a doctor's instructions

[9-10]

9 Why is the woman calling?
  (A) To transfer some money
  (B) To discuss a business loan
  (C) To request an advance payment
  (D) To inquire about an office location

10 Why is Mr. Gibson unavailable to help the woman?
  (A) He works for a different company.
  (B) He is attending a conference.
  (C) He has been transferred.
  (D) He is on vacation.

Part 3

Unit 12 공공장소 2 (교통/주차, 숙박, 부동산)

교통/주차, 숙박, 부동산과 관련해서는 교통 수단의 예매, 출발-도착 시간, 주차 이용 방법, 자동차 렌트, 부동산 매매, 이사, 숙박 예약 및 요금 문의 등을 소재로 한 대화가 출제됩니다. 대화 소재의 특성상 장소나 인물을 묻는 문제, 세부 사항을 듣고 푸는 문제가 주로 출제됩니다.

출제유형

- 대화 장소나 화자의 직업·신분을 묻는 문제
- 운영 시간, 이용 방법, 요금·비용 문의, 장소별 서비스 특징에 관한 문제

문제유형

● 전체를 듣고 푸는 유형

What are the **speakers discussing**? 화자들은 무엇을 논의하고 있는가?
→ A local market 지역 시장

Why is the **man calling**? 남자는 왜 전화하는가?
→ To ask about a missing item 분실된 물건에 대해 문의하기 위해

Where most likely does this **conversation take place**? 대화는 어디에서 일어나겠는가?
→ At a bus stop 버스 정류장에서

What kind of **business** does the **woman work for**? 여자는 어떤 비즈니스에 종사하는가?
→ A hotel 호텔

Where does the **conversation** most likely **take place**? 대화는 어디에서 일어나겠는가?
→ At a rental car agency 자동차 대여점

● 세부 사항을 듣고 푸는 유형

What does the **man say** about the **apartment**? 남자는 아파트에 대해 무엇이라고 하는가?
→ It is currently occupied. 현재 사람이 거주하고 있다.

What is the **man asked** to **do**? 남자는 무엇을 하도록 요청되는가?
→ Wait in the lobby 로비에서 기다린다

What does the **man suggest** the **woman do**? 남자는 여자에게 무엇을 하도록 제안하는가?
→ Use another mode of transportation 다른 대중 교통 수단을 이용하라

Why was the **man surprised**? 남자는 왜 놀랐는가? → The price was low 가격이 낮아서

Why does the **man** want to **move**? 남자는 왜 이사를 하고 싶어하는가?
→ To have more living space 더 넓은 주거 공간을 얻기 위해

문제풀이전략

Step 1 질문을 먼저 읽고 의문사를 포함한 핵심 단어를 통해 질문의 포인트를 숙지하도록 합니다.

> **Why** was the **man late** to **work**? 남자는 왜 회사에 늦었는가?

Step 2 대화를 들으며 질문과 직접적으로 연관된 부분을 정확히 잡아내어 문제를 풉니다. 대화의 흐름은 질문 순서와 일치하므로 순차적으로 문제를 풀도록 합니다.

> M: I can't believe that it took me two hours to get to work today. I was stuck in traffic on Highway 26.
> 오늘 출근하는 데 2시간이나 걸렸다니 믿을 수가 없어요. 26번 고속도로에서 교통 체증에 갇혔었어요.
>
> W: Wow, that's a long commute. I heard that a tree fell on the road earlier and one of the lanes was temporarily closed.
> 와, 오래 걸렸네요. 오늘 일찍이 도로 위로 나무가 쓰러져 차선 하나가 임시 폐쇄되었다고 들었어요.

Step 3 대화를 들으며 미리 읽어둔 보기와 내용이 일치하는 것을 정답으로 고르도록 합니다. 다른 단어로 바꾸어 (paraphrasing) 제시되는 정답에 유의합니다.

> M: I can't believe that it took me two hours to get to work today. I was stuck in traffic on Highway 26.
>
> W: Wow, that's a long commute. I heard that a tree fell on the road earlier and one of the lanes was temporarily closed.
>
> Why was the man late to work?
> (A) His car broke down.
> (B) A road was closed.
>
> ☞ 남자가 지각한 이유는 나무가 도로 위로 넘어져서 차선 하나가 폐쇄되었기 때문이라고 한다.

Sample Test

Step별 문제 풀이 전략을 적용해 문제를 풀어보세요. 🔊 090

1 Who most likely is the man?
(A) A real estate agent
(B) A career counselor
(C) A bus driver
(D) A tour guide

2 Why is the woman planning to move?
(A) She will be starting a new job.
(B) She wants to live closer to her family.
(C) She will be attending a local university.
(D) She wants to rent a larger apartment.

3 What does the man offer to send the woman?
(A) Property information
(B) City maps
(C) A moving schedule
(D) A housing contract

문제분석

W: Hi, I'm [1] considering getting a two bedroom apartment on Carnival Street. I was wondering if the one listed in the newspaper is still available.

M: Oh, I'm sorry. [1] It was rented out to a couple and they've already moved in. However, [1] I can show you other properties around the city if you are still interested.

W: Well, [2] I'm starting a job here next month. I'd like to find a place to live within walking distance of my new workplace.

M: Actually, [3] I have smaller apartments or studios readily available in the area. If you give me your e-mail address, [3] I'll send you some information about them.

여: 안녕하세요, 저는 Carnival 가에 침실 두 개짜리 아파트를 구하려고 합니다. 신문에 나온 것을 아직 구할 수 있는지요.

남: 아, 죄송합니다. 그것은 한 커플에게 임대되었고 이미 이사 들어갔어요. 하지만 시내에 있는 다른 부동산 매물을 보여 드릴 수 있어요. 관심 있으시면요.

여: 음. 저는 다음 달에 이곳에서 일을 시작합니다. 새 직장에서 걸어갈 수 있는 거리에 위치한 곳을 찾고 싶어요.

남: 사실, 그 지역에 바로 입주 가능한 소형 아파트나 원룸 매물을 보유하고 있습니다. 이메일 주소를 알려주시면 제가 정보를 보내드리겠습니다.

어휘 consider -ing ~을 고려하다 listed 목록에 기재된 available 구할 수 있는 rent out 임대하다 move in 이사 오다 property 부동산 매물 within walking distance 걸어서 갈 수 있는 거리의 workplace 직장 readily 손쉽게 attend ~에 다니다

---

1. Who most likely is the man?
남자는 누구인가?
(A) 부동산 중개인
(B) 직업 카운슬러
(C) 버스 기사
(D) 여행 가이드

Step 1 질문의 핵심어 : Who, man
Step 2 여자는 아파트를 구한다고 하고, 남자는 그에 관한 여러 정보를 알려주고 있으므로 부동산 중개인임을 알 수 있다.

2. Why is the woman planning to move?
여자는 왜 이사를 갈 계획인가?
(A) 새 일을 시작할 것이다.
(B) 가족과 가까운 데서 살고 싶다.
(C) 지역에 있는 대학에 다닐 것이다.
(D) 더 넓은 아파트를 임대하고 싶다.

Step 1 질문의 핵심어 : Why, woman, move
Step 2 여자의 두 번째 말 I'm starting a job here ~ 를 보면 새로 일을 시작해서 직장 근처에 집을 구하고 싶다고 한다.

3. What does the man offer to send the woman?
남자는 여자에게 무엇을 보내주겠다고 하는가?
(A) 부동산 정보
(B) 시내 지도
(C) 이사 날짜
(D) 주택 계약서

Step 1 질문의 핵심어 : What, man offer, send
Step 2·3 남자는 마지막 말에서 I have smaller apartments or studios ~, I'll send you some information about them.과 같이 소형 아파트나 원룸에 대한 정보를 주겠다고 하므로 정답은 (A)가 된다. small apartments and studios가 Property로 paraphrasing 되었다.

필수표현

공공장소 관련 상황에서 자주 등장하는 다음 필수 표현을 반드시 암기하도록 합니다.

▶ 교통 · 주차

depart 출발하다	The plane is expected to depart at 4:30 P.M. 비행기는 오후 4시 30분에 출발할 예정이다.
vehicle 차량	It will be easier to get to Middle Town if I have my own vehicle. 내가 차가 있다면 Middle Town에 가는 것이 훨씬 더 쉬울 것이다.
traffic 교통(량)	There is a lot of traffic on highway 62. 62번 고속도로에는 교통량이 많다.
park 주차하다	If any of you parked in front of the building, you will have to move your car. 여러분 중 건물 앞에 주차한 사람이 있으면 차량을 옮기셔야 합니다.
be stuck in traffic 교통 체증에 걸리다	The delivery trucks are stuck in traffic. 배달 트럭들이 교통체증으로 꼼짝 못하고 있다.
bound for (기차, 버스 등이) ~행인	He boarded a bus bound for Newark. 그는 Newark로 향하는 버스에 올랐다.
parking permit 주차권	We offer residents 3 month parking permit for $50. 저희는 주민들에게 3개월짜리 주차권을 50달러에 제공합니다.
tow 견인하다	My car wouldn't start so I had it towed to the repair shop. 차가 시동이 걸리지 않아 수리점으로 견인하도록 해야 했다.

▶ 부동산

real estate 부동산	Investing in real estate can be very profitable. 부동산에 투자하는 것이 수익이 많을 수도 있다.
show around 둘러보도록 안내하다	The real estate agent showed me around a three-bedroom apartment. 부동산 중개인은 나에게 침실 세 개짜리 아파트를 보여주었다.
property 부동산, 토지	We will have to rearrange another time to look at that property. 우리는 그 부동산을 둘러볼 시간을 다시 한 번 정해야 할 것이다.
rent 임대하다, 대여하다; 임대료	You need to complete the papers in order to rent the office. 그 사무실을 임대하려면 문서를 작성해야 합니다.
lease 임대차 계약, 임대	The lease on our apartment ends July 31st. 우리 아파트의 임대계약은 7월 31일에 끝난다.
tenant 세입자	The tenant wants to move into the property. 세입자는 그 곳으로 이사가고 싶어 한다.
landlord 주인	I have set an appointment to meet the landlord. 집주인을 만나기 위한 약속을 했다.
for sale 팔려고 내놓은	The house on Pine Tree Lane is for sale right now. Pine Tree 가에 있는 집은 현재 팔려고 내놓았다.

fully furnished 가구를 갖춘		Mr. Thomas is looking for a fully-furnished apartment. Thomas 씨는 가구가 갖춰진 아파트를 찾고 있다.
move into ~로 이사하다, 입주하다		I recently moved into a new apartment in Longbeach. 나는 최근 Longbeach에 있는 새 아파트로 입주했다.
within walking distance 걸어서 갈 수 있는 거리에		The subway station is within walking distance. 지하철 역은 걸어갈 수 있는 거리에 있다.

▶ 항공 · 운송

stopover 스탑오버, 잠깐 들르는 곳		Our tickets to Greece include a stopover for one night in Dubai. 그리스행 항공권에는 두바이에서의 하룻밤 스탑오버가 포함되어 있다.
round trip 왕복 여행		We made a round trip of 20 miles to the London branch. 우리는 런던 지사까지 20마일 왕복 거리를 다녀왔다.
fare (교통) 운임, 요금		The city is offering discounts on bus fares to commuters. 시에서는 통근자들에게 버스 요금에 대해 할인 혜택을 제공한다.
luggage 항공 수화물		The overhead compartments are reserved for smaller luggage. 머리 위 짐칸은 소형 수화물을 위해 마련되어 있다.
board (항공기 등에) 탑승하다		The president is ready to board a plane to head out to LA. 회장은 LA로 가기 위해 비행기에 오를 준비가 되어 있다.
leave for ~로 출발하다		The flight will leave for Chicago in a minute. 비행기는 곧 시카고로 출발할 것이다.
catch(↔ miss) ~을 타다(↔놓치다)		The clients have to be at the train station by 3 P.M. to catch a train. 고객들은 열차를 타려면 3시까지 기차 역에 도착해야 한다.
check-in counter 탑승 수속대		Passengers are waiting in line at a check-in counter. 승객들은 탑승 수속대에서 줄을 서 있다.
connecting flight 갈아탈 항공편		The connecting flight was delayed because of bad weather. 갈아탈 항공편은 기상 악화로 인해 지연되었다.
accommodation 숙박		There is a shortage of cheap accommodation in town. 도시에는 저렴한 숙소가 부족하다.
renew 갱신하다, 계약을 연장하다		You will have to renew the business license annually. 당신은 매년 사업자 등록증을 갱신해야 합니다.
occasionally 때때로		Deliveries usually take less than two weeks, but occasionally there are delays. 배송은 보통 2주 이내에 되지만 종종 지연되기도 합니다.
suitcase 여행 가방		Most of the time lost suitcases are returned to their owners just a few hours later. 대부분 분실된 여행 가방은 몇 시간 이내에 주인에게 돌려보내진다.

More to TOEIC

Part 3 대화문을 듣는 데 알아두면 유용한 중요 표현을 익혀봅니다.

▶ **부동산을 통한 집구하기**

Where would you like to ~? 어디에서 ~을 하고 싶습니까?
Where would you like to purchase your house? 어디에 집을 구입하고자 하십니까?

I am open to ~ 저는 ~을 받아들일 수 있습니다.
I am most interested in Main Street, but I am open to other suggestions.
저는 Main가가 제일 좋지만, 다른 제안도 받아들일 수 있습니다.

Do you need to be located in ~? ~에 집을 구하고자 합니까?
Do you need to be located in a particular school district? 특정 학군에 집을 구하고 싶으신가요?

I have been thinking of ~ ~하는 것을 생각해 왔습니다.
I have been thinking of buying a house with a view of the lake. 저는 호수가 보이는 집을 사려고 생각해 왔습니다.

Would you rather be ~? 차라리 ~하시겠습니까?
Would you rather be located on a lakeshore lot? 차라리 호숫가 근처에 집을 구하시겠습니까?

Unit 12 : 공공장소 2 (교통/주차, 숙박, 부동산) 207

Practice 음성을 듣고 빈칸을 채운 뒤, 질문에 알맞은 응답을 고르세요. 🎧 091

1 What type of business does the woman most likely work for?
(A) A hotel chain
(B) A car rental company

> M: Hi, I'm in town for the technology convention and I'd like to _____ ____ _____ for the weekend.
> W: _____ _____ ____ _____ would you like? We have ____ _____ _____ ____ _____ from compact cars to spacious SUVs.

2 What does the man ask about?
(A) The size of a rental space
(B) The location of a building
(C) The availability of parking
(D) The estimate of construction

> W: Mark, I've just found a perfect spot for our new warehouse. It's _____ ____ _____ _____ and it seems like a great place for storage. Do you have time this afternoon ____ _____ _____ with me?
> M: Sure. But, are you sure it has _____ _____ _____ _____ _____?

[3-4]

3 Where does the woman most likely work?
(A) At a grocery store
(B) At a hotel

4 What is the man's problem?
(A) He cannot find an item.
(B) A reservation is incorrect.

> M: Hi, I just _____ ____ ____ room 256, and I think I _____ ____ _____ inside. I've looked through my suitcase, but I can't seem to find them. Could you _____ _____ ____ _____ to look for them?
> W: Sure. I'll call someone from our housekeeping staff to see if there are _____ _____ _____ _____ _____.

[5-6]

5 Why is the woman going to Montreal?
   (A) To visit tourist sites
   (B) To take a course
   (C) To conduct research
   (D) To work as an intern

6 What does the man suggest the woman do?
   (A) Open a bank account
   (B) Contact a university
   (C) Stay in an apartment
   (D) Go to a travel agency

> W: Hi, Daniel. I'm going to Montreal _____ ___ _____ at a Canadian company. I might be _____ ___ ___ _____ and I am wondering if you _____ _____ _____ for places to stay.
> M: Well, since you will be there for a while, how about _____ ___ _____ instead of staying in a hotel? It will probably help you _____ _____ _____.

[7-8]

7 Where does the conversation most likely take place?
   (A) At a library
   (B) At a rental car agency
   (C) At a photo studio
   (D) At an airport check-in counter

8 What problem does the woman mention?
   (A) Her car would not start.
   (B) Her flight was delayed.
   (C) A bank was closed.
   (D) A reservation was canceled.

[9-10]

9 What are the speakers discussing?
   (A) A local market
   (B) A festival schedule
   (C) A city tour
   (D) A new restaurant

10 What does the woman suggest the man do?
   (A) Use a discount coupon
   (B) Schedule an appointment
   (C) Purchase some products
   (D) Visit a different city

Actual Test

대화를 듣고 질문에 알맞은 응답을 고르세요. ♪ 092

1. According to the speakers, what has recently increased?
   (A) The price of a monthly publication
   (B) The number of publishers
   (C) The number of subscribers
   (D) The cost of advertising

2. Why did the increase occur?
   (A) A new campaign was launched.
   (B) The publication received a positive review.
   (C) The company hired new salespeople.
   (D) The company opened a new branch.

3. What will the man do next?
   (A) Meet with his boss
   (B) Hire some more bloggers
   (C) Establish a publishing company
   (D) Publish a new magazine

NEW

4. Look at the graphic. Which sign does the man refer to?
   (A) Sign 1
   (B) Sign 2
   (C) Sign 3
   (D) Sign 4

5. Why is the man at the factory?
   (A) To schedule an interview
   (B) To hold a meeting
   (C) To deliver wood for furniture
   (D) To take a tour of the site

6. What does the woman give to the man?
   (A) A ticket for a concert
   (B) A safety helmet
   (C) A parking permit
   (D) A key to the building

Visitors Must Sign In at Security booth	This is a smoke-free building
1	2
Approach Gate SLOWLY	Safety helmets must be worn
3	4

7. What does the woman say she plans to do?
   (A) Start a new business
   (B) Visit a warehouse
   (C) Promote an event
   (D) Remodel a store

8. Who is the man?
   (A) A real estate agent
   (B) A bank employee
   (C) A career counselor
   (D) A construction manager

9. According to the man, what can the woman find on the website?
   (A) A company history
   (B) A list of necessary documents
   (C) Directions to a building
   (D) Samples of recent projects

10. How did the woman learn about the restaurant?
    (A) A friend of hers recommended it.
    (B) It was reviewed in a newspaper.
    (C) She visited it with her family.
    (D) It was advertised on television.

11. What does the man ask the woman to do?
    (A) Call a waiter
    (B) Suggest a menu item
    (C) Make a reservation
    (D) Pick up a business card

12. What does the woman say about the restaurant?
    (A) It has many food choices.
    (B) It serves excellent desserts.
    (C) The interior design is unusual.
    (D) The prices are reasonable.

Part Test 3

음성을 듣고 질문에 알맞은 응답을 고르세요. ♪ 093

32 Where does the man most likely work?
(A) At an airport
(B) At a gift shop
(C) At a travel agency
(D) At a post office

33 What information does the woman ask for?
(A) Some directions
(B) A postal code
(C) An exchange rate
(D) An account number

34 What does the man ask the woman to do?
(A) Wait in line
(B) Wrap up the package
(C) Weigh a box
(D) Fill out a form

---

35 Where most likely does this conversation take place?
(A) At a local hotel
(B) At a tourism center
(C) At a subway station
(D) At an airport

36 What is the woman concerned about?
(A) Being charged for a fee
(B) Missing a flight
(C) Making clients wait
(D) Finding a subway map

37 What does the man suggest the woman do?
(A) Use another type of transportation
(B) Go to a different bank
(C) Look for a street sign
(D) Contact a supervisor

38 What does the woman ask the man to do?
(A) Change a password
(B) Upgrade software
(C) Lead some training
(D) Attend a conference

39 Why does the woman need assistance?
(A) A guest speaker can't make it.
(B) She is a new employee.
(C) A conference room is not ready.
(D) A class has too many participants.

40 What does the man suggest doing?
(A) Sending him some information
(B) Holding a social event
(C) Speaking to an expert
(D) Making an advance payment

41 What service does the man's company provide?
(A) Appliance repair
(B) Carpet cleaning
(C) Lawn care
(D) Car washing

42 What has the woman done to prepare for the work?
(A) Obtained identification badges
(B) Signed some documents
(C) Notified employees
(D) Moved furniture

43 What will the receptionist be asked to do?
(A) Unlock a door
(B) Provide office keys
(C) Wait at the main entrance
(D) Prepare some forms

GO ON TO THE NEXT PAGE

44 What area does the man work in?

(A) Sales

(B) Product design

(C) Advertising

(D) Human resources

45 What is the man concerned about?

(A) The reduction of a market share

(B) The excessive number of meetings

(C) The launch of a new product

(D) The length of the research

46 What is the company currently doing?

(A) Redesigning a marketing campaign

(B) Hiring new employees

(C) Opening a branch office

(D) Developing software

---

47 What is the conversation mainly about?

(A) Building repairs

(B) Promotional campaign

(C) Interior design

(D) Computer software

NEW
48 Why does the woman say, "I've been out of town all morning with my important client"?

(A) She wants the man to visit her office right away.

(B) She is reluctant to meet the client.

(C) She is not interested in the project.

(D) She did not have time to look at a document.

49 What does the man say he will do this afternoon?

(A) Meet with a marketing team manager

(B) Call his colleague

(C) Return a phone call

(D) Update a schedule

50 What is the problem?
   (A) Some equipment is not working.
   (B) A part is missing from a package.
   (C) A store is not currently open.
   (D) A delivery has been delayed.

51 What does the woman suggest the man do?
   (A) Change the cables
   (B) Call back later
   (C) Restart a computer
   (D) Try another store

52 What does the woman offer to do?
   (A) Give a refund
   (B) Speak to her supervisor
   (C) Send an invoice
   (D) Replace a product

53 According to the woman, what will happen on Thursday?
   (A) A grand opening ceremony
   (B) Office moves to London
   (C) An installation of a computer
   (D) Software system replacement

54 What does the woman ask one of the men to do?
   (A) To come to a board meeting
   (B) To send a technician
   (C) To install software in person
   (D) To help with a job interview

55 Why can't all of the staff attend the training session?
   (A) Some of them will be out of town.
   (B) Some furniture will be installed.
   (C) They will give a presentation.
   (D) They will be on a trade show.

GO ON TO THE NEXT PAGE

56 What is the woman preparing for?

(A) A job interview

(B) A training session

(C) A remodeling

(D) An installation of a copier

NEW
57 What does the man imply when he says, "I finished my project early"?

(A) He has time to help her.

(B) He is too busy to help her.

(C) He would like to leave now.

(D) He thinks he deserves a promotion.

58 What will the man most likely do next?

(A) Go to a printing shop

(B) Follow up on a request

(C) Lead a training

(D) Deliver a speech

---

59 What kind of event is being held?

(A) An anniversary event

(B) A costume party

(C) A company retreat

(D) A retirement dinner

NEW
60 Look at the graphic. Which meal will the man have?

(A) Option 1

(B) Option 2

(C) Option 3

(D) Option 4

61 What does the woman encourage the man to do?

(A) Bring his own food

(B) Park near the building

(C) Wear a suit

(D) Take public transportation

You're Invited to a Special Event!
Saturday, Sep 2, 7:00 P.M.
RSVP to Rachel 555-0123

Choose one:
1. Turkey Burgers
2. Beef steak
3. Tomato Galette
4. Sweet Corn Pizza

62 What does the woman say about the post office?
(A) It has moved to a different place.
(B) It has new hours.
(C) It is close to a bank.
(D) It has added new services.

63 What does the man plan to do today?
(A) Open a bank account
(B) Meet a coworker
(C) Mail a package
(D) Apply for a job

64 What will the woman probably do next?
(A) Print a map
(B) Call the post office
(C) Offer the man a ride
(D) Provide directions

65 What activity are the speakers mainly discussing?
(A) A corporate outing
(B) An awards ceremony
(C) An anniversary party
(D) A retirement party

NEW
66 Look at the graphic. Which day do the speakers choose?
(A) Tuesday
(B) Wednesday
(C) Thursday
(D) Friday

Weather Forecast

Tuesday	Wednesday	Thursday	Friday
23°C	24°C	25°C	33°C

67 What does the woman say she will do?
(A) Mail some invitations
(B) Contact a catering company
(C) Book a flight
(D) Call the weather center

GO ON TO THE NEXT PAGE

68 What does the woman say she is worried about?

(A) Exceeding an advertising budget

(B) Installing a lighting fixtures

(C) Hosting a conference

(D) Failing to attract customers

NEW
69 Look at the graphic. Which category will be discussed in the next staff meeting?

(A) Service

(B) Prices

(C) Menu

(D) Atmosphere

70 What does the man suggest doing?

(A) Changing printed menus

(B) Selling a restaurant

(C) Listening to expert advice

(D) Providing a discount

http://www.dinereview.com

Perse Restaurant review

Service	★★★★★
Prices	★★★★
Menu	★★
Atmosphere	★★

메모

▶ 출제 유형 및 경향
- 전화/녹음 메시지, 공공장소의 안내 방송, 발표 및 연설, 사내 공지 등이 등장한다.
- 다양한 소재가 담화의 주제로 등장하며, 담화의 길이도 길어졌다.
- 대부분의 정답은 Paraphrasing(다른 표현으로 바꾸기)되어 출제된다.

▶ 풀이 전략
- 담화를 듣기 전 문제와 보기를 미리 읽어 문제의 주요 핵심을 파악한다.
- 주제, 목적이 드러나는 담화의 초반부를 반드시 놓치지 말고 들어야 한다. 장소, 신분을 묻는 문제의 힌트도 초반에 제시되는 경우가 많으니 더욱 집중한다.
- 주위를 환기시키거나 화제의 전환을 나타내는 표현, 제안·요청·당부 등의 표현 다음에 정답의 단서가 제시되는 경우가 많으므로 이에 집중해서 듣는다.
- Part 3와 마찬가지로 정답은 그대로 제시되기보다는 Paraphrasing되는 경우가 대부분이므로 정답 선택시 주의한다.
- 시각 정보(도표, 그래프, 약도, 일정표 등)를 눈으로 보고 말로 전달되는 정보와 연결시킨다.

▶ 학습 전략
- 메시지, 안내 방송, 라디오 방송 등 담화 유형별로 어떤 흐름과 전개를 보이는지 알아두고 반복해서 들으며 해당 유형에 익숙해지도록 한다.
- 동의어, 유사 표현 등을 익혀 Paraphrasing에 대비한다. 또한, 내용 파악에 꼭 필요한 주제별, 상황별 주요 어휘와 필수 표현을 익히도록 한다.

Part 4

Unit 01 ● 주제/목적을 묻는 문제
Unit 02 ● 장소/신분을 묻는 문제
Unit 03 ● 방법/이유/수치, 문제점/우려사항을 묻는 문제
Unit 04 ● 미래에 할 일, 제안/요청사항을 묻는 문제
Unit 05 ● 전화 메시지
Unit 06 ● 회의, 연설
Unit 07 ● 안내, 공지
Unit 08 ● 인물 소개
Unit 09 ● 관광, 견학
Unit 10 ● 광고
Unit 11 ● 라디오 방송 (토크, 날씨, 교통)
Unit 12 ● 뉴스 보도

Part Test 4

Unit 01 주제/목적을 묻는 문제

Part 4의 주제/목적을 묻는 문제는 주어진 담화(전화 메시지, 안내·공지, 연설, 강연, 광고, 뉴스 등)에서 전달하고자 하는 핵심 내용이나 중심 소재를 묻습니다. 3개의 문제를 미리 읽어 주제/목적을 묻는 문제가 등장하면, 담화의 전반부를 집중해서 들을 준비를 합니다. 3 문제 중 주로 첫 번째에 등장하나, 드물게는 장소/인물 문제 다음 두 번째 문제로 등장하기도 합니다.

출제유형

- 안내·공지, 광고, 연설, 강연에서 알리고자 하는 주제나 중심 소재를 묻는 문제
- 전화 메시지, 회의, 행사, 인물 소개, 뉴스 보도의 목적을 묻는 문제

문제유형

- **주제를 묻는 유형**

  What is being **announced**? 무엇이 발표되고 있는가?
  → A machine installation 기계 설치

  What product is being **advertised**? 어떤 제품이 광고되고 있는가?
  → A laptop computer 노트북 컴퓨터

  What is the **talk** mainly **about**? 담화는 무엇에 관한 것인가?
  → A security system 보안 시스템

  What type of **tour** is the **speaker discussing**? 화자는 어떤 종류의 투어에 대해 이야기하고 있는가?
  → An art gallery tour 미술관 투어

  What is the **speaker announcing**? 화자는 무엇을 알리고 있는가?
  → A department picnic 부서 야유회

- **목적을 묻는 유형**

  What is the **purpose** of the **talk**? 담화의 목적은 무엇인가?
  → To recognize employees 직원들의 공을 인정하기 위해서

  What is the **purpose** of the **announcement**? 안내의 목적은 무엇인가?
  → To encourage participation on an event 행사 참가를 유도하기 위해서

  What is the **purpose** of the **message**? 메시지의 목적은 무엇인가?
  → To suggest a service option 서비스 옵션에 대해 제안하기 위해서

  Why is Sarah Williams **calling**? Sarah Williams는 왜 전화를 거는가?
  → To inquire about employment 채용에 대해 문의하기 위해서

  What is the main **purpose** of the **message**? 메시지의 주요 목적은 무엇인가?
  → To arrange an interview 인터뷰 일정을 조정하기 위하여

문제풀이전략

Step 1 문제를 미리 읽어 질문의 핵심 포인트를 정확히 파악하도록 합니다.

What is the announcement about? 무엇에 대해 발표하는 것인가?

Step 2 주제나 목적은 담화 초반에 제시되는 경우가 많으므로 이에 집중합니다. 또한, Attention ~!, The first/last thing I'd like to ~., I'm calling to/regarding ~. 다음에 정답의 단서가 제시되는 경우도 많으니 이에 특히 주의를 기울여 듣습니다.

W: Attention, everyone! This is the last week you'll be able to enter the assembly plant without a photo identification badge. Starting next week, you will need to scan your badge at the main entrance in order to unlock the door.

여러분께 안내 말씀 드립니다! 여러분께서 사진이 부착된 신분증 없이 조립 공장에 출입할 수 있는 것은 이번 주가 마지막입니다. 다음 주부터 문을 열기 위해서는 현관에서 사원증을 스캔하셔야 합니다.

Step 3 담화를 들으며 미리 읽어둔 보기와 내용이 일치하는 것을 정답으로 고르도록 합니다. 담화의 어구나 단어가 다른 단어로 바뀌는(paraphrasing) 것에 주의합니다.

W: Attention, everyone! This is the last week you'll be able to enter the assembly plant without a photo identification badge. Starting next week, you will need to scan your badge at the main entrance in order to unlock the door.

What is the announcement about?
(A) Change in security practices
(B) A procedure for training employees

☞ 이번 주까지 신분증 없이 조립 공장에 출입 가능하고 다음 주부터는 신분증을 스캔해야 한다며 보안 절차상의 변동 사항을 알리고 있다.

Sample Test

Step별 문제 풀이 전략을 적용해 문제를 풀어보세요. 🔊 094

1. Where do the listeners most likely work?
    (A) At a government office
    (B) At a television station
    (C) At a graphic-design firm
    (D) At an employment agency

2. What is the purpose of the talk?
    (A) To request donations
    (B) To announce a new project
    (C) To plan a celebration
    (D) To recognize employees

3. Why does the speaker say the project was beneficial?
    (A) It improved their reputation.
    (B) It attracted more viewers.
    (C) It won an award.
    (D) It raised a lot of money.

문제분석

W: Good evening, everyone. I'd like to welcome you all to [1] PDI Broadcasting's company dinner. We hold this event every December to [2] thank you for all your hard work over the past year. PDI Broadcasting has been [1] a leader in the field of televised media and is often acclaimed for its high ratings. [2] None of this could have been possible without your effort and dedication. Tonight, I especially want to thank the employees who worked on the project to show on-air debates between the presidential candidates. As you know, we donated our services to the voters so they could make an informed decision on Election Day. [3] This was a worthwhile project because it considerably enhanced our reputation.

여: 안녕하십니까, 여러분. PDI 방송국 만찬에 오신 여러분 모두 환영합니다. 저희는 매년 12월 직원들께서 한 해 동안 수고해 주신 데 감사드리는 차원에서 이 행사를 엽니다. PDI 방송은 텔레비전 매체 분야에서 선두를 달려왔으며 높은 시청률을 자랑합니다. 여러분의 노고와 헌신이 없었다면 이는 불가능했을 것입니다. 오늘밤 저는 특별히 대선후보 간 TV토론 프로젝트를 이끌었던 분들에게 감사의 말씀을 전하고 싶습니다. 여러분께서도 아시다시피 저희는 유권자들에게 서비스를 제공함으로써 그들이 선거 당일 충분한 정보에 입각한 결정을 할 수 있게 했습니다. 이것은 저희 명성을 크게 높여주었기 때문에 정말 가치 있는 프로젝트였습니다.

어휘 in the field of ~의 분야에서 televised media 텔레비전 미디어 acclaimed for ~로 칭송 받는 rating 시청률 effort 노력 dedication 헌신 especially 특별히 on-air 방송 중인 debate 토론 presidential candidate 대통령 후보 voter [vóutər] 유권자 make a decision 결정하다 informed 정보를 알고 있는 Election Day 선거일 worthwhile 가치가 있는 considerably 매우, 현격하게 enhance 높이다, 고양하다 reputation 명성 recognize 인정하다 beneficial 유익한, 이로운 improve 향상시키다 attract 유치하다, 끌어들이다 raise (기금을) 모으다

---

1. **Where** do the **listeners** most likely **work**?
   청자들은 어디에서 근무하겠는가?
   (A) 정부 청사
   (B) 텔레비전 방송국
   (C) 그래픽 디자인 회사
   (D) 취업 알선 업체

   Step 1 질문의 핵심어: Where, listeners, work
   Step 3 PDI Broadcasting's company dinner, a leader in the field of televised media 등을 통해 방송국에 근무하는 것을 알 수 있다.

2. **What** is the **purpose** of the **talk**?
   담화의 목적은 무엇인가?
   (A) 기부를 요청하기 위해
   (B) 새 프로젝트를 발표하기 위해
   (C) 축하 행사를 기획하기 위해
   (D) 직원들의 공로를 인정하기 위해

   Step 1 질문의 핵심어: What, purpose, talk
   Step 2 Thank you for all your hard work ~, None of this could have been possible ~ 등을 보면 직원들의 한 해 동안 노고에 감사하고 이를 인정해 주기 위한 것임을 알 수 있다. (D)가 정답이다.

3. **Why** does the **speaker** say the **project** was **beneficial**?
   화자에 따르면 프로젝트는 왜 유익했는가?
   (A) 명성을 높여 주었다.
   (B) 더 많은 시청자를 끌어 모았다.
   (C) 상을 수상했다.
   (D) 많은 기금을 모았다.

   Step 1 질문의 핵심어: Why, speaker, project, beneficial
   Step 2·3 담화의 마지막에 정답을 언급하고 있다. This was a worthwhile project because it considerably enhanced our reputation.에서 프로젝트는 회사의 명예를 높여주었다고 한다. enhanced가 improved로 paraphrasing 되었다.

필수표현

다음 paraphrasing 구문을 익혀보세요.

▶ 동사(구) 전환

원표현		전환 표현
see 보다	→	view 둘러보다, 조망하다
type 타이핑하다	→	enter 입력하다
distribute 배포하다	→	hand out 나눠주다
sign up in advance 미리 신청하다	→	register in advance 미리 등록하다
need people to try it out 그것을 시험해 볼 사람이 필요하다	→	volunteer to try out some software 소프트웨어를 시험하기 위해 자원하다
grow up right here 이곳에서 자라다	→	is from the local area 이 지역 출신이다
expand our share of the ~ market ~시장에서 점유율을 넓히다	→	increase product sales 제품 판매량을 증가시키다
add these to my application 신청 양식에 이것들을 추가하다	→	submit additional materials 추가 자료를 제출하다
come up with an idea 아이디어를 생각해 내다	→	develop an idea 아이디어를 개발하다
reduce the rental fee 임대료를 낮추다	→	discounted price 할인된 가격
take an accounting course 회계 수업을 듣다	→	take classes in the field 그 분야의 강좌를 듣다
will not be held 열리지 않을 것이다	→	has been canceled 취소되었다
won't be able to ship 수송할 수 없을 것이다	→	will be delayed 지연될 것이다
tell you about our services 우리 서비스에 대해 알려주다	→	promote a business 사업을 홍보하다
trade the folders 폴더를 교환하다	→	exchange some papers 문서를 교환하다
changed to 3 o'clock 3시로 변경되었다	→	has been rescheduled 일정이 조정되었다
don't have any more available 더 이상 구할 수 없다	→	is currently out of stock 현재 재고가 없다
start our walking tour 도보 여행을 시작하다	→	take a tour 여행하다

sending copies of the agreement 계약서 사본을 보내다	→	send some documents 서류들을 보내다
submit the proposal 제안서를 제출하다	→	Plans will be presented. 계획안이 제출될 것이다.
make workspace more efficient 작업 공간을 더욱 효율적으로 만들다	→	organize a workplace 작업장을 정리하다
minimize our effect on the environment 환경에 대한 우리의 영향력을 최소화하다	→	reduce the company's environmental impact 회사의 환경에 대한 영향력을 줄이다

▶ 명사(구) 전환

a portfolio 포트폴리오	→	work samples 작업 샘플
rules 규칙	→	regulations 규칙, 규정
canned food 캔으로 된 식품	→	packaged food 포장된 식품
tiny seminar room 협소한 세미나실	→	very small room 매우 작은 방
upcoming events 다가오는 행사	→	future events 향후 행사
manufacturing staff 생산직 직원	→	plant worker 공장 직원
how to be an effective leader 효과적인 리더가 되는 법	→	leadership skills 리더십 기술
complimentary beverages 무료 음료수	→	free drinks 공짜 음료수
what time is convenient for you 어떤 시간이 편리하신지	→	an available time 가능한 시간
heavy snowfall 심하게 내린 눈	→	poor weather conditions 나쁜 기상 조건
electrical problem 전기에 발생한 문제	→	a technical difficulty 기술적 문제

▶ 문장 전환

There has been a water leak. 물이 새는 곳이 있다.	→	maintenance problem 보수상의 문제
The parking lot is full. 주차장이 가득 찼다.	→	not enough parking space 주차 공간이 부족한
A lot of people use the website. 많은 사람들이 그 웹사이트를 이용한다.	→	The website has a lot of users. 그 웹사이트는 이용자가 많다.
You currently have a book overdue. 당신이 빌려간 책이 현재 연체 중입니다.	→	A book is overdue. 책의 반납 기한이 지났다.

More to TOEIC

담화의 주제나 목적이 드러나는 다음 주요 어구를 익혀봅니다.

▶ 말문을 열거나 주위를 환기시킬 때

I want to remind everyone that ~ (공지 사항을 전달할 때) 여러분께 ~을 알려드립니다.
I want to remind everyone that the annual telecommunication conference will be held at the downtown convention center. 연례 통신 컨퍼런스가 시내의 컨벤션 센터에서 열린다는 것을 여러분께 알려드립니다.

Attention! 사람. (안내 방송 등에서 주의를 집중시키며) ~에게 알립니다.
Attention! Lilux Electronics shoppers. Our super summer sale is about to begin.
Lilux 전자 쇼핑객 여러분께 알립니다. 저희 슈퍼 여름 세일이 곧 시작합니다.

Welcome to 장소. I'm delighted to ~ (행사 연설에서 목적 등을 밝히며) ~에 오신 것을 환영하며, ~해서 기쁩니다.
Welcome to the Summit Theater. I'm delighted to have you here with our appreciation event for all the local businesses that support the arts.
Summit Theater에 오신 여러분 환영합니다. 예술 후원에 참여해 주신 지역 사업체를 위한 감사 이벤트에 여러분과 함께해서 기쁩니다.

I have a quick announcement about ~ (지침을 전달하며) ~에 대한 간단한 말씀 드립니다.
I have a quick announcement about an upcoming promotion of our specialty coffee.
특별 커피를 위한 다음 홍보 행사에 대해 간단한 안내말씀 드립니다.

Practice 음성을 듣고 빈칸을 채운 뒤, 질문에 알맞은 응답을 고르세요. 🎧 095

1 What is the main topic of the talk?
   (A) A cleaning procedure
   (B) A safety inspection

> M: The first thing ____ _____ _____ ____ ____ _____ is our _____
> _____, which primarily involves _____ ____ _____. Now, I _____
> _____ _____ by the sink. It explains the basic steps for _____ ____ _____
> _____ _____ _____ from washing dishes to wiping countertops and mopping the floors.

2 What is the announcement mainly about?
   (A) A factory inspection   (B) A company merger
   (C) A new employee orientation   (D) A machine installation

> M: Attention everyone! Next Monday, the new _____ _____ ____
> _____ _____. This machine will allow us not only to keep up but also to
> _____ _____ _____. It will take several hours to _____ ____
> _____ and then we conduct a trial run to make sure the package machine is
> _____ _____.

[3-4]

3 What is the speaker announcing?   4 What are employees asked to do?
   (A) A nature hike   (A) Register in advance
   (B) A department picnic   (B) Bring food to share

> M: ____ _____ ____ _____ _____ that our department outing will be in
> two weeks. This is the company's way of saying _____ ____ ____ ____ ____
> _____ _____ _____. You can also to get to know each other better and
> _____ ____ _____ _____. This year, ____ _____ _____ ____ _____
> at Moritz Park. You can either _____ _____ _____ or share a ride with
> your colleagues. But we need to _____ ____ _____ ____ _____. So,
> please be sure to _____ ____ ____ _____ so we know how many people are
> coming.

[5-6]

5. What is the news report mainly about?
   (A) A review of a new product
   (B) An acquisition of a company
   (C) An upgrade of accounting software
   (D) An online retailer's business model

6. According to Mr. Norman, what will likely happen?
   (A) A website's address will change.
   (B) New employees will be hired.
   (C) Annual profits will increase.
   (D) An advertising campaign will launch.

> ____ _____ _____ _____. Yesterday Harvey Norman, the C.E.O. of Core Technology announced that the acquisition of Digitaldrawer Software has been finalized. Norman stated that the following reorganization would _____ _____ ___ _____ _____ business model, and would give ____ _____ ____ _____ _____ _____ on the Internet. Norman also speculated that Core Technology's profits would _____ ____ _____ ____ each year as a result of this deal.

[7-8]

7. What is the topic of the seminar?
   (A) Hiring procedures
   (B) Consumer trends
   (C) Leadership skills
   (D) Investment strategies

8. What are the listeners asked to do?
   (A) Take a break
   (B) Discuss business practices
   (C) Go to another location
   (D) Share a handout with coworkers

[9-10]

9. What is the purpose of the announcement?
   (A) To welcome new employees
   (B) To advertise a community book club
   (C) To celebrate a company's anniversary
   (D) To encourage participation in an event

10. What are the listeners asked to put in boxes?
    (A) Reading materials
    (B) Packaged food
    (C) Damaged equipment
    (D) Request forms

Unit 02 장소/신분을 묻는 문제

Part 4

담화가 다루는 장소나, 직업, 업종 분야 등을 묻는 질문은 직접적으로 언급되는 경우가 있고, 이를 암시하는 단서를 통해 유추해야 하는 경우도 있습니다. 문제 유형을 숙지하여 보기를 다 읽지 않고도 문제 의도를 바로 파악할 수 있도록 합니다. 담화 중 정답이 그대로 제시되기도 하여 비교적 쉬운 난도에 속하는 문제입니다.

출제유형

- 담화가 이루어지는 장소, 화자/청자가 위치한 장소, 근무 장소 등을 묻는 문제
- 화자/청자의 직업, 신분, 종사하는 업종 분야 등을 묻는 문제

문제유형

● 장소를 묻는 질문

Where is the talk taking place? 담화는 어디에서 일어나고 있는가?
→ At a restaurant 레스토랑

What department does the caller work in? 전화 건 이는 어느 부서에서 근무하는가?
→ Marketing 마케팅

Where does the speaker work? 화자는 어디에서 일하는가?
→ At a pharmacy 약국

Where most likely is the announcement being made? 이 안내는 어디에서 이루어지고 있는가?
→ At a manufacturing plant 생산 공장

● 인물을 묻는 유형

Who is the intended audience of the talk? 담화를 듣는 대상은 누구인가?
→ Restaurant servers 레스토랑 종업원

What is the speaker's job? 화자의 직업은 무엇인가?
→ Apartment manager 아파트 건물 관리자

Who is the speaker? 화자는 누구인가?
→ A restaurant owner 레스토랑 주인

Who are the listeners? 듣는 이는 누구인가?
→ Laboratory technicians 실험실 연구원

Who most likely are the listeners for the talk? 이 담화를 듣는 이는 누구이겠는가?
→ Laboratory trainees 실험실 실습생

문제풀이전략

Step 1 문제와 보기를 미리 읽어 문제 의도를 정확히 파악하도록 합니다.

Where is the announcement being made? 안내는 어디에서 이루어지고 있는가?

Step 2 담화 초반에 장소나 신분을 직접적으로 언급하는 경우가 많습니다. 그렇지 않은 경우, 담화 곳곳에 장소나 직업을 암시하는 단서가 제시되므로 이를 종합해 정답을 찾도록 합니다.

W: Attention, please! Due to inclement weather, Flight 338 to New York scheduled to depart Baltimore at 6:05 P.M. has been canceled. All passengers with tickets for this flight will receive a hotel voucher to stay here in Baltimore tonight.

안내 말씀 드리겠습니다. 기상 악화로 인해 오후 6시 5분에 볼티모어에서 출발하는 뉴욕행 338편이 취소되었습니다. 항공권을 소지하신 모든 승객께서는 오늘밤 볼티모어에서 묵으실 호텔 숙박권을 받아 가시기 바랍니다.

Step 3 담화를 들으며 미리 읽어둔 보기와 내용이 일치하는 것을 정답으로 고릅니다.

W: Attention, please! Due to inclement weather, Flight 338 to New York scheduled to depart Baltimore at 6:05 P.M. has been canceled. All passengers with tickets for this flight will receive a hotel voucher to stay here in Baltimore tonight.

Where is the announcement being made?
(A) At a travel agency
(B) At an airport

☞ 항공편, 항공권, 승객 등이 언급되므로 안내가 이루어지는 곳은 공항임을 알 수 있다.

Sample Test

Step별 문제 풀이 전략을 적용해 문제를 풀어보세요. 🔊 096

1 Where does the speaker work?
(A) At a tire manufacturer
(B) At a delivery service
(C) At a car repair shop
(D) At a technical school

2 What is the purpose of the message?
(A) To order auto parts
(B) To request a partial payment
(C) To offer a discount
(D) To suggest a service option

3 What does the speaker ask Mr. Watson to do?
(A) Return a call
(B) Set up an appointment
(C) Cancel an order
(D) Provide a refund

문제분석

M: Hello Mr. Watson, ¹ this is Mark calling from Victory Auto Repair. Earlier this morning, you left your car with us and asked to ¹ change the engine oil. However, one of our mechanics was ¹ ² inspecting your tires and found that ² one of them needs to be replaced. We tried to ¹ patch it but the puncture was too big to fix. This will definitely cost you more money and take more time since we have to place an order for that part. ³ I'd like you to call me back and ² let me know what you want to do with your car. Thanks.

남: 안녕하세요, Watson 씨. 저는 Victory 자동차 수리점의 Mark라고 합니다. 오늘 아침 일찍 고객님께서 저희에게 차를 맡기시고 엔진 오일을 교체해 달라고 요청하셨습니다. 그런데, 수리공 중 한 명이 자동차 타이어를 점검하던 중 하나가 교체되어야 한다는 것을 발견했습니다. 저희는 펑크 난 부분을 때우려 하였으나 수리하기에는 크기가 너무 컸습니다. 그 부품을 주문해야 하므로 이를 수리하려면 더 많은 시간과 비용이 소요될 것이 분명합니다. 저에게 답신 전화 주셔서 자동차와 관련하여 어떻게 하면 좋은지 알려주십시오. 감사합니다.

어휘 engine oil 엔진 오일 mechanic 기계공, 수리공 inspect 조사하다, 점검하다 replace 교체하다 patch (구멍 난 데를) 덧대다, 때우다 puncture 펑크, 구멍 definitely 절대적으로 cost ~의 비용이 들다 place an order 주문하다(= order) part 부품 call back 답신 전화하다 manufacturer 제조업자 partial 부분적인, 일부의 discount 할인 suggest 제안하다 set up 정하다 refund 환불

---

1. Where does the speaker work?
화자는 어디에서 일하겠는가?
(A) 타이어 제조 업체
(B) 배달 서비스
(C) 자동차 수리점
(D) 기술 학교

> **Step 1** 질문의 핵심어 : Where, speaker work
> **Step 2** this is Mark calling from Victory Auto Repair를 통해 자동차 수리점에 근무한다는 것을 알 수 있다. 이어지는 change the engine oil, inspecting your tires, patch it but the puncture 등을 통해서도 이를 확인할 수 있다.

2. What is the purpose of the message?
메시지의 목적은 무엇인가?
(A) 자동차 부품을 주문하기 위해서
(B) 일부 납부를 요청하기 위해서
(C) 할인을 제공하기 위해서
(D) 서비스 선택을 제안하기 위해서

> **Step 1** 질문의 핵심어 : What, purpose, message
> **Step 3** 자동차를 점검하던 중 타이어를 교체해야 한다는 것을 발견했고, 이를 어떻게 처리했으면 하는지 묻고 있으므로 정답은 (D)가 된다.

3. What does the speaker ask Mr. Watson to do?
화자는 Watson 씨에게 무엇을 요청하는가?
(A) 전화를 해달라
(B) 약속을 해달라
(C) 주문을 취소해달라
(D) 환불을 해달라

> **Step 1** 질문의 핵심어 : What, speaker ask, Watson
> **Step 3** 메시지의 마지막 I'd like you to call me back을 보면 다시 전화를 달라고 하므로 정답은 (A)가 된다. call me back이 Return a call로 paraphrasing 되었다.

필수표현

다음 paraphrasing 구문을 익혀보세요.

▶ 동사(구) 전환

switch 바꾸다 →	**transfer** 갈아타다
release 공개하다 →	**introduce** 소개하다
send 보내다 →	**provide** 제공하다
take place 일어나다, 발생하다 →	**occur** 일어나다, 발생하다
reschedule 일정을 다시 잡다 →	**change the schedule** 일정을 바꾸다
share a ride 차를 함께 타다 →	**car pool** 카풀하다
call back 다시 전화하다 →	**return a call** 답신 전화를 하다
cost down 가격을 낮춘 →	**reduce costs** 비용을 줄이다
inform your team members 팀원에게 알린다 →	**talk to the staff** 직원과 이야기하다
come over to see the space 장소를 보기 위해 오다 →	**visit a site** 현장에 방문하다
demonstrate the specific feature of machine 기계의 특정 기능을 보여주다 →	**demonstrate equipment** 기계를 시연하다
offer free food samples 무료 식품 샘플을 제공하다 →	**try some free samples** 무료 샘플을 먹어보다
remodel the kitchen 부엌을 리모델링하다 →	**working on a home improvement project** 집수리 작업을 하다
check the rail company's website 철도 회사 웹사이트를 확인하다 →	**check train schedules** 열차 스케줄을 확인하다
ask a question on our website 웹사이트에 질문을 올리다 →	**submit their questions** 질문을 제시하다
pin flower to your uniform 유니폼에 꽃을 핀으로 고정시키다 →	**wear a flower** 꽃을 꽂다
join Mr. Wu in Ballroom A A 연회장에서 Wu 씨와 함께하다 →	**meet a presenter** 발표자를 만나다
forgot to note the size on the order form 주문 양식에 사이즈 기입하는 것을 잊다 →	**An order form is incomplete.** 주문 양식이 불완전하다.

have someone on the phone now. Let's ask ~ ~와 현재 전화로 연결되어 있다. ~을 질문합시다	→	an interview 인터뷰
take an alternative route 우회로로 가다	→	drive on a different road 다른 도로로 차를 몰다

▶ 명사(구) 전환

footwear 신발류	→	shoes 신발
machinery 기계류	→	equipment 장비
caterer 출장 연회업자	→	food provider 음식 제공자
assistance 도움	→	help with ~에 대한 도움
no extra cost 추가 비용 없이	→	free 무료의
a short documentary film 단편 다큐멘터리 필름	→	a film screening 영화 상영
a significant profit 엄청난 수익	→	a large profit 높은 수익
traditional techniques 전통적 기술	→	traditional methods 전통적 방법
old cameras and alarms ~ install the new ones 오래된 카메라와 알람을 ~ 새것으로 설치하다	→	a security system will be upgraded 보안 시스템이 업그레이드 될 것이다
a designer for Turbo Automotive Turbo 자동차의 디자이너	→	a car designer 자동차 디자이너
details about plane tickets and accommodations 비행기와 숙박에 관한 세부 사항	→	travel information 여행 관련 정보
your design for the new university library 새 대학 도서관 설계	→	an architect 건축가

▶ **문장 전환**

More flights will now be available. 더 많은 항공편이 있을 것이다.	→	more-frequent services 더 많은 서비스
We've switched companies. 우리는 거래처를 바꾸었다.	→	A service provider has been replaced. 서비스 제공자가 교체되었다.
You'll be serving foods ~ ~에게 음식을 제공할 것이다	→	restaurant servers 레스토랑 종업원
our delivery never came in 배송품이 오지 않았다	→	A delivery did not arrive. 배송품이 도착하지 않았다.

More to TOEIC

담화에서 본론을 제시할 때 사용하는 다음 구어체 표현을 익혀 봅니다.

▶ **본론이나 핵심을 제시할 때**

As you know, ~ 여러분도 아시다시피

As you know, Mr. Lorenzo has asked our agency to come up with a new ad campaign.
여러분도 아시다시피, Lorenzo 씨께서는 새 광고 캠페인 개발을 우리 업체에 요청하셨습니다.

I want to make sure that ~ ~을 확실히 알리고 싶습니다.

I want to make sure that we have enough buses to transport everyone.
여러분 모두를 태울 수 있는 충분한 버스가 준비되어 있음을 확실히 알려드립니다.

Please note that ~ ~을 명심하십시오.

Please note that parking garage A will be closed for maintenance.
A 주차장은 보수 공사를 위해 폐쇄된다는 것을 명심하십시오.

You've probably noticed that ~ ~을 알고 계실 것입니다.

You've probably noticed that the home page of the Bolton Bank website has been changed.
여러분께서는 Bolton 은행 웹사이트의 홈페이지가 변경되었다는 것을 알고 계실 겁니다.

I want to clarify ~ ~을 분명하게 하겠습니다.

I want to clarify a few things about the company's business travel rules.
회사의 출장 규정에 대해 몇 가지를 분명히 말씀 드리고자 합니다.

Practice

음성을 듣고 빈칸을 채운 뒤, 질문에 알맞은 응답을 고르세요. 097

1 What department does the caller work in?
(A) Sales
(B) Purchasing

> M: Hi, Dana. This is Glenn Adams in the _____ _____. I noticed that there was __ _____ ___ _____ _____ you've placed. It was for some floor lamps, but the order form was never submitted. ___ _____ ___ _____ ___ _____ __ you still are interested in these.

2 Where does the speaker work?
(A) At a supermarket
(B) At a bank
(C) At a pharmacy
(D) At a credit card company

> W: _____ _____ ___ ___ Ms. Chase. This Halle calling from Hampton Dene _____. _____ _____ ___ _____ to be picked up. Since your purchase has been _____ ___ _____ by your credit card, you can go right to the express checkout counter and _____ ___ _____ _____.

[3-4]

3 Where is this announcement being made?
(A) At an art gallery
(B) At a community center

4 What day is the museum closed?
(A) On Mondays
(B) On Tuesdays

> W: Thank you for visiting the Total Contemporary _____ _____ today. As of today, we have an exhibit of ___ _____ _____ ___ _____ by local artists. The exhibit will _____ ___ _____ _____ _____. Due to public interest, we will _____ ___ _____ during the exhibit. We will be open from 9 o'clock A.M. to 8:00 P.M. on weekdays, _____ _____ _____.

236

[5-6]

5 Where most likely does the speaker work?
(A) At a public school
(B) At a warehouse
(C) At a real estate agency
(D) At a law firm

6 What does the speaker say about the property?
(A) It is large.
(B) Its rent is reasonable.
(C) It has been renovated.
(D) It is in a good location.

> W: Hi, Mr. Hardman. This is Nicole Scott from Arcadia _____. I'm calling to _____ ___ ___ _____ for you to see a two-bedroom apartment that's just _____ _____. It's located in a school district and almost _____ _____ _____ ___ _____ _____ _____. I'd be happy to _____ _____ _____ _____ anytime tomorrow or before 6 P.M. Please call me back and let me know when you're _____ _____ ____ _____.

[7-8]

7 Where is this announcement being made?
(A) In a restaurant
(B) In an airplane
(C) At a department store
(D) At an airport

8 According to the speaker, what is the problem?
(A) Bad weather has caused delays.
(B) A crew member is late.
(C) Railroad tracks are being repaired.
(D) Some device is not working.

[9-10]

9 Who most likely is the listener?
(A) A building manager
(B) A city mayor
(C) A tax collector
(D) Newspaper reporter

10 What is the purpose of the city program?
(A) To encourage renewable energy use
(B) To offer cheap housing
(C) To promote recycling
(D) To improve building safety

Actual Test

담화를 듣고 질문에 알맞은 응답을 고르세요. 098

1. Where most likely is the announcement being made?
   (A) At a café
   (B) At a bank
   (C) At a supermarket
   (D) At a hardware store

2. How can customers sign up for a reward card?
   (A) By going to the service counter
   (B) By mailing in an application
   (C) By visiting a website
   (D) By calling a toll-free number

3. What does the speaker remind customers to do?
   (A) Take a free shopping bag
   (B) Get a promotional item
   (C) Submit their complaints
   (D) Enter a contest

4. What is the purpose of the announcement?
   (A) To announce the launch of a new product
   (B) To recruit some employees
   (C) To promote some furniture
   (D) To get some feedback

NEW

5. Look at the graphic. When should the listeners go to see a concert?
   (A) On December 1
   (B) On December 2
   (C) On December 3
   (D) On December 4

Date	Events planned
Dec 1	Live concert
Dec 2	Barbeque party
Dec 3	Dance competition
Dec 4	Celebrity autograph event

6. How can the listeners can get an additional discount?
   (A) By purchasing over a certain amount
   (B) By mentioning a coupon
   (C) By picking up items in person
   (D) By visiting the main office

7 Where does the speaker work?
   (A) At a delivery service
   (B) At a car repair shop
   (C) At a technical school
   (D) At a tire manufacturer

NEW
8 Why does the speaker say, "We could just patch it"?
   (A) It is only a small puncture.
   (B) The machine is expensive.
   (C) A new car is available.
   (D) All we need is just a little piece of cloth.

9 What does the speaker ask Mr. Cole to do?
   (A) Prepare an estimate
   (B) Confirm a delivery
   (C) Return a call
   (D) Inspect a repair

10 Who is the message most likely for?
   (A) A fitness instructor
   (B) A data analyst
   (C) A swimming pool member
   (D) A marketing expert

11 What does the speaker say about the coupon?
   (A) It can be used for renewing membership
   (B) It allows you to access the facilities.
   (C) It needs to be confirmed.
   (D) It is valid only for a month.

NEW
12 Look at the graphic. Which category does the speaker request more information about?
   (A) Cleanliness
   (B) Location
   (C) Staff friendliness
   (D) Cafeteria

Feedback Survey	
Cleanliness	★★★★ 4 stars
Location	★★★★ 4 stars
Staff friendliness	★★★★★ 5 stars
Cafeteria	★★ 2 stars

Unit 03 방법/이유/수치, 문제점/우려사항을 묻는 문제

Part 4

방법/이유/수치, 문제점/우려사항을 묻는 문제는 세부 내용에 대한 문제로서 담화의 특정 부분을 노려 듣고 풀어야 합니다. 질문에서 제시된 특정 사물, 인물, 장소, 행위, 날짜 등이 정답을 찾는 주요 단서가 됩니다. 세 문제 중 두 번째나 세 번째 문제로 제시되며, 특히 방법, 이유, 문제점 등을 묻는 문제의 정답은 다른 단어나 구로 바뀌는(paraphrasing) 경우가 많습니다.

출제유형

- **방법/이유/수치**: 특정 작업을 수행하는 방법이나 수단 또는 날짜, 기간, 빈도 등을 묻는 문제
- **문제점/우려**: 업무, 행사 진행, 시설 이용 등에서 발생한 문제점, 화자가 우려하는 바를 묻는 문제

문제유형

- **방법/이유/수치/날짜를 묻는 문제**

    How can **listeners redeem** the **offer**? 청자들은 어떻게 특별 할인 혜택을 받을 수 있는가?
    → **By entering an offer code** 할인 코드를 입력함으로써

    How can **listeners get tickets**? 청자들은 어떻게 티켓을 얻는가?
    → **By calling a ticket agency** 티켓 판매업체에 전화함으로써

    Why would **callers press 1** on their phones? 전화 건 이는 왜 1번을 눌러야 하는가?
    → **To get technical help** 기술적 도움을 얻기 위해서

    Why should **listeners contact** Anna Fisher? 왜 청자들은 Anna Fisher에게 연락해야 하는가?
    → **To join a committee** 위원회에 합류하기 위해

    When does the speaker say the **change** will **take effect**?
    화자는 변경 사항이 언제부터 실시될 것이라고 하는가?
    → **Next week** 다음 주

- **문제점/우려 사항을 묻는 문제**

    What problem is **mentioned**? 어떤 문제점이 언급되는가?
    → **A window is leaking.** 창문에서 물이 샌다.

    What problem does the **speaker mention**? 화자는 어떤 문제점을 언급하는가?
    → **An auditorium is not available.** 강당을 이용할 수 없다.

    What are some **residents concerned** about? 일부 주민들은 무엇을 우려하는가?
    → **Increased traffic** 늘어나는 교통량

    What have **employees** been **concerned** about? 직원들은 무엇을 걱정하는가?
    → **The speed of a computer system** 컴퓨터 시스템의 속도

    What are **managers concerned** about? 매니저들은 무엇을 걱정하는가?
    → **Departments being understaffed** 인력이 부족한 부서

문제풀이전략

Step 1 문제와 보기를 미리 읽어 문제 의도를 정확히 파악합니다.

How do employees report their work hours? 직원들은 근무 시간을 어떻게 보고하는가?

Step 2 질문에서 제시된 특정 인물, 장소, 행위, 날짜가 들리는 부분을 노려 듣습니다. 또한, 화제의 전환이나 문제점을 언급하는 unfortunately, however, but, the problem is ~ 등 다음에는 정답이 제시되는 경우가 많으므로 특히 집중합니다.

M: The first thing we're going to go over is how to report your work hours. We use an online reporting system where you enter your hours via the company website.

맨 먼저 살펴볼 것은 근무 시간 보고 방법입니다. 우리는 여러분이 회사 웹사이트를 통해 근무 시간을 입력하는 온라인 보고 시스템을 사용합니다.

Step 3 담화를 들으며 미리 읽어둔 보기와 내용이 일치하는 것을 고릅니다. 담화의 어구나 단어가 다른 단어로 바꾸어 제시되는 paraphrasing에 주의합니다.

M: The first thing we're going to go over is how to report your work hours. We use an online reporting system where you enter your hours via the company website.

How do employees report their work hours?
(A) By entering them online
(B) By writing them on a time sheet

☞ 질문에서 제시된 report, work hours가 언급된 다음에 제시된 내용을 보면, 근무 시간은 온라인 웹사이트에서 입력할 수 있다고 한다.

Sample Test Step별 문제 풀이 전략을 적용해 문제를 풀어보세요. 🔊 099

1. What kind of business is the speaker calling?
   (A) A hardware store
   (B) A moving service
   (C) A furniture manufacturer
   (D) A home improvement service

2. What problem is mentioned?
   (A) A warranty has expired.
   (B) A roof is leaking.
   (C) A product is not available.
   (D) A technician is late.

3. What does the speaker ask the listener to do?
   (A) Leave him a message
   (B) Come to his office
   (C) Give him a discounted price
   (D) Order a different item

문제분석

M: Hello, this is Neil Cassidy. Last month, [1] I hired your home improvement service to replace my leaking roof. It was fine until today, [2] but when it started raining this morning, I noticed that the ceilings and walls were getting wet. I am pretty sure it was caused by [2] water leaking down from the roof. I'd like to get this problem taken care of as quickly as possible, before the water does further damage to my house. I will be out for most of the morning, so [3] please leave a message on my answering machine and let me know when you can come by to fix it. My number is 225-0809. Thank you.

남: 안녕하세요. 저는 Neil Cassidy라고 합니다. 지난달 저는 물이 새는 지붕을 교체하려고 귀사의 주택 수리서비스를 이용했습니다. 오늘까지는 괜찮았는데, 오늘 아침에 비가 오기 시작하자 천장과 벽이 젖는 것을 발견했습니다. 제가 보기에 이것은 지붕에서 물이 새어 내려온 것이 확실합니다. 누수가 집을 더 망쳐 놓기 전에 이 문제를 가능한 빨리 처리했으면 합니다. 저는 대개 오전에는 집에 없으니 자동 응답기에 메시지를 남겨서 언제 이를 수리하러 오실 수 있는지 알려주세요. 제 번호는 225-0809입니다. 감사합니다.

어휘 home improvement 집수리[개조] leaking 물이 새는 notice that ~ ~임을 알아차리다, 눈치 채다 pretty 꽤 get A p.p. A가 ~되게 하다 take care of ~을 처리하다 as quickly as possible 가능한 빨리 do damage 피해를 주다 leave a message 메시지를 남기다 answering machine 자동 응답기 come by 들르다 warranty 품질보증 expire (기한이) 만료되다

---

1. What kind of business is the speaker calling?
화자는 어떤 업체에 전화를 걸었는가?
(A) 철물점
(B) 이사 서비스
(C) 가구 제조업체
(D) 집수리 서비스

Step 1 질문의 핵심어 : What, business, speaker calling
Step 3 메시지의 초반 I hired your home improvement service to replace my leaking roof.를 보면 집 수리 서비스를 이용했었다고 하고, 뒤이어 수리 이후에 문제가 발생한 상황을 알리고 이를 처리할 것을 요청하므로 전화 건 업체는 (D)임을 알 수 있다.

2. What problem is mentioned?
어떤 문제점이 언급되는가?
(A) 품질보증 기한이 지났다.
(B) 지붕에서 물이 샌다.
(C) 제품을 구할 수 없다.
(D) 기술자가 늦게 온다.

Step 1 질문의 핵심어 : What problem, mentioned
Step 2·3 문제점이 언급되는 but when it started raining this morning ~을 보면, 지붕에서 물이 새고 있다고 하므로 정답은 (B)가 된다. water leaking down from the roof가 A roof is leaking으로 paraphrasing 되었다.

3. What does the speaker ask the listener to do?
화자는 청자가 무엇을 하도록 요청하는가?
(A) 메시지를 남긴다
(B) 자신의 사무실로 온다
(C) 할인가를 제시한다
(D) 다른 아이템을 주문한다

Step 1 질문의 핵심어 : What, speaker ask, listener
Step 3 메시지의 후반부, 요청을 나타내는 표현인 please 다음을 보면, leave a message on my answering machine과 같이 자동응답기에 메시지를 남겨달라고 하므로 정답은 (A)가 된다.

필수표현

다음 paraphrasing 구문을 익혀보세요.

▶ 동사(구) 전환

meet the actors 배우들을 만나다	→	**talk to performers** 연기자들과 이야기하다
waive the restrictions 규제를 없애다	→	**change a restriction** 규제를 변경하다
conduct a workshop 워크숍을 진행하다	→	**lead an event** 행사를 이끌다
develop an advertising campaign 광고캠페인을 개발하다	→	**create an advertising plan** 광고안을 만들다
postpone the product testing 제품 테스트를 연기하다	→	**an event was delayed** 행사가 지연되었다
take a look at a video clip 비디오를 보다	→	**A video will be shown.** 비디오가 상영될 것이다.
give away free samples 무료 샘플을 나눠주다	→	**Samples will be given.** 샘플이 주어질 것이다.
set up a meeting 만날 약속을 잡다	→	**schedule an appointment** 약속을 정하다
cost more than the other products 다른 제품보다 비용이 더 든다	→	**more expensive than other alternatives** 대체품보다 더 비싼
hold our first street festival 첫 거리 축제를 열다	→	**hold an event** 행사를 열다
speak in a professional manner 프로다운 솜씨로 말하다	→	**talk like a professional** 전문가답게 이야기하다
enter a promotion code 프로모션 코드를 입력하다	→	**enter an offer code** 특별 혜택 코드를 입력하다
give you all different tasks 여러분 모두에게 다른 업무를 주다	→	**assign work tasks** 업무를 배정하다
book a hotel room for the conference 총회를 위해 호텔방을 예약하다	→	**reserve a place to stay for the conference** 총회를 위해 머물 장소를 예약하다
do safe simple building tasks 안전하고 단순한 시공 작업을 하다	→	**work on a building site** 건설 현장에서 일하다
would like to be a speaker of yourself 스스로 강연자가 되고 싶어하다	→	**offer a talk** 강연을 제공하다
sign up in advance 미리 신청하다	→	**make a reservation** 예약하다

Unit 03 : 방법/이유/수치, 문제점/우려사항을 묻는 문제

▶ 명사(구)/형용사(구)/부사(구) 전환

abroad 해외에	→	overseas 해외에
workplace 작업장	→	at work 직장에서
recommendations for me 나를 위한 추천	→	reference letters 추천서
available to cater 출장 연회를 할 수 있는	→	arrange for catering 출장 연회를 하다
your next purchase 귀하의 다음 구매	→	a later purchase 나중에 할 구매
training facility 교육 시설	→	training center 교육 센터
electricity production 전기 생산	→	energy production 에너지 생산
what time is convenient 어떤 시간이 편리한지	→	an available time 가능한 시간
cutting costs 비용을 줄이는	→	reduce spending 지출을 줄이다
sales representative 판매 사원	→	salesperson 영업 사원
commitment to the environment 환경에 대한 헌신	→	environmentally friendly 환경 친화적인
a luncheon 오찬	→	a function 파티, 행사, 연회
a time for the next interview 다음 인터뷰를 위한 시간	→	an appointment 예약
an estimate 견적서	→	the cost of a job 작업 비용

▶ 문장 전환

The battery didn't stay charged that long. 배터리가 충전된 상태로 오래 가지 않았다.	→ The battery does not last long enough. 배터리가 충분히 오래 지속되지 않는다.
The contest closes. 콘테스트가 끝난다.	→ A contest will be over. 콘테스트가 끝날 것이다.
This week's class is free of charge. 이번 주 수업은 무료입니다.	→ a free workshop 무료 워크숍

More to TOEIC

담화에서 주제/목적을 제시한 후 주요 세부 사항을 전달할 때 인용하는 다음 어구를 익혀봅니다.

▶ 주요 세부 사항(문제점, 주의 사항) 전달

The problem is (that) ~ (문제점을 구체적으로 밝힐 때) 문제는 ~입니다.

The problem is the desks pictured on your website aren't the right size for my office.
웹사이트에 실린 책상은 제 사무실에 맞지 않는 사이즈라는 것이 문제입니다.

It seems ~ (추측을 나타내어) ~인 것 같습니다.

It seems there has been a problem with your ticket reservation.
티켓 예약과 관련해 문제가 있는 것 같습니다.

I should let you know that ~ (문제점을 알리며) ~을 알려드리려고 합니다.

I should let you know that we are offering a free dish of our homemade ice cream.
저희가 집에서 만든 아이스크림을 무료로 제공한다는 것을 알려드리려고 합니다.

To 부정사구, ~ (목적을 나타내어) ~하기 위해서

To make it easier for you to attend, the company is offering a free shuttle service.
여러분이 참가하시기 편하도록 회사 측에서는 무료 셔틀 서비스를 제공합니다.

In order to 부정사 ~ (목적을 나타내어) ~하기 위해서

In order to take advantage of this unique offer, go to our website.
이 특별한 혜택을 누리시려면, 저희 웹사이트를 방문하십시오.

Practice

음성을 듣고 빈칸을 채운 뒤, 질문에 알맞은 응답을 고르세요. 🎧 100

1 Why is the speaker concerned about the new product?
(A) It could damage the carpets.
(B) It is more expensive than other alternatives.

> W: ____ _____ ____ _____ ____ that we are going to use the new product ____ _____. It is supposed to be able to ____ _____ _____ ____ ____ ____ _____ better than the product we've been using. But ____ _____ ____ _____ ____ only in the most extreme stains because this new cleaner _____ _____ _____ ____ _____ products.

2 How can listeners redeem the offer?
(A) By visiting a retailer
(B) By calling a business
(C) By entering an offer code
(D) By completing a customer survey

> M: Here at M&M Cell Phone Online store, we offer ____ ____ _____ ____ _____ _____ at affordable prices. Right now, you will _____ ____ _____ wireless headphone when you _____ ____ _____ _____ _____. To redeem this offer on our website, simply _____ ____ _____ _____ "CP2014" at the payment step. _____ _____ ____ _____ until the end of this week.

[3-4]

3 How long will the construction take?
(A) A month
(B) Two months

4 What does the speaker encourage listeners to do?
(A) Use a nearby garage
(B) Complete a survey

> M: Before we start today's meeting, I'd like to _____ ____ _____. In order to _____ ____ _____ _____, our current parking area is going to be _____ _____. ____ _____ ____ _____ next Tuesday and will ____ ____ ____ _____. So until the work is complete, you can _____ _____ ____ in the public parking garage right across the street.

[5-6]

5 When will the function be held?
   (A) Tuesday
   (B) Wednesday
   (C) Thursday
   (D) Friday

6 What are the listeners expected to do?
   (A) To learn more about the organization
   (B) To practice some sales techniques
   (C) To evaluate market research
   (D) To recruit potential clients

> M: I am thrilled to announce that the annual _____ _____ _____ ____ _____ next Friday. This function is designed to have _____ ____ _____ _____ meet in a casual environment. It's a great _____ ____ _____ _____ _____ _____ _____ from other departments and _____ ____ _____ _____ _____ better. Please ____ _____ ____ _____ ____ by Wednesday so we know how many people are coming.

[7-8]

7 What did the firm recently do?
   (A) Move to a new office
   (B) Expand the services it provides
   (C) Hire new employees
   (D) Meet its deadline

8 According to the advertisement, how can listeners get more information?
   (A) By viewing a website
   (B) By visiting an office
   (C) By calling an associate
   (D) By reading a magazine

[9-10]

9 Why are callers unable to speak with a representative immediately?
   (A) The call center is not open yet.
   (B) A computer system is shut down.
   (C) Fewer staff are working today.
   (D) More customers than usual are calling.

10 Why would callers press 3 on their phones?
    (A) To purchase an item
    (B) To report a problem
    (C) To make a payment
    (D) To request a catalog

Unit 04 미래에 할 일, 제안/요청사항을 묻는 문제

Part 4

미래에 할 일을 묻는 문제나 제안/요청 사항을 묻는 문제는 담화의 특정 부분 중 특히 후반부를 잘 듣고 풀어야 합니다. 따라서 담화의 흐름에 맞추어 세 문제 중 마지막에 주로 등장합니다. 화자가 요청하는 내용 중, '전화 연락을 달라', '웹사이트를 방문하라', '자료나 이메일을 보내라'는 식의 일부 고정된 응답이 정답으로 나오는 경우가 꽤 많습니다. 출제 비중이 높은 유형입니다.

출제유형

- 미래에 할 일: 담화가 끝난 후 화자나 청자가 할 일, 미래 특정 날짜의 계획 등을 묻는 문제
- 제안·요청: 화자가 무엇을 하겠다는 제안, 화자가 청자에게 하는 요청하는 사물, 행위 등을 묻는 문제

문제유형

● 미래에 할 일, 발생할 일

What will probably happen next? 다음에 어떤 일이 벌어지겠는가?
→ Some advice will be given. 조언을 듣게 될 것이다.

What will the listeners most likely do next? 청자들은 다음에 무엇을 하겠는가?
→ Take a tour 투어를 한다

What does the business plan to do in May? 업체는 5월에 무엇을 할 계획인가?
→ Order catering services 출장 연회 서비스를 주문한다

What will employees receive by e-mail? 직원들은 이메일로 무엇을 받게 될 것인가?
→ An appointment time 예약 시간

What will happen on March 31? 3월 31일에는 어떤 일이 일어날 것인가?
→ A budget will be presented. 예산안이 발표될 것이다.

● 제안·요청을 나타내는 질문

What does the caller request? 전화 건 이는 무엇을 요청하는가?
→ A product catalog 제품 카탈로그

What is the listener encouraged to do? 화자는 무엇을 하도록 독려되는가?
→ Return a call 답신 전화를 한다

What does the speaker ask listeners to do? 청자는 화자에게 무엇을 하도록 요청하는가?
→ Schedule an appointment 예약을 한다

What is the audience asked to do? 청중들은 무엇을 하도록 요청받는가?
→ Submit questions in writing 질문 사항을 서면으로 제출하라

According to the speaker, what will Dr. Glenn be required to do?
화자에 따르면, Glenn 박사는 무엇을 하도록 요청받는가?
→ Review some articles 기사를 검토한다

문제풀이전략

Step 1 문제와 보기를 미리 읽어 문제 의도를 정확히 파악하도록 합니다.

What is the listener asked to do? 청자는 무엇을 요청 받는가?

Step 2 do next형의 문제는 특히 담화의 후반부의 Now, I will ~, Let me ~ 등에 집중해서 듣습니다. 요청·제안에 관한 문제는 Please ~, why don't we/you ~? 다음에 정답이 제시되므로 주의합니다.

W: I would like to remind you of your appointment for tomorrow, at 2 P.M. Because you're a new patient, we sent you a patient information form in mail. Please, bring the completed form with you tomorrow.

내일 오후 2시에 예약이 되어 있다는 것을 알려드리고자 합니다. 처음 오시는 환자분이시므로 저희가 우편으로 환자 정보 양식을 보내드렸습니다. 내일 오실 때 그것을 작성해서 오시기 바랍니다.

Step 3 담화를 들으며 미리 읽어둔 보기와 내용이 일치하는 것을 고릅니다. 담화의 어구나 단어를 다른 단어로 바꾸는 paraphrasing에 주의합니다.

W: I would like to remind you of your appointment for tomorrow, at 2 P.M. Because you're a new patient, we sent you a patient information form in mail. Please, bring the completed form with you tomorrow.

What is the listener asked to do?

(A) Arrive a few minutes early

(B) Bring some paper work

☞ 요청하는 바를 묻고 있으므로 please 다음에 집중한다. 병원에 올 때 양식을 작성해 오도록 요청하고 있다.

Sample Test

Step별 문제 풀이 전략을 적용해 문제를 풀어보세요. 🔊 101

1. What problem does the speaker mention?
   (A) A delivery address is not correct.
   (B) A shipment will be delayed.
   (C) A payment has not been received.
   (D) A delivery option hasn't been updated.

2. What does the speaker offer?
   (A) Free shipping
   (B) Replacement parts
   (C) A gift certificate
   (D) An extended warranty

3. According to the speaker, what can the listener do on the website?
   (A) Request a document
   (B) Obtain a confirmation number
   (C) Cancel an order
   (D) Find a store location

문제분석

M: Hello, this message is for Mr. Caruso. I'm calling from Olson Kitchenware to let you know the status of your order. This morning, you placed an order on our website for a Tekton's 102-piece mechanic tool set. ¹ Unfortunately, this product is temporarily out of stock and we are expecting our next shipment in two weeks. If you would still like to receive your delivery, please call us back. ² We will offer you complimentary shipping. However, ³ if you'd like to cancel your order, please visit our website and update your order status. We apologize for this inconvenience.

남: 안녕하세요. Caruso 씨께 메시지 남깁니다. 저는 Olson Kitchenware에서 근무하며 당신의 주문 상태를 알려드리기 위해 전화드립니다. 오늘 오전 저희 웹사이트를 통해 Tekton 사의 102종 공구세트를 주문하셨습니다. 하지만, 아쉽게도 이 제품은 현재 품절이며 2주 후에 물량이 도착합니다. 그래도 제품을 받고 싶으시면 저희에게 전화 주세요. 무료로 배송해 드리겠습니다. 하지만, 주문을 취소하고 싶으시면 저희 웹사이트에 들르셔서 주문 상태를 업데이트해 주십시오. 불편을 끼쳐 죄송합니다.

어휘 status 상태 place an order 주문하다 mechanic tool set 공구세트 unfortunately 안타깝게도 temporarily 임시로, 잠시 out of stock 재고가 없는, 품절된 shipment 배송(품) call back 답신 전화하다 complimentary 무료의 apologize for ~에 대해 사과하다 inconvenience 불편 payment 지불, 납부 replacement 교체(품) extended 연장된, 늘어난 obtain 얻다, 획득하다 confirmation 확인, 확약

---

1. **What problem** does the **speaker mention**?
화자는 어떤 문제점을 언급하는가?
(A) 배송될 주소가 올바르지 않다.
(B) 배송이 늦어질 것이다.
(C) 입금이 되지 않았다.
(D) 배송 옵션이 업데이트되지 않았다.

Step 1 질문의 핵심어 : what problem, speaker mention
Step 2 무엇이 문제인지 묻고 있으므로 unfortunately 다음에 집중한다. this product is temporarily out of stock and we are expecting our next shipment in two weeks에서 주문한 물품이 2주 후에 들어올 것이라고 하므로 정답은 (B)가 된다.

2. **What** does the **speaker offer**?
화자는 무엇을 제안하는가?
(A) 무료 배송
(B) 교체품
(C) 상품권
(D) 품질보증 기한 연장

Step 1 질문의 핵심어 : what, speaker offer
Step 3 화자가 제안하는 바를 묻고 있으므로 offer나 이와 비슷한 뜻의 동사(구)가 언급되는 부분에 집중한다. We will offer you complimentary shipping.에서 무료 배송을 해주겠다고 하므로 정답은 (A)가 된다.
paraphrasing ▶ complimentary → Free

3. According to the speaker, **what** can the **listener do** on the **website**?
화자의 말에 따르면, 청자들은 웹사이트에서 무엇을 할 수 있는가?
(A) 문서를 요청한다
(B) 예약 확인 번호를 받는다
(C) 주문을 취소한다
(D) 지점 위치를 찾는다

Step 1 질문의 핵심어 : what, listener do, website
Step 3 웹사이트에서 무엇을 할 수 있는지 묻고 있으므로 website가 언급되는 부분에 집중한다. if you'd like to cancel your order, please visit our website and update your order status에서 주문을 취소할 수 있다고 하므로 정답은 (C)가 된다.

필수표현

다음 paraphrasing 구문을 익혀보세요.

▶ **동사(구) 전환**

lecture 강연하다	→	**teach** 가르치다
let you know that ~에 대해 알리다	→	**explain** 설명하다
release a product 제품을 출시하다	→	**introduce a product to the market** 시장에 제품을 선보이다
do exercises right at your desk 책상에서 운동을 하다	→	**exercise in the workplace** 직장에서 운동하다
be notified about future events 다음 이벤트에 대해 공지를 받다	→	**receive a list of events** 이벤트 목록을 받다
participate in the reception 리셉션에 참가하다	→	**attend a reception** 리셉션에 참가하다
enrolling in our online banking program 온라인 뱅킹 프로그램을 신청하다	→	**sign up for an online service** 온라인 서비스를 신청하다
cover the equipment with plastic bags 비닐 봉지로 장비를 덮다	→	**protect some equipment** 장비를 보호하다
clarify a few things about the company's rules 회사 규칙에 대해 몇 가지 확실하게 하다	→	**explain a company policy** 회사 방침을 설명하다
get authorization from your supervisor 상사로부터 승인을 받다	→	**request approval** 승인을 요청하다
didn't remember that we were scheduled to have a meeting this morning 오늘 아침에 회의가 있었다는 걸 기억 못했다	→	**missed the meeting** 회의에 가지 못했다
have a training seminar 교육 세미나를 갖다	→	**offer a training session** 교육을 제공하다
give your membership number 회원 번호를 알려주다	→	**provide a membership number** 회원번호를 제공하다
tell the group your name 그룹에게 자신의 이름을 말해주다	→	**introduce yourself** 자신을 소개하다
ask about your experience 경험에 대해 묻다	→	**obtain feedback** 의견을 얻다
fill out our feedback form 의견 양식을 작성하다	→	**complete surveys** 설문조사를 작성하다
serve customers quickly enough 고객들에게 빠른 서비스를 제공하다	→	**provide fast service** 빠른 서비스를 제공하다
swipe your security badge 보안증을 긁다	→	**use a security badge** 보안증을 이용하다

gain a lot of share in the market 시장에서 많은 점유율을 얻다	→	increase its market share 시장 점유율을 늘이다
guarantee fast delivery 빠른 배송을 보장하다	→	be delivered quickly 빨리 배송되다
try miniature versions of each dish 각 요리의 미니어처 버전을 맛보다	→	sample a menu 메뉴를 시식하다
write your questions on the card and pass it to the attendant 카드에 질문 사항을 적어서 직원에게 전달하다	→	submit questions in writing 질문을 서면으로 제출하다

▶ 명사(구)/형용사(구)/부사(구) 전환

a cash prize 부상으로 받는 현금	→	money 돈
bus service 버스 서비스	→	bus transportation 버스를 이용한 수송
a cookbook writer 요리책 작가	→	an author 작가
newly expanded location 새로 확장된 장소	→	floor space that has been enlarged 확장된 마루 공간
reduction in what we spend on energy 에너지에 쓰는 비용 감축	→	improve energy efficiency 에너지 효율을 증대하다
recycled plastic 재활용된 플라스틱	→	recycled materials 재활용된 재료
breadmaker 제빵기	→	a kitchen appliance 주방용 가전제품
20 percent off the price 20퍼센트 할인된 가격	→	discounted price 할인 가격
unusually heavy rainfall 드물게 내린 폭우	→	poor weather conditions 나쁜 기상 조건
already reserved 이미 예약된	→	not available 구할 수 없는
how it got started 그것이 어떻게 시작하였는지	→	beginning of a company 회사의 시작
a pass that will give you access to the club for today only 오늘 하루만 클럽을 이용할 수 있는 이용권	→	temporary pass 임시 이용권

▶ 문장 전환

I'll check the park's website. 공원 웹사이트를 확인해 보겠습니다.	→	Log onto the event's website 행사 웹사이트에 접속하다.
My husband and I are planning to visit our families. 제 남편과 저는 가족을 방문하려고 합니다.	→	He will be taking some time off. 그는 휴가를 갈 것이다.
I'm just about to go home for the day. 지금 막 퇴근하려고 합니다.	→	He is leaving the office. 그는 사무실을 나서고 있습니다.
The elevator isn't working. 엘리베이터는 작동하지 않는다.	→	A mechanical device is broken. 기계가 고장났다.
The computer stopped working. 컴퓨터가 작동을 멈추었다.	→	have problem with the computer 컴퓨터에 문제가 있다

More to TOEIC

담화 후반부에서 당부나 요청 사항을 전달할 때 인용하는 다음 어구를 익혀봅니다.

▶ 당부, 요청 사항을 전달

Please ~ and let me know … ~해서 저에게 …을 알려주시기 바랍니다.
Please call me back and let me know if someone can come in tomorrow morning.
저에게 답신 전화 주셔서 내일 아침 누가 오실 수 있는지 알려주시기 바랍니다.

If you'd like to ~ please ~ ~하고 싶으면, ~하십시오.
If you'd like to be a speaker yourself in the coming weeks, please send me an e-mail.
다음 주에 직접 강연을 하시고자 한다면, 저에게 이메일을 보내 주세요.

We look forward to -ing 그럼 ~을 기대하겠습니다.
We look forward to seeing you all at the company picnic.
모두들 회사 야유회에서 뵙길 바랍니다.

Plus, ~ (상황을 부연하여) 게다가, 뿐만 아니라
Plus, if you complete the customer survey, you'll get a coupon for 25% off your next visit.
게다가 고객 설문지를 작성하시면, 다음 방문시 이용하실 수 있는 25퍼센트 할인 쿠폰을 드립니다.

I'm counting on you ~ ~하는 데서 당신을 믿습니다.
I'm counting on you to make the launch successful.
제품 출시를 성공적으로 이끌 것이라고 믿습니다.

Practice

음성을 듣고 빈칸을 채운 뒤, 질문에 알맞은 응답을 고르세요. 🔊 102

1 What does the speaker suggest doing?

(A) Meeting at her office

(B) Talking on the telephone

> W: Hello, Matt. This is Laura. I'm really sorry that I _____ _____ ___ _____ _____ about office relocation. Since we both are very busy, instead of _____ _____ _____, why don't you _____ ___ ___ _____ to talk about the issue whenever it is _____ _____ _____?

2 What will happen at the event?

(A) A recycling campaign will be launched.

(B) Awards will be presented.

(C) Employees will be trained.

(D) Research results will be released.

> M: Good evening, and welcome to the 12th World Environment Awards ceremony. As you know, the theme of this year's event is _____ _____ _____ and tonight's awards will be _____ ___ _____ _____ _____ who have _____ _____ _____ in this area.

[3-4]

3 Who is the speaker?

(A) A city planner

(B) A board member

4 What has the group received permission to do?

(A) Host an event

(B) Renovate a community center

> W: Welcome to our _____ _____ _____ here at Sunset Heights. As a member of the association board, I'm happy to announce that we've _____ _____ from the city to hold our first street festival. The next step is to _____ ___ _____ of local residents to start _____ _____ _____. Those who are _____ ___ _____ should e-mail me by August 1st.

[5-6]

5 Who is the intended audience for the talk?
(A) A product development team
(B) A board of directors
(C) An advertising department
(D) A group of consumers

6 What will the speaker most likely do next?
(A) Go over a proposal
(B) Review work assignments
(C) Meet with the contractors
(D) Distribute some product samples

M: The first agenda for today's meeting is about _____ ____ _____ _____ for our new rubber gloves. There are other _____ _____ _____ household cleaning gloves, but _____ _____ _____ _____ _____ _____ its exceptional durability. So, I'd like you to _____ ____ _____ an advertising campaign that'll make this selection prominent. Now, let me _____ _____ _____ _____ so you can _____ _____ _____ this innovative product.

[7-8]

7 Where is the conference taking place?
(A) In a hotel
(B) In a university
(C) In a convention hall
(D) In an engineering company

8 According to the speaker, what will happen tomorrow?
(A) A manager will lead a tour.
(B) A chef will conduct a workshop.
(C) Guests will attend a reception.
(D) A lecture will take place.

[9-10]

9 Who is the speaker?
(A) An engineer
(B) A magazine editor
(C) A medical student
(D) An event organizer

10 According to the speaker, what will Mr. Parker be required to do?
(A) Present at an IT seminar
(B) Hold a fundraiser
(C) Review some articles
(D) Appear in an advertisement

Actual Test

담화를 듣고 질문에 알맞은 응답을 고르세요. 🎧 103

1 Why is the speaker calling?
   (A) The trade fair was cancelled.
   (B) The business trip has been postponed.
   (C) A receipt is missing.
   (D) Payment method is declined.

NEW
2 Look at the graphic. Which expense needs to be confirmed?
   (A) Car Rental
   (B) Restaurant
   (C) Hotel
   (D) Parking

Date	Description	Amount
Nov. 2	car rental	$ 150
Nov. 2	Restaurant	$ 45
Nov. 2	Hotel (2nights)	$ 140
Nov. 3	Restaurant	$ 30
Nov. 4	Hotel (3nights)	$ 210
Nov. 5	Parking	$ 20

3 What does the speaker ask the listener to do?
   (A) Contact her
   (B) Give her an itinerary
   (C) Schedule a trade fair
   (D) Send her an e-mail

---

4 What kind of company does the speaker work for?
   (A) A travel agency
   (B) An electronics company
   (C) An event-planning company
   (D) An employment agency

5 What does the speaker say about Mr. Sanderson?
   (A) He is organizing a reception.
   (B) He was recently promoted.
   (C) He will be unavailable next week.
   (D) He has approved a budget.

6 What does the speaker ask the listener to do?
   (A) Submit a proposal
   (B) Review some documents
   (C) Attend a seminar
   (D) Schedule an appointment

7   What is the speaker calling about?
    (A) Outing
    (B) T-Shirts
    (C) Printer
    (D) Internet

NEW
8   What does the speaker imply when he says, "It can take a lot of time"?
    (A) An order should be placed soon.
    (B) Additional copier is needed.
    (C) Changes cannot be made to a color.
    (D) Free shipping is not available.

9   How can the listener get free shipping?
    (A) By purchasing online
    (B) By visiting the store in person
    (C) By ordering over a certain amount
    (D) By choosing a certain color

10 What is the advertisement for?
    (A) Footwear
    (B) Cosmetics
    (C) Household goods
    (D) Laundry detergent

11 What is special about Orlane's products?
    (A) They dry quickly.
    (B) They are for outdoor use.
    (C) They are made from natural ingredients.
    (D) They do not cause allergic reactions.

12 Where can listeners buy Orlane's merchandise?
    (A) On the Internet
    (B) At a supermarket
    (C) At a pharmacy
    (D) In a hardware store

○ 정답 및 해설 p.176

Part 4

Unit 05 전화 메시지

전화 메시지는 전화 건 사람이 남기는 메시지, 서비스 업체나 콜센터의 안내 메시지, 부재 중임을 알리는 녹음 메시지 등이 주를 이룹니다. 메시지를 남기는 목적, 요구 사항 등, 기타 세부 사항을 묻는 문제가 출제됩니다.

출제유형

- 부재중 메시지: 전화 건 인물이나 장소, 전화 건 목적, 요구 사항을 묻는 문제
- 안내, 녹음 메시지: 업체 종류, 서비스 이용 방법 및 안내, 운영 시간 등을 묻는 문제

문제유형

● 전체를 듣고 푸는 유형

What is the main purpose of the message? 메시지의 주목적은 무엇인가?
→ To arrange an interview 인터뷰를 하기 위해

What is the speaker calling about? 화자는 무엇 때문에 전화를 거는가?
→ A damaged book 파손된 책

What is the purpose of the call? 전화의 목적은 무엇인가?
→ To inquire about a lost item 분실물에 대해 문의하기 위해

Who most likely is the speaker? 화자는 누구이겠는가?
→ A job applicant 입사 지원자

What kind of business is the message intended for? 메시지는 어떤 업종을 대상으로 하는가?
→ A restaurant 레스토랑

● 세부 사항을 듣고 푸는 유형

What does the speaker ask the listener to do? 화자는 청자가 무엇을 하도록 요청하는가?
→ Call her back 답신 전화를 건다

Why does the caller apologize? 전화 건 이는 왜 사과하는가?
→ An item is currently out of stock. 물품이 현재 재고가 없다.

What does the speaker remind the listener about? 화자는 청자에게 무엇을 상기시켜주는가?
→ A holiday closing 휴일 휴업

What is the listener asked to do? 청자는 무엇을 요청받는가?
→ Return a phone call 답신 전화를 한다

What does the caller request? 전화 건 이는 무엇을 요청하는가?
→ A text message 문자 메시지

문제풀이전략

Step 1 문제와 보기를 미리 읽어 문제 의도를 정확히 파악합니다.

Why is the speaker calling? 화자는 왜 전화하는가?

Step 2 담화를 들으며 질문과 직접적으로 연관된 부분에 집중합니다. 담화의 흐름은 질문 순서와 일치하므로 순차적으로 문제를 풀도록 합니다.

W: This message is for Jessica Hunt. Ms. Hunt, I'm calling from Dr. Manson's office to confirm your upcoming appointment. Your annual physical check-up has been scheduled for 11:00 A.M. on Friday January 5th.

이 메시지는 Jessica Hunt 씨에게 보내는 것입니다. Hunt 씨, 저는 Manson 박사님 진료실에 근무하며, 다가오는 예약 확인을 위해 전화 드립니다. 매년 하시는 건강 검진이 1월 5일 금요일 오전 11시로 잡혀 있습니다.

Step 3 미리 읽어둔 보기와 내용이 일치하는 것을 정답으로 고르도록 합니다. 다른 단어로 바꾸어(paraphrasing) 제시되는 정답에 유의합니다.

W: This message is for Jessica Hunt. Ms. Hunt, I'm calling from Dr. Manson's office to confirm your upcoming appointment. Your annual physical check-up has been scheduled for 11:00 A.M. on Friday January 5th.

Why is the speaker calling?

(A) To report test results
(B) To confirm an appointment

☞ 전화 건 목적은 I'm calling ~ 다음에 제시된다. 곧 있을 진료 예약을 확인하기 위해서라고 말하고 있다.

Sample Test
Step별 문제 풀이 전략을 적용해 문제를 풀어보세요. 🔊 104

1. What is the purpose of the call?
   (A) To ask when the restaurant opens
   (B) To complain about a delay
   (C) To inquire about a lost item
   (D) To order some merchandise

2. What item does the caller describe?
   (A) A cell phone
   (B) A piece of jewelry
   (C) A pair of sunglasses
   (D) A pair of leather boots

3. What does the speaker ask the listener to do?
   (A) Give her permission
   (B) Meet with a reporter
   (C) Schedule an appointment
   (D) Call her at work

문제분석

W: Hi, my name is Annie Lee. I went to your restaurant this morning and I was served by a waiter named Amir. **¹ I'm calling to see if you've found a cell phone.** I'm sure I left mine there because I clearly remember putting it on the table when I started eating my breakfast. **² The cell phone has a white case with a picture of a palm tree on the back.** I really need it because I am expecting an important call from one of my clients. If you've found it, **³ please give my office a call.** I'd really appreciate it. **³ My work number** is 205-7797.

여: 안녕하세요, 제 이름은 Annie Lee입니다. 당신 음식점에 오늘 오전에 갔었고 Amir라는 이름의 종업원에게 서빙을 받았습니다. 혹시 휴대전화를 발견했는지 알아보려고 전화드렸습니다. 제가 아침식사를 시작 했을 때 그것을 식탁 위에 놓은 것을 분명하게 기억하기 때문에 휴대전화를 두고 왔다고 확신합니다. 휴대폰에는 뒤쪽에 야자수 그림이 있는 하얀 케이스가 있습니다. 제 고객 중 한 분으로부터 중요한 전화를 기다리고 있기 때문에 정말 그것이 필요합니다. 찾으시면 제 사무실로 전화주신다면 정말 감사하겠어요. 제 직장 전화번호는 205-7797 입니다.

어휘 serve 제공하다 find 찾다 leave 놓다, 남기다 clearly 분명히 palm tree 야자나무 expect 기대하다 client 고객 give a call 전화를 하다 appreciate 고마워하다 complain about ~에 대해 불평하다

---

1. What is the purpose of the call?

전화의 목적은 무엇인가?
(A) 음식점이 언제 여는지 물어보려고
(B) 배송 지연에 대해 불평하려고
(C) 잃어버린 물건에 대해 문의하려고
(D) 상품을 주문하려고

Step 1 질문의 핵심어 : What, purpose, call
Step 3 전화 건 목적을 묻고 있으므로 초반에 집중한다. I'm calling ~다음을 보면 식당에서 휴대폰을 발견한 일이 있는지 묻고 있으므로 정답은 (C)가 된다.

2. What item does the caller describe?

전화 건 사람이 묘사하는 물건은 무엇인가?
(A) 휴대전화
(B) 장신구
(C) 선글라스
(D) 가죽 부츠

Step 1 질문의 핵심어 : What item, caller describe
Step 2 담화의 중반부, The cell phone has ~를 보면 휴대폰의 모양에 대해 묘사하고 있으므로 정답은 (A)가 된다.

3. What does the speaker ask the listener to do?

화자는 청자가 무엇을 하라고 부탁하는가?
(A) 허가를 준다
(B) 기자와 만난다
(C) 약속을 잡는다
(D) 회사로 전화한다

Step 1 질문의 핵심어 : What, speaker ask, listener
Step 2·3 요청을 나타내는 please 다음 give my office a call, My work number ~에서 사무실로 전화를 해달라고 하므로 정답은 (D)가 된다 give a call이 Call her at work로 paraphrasing 되었다.

필수표현

전화 메시지에서 자주 등장하는 다음 필수 표현을 반드시 암기하도록 합니다.

▶ 자동 응답 메시지

reach (전화로) 연락이 닿다	You've reached the technical support department. 기술 지원팀에 전화 주셨습니다.
dial 다이얼을 돌리다	If you would like to know when the repairman will be in your office, dial extension 2242. 수리공이 언제 도착할지 알고 싶으시면 내선 번호 2242번으로 다이얼을 돌리세요.
voice mail 음성 메일	Please leave a message on my voice mail. 제 음성메일에 메시지를 남겨주세요.
busy 통화중인	I kept calling the accounting department, but the line was busy. 회계팀에 계속 전화를 걸었는데 통화중이었다.
record 녹음하다, 기록하다	This recorded message is to alert all employees. 이 녹음 메시지는 직원들에게 알리기 위한 것입니다.
representative 담당 직원	We plan to hire a new customer service representative. 우리는 고객 서비스 담당 신입 직원을 고용할 계획이다.
extension 내선 번호	If you have any questions, you can call the facilities office at extension 555-3333. 질문이 있으시면 내선 번호 555-3333의 설비팀으로 전화할 수 있습니다.
press 누르다	Anytime you wish to speak to an agent, please press 3. 직원과 통화하고 싶으시면 3번을 누르세요.
business hour 운영 시간	To schedule a dental appointment, please call back during our regular business hour. 치과 진료 예약을 하시려면 영업 시간에 다시 전화 주시기 바랍니다.
on the line 통화 중인	I'm sorry, he is on the line at the moment. 미안합니다만 그는 지금 다른 분과 통화 중이시네요.
repeat the message 메시지를 다시 듣다	Press 1 to repeat the message. 메시지를 다시 들으시려면 1번을 누르세요.
stay on the line 전화를 끊지 않고 기다리다	Please stay on the line while your call is transferred to the sales representative. 전화를 영업 담당자에게 돌리는 동안 기다려주시기 바랍니다.
put through 전화를 바꿔주다	Hold on just a moment as I put you through. 전화를 바꿔드리는 동안 잠깐 기다리세요.
intended for ~에게 보내는	This recorded message is intended for department managers. 이 녹음 메시지는 부서장님들께 전하는 것입니다.

▶ 부재중 안내 메시지

return a call 응답 전화를 하다	He failed to return a call promptly. 그는 바로 답신 전화를 하지 못했다.
while I'm away 자리에 없는 동안	Would you take a message while I'm away? 제가 자리에 없는 동안 메시지를 받아 주시겠어요?

in recognition of the national holiday 국경일을 맞아		Our store will be closed on July 4th in recognition of the national holiday. 저희 매장은 7월 4일 국경일을 맞아 문을 닫습니다.
urgent	긴급한	Are there any urgent messages for me? 저에게 온 긴급 메시지가 있습니까?
after the beep[tone]	삐 소리가 울린 후에	You may leave a voice message after the beep. 삐 소리가 들린 후 음성 메시지를 남기세요.
answering machine	자동 응답기	There were 15 phone calls on my answering machine. 자동 응답기에 15개의 부재중 전화가 수신되어 있었다.
get back to A	A에게 다시 연락하다	If you give me your phone number, I'll look into it and get back to you soon. 저에게 전화번호를 남겨주시면 확인하여 바로 다시 연락드리겠습니다.
hold on	(전화를 끊지 않고) 기다리다	Hold on one second. I'll look it up for you in the online directory. 끊지 말고 기다리세요. 제가 온라인 주소록에서 확인해 드리겠습니다.

▶ 기타

regarding	~에 관하여	I am returning your call regarding a job interview. 면접 관련해서 답신 전화 드립니다.
assistance	도움, 보조	Mr. Altman made a call to request technical assistance. Altman 씨는 기술 관련 도움을 요청하기 위해 전화를 했다.
appointment	예약, 약속	I just want to remind you that you have an appointment on Tuesday. 화요일에 예약이 있으시다는 걸 알려드리고자 합니다.
inquire about	~에 대해 문의하다	You called our office the other day to inquire about an apartment. 당신은 얼마 전 아파트에 대해 문의하기 위해 저희 사무실에 전화하셨습니다.
resolve	해결하다	Engineers are required to work overtime to resolve power failure. 엔지니어들은 정전 사태를 해결하기 위해 초과 근무를 요청 받았다.
call back	답신 전화를 하다	Please call me back so that we can discuss the details. 자세한 내용을 논의할 수 있도록 저에게 답신 전화 주시기 바랍니다.
request	요청(하다)	Please call us at 777-0001 to request an application form. 신청서를 요청하시려면 777-0001로 전화 주십시오.
utilities	(전화, 전기 등의) 공공서비스	The monthly rent does not include utilities. 월세에 공공요금은 포함되지 않는다.
transfer	전화를 연결해 주다	Wait one moment and I will transfer you to the maintenance department. 잠시 기다리시면 제가 시설팀으로 연결해 드리겠습니다.
unsure	확신하지 않은	He is unsure of the office location. 그는 사무실 위치에 대해 확실히 알지 못한다.
confirm	확인하다	I'd like to confirm the shipping date you requested. 요청하신 배송 날짜를 확인하고자 합니다.
participate	참가하다	Please let me know whether you could participate in the conference. 컨퍼런스에 참가할지 여부를 저에게 알려주시기 바랍니다.
operator	전화 교환원	If you need to speak to one of our telephone operators, please call back during regular hours. 저희 전화 교환원과 통화를 원하시면 업무 시간에 전화를 주십시오.

phone 전화를 걸다	I need some additional information about the order you phoned in yesterday. 어제 전화로 주문하신 것에 대해 추가 정보가 필요합니다.
limited 제한된	Due to limited space, advance registration is required. 제한된 공간으로 인해 사전 예약이 꼭 필요합니다.

More to TOEIC

전화 메시지에서 자주 접할 수 있는 다음의 주요 표현을 익혀봅시다.

▶ **전화를 걸어 메시지를 남길 때**

This message is for ~ / This is a message for ~ 이 메시지는 ~에게 남깁니다.
This is a message for all Apricot Computer personnel.
이 메시지는 Apricot Computer 전 직원들에게 남기는 것입니다.

Hello, this is ~ from … 여보세요. 저는 …의 ~입니다.
Hello, this is Christina Swenson **from** the Bell Theater.
여보세요, 저는 Bell Theater의 Christina Swenson이라고 합니다.

Please call me back at 전화번호 ~번으로 저에게 답신 전화 주시기 바랍니다.
Please call me back at 223-4588 to schedule an appointment.
223-4588로 저에게 전화 주셔서 예약을 하시기 바랍니다.

call ~ to let you know ~을 알려주려고 전화하다
I'll **call** you back in a few minutes **to let you know** where to deliver the lamps.
잠시 후 다시 전화해서 램프를 어디로 배달해야 할지 알려드리겠습니다.

don't hesitate to do ~ 기꺼이 ~하세요.
If you have any questions, **don't hesitate to** call me any time between 9 and 5.
문의 사항이 있으면 주저하지 마시고 9시에서 5시 사이에 저에게 전화 주세요.

Practice

음성을 듣고 빈칸을 채운 뒤, 질문에 알맞은 응답을 고르세요. ♪ 105

1 Why most likely is the listener calling?
(A) To confirm a payment
(B) To place an order

> W: Hello. _____ _____ the customer order line for Amazon Electronics. A customer representative will be with you shortly to _____ _____ _____. While you're waiting, ____ _____ _____ ____ _____ our website at amazone.com to _____ ____ _____ our savings reward card.

2 What is the speaker planning to do?
(A) Offer a meal voucher
(B) Change a menu
(C) Train an employee
(D) Deliver a package

> M: Hello. My name is Paul Olson, and I am _____ ____ _____ at 139 Georgia Street. I looked at the website, and I'd like to _____ _____ _____ _____ your food supplies. I'm considering _____ ____ _____ _____, and I'm particularly interested in _____ _____ _____ _____ to my restaurant on a daily basis.

[3-4]

3 Where does the caller work?
(A) At a marketing firm
(B) At a hotel

4 What is the purpose of the telephone call?
(A) To request a large room
(B) To change a menu order

> M: Hello, this is Adrian from Creating Minds Marketing Agency. Yesterday, I _____ ____ _____ _____ at your restaurant for some of our employees and clients. I've requested ____ _____ _____ ____ _____ and selected the food for a three-course meal. But I've just found out that two of the guests are vegetarians, so we'd like to _____ ____ _____ _____ to our dinner order.

[5-6]

5   Where does the caller work?
    (A) At a banquet hall
    (B) At a party supply store
    (C) At a florist
    (D) At a bakery

6   What problem does the speaker mention?
    (A) A delivery will be delayed.
    (B) A requested item is unavailable.
    (C) An order form is incomplete.
    (D) A price was quoted incorrectly.

> W: Hi, _____ _____ ____ _____ Ms. Adams. This is Rene Crosby from Happy Party Supplies. I am calling to get some additional information about _____ _____ _____ _____ for a graduation party. The person who took the order _____ ____ _____ the exact number of invitations. We can arrange anything from a small group of four people up to fifty. Please call me back at 555-0186 when _____ _____ and let me know _____ _____ _____ _____ _____ ____ _____.

[7-8]

7   What kind of business is the speaker calling?
    (A) A newspaper
    (B) A bookstore
    (C) A computer firm
    (D) An employment agency

8   What is the speaker having trouble with?
    (A) Finding a website
    (B) Submitting a résumé
    (C) Setting up some equipment
    (D) Placing an advertisement

[9-10]

9   Who is the speaker most likely calling?
    (A) A lawyer
    (B) A librarian
    (C) An architect
    (D) A committee member

10 What does the speaker say she will do?
    (A) Organize a meeting
    (B) Talk to a colleague
    (C) Revise a schedule
    (D) Send some documents

Unit 06 회의, 연설

Part 4

회의, 연설은 각종 업무 관련 회의에서 이루어지는 사내 방침, 업무 처리 등에 관한 공지, 안내가 등장하거나, 직원 교육, 워크샵에 관한 내용을 다룹니다. 특히 비즈니스 상황에서 쓰이는 전문 어휘가 많이 등장하므로 관련 표현을 숙지하는 것이 중요합니다.

출제유형

- 회의, 직원 교육·세미나 등의 목적, 특정 제도의 도입과 실시 목적, 회의 의제(agenda), 청자와 화자의 직업 및 종사하는 분야 등을 묻는 문제
- 업무 처리 방법 및 절차 안내, 시설·시스템의 설치 및 이용 방법 안내, 기타 공지 사항을 묻는 문제

문제유형

● 전체를 듣고 푸는 유형

What is the announcement about? 안내는 무엇에 관한 것인가?

→ A company policy 사내 방침

What is the talk mainly about? 담화는 주로 무엇에 관한 것인가?

→ A new service 신규 서비스

What is the purpose of the meeting? 회의의 목적은 무엇인가?

→ To assign a task 업무 분담/할당

Who are the listeners? 청자는 누구인가?

→ Restaurant managers 레스토랑 매니저

What kind of company does the speaker most likely work for?
화자는 어떤 종류의 회사에서 근무하겠는가?

→ A furniture vendor 가구 납품 업체

● 세부 사항을 듣고 푸는 유형

What problem is the speaker addressing? 화자는 어떤 문제를 언급하고 있는가?

→ There is not enough space to park. 주차할 공간이 충분하지 않다.

What does the speaker encourage listeners to do? 화자는 청자들이 무엇을 하도록 독려하는가?

→ Visit her office 그녀의 사무실을 방문한다

What will listeners be required to do next month? 청자들은 다음 달에 무엇을 해야 하는가?

→ Take an inventory 재고 조사를 한다

What does the company plan to do? 회사는 무엇을 할 계획인가?

→ Improve energy efficiency 에너지 효율성을 높인다

What will happen on Monday? 월요일에는 어떤 일이 벌어지는가? → A meeting will take place. 회의가 있을 것이다.

문제풀이전략

Step 1 문제와 보기를 미리 읽어 문제 의도를 정확히 파악하도록 합니다.

Why have sales of the ice cream fallen? 아이스크림 매출은 왜 떨어졌나?

Step 2 담화를 들으며 질문과 직접적으로 연관된 부분을 정확히 잡아내어 문제를 풉니다. 담화의 흐름은 질문 순서와 일치하므로 순차적으로 문제를 풀도록 합니다.

M: As director of sales, I'm aware that over the past few months, sales of our ice cream have dropped sharply. So, we conducted a customer survey to discover that the new packaging of the ice cream box was the primary reason for the sales downturn.

영업 책임자로서 저는 지난 몇 달 동안 아이스크림 매출이 급격히 줄어든 것을 알고 있습니다. 그래서 저희는 고객 설문조사를 실시하였고, 아이스크림 박스의 새 포장이 매출 하락의 주요 원인임을 발견했습니다.

Step 3 미리 읽어둔 보기와 내용이 일치하는 것을 정답으로 고르도록 합니다. 다른 단어로 바꾸어(paraphrasing) 제시되는 정답에 유의합니다.

M: As director of sales, I'm aware that over the past few months, sales of our ice cream have dropped sharply. So, we conducted a customer survey to discover that the new packaging of the ice cream box was the primary reason for the sales downturn.

Why have sales of the ice cream fallen?
(A) Its packaging was changed.
(B) A new ingredient is unpopular.

☞ 아이스크림 매출의 하락은 새로운 포장 방식에 주요 원인이 있다고 한다.

Sample Test
Step별 문제 풀이 전략을 적용해 문제를 풀어보세요. 🔊 106

1 What has Weepee's accomplished over the past year?
(A) It restructured overseas branches.
(B) It increased sales in a specific region.
(C) It received a creative marketing award.
(D) It created a new line of merchandise.

2 Who is encouraged to apply for the job?
(A) Managers with several years of experience
(B) People who speak multiple languages
(C) Programmers with knowledge of home video game
(D) Employees willing to relocate

3 When is the deadline for job applications?
(A) In one week
(B) In two weeks
(C) In one month
(D) In two months

문제분석

M: And finally I have some good news to share. **¹ About a year ago we set a goal to increase our sales of Weepee's home video games in the Midwest by 15 percent and I'm proud to announced that we did it.** Now that we have so many new customers in this region, we will be opening a new branch office and shipping hub in Chicago. So there's a new position available: general sales manager of the new Chicago office. The hiring committee wants to promote someone within the company for this job, **² especially an individual who is interested in relocating.** If you'd like to move to Chicago, please apply for this excellent opportunity. **³ Applications are due in two weeks on November 12th.** Shortly after that, the interview process will begin.

남: 마지막으로 여러분께 전할 반가운 소식이 있습니다. 약 1년 전 우리는 중서부 지역에서 Weepee 홈 비디오 게임 매출액을 15퍼센트 올리는 것을 목표로 정하였고, 우리가 그것을 해냈다는 것을 알려드리고자 합니다. 지금은 그 지역에 많은 고객들을 확보하였고, 우리는 시카고에 새 지사를 개설하고 물류 허브를 세우려고 합니다. 그래서 시카고 지점에서 근무할 총괄 영업 담당자로 일할 인재를 구하고 있습니다. 채용 위원회에서는 사내 인물을 이 자리에 승진시키려 하고, 특히 전근에 관심있어 하는 분들을 찾고 있습니다. 시카고로 이사하고자 하시는 분이 있다면 이 좋은 기회를 이용해 지원하십시오. 지원서는 2주 후인 11월 12일이 마감입니다. 그 다음에는 인터뷰가 바로 시작될 것입니다.

어휘 Midwest (미) 중서부 지역 region 지역 shipping hub 물류 허브 general sales manger 총괄 영업 담당자 hiring committee 채용 위원회 relocate 이사하다, 이전하다 apply for ~에 지원하다 due 마감 기한이 ~인 shortly after ~직후에 process 절차 accomplish 달성하다, 이루다 restructure 구조조정하다 specific 특정한

---

1. What has Weepee's accomplished over the past year?

Weepee는 지난해 동안 무엇을 달성했는가?
(A) 해외 지사를 구조조정했다.
(B) 특정 지역에서 매출이 증가했다.
(C) 창조적 마케팅 상을 수상했다.
(D) 신제품을 개발했다.

Step 1 질문의 핵심어 : What, Weepee's accomplished
Step 2 담화 초반의 About a year ago we set a goal to increase our sales of Weepee's home video games in the Midwest ~ we did it.을 보면, 중서부 지역에서 홈 비디오 게임 매출 신장을 달성하였다고 하므로 정답은 (B)가 된다.

2. Who is encouraged to apply for the job?

누가 일자리에 지원하도록 독려되는가?
(A) 다년간의 경력을 소유한 관리자들
(B) 여러 외국어를 구사할 수 있는 인물들
(C) 홈 비디오 게임에 지식이 있는 프로그래머들
(D) 전근을 희망하는 직원들

Step 1 질문의 핵심어 : Who, encouraged, apply for, job
Step 2·3 지원 가능 요건을 설명하는 especially an individual who is interested in relocating을 보면, 전근에 관심 있는 직원들이 선호된다고 하므로 정답은 (D)가 된다. interested in relocating이 willing to relocate로 paraphrasing 되었다.

3. When is the deadline for job applications?

지원 마감일은 언제인가?
(A) 일주일 후
(B) 2주일 후
(C) 1개월 후
(D) 2개월 후

Step 1 질문의 핵심어 : When, deadline, job applications
Step 2·3 지원 마감일이 언급된 후반부 Applications are due in two weeks on November 12th.를 보면 2주 후임을 알 수 있으므로 정답은 (B)가 된다. due가 deadline으로 paraphrasing 되었다.

필수표현

회의, 연설 상황에서 자주 등장하는 다음 필수 표현을 반드시 암기하도록 합니다.

▶ 회의 · 보고

quarter 분기	Demand for our cars and trucks is up significantly over the last quarter. 우리 자동차와 트럭에 대한 수요는 지난 분기 동안 급격히 늘어났다.
board meeting 이사회	A board meeting will be held on October 1st. 이사회는 10월 1일에 열릴 것이다.
go over 검토하다	The first thing we are going to go over is how to report your work hours. 우리가 먼저 검토할 것은 여러분의 업무 시간을 어떻게 보고할지에 관해서입니다.
significant 엄청난, 중요한	The local businesses made significant donations to help fund the project. 지역 사업체들은 프로젝트 자금 지원을 위해 상당한 액수의 기부를 했다.
expertise 전문 지식	We are glad to have someone with Jeffrey's expertise on our staff. 우리는 Jeffrey와 같은 전문 지식을 가진 분과 함께 하게 되어 기쁘게 생각합니다.
follow-up 후속 조치	After the meeting has finished, the action plans and follow-ups need to be confirmed. 회의가 끝난 후 실천 방안과 후속 조치는 확정되어야 할 필요가 있다.
drawback 단점	The vice president pointed out all the drawbacks to the proposed plan. 부사장은 제안된 계획에 있어서 모든 결함을 지적했다.
detail 자세히 알리다	I'd like you to write up a plan detailing how you will accomplish your task. 어떻게 업무를 완수할 수 있을지 자세히 설명하는 계획안을 작성해 주세요.

▶ 업무 처리 · 절차

financial report 재무 보고서	A copy of the financial report will soon be available on the company website. 재무 보고서 사본은 조만간 회사 웹사이트서 찾아볼 수 있을 것이다.
submit 제출하다	Entries must be in a digital form and they can be submitted through the website. 참가 신청은 디지털 양식으로 작성되어야 하고 웹사이트를 통해 제출될 수 있다.
post 게시하다, 공시하다	I saw the notice you posted on the community board. 당신이 커뮤니티 게시판에 올린 공지를 보았습니다.
realize 깨닫다, 인지하다	I just realized I don't have enough cash. 현금이 충분하지 않았다는 것을 방금 깨달았다.
arrangement 마련, 준비	I've made arrangements to set up an exhibit in the lobby. 로비에 전시 작품 설치를 위한 준비를 했다.
scheduled 일정에 잡힌	You have an appointment scheduled for this Friday at 2 o'clock. 금요일 2시에 예약이 잡혀 있습니다.
substantially 충분하게	The new machinery will help us to substantially speed up our operations. 새 기계는 작업 속도를 현저히 높이는 데 도움을 줄 것이다.
include 포함하다	We included a coupon in our latest newspaper advertisement. 우리는 최근 신문 광고에 쿠폰을 포함시켰다.

Unit 06 : 회의, 연설

apply 적용하다, 부과하다	You have given us a permission to apply the charges to your credit card. 귀하는 저희가 귀하의 신용카드에 비용을 부과해도 된다고 허락하셨습니다.	
closing 끝내기, 마침	We will go over the marketing reports before closing today. 우리는 오늘 일과를 마치기 전에 마케팅 보고서를 검토할 것이다.	
public 공공의	He made a donation for building a public recreation facility. 그는 공공레크리에이션 시설 건설을 위해 기부했다.	
notice 통지, 통고	Thanks for coming on such short notice. 급하게 알려드렸음에도 불구하고 와주셔서 감사합니다.	
in effect 효력을 갖는	The revised regulations will come in effect on March 1st. 수정된 규정은 3월 1일부로 효력을 갖게 될 것이다.	
additional 추가적인	I suggest we do additional testing before we begin the marketing process. 마케팅을 시작하기 전에 추가 테스트를 실시할 것을 제안합니다.	

▶ 교육 · 공지

session (회의가 한 차례 이뤄지는) 기간	We kept a record of who has attended an orientation session. 우리는 누가 오리엔테이션에 참석했는지 기록했다.
postpone 연기하다	Workshop on advertising techniques will be postponed until 3 P.M. 광고 기술에 관한 워크숍은 3시로 연기될 것이다.
committee 위원회	The committee chose your design for the new reception area. 위원회에서는 새로운 리셉션 공간을 꾸미기 위해 당신의 디자인을 선택했다.
merger 합병	The merger of two companies will take place this December. 두 기업의 합병은 올 12월에 있을 것이다.
management 경영진	On behalf of the management I'd like to welcome you to our appreciation dinner. 경영진을 대신해 저희 사은 행사에 오신 여러분을 환영합니다.
council 의회	I'd like to thank the town council for approving the project. 프로젝트를 승인해 주신 시의회에 감사드립니다.
efficiency 효율성	They conducted a survey on workplace efficiency. 그들은 작업장 효율성에 대한 설문조사를 실시했다.
productivity 생산성	The consultant made some suggestion for improving productivity. 컨설턴트는 생산성을 높이는 데 필요한 조언을 했다.
directly 직접적으로	The pest control service will be contacting you directly. 해충 방재 서비스 업체에서 직접 연락을 줄 것입니다.
understaffed 인원이 부족한	The legal department is currently understaffed. 법무팀은 현재 인원이 부족하다.
prior to ~ 이전에	Passengers are required to pass through customs prior to getting on the plane. 승객들은 비행기에 오르기 전에 세관을 통과해야 한다.
adjust 조율하다, 조정하다	Adjusting to a different time zone can sometimes be difficult. 다른 시간대에 적응한다는 것이 가끔은 어려울 수도 있다.
goal 목표	The goal of this program is to provide supervisors with the managerial skills. 이 프로그램의 목적은 관리자들에게 관리 기술을 알려주기 위한 것이다.

More to TOEIC

회의 관련 담화에서 자주 접할 수 있는 다음의 구어체 표현을 익혀봅니다.

▶ **업무 회의, 교육, 오리엔테이션의 시작**

Thank you all for coming to today's ~ 오늘 ~에 와주셔서 감사합니다.
Thank you all for coming to today's meeting to plan our next company retreat.
다음 회사 야유회 계획을 위한 오늘의 회의에 와주셔서 감사합니다.

Why don't we start by ~? ~부터 시작하는 것이 어떨까요?
Why don't we start by brainstorming activities that you think will help participants?
참가자들에게 도움이 될만한 브레인스토밍부터 시작하는 것이 어떨까요?

It is a great pleasure to ~ ~해서 매우 기쁩니다.
It is a great pleasure to begin our workshop with one of the outstanding marketing leaders, Mr. Hewings. 마케팅 분야의 선두주자 중 한 분이신 Hewings 씨와 함께 워크숍을 시작해서 매우 기쁩니다.

Let's begin by ~ ~하는 것을 시작하겠습니다.
Let's begin by having everyone tell the group your name, your job title, and how long you've worked with our company. 함께 하신 분들에게 각자 이름과 직업, 근무 기간을 이야기하며 시작해 보겠습니다.

Before we start I'd like to mention that ~ 시작하기에 앞서 ~를 먼저 말씀 드리겠습니다.
Before we start I'd like to mention that our sales went up by about 5% last month.
시작하기에 앞서 지난달 매출이 약 5퍼센트 상승했다는 것을 말씀 드리고자 합니다.

Practice
음성을 듣고 빈칸을 채운 뒤, 질문에 알맞은 응답을 고르세요. 🔊 107

1. What change is being made?
   (A) An office location will be changed.
   (B) A service provider will be replaced.

   > W: _____ _____ _____ ___ _____ _____ is the new recycling program. The management decided to _____ ___ _____ _____ _____, because with the old company, we have to use several recycling bins. Many of you complained they were _____ ___ _____ _____ _____ in the office.

2. What does the speaker want to do?
   (A) Provide feedback
   (B) Reduce costs
   (C) Interview a job candidate
   (D) Postpone a deadline

   > M: I've _____ _____ _____ _____ to let you know that our budget planning for the next quarter is _____ ___ _____ _____. As you know, our _____ _____ _____ ___ over the past two quarters but our operating cost has also increased. So I'm asking you to come up with some strategies to _____ _____ _____ _____.

[3-4]

3. What change is the speaker discussing?
   (A) Revised work schedules
   (B) Badge replacements

4. What will employees receive by e-mail?
   (A) An appointment time
   (B) A Web address

   > M: The first issue I'd like to discuss is the upgrade in _____ _____ _____. The badge you're currently using won't work with the new security system we are installing, so you'll have to _____ ___ _____ _____ _____ by the security office. The security office will e-mail you to let you know _____ _____ _____ ___. If you can't make the time that's assigned to you, ask Donovan Burton to _____ ___ _____ _____.

272

[5-6]

5 Who most likely are the listeners?
(A) Certified inspectors
(B) New factory workers
(C) Overseas clients
(D) Company executives

6 What will listeners receive at the end of the program?
(A) A tour of a facility
(B) An instructional manual
(C) An evaluation form
(D) A certificate of completion

> W: Welcome to the _____ _____ ____ ____ _____. Over the next three days you'll learn about important _____ _____ ____ _____. You are required to _____ ____ _____ before you start working at the factory floor. This is mandatory because the company is _____ ____ _____ the highest level of _____ _____. At the end of the orientation, each of you will be _____ ____ _____ that shows you have successfully _____ ____ _____.

[7-8]

7 What does the company plan to do?
(A) Improve energy efficiency
(B) Expand a workspace
(C) Update computer systems
(D) Replace some machinery

8 What benefit does the speaker mention?
(A) Easier maintenance
(B) Reduced expenses
(C) Increased production
(D) More office space

[9-10]

9 What has the speaker recently done?
(A) Published a book
(B) Joined a different company
(C) Launched an advertising campaign
(D) Presented at a conference

10 What does the speaker want to talk about?
(A) Using a range of strategies
(B) Improving employee productivity
(C) Lowering operational costs
(D) Increasing training opportunities

Actual Test ● 담화를 듣고 질문에 알맞은 응답을 고르세요. 108

1. Why will the store be closed next month?
   (A) To send an update to clients
   (B) To renovate a warehouse
   (C) To install a new computer program
   (D) To take an inventory

2. What feature of the software does the speaker mention?
   (A) It sends automatic alerts.
   (B) It tracks a shipment.
   (C) It offers sample data.
   (D) It works with other programs.

3. What problem did the business have last year?
   (A) It was understaffed.
   (B) A rainstorm forced it to close.
   (C) It sold out of a product.
   (D) Some clothing was priced incorrectly.

4. Where most likely does the speaker work?
   (A) At an advertising firm
   (B) At an employment agency
   (C) At a library
   (D) At a publishing company

5. What would the speaker like to discuss with the listener?
   (A) the number of new hires
   (B) On-the-job training
   (C) promotion decisions
   (D) An upcoming meeting

NEW
6. Look at the graphic. What time does the speaker want to meet?
   (A) At 10:00 A.M.
   (B) At 11:00 A.M.
   (C) At 3:00 P.M.
   (D) At 4:00 P.M.

Today's Schedule	
09:00	
10:00	Conference call
11:00	Training Interns
12:00	
13:00	
14:00	Weekly staff meeting
15:00	
16:00	Interview with the new mayor
17:00	
18:00	

7   What is the announcement about?
    (A) A company policy
    (B) An expansion plan
    (C) An upcoming event
    (D) A client visit

8   What problem is the speaker addressing?
    (A) Work areas are too crowded.
    (B) There is not enough parking space.
    (C) An expansion project has been delayed.
    (D) A hotel reservation has been changed.

9   Why are the listeners asked to contact Mr. Chan?
    (A) To lease a vehicle
    (B) To register for classes
    (C) To obtain a permit
    (D) To update contact information

10 What kind of event is being held?
    (A) A product launch party
    (B) A birthday party
    (C) A retirement party
    (D) A costume party

NEW
11 Look at the graphic. Why is the speaker unable to use the coupon for the event?
    (A) It can be used only when there are over 30 people.
    (B) The event will take place after the expiration date.
    (C) It is for in-house members only.
    (D) It is designed for event planners.

12 What does the speaker ask the listener to do?
    (A) Place an order for a copier
    (B) Create some invitation cards
    (C) Distribute some gifts
    (D) Give away coupons

Farmhouse Diner

Mention this and get 10% off
2620 Northside dr
Clearwater, Florida
(352) 555- 2351
www.farmhousediner.com
Valid until Sep. 30

Unit 07 안내, 공지

Part 4

안내, 공지는 공공장소에서 들을 수 있는 유형으로 다수를 대상으로 하며 시설물 이용 방법, 일정이나 장소의 변경, 행사 알림, 주의사항 등을 다룹니다. 특히 안내가 이루어지는 장소, 목적, 듣는 대상을 묻는 문제가 많이 출제됩니다. 다양한 장소명과 상황 예시에 따른 표현을 익혀 내용을 빨리 파악하는 연습을 하도록 합니다.

출제유형

- 안내를 들을 수 있는 공공장소(상점, 박물관, 극장, 기차역, 공항) 및 안내 목적, 오리엔테이션, 모임 등의 목적이나 취지 등을 묻는 문제
- 시설물의 운영 시간, 이용 시 주의 사항, 대규모 회의(컨벤션), 행사 세부 일정, 일정 지연 또는 장소 이동 안내, 긴급 상황 발생 및 대처 요령 등을 묻는 문제

문제유형

- **전체를 듣고 푸는 유형**

    What event will be held at the restaurant? 레스토랑에서는 어떤 행사가 있을 것인가?
    → A movie opening party 영화 개봉 파티

    Where is the announcement being made? 이 안내는 어디에서 이루어지는가?
    → In a museum 박물관에서

    Where most likely is the speaker? 화자는 어디에 있겠는가?
    → At a training seminar 교육 세미나

    What is the announcement mainly about? 이 안내는 주로 무엇에 관한 것인가?
    → A guest speaker 초대 연사

- **세부 사항을 듣고 푸는 유형**

    What change is being announced? 어떤 변경 사항이 안내되고 있는가?
    → A security system will be upgraded. 보안 시스템이 업그레이드될 것이다.

    What are employees asked to do on Saturday? 직원들은 토요일에 무엇을 해야 하는가?
    → Start a shift early 근무를 일찍 시작한다

    What are listeners asked to do? 청자들은 무엇을 해야 하는가?
    → Go to the ticket counter 매표소로 간다

    What does the announcement concern about? 안내는 무엇에 관한 것인가?
    → A change in location 장소 변경

    What problem does the speaker mention? 화자는 어떤 문제점을 언급하는가?
    → Some equipment is not working. 일부 장비가 작동하지 않는다.

문제풀이전략

Step 1 질문을 먼저 읽고 의문사를 포함한 핵심 단어를 통해 질문의 포인트를 숙지하도록 합니다.

Who is the announcement intended for? 누구를 위한 안내 방송인가?

Step 2 담화를 들으며 질문과 직접적으로 연관된 부분을 정확히 잡아내어 문제를 풉니다. 담화의 흐름은 질문 순서와 일치하므로 순차적으로 문제를 풀도록 합니다.

W: Attention, shoppers. Please watch your step in the store today as the floors are slippery in some areas due to the rain. We try to keep the floors safe and dry, please put any wet items in a plastic bag.

쇼핑객 여러분께 안내 말씀 드리겠습니다. 오늘 비가 내린 관계로 매장의 바닥이 미끄러운 곳이 있으니 조심하시기 바랍니다. 저희는 바닥이 보행에 안전하고 건조하도록 유지하려고 하니, 쇼핑객 여러분께서는 젖은 물건들을 비닐백에 넣어 주시기 바랍니다.

Step 3 미리 읽어둔 보기와 내용이 일치하는 것을 정답으로 고르도록 합니다. 다른 단어로 바꾸어(paraphrasing) 제시 되는 정답에 유의합니다.

W: Attention, shoppers. Please watch your step in the store today as the floors are slippery in some areas due to the rain. We try to keep the floors safe and dry, please put any wet items in a plastic bag.

Who is the announcement intended for?
(A) Sales clerks
(B) Shoppers

☞ 안내임을 알리는 첫 번째 말에서 shoppers라고 대상을 직접적으로 언급하므로 쇼핑객을 위한 안내 방송임을 알 수 있다.

Sample Test
Step별 문제 풀이 전략을 적용해 문제를 풀어보세요. 🔊 109

1 Where does the announcement take place?
(A) In a clothing store
(B) In a book store
(C) In a supermarket
(D) In a restaurant

2 According to the speaker, how can listeners find sales items?
(A) By looking for special labels
(B) By asking a sales person
(C) By following the direction
(D) By going to the out-of-season section

3 What are the listeners encouraged to do?
(A) To return merchandise
(B) To pick up free shopping bags
(C) To register for membership cards
(D) To submit their suggestions

문제분석

W: **¹ Attention, shoppers at Kroger supermarket.** For this week only, cleaning items are marked down by 40%. This sale includes detergent, buckets, rubber gloves, brushes and all-purpose cleaner. **² You can locate the discounted items by looking for the red sticker on the price tag.** Only products with the red sticker are part of this special offer. And remember to **³ pick up the complimentary shopping bags before you leave.** We are offering these to show our appreciation for those shopping with us.

여: Kroger 슈퍼마켓을 이용해 주시는 고객 여러분께 알립니다. 이번 주에 한해, 청소 제품을 40퍼센트 할인합니다. 이번 세일에는 액체 세제, 양동이, 고무장갑, 솔, 다목적 클리너 등이 포함됩니다. 할인 제품은 가격표에 빨간 스티커가 부착되어 있어 이를 보고 찾으실 수 있습니다. 빨간 스티커가 부착된 제품만 이번 특별 행사에 해당합니다. 그리고 떠나시기 전에 무료 쇼핑백을 가져가시기 바랍니다. 저희 매장을 이용해 주시는 여러분들에 대한 감사 표시로 제공하고 있습니다.

어휘 mark down 가격을 할인하다   detergent 세제   all-purpose 다목적의   locate 찾다(= find)   price tag 가격표   special offer 특별 행사   pick up 가지고 가다   complimentary 무료의, 공짜의   appreciation 감사   out-of-season 시즌이 지난   register for ~을 신청하다

---

1. **Where** does the **announcement take place**?
이 안내는 어디에서 일어나는가?
(A) 옷가게에서
(B) 서점에서
(C) 슈퍼마켓에서
(D) 레스토랑에서

Step 1 질문의 핵심어 : Where, announcement take place
Step 2 첫 번째 말에 담화의 장소와 대상이 드러나 있다. 특히 장소를 묻는 경우 첫 대목을 절대 놓치지 않고 들어야 한다. 장소는 paraphrase되지 않고 그대로 정답으로 제시되는 경우가 많다.

2. According to the speaker, **how** can listeners **find sales items**?
화자에 따르면, 청자들은 세일 아이템을 어떻게 찾을 수 있는가?
(A) 특정 라벨을 찾음으로써
(B) 판매원에게 물어봄으로써
(C) 안내를 따라감으로써
(D) 시즌 아웃 판매대에 감으로써

Step 1 질문의 핵심어 : how, find sales items
Step 2 세일 물건 찾는 법에 대해서는 you can locate~ 다음에 언급되었다. 가격표에 빨간 스티커가 붙어 있는 것을 찾으면 된다고 한다. locate이 find로 paraphrasing 되었다.

3. **What** are the **listeners encouraged** to do?
화자들은 무엇을 하도록 권고받는가?
(A) 제품을 교환한다
(B) 무료 쇼핑백을 가져간다
(C) 멤버십카드를 신청한다
(D) 의견을 제시한다

Step 1 질문의 핵심어 : What, listeners encouraged
Step 2·3 세부 권고사항이다. 마지막의 pick up~에서 무료 쇼핑백을 가져가라고 한다. complimentary가 free로 paraphrasing 되었다.

필수표현

안내, 공지에서 자주 등장하는 다음 필수 표현을 반드시 암기하도록 합니다.

▶ 공공시설·서비스 이용 안내

shop for ~을 사다, 쇼핑하다	He went shopping for clothes and gifts. 그는 옷가지와 선물을 사러 갔다.
customer 고객, 손님	Customers can also check the website for the addresses. 고객들은 웹사이트에서 주소를 확인할 수 있다.
patronage 단골로 이용함	Thank you for your continued patronage. 계속 이용해 주셔서 감사합니다.
performance 공연, 상연	A musical performance will begin soon. 뮤지컬 공연이 곧 시작될 것이다.
ticket counter 매표소	The ticket counters have been temporarily moved. 매표소는 임시로 옮겨졌습니다.
receipt 영수증	We'll need the original receipts. 우리는 영수증 원본이 필요할 것이다.
destination 목적지	I'll talk to you again before we reach our destination. 목적지에 도착하기 전에 다시 말씀드리겠습니다.
board 탑승하다	The airplane you'll be boarding has been delayed in New York. 여러분께서 탑승하실 항공편이 뉴욕에서 지연되고 있습니다.
remind A that ~ A에게 ~를 상기시키다	I'd like to remind you that we value your feedback. 저희는 여러분의 의견을 소중하게 생각한다는 것을 알려드리고자 합니다.
sign up for ~을 신청하다	Those who are interested can also sign up for our informative monthly lectures. 관심 있는 분들 또한, 유익한 정보를 제공하는 저희 월간 강연에 등록하실 수 있습니다.
rate 운임, 요금, 비율	You'll receive 50% off the regular annual subscription rate. 연간 정기 구독비에서 50퍼센트 할인 받게 됩니다.
payment option 납부 방법	I'm sending you the application form which includes information about payment options. 납부 방법에 대한 정보를 담은 신청서를 보내 드립니다.
experience ~을 겪다	We're still experiencing the power failure. 우리는 여전히 정전을 겪고 있습니다.
process ~을 처리하다; 절차	I'll be able to process your order right away. 제가 귀하의 주문을 즉시 처리할 수 있을 것입니다.
inclement weather 기상 악화	Due to inclement weather, the flight has been delayed. 기상 악화로 인해 항공편이 취소되었습니다.
alert 주의를 주다, 경고하다	Please alert one of our staff or visit the front desk. 우리 직원에게 알리거나 프런트 데스크로 가십시오.
on behalf of ~을 대신하여	On behalf of the pilot and the entire crew, I would like to welcome you aboard. 조종사와 전 승무원을 대신하여 탑승객 여러분을 환영합니다.

▶ 행사 · 이벤트 안내

funding 자금	The project was delayed due to insufficient funding. 그 프로젝트는 자금 부족으로 지연되었다.
raise (자금을) 모으다	They discussed plans to raise money. 그들은 돈을 모으기 위한 계획을 논의했다.
volunteer 자원봉사하다	I want to thank you for volunteering to help us raise money. 우리가 돈을 모으는 것을 도와주기 위해 자원한 여러분께 감사 말씀 드립니다.
donate 기부하다, 기증하다	Mr. Bager decided to donate his collections to the museum. Bager 씨는 자신의 소장품을 박물관에 기증하기로 결정했다.
coordinator 코디네이터, 조율자	The project coordinators will give us updates on the community events. 프로젝트 코디네이터는 우리에게 지역 행사에 대한 최신 정보를 알려줄 것이다.
arts and crafts 공예(품)	The event includes face painting and a variety of arts and crafts. 이벤트에는 페이스 페인팅과 다양한 공예품 전시가 포함되어 있다.
convention 컨벤션	We rented out this extraordinary space just for conventions. 우리는 컨벤션만을 위해 이 멋진 공간을 빌렸다.
register for ~에 등록하다	He registered for Dr. Wong's lecture. 그는 Wong 박사의 강연에 등록했다.
registration (참가 등을 위한) 등록	Please look at the schedule you received during the registration. 등록 신청 할 때 받았던 스케줄을 확인하세요.
attend 참가하다	They plan to attend any sporting events or shows. 그들은 어떤 스포츠 이벤트나 쇼라도 참석할 계획이다.
attendee 참가자	We are anticipating about a hundred and fifty attendees. 우리는 약 150명의 참가자를 기대하고 있다.
keynote speaker 기조 연설자	I'd like to welcome our keynote speaker Dr. Wu to the stage. 기조 연설자인 Wu 박사님을 무대로 모시고자 합니다.
give a speech 연설을 하다	Mr. Kay will not be giving his keynote speech this afternoon. Kay 씨는 오늘 오후에 기조 연설을 하지 않을 것입니다.
offer a discount 할인해 주다	They are offering discounts on running shoes. 그들은 운동화에 대해서 할인을 제공한다.
perform 공연하다	Mr. Keller will perform a rare live concert tonight. Keller 씨는 오늘밤 보기 드문 라이브 콘서트를 보여줄 것이다.
last ~동안 지속되다	Please remember the sale only lasts for two hours. 세일은 2시간 동안만 진행된다는 것을 기억하십시오.

▶ 시스템・설비 운영 안내

notice 알아채다	I noticed that one of your interior lights wasn't working. 실내 조명 중 한 개가 작동하지 않는 것을 발견했습니다.
equipment 기계, 장치	The department could purchase new equipment. 부서에서는 새 장비를 살 수 있었다.
install 설치하다	Next week new software will be installed. 다음주에 새 소프트웨어가 설치될 것이다.
routine 정기적으로 하는	For routine cleanings, we can just keep using solutions we used to. 정기 청소를 위해 우리는 이전에 사용했던 용액을 쓰면 됩니다.
safety measures 안전 조치	The manager went over the safety measures. 매니저는 안전 조치를 점검하였다.
inspection 검사	An inspection will take place next Friday. 검사는 다음주 금요일에 있을 것입니다.
renovation 개조, 보수	He changed some details of the building renovation plan. 그는 건물 보수 계획의 일부 세부 사항을 변경했다.
shut down (시스템을) 닫다, 끄다	We'll have to shut down our boilers. 우리는 보일러를 꺼야 할 것이다.

More to TOEIC

안내, 공지 관련 담화에서 자주 접할 수 있는 다음의 구어체 표현을 익혀봅니다.

▶ **안내, 공지를 전달**

Attention shoppers / customers. (매장에서) 쇼핑객/고객 여러분께 안내 말씀 드립니다.

Attention customers. It's 9:45 P.M. and Topshop Books will be closing in 15 minutes.
고객 여러분께 안내 말씀 드립니다. 현재 시각은 오후 9시 45분이며, Topshop 서점은 15분 후에 문을 닫을 것입니다.

Welcome aboard ~ (기내 방송에서) ~에 탑승하신 승객 여러분을 환영합니다.

Welcome aboard PanAsia Airline's flight 348 to Hongkong.
홍콩행 PanAsia 항공 348편에 탑승하신 승객 여러분을 환영합니다.

May I have your attention? (대중의 집중을 유도하며) 안내말씀 드리겠습니다.

May I have your attention, please? There's been a slight change to today's conference schedule.
잠시 안내 말씀 드리겠습니다. 오늘 컨퍼런스 스케줄에 약간의 변동 사항이 발생했습니다.

~ is proud to announce … (발표를 시작하며) …을 알리게 되어 기쁩니다.

Valley Fitness Center is proud to announce the new addition to this year's class schedule.
Valley 피트니스 센터는 올해 강좌 스케줄에 새로운 것을 추가하게 된 것을 알리게 되어 기쁩니다.

I have an announcement ~ (안내 사항을 전달할 때) ~을 말씀드리겠습니다.

I have an announcement for those of you planning to attend the workshop.
워크숍 참석을 계획하고 계신 여러분께 안내 말씀 드립니다.

Practice

음성을 듣고 빈칸을 채운 뒤, 질문에 알맞은 응답을 고르세요. 🔊 110

1 Where is the announcement most likely being made?

(A) In a television studio

(B) In a theater

> Good evening ladies and gentlemen. _____ ___ the Berkshire _____.
> Tonight's show is the _____ ___ _____ _____ _____, 'The Inside Story'
> performed by _____ _____ _____.

2 According to the speaker, what is the problem?

(A) Bad weather has caused delays.

(B) Railroad tracks are being repaired.

(C) A crew member is late.

(D) An automatic door is not closing.

> _____, Red-Star Line passengers. It's been reported that there is ____
> _____ _____ _____ _____ _____ in Springfield station.
> Emergency _____ _____ _____ _____ now but this train will have to _____
> _____ at the Orchard station. Everyone is asked to exit when we reach the Orchard.

[3-4]

3 According to the speaker, what will happen today?

(A) A cooking class

(B) Some renovation work

4 Why should customers visit section D?

(A) To find cooking supplies

(B) To get some samples

> Attention, Fresh Farm customers. Today, we're _____ _____ _____ _____
> _____ to help you _____ _____ _____ and health. This offer includes
> a special cooking class by award winning chef Julian LeBlanc. Mr. LeBlanc has invented
> the recipes specifically for people who are looking for ways to make tasty healthy meals.
> Don't forget to _____ ____ food section D. You can _____ _____ ____
> _____ Mr. LeBlanc made from organic ingredients.

[5-6]

5 What is being celebrated?
(A) The anniversary of a business
(B) The purchase of a property
(C) The success of a merger
(D) The completion of a renovation

6 What change has been made?
(A) A multi-purpose space has been added.
(B) A new website has been launched.
(C) An opening has been canceled.
(D) A showroom has been enlarged.

> Welcome neighbors and friends. I am proud to _____ _____ _____ of our Community Center's recent _____ _____. I'd especially like to thank all our citizens who _____ _____ _____. We couldn't have done it without you. In addition to _____ _____ _____, we've also enlarged the dining area not just for conventions but also for weddings, concerts, even fashion shows. It can _____ ____ ____ ____ _____ _____.

[7-8]

7 What does the announcement concern?
(A) The cancellation of a speech
(B) A change in location
(C) Parking restrictions
(D) A membership renewal

8 What problem does the speaker mention?
(A) A flight was delayed.
(B) The ceiling of the room is leaking.
(C) Some equipment is not working.
(D) Some programs are not available.

[9-10]

9 Where is the announcement being made?
(A) In an office
(B) In a factory
(C) In a museum
(D) In a parking lot

10 What change is being announced?
(A) A security system will be upgraded.
(B) Employees will be given free vacation.
(C) A project deadline is being extended.
(D) New stock will be available.

Unit 08 인물 소개

Part 4

인물 소개는 교육, 강연, 연회, 시상식과 같이 행사장에서 들을 수 있는 유형의 담화로 주로 강사, 강연자, 수상자들의 경력, 업적, 학위 등에 대해 소개합니다. 담화의 목적이나 장소, 인물의 직업 등에 관한 문제는 응답 유형이 대체로 정해져 있어 비교적 쉽게 풀 수 있습니다.

출제유형

- 담화의 목적, 소개받는 인물의 직업·신분, 담화가 이루어지는 장소 등을 묻는 문제
- 인물의 경력, 학위, 업적 등에 관해 묻는 문제 / 교육, 강연, 시상식 등의 행사 세부 일정 관련 문제

문제유형

● 전체를 듣고 푸는 유형

What is the main purpose of the talk? 담화의 주 목적은 무엇인가?
→ To introduce an employee 직원을 소개하기 위해

What is the purpose of the talk? 담화의 목적은 무엇인가?
→ To announce an award winner 수상자를 발표하기 위해서

What is the purpose of the talk? 담화의 목적은 무엇인가?
→ To introduce a guest speaker 초대 강사를 소개하기 위해서

Where does the talk most likely take place? 담화는 어디에서 일어나겠는가?
→ At a professional conference 직업 관련 컨퍼런스

Who most likely is Mr. Choi? Choi 씨는 누구이겠는가?
→ A business consultant 비즈니스 컨설턴트

● 세부 사항을 듣고 푸는 유형

According to the speaker, what will Mr. Leary talk about?
화자에 따르면, Leary 씨는 무엇에 대해 이야기할 것인가?
→ Ways to reward employees 직원들에 포상할 방법

What does Fandom Advertising plan to do? Fandom 광고사는 무엇을 할 계획인가?
→ Contribute money to an organization 단체에 돈을 기부한다

What is Laura Parker winning an award for? Laura Parker는 무엇 때문에 상을 받는가?
→ Volunteering at a community center 커뮤니티 센터에서의 봉사

Why are listeners invited to ballroom A? 청자들은 왜 A 연회실에 초대받는가?
→ To meet a presenter 발표자를 만나기 위해

What will Mr. Corner speak about? Corner 씨는 무엇에 대해 이야기할 것인가?
→ Technology in health care 건강 관리 관련 기술

문제풀이전략

Step 1 질문을 먼저 읽고 의문사를 포함한 핵심 단어를 통해 질문의 포인트를 숙지하도록 합니다.

What is the main **purpose** of the **talk**? 담화의 목적은 무엇인가?

Step 2 introduce, welcome, present 등의 동사 다음에 소개 대상이 제시되므로 이에 집중합니다. 담화의 흐름은 질문 순서와 일치하므로 순차적으로 문제를 풀도록 합니다.

W: Good morning everyone. **I'd like to introduce our new vice president** for overseas marketing, Nola McCaboy. As you know, we interviewed a number of qualified candidates over the last few months and Ms. McCaboy was our top choice.

안녕하세요, 여러분. 저는 해외 마케팅 부사장님이신 Nola McCaboy 씨를 소개하고자 합니다. 여러분도 아시다시피, 저희는 지난 몇 달 동안 자질을 갖춘 많은 지원자들을 인터뷰하였고 McCaboy 씨가 최상의 선택이었습니다.

Step 3 미리 읽어둔 보기와 내용이 일치하는 것을 정답으로 고르도록 합니다. 다른 단어로 바꾸어(paraphrasing) 제시되는 정답에 유의합니다.

W: Good morning everyone. **I'd like to introduce our new vice president** for overseas marketing, Nola McCaboy. As you know, we interviewed a number of qualified candidates over the last few months and Ms. McCaboy was our top choice.

What is the main **purpose** of the **talk**?
(A) To announce job openings
(B) To introduce a new employee

☞ 신임 부사장을 소개하는 것이 담화의 주 목적이다.

Sample Test
Step별 문제 풀이 전략을 적용해 문제를 풀어보세요. 🔊 111

1. Where is the presentation taking place?
   (A) At a museum
   (B) At a university
   (C) At a convention center
   (D) At a church

2. What is the topic of the presentation?
   (A) How to record a movie
   (B) How to open a restaurant
   (C) How to negotiate a price
   (D) How to fill in a document

3. According to the speaker, what will be available on a website?
   (A) A video recording of the speech
   (B) A code for a discount coupon
   (C) A list of event attendees
   (D) A table of admissions prices

문제분석

W: **¹ I'd like to welcome everybody here today to the Nickville convention center.** This is our final installment of our seminars along the theme of the housing market. We are very lucky today to be hearing from our guest speaker Helen Chambers. Ms. Chambers has worked in the real estate industry for over 10 years and she also appears as an advisor on the TV show, "Ideal Homes". **² Today, she is going to talk to you about how to successfully negotiate a good price when buying a house.** Before we begin, I just wanted to make everybody aware that her speech will be videorecorded. **³ If you'd like to view today's session again, simply visit our website to watch the video.** Now, I'll pass the microphone over to Ms. Chambers.

여: 오늘 이곳 Nickville 컨벤션 센터에 오신 모두를 환영합니다. 이것이 주택 시장을 주제로 한 저희의 마지막 세미나입니다. 오늘 초청 연사인 Helen Chambers씨의 이야기를 듣게 되어 매우 행운이라고 생각합니다. Chambers 씨는 부동산 업계에서 10년 넘게 종사해 왔으며, 또한, TV쇼 "Ideal Homes"에 고문으로 출연 중입니다. 오늘, 그녀는 여러분에게 집을 구매 할 때에 좋은 가격으로 성공적인 협상을 하는 방법에 대해 강연하고자 합니다. 시작 전에, 그녀의 강연이 비디오로 녹화될 것임을 알고 계시기 바랍니다. 오늘의 강연을 다시 보고 싶으시다면, 간단히 비디오를 보기 위해 저희 웹사이트를 방문하세요. 이제, 마이크를 Chambers 씨에게 넘기겠습니다.

어휘 / installment 분량, 편 theme 주제, 테마 housing market 주택 시장 guest speaker 초청 연사 real estate industry 부동산업 advisor 고문 negotiate 협상하다 aware ~을 알고 있는, 깨달은 videorecord 녹화하다, 촬영하다 pass over 넘기다 fill in (서식을) 작성하다

---

1. **Where** is the **presentation taking place**?

   발표가 이루어지는 장소는 어디인가?
   (A) 박물관
   (B) 대학교
   (C) 컨벤션 센터
   (D) 교회

   Step 1 질문의 핵심어 : Where, presentation taking place
   Step 2 장소가 언급되는 담화의 초반 I'd like to welcome everybody here today to the Nickville convention center.를 보면, 컨벤션 센터임을 알 수 있으므로 정답은 (C)가 된다.

2. **What** is the **topic** of the **presentation**?

   발표 주제는 무엇인가?
   (A) 동영상 찍는 방법
   (B) 음식점 차리는 방법
   (C) 가격 협상 방법
   (D) 서류 작성 방법

   Step 1 질문의 핵심어 : What, topic, presentation
   Step 3 발표의 주제는 Today, she is going to talk to you about how to ~ when buying a house.에 드러나 있는데, 부동산 매입시 성공적인 협상을 하는 방법에 대해서라고 하므로 정답은 (C)가 된다.

3. According to the speaker, **what** will be **available** on a **website**?

   화자에 따르면, 웹사이트에서는 무엇을 얻을 수 있는가?
   (A) 연설 비디오 녹화물
   (B) 할인 쿠폰 번호
   (C) 이벤트 참석자 명단
   (D) 입장 가격표

   Step 1 질문의 핵심어 : what, available, website
   Step 3 웹사이트에서 이용할 수 있는 것을 묻고 있으므로 website가 언급되는 부분에 집중한다. If you'd like to view today's session again, simply visit our website to watch the video.에서 강연을 녹화한 비디오를 볼 수 있다고 하므로 정답은 (A)가 된다.

필수표현

인물 소개에서 자주 등장하는 다음 필수 표현을 반드시 암기하도록 합니다.

▶ 시상 · 업적 · 기부

winner 수상자	The contest winner will be announced in the afternoon. 콘테스트 수상자가 오후에 발표될 것이다.
banquet 연회	The awards will be presented to the design team at a banquet at the local Hotel. 근처 호텔의 연회장에서 디자인팀에게 상이 수여될 것이다.
contribute 공헌하다, 기여하다	Our organization honors employees whose research has contributed to advances in the chemical industry. 우리 조직은 화학 산업 분야 발전에 기여한 연구를 수행한 직원들에게 상을 준다.
speech 연설	Ms. Murphy prepared a speech for this occasion. Murphy 씨는 이번 행사를 위해 연설을 준비했다.
be known for ~로 잘 알려지다	Dr. Brown is known for his research in water filtration system. Brown 박사는 정수 시스템 연구로 잘 알려져 있다.
previleged 혜택 받은, 특별한	I am privileged to join your distinguished company. 귀사와 같은 훌륭한 기업에 합류하게 된 것을 특별한 영광으로 생각합니다.
award ceremony 시상식	All employees were asked to attend the industry awards ceremony. 전 직원들은 산업상 시상식에 참여하도록 요청받았다.
recognize 인정하다, 표창하다	Daniel Smith is recognized for a distinctive garden design. Daniel Smith 씨는 독특한 정원 디자인으로 인정받고 있다.
congratulate(=celebrate) 축하하다	I'd like to congratulate the staff of TTW Advertising for their creativity and generosity. TTW 광고 회사 직원들의 창의성과 관대함에 대해 축하드리고자 합니다.
present an award to A A에게 상을 주다	I'm happy to present the award to an outstanding sales representative Christina Bryson. 오늘 이 상을 뛰어난 영업사원인 Christina Bryson에게 수여하게 되어 기쁩니다.
support 후원하다	Thank you for supporting the Cranston West Theatre. Cranston West 극장을 후원해 주신 데 감사드립니다.
donation 기부	There is an art collector who made a donation to the museum. 박물관에 기부를 한 예술품 수집가가 있다.
proceeds 수익금	The proceeds from the carnival will be donated to a charity. 축제에서 벌어들인 수익금은 자선 단체에 기부될 것이다.
innovative 혁신적인	His innovative design has received attention from his fellow architects. 그의 혁신적 디자인은 동료 건축가들로부터 주목을 받아왔다.
extraordinary 남달리 뛰어난	Our first award goes to an extraordinary woman, Miranda Austin. 첫 번째 상은 뛰어난 여성이신 Miranda Austin 씨에게 수여합니다.
creativity 창의성	The success is largely due to Gloria's creativity and effective leadership skills. 성공 요인의 대부분은 Gloria의 창의성과 효율적인 리더십 수완이다.

Unit 08 : 인물 소개

▶ 연회 · 연설

the guest of honor (만찬회 등의) 주빈	Our guest of honor tonight is Mr. Hoover who is retiring after 40 years with our company. 오늘밤 주빈은 우리 회사에서 40년 간 근무하고 은퇴하시는 Hoover 씨입니다.
outstanding 뛰어난, 빼어난	This award was created to honor an employee who has achieved outstanding leadership skills. 이 상은 뛰어난 지도력을 발휘한 직원을 표창하기 위해 만들어졌다.
in honor of ~에게 경의를 표하여, ~을 축하하여	Welcome everyone to our very special banquet this evening in honor of Dr. Cowan. 오늘 저녁 Cowan 박사님을 축하하기 위한 특별한 연회 행사에 와주신 여러분 환영합니다.
guest speaker 초청 연사	I'm pleased to welcome our guest speaker Jason Ming. 초대 연사인 Jason Ming 씨를 기쁜 마음으로 환영합니다.
gratitutde 감사하는 마음	I'd like to express our gratitude to individuals for their generous financial support. 아낌없는 재정 지원을 해주신 여러분들께 감사의 마음을 표시하고자 합니다.
give a round of applause 박수를 보내다	Let's give a round of applause to Ms. Margaret Jones. Margaret Jones 씨에게 큰 박수 부탁드립니다.
thanks to ~ 덕분에	The sales has increased dramatically thanks to the excellent marketing strategy. 뛰어난 마케팅 전략 덕분에 매출이 급격히 증가했다.
give[deliver] a speech 연설하다	I'm sorry to inform you that Dr. Thatcher will not be giving her keynote speech this afternoon. 아쉽게도 Thatcher 박사님께서는 오늘 오후에 기조 연설을 하지 못하게 되었음을 알려 드립니다.
leading 선두의, 앞서가는	This is our collection of sculpture by some of the leading artists today. 이것은 요즘 가장 잘 나가는 아티스트들의 조각 작품을 모아 놓은 것입니다.
president 사장, 수장, 회장	Our company president has decided to host a special celebration at the end of this month. 우리 회사 사장님은 이번달 말에 특별한 축하 행사를 열기로 결정했다.
mentor 조력자 역할을 하다	I had the pleasure of mentoring Raymond when he first joined us. Raymond가 우리 회사에 처음 합류하였을 때 그의 조력자 역할을 하게 되어 기뻤다.
retirement 은퇴, 퇴임	We celebrated the retirement of one of our most valued employees. 우리는 아끼는 직원 중에 한 명의 퇴임을 축하했다.
has been working for ~동안 일해 왔다	Ms. Wilson has been working in communications for the past fifteen years. Wilson 씨는 커뮤니케이션 분야에서 지난 15년 동안 일해 왔다.

More to TOEIC

인물 소개 관련 담화에서 자주 접할 수 있는 다음의 구어체 표현을 익혀봅니다.

▶ **인물 소개, 시상, 수상 소감**

I'd like to introduce ~ ~을 소개하겠습니다.
I'd like to introduce our final speaker at this year's gathering of the writers, Nathan Vinton.
올해 작가 모임의 마지막 연사이신 Nathan Vinton 씨를 소개하겠습니다.

I'd like to say thank you for the warm welcome ~ 따뜻한 성원에 감사 말씀 드립니다.
I'd like to say thank you for the warm welcome you've given me in this past few weeks.
지난 몇 주 동안 저에게 보내 주신 여러분의 따뜻한 성원에 감사드립니다.

I know this is due to ~ ~ 덕분이라는 것을 잘 알고 있습니다.
I know this is due to your personal attention to our customers, so, well done everyone.
이것은 여러분이 고객에게 관심을 기울인 덕분이라는 것을 알고 있습니다. 모두들 수고하셨습니다.

As ~, I am thrilled to … ~로서 …하게 되어 매우 기쁩니다.
As the president of Green Apple, I am thrilled to have the opportunity to meet with all our sales professionals. Green Apple 사의 사장으로서 저는 영업 전문가인 여러분과 만날 기회를 갖게 되어 매우 기쁩니다.

Thank you for coming out to celebrate ~ ~을 축하[기념]하는 자리에 와 주셔서 감사합니다.
Thank you for coming out to celebrate the retirement of Tom Grady.
Tom Grady 씨의 은퇴를 축하하기 위해 와주신 여러분께 감사드립니다.

Practice 음성을 듣고 빈칸을 채운 뒤, 질문에 알맞은 응답을 고르세요. 🔊 112

1 What is the purpose of the talk?
   (A) To propose a design
   (B) To announce an award winner

> M: Good evening. I'm pleased to _____ ____ _____ of the Promax Advertising Awards. This year's recipient is Chime Advertising. _____ _____ _____ _____ ____ its successful TV commercials for Pierce Automotive's full-sized luxury car, Darius.

2 What is the audience invited to do after the talk?
   (A) Go to a book signing
   (B) Register for a seminar
   (C) Renew a membership
   (D) Attend a reception

> W: Now, ____ _____ ____ _____ our last speaker at this year's gathering of the news reporters, Roy Andrews. Mr. Andrews _____ _____ _____ ____ ____ _____ covering business news for the Center Daily Times. And, he _____ _____ _____ ____ to the position of editor-in-chief in five years. Now before Mr. Andrews _____ _____ _____, I'd like to _____ _____ ____ _____ ____ the reception afterward.

[3-4]

3 What is the purpose of the talk?
   (A) To award a prize
   (B) To introduce a guest speaker

4 According to the speaker, what has Dr. Cooper recently done?
   (A) Published a book
   (B) Opened a school

> M: ____ _____ ____ _____ tonight's guest speaker, Dr. Nicolas Cooper. Dr. Cooper has been a professor in the Department of Psychology at the University of Western Ontario since 2005. Many of you have read ____ _____ _____ _____, *Rational Behavior*, which _____ _____ _____ _____ into the understanding of human nature.

290

[5-6]

5 Who is sponsoring the awards banquet?
(A) A local business
(B) A research institute
(C) A municipal government
(D) A charitable organization

6 What is Sean O'Neill winning an award for?
(A) Sponsoring the city's artists
(B) Raising funds for public libraries
(C) Mentoring school teachers
(D) Volunteering at a community center

> M: Good evening. Before we begin _____ ____ _____ _____, we'd like to _____ ____ _____ _____ CP Industries. CP Industries _____ _____ ___ _____ for over 50 years here in Lexington and we are _____ _____ _____ _____ _____. Now, our first award goes to an extraordinary man, Sean O'Neill. Sean has _____ _____ _____ _____ at our city's community center. He has formed an afterschool sports team and _____ _____ _____ for the young people in the city.

[7-8]

7 Who is Phil Sykes?
(A) A doctor
(B) A teacher
(C) An architect
(D) An athlete

8 What has Mr. Sykes recently done?
(A) Written a report
(B) Given an interview
(C) Changed jobs
(D) Donated to charity

[9-10]

9 Who most likely is Mrs. Grady?
(A) A property developer
(B) A bank clerk
(C) A website designer
(D) A sales assistant

10 According to the speaker, what will Mrs. Grady talk about?
(A) How to ensure customer satisfaction
(B) How to advertise for new employees
(C) How to invest money wisely
(D) How to plan a budget

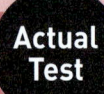

Actual Test

담화를 듣고 질문에 알맞은 응답을 고르세요. 113

1. Who is the conference intended for?
   (A) Conference organizers
   (B) photographers
   (C) Health-care professionals
   (D) Automobile engineers

NEW
2. Look at the graphic. Which session has been changed?
   (A) Session 1
   (B) Session 2
   (C) Session 3
   (D) Session 4

Dec 12 - Morning	Speaker
Session 1	Sharon Allen
Session 2	Fred Hough
Session 3	Helen Aniston
Session 4	David Cook

3. What are listeners encouraged to do?
   (A) Serve dinner for participants
   (B) Have some refreshments
   (C) Give a speech
   (D) Take a picture of the conference

---

4. What is the topic of the workshop?
   (A) Business writing skills
   (B) Food preparation
   (C) Computer repair
   (D) Interior decorating

5. According to the speaker, what will close at 7 P.M.?
   (A) A cafeteria
   (B) A parking lot
   (C) A computer room
   (D) A research center

6. What are listeners encouraged to do?
   (A) Enroll in a workshop
   (B) Submit their assignment
   (C) Contact the technical support
   (D) Order computer equipment

7. What is the main purpose of this talk?
   (A) To present a new staff member
   (B) To discuss sales figure
   (C) To introduce a new uniform
   (D) To request attendance at an outing

8. What is Sheryl McClair's area of expertise?
   (A) Risk assessment
   (B) Overseas sales
   (C) Product development
   (D) Employee training

9. According to the speaker, why should listeners speak to their managers?
   (A) To schedule their vacation days
   (B) To collect a copy of a new contract
   (C) To express interest in joining a team
   (D) To report disruptive employee behavior

10. What is being announced?
    (A) A fitting location
    (B) A survey of staff opinions
    (C) A new hiring policy
    (D) A change in uniforms

11. What will happen next Monday?
    (A) Sizes of the staff will be taken.
    (B) An office will be reopened.
    (C) Web designs will be presented.
    (D) Job applications will be reviewed.

12. What are listeners asked to do by the end of the week?
    (A) Report to their supervisors
    (B) Call the design department
    (C) Turn in expense reports
    (D) Select a time for measurement

○ 정답 및 해설 p.200

Part 4

Unit 09 관광, 견학

관광, 견학은 관광지 방문, 유적 탐방, 시설 견학, 박물관 등에서 들을 수 있는 가이드의 안내, 박물관 음성 가이드에서 나오는 관람 안내 등을 다룹니다. 담화 특성상 장소를 묻는 문제가 많이 출제됩니다.

출제유형

- 관광, 견학이 이루어지는 장소, 주요 안내 대상을 묻는 문제
- 일정·순서의 안내, 변동 사항 안내, 담화를 듣고 난 뒤 할 일, 주의 사항 등을 묻는 문제

문제유형

● 전체를 듣고 푸는 유형

Where is the talk most likely taking place? 담화는 어디에서 일어나고 있겠는가?
→ At a nature center 자연 생태 센터

Who most likely is the speaker? 화자는 누구이겠는가?
→ A tour guide 관광 가이드

Where is the talk taking place? 담화는 어디에서 이루어지고 있는가?
→ At a museum 박물관

What is on display in the exhibit? 무엇이 전시 중인가?
→ Historical photographs 역사를 담은 사진

What type of items does the museum feature? 박물관에서는 어떤 아이템을 보여주는가?
→ Rocks and minerals 암석과 광물

● 세부 사항을 듣고 푸는 유형

What are listeners reminded to do? 화자들은 무엇을 하도록 요청받는가?
→ Return audio equipment 오디오 장비를 반납한다

What is prohibited during the tour? 관람시 무엇이 금지되는가?
→ Touching the displays 작품을 만지는 것

What are the listeners doing? 청자들은 무엇을 하는가?
→ Touring a house 가옥 관람

According to the speaker, what is causing a delay? 화자에 따르면, 무엇이 지연을 야기하는가?
→ Another boat is at the dock. 다른 보트가 정박해 있다.

What does the speaker recommend listeners do? 화자는 청자들이 무엇을 하도록 권하는가?
→ Gather their belongings 소지품을 챙긴다

문제풀이전략

Step 1 질문을 먼저 읽고 의문사를 포함한 핵심 단어를 통해 질문의 포인트를 숙지하도록 합니다.

Where most likely are the listeners? 청자는 어디에 있겠는가?

Step 2 담화 초반에 안내 대상, 장소, 목적 등이 언급되므로 이 부분을 놓치지 않고 들어야 합니다. 담화의 흐름은 질문 순서와 일치하므로 순차적으로 문제를 풀도록 합니다.

M: Thank you all for taking this tour of the Museum of the History of Science. I've enjoyed showing you around and I hope you had a good time learning about these amazing inventions.

과학사 박물관 관람에 참여해 주신 여러분 감사합니다. 저는 여러분을 안내하게 되어 매우 즐거웠고, 여러분께서도 이 놀라운 발명품들을 감상하시며 즐거운 시간이 되셨길 바랍니다.

Step 3 미리 읽어둔 보기와 내용이 일치하는 것을 정답으로 고르도록 합니다. 다른 단어로 바꾸어(paraphrasing) 제시되는 정답에 유의합니다.

M: Thank you all for taking this tour of the Museum of the History of Science. I've enjoyed showing you around and I hope you had a good time learning about these amazing inventions.

Where most likely are the listeners?
(A) At a laboratory
(B) At a museum

☞ 과학사 박물관 관람이라는 부분을 통해 담화 장소는 박물관임을 알 수 있다.

Sample Test
Step별 문제 풀이 전략을 적용해 문제를 풀어보세요. 🔊 114

1. Where is the talk taking place?
   (A) At a art gallery
   (B) At a museum
   (C) At a university
   (D) At a hospital

2. What type of items did Ms. Turney collect during her travels?
   (A) Audio recordings
   (B) Clothing items
   (C) Postcards
   (D) Books

3. What will take place at two o'clock?
   (A) An order delivery
   (B) A lunch break
   (C) A film viewing
   (D) A room cleaning

문제분석

W: ¹ I'd like to take the time to welcome everybody to the American Literature Museum. The first exhibit that we will visit will be the Michelle Turney exhibit. Ms. Turney was an author who drew inspiration for her novels from her journeys abroad. ² Every time she visited a new country, she purchased a book written by an author from that country. After she died, her family generously allowed us to display her collection here in the museum. If you would like to hear more information about Michelle Turney's life and travels, I advise you to go to our theatre ³ at 2 P.M. At that time, we'll be showing a film about her novels, including interviews with the author herself.

여: 여러분을 미국 문학 박물관으로 맞이하는 시간을 갖고자 합니다. 제일 처음으로 방문할 전시회는 Michelle Turney 전이 되겠습니다. Turney 씨는 해외 여행으로부터 소설에 대한 영감을 받아왔습니다. 그녀는 새로운 나라를 방문할 때마다, 그 나라의 작가가 쓴 책을 구입했습니다. 그녀의 사후에, 그녀의 가족은 아낌없이 이 박물관에 그녀의 수집품을 전시하도록 허락해주었습니다. Michelle Turney의 삶과 여행에 대해 더 많은 정보를 알고 싶으시다면 오후 2시에 저희 극장으로 가보시기를 권해드립니다. 그 시간에, 작가인 그녀의 인터뷰를 포함하여 그녀의 소설에 대한 영상을 보여드리겠습니다.

어휘 exhibit 전시회 author 작가 draw inspiration from ~로부터 영감을 받다 novel 소설 abroad 해외의 generously 관대하게, 후하게 allow 허용하다 display 진열하다 collection 수집품, 소장품 theatre 극장

---

1. Where is the talk taking place?
담화가 어디에서 이루어지고 있는가?
(A) 화랑
(B) 박물관
(C) 대학교
(D) 병원

Step 1 질문의 핵심어 : Where, talk talking place
Step 2 담화의 장소를 묻고 있으므로 초반부에 집중한다. I'd like to take the time to welcome everybody to the American Literature Museum.에서 문학 박물관임을 알 수 있으므로 정답은 (B)가 된다.

2. What type of items did Ms. Turney collect during her travels?
Ms. Turney는 여행 중에 어떤 종류의 물건을 수집했는가?
(A) 음성 녹음물
(B) 의류
(C) 엽서
(D) 책

Step 1 질문의 핵심어 : What, item, Turney collect
Step 2·3 Turney 씨의 여행에 대해 언급하는 Every time she visited a new country, she purchased a book written by an author from that country.를 보면 현지 작가가 쓴 책을 구입했다고 하므로 정답은 (D)가 된다.

3. What will take place at two o'clock?
2시에는 어떤 일이 일어날 것인가?
(A) 주문 배달
(B) 점심 시간
(C) 영상 상영
(D) 전시실 청소

Step 1 질문의 핵심어 : What, take place, two o'clock
Step 2·3 2시에 일어날 일을 묻고 있으므로 two o'clock이 언급되는 부분에 집중한다. ~ at 2 P.M. At that time, we'll be showing a film ~에서 영상을 보여줄 것이라고 하므로 정답은 (C)가 된다.

필수표현

관광, 견학 상황에서 자주 등장하는 다음 필수 표현을 반드시 암기하도록 합니다.

▶ 관광 · 여행

aboard 탑승하여	Welcome aboard our Pattaya tour bus. 파타야 관광 버스에 탑승하신 여러분 환영합니다.
restore 복구하다	The city government purchased the building and has restored it substantially. 시 정부는 그 건물을 매입해서 대대적으로 복구하였다.
souvenir 기념품	Our tour bus will reach at the souvenir shop in 2 hours. 우리 관광 버스는 2시간 안에 기념품 상점에 도착할 것입니다.
prohibit 금지하다	Flash photography is prohibited in this auditorium. 이 강당 내에서는 플래시를 이용한 사진 촬영이 금지된다.
hiking 도보 여행	They constructed a new hiking trail in Vienna Wood Park. 그들은 Vienna Wood 공원에 새로운 도보 여행 코스를 만들었다.
national park 국립 공원	Forrest Valley will soon become a national park. Forrest Valley는 곧 국립 공원이 될 것이다.
sightseeing 관광	The tour guide led a sightseeing group of 20 people. 관광 가이드는 20명의 관광객 그룹을 인솔했다.
historic 역사적인, 유서 깊은	I'd like to give you guidelines to protect the artifacts in this historic home. 이 역사적인 가옥에 있는 공예품 보호를 위해 안내 사항을 전달하겠습니다.
have a look around 둘러보다	After you have a look around, please join us in the main lobby. 쭉 둘러보신 후에 중앙 로비에서 저희와 다시 만나겠습니다.
meet back 다시 만나다	Promptly after lunch, we'll meet back at the bus for the drive back to London. 점심 시간이 끝난 직후, 런던으로 다시 돌아가야 하니 버스로 다시 모이겠습니다.
belongings 개인 소지품	Please take a moment to check and make sure all your belongings are with you. 잠시 시간을 내어서 소지품을 모두 갖고 계신지 확인해 보시기 바랍니다.
tourist attraction 관광 명소	The newly restored hotel has become a tourist attraction. 새로 복원한 호텔은 관광 명소가 되었다.

▶ 견학 · 관람

give ~ a tour 견학시켜 주다	Dr. Walsh gave them a tour of our chemistry labs. Walsh 박사는 그들에게 우리 화학 실험실을 견학시켜 주었다.
move on to ~로 이동하다	Now for the next step in our factory tour, we'll move on to the freezer room. 공장 견학 다음 단계를 위해 냉동실로 이동하겠습니다.
laboratory 실험실	Scientists develop new products in the laboratory. 과학자들은 연구실에서 신제품을 개발한다.
complex 복합 시설	The complex includes a swimming pool, locker rooms and a large snack bar. 그 복합 시설에는 수영장, 라커룸, 대형 스낵바가 들어가 있다.

표현	예문
safety rule 안전 규정	All the visitors are required to follow the safety rules. 모든 방문객은 안전 규정을 따라야 합니다.
guidelines 안내, 지침	I will give you a few guidelines to keep you safe. 여러분의 안전을 위한 몇 가지 안내 사항을 알려 드리겠습니다.
prevent accidents 사고를 예방하다	They took safety precautions to prevent accidents. 그들은 사고 방지를 위한 안전 예방 조치를 취했다.
at all times 언제나	You must wear uniforms at all times while in the store. 여러분은 매장에 있을 때는 항상 유니폼을 착용해야 합니다.
reminder 상기시켜 주는 것, 알림	Before our concert begins, we have some important reminders about theater rules. 콘서트를 시작하기 전에 극장 규정과 관련해 중요한 몇 가지를 알려 드리겠습니다.
traditional 전통의	The festival had several exhibition sites that displayed the traditional costumes. 그 축제에는 전통 의상을 선보이는 전시장이 몇 군데 있었다.
residence 거주지	It was the residence of Samuel Moore and his family until recently. 이곳은 최근까지 Samuel Moore와 그의 가족의 거주지였다.
rare 드문, 희귀한	In addition to the latest model, rare and antique automobile will be on display. 최근 모델에 더하여 희귀하고 고풍스런 자동차가 전시될 것이다.
practical 실용적인, 실질적인	You'll learn the practical techniques you should know to photograph buildings. 여러분은 건물 사진을 찍을 때 알아야 할 실용적 기술에 대해 배울 것입니다.
portrait 초상화	The movie is a portrait of life in New Orleans in the 1890s. 그 영화는 1890년대 뉴올리언즈의 삶의 모습을 묘사한다.
house ~에 장소를 제공하다	The ancient building has housed our local newspaper company since 1931. 그 오래된 건물에는 1931년부터 지역 신문사가 들어서 있다.
architectural 건축의, 건축학의	I'll tell you about some of the architectural features on the exterior of the building. 이 건물 외관의 건축학적 특성들을 설명하겠습니다.

More to TOEIC

관광, 견학 상황에서 자주 접할 수 있는 다음의 상황별 구어체 표현을 익혀봅니다.

▶ **일정 및 주의사항 전달**

I'll be taking you through ~ ~을 구경시켜 드리겠습니다.

I'll be taking you through the glass making factory this morning.
제가 오늘 아침 유리 제조 공장을 안내해 드리겠습니다.

Visitors are encouraged to ~ (권유를 나타내어) 방문객들은 ~하실 수 있습니다.

Museum visitors are encouraged to park in our free parking garage.
박물관 관람객들은 무료 주차장에 주차하실 수 있습니다.

The trip[tour] will last + 시간 관광은 ~의 시간이 걸립니다.

The entire trip will last approximately 4 hours.
전체 관광은 약 4시간 정도 걸립니다.

You are welcome to do ~ 기꺼이 ~해도 됩니다.

You are welcome to ask any question.
어떤 질문이라도 하실 수 있습니다.

For ~ reason, you are not allowed to … ~한 이유로, …해서는 안 됩니다.

For safety reasons, you are not allowed to walk on the mine floor.
안전상의 이유로, 광산 현장을 걸어다니는 것은 허용되지 않습니다.

~ is strictly prohibited in … … 안에서 ~는 엄격히 금지됩니다.

Flash photography is strictly prohibited in this auditorium.
이 강당 내에서 플래시를 이용한 사진 촬영은 엄격히 금지됩니다.

Practice 음성을 듣고 빈칸을 채운 뒤, 질문에 알맞은 응답을 고르세요. 🔊 115

1 What does the speaker ask the listeners to refrain from doing?
(A) Taking pictures with flash
(B) Making unnecessary noises

> M: I'd like to ____ ____ ____ ____ the Delbridge Museum of Natural History. Today, I'll be ____ ____ ____ ____ ____ ____ of rare dinosaur fossils which have been ____ ____ ____ ____ ____ ____. Because ____ ____ ____ ____ ____ delicate specimens, please ____ ____ ____ ____ when taking photographs.

2 Where is the talk most likely taking place?
(A) In a theater
(B) In an auditorium
(C) At a local market
(D) At a nature center

> M: Welcome to Cape Coast Park. This is ____ ____ ____ ____ ____ in the world for whale watching. You'll be able to see humpback whales that ____ ____ here from Alaska every winter. We're ____ ____ ____ ____ ____ ____ where documentary videos of locally sighted whales are available.

[3-4]

3 What type of business does the speaker probably work for?
(A) An art museum
(B) A glass factory

4 According to the speaker, what made the business special?
(A) It uses traditional methods.
(B) It offers classes to the public.

> W: Good morning. I'm Sandra and I'll be taking you through the factory and talking to you a little ____ ____ ____ ____ ____. We have built our reputation ____ ____ ____ ____ that have been replaced by modern methods in most other factories. In a minute, our glassmakers will ____ ____ ____ ____ ____ by using these traditional techniques.

[5-6]

5 What are the listeners doing?
   (A) Visiting an art gallery
   (B) Watching a play
   (C) Touring a house
   (D) Attending a book signing

6 What will listeners do next?
   (A) Purchase souvenirs
   (B) Make a donation
   (C) Review written materials
   (D) Watch a film

> W: Welcome to the Blake House. _____ _____ _____ _____ _____ ___ today to learn about the life of Riley Blake. He was _____ ___ _____ to be one of the greatest nonfiction writers of this time. This house was his home, the place where he both lived and worked. It is now a museum with a small collection _____ _____ _____. After ___ _____ _____ _____ _____ the house, we will _____ ___ ___ _____ _____ _____ next door where we will _____ ___ _____ _____ _____ about the author's life and career.

[7-8]

7 What is being shown in the Journey exhibit?
   (A) Contemporary art
   (B) Ancient fossils
   (C) Historical instruments
   (D) Modern technology

8 Why are the listeners instructed to press 1 on their audio device?
   (A) To pause an audio recording
   (B) To hear information on opening times
   (C) To reset the device
   (D) To speak to an operator

[9-10]

9 What is on display in the center?
   (A) Historical documents
   (B) Famous artwork
   (C) Science exhibits
   (D) Precious metals

10 What are listeners reminded to do?
   (A) Visit the gift shop
   (B) Fill out a questionnaire
   (C) Watch a video
   (D) Purchase a membership

Part 4

Unit 10 광고

광고는 주로 제품·서비스 광고, 특정 기업이나 업체 홍보 등이 주를 이루며, 제품·서비스의 특장점 등을 소개한 뒤, 소비자에게 특정 행동을 유도하는 내용이 등장합니다. 무엇을 광고하는지, 광고를 듣는 이들은 무엇을 해야 하는지 묻는 문제가 많이 등장하므로, 담화의 초반과 후반부에 집중하면 정답을 맞힐 확률이 높습니다.

출제유형

- 광고되는 제품·서비스의 종류, 광고하는 사람의 직업·신분을 묻는 문제
- 제품·서비스의 특징, 사용 방법, 할인 혜택, 구입 방법 등을 묻는 문제

문제유형

- **전체를 듣고 푸는 유형**

  What is being advertised? 무엇이 광고되고 있는가?
  → Seasonal fruits 계절 과일

  What merchandise is being advertised? 어떤 제품이 광고되고 있는가?
  → Floor coverings 바닥 보호제

  What type of product is being discussed? 어떤 종류의 제품이 논의되고 있는가?
  → A music player 뮤직 플레이어

  What product is being described? 어떤 제품이 설명되고 있는가?
  → A software program 소프트웨어 프로그램

  What type of business does the speaker work for? 화자는 어떤 직종의 일을 하는가?
  → A cable television service 케이블 텔레비전 서비스

- **세부 사항을 듣고 푸는 유형**

  What is the discount being offered? 할인 혜택이 얼마나 제공되고 있는가?
  → 20 percent 20퍼센트

  What will take place after the talk? 담화가 끝난 후 어떤 일이 벌어지겠는가?
  → Staff will give demonstrations. 직원이 제품 시연을 할 것이다.

  How can listeners get more information? 청자들은 어떻게 더 많은 정보를 얻을 수 있는가?
  → By reading a magazine article 잡지 기사를 읽음으로써

  What is offered with purchase of the product? 제품을 구입하면 무엇이 제공되는가?
  → A money-back guarantee 현금 보상

  What change has taken place at the store? 매장에는 어떤 변화가 있었는가?
  → A showroom has been enlarged. 전시장이 확장되었다.

문제풀이전략

Step 1 질문을 먼저 읽고 의문사를 포함한 핵심 단어를 통해 질문 포인트를 숙지합니다.

What is being advertised? 무엇이 광고되고 있는가?

Step 2 문제 풀이에 중요한 담화의 초반과 후반부에 집중합니다. 단, 광고 대상이 무엇인지 묻는 문제는 초반부를 놓치더라도 정답을 암시하는 단서가 중간에 제시되는 경우도 있으니 끝까지 주의를 기울여 들어야 합니다.

W: With locations in more than 100 countries, the Oriental Hotel offers customers the very best service. We provide free Internet service and the choice of conference rooms. If you are on business trip, the Oriental hotel is the right place for you.

100개가 넘는 나라에 지사를 둔 Oriental 호텔은 고객들에게 최상의 서비스를 제공합니다. 저희는 무료 인터넷 서비스를 제공하며, 컨퍼런스룸을 골라서 이용하실 수 있도록 해 드립니다. 출장을 떠나신다면 Oriental 호텔이 여러분에게 딱 맞는 장소입니다.

Step 3 미리 읽어둔 보기와 내용이 일치하는 정답을 고릅니다. 다른 단어로 바꾸어(paraphrasing) 제시되는 정답에 유의합니다.

W: With locations in more than 100 countries, the Oriental Hotel offers customers the very best service. We provide free Internet service and the choice of conference rooms. If you are on business trip, the Oriental hotel is the right place for you.

What is being advertised?

(A) A hotel chain

(B) An Internet service provider

☞ 초반에 the Oriental Hotel이라고 업체명을 밝힌 뒤 제공하는 서비스에 대해 언급하고 있다.

Sample Test

Step별 문제 풀이 전략을 적용해 문제를 풀어보세요. 🎧 116

1. What is being advertised?
   (A) An art class
   (B) A leisure destination
   (C) A supermarket opening
   (D) A new novel

2. What change has recently occurred at the business?
   (A) A masseuse has been hired.
   (B) An Internet connection has been installed.
   (C) A room has been improved.
   (D) A new supplier has been contracted.

3. What will some guests who reserve this week receive?
   (A) A coupon booklet
   (B) A wake-up call
   (C) A discount
   (D) A welcoming gift

문제분석

W: Do you need a break from your stressful job or life? **¹ Why not visit Mellowgrove Health Spa**, located in central Newtown. Whether you sign up for one of our therapeutic spa treatments or just enjoy the pool and bar area, Mellowgrove Health Spa is **¹ the ideal place to restore your energy**. Our spa was recently featured as **¹ a recommended travel destination** on the TV show Short Summer Breaks. And **² our recently upgraded honeymoon suite** received an especially good review from the reporter. Now is a particularly good time to stay with us, as **³ we are currently offering 50% off of all room rates**. To take advantage of this spectacular offer, **³ simply call our reception desk this week** on 0850-9329-4296 and book a room for at least two nights.

여: 스트레스 쌓이는 일터와 일상으로부터의 휴식이 필요하십니까? 뉴타운 중심에 위치한 Mellowgrove 헬스 스파를 방문해 보는 것은 어떠신가요? 스파 요양 치료를 신청하던지 혹은 그냥 수영장과 바를 즐기던지, Mellowgrove 헬스 스파는 여러분의 에너지를 회복하는 데 이상적인 장소입니다. 최근 저희 스파는 추천 관광지로서 TV쇼 Short Summer Breaks에서 특집으로 다뤄졌습니다. 그리고 최근 업그레이드된 신혼 부부용 특실은 리포터로부터 특히 더 좋은 평을 얻었습니다. 최근 모든 객실 요금에서 50퍼센트 할인 혜택을 제공하고 있으므로 지금은 투숙하시기에 특히 더 좋은 시기입니다. 이 엄청난 기회를 이용하시려면, 0850-9329-4296번으로 이번 주에 저희 접수처에 전화 주시고 적어도 이틀 간 머물 방을 하나 예약하시면 됩니다.

어휘 break 휴식 sign up for ~을 신청하다 therapeutic 치료상의 restore 회복시키다, 되돌리다 feature 특집으로 다루다 recommended 추천된 facility 설비, 시설 particularly 특별히 room rate 숙박 요금 take advantage of ~을 이용하다, 기회로 삼다 spectacular 극적인, 대단한 reception desk 접수처 book 예약하다 at least 적어도 contract 계약하다 reserve 예약하다

---

1. **What** is being **advertised**?

   무엇이 광고되고 있는가?
   (A) 미술 수업
   (B) 휴가지
   (C) 슈퍼마켓 개점
   (D) 신작 소설

   Step 1 질문의 핵심어 : What, advertised
   Step 2 광고 대상을 묻고 있으므로 주요 단서를 종합하여 정답을 유추한다. Why not visit Mellowgrove Health Spa, the ideal place to restore your energy, a recommended travel destination 등에서 스파를 하며 휴식을 취하는 장소임을 알 수 있다.

2. **What change** has **recently occurred** at the business?

   사업장 운영에 최근 어떤 변화가 일어났는가?
   (A) 여자 마사지사를 고용했다.
   (B) 인터넷 연결을 설치했다.
   (C) 객실 상태가 개선되었다.
   (D) 새 공급자와 계약을 맺었다.

   Step 1 질문의 핵심어 : What change, recently occurred
   Step 2 our recently upgraded honeymoon suite에서 스위트룸이 업그레이드되었다고 한다. our recently upgraded honeymoon suite가 A room has been improved로 paraphrasing 되었다.

3. **What** will some **guests** who **reserve this week** receive?

   이번 주에 예약하는 손님들이 받게 될 것은 무엇인가?
   (A) 할인권 책자
   (B) 모닝콜
   (C) 할인
   (D) 환영 선물

   Step 1 질문의 핵심어 : What, guests, reserve this week receive
   Step 3 광고의 후반부 we are currently offering 50% off of all room rates. ~ simply call our reception desk this week를 보면 객실료를 할인하므로 이번 주에 전화를 걸어서 예약하라고 권한다. 50% off가 A discount로 paraphrasing 되었다.

필수표현

광고에서 자주 등장하는 다음 필수 표현을 반드시 암기하도록 합니다.

▶ 제품 · 서비스 종류

appliance 전자 제품	This kitchen appliance cuts the cooking time in half. 이 주방 용품은 요리 시간을 반으로 줄여 줍니다.
office furniture 사무용 가구	We are selling quality office furniture to businesses. 우리는 기업체를 대상으로 고품질 사무용 가구를 판매합니다.
cleaning product 청소용 제품	The company produces environmentally friendly household cleaning products. 그 업체는 환경 친화적인 가정용 청소 제품을 생산한다.
catering 출장 연회	KG Good Food specializes in catering for corporate events. KG Good Food 사는 기업 이벤트를 위한 출장 연회를 전문으로 한다.
equipped ~을 갖춘, ~을 장착한	The company is equipped to handle high volume of products on the world market. 그 업체는 세계 시장에서 대량 생산을 할 수 있는 장비를 갖추고 있다.
satisfied 만족한	Our customers are satisfied with our innovative product designs. 우리 고객들은 혁신적인 제품 디자인에 매우 만족한다.
located on/in ~에 위치한	The building is conveniently located on West 25th street. 그 건물은 West 25번가의 편리한 위치에 있다.
specification 자세한 설명서, 사양	I have a question about the specification for the product. 이 제품의 세부 사양에 관해 질문이 있습니다.
automotive 자동의 ; 자동차의	The research reduces the environmental pollution caused by automotive vehicles. 그 연구는 자동차로 인해 발생하는 환경 오염을 줄여준다.
introduce 선보이다	Novelty Computers is proud to introduce its newest laptop computer. Novelty Computers 사는 최신식 노트북 컴퓨터를 소개하게 되어 기쁩니다.

▶ 제품 · 서비스 특징

a variety of 다양한	We offer a wide variety of delicious foods and excellent service. 저희는 다양한 맛있는 음식과 최상의 서비스를 제공합니다.
latest 최근의	We included a coupon in our latest newspaper advertisement. 우리는 최근 신문 광고에 쿠폰을 포함시켰다.
state-of-the-art 최신식의	The research facility has state-of-the-art equipment. 그 연구 시설은 최신 설비를 갖추고 있다.
warranty 품질 보증	The warranty on your computer has expired so you'll have to pay for the battery. 컴퓨터 보증 기간이 지나서 배터리 값은 지불하셔야 합니다.
guarantee 보장하다	The introduction of unique products alone does not guarantee market success. 독특한 상품을 소개하는 것 만으로 시장에서의 성공을 보장할 수는 없다.
specialize in ~을 전문으로 하다	We specialize in shipping larger items, such as industrial vehicles and machinery. 우리는 산업 장비와 기계와 같은 대형 물품 배송을 전문으로 합니다.

portable 휴대할 수 있는	Our production team has worked hard to develop the portable computer. 우리 생산팀은 휴대용 컴퓨터 개발을 위해 열심히 일했다.
durable 내구성이 좋은	Our newest suitcases are the lightest on the market, and what's more, they are durable. 우리의 최신 여행가방 제품은 시중에 나온 것 중 가장 가볍고 무엇보다도 내구성이 좋다.
lightweight 가벼운, 경량의	The boots are lightweight and comfortable inside. 부츠는 가볍고 신었을 때 안쪽이 편안하다.

▶ 할인 · 서비스 안내

deal 거래, 매매	So, don't miss out on these incredible deals on home appliances. 가전 제품을 놀랄만큼 좋은 값에 마련할 이번 기회를 놓치지 마세요.
save 절약하다	Our windows will help you save money on your heating bills this winter. 저희 창문은 올 겨울 난방비를 절약하게 해 줄 것입니다.
voucher 무료 이용권	The travel company is offering a voucher for a complimentary meal at any of the airport restaurants. 그 여행사는 어떠한 공항 레스토랑에서라도 무료로 식사할 수 있는 식사권을 제공한다.
take advantage of ~을 이용하다	We hope you take advantage of this upgrade to your existing cable service. 기존 케이블 서비스에 대한 업그레이드 기회를 이용하시기 바랍니다.
sell out 품절되다	At these low prices, our merchandise is sure to sell out quickly. 가격이 이렇게 저렴하니 우리 제품은 빨리 품절될 것이 확실하다.
tailor (특정 목표, 요구 등에) 맞추다	Based on extensive research, the Smart Reader is tailored to every reader's needs. 광범위한 조사를 바탕으로 Smart Reader는 모든 독서가들의 요구에 맞춰 제작되었다.
reduction 줄임, 축소	We consider the reduction in what we spend on energy each year. 우리는 매년 에너지 사용에 드는 비용을 줄이기 위한 방안을 고려중이다.
certificate 증명서, 수료증	We have always received an inspection certificate with the highest rating. 우리는 항상 최고 등급의 검사증을 받아 왔다.
receive/get a coupon for ~ percent off ~퍼센트 할인 쿠폰을 받다	The first 50 customers will receive a coupon for 25% off anything in the store. 처음 50명의 손님들은 매장의 어느 물건이라도 25% 할인된 가격에 살 수 있는 쿠폰을 받을 것이다.

▶ 배송

track 추적하다	The new software sends out invoices and tracks whether customers have paid their bills. 새 소프트웨어는 청구 내역서를 발송하고 고객이 지불을 했는지 추적한다.
package 포장하다	The product is packaged in a small box which makes it easy to carry. 이 제품은 휴대하기 편하게 작은 박스에 포장되었다.
ship 배송하다, 운송하다	Your order was shipped last week and is on its way from Istanbul. 귀하의 주문품은 지난주에 선적되었으며, 이스탄불에서 오는 중입니다.

More to TOEIC

광고에 자주 등장하는 다음 구어체 표현을 익혀봅니다.

▶ 광고에서 고객의 호기심을 자극하는 멘트

Are you looking for ~? ~을 찾으시나요?
Are you looking for an alternative to movies and television? 영화와 텔레비전을 대신할 것을 찾고 계시나요?

Are you tired of ~? ~에 진저리나시나요?
Are you tired of the same old beverages? 매번 똑같은 음료수를 마시는데 진저리나시나요?

Don't miss out on ~ ~을 놓치지 마세요.
Don't miss out on the savings in our drinks aisle. 음료 코너에서 제공하는 절약의 기회를 놓치지 마세요.

Do you have trouble ~? ~하는 데 어려움을 겪으시나요?
Do you have trouble interacting with customers? 고객과 교류하는 데 어려움을 겪으시나요?

Hurry. 서두르세요.
Hurry. This sale will only be held on Saturday. 서두르세요. 이번 세일은 토요일에만 있습니다.

Practice

음성을 듣고 빈칸을 채운 뒤, 질문에 알맞은 응답을 고르세요. 🔊 117

1 What kind of product is being demonstrated?

(A) A kitchen appliance

(B) A cook book

> W: Are you looking for a fast _____ _____ _____? Our brand-new YD200 is ___ _____ _____ now. This appliance has a special quick bake function that makes bread in just one hour. And ___ _____ _____ a cook book that _____ _____ for 40 breads and doughs, plus baking tips.

2 According to the advertisement, what can customers receive?

(A) A free trial

(B) An extended warranty

(C) A full refund

(D) Unlimited exchanges

> M: Jack's Home and Tool Center is your _____ _____ _____ for various home improvement supplies. Besides _____ _____ _____ _____, Jack's _____ _____ _____ _____. If you're not _____ _____ _____ _____, simply return it and receive a refund for the entire cost.

[3-4]

3 What product is being described?

(A) A security system

(B) A software program

4 What does the speaker emphasize about the product?

(A) It is customizable.

(B) It is inexpensive.

> M: Do you wish you could have better _____ ___ _____ _____? Then, IVC is the answer! Inventory control software _____ _____ ___ _____ specific features to _____ _____ _____ of your business. _____ _____ _____ _____, you'll spend less time _____ _____ ___ _____ and more time selling them.

308

[5-6]

5 What type of business is being advertised?
(A) A food market
(B) An art school
(C) A cooking academy
(D) A jewelry store

6 What change has been made at the business?
(A) It launched a new website.
(B) It merged with another company.
(C) The floor space has been enlarged.
(D) A product line has been expanded.

> W: Mango Foods Market, _____ _____ _____ _____ the finest natural and organic foods, is proud to announce ____ _____ ____ _____ _____ _____ Pearl District location. Our expanded store now _____ ____ _____ _____, so we'll have even more space for our cooking classes that are offered every Sunday, _____ ____ _____. This week's class will teach you how to make apple scrub.

[7-8]

7 What service does Pioneer Business Solutions provide?
(A) Shipping
(B) Accounting
(C) Telephone
(D) Food delivery

8 How can listeners get more information about the company?
(A) By viewing the website
(B) By visiting the office
(C) By calling the company
(D) By reading the magazine

[9-10]

9 What is being advertised?
(A) Vegetables
(B) Desserts
(C) Party supplies
(D) Dairy product

10 What is the discount being offered?
(A) 15 percent
(B) 20 percent
(C) 25 percent
(D) 30 percent

Actual Test · 담화를 듣고 질문에 알맞은 응답을 고르세요. 118

1. What does Outdoor Vivid sell?
   (A) Office furniture
   (B) Art supplies
   (C) Kitchen appliances
   (D) Bicycles

2. What is being announced?
   (A) Price reductions
   (B) Store hours
   (C) The location of a store
   (D) The arrival of new merchandise

3. What are listeners asked to do if they have questions?
   (A) Send a letter
   (B) Send an e-mail
   (C) Call the shop
   (D) Visit the website

4. Who is this announcement intended for?
   (A) Designers
   (B) Product suppliers
   (C) Customers
   (D) Store managers

5. When will the store close?
   (A) In 5 minutes
   (B) In 10 minutes
   (C) In 30 minutes
   (D) In 50 minutes

NEW
6. Why does the speaker say, "please go to the cash registers now"?
   (A) The store is closing soon.
   (B) New products will arrive.
   (C) A designer will visit.
   (D) A sale will begin.

7. Where is the speaker?
   (A) In a hotel
   (B) In a restaurant
   (C) In an art museum
   (D) In an airport

8. What does the speaker recommend?
   (A) Drinking in the gallery
   (B) Taking flash photography
   (C) Wearing warm clothes
   (D) Leaving cameras behind

9. What will most likely happen next?
   (A) A tour will begin.
   (B) Cameras will be handed out.
   (C) Dinner will be served.
   (D) A movie will be shown.

10. What does the speaker say about New York City subway?
    (A) It is clean and fast.
    (B) It has been operating for a hundred year.
    (C) It operates 24 hours.
    (D) It is not popular anymore.

NEW
11. Look at the graphic. What time is this talk most likely being given?
    (A) At noon
    (B) At 1:00 P.M.
    (C) At 2:00 P.M.
    (D) At 3:00 P.M.

12. What does the speaker say about the Rockefeller Center?
    (A) Visitors can skate there.
    (B) It's closed for holiday.
    (C) Lunch is available there.
    (D) It is a public library.

New York City tour Itinerary
Saturday, Sep. 21, 2018

Time	places
12:00 P.M.	Central park
1:00 P.M.	New York Public Library
2:00 P.M.	Rockefeller Center
3:00 P.M.	Time square

Unit 11 라디오 방송 (토크, 날씨, 교통)

Part 4

라디오 방송은 라디오에서 들을 수 있는 음악, 교양 프로그램 등을 비롯해 교통, 날씨, 뉴스 등을 다룹니다. 담화 첫머리에 방송국 이름, 뉴스 종류, 화자의 이름을 밝히고 그 다음 중심 내용을 전달하는 경우가 많으므로 초반에 집중해서 듣는 것이 중요합니다.

출제유형

- 방송 진행자나 초대 인물의 직업, 방송의 주제·토픽, 주요 소식 등을 묻는 문제
- 교통 및 날씨 상황, 우회로 선택, 기상 악화에 따른 주의 사항, 다음에 이어질 방송 코너 등을 묻는 문제

문제유형

- **전체를 듣고 푸는 유형**

    Who most likely is the speaker? 화자는 누구이겠는가?
    → A game show host 게임쇼 진행자

    What is the topic of the radio program? 라디오 프로그램 토픽은 무엇인가?
    → Financial planning 재정 계획

    What is the problem? 무엇이 문제인가?
    → Congestion 교통 체증

    What type of information does the report mainly provide? 방송은 어떤 정보를 주로 전하고 있는가?
    → Traffic 교통 정보

    What is the talk mainly about? 담화는 주로 무엇에 관한 것인가?
    → A local band 지역 출신 밴드

- **세부 사항을 듣고 푸는 유형**

    What information are listeners asked to provide? 청자는 어떤 정보를 제공해야 하는가?
    → The words to a song 노래의 가사

    Why should listeners call the radio station? 청자는 왜 라디오 방송국에 전화해야 하는가?
    → To win tickets 티켓을 얻기 위해

    What will listeners hear next? 청자는 다음에 무엇을 들을 것인가?
    → An interview 인터뷰

    What are listeners invited to do? 청자들은 무엇을 하도록 권유받는가?
    → Submit their questions 질문을 한다

    What is causing a traffic delay? 무엇이 교통 체증의 원인이 되는가?
    → A thunderstorm 뇌우

문제풀이전략

Step 1 질문을 먼저 읽고 의문사를 포함한 핵심 단어를 통해 질문 포인트를 숙지합니다.

What is the report mainly about? 방송은 무엇에 관한 것인가?

Step 2 담화의 맨 처음에는 뉴스 종류, 방송국 이름, 화자의 이름이 등장하고 핵심 내용이 그 뒤에 나오니 집중해서 듣습니다. 이후, 프로그램 순서상 다음에 이어질 내용을 소개하는데, 방송 후반부를 이용한 문제도 종종 출제되므로 끝까지 주의해서 듣도록 합니다.

W: And now, afternoon traffic report for WPN radio. There is severe traffic congestion on highway 34. So if you are heading south, you should take route 28 instead.

WPN 라디오에서 전하는 오후 교통 소식입니다. 34번 고속도로에서 심각한 교통 체증이 발생했습니다. 그러니 남쪽으로 가시는 분들은 28번 도로를 대신 이용하십시오.

Step 3 미리 읽어둔 보기와 내용이 일치하는 것을 정답으로 고르도록 합니다. 다른 단어로 바꾸어(paraphrasing) 제시되는 정답에 유의합니다.

W: And now, afternoon traffic report for WPN radio. There is severe traffic congestion on highway 34. So if you are heading south, you should take route 28 instead.

What is the report mainly about?

(A) Weather conditions

(B) Traffic conditions

☞ 교통 소식이라고 뉴스의 종류를 언급한 뒤, 심각한 교통 체증이 발생했다는 소식을 전하므로 방송은 교통 상황에 관한 것이다.

Sample Test

Step별 문제 풀이 전략을 적용해 문제를 풀어보세요. 🔊 119

1. Who most likely is the speaker?
   (A) A professor
   (B) A weather reporter
   (C) A hotel manager
   (D) A quiz show host

2. What prize is being offered?
   (A) A coupon
   (B) A flight ticket
   (C) Cash
   (D) A T-shirt

3. What information are listeners asked to provide?
   (A) Their name and address
   (B) The names of capital cities
   (C) The names of celebrities
   (D) The names of presidents

문제분석

W: Good afternoon. [1] You're listening to 5T radio with me, Tina Hutchins. It's now time for our weekly quiz and we have a fantastic prize for you this week. [2] One lucky caller will be able to win $1,000 for simply answering some questions correctly. Here are the rules of the game. This week's topic is geography. I will say the name of five countries, and [3] you must tell me the name of the capital city for each country. The first person to call the station with all five correct answers will win the prize. Remember, all five of your answers must be correct. If just one answer is wrong, you lose. Are you ready?

여: 안녕하십니까. 여러분께서는 Tina Hutchins가 진행하는 5T 라디오를 듣고 계십니다. 지금은 주간 퀴즈 시간인데요, 이번 주에는 여러분을 위해 멋진 상품을 준비했습니다. 운 좋은 분은 전화로 몇 문제에 정답을 말씀하는 것으로 천 달러를 받을 수 있습니다. 게임 규칙을 알려 드리겠습니다. 이번 주의 주제는 지리입니다. 제가 다섯 국가의 이름을 대면, 여러분은 각 나라의 수도를 얘기하셔야 합니다. 방송국에 전화를 걸어서 다섯 개 정답을 모두 맞추신 첫 번째 분이 상금을 받게 됩니다. 기억하세요. 다섯 개 모두 정확해야 합니다. 대답 하나라도 틀리면, 기회를 잃게 됩니다. 준비되셨습니까?

어휘 fantastic 환상적인 prize 상품 geography 지리 correctly 정확히, 똑바로 station 방송국 win a prize 상을 타다

---

1. **Who** most likely is the **speaker**?
   화자는 누구이겠는가?
   (A) 교수
   (B) 기상 리포터
   (C) 호텔 매니저
   (D) 퀴즈 쇼 진행자

   Step 1 질문의 핵심어 : Who, speaker
   Step 2 화자가 자신을 소개하는 You're listening to ~ our weekly quiz로 보아 퀴즈쇼가 진행되고 있으므로 정답은 (D)가 된다.

2. **What prize** is being **offered**?
   제공되는 상품은 무엇인가?
   (A) 쿠폰
   (B) 비행기 티켓
   (C) 현금
   (D) 티셔츠

   Step 1 질문의 핵심어 : What prize, offered
   Step 3 퀴즈쇼 경품에 대해 언급하는 One lucky caller will be able to ~를 보면 현금 천 달러를 받을 수 있다고 하므로 정답은 (C)가 된다. $1,000가 Cash로 paraphrasing 되었다.

3. **What information** are **listeners** asked to **provide**?
   청취자들은 어떤 정보를 제시해야하는가?
   (A) 이름과 주소
   (B) 수도의 이름
   (C) 유명 인사 이름
   (D) 대통령 이름

   Step 1 질문의 핵심어 : What information, listeners, provide
   Step 3 청자들이 알려줘야 하는 것을 묻고 있으므로 you must tell me ~ 다음에 나오는 내용을 집중해서 들어야 한다. the capital city for each country에서 각 나라의 수도 이름을 제시하라고 함을 알 수 있으므로 정답은 (B)가 된다.

필수표현

라디오 방송에 자주 등장하는 다음 필수 표현을 반드시 암기하도록 합니다.

▶ 라디오 일반

tune in 채널을 맞추다	So, be sure to tune in Thursday evening at 7 for the latest edition of Sharing Success. Sharing Success의 최근 소식을 들으시려면 목요일 저녁 7시에 채널을 고정하세요.
update 최신 정보, 업데이트	We'll be back in 30 minutes with another weather update. 그럼 30분 후에 최신 날씨 정보를 가지고 돌아오겠습니다.
weekly 주간의	Before we get started with the weekly status update, I have some good news. 주간 상황을 업데이트해 드리기 전에, 알려 드릴 좋은 소식이 있습니다.
series 시리즈	The music series will begin next Thursday with the performance by a local band. 뮤직 시리즈가 다음 주 목요일 지역 밴드의 공연과 함께 시작합니다.
be back again 다시 돌아오다	I'll be back again with more news in an hour. 1시간 후에 더 많은 뉴스로 찾아뵙겠습니다.
release 출시, 출고	The game manufacturer delayed the release of its popular computer game. 그 게임 제조 업체는 인기 있는 컴퓨터 게임의 출시를 미루었습니다.
dedicated ~에 전념하는	You're listening to Destinations, the weekly radio program dedicated to exploring the world. 여러분은 세계 탐험을 전문으로 다루는 주간 라디오 프로그램 Destinations를 듣고 계십니다.
spell 기간	The long spell of bad weather has caused travel slowdowns. 오랜 기간 지속된 기상 악화로 관광업이 위축되었습니다.

▶ 초대 손님 소개 · 토크

politician 정치가	He is a noble-minded politician who always strives to do the right thing. 그는 고결한 정치가여서 항상 도덕적으로 옳은 일을 하려고 노력합니다.
wellness 건강, 안녕	Ms. Pelliciano will share seven ways to maintain wellness. Pelliciano 씨는 건강 유지에 필요한 일곱 가지 방법을 공유할 것입니다.
remarkably 눈에 띄게, 현저히	Nate Robinson performed remarkably in this year's playoffs. Nate Robinson은 올해 플레이오프에서 뛰어난 활약을 보였습니다.
on today's show 오늘 쇼에서는	On today's show, we welcome a nutrition expert Ms. Regina Colins. 오늘 쇼에서는 영양학 전문가이신 Regina Colins 씨를 모십니다.
nominate 후보로 지명하다	This year more than 200 musicians are nominated for awards in over 30 categories. 올해에는 30개가 넘는 부문에서 200명의 뮤지션들이 수상 후보로 지명되었습니다.

▶ 교통 방송

traffic report 교통 방송	Our next traffic report will be in fifteen minutes, so keep listening. 다음 교통 방송은 15분 후에 있으니 계속 청취해 주시기 바랍니다.
temporarily closed 임시로 폐쇄된	The Main Street will be temporarily closed. Main 가는 임시로 폐쇄될 것입니다.
due to ~로 인해	Due to last night's heavy rain, both lanes of the road will remain closed. 지난 밤 폭우로 인해 양쪽 차선이 모두 폐쇄될 것입니다.
instead 대신에	You may want to take Route 5 instead until workers have repaired the water pipe. 인부들이 배수관을 수리할 때까지는 대신 5번 도로를 타셔야 합니다.
rush hour 러시 아워, 출퇴근 시간	Thunderstorms in the area is slowing down the morning rush hour traffic. 뇌우를 동반한 폭우로 인해 그 지역의 아침 출근 교통이 지체되고 있습니다.
block 통행을 막다	The fallen trees are blocking access to the East Bridge. 쓰러진 나무들이 East Bridge로의 통행을 막고 있습니다.
heavy 교통량이 많은	The morning traffic is heavier than usual. 아침 교통량이 평소보다 많습니다.
motorist 운전자	Motorists traveling south should expect a slow commute. 남쪽으로 가시는 운전자들은 통근 시간이 지체될 것을 예상하셔야 합니다.
accessible 도달할 수 있는	Our city campus is easily accessible by public transportation. 우리의 시내 캠퍼스는 대중 교통을 이용해 쉽게 찾아갈 수 있습니다.
route 도로	There is about a 20-minute delay on Route 33. 33번 도로에서 약 20분 정도 지체가 있습니다.
lane 차선	Road crews will close one lane of the New Town Bridge for repairs. 도로 작업 인부들이 New Town Bridge의 한 개 차선을 보수하려고 막을 것입니다.
highway 고속도로	There is severe traffic congestion on Highway 24. 24번 고속도로에 심각한 교통 체증이 발생했습니다.
take an alternate route 다른 도로를 이용하다	You should plan to take an alternate route to avoid delays. 차가 밀리는 것을 피하시려면 다른 도로를 이용하셔야 합니다.
jammed 꽉 들어찬, 꼼짝 못하는	It's only 3 o'clock but the highways are already jammed with cars. 아직 3시 밖에 안됐는데 고속도로에는 차들로 꽉 들어찼습니다.
traffic congestion 교통 체증	There is a delay on the Stone Freeway due to traffic congestion. Stone Freeway는 교통 체증으로 인해 통행이 지연되고 있습니다.
ongoing 진행중인	The traffic throughout the area is slow because of the ongoing thunderstorm. 뇌우가 계속되기 때문에 그 지역 전체 교통이 지체되고 있습니다.

More to TOEIC

일상에서 자주 접할 수 있는 다음의 상황별 구어체 표현을 익혀봅니다.

▶ 라디오 방송 주요 멘트

Welcome to ~ ~ 프로의 청취자 여러분 환영합니다.

Hello and welcome to TVB's rush hour update. 안녕하십니까. TVB의 출근길 교통 속보입니다.

You are listening to ~ 여러분께서는 ~을 청취하고 계십니다.

Good afternoon. You are listening to radio network 1, 99.6. I'm your host Martin Sandberg.
안녕하세요. 여러분께서는 주파수 99.6 1번 라디오를 듣고 계십니다. 저는 진행을 맡은 Martin Sandberg입니다.

this is 사람 with ~ 저는 ~를 진행하는 …입니다.

Hello everyone. This is Ken Harrison with a special traffic report.
안녕하세요 여러분. 저는 Ken Harrison이며 교통 상황 특보를 알려 드립니다.

call in (생방송에 전화 인터뷰 등을 위해) 전화하다

Our phone lines are open if you'd like to call in with questions for today's guest.
전화가 열려 있으니 오늘 게스트에게 질문 있으시면 언제라도 전화 주십시오.

Now, here is ~ 이제 ~가 소식을 전하겠습니다.

Now, here is Jane Green with the weekend weather forecast.
이제 Jane Green이 주말 날씨 예보를 전하겠습니다.

Practice 음성을 듣고 빈칸을 채운 뒤, 질문에 알맞은 응답을 고르세요. 🎧 120

1 What is the problem?
(A) Road repair
(B) Heavy traffic

> M: And now for the _____ _____. ____ _____ ____ _____ ____ have finally been completed. For the first time in months, _____ _____ _____ will have no problems in getting home from work. It's only 3 o'clock, but unfortunately, the major freeways are already _____ _____ _____ heading out of the city.

2 Where does the speaker most likely work?
(A) At a radio station
(B) At a publishing house
(C) At a culture center
(D) At a real estate agency

> M: _____ _____ ____ the morning show on JQR radio. _____ _____ _____ Jerry Spencer. On today's program ____ ____ _____ _____ Kelly Kruger, the president of Urban Fabric Foundation. Urban Fabric is a nonprofit organization that _____ _____ _____ _____ cultural spaces or homeless shelters.

[3-4]

3 Who is being introduced?
(A) An artist
(B) A writer

4 What will Andrew Burgess discuss?
(A) Travel Destinations
(B) Local restaurants

> W: Good evening. You're listening to Exploration here at PRW Broadcasting, and I'm your host Barbara Bessette. ____ _____ _____ _____, we welcome a travel journalist Andrew Burgess. Mr. Burgess will be discussing ____ _____ _____ ____ _____ in China, many of which are _____ ____ _____ _____ _____, *The Inner most of China*.

[5-6]

5. What is Angela Cecil's area of expertise?
   (A) Physical training
   (B) Marketing
   (C) Travel
   (D) Financial planning

6. What has Angela Cecil recently done?
   (A) Published some research
   (B) Started a new company
   (C) Graduated from a university
   (D) Given a cooking demonstration

> M: Welcome to Living Young on TUF Radio. Each week _____ _____ _____ _____ _____ _____ of health and fitness. Today our guest is Angela Cecil. Angela is _____ _____ _____ _____ _____ in this area. She started working out to _____ _____ _____ _____ _____, and soon _____ _____ _____ _____ _____ _____. Recently, she went to Okinawa, in Japan to research _____ _____ _____ _____ of the healthiest people in the world and _____ _____ _____ cookbook *Foods of the Wise*.

[7-8]

7. What is the grand opening celebration for?
   (A) A hospital
   (B) A museum
   (C) An airport
   (D) A stadium

8. Who is Dan Petrescu?
   (A) A talk show host
   (B) A TV presenter
   (C) A soccer player
   (D) A singer

[9-10]

9. Why is this year's festival special?
   (A) It will be attended by a celebrity.
   (B) It will be held over five days.
   (C) It has sold out in advance.
   (D) It will be opened by an ex-president.

10. Why should listeners call the station?
    (A) To win passes
    (B) To request a song
    (C) To make a complaint
    (D) To ask a question

Unit 12 뉴스 보도

Part 4

교통 방송, 일기 예보 이외에 라디오에서 들을 수 있는 경제·비즈니스, 지역 행사, 환경, 스포츠·엔터테인먼트 등에 관한 일반적인 뉴스가 등장합니다. 다른 담화와는 달리 다양한 주제나 소재가 등장하므로 다소 난도가 높은 편입니다.

출제유형

- 뉴스 보도의 목적, 뉴스의 중심 소재, 등장 인물 등을 묻는 문제
- 기업의 인수·합병 소식, 실적 발표, 행사 일정 안내, 프로젝트 지연 이유 등을 묻는 문제

문제유형

● 전체를 듣고 푸는 유형

What is being **announced**? 무엇이 안내되고 있는가?
→ A sporting event 스포츠 경기

What is the **broadcast** mainly **about**? 방송은 무엇에 관한 것인가?
→ An airline company acquisition 항공사 인수

Who is **Jessica Westwood**? Jessica Westwood는 누구인가?
→ A spokesman 대변인

● 세부 사항을 듣고 푸는 유형

Why is there a **delay**? 왜 상황이 지연되는가?
→ More product tests will be conducted. 제품 테스트가 더 진행될 것이다.

What are some **residents concerned about**? 일부 주민들은 무엇을 우려하는가?
→ Increased traffic 늘어난 교통량

What is being **built** in **Granville City**? Granville 시에는 무엇이 지어지고 있는가?
→ A public library 공공도서관

Why was the **project delayed**? 프로젝트는 왜 연기되었나?
→ Funding was insufficient. 자금이 부족했다.

What will **listeners hear next**? 청자들은 다음에 무엇을 듣게 되는가?
→ A weather forecast 날씨 정보

Why is Exxon Mobile in the **news**? Exxon Mobile은 왜 뉴스에 등장하는가?
→ It has made a personnel change. 인사 이동이 있었다.

문제풀이전략

Step 1 질문을 먼저 읽고 의문사를 포함한 핵심 단어를 통해 질문 포인트를 숙지합니다.

Why has the schedule changed? 스케줄은 왜 변경되었는가?

Step 2 뉴스 초반에는 다루고자 하는 중심 내용을 요약해서 제시하므로 이 부분을 필히 놓치지 않고 들어야 합니다. 질문에 제시된 단어가 그대로, 또는 다른 말로 바꾸어 언급되는 부분에 유의하며 듣습니다.

> W: Good evening, and thanks for listening to Radio 101.7. We won't be broadcasting the scheduled live musical performance from Albert Symphony Hall today due to problems with our radio transmission equipment. Instead, we have this special guest Mr. Glendale in the studio.
>
> 안녕하세요. 라디오 101.7 방송 청취자 여러분께 감사드립니다. 라디오 송신 장치에 문제가 생겨서 저희는 Albert Symphony Hall에서 진행되는 음악 연주 실황을 중계하지 않습니다. 대신에 특별 게스트인 Glendale 씨를 스튜디오에 모셨습니다.

Step 3 미리 읽어둔 보기와 내용이 일치하는 것을 정답으로 고르도록 합니다. 다른 단어로 바꾸어(paraphrasing) 제시되는 정답에 유의합니다.

> W: Good evening, and thanks for listening to Radio 101.7. We won't be broadcasting the scheduled live musical performance from Albert Symphony Hall today due to problems with our radio transmission equipment. Instead, we have this special guest Mr. Glendale in the studio.
>
> Why has the schedule changed?
> (A) A studio is not available.
> (B) Some equipment is not working.
>
> ☞ 스케줄 변경 사유를 묻고 있으므로 이유를 나타내는 due to 다음에 정답이 제시된다. 라디오 송신 장치에 문제가 생겼다고 한다.

Sample Test

Step별 문제 풀이 전략을 적용해 문제를 풀어보세요. 🔊 121

1. What is the broadcast mainly about?
   (A) The standards of local schools
   (B) The interest rates of banks
   (C) The merger of two companies
   (D) The closure of a museum

2. What does CashTrust Financial plan to do?
   (A) Open more branches
   (B) Close some accounts
   (C) Launch an advertising campaign
   (D) Expand a website

3. What did Arnold Stevenson announce?
   (A) Staff will be given a pay cut.
   (B) Shareholders will be paid a dividend.
   (C) Computer systems will be updated.
   (D) Customers will be able to keep their accounts.

Unit 12 : 뉴스 보도

문제분석

W: In business news today, [1] CashSafe Bank announced that it is joining forces with competitor CreditTrust Inc. to form the new company CashTrust Financial. Both banks had been struggling recently due to a crowded marketplace, and they anticipate that [1] this merge will help them to compete for a larger share of the market.
A spokesperson claimed that following the merger, [2] CashTrust Financial will soon look to open branches in other countries, such as Canada and Mexico, as well as maintain its US branches. The joint CEO of the new company, [3] Arnold Stevenson, stated in a press release that all existing customers will be able to keep the accounts that they opened before the deal was made.

여: 오늘 경제 뉴스입니다. CashSafe Bank는 새로운 회사인 CashTrust Financial의 설립을 위해 경쟁사인 CreditTrust Inc.와 제휴하고 있음을 발표했습니다. 두 은행 모두 최근의 과도한 시장 경쟁 상황으로 인해 어려움을 겪어 왔으며, 이번 합병으로 보다 높은 시장 점유율 확보 경쟁에 도움이 될 것이라 기대하고 있습니다. 대변인은 합병 이후, CashTrust Financial은 미국 내 지점 유지는 물론, 곧 캐나다와 멕시코 같은 다른 나라에 지점 개설을 고려할 것이라고 했습니다. 새 회사의 공동 최고경영자 Arnold Stevenson은 기존 소비자들이 이번 합병 전에 개설된 계좌를 유지할 수 있을 것이라고 보도 자료를 통해 밝혔습니다.

어휘 force 인력, 인적 자원 competitor 경쟁자 struggle 어려움을 겪다 crowded 복잡한 marketplace 시장 merger 합병 compete 경쟁하다 share of the market 시장 점유율 spokesperson 대변인 claim 주장하다 following ~이후에 look to ~을 생각해 보다, 기대하다 joint 공동의 CEO 최고경영책임자 state 공표하다 press release 보도 자료 existing 현존하는 deal 계약, 합의 account 은행 계좌 interest rate 이자율 expand 확대하다 pay cut 임금 삭감 shareholder 주주 dividend 배당금

---

1. **What** is the **broadcast** mainly **about**?
   방송은 주로 무엇에 관한 것인가?
   (A) 지역 학교 표준
   (B) 은행 이자율
   (C) 두 회사의 합병
   (D) 박물관 폐쇄

   Step 1 질문의 핵심어 : What, broadcast, about
   Step 2 뉴스 초반을 보면 CashSafe Bank라는 회사와 CreditTrust Inc. 사가 합쳐 하나의 회사를 만들 것이라고 한다. 중반부 this merger를 통해서도 뉴스는 기업 합병에 관한 것임을 알 수 있으므로 (C)가 정답이다.

2. **What** does **CashTrust Financial** plan to do?
   CashTrust Financial은 미래에 무엇을 할 계획인가?
   (A) 더 많은 지점 개설
   (B) 계좌 폐쇄
   (C) 광고 캠페인 개시
   (D) 웹사이트 확장

   Step 1 질문의 핵심어 : What, CashTrust Financial
   Step 2 뉴스 중반부를 보면 CashTrust Financial은 해외 국가에 지점을 열 생각이라고 하므로 (A)가 정답이다. 본문의 look to는 질문의 plan to do로 paraphrasing 되었다.

3. **What** did **Arnold Stevenson announce**?
   Arnold Stevenson은 어떤 내용을 발표했는가?
   (A) 직원 급여가 삭감될 것이다.
   (B) 주주들이 배당금을 받게 될 것이다.
   (C) 컴퓨터 시스템이 업데이트될 것이다.
   (D) 고객들은 계좌를 유지할 수 있을 것이다.

   Step 1 질문의 핵심어 : What, Arnold Stevenson announce
   Step 3 Arnold Stevenson이 언급된 뉴스 후반부를 보면, 고객들은 기존에 개설한 계좌를 계속 이용할 수 있을 것이라고 하였으므로 (D)가 정답이다.

필수표현

뉴스에서 자주 등장하는 다음 필수 표현을 반드시 암기하도록 합니다.

▶ 뉴스 일반

top story 주요 소식	Our top story today is the presentation of the city's Teacher of the Year award. 오늘의 주요 소식은 시에서 실시한 올해의 교사상 행사입니다.
announce 발표하다	Dr. Bernardo announced that the medical center will be opening a second facility. Bernardo 박사는 메디컬 센터에서 두 번째 시설을 오픈할 것이라고 밝혔습니다.
press release 보도 자료	The public relations department is already preparing press releases. 홍보팀에서는 이미 보도 자료를 준비 중입니다.
press conference 기자 회견	City Mayor, Patrick Wilson spoke about the new park at a press conference yesterday. Patrick Wilson 시장은 어제 기자 회견에서 새 공원에 대해 이야기했습니다.
show (TV, 라디오의) 프로그램, 쇼	Later in the show, Mr. Martelli will answer listeners' questions. 프로그램 후반에서 Martelli 씨는 청취자의 질문에 대답해 드릴 것입니다.
commercial break 광고 방송	Dr. Wesson will share the results of her study with us after this commercial break. Wesson 박사님께서는 이 광고 후에 연구 결과에 대해 함께 이야기하실 겁니다.

▶ 지역 소식

host 진행을 하다; 진행자	I'm here to host a special edition of my program "Music Chat". 오늘 저는 "Music Chat"의 특집 방송을 진행하려고 이 자리에 왔습니다.
sponsor 후원자, 광고주	This exhibit was made possible by our corporate sponsors. 이 전시회는 기업 후원으로 인해 가능했습니다.
statement 성명	A spokesperson from the County Planning Commission released a statement this morning. 주 기획 위원회의 대변인은 오늘 아침 성명을 발표했습니다.
emergency 긴급 상황	In case of emergency, please notify the nearest security guard. 긴급 상황이 발생할 경우, 가까이 있는 경비에게 알리십시오.
findings 발견물, 발견한 것	More than 20 renowned scientists will present their latest research findings. 20명 이상의 저명한 과학자들이 자신들의 최근 연구 결과를 발표할 것입니다.
extensive 광범위한	Power outage is most likely due to the extensive use of cooling systems. 정전 사태는 냉방 장치를 대대적으로 사용해서 발생한 일일 것입니다.
appliance 가전제품	The company produces state-of-the-art energy saving appliances. 그 업체는 최신식의 에너지 절약형 가전제품을 생산합니다.

▶ 정치 · 경제 뉴스

exclusive 독점적인		We have an exclusive interview with the renowned Dr. Grace. 저희는 저명한 Grace 박사님과 단독 인터뷰를 가질 것입니다.
transport 옮기다, 수송하다		Transporting products by truck is cheaper than we expected. 트럭으로 제품을 수송하는 것은 우리가 예상했던 것보다 비용이 적게 듭니다.
resume 재개하다, 다시 시작하다		After delays due to heavy snowfall this winter, work on the project resumed last week. 올 겨울 폭설로 인해 지연되고 나서, 프로젝트 수행은 지난주에 재개되었습니다.
priority 우선 사항		This project takes priority over all other projects. 이번 프로젝트는 다른 모든 것보다도 우선시됩니다.
spokesperson 대변인		Today, a spokesperson for the city council announced the proposal to build a new stadium. 오늘 시의회의 대변인은 새 경기장 건설 계획을 발표했습니다.
economic slowdown 경기 침체		The global economic slowdown is likely to continue. 전 세계적인 경기 침체는 계속될 듯합니다.
insufficient 부족한, 불충분한		Construction of the building has been delayed because of insufficient funding. 그 건물 공사는 자금 부족으로 인해 지연되었습니다.
respond 대응하다, 부응하다		Local businesses responded to the increased demand for services by opening new downtown shops. 지방 기업들은 시내에 새로운 매장들을 오픈함으로써 늘어나는 서비스 수요에 부응했습니다.
municipal government 지방 자치 단체		The municipal government offices have relocated to a historic building. 지방 자치 단체의 사무실들은 역사적인 건물로 이전했습니다.
authority 관련 당국		The car accident has forced the transportation authority to close one lane of traffic. 그 자동차 사고로 인해 교통 당국이 차선 하나를 폐쇄해야만 했습니다.
official 관계자, 공무원		Officials from both companies met this morning to negotiate the final details. 두 업체 관계자들은 최종 세부 사항을 협상하려고 오늘 아침에 만났습니다.
sales 매출, 판매량		The sales rose considerably due to the successful release of new products. 신제품의 성공적인 출시로 인해 매출은 급격히 늘어났습니다.
discontinue 중단하다, 단종시키다		That fabric has been discontinued because it wasn't selling well. 그 원단은 잘 팔리지 않아 단종되었습니다.
acquisition 인수		They announced that the acquisition should be completed by December 31st. 그들은 12월 31일까지 인수가 마무리될 것이라고 발표했습니다.
on the market 시중에, 시장에 내놓은		Locus Beverages has something new on the market called Energy Splash. Locus Beverages 사는 Energy Splash라는 새로운 음료를 시장에 선보였습니다.
elect 당선시키다		They elected Mr. Clancy chairman of the board. 그들은 Clancy 씨를 이사회 의장으로 선출하였습니다.

More to TOEIC

뉴스 보도에서 자주 접할 수 있는 다음의 구어체 표현을 익혀봅니다.

▶ 뉴스에서 주요 소식을 전하는 멘트

In business news today ~ 오늘의 경제 뉴스는 ~입니다.

The big story in business news today is the proposed purchase of XU Computers by software giant, Forum Enterprise. 오늘 경제 뉴스에서 가장 큰 화제는 소프트웨어 거대 기업인 Forum Enterprise의 XU 컴퓨터사 인수 제안입니다.

Thank you for tuning into ~ ~을 청취해 주셔서 감사합니다.

Thanks for tuning into the local news on PRG 1515 radio. PRG 1515 라디오 지역 뉴스를 청취해 주셔서 감사합니다.

I'll be back ~ ~후에 다시 찾아뵙겠습니다.

I'll be back with more after this message from our sponsor.
후원사에서 전하는 말씀 듣고 더 많은 소식으로 다시 찾아뵙겠습니다.

Stay tuned ~ 채널 고정하십시오.

Stay tuned to hear how to get involved in improving our city's neighborhoods.
우리의 도시 주변 개선에 참여하는 방법에 대해 듣고 싶으시면 채널을 고정하십시오.

Coming up ~ ~의 방송이 이어집니다.

Here are some highlights of today's program coming up after the news.
뉴스가 끝난 후에 오늘 프로그램의 하이라이트를 소개해 드리겠습니다.

Practice

음성을 듣고 빈칸을 채운 뒤, 질문에 알맞은 응답을 고르세요. 🔊 122

1 Why is Eagle Enterprise in the news?
(A) It has merged with another company.
(B) It has made a personnel change.

> M: And now for _____ _____ _____. At this morning's press conference, Eagle Enterprise _____ ____ ____ _____ _____ _____, Tanaka Ryuichi. Mr. Ryuichi has previously served as the _____ ____ _____ _____ at the company.

2 What change did Aurora World Inc. recently made?
(A) Upgrading a security system
(B) Hiring new sales associates
(C) Launching an advertising campaign
(D) Releasing a new line of products

> W: Hello, this is Molly Williams _____ _____ _____ _____ _____. This morning, Aurora World Inc., a leading domestic toy maker, _____ ____ _____ _____ in the third quarter. The company spokesperson, Nicolas Bloom _____ ____ _____ _____ ____ the company's recent introduction of a new line of train sets.

[3-4]

3 What is being announced?
(A) A construction project
(B) A sporting event

4 According to the speaker, what does the city website list?
(A) Road closures
(B) Cultural events

> W: ____ _____ _____, the annual Madison Marathon Race will be held this Sunday. _____ _____ _____ is a 20-kilometer foot race through the streets of the old town. Please note that _____ _____ _____ ____ _____ for the race on Sunday from 9 A.M. to 6 P.M. You can _____ ____ _____ ____ _____ _____ on the city website at www.madisoncity.net.

[5-6]

5 What construction project is the speaker discussing?
(A) A shopping mall
(B) A conference center
(C) A subway line
(D) An airport terminal

6 What caused the delay?
(A) A shortage of qualified workers
(B) Late supply shipments
(C) Poor weather conditions
(D) Insufficient funding

> W: Hello, this is Donna Montgomery _____ _____ _____ _____.
> A spokesperson from the City Planning Commission _____ _____ _____
> _____ _____ about the DFW Airport's new international terminal. After
> delays _____ _____ _____ _____ _____, _____ _____ _____
> _____ _____ last week and crews all worked overtime to ensure that the
> _____ _____ _____ _____ on May 1st _____ _____.

[7-8]

7 What is being announced?
(A) An election result
(B) A cooking competition
(C) A library refurbishment
(D) A restaurant opening

8 What will the fee be used for?
(A) Purchasing sports equipment
(B) Constructing a church
(C) Helping to fund a youth center
(D) Renovating a statue

[9-10]

9 What type of business is Envirotec Ltd.?
(A) A cell phone manufacturer
(B) A stationary store
(C) A post office
(D) A supermarket

10 Why is there a delay?
(A) An invoice has been lost.
(B) An employee is off sick.
(C) There are some software issues.
(D) There is too much traffic on the roads.

Actual Test

담화를 듣고 질문에 알맞은 응답을 고르세요. 123

1. What is being advertised?
   (A) A music festival
   (B) An art exhibit
   (C) A business seminar
   (D) A vacation package

2. According to the speaker, what is special about Sebastian Gastron?
   (A) He has done a lot of work for charity.
   (B) He owns several properties.
   (C) He is visiting from abroad.
   (D) He is one of the world's richest men.

3. How can listeners get tickets?
   (A) By asking Mr. Gastron
   (B) By calling the radio station
   (C) By writing to a newspaper
   (D) By going online

4. What project has been proposed?
   (A) The preservation of a forest
   (B) The renovation of a cathedral
   (C) The building of a museum
   (D) The refurbishment of an office block

5. Why do supporters say the project is necessary?
   (A) To enhance the city's image
   (B) To improve children's education
   (C) To generate money for the city
   (D) To attract more tourists

6. What are some residents concerned about?
   (A) The construction cost
   (B) Increased pollution
   (C) Overcrowding
   (D) The choice of engineer

7. What is being announced?
   (A) A weather forecast
   (B) Election results
   (C) A road closing
   (D) Local activities

NEW
8. Why does the speaker say, "Please avoid standing under trees and electricity poles"?
   (A) To inform listeners it could be dangerous
   (B) To encourage listeners to enjoy the concert
   (C) To avoid traffic jam
   (D) To reschedule the concert

9. What has been rescheduled?
   (A) A store opening
   (B) A construction work
   (C) A sporting event
   (D) A music concert

10. Why was the baseball game rescheduled?
    (A) Construction work was planned.
    (B) Some players were injured.
    (C) The stadium was being repaired.
    (D) The weather was bad.

11. According to the speaker, why should some listeners watch a game on television?
    (A) Rainshower is predicted.
    (B) There are no tickets left.
    (C) There is no available parking
    (D) The ticket is too expensive.

NEW
12. Look at the graphic. Which parking area will be closed?
    (A) Area A
    (B) Area B
    (C) Area C
    (D) Area D

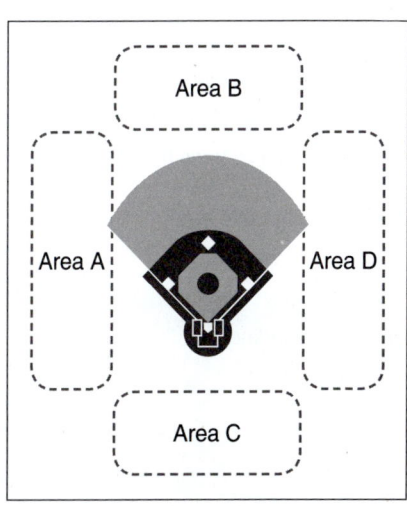

Part Test 4

음성을 듣고 질문에 알맞은 응답을 고르세요. 🔊 124

71 What kind of business is the speaker calling?
(A) A hotel
(B) A travel agency
(C) A medical clinic
(D) A shipping company

72 What does the speaker ask about?
(A) A prior notice
(B) Flight information
(C) Postage rates
(D) Vaccination requirements

73 When does the speaker say she will be available?
(A) This morning
(B) This afternoon
(C) Tomorrow morning
(D) Tomorrow afternoon

74 What merchandise is being advertised?
(A) Kitchen utensils
(B) Lighting
(C) Garden furniture
(D) Electronics

75 What change has taken place at the store?
(A) It has been renovated.
(B) New staff have been employed.
(C) A new range of products has been delivered.
(D) Vending machines have been added.

76 When will the sale end?
(A) On Thursday
(B) On Friday
(C) On Saturday
(D) On Sunday

77. Who most likely is the speaker?
   (A) A technical trainer advisor
   (B) An event organizer
   (C) A furniture salesperson
   (D) A customer service representative

78. Why is the speaker calling?
   (A) To confirm a reservation
   (B) To double-check a list of attendees
   (C) To make a recommendation
   (D) To request missing information

79. What does the speaker say she will do next week?
   (A) Meet with potential buyers
   (B) Reserve some equipment
   (C) Send out survey forms
   (D) Contact coworkers

80. What is the purpose of the event?
   (A) To introduce a tour guide
   (B) To announce a company outing
   (C) To celebrate a grand opening
   (D) To promote a travel service

81. When are listeners invited to come?
   (A) On Saturday
   (B) On Sunday
   (C) On Monday
   (D) On Tuesday

82. What will be given to all participants?
   (A) A brochure
   (B) A raffle ticket
   (C) A free beverage
   (D) A discount coupon

GO ON TO THE NEXT PAGE

83 Who will visit the plant next month?
- (A) Clients
- (B) Investors
- (C) Summer interns
- (D) International colleagues

84 What is being planned for March 15th?
- (A) A design contest
- (B) A job interview
- (C) A welcome reception
- (D) An awards ceremony

85 According to the speaker, what will listeners receive tomorrow?
- (A) An invitation to an event
- (B) A staff directory
- (C) A training manual
- (D) A registration form

---

86 What did the caller see advertised?
- (A) Factory equipment
- (B) Home appliances
- (C) Computers
- (D) Office furniture

87 Why is the caller interested in making a purchase?
- (A) His company's machinery is outdated.
- (B) He needs to equip a new branch office.
- (C) He will be moving to another city.
- (D) He is having problems with his regular supplier.

88 What does the caller request?
- (A) A product catalog
- (B) A delivery schedule
- (C) Directions to a nearby store
- (D) A list of suppliers

89. What kind of products does the company sell?
   (A) Snack foods
   (B) Sports gear
   (C) Clothing
   (D) Beverages

NEW
90. Why does the speaker say, "We still need to continue to create new commercials"?
   (A) To cope with a highly competitive market
   (B) To encourage new product development
   (C) To reduce advertising costs
   (D) To increase the amount of beverage purchases

91. What is Mr. Holland likely to do next?
   (A) Hire marketing assistant
   (B) Make a presentation
   (C) Interview candidates
   (D) Send a letter

92. What does the speaker ask the listener to do?
   (A) Review the video
   (B) Buying a cellular phone
   (C) E-mail some coworkers
   (D) Have lunch with her

93. What does the speaker want to discuss with the listener?
   (A) Traveling to South America
   (B) Creating an e-mail account
   (C) Adding promotional ideas
   (D) Reducing department spending

NEW
94. Look at the graphic. When will the speaker and the listener most likely meet?
   (A) 2:00 P.M.
   (B) 3:00 P.M.
   (C) 4:00 P.M.
   (D) 5:00 P.M.

Sally Rose's Afternoon Schedule	
1:00 P.M.	Lunch with clients
2:00 P.M.	Meeting with the CFO
3:00 P.M.	Brainstorming for new product ideas
4:00 P.M.	Budget meeting
5:00 P.M.	Performance review

GO ON TO THE NEXT PAGE

95. Where does the speaker most likely work?
    (A) A construction firm
    (B) An interior design company
    (C) A utility company
    (D) A web design company

NEW
96. Look at the graphic. How much is the listener's late fee?
    (A) $10.00
    (B) $15.00
    (C) $20.00
    (D) $25.00

Gas Bill Late Fee	
3 days	$ 10
7 days	$ 15
10 days	$ 20
Over 10 days	$ 25

97. What does the speaker recommend doing?
    (A) Registering for a plan
    (B) E-mail her
    (C) Paying a late fee promptly
    (D) Calling an Internet service provider

98. What is the store celebrating?
    (A) An employee promotion
    (B) A grand opening
    (C) A clearance sale
    (D) An office move

99. When will the event end?
    (A) Next month
    (B) Next week
    (C) In three days
    (D) Tonight

NEW
100. Look at the graphic. Which item can listeners buy at extra discount prices?
    (A) TV sets
    (B) Refrigerators
    (C) Washing machines
    (D) Computers

Big Sale!
Get Additional 10% discount

Items	Time
TV sets	11:00A.M.~12:00P.M.
Refrigerators	12:00P.M.~01:00P.M.
Washing machines	01:00P.M.~02:00P.M.
Computers	02:00P.M.~03:00P.M.

Limited time only - Total discount up to 50%

Final Test

LISTENING TEST

🎧 Final Test

In the listening test, you will be asked to demonstrate how well you understand spoken English. The entire Listening test will last approximately 45 minutes. There are four parts, and directions are given for each part. You must mark your answers on the separate answer sheet. Do not write your answers in your test book.

PART 1

Directions: For each question in this part, you will hear four statements about a picture in your test book. When you hear the statements, you must select the one statement that best describes what you see in the picture. Then find the number of the question on your answer sheet and mark your answer. The statements will not be printed in your test book and will be spoken only one time.

Statement (C), "They are walking along a beach." is the best description of the picture, so you should select answer (C) and mark it on your answer sheet.

1

2

3

4

5

6

PART 2

Directions: You will hear a question or statement and three responses spoken in English. They will not be printed in your test book and will be spoken only one time. Select the best response to the question or statement and mark the letter (A), (B), or (C) on your answer sheet.

7. Mark your answer on your answer sheet.
8. Mark your answer on your answer sheet.
9. Mark your answer on your answer sheet.
10. Mark your answer on your answer sheet.
11. Mark your answer on your answer sheet.
12. Mark your answer on your answer sheet.
13. Mark your answer on your answer sheet.
14. Mark your answer on your answer sheet.
15. Mark your answer on your answer sheet.
16. Mark your answer on your answer sheet.
17. Mark your answer on your answer sheet.
18. Mark your answer on your answer sheet.
19. Mark your answer on your answer sheet.
20. Mark your answer on your answer sheet.
21. Mark your answer on your answer sheet.
22. Mark your answer on your answer sheet.
23. Mark your answer on your answer sheet.
24. Mark your answer on your answer sheet.
25. Mark your answer on your answer sheet.
26. Mark your answer on your answer sheet.
27. Mark your answer on your answer sheet.
28. Mark your answer on your answer sheet.
29. Mark your answer on your answer sheet.
30. Mark your answer on your answer sheet.
31. Mark your answer on your answer sheet.

PART 3

Directions: You will hear some conversations between two or more people. You will be asked to answer three questions about what the speakers say in each conversation. Select the best response to each question and mark the letter (A), (B), (C), or (D) on your answer sheet. The conversations will not be printed in your test book and will be spoken only one time.

32 Where are the speakers?
   (A) At a bank
   (B) At a shopping center
   (C) At a hotel
   (D) At a restaurant

33 What did the woman ask for?
   (A) Placing an order
   (B) Making a deposit
   (C) Changing her room
   (D) Dry cleaning some clothes

34 When is the interview?
   (A) On Sunday
   (B) On Monday
   (C) On Wednesday
   (D) On Thursday

35 What are the speakers talking about?
   (A) A movie theater
   (B) A computer
   (C) A new musical
   (D) A new book

36 What is the woman's problem?
   (A) She saw a movie already.
   (B) She doesn't have much money.
   (C) She is busy tonight.
   (D) Her computer is broken.

37 What does the man offer the woman?
   (A) A free ticket
   (B) His computer
   (C) A theater membership
   (D) A discounted price

GO ON TO THE NEXT PAGE

38. Where most likely are the speakers?
   (A) At a parking lot
   (B) At a ticket booth
   (C) At a cooking school
   (D) At a grocery store

NEW
39. Why does the man say, "I've never made this before"?
   (A) He is surprised that a task was difficult.
   (B) He is apologizing for breaking a bottle.
   (C) He is not interested in a product.
   (D) He wants some instructions.

40. Where will the man most likely go next?
   (A) To a bakery
   (B) To a checkout counter
   (C) To a garage
   (D) To a different branch

41. What did the man give the woman last Friday?
   (A) A marketing report
   (B) Sales figures
   (C) Survey results
   (D) A letter of reference

42. Why does the woman offer to meet the man?
   (A) To prepare a presentation
   (B) To review product specifications
   (C) To provide feedback on a report
   (D) To make a hiring decision

43. What does the man plan to do this afternoon?
   (A) Contact a client
   (B) Discuss a business contract
   (C) Conduct some interviews
   (D) Postpone a meeting

44. What was the purpose of the man's trip?
    (A) To look at building sites
    (B) To inspect factory equipment
    (C) To attend a conference
    (D) To give a presentation

45. What does the man say about the Archer County site?
    (A) It has enough space.
    (B) It is conveniently located.
    (C) It may attract new businesses.
    (D) It has a broader consumer base.

46. What does the woman remind the man to do?
    (A) Register for a conference
    (B) Submit his expense receipts
    (C) Update a construction estimate
    (D) Report a problem to his supervisor

47. In which department do the speakers work?
    (A) Manufacturing
    (B) Public Relations
    (C) Human Resources
    (D) Marketing

48. What does the man suggest that Susan do?
    (A) Hiring an intern
    (B) Drive to work together
    (C) work in a national park
    (D) Share an office

49. What does Kathy Olivia ask for?
    (A) A parking permit
    (B) A map
    (C) A telephone number
    (D) A mailing address

GO ON TO THE NEXT PAGE

50 Where do the speakers most likely work?
(A) At a shoe-repair shop
(B) At a broadcasting station
(C) At an advertising agency
(D) At a footwear manufacturer

NEW
51 Why does the woman say, "I can ask Simon to update me later"?
(A) She does not know what to do.
(B) She cannot attend the meeting.
(C) She wants her colleague to handle the matter.
(D) She wants the design team meeting to be postponed.

52 What does the woman plan to do?
(A) Update the e-mail system
(B) Reserve a meeting room
(C) Change her company's logo
(D) Contact some colleagues

53 What is the man waiting for?
(A) A customer's order
(B) A product description
(C) A meeting agenda
(D) A piece of equipment

54 When does the woman want to use the conference room?
(A) On Tuesday morning
(B) On Tuesday afternoon
(C) On Wednesday morning
(D) On Wednesday afternoon

55 What does the woman want to use the room for?
(A) A training class
(B) A recording session
(C) A client meeting
(D) A job interview

56 What is the man trying to find?

(A) A bookstore

(B) A record shop

(C) A gift shop

(D) A bakery

57 Why should the man hurry?

(A) People are waiting for him.

(B) He is late for a party.

(C) The store will close soon.

(D) Cakes will be sold out.

NEW
58 Why does the woman say, "It'll only take about ten minutes"?

(A) She believes it's within walking distance.

(B) She lives near the department store.

(C) She prefers to take a taxi.

(D) She doesn't know how to drive.

59 What project is the man working on?

(A) Designing a brochure

(B) Organizing a meeting

(C) Reviewing tourist attractions

(D) Planning an itinerary

NEW
60 Look at the graphic. Which category will the man most likely search?

(A) Category 1

(B) Category 2

(C) Category 3

(D) Category 4

61 Why does the woman recommend using photographs from gettoimage.com?

(A) All the photographs are available for free.

(B) The photographs come in various sizes.

(C) They offer the biggest collection of photographs.

(D) They are giving away free coupons.

http://gettoimages.com
gettoimages.com Categories
1 Food
2 Business
3 Travel
4 Animals

GO ON TO THE NEXT PAGE

62. Who most likely is the man?
   (A) A marketing manager
   (B) A maintenance worker
   (C) An interior designer
   (D) A sales representative

63. What information does the woman provide?
   (A) A room number
   (B) A security password
   (C) The installation instructions
   (D) The name of a company

64. What does the woman plan to do at two o'clock?
   (A) Set up video equipment
   (B) Order a replacement part
   (C) Demonstrate a new product
   (D) Meet with a manager

65. What is the woman trying to buy?
   (A) Some luggage
   (B) A purse
   (C) Designer jewelry
   (D) Sports tickets

NEW
66. Look at the graphic. Which discount will the woman receive?
   (A) 5% off
   (B) 10% off
   (C) 15% off
   (D) 20% off

67. What does the man offer to do?
   (A) Process an order
   (B) Check if the item is in stock
   (C) Expedite a shipment
   (D) Send her a discount coupon

Guzzi Designer
Online Order Discounts
Coupon code number: 0004855

5% off	10% off	15% off	20% off
$500	$1,000	$1,500	$2,000

Visit our Online Shop!

68 Who most likely is the woman?
(A) A sales clerk
(B) A technician
(C) A hotel clerk
(D) A travel agent

69 What does the man ask about?
(A) A price list
(B) An online survey
(C) The availability of an item
(D) Phone accessories

NEW
70 Look at the graphic. Which amount will be removed from the bill?
(A) $ 350
(B) $ 20
(C) $ 60
(D) $ 90

Item	Price
Mobile phone	$ 350
phone case	$ 20
Monthly service plan	$ 60
Extended warranty	$ 90
Total	$ 520

GO ON TO THE NEXT PAGE

PART 4

Directions: You will hear some talks given by a single speaker. You will be asked to answer three questions about what the speaker says in each talk. Select the best answer response to each question and mark the letter (A), (B), (C), or (D) on your answer sheet. The talks will not be printed in your test book and will be spoken only one time.

71. Where is the speaker calling from?
    (A) A doctor's office
    (B) A library
    (C) A pharmacy
    (D) A delivery service

72. What does the speaker ask Mr. Lopez to do?
    (A) Request some documents
    (B) Pick up some medication
    (C) Make an appointment
    (D) Place an order

73. What does the speaker remind Mr. Lopez to do?
    (A) Send a payment
    (B) Provide identification
    (C) Read written instructions
    (D) E-mail his new address

74. According to the speaker, what is the store known for?
    (A) Its affordable prices
    (B) Its extended warranties
    (C) Its large selection
    (D) Its convenient location

75. What will customers be offered when they visit the store?
    (A) Free refreshments
    (B) A decorating guide
    (C) Child-care services
    (D) A discount coupon

76. What new items will the store sell next month?
    (A) Gardening tools
    (B) Holiday decorations
    (C) Household appliances
    (D) Handmade jewelry

77 What is the talk mainly about?

(A) Promotional items

(B) Marketing costs

(C) Company sales

(D) Price increases

78 Where does the speaker say the company should advertise?

(A) In magazines

(B) In newspapers

(C) On the radio

(D) On the Internet

79 What will Roger do next?

(A) Submit statistics

(B) Receive a reward

(C) Review policies

(D) Present a report

80 Who most likely is the listener?

(A) A job applicant

(B) A new employee

(C) A department manager

(D) A previous customer

81 What has Ms. Mackenzie expressed interest in?

(A) Sharing rides to work

(B) Changing work schedules

(C) Finding a new place to live

(D) Renting a company car

82 What is Ms. Mackenzie asked to do?

(A) Pay an application fee

(B) Submit a completed form

(C) Call a hiring manager

(D) Send a job résumé

GO ON TO THE NEXT PAGE

83. What is the message mainly about?
    (A) Vacation destinations
    (B) Office equipment
    (C) Dinner reservations
    (D) Travel arrangements

84. According to the message, what will the caller do this afternoon?
    (A) Leave for a vacation
    (B) E-mail some information
    (C) Purchase a flight ticket
    (D) Change a phone number

85. What is mentioned about Natalie Wright?
    (A) She is the manager of a department.
    (B) She will perform additional scheduling tasks.
    (C) She will provide transportation to the airport.
    (D) She works in the Singapore branch.

86. What is the advertisement mainly about?
    (A) A moving sale
    (B) A sports competition
    (C) A street festival
    (D) A factory opening

87. What type of business is being advertised?
    (A) A moving company
    (B) A clothing shop
    (C) An electronics manufacturer
    (D) A dance supplies store

NEW
88. Why does the speaker say, "You'd better visit us on the first day, though"?
    (A) The inventory is limited.
    (B) The store will be closed.
    (C) The building is under renovation.
    (D) Traffic is heavy.

89 Where does the speaker work?
   (A) In the research department
   (B) In the web design department
   (C) In the advertising department
   (D) In the human resources department

90 What is the talk about?
   (A) A company acquisition
   (B) Recent achievements
   (C) A job opening
   (D) A tour of a company

91 What does the company specialize in?
   (A) Tours of Asia
   (B) Computer graphics
   (C) Market analysis
   (D) Interior design

92 What is the talk mainly about?
   (A) Construction work of a stadium
   (B) Job openings in a department
   (C) Plans to remodel an office
   (D) Rules for using shared office

93 How long will the construction last?
   (A) For three days
   (B) For a week
   (C) For a month
   (D) For a year

NEW
94 Why does the speaker say, "Please use e-mail or your mobile phone"?
   (A) Employees cannot use office telephone.
   (B) Mobile phone is cheaper.
   (C) They need to cancel the meeting.
   (D) They are moving to a new office.

GO ON TO THE NEXT PAGE

95 Why was the flight cancelled?

(A) The weather was bad.

(B) The captain got sick.

(C) The flight attendants were on strike.

(D) The airplane is out of order.

NEW

96 Look at the graphic. Which number should Ryan Bond pay attention to now?

(A) AW9030

(B) C20

(C) B2

(D) A23

Ryan Bond	January 7, 2018	Skygo Airlines	
Flight	Gate	Boarding area	Departing
AW9030	C20	B2	9:00 A.M.

Seat A23 Window

97 Where can passengers get meal coupons?

(A) At an airport counter

(B) At the airport cafeteria

(C) On the plane

(D) At the reception desk

98 Which department is the speaker calling?

(A) Security

(B) Maintenance

(C) Sales

(D) Human Resources

NEW

99 Look at the graphic. What information does the speaker say is incorrect?

(A) Jackson&Associates

(B) Lucas Brook

(C) 121

(D) 555-3847

Jackson&Associates

Address
331 5th Ave. NewYork, NewYork, 10118
Name Lucas Brook
Tel. 555-3847 **Ext.**121

100 What does the speaker ask the listener to do?

(A) Confirm E-mail

(B) Fax personal information

(C) Send text message

(D) Return a phone call

메모

新 완전절친 TOEIC 베이직 LC

정답 및 해설

新 완전절친 TOEIC 베이직 LC

개정판

정주영·윤기원·글로벌어학연구소 공저

정답 및 해설

Part 1

Unit 01   1인 사진

Part 1

CHECK UP
Answer (A)

[CnM]
(A) She is looking through a handbag. (o)
(B) She is carrying a shopping basket. (x)
(C) She is trying on a pair of shoes. (x)
(D) She is moving a table. (x)

(A) 여자는 핸드백을 뒤지고 있다.
(B) 여자는 쇼핑바구니를 들고 있다.
(C) 여자는 신발을 신어 보고 있다.
(D) 여자는 테이블을 옮기고 있다.

어휘 look through 샅샅이 조사하다   try on ~을 입어[신어] 보다

해설 여자의 동작에 주목한다. 핸드백 속을 들여다보고 있는 것이 주된 동작이다. (B)와 (C)는 동작과 대상을 잘못 묘사하고 있으며, (D)는 사진에 보이는 사물을 이용한 오답이다.

Practice
Answer   1. (A)   2. (A)   3. (B)   4. (A)   5. (B)   6. (D)

1

[BrW]
(A) He is preparing some food.
(B) He is cleaning a bottle.

(A) 남자는 음식을 준비하고 있다.
(B) 남자는 병을 닦고 있다.

어휘 prepare 준비하다   bottle 병

해설 남자가 주방에서 음식을 만들고 있는 모습이다. (B)는 사진에 bottle이 보이기는 하지만 남자의 동작을 잘못 묘사하고 있다.

2

[CnM]
(A) She is drinking from a water fountain.
(B) She is washing dishes in a sink.

(A) 여자는 식수대에서 물을 마시고 있다.
(B) 여자는 싱크대에서 접시를 닦고 있다.

어휘 water fountain (분수식) 식수대   sink 싱크대

해설 여자가 식수대에서 물을 마시는 모습을 묘사하고 있다. (B)는 식수대와 비슷한 모양의 sink(싱크대)를 이용한 오답이다.

3

[AuM]
(A) She is putting up a shelf.
(B) She is pushing a cart.

(A) 여자는 선반을 세우고 있다.
(B) 여자는 카트를 밀고 있다.

어휘 / put up 세우다 shelf 선반 cart 카트

해설 / 여자가 박스를 쌓은 카트를 밀고 있는 모습이다. (A)는 사물과 동작을 모두 잘못 묘사하고 있다.

4

[AmW]
(A) He is kneeling by the wheel of the truck.
(B) He is wearing a safety helmet.
(C) He is dumping gravel on a road.
(D) He is putting away some tools.

(A) 남자는 트럭 바퀴 옆에 무릎을 꿇고 있다.
(B) 남자는 안전모를 착용하고 있다.
(C) 남자는 길에 자갈을 쏟고 있다.
(D) 남자는 도구를 치우고 있다.

어휘 / kneel 무릎을 꿇다 safety helmet 안전모 dump 쏟아 버리다 gravel 자갈 put away 치우다

해설 / (A) 남자가 바퀴 옆에 무릎을 꿇고 앉아 작업하고 있는 모습을 옳게 묘사한 정답이다.
(B) 남자가 착용하고 있는 것은 안전모가 아닌 장갑(glove)이다.
(C) 쏟는(dump) 동작이 아니므로 잘 모르는 단어 gravel이 나와도 정답이 아님을 알 수 있다.
(D) 사진에 도구는 보이지 않으며 남자가 이를 치우고 있는 동작도 아니므로 오답이다.

5

[AuM]
(A) A man is walking through the water.
(B) A man is photographing some sceneries.
(C) A man is placing his camera in a case.
(D) A man is displaying some photographs.

(A) 남자는 물속을 걷고 있다.
(B) 남자는 풍경 사진을 찍고 있다.
(C) 남자는 카메라를 케이스에 넣고 있다.
(D) 남자는 사진을 전시하고 있다.

어휘 / photograph 사진, 사진을 찍다 place 놓다, 두다 display 전시하다

해설 / (A) 남자의 자세를 잘못 묘사한 오답이다.
(B) 남자가 물속에 서서 사진을 찍고 있는 모습이므로 정답이다.
(C) 남자의 동작을 잘못 묘사하였다. 카메라는 가방이 아닌 눈 쪽에 있다.
(D) 사진 찍는 상황을 이용하여 혼동을 유도한 오답이다.

6

[BrW]
(A) He is watching television.
(B) He is standing next to a vehicle.
(C) He is cleaning the floor.
(D) He is working on some equipment.

(A) 남자는 텔레비전을 보고 있다.
(B) 남자는 차량 옆에 서 있다.
(C) 남자는 바닥을 치우고 있다.
(D) 남자는 장비를 손보고 있다.

어휘 / next to ~ 옆에 vehicle 차량 work on ~에 대해 작업하다 equipment 장비, 기기

해설 / (A) 남자가 보고 있는 사물을 잘못 묘사하고 있는 오답이다.
(B) 남자의 위치를 잘못 묘사하고 있는 오답이다.
(C) 남자의 동작과 대상을 잘못 묘사하고 있는 오답이다.
(D) 남자가 장비를 손보고 있는 동작을 옳게 묘사한 정답이다.

Unit 02　2인 이상 사진

Part 1

CHECK UP
Answer (B)

[CnM]
(A) Some people are watching a game. (x)
(B) Two people are facing each other across the counter. (o)
(C) A man is sitting behind the desk. (x)
(D) A woman is taking a box down from a shelf. (x)

(A) 사람들이 게임을 보고 있다.
(B) 두 사람이 카운터를 사이에 두고 마주 보고 있다.
(C) 남자는 책상 뒤에 앉아 있다.
(D) 여자는 선반에서 박스를 내리고 있다.

어휘 face 얼굴을 마주하다

해설 카운터를 사이에 두고 여자가 남자와 마주 보고 있는 모습이 두드러진다. (A)는 사람들의 동작과 사물을 잘못 묘사하고 있으며 (C)는 남자의 동작과 위치를 잘못 묘사하고 있다. (D)는 사진에 보이지 않는 여자의 동작을 잘못 묘사한 오답이다.

Practice
Answer　1. (A)　2. (B)　3. (B)　4. (A)　5. (C)　6. (D)

1

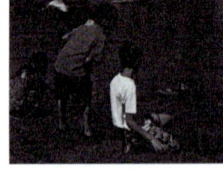

[AmW]
(A) They are looking into the water.
(B) They are swimming in a river.

(A) 사람들은 물 속을 들여다 보고 있다.
(B) 사람들은 강에서 헤엄치고 있다.

어휘 look into 들여다보다

해설 사람들이 물 속을 들여다보는 동작을 묘사하고 있다. (B)는 '강'이라는 장소를 이용한 오답으로서 이들은 수영을 하고 있지 않다.

2

[AuM]
(A) The people are sitting on opposite sides of the desk.
(B) The people are wearing headphones.

(A) 사람들은 책상에서 마주 보고 앉아 있다.
(B) 사람들은 헤드폰을 착용하고 있다.

어휘 opposite 맞은편에

해설 사람들이 모두 헤드폰을 끼고 일하는 동작이다. (A)는 사람들이 앉아 있는 동작은 옳게 묘사하였으나, 맞은편이 아닌 나란히(next to) 앉아 있으므로 위치를 잘못 묘사하고 있다.

3

[AmW]
(A) People are shopping for hats.
(B) Some people are buying groceries.

(A) 사람들이 모자를 쇼핑하고 있다.
(B) 사람들이 식료품을 구매하고 있다.

어휘 shop for ~을 쇼핑하다 grocery 식료품

해설 사람들이 식료품점에서 물건을 사고 있는 모습이다. (A)는 동작은 옳게 나타내었으나, 그 대상을 잘못 묘사하고 있다. 사진 속에는 모자가 보이지 않는다.

4

[AuM]
(A) Two people are pointing at a menu.
(B) A woman is pouring water into a cup.
(C) A man is handing a napkin.
(D) People are setting up a table.

(A) 두 사람이 메뉴판을 가리키고 있다.
(B) 여자가 컵에 물을 따르고 있다.
(C) 남자가 냅킨을 건네주고 있다.
(D) 사람들이 테이블을 차리고 있다.

어휘 point at ~을 가리키다 pour 따르다 hand 건네주다 set up 차리다, 마련하다

해설 (A) 손님으로 보이는 남자와 웨이트리스가 메뉴판을 보며 손가락으로 가리키고 있는 모습이므로, 이를 간결하게 묘사한 정답이다.
(B) 여자는 컵이 아닌 메뉴판을 들고 손으로 가리키고 있으므로 동작과 사물을 잘못 묘사한 오답이다.
(C) 남자의 동작을 잘못 묘사한 오답이다.
(D) 테이블은 이미 차려져 있으므로 사람의 동작을 잘못 묘사한 오답이다.

5

[BrW]
(A) People are watching slides.
(B) People are examining products.
(C) A person's hand is raised.
(D) The woman is using tools in a presentation.

(A) 사람들이 슬라이드를 보고 있다.
(B) 사람들이 제품을 검사하고 있다.
(C) 한 사람이 손을 들었다.
(D) 여자가 프레젠테이션에서 도구를 사용하고 있다.

어휘 slide 슬라이드 examine 자세히 보다, 검사하다 raise 들어 올리다

해설 (A) 사람들은 슬라이드를 보고 있지 않으므로 오답이다.
(B) 사람들이 보고 있는 것은 제품이 아닌 문서(document)이므로 오답이다.
(C) 수업 시간에 한 남자가 손을 들고 있는 모습을 제대로 묘사한 정답이다.
(D) 여자의 동작을 잘못 묘사한 오답이다.

6

[CnM]
(A) Some people are playing a game on a field.
(B) The people are crossing the bridge.
(C) Some people are purchasing musical instruments.
(D) A band is performing outdoors.

(A) 사람들이 운동장에서 경기를 하고 있다.
(B) 사람들이 다리를 건너고 있다.
(C) 사람들이 악기를 구매하고 있다.
(D) 밴드가 야외에서 공연을 하고 있다.

어휘 cross 건너다 purchase 구매하다 perform 공연하다 outdoors 야외에서

해설 (A) 야외라는 장소는 맞으나, 경기하는 사람들의 모습은 보이지 않으므로 오답이다.
(B) 장소와 사람들의 동작을 모두 잘못 묘사하고 있으므로 오답이다.
(C) 악기가 보이지만 사람들이 구매하는 것이 아니므로 오답이다.
(D) 밴드가 야외에서 악기를 연주하고 있는 모습을 제대로 묘사한 정답이다.

| Actual Test | Answer | 1. (A) | 2. (C) | 3. (D) | 4. (B) | 5. (C) | 6. (D) | 7. (B) | 8. (D) |

1

[W-Am]
(A) She's reaching for a bottle.
(B) She's walking into the store.
(C) She's stacking items on the shelves.
(D) She's helping a customer.

(A) 여자는 물병에 손을 뻗고 있다.
(B) 여자는 가게 안으로 걸어 들어가고 있다.
(C) 여자는 선반에 물건을 쌓고 있다.
(D) 여자는 손님을 도와주고 있다.

어휘 reach for ~에 손을 뻗다 stack 쌓다

해설 (A) 여자가 손을 뻗어 물병을 집으려 하는 모습을 옳게 묘사한 정답이다.
(B) 여자는 이미 가게 안에 있으므로 오답이다.
(C) 물건을 쌓는 동작을 하고 있지 않으므로 오답이다.
(D) 누군가를 돕는 동작을 하고 있지 않으므로 오답이다.

2

[CnM]
(A) A man is talking on a telephone.
(B) A man is filling his cup with coffee.
(C) People are sitting on opposite sides of the desk.
(D) A woman is removing a picture from the wall.

(A) 한 남자가 전화로 이야기하고 있다.
(B) 한 남자가 컵에 커피를 채우고 있다.
(C) 사람들은 책상을 사이에 두고 앉아 있다.
(D) 한 여자가 벽에서 그림을 떼어 내고 있다.

어휘 fill 채우다 on opposite sides of ~을 사이에 두고 remove 제거하다

해설 (A) 전화를 하고 있는 사람이 없으므로 정답이 아니다.
(B) 잔은 책상에 보이지만 커피를 따르는 모습은 보이지 않으므로 오답이다.
(C) 사람들이 책상 맞은편에 앉아 모니터를 보는 모습을 제대로 묘사한 정답이다.
(D) 벽에 걸린 것을 떼어 내는 동작도 볼 수 없으므로 오답이다.

3

[AmW]
(A) They're standing side by side.
(B) They're walking through a park.
(C) They're watching a baseball game.
(D) They're waiting to get on a train.

(A) 사람들이 나란히 서 있다.
(B) 사람들이 공원을 가로질러 걸어간다.
(C) 사람들이 야구 경기를 보고 있다.
(D) 사람들이 기차에 타기 위해 기다리고 있다.

어휘 side by side 나란히 get on ~에 타다

해설 (A) 사람들이 나란히 서 있는 모습이 아니므로 오답이다.
(B) 사람들이 공원이 아닌 기차 플랫폼에 있는 모습이므로 오답이다.
(C) 사람들이 야구 경기를 보는 동작이 아니므로 오답이다.
(D) 사람들이 플랫폼에 진입하는 기차에 타기 위해 서 있으므로 정답이다.

4

[AuM]
(A) He's looking into a mirror.
(B) He's sitting in a vehicle.
(C) He's parking a motorcycle.
(D) He's cutting leaves from a tree.

(A) 남자는 거울 속을 들여다보고 있다.
(B) 남자는 차 안에 앉아 있다.
(C) 남자는 오토바이를 주차하고 있다.
(D) 남자는 나무에서 잎들을 자르고 있다.

어휘 look into 들여다보다

해설 (A) 거울이 아니라 자동차 유리창(windshield)을 바라보고 있으므로 오답이다.
(B) 남자가 자동차 안에 앉아 있는 모습을 옳게 묘사한 정답이다.
(C) 사진에는 오토바이가 아닌 자동차가 등장하므로 오답이다.
(D) 나뭇잎들을 자르는 동작은 사진에 나와 있지 않으므로 오답이다.

5

[CnM]
(A) He is waiting in line at a store.
(B) He is wrapping a package.
(C) He is weighing an item.
(D) He is looking into a store window.

(A) 남자는 가게에서 줄을 서서 기다리고 있다.
(B) 남자는 소포를 포장하고 있다.
(C) 남자는 물건의 무게를 달고 있다.
(D) 남자는 상점 진열창 안을 들여다보고 있다.

어휘 wait in line 줄 서서 기다리다 wrap 포장하다 weigh 무게를 달다

해설 (A) 줄 서서 기다리는 동작이 아니므로 오답이다.
(B) 소포를 포장하는 동작이 아니므로 오답이다.
(C) 저울에 무게를 달고 있는 모습을 정확하게 묘사한 정답이다.
(D) 남자는 보는 대상은 상점 진열창 안이 아니라 물건이므로 오답이다.

6

[BrW]
(A) She's typing on a computer.
(B) She's displaying some merchandise.
(C) She's taking off her gown.
(D) She's working at a counter.

(A) 여자는 컴퓨터로 타이핑하고 있다.
(B) 여자는 상품을 진열하고 있다.
(C) 여자는 가운을 벗고 있다.
(D) 여자는 카운터에서 일하고 있다.

어휘 type 타이핑하다 merchandise 상품, 물건 take off 벗다 counter 계산대, 카운터

해설 (A) 여자는 마우스를 조작하고 있으므로 동작을 잘못 묘사한 오답이다.
(B) 여자가 물건을 진열하는 동작이 아니므로 오답이다.
(C) 여자는 가운을 입고 있다.
(D) 여자가 약국으로 보이는 카운터에서 일하는 모습을 옳게 묘사한 정답이다.

7

[AuM]
(A) Some people are walking across the courtyard.
(B) Some people are watching an outdoor performance.
(C) Some people are passing through a stone archway.
(D) Some people are examining books at an outdoor market.

(A) 사람들이 뜰을 가로질러 걷고 있다.
(B) 사람들이 야외 공연을 관람하고 있다.
(C) 사람들이 석조 아치형 입구를 통과하고 있다.
(D) 사람들은 야외 시장에서 책을 살펴보고 있다.

어휘 courtyard 뜰, 마당 pass through 통과하다 archway 아치형 입구

해설 (A) 공연하는 사람들과 구경하는 사람들을 보여주고 있으므로 동작을 잘못 묘사하고 있다.
(B) 사람들이 야외 공연하는 모습을 옳게 묘사한 정답이다.
(C) 사람들은 돌로 된 기둥 아래 앉아 있으므로 사물을 잘못 묘사한 오답이다.
(D) 야외 시장이나 책은 사진에 보이지 않으므로 잘못 묘사한 오답이다.

8

[AmW]
(A) A woman is putting a flower vase on a table.
(B) A woman is looking at her reflection in a mirror.
(C) The people are sitting behind the counter.
(D) The people are talking to each other.

(A) 여자가 테이블 위에 꽃병을 놓고 있다.
(B) 여자는 거울에 비친 자신의 모습을 보고 있다.
(C) 사람들은 카운터 뒤에 앉아 있다.
(D) 사람들은 서로 이야기를 나누고 있다.

어휘 vase 꽃병 reflection 반사된 상

해설 (A) 꽃병은 테이블에 이미 놓여 있으므로 오답이다.
(B) 여자의 동작과 사물을 잘못 묘사한 오답이다.
(C) 사람들은 테이블 앞에 마주하고 앉아 있으므로 오답이다.
(D) 사람들이 마주 앉아 이야기를 나누는 모습을 옳게 묘사한 정답이다.

Unit 03 사물/풍경 사진

Part 1

CHECK UP　　　　　　　　　　　　　　　　　　　　　　　Answer (C)

[AuM]
(A) Jewelry is being packed by a sales person. (x)
(B) Wrist watches are being polished with a linen cloth. (x)
(C) Various kinds of jewelry are on display. (o)
(D) A woman is trying on a pair of earrings. (x)

(A) 판매 사원이 보석을 포장하고 있다.
(B) 손목시계가 리넨 천으로 윤기나게 닦여지고 있다.
(C) 다양한 종류의 보석들이 진열되어 있다.
(D) 여자가 귀걸이를 착용해 보고 있다.

어휘 jewelry 보석　wrist watch 손목시계　polish 광을 내다, 닦다　various 다양한　on display 전시 중인　try on 시험 삼아 착용해 보다

해설 진열창 안에 여러 가지 보석이 진열되어 있는 광경이다. (A), (B), (D) 모두 사진에 보이는 사물을 이용한 오답이다.

Practice　　　　　Answer　1. (A)　2. (B)　3. (A)　4. (B)　5. (A)　6. (C)

1

[BrW]
(A) Vegetables are arranged in piles.
(B) Vegetables are being unloaded from a truck.

(A) 채소가 무더기들로 배열되어 있다.
(B) 채소가 트럭에서 내려지고 있다.

어휘 arrange 정리하다, 배열하다　in piles 무더기들로　unload (물건을) 내리다

해설 여러 가지 채소와 과일이 진열되어 있는 모습을 묘사하고 있다. 사진에 트럭은 보이지 않으므로 (B)는 오답이다.

2

[CnM]
(A) A cargo ship is approaching the shore.
(B) Numerous boats are docked in the harbor.

(A) 화물선이 해안으로 접근하고 있다.
(B) 항구에 수많은 보트가 정박되어 있다.

어휘 cargo ship 화물선　approach 접근하다　shore 해안　numerous 수많은, 여럿의　dock 정박시키다

해설 항구에 여러 척의 보트가 정박되어 있는 모습을 묘사하고 있다. 해안으로 다가오는 배는 찾아볼 수 없으므로 (A)는 오답이다.

3

[AmW]
(A) Patio umbrellas have been closed.
(B) Outdoor chairs are stacked in a storeroom.

(A) 야외 테라스의 파라솔들이 접혀 있다.
(B) 야외용 의자들이 창고에 쌓여 있다.

어휘 patio 파티오, 야외 테라스 storeroom 창고

해설 야외 테라스의 파라솔들이 모두 접혀 있는 모습을 묘사하고 있다. 의자들은 야외 테이블 옆에 놓여 있으므로 장소와 상태를 잘못 묘사한 (B)는 오답이다.

4

[AuM]
(A) Curtains have been opened up.
(B) Chairs in a seating area are unoccupied.
(C) A picture is hanging from the wall.
(D) Potted plants are suspended above the table.

(A) 커튼은 열려 있다.
(B) 좌석 구역의 의자들은 비어 있다.
(C) 그림이 벽에 걸려 있다.
(D) 화분이 테이블 위쪽에 매달려 있다.

어휘 open up 열다

해설 (A) 커튼은 드리워져 있으므로 상태를 잘못 묘사한 오답이다.
(B) 소파가 있는 공간에 아무도 없는 모습을 옳게 묘사한 정답이다.
(C) 벽에 걸린 것은 사진이 아닌 모니터나 TV이므로 사물을 잘못 묘사한 오답이다.
(D) 테이블 위쪽에 매달린 것은 화분이 아닌 전등이므로 사물을 잘못 묘사한 오답이다.

5

[AmW]
(A) Some cars are parked near the building.
(B) Cars are stopped at the traffic signal.
(C) A building is under construction.
(D) People are walking through the crosswalk.

(A) 차들이 건물 근처에 주차되어 있다.
(B) 자동차가 신호 앞에 정지해 있다.
(C) 건물은 공사 중이다.
(D) 사람들이 횡단보도를 건너가고 있다.

어휘 traffic signal 신호등 under construction 공사 중인 crosswalk 횡단보도

해설 (A) 건물 앞과 맞은편에 차들이 주차되어 있으므로 이를 옳게 묘사한 정답이다.
(B) 사진에 신호등은 보이지 않으므로 사물을 잘못 묘사한 오답이다.
(C) 건물은 이미 완성되어 있으므로 오답이다.
(D) 횡단보도를 건너는 사람이 보이지 않으므로 상황을 잘못 묘사한 오답이다.

6

[BrW]
(A) Candles have been placed on each table.
(B) A restaurant is crowded with guests.
(C) The tables are covered with tablecloths.
(D) All of the chairs are occupied.

(A) 양초들이 각각의 테이블 위에 놓여 있다.
(B) 레스토랑은 손님들로 붐빈다.
(C) 테이블들은 테이블보로 덮여 있다.
(D) 모든 의자에는 사람이 앉아 있다.

어휘 crowded 붐비는 diner 식사하는 사람 tablecloth 테이블보 occupied 사람이 있는, 차지된

해설 (A) 테이블 위에 촛불은 없으므로 사물을 잘못 묘사한 오답이다.
(B) 레스토랑에 사람이 없으므로 상태를 잘못 묘사한 오답이다.
(C) 테이블 위에 테이블보가 덮여 있는 모습을 옳게 묘사한 정답이다.
(D) 자리에는 사람이 없으므로 상태를 잘못 묘사한 오답이다.

Unit 04 복합 사진

Part 1

CHECK UP Answer (B)

[AuM]
(A) A woman is putting merchandise on the shelves. (x)
(B) Rows of shoes have been displayed on a wall. (o)
(C) Merchandise has been placed in the corner of the store. (x)
(D) A man is taking off a pair of running shoes. (x)

(A) 여자가 선반에 상품을 놓고 있다.
(B) 벽에 신발이 여러 줄로 진열되어 있다.
(C) 매장 구석에 상품이 놓여 있다.
(D) 남자는 운동화 한 켤레를 벗고 있다.

어휘 place 놓다, 두다 row 줄 take off 벗다 a pair of 한 켤레의

해설 벽에 신발이 진열되어 있는 모습을 옳게 묘사한 (B)가 정답이다. (A)는 여자의 동작을, (C)는 상품의 상태를, (D)는 남자의 동작을 잘못 묘사하고 있다.

Practice Answer 1. (A) 2. (B) 3. (A) 4. (A) 5. (D) 6. (A)

1

[CnM]
(A) A small group is gathered in a dining area.
(B) A picture is being hung in a waiting room.

(A) 소규모 그룹이 식당에 모여 있다.
(B) 그림이 대기실 벽에 걸려 있다.

어휘 gather 모이게 하다 waiting room 대기실

해설 여러 명의 사람들이 식사를 하려고 모여 있는 모습이다. 벽에 걸린 것은 그림이 아니므로 사물을 묘사한 (B)는 오답이다.

2

[AmW]
(A) A woman is arranging books on the shelf.
(B) They're looking at a document together.

(A) 여자는 선반의 책들을 정리하고 있다.
(B) 사람들이 함께 서류를 들여다보고 있다.

어휘 document 문서, 서류

해설 사람들이 모여 하나의 문서를 같이 보고 있는 모습이다. 여자가 책을 정리하고 있는 동작이 아니므로 (A)는 오답이다.

3

[AuM]
(A) A pole is being used to clean the window.
(B) A worker is filling a bucket with water.

(A) 창문을 닦기 위해 막대기가 사용되고 있다.
(B) 인부가 양동이에 물을 채우고 있다.

어휘 pole 막대기

해설 한 남자가 막대기 모양의 사물을 이용해 창문을 닦고 있는 모습이다. 양동이에 물을 채우는 동작이 아니므로 (B)는 오답이다.

4

[CnM]
(A) The section of the room is filled with people.
(B) A camera is being stored in the cabinet.
(C) The lights are being turned off.
(D) A man is standing in front of a crowd.

(A) 방의 일부 구역은 사람들로 채워져 있다.
(B) 카메라가 캐비닛에 보관되어 있다.
(C) 전등이 꺼지고 있다.
(D) 남자가 군중 앞에 서 있다.

어휘 section 구획, 일부분 store 보관하다 turn off 전원을 끄다 crowd 군중

해설 (A) 방의 중간 부분에만 사람이 앉아 있는 모습을 옳게 묘사한 정답이다.
(B) 사진에 없는 사물을 언급한 오답이다.
(C) 전등은 켜져 있으므로 상태를 잘못 묘사한 오답이다.
(D) 남자는 사람들 앞에 앉아 있으므로 동작을 잘못 묘사한 오답이다.

5

[BrW]
(A) There's a group of tourists in front of the artwork.
(B) A high-rise building is being constructed.
(C) There's a yard enclosed by a fence.
(D) A walkway is being mopped.

(A) 미술품 앞에 관광객들 무리가 서 있다.
(B) 고층 빌딩이 건설 중이다.
(C) 울타리로 둘러싸인 뜰이 있다.
(D) 통로를 대걸레로 닦고 있다.

어휘 artwork 미술품 high-rise 고층의 construct 건설하다 enclose 둘러싸다 fence 울타리 mop 대걸레로 닦다

해설 (A) 관광객이 없으므로 대상을 잘못 묘사한 오답이다.
(B) 고층 빌딩이 건설 중이지 않으므로 상태를 잘못 묘사한 오답이다.
(C) 사진에 없는 사물과 장소를 언급한 오답이다.
(D) 한 남자가 통로 바닥을 대걸레로 닦고 있으므로 이를 옳게 묘사한 정답이다.

6

[AuM]
(A) A wheelbarrow has been left next to a pile of soil.
(B) The lanes of highway are divided by a wall.
(C) A man is working on railway tracks.
(D) A shovel has been placed on the ground.

(A) 흙더미 옆에 손수레가 놓여 있다.
(B) 고속도로 차선들은 벽으로 구분되어 있다.
(C) 남자는 철로 위에서 작업하고 있다.
(D) 삽은 방바닥에 놓여 있다.

어휘 wheelbarrow 손수레 leave 놓다, 두다 pile 더미 lane 차선 divide 나누다, 구분하다 railway track 철도 shovel 삽

해설 (A) 흙더미 옆에 손수레가 있는 모습을 옳게 묘사한 정답이다.
(B) 사진에서 확인할 수 없는 상태이므로 오답이다.
(C) 남자는 철로 위에 있지 않으므로 장소를 잘못 묘사하고 있다.
(D) 남자는 삽을 들고 작업하고 있으므로 사물의 상태를 잘못 묘사하고 있다.

Actual Test Answer 1. (C) 2. (B) 3. (A) 4. (A) 5. (A) 6. (D) 7. (C) 8. (D)

1

[BrW]
(A) A man is planting flowers in the garden.
(B) Crates have been pushed against a pole.
(C) A wheelbarrow has been left in the open area.
(D) Some people are shoveling earth into bags.

(A) 남자는 정원에서 꽃을 심고 있다.
(B) 상자들은 기둥 쪽으로 밀려 있다.
(C) 야외에 손수레가 놓여 있다.
(D) 사람들은 삽으로 자루에 흙을 퍼 담고 있다.

어휘 plant 심다 crate 나무 상자 against ~에 기대어 shovel 삽질하다 earth 흙

해설 (A) 사람이 보이지 않으므로 상태를 잘못 묘사한 오답이다.
(B) 사진에 상자와 기둥이 보이지 않으므로 오답이다.
(C) 밖에 손수레가 놓여 있는 모습을 옳게 묘사한 정답이다.
(D) 삽은 사용되지 않고 사람도 등장하지 않으므로 사물의 상태를 잘못 묘사한 오답이다.

2

[CnM]
(A) A microphone is positioned on the podium.
(B) The seats are arranged in a semicircle.
(C) People are leaving an auditorium.
(D) Some boards are leaning against the wall.

(A) 연단에 마이크가 놓여 있다.
(B) 좌석들이 반원형으로 배치되어 있다.
(C) 사람들이 강당을 나서고 있다.
(D) 칠판들이 벽에 기대어 놓여 있다.

어휘 position 놓다, 배치하다 podium 연단 semicircle 반원형 auditorium 강당 lean against ~에 기대다

해설 (A) 사진에 마이크나 연단이 등장하지 않으므로 사물을 잘못 묘사한 오답이다.
(B) 좌석이 반원형으로 배치되어 있는 모습을 옳게 묘사한 정답이다.
(C) 사람들이 보이지 않으므로 오답이다.
(D) 사진에 칠판이 보이지 않으므로 오답이다.

3

[AmW]
(A) A row of canoes has formed along the shore.
(B) A river is crowded with people swimming.
(C) Several sailboats are competing in a race.
(D) A ferry is moving across the water.

(A) 강변을 따라 카누들이 줄을 지어 있다.
(B) 강은 수영하는 사람들로 가득 차 있다.
(C) 범선들이 경주를 펼치고 있다.
(D) 페리가 강을 건너고 있다.

어휘 canoe 카누 형성하다 sailboat 범선 compete 시합하다 race 경주 ferry 페리, 연락선

해설 (A) 강가에 카누가 줄지어 있는 모습을 옳게 묘사한 정답이다.
(B) 사람들이 보이지 않으므로 오답이다.
(C) 범선이 보이지 않으므로 사물을 잘못 묘사한 오답이다.
(D) 페리가 보이지 않으므로 사물을 잘못 묘사한 오답이다.

4

[AuM]
(A) Boxes are stacked on top of one another.
(B) A man is installing an overhead lamp.
(C) A man is pulling a book from a shelf.
(D) A woman is handing out a box.

(A) 박스들이 차곡차곡 쌓여 있다.
(B) 남자는 머리 위의 전등을 설치하고 있다.
(C) 남자는 책장에서 책을 꺼내고 있다.
(D) 여자는 박스를 건네고 있다.

어휘 stack 쌓다 install 설치하다 overhead 머리 위의 pull off 꺼내다 tray 쟁반

해설 (A) 상자들이 쌓여 있는 모습을 옳게 묘사한 정답이다.
(B) 남자가 전등을 설치하는 동작이 아니므로 잘못 묘사한 오답이다.

(C) 남자는 책을 책장이 아닌 상자에서 꺼내었으므로 사물을 잘못 묘사한 오답이다.
(D) 여자가 박스를 건네는 동작이 아니므로 잘못 묘사한 오답이다.

5

[CnM]
(A) A woman is trying on running shoes.
(B) Merchandise has been removed from the shelves.
(C) A woman is taking off her glasses.
(D) A pair of shoes is being packed.

(A) 여자는 운동화를 신어 보고 있다.
(B) 선반에서 상품이 치워졌다.
(C) 여자는 안경을 벗고 있다.
(D) 한 켤레의 신발이 포장되고 있다.

어휘 remove 제거하다, 치우다

해설 (A) 여자가 운동화를 신어 보는 동작을 옳게 묘사한 정답이다.
(B) 상품들은 진열되어 있으므로 상태를 잘못 묘사한 오답이다.
(C) 여자의 동작과 사물을 잘못 묘사한 오답이다.
(D) 운동화는 포장이 풀려 있으므로 상태를 잘못 묘사한 오답이다.

6

[BrW]
(A) Swimmers are diving into the water.
(B) A crowd is waiting on a dock.
(C) Boats are sailing near a bridge.
(D) Groups of people are paddling boats in a row.

(A) 수영하는 사람들이 물속으로 다이빙하고 있다.
(B) 군중이 부두에서 기다리고 있다.
(C) 다리 근처에서 보트들이 떠다니고 있다.
(D) 여러 무리의 사람들이 줄을 지어 보트를 타고 노를 젓고 있다.

어휘 dive into ~로 다이빙하다 paddle 노를 젓다

해설 (A) 물에서 수영하는 사람은 볼 수 없으므로 사물과 동작을 잘못 묘사한 오답이다.
(B) 사진에 부두가 보이지 않으므로 장소를 잘못 묘사한 오답이다.
(C) 사진에 다리가 보이지 않으므로 사물을 잘못 묘사한 오답이다.
(D) 사람들이 일렬로 노를 젓는 모습을 올바르게 묘사한 정답이다.

7

[AuM]
(A) A woman is passing through the security area.
(B) A table is being taken out of the laboratory.
(C) Equipment has been set up in an indoor area.
(D) A computer monitor is positioned on a shelf.

(A) 여자가 보안 구역을 통과하고 있다.
(B) 실험실 밖으로 테이블이 옮겨지고 있다.
(C) 장비가 실내에 설치되어 있다.
(D) 컴퓨터 모니터가 선반 위에 놓여 있다.

어휘 pass through 통과하다 take out 치우다, 밖으로 가져가다 laboratory 실험실 set up 설치하다

해설 (A) 사진에 사람이 보이지 않으므로 오답이다.
(B) 테이블은 자리에 가만히 놓여 있으므로 사물의 상태를 잘못 묘사한 오답이다.
(C) 실내에 장비가 설치되어 있는 모습을 옳게 묘사한 정답이다.
(D) 컴퓨터 모니터는 보이지 않으므로 오답이다.

8

[CnM]
(A) Counters are being wiped by a server.
(B) Coffee is being poured into a mug.
(C) A man is folding a napkin.
(D) Beverages are being served to some customers.

(A) 종업원이 카운터를 닦고 있다.
(B) 머그잔에 커피를 따르고 있다.
(C) 남자가 냅킨을 접고 있다.
(D) 손님들에게 음료수가 제공되고 있다.

어휘 | wipe 닦다 fold 접다 beverage 음료 serve 접대하다, 제공하다

해설 | (A) 종업원이 카운터를 닦고 있지 않으므로 동작을 잘못 묘사한 오답이다.
(B) 커피와 머그잔이 보이지 않으므로 오답이다.
(C) 남자가 냅킨을 접는 동작과 사물을 잘못 묘사한 오답이다.
(D) 종업원이 손님들에게 음료수를 건네는 모습을 옳게 묘사한 정답이다.

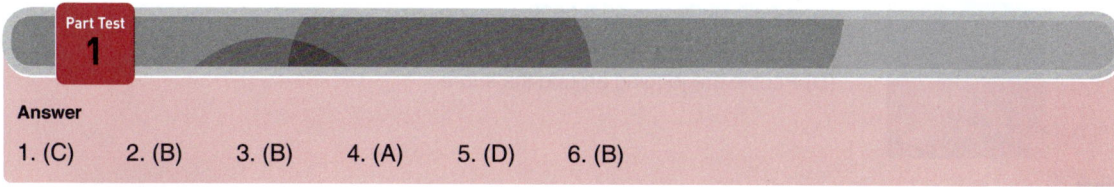

Answer

1. (C)   2. (B)   3. (B)   4. (A)   5. (D)   6. (B)

1

[BrW]
(A) He's unloading supplies from a truck.
(B) He's weighing a package on a scale.
(C) He's writing on a pad of paper.
(D) He's packing a book into a box.

(A) 남자는 트럭에서 물품을 내리고 있다.
(B) 남자는 저울로 소포의 무게를 달고 있다.
(C) 남자는 종이 패드 위에 글을 쓰고 있다.
(D) 남자는 상자에 책을 넣어 포장하고 있다.

어휘 | unload (물건을) 내리다, 하역하다 weigh 무게를 달다 pad 패드, 종이 묶음

해설 | (A) 남자가 물품을 내리고 있지 않으므로 동작을 잘못 묘사한 오답이다.
(B) 남자가 소포의 무게를 달고 있지 않으므로 동작을 잘못 묘사한 오답이다.
(C) 남자가 종이 패드 위에 뭔가를 적고 있는 동작을 옳게 묘사한 정답이다.
(D) 남자의 동작과 사물을 잘못 묘사한 오답이다.

2

[AmW]
(A) A man is opening a garage door.
(B) A vehicle is parked in a mechanic's garage.
(C) A power tool is being lifted out of its case.
(D) A man is picking up a hammer from his tool box.

(A) 남자는 차고 문을 열고 있다.
(B) 차량이 정비소에 주차되어 있다.
(C) 전동 공구가 상자에서 꺼내지고 있다.
(D) 남자가 연장통에서 망치를 집어 들고 있다.

어휘 | mechanic 정비공 lift 들어 올리다 pick up 집어 들다

해설 | (A) 사진에 사람이 보이지 않으므로 오답이다.
(B) 자동차가 정비를 위해 주차되어 있는 모습을 옳게 묘사한 정답이다.
(C) 사진에 전동 공구와 상자는 볼 수 없으므로 사물을 잘못 묘사한 오답이다.
(D) 사진에 사람이 보이지 않으므로 오답이다.

3

[CnM]
(A) He is putting his glasses into his bag.
(B) He is examining a tag attached to a jacket.
(C) He is unpacking a piece of luggage.
(D) He is wheeling some bags into a store.

(A) 남자는 안경을 가방에 넣고 있다.
(B) 남자는 재킷에 붙은 가격표를 살펴보고 있다.
(C) 남자는 짐을 풀고 있다.
(D) 남자는 매장 안으로 가방을 실어 나르는 중이다.

어휘 | examine 자세히 살펴보다 tag 가격표, 꼬리표 attached 부착된, 첨부된 unpack 짐을 풀다 luggage 수하물, 짐 wheel 수레로 나르다

해설 (A) 사진에 안경과 가방은 보이지 않으므로 사물을 잘못 묘사한 오답이다.
(B) 남자가 가격표를 들여다보는 모습을 옳게 표현한 정답이다.
(C) 남자의 동작과 사물을 잘못 묘사한 오답이다.
(D) 남자의 동작과 사물, 장소를 잘못 묘사한 오답이다.

4

[AuM]
(A) People are crossing a bridge.
(B) A path leads around a pond.
(C) Some men are fishing from a dock.
(D) People are jogging around the shore.

(A) 사람들이 다리를 건너고 있다.
(B) 연못 주위로 길이 나 있다.
(C) 남자들이 부두에서 낚시를 하고 있다.
(D) 사람들이 물가 주위에서 조깅하고 있다.

어휘 cross 건너다 lead ~로 이어지다

해설 (A) 사람들이 다리를 건너는 동작을 옳게 묘사한 정답이다.
(B) 길은 연못이 아닌 폭포 쪽을 향해 있으므로 사물을 잘못 묘사한 오답이다.
(C) 동작과 장소를 잘못 묘사한 오답이다.
(D) 조깅하는 모습이 아니므로 동작을 잘못 묘사한 오답이다.

5

[CnM]
(A) A vehicle is being unloaded.
(B) Boxes are being stacked in the corner.
(C) A man is backing a vehicle into a garage.
(D) A man is maneuvering a machine.

(A) 차량에서 짐이 내려지고 있다.
(B) 상자들이 구석에 쌓이고 있다.
(C) 남자가 차량을 차고 안으로 후진시키고 있다.
(D) 남자가 기계를 조작하고 있다.

어휘 back 뒤로 가게 하다 maneuver 조작하다, 다루다

해설 (A) 차량에서 짐이 내려지는 모습이 아니므로 오답이다.
(B) 상자들이 선반에 쌓여 있으므로 장소를 잘못 묘사한 오답이다.
(C) 남자의 동작과 장소를 잘못 묘사한 오답이다.
(D) 남자가 기계를 조작하여 물건을 옮기는 모습을 옳게 묘사한 정답이다.

6

[BrW]
(A) They are putting away some tools.
(B) They are wearing a safety helmet.
(C) They are climbing the steps.
(D) They are laying bricks on the roadway.

(A) 사람들이 도구를 치우고 있다.
(B) 사람들이 안전모를 착용하고 있다.
(C) 사람들이 계단을 오르고 있다.
(D) 사람들이 도로 위에 벽돌을 쌓고 있다.

어휘 put away 치우다 safety helmet 안전모 climb 오르다 step 계단 lay 놓다, 쌓다 brick 벽돌

해설 (A) 사람들의 동작과 사물을 잘못 묘사한 오답이다.
(B) 안전모를 쓰고 있는 상태를 옳게 묘사한 정답이다.
(C), (D) 사람들의 동작과 사물을 잘못 묘사한 오답이다.

Part 2

Unit 01 Who 의문문

Part 2

CHECK UP
Answer 1. (A) 2. (B)

1 [AuM] - [BrW]

Who gave the sales presentation?

(A) I think Anthony did.

(B) It's a present from my father.

어휘 give a presentation 프레젠테이션을 하다

누가 영업 프레젠테이션을 했나요?
(A) Anthony가 한 것 같아요.
(B) 아버지께서 주신 선물이에요.

2 [AmW] - [CnM]

Who's going to pick up the client?

(A) At the airport.

(B) I can do it.

어휘 pick up (사람을) 데리러 가다/오다 client 고객, 의뢰인

누가 고객을 모시러 갈 건가요?
(A) 공항에서요.
(B) 제가 할 수 있습니다.

Practice
Answer 1. (B) 2. (A) 3. (B) 4. (B) 5. (B) 6. (C)

1 [CnM] - [AmW]

Who wants a copy of this report?

(A) From the copy machine.

(B) The project manager does.

어휘 report 보고서 copy machine 복사기 project 프로젝트 manager 관리자, 운영자

해설 보고서를 원하는 이가 누구인지 묻고 있으므로 프로젝트 관리자라며 직급으로 응답한 (B)가 정답이다.

이 보고서 사본을 누가 원하나요?
(A) 복사기에서요.
(B) 프로젝트 관리자께서요.

2 [BrW] - [AuM]

Who helped Mr. Daniels move the office furniture?

(A) He did it by himself.

(B) They moved out.

어휘 move 이동하다, 옮기다, 이사하다 move out 이사를 나가다

해설 Daniels 씨가 사무용 가구를 옮기는 것을 누가 도왔는지 묻는 질문에 '그가 혼자서 했다'고 응답한 (A)가 정답이다. (B)는 질문의 move와 유사한 발음의 moved를 이용한 오답이다.

Daniels 씨가 사무용 가구 옮기는 것을 누가 도왔나요?
(A) 그가 혼자서 했습니다.
(B) 그들은 이사를 갔습니다.

3 [CnM] - [BrW]

Who should I talk to about repairing the printer?

(A) Yes, please turn it off.
(B) Try calling maintenance.

프린터 수리에 대해 누구와 이야기를 해야 하죠?
(A) 네, 전원을 꺼 주세요.
(B) 관리팀에 전화해 보세요.

어휘 turn off ~의 전원을 끄다　try -ing 시험 삼아 ~하다　maintenance 유지, 보수, 관리

해설 프린터 수리에 관해 누구에게 이야기해야 하는지 묻고 있으므로 관리팀에 전화를 해보라며 담당 부서를 알려준 (B)가 정답이다. (A)는 질문의 printer에서 연상할 수 있는 turn it off(전원을 끄다)를 이용한 혼동보기이다.

---

4 [AmW] - [AuM]

Who's already received the new photo identification?

(A) It was very organized.
(B) We got ours yesterday.
(C) A picture and signature.

사진이 부착된 새 신분증을 누가 이미 받았나요?
(A) 그것은 아주 정리가 잘 되어 있었어요.
(B) 우리 것은 어제 받았습니다.
(C) 사진과 서명이요.

어휘 identification 신분증　organized 정리된　transportation 교통

해설 새 신분증을 누가 받았는지 묻는 질문에 우리가 받았다며 인칭대명사로 언급한 (B)가 정답이다. (C)의 A picture and signature는 질문의 photo와 유사한 의미의 picture를 이용한 혼동보기이다.

---

5 [CnM] - [BrW]

Who's using the video equipment?

(A) No, not right now.
(B) Let me check.
(C) About 500 dollars.

누가 비디오 장비를 사용하고 있나요?
(A) 아니요, 지금은 아닙니다.
(B) 제가 알아보겠습니다.
(C) 약 500달러입니다.

어휘 equipment 장비, 기기

해설 비디오 장비를 누가 사용하는지 묻는 질문에 구체적 인물을 밝히지 않고 알아보겠다며 응답한 (B)가 정답이다.

---

6 [AuM] - [CnM]

Who set up the extra tables in the meeting room?

(A) I believe the meeting is finished.
(B) No, that hasn't been set up.
(C) The facilities department did.

누가 회의실에 추가로 테이블들을 설치했나요?
(A) 회의는 끝났을 겁니다.
(B) 아니요, 그것은 아직 설치되지 않았습니다.
(C) 시설팀에서 했습니다.

어휘 set up 설치하다　extra 여분의, 추가의　finish 마치다, 끝나다　facilities (pl.) 시설, 설비

해설 회의실에 누가 테이블을 더 설치했는지 묻는 질문에 시설팀에서 했다고 부서를 밝혀 응답한 (C)가 정답이다. (A)와 (B)는 질문에서 각각 언급된 meeting과 set up을 반복한 혼동보기이다.

Unit 02 What의문문

Part 2

CHECK UP Answer 1. (A) 2. (B)

1 [AmW] - [AuM]

What are you eating for dinner?

(A) Just some salad.

(B) Sure, I can help you with that.

어휘 / help with ~하는 것을 돕다

저녁 식사로 무엇을 드실 건가요?
(A) 그냥 샐러드 조금요.
(B) 물론이죠. 제가 그것을 도와드릴 수 있어요.

2 [AuM] - [BrW]

What do you think of our new interns?

(A) We've already met them.

(B) They're very smart.

어휘 / intern 인턴사원

새로 온 인턴사원들에 대해 어떻게 생각하세요?
(A) 우리는 그들을 이미 만났어요.
(B) 그들은 아주 똑똑해요.

Practice Answer 1. (A) 2. (B) 3. (B) 4. (C) 5. (B) 6. (A)

1 [CnM] - [BrW]

What's on this week's schedule?

(A) A meeting with overseas clients.

(B) By the end of this week.

어휘 / on (계획·예정이 있음을 나타내어) ~가 예정인 overseas 해외의, 외국의 by the end of ~ 말까지

해설 / 이번 주 스케줄에 어떤 일이 있을 것인지 묻고 있으므로 해외 고객들과 미팅이 있다고 응답한 (A)가 정답이다. (B)는 질문의 week를 반복한 혼동보기로서, when으로 묻는 의문문에나 가능한 답변이다.

이번 주 스케줄에는 어떤 것이 있나요?
(A) 해외 고객들과의 미팅이요.
(B) 이번 주말까지요.

2 [BrW] - [CnM]

What's the phone number for Humphrey's Dental Clinic?

(A) About the cavity treatment.

(B) I'll have to look it up.

어휘 / cavity 충치 treatment 치료 look up ~을 찾아보다

해설 / 치과 전화번호를 묻고 있다. 이에 번호를 제시하여 응답할 수도 있으나, 이와 같이 '찾아봐야 한다는 우회적인 응답도 가능하다. (A)는 cavity treatment : dental clinic(치과)에서 연상할 수 있는 상황인 '충치 치료'를 이용한 혼동보기이다.

Humphrey's 치과 전화번호가 어떻게 되나요?
(A) 충치 치료에 관해서요.
(B) 찾아봐야 합니다.

3 [AuM] - [AmW]

What's happening at the community center this week?

(A) Thanks, I'd love to.

(B) A book discussion on Russian literature.

이번 주 시민 회관에서는 어떤 일이 있나요?
(A) 고맙습니다. 저도 그러고 싶어요.
(B) 러시아 문학에 대한 독서 토론이요.

어휘 community center 커뮤니티 센터, 시민 회관 discussion 토론, 논의 literature 문학

해설 시민 회관에서 어떤 일이 있을 것인지 묻고 있으므로 독서 토론이라며 구체적 행사 내용을 밝힌 (B)가 정답이다.

---

4 [BrW] - [AmW]

What are some special features of this washing machine?

(A) We had it repaired.
(B) Yes, it's been cleaned.
(C) It has top energy ratings.

이 세탁기의 특징들은 무엇인가요?
(A) 우리는 그것을 수리했습니다.
(B) 네, 그것은 세탁되었습니다.
(C) 에너지 효율 등급이 최고입니다.

어휘 feature 특징, 특성 washing machine 세탁기 have + 목적어 + p.p (목적어가) ~되게 하다 energy rating 에너지 효율 등급

해설 세탁기의 특징이 무엇인지 묻고 있으므로, 에너지 효율 등급이 좋다며 구체적인 성능을 제시한 (C)가 정답이다. (A)의 repaired는 질문의 washing machine이라는 기계와 관련된 '수리하다'를 언급한 오답이고, (B)의 cleaned는 질문의 washing에서 연상할 수 있는 '세탁하다'를 이용한 혼동보기이다.

---

5 [AmW] - [CnM]

What time will the flight to Barcelona leave?

(A) Only 20 kilometers.
(B) At ten o'clock sharp.
(C) A nonstop flight.

바르셀로나행 비행기는 몇 시에 출발하나요?
(A) 20킬로미터밖에 안 돼요.
(B) 10시 정각예요.
(C) 논스톱 항공편입니다.

어휘 flight 비행기, 항공편 leave 출발하다, 떠나다 sharp 정각에 nonstop 논스톱의, 무착륙의

해설 바르셀로나행 비행기가 언제 출발하는지 묻는 질문에 정각 10시라고 구체적인 시각으로 응답한 (B)가 정답이다. (A)는 특정 장소로 가는 거리를 나타낸 수치로 응답한 혼동보기이다. (C)는 질문의 flight를 반복한 혼동보기이다.

---

6 [AmW] - [AuM]

What are you bringing to Kevin's birthday party?

(A) I won't be attending.
(B) He had some already.
(C) Yes, I went last year.

Kevin의 생일 파티에 무엇을 가져올 건가요?
(A) 저는 참석하지 않을 겁니다.
(B) 그는 이미 조금 갖고 있어요.
(C) 네, 저는 작년에 갔었어요.

어휘 attend 참석하다 last year 작년에

해설 생일 파티에 무엇을 가지고 갈 것인지 묻는 질문에 참석하지 않을 것이라고 한 (A)가 정답이다. 구체적인 사물을 들어 응답할 수 있으나, 이와 같이 참석 여부로 응답이 가능하다는 것에 유의한다.

Actual Test Answer 1. (A) 2. (B) 3. (C) 4. (C) 5. (B) 6. (A) 7. (C) 8. (C) 9. (C) 10. (B) 11. (A) 12. (B)

---

1 [AmW] - [CnM]

Who's your new department manager?

(A) Mrs. Anderson is in charge.
(B) That's his apartment.
(C) I couldn't manage it.

새 부서장은 누구신가요?
(A) Anderson 씨가 맡으실 겁니다.
(B) 저것이 그의 아파트입니다.
(C) 저는 그것을 해내지 못했습니다.

어휘 in charge 맡은, 담당인 manage 해내다

해설 (A) 새로 부임한 부서장이 누구인지 묻는 질문에 Mrs. Anderson이라며 이름을 밝혔으므로 정답이다.
(B) 질문의 department와 유사한 발음의 apartment를 이용한 혼동보기이다.
(C) 질문의 manager와 유사한 발음의 manage를 이용한 혼동보기이다.

2 [BrW] - [AuM]

What did you think of the new film?

(A) Meet me at the ticket office.

(B) It was impressive.

(C) I think he did.

신작 영화에 대해 어떻게 생각하셨어요?
(A) 매표소에서 만나요.
(B) 인상적이었습니다.
(C) 그가 했다고 생각합니다.

어휘 ticket office 매표소 impressive 인상적인

해설 (A) film과 관련해 연상되는 ticket office(매표소)를 이용한 오답이다.
(B) 영화에 대한 감상을 묻는 질문에 인상적이었다는 느낌을 말하므로 정답이다.
(C) 질문의 think를 반복하였으나 정답과는 거리가 멀다.

---

3 [CnM] - [AmW]

What identification should I bring with me?

(A) A ride to the museum.

(B) Only for a few days.

(C) Just your driver's license.

제가 어떤 신분증을 가져와야 할까요?
(A) 박물관으로 차를 타고 가는 것이요.
(B) 며칠 동안만이요.
(C) 운전면허증이면 됩니다.

어휘 identification 신분증 ride 차에 태워 줌 driver's license 운전면허증

해설 (A) 질문과 전혀 관련 없는 오답이다.
(B) 역시 질문과 관련 없는 응답이며, 기간을 묻는 How long ~?(얼마 동안) 질문에 가능하다.
(C) 가져와야 할 신분증의 종류를 묻는 질문에 운전면허증이라고 구체적으로 알려주고 있는 정답이다.

---

4 [BrW] - [CnM]

Who's been hired to replace Ms. O'Brian?

(A) I'm very tired.

(B) It needs to be replaced.

(C) Why don't you ask Miranda?

O'Brian 씨를 대신해 누가 고용되었나요?
(A) 저는 매우 피곤합니다.
(B) 그것은 교체될 필요가 있어요.
(C) Miranda한테 물어보는 게 어때요?

어휘 hire 고용하다 replace 대신하다, 교체하다 tired 피곤한

해설 (A) 질문의 hired와 비슷한 발음의 tired를 이용한 혼동보기이다.
(B) 질문에서 언급된 replace를 반복한 혼동보기이다.
(C) 후임자가 누구인지 묻고 있는 질문에 다른 사람에게 물어보라며 우회적으로 대답하므로 정답이다.

---

5 [CnM] - [AmW]

Who prepared the order form?

(A) That's not what we ordered.

(B) Mr. Chan worked on it.

(C) It was perfect.

누가 주문서를 준비했나요?
(A) 그것은 우리가 주문한 것이 아닙니다.
(B) Chan 씨가 그 작업을 했습니다.
(C) 그것은 완벽했어요.

어휘 order 주문, 주문하다 form 양식, 서식 work on ~에 대해 작업하다

해설 (A) 질문에 언급된 order를 반복한 혼동보기이다.
(B) 주문서를 준비한 사람을 묻고 있는 질문에 Mr. Chan이라고 이름을 직접 언급한 정답이다.
(C) 질문과 전혀 관련 없는 응답이다.

6 [AuM] - [BrW]

What's the major difference between these two cell phones?

(A) They're almost the same.
(B) No, there is only one.
(C) By pressing the power button.

이 두 휴대폰의 주요한 차이점은 무엇인가요?
(A) 그것들은 거의 똑같습니다.
(B) 아닙니다. 하나만 있을 뿐입니다.
(C) 전원 버튼을 누르면 됩니다.

어휘 major 주요한 almost 거의 by -ing ~함으로써 press 누르다

해설 (A) 두 휴대폰의 차이점을 묻는 질문에 '두 개가 거의 같다'며 우회적으로 대답한 정답이다.
(B) 의문사 의문문에 Yes/No로 응답할 수 없다. 또한, 질문에서 숫자 two가 언급된 것을 이용하여 one으로 응답함으로써 혼동을 주고 있다.
(C) cell phone이라는 전자기기에서 연상할 수 있는 상황을 이용한 오답이다.

---

7 [AmW] - [CnM]

What's the best event at the trade show?

(A) A little while ago.
(B) How to make trading partners.
(C) A workshop I attended.

무역 박람회에서 가장 좋았던 행사는 무엇인가요?
(A) 얼마 전예요.
(B) 무역 파트너들을 만드는 법이요.
(C) 제가 참석했던 워크숍이요.

어휘 trade show 무역 박람회 attend 참석하다

해설 (A) 질문의 요지와는 관련 없으며, When으로 묻는 질문에나 가능한 응답이다.
(B) 질문의 trade와 비슷한 발음의 trading을 이용한 오답으로서 질문의 요지와는 거리가 멀다.
(C) 무역 박람회에서 가장 좋았던 행사가 무엇인지 묻고 있으므로, 워크숍이라며 구체적 행사 내용을 밝힌 정답이다.

---

8 [BrW] - [AuM]

Who can help me install this software?

(A) Of course, it's very convenient.
(B) Have you checked the file cabinet?
(C) Call the technical department.

이 소프트웨어를 설치하는 것을 누가 도와줄 수 있나요?
(A) 물론입니다. 그것은 아주 편리하죠.
(B) 파일 캐비닛을 확인해 보셨나요?
(C) 기술부에 전화하세요.

어휘 install 설치하다 convenient 편리한 cabinet 캐비닛 technical department 기술부

해설 (A) 의문사 의문문에 확신을 나타내며 동의하는 Of course로 답하므로 정답이 아니다. 또한, software의 기능적 측면을 나타낸 convenient(편리한)를 이용해 혼동을 주고 있다.
(B) 질문의 요지와 전혀 관련이 없다.
(C) 소프트웨어 설치를 누가 도와줄 수 있는지 묻는 질문에 부서명으로 응답하고 있으므로 정답이다.

---

9 [CnM] - [AmW]

Who's been promoted to general manager?

(A) Congratulations.
(B) No, I'm not disappointed.
(C) Ms. Gregory has.

누가 새 총괄 매니저로 승진했나요?
(A) 축하합니다.
(B) 아닙니다. 저는 실망하지 않았어요.
(C) Gregory 씨입니다.

어휘 appoint 임명하다, 지명하다 general manager 총괄 매니저 disappointed 실망한

해설 (A) promoted(승진한)와 관련된 상황을 이용해 혼동을 주고 있다.
(B) 의문사 의문문에 Yes/No로 응답할 수 없으며, 질문의 요지와 관련 없는 응답이다.
(C) 총괄 매니저로 승진한 이가 누구인지 묻는 질문에 구체적 이름을 밝혀 응답하고 있으므로 정답이다.

10 [AuM] - [BrW]

Who is our representative on the safety committee?

(A) Every ten minutes.

(B) I'm not sure, but I'll check.

(C) Because he said so.

안전 위원회의 우리 측 대표는 누구인가요?
(A) 10분마다요.
(B) 저도 확실히 모릅니다만, 확인해 보겠습니다.
(C) 왜냐하면 그가 그렇게 말했기 때문입니다.

어휘 representative 대표 safety 안전 committee 위원회 every ~마다

해설 (A) 질문의 요지와 전혀 관련 없으며, How often ~?(얼마나 자주) 질문에 쓸 수 있는 응답이다.
(B) 대표가 누구인지 묻는 질문에 구체적 이름이나 직위를 언급하지 않고, 잘 모르겠으니 확인해 보겠다며 우회적으로 대답한 정답이다.
(C) 이유를 묻는 Why의문문에 적합한 응답이다.

---

11 [CnM] - [BrW]

What should I do with the printer paper?

(A) Just put it in a drawer.

(B) It was printed yesterday.

(C) Way too much.

인쇄 용지로 무엇을 해야 할까요?
(A) 그냥 서랍에 넣어 두세요.
(B) 그것은 어제 인쇄되었어요.
(C) 너무 많아요.

어휘 printer paper 인쇄 용지 drawer 서랍 way 지나치게

해설 (A) 인쇄 용지를 어떻게 할 지 묻는 질문에 서랍에 넣어 두라고 구체적인 방법을 제시하고 있으므로 정답이다.
(B) 질문의 printer와 유사한 발음인 printed를 이용한 오답이다.
(C) 질문과 전혀 관련 없는 응답이다.

---

12 [BrW] - [CnM]

What would you recommend I do while I'm in New York?

(A) Sometime in the near future.

(B) I suggest going to the Metropolitan Museum.

(C) He should be there by now.

제가 뉴욕에 있는 동안 무엇을 할지 추천해 주시겠어요?
(A) 가까운 미래에요.
(B) Metropolitan 박물관에 가보세요.
(C) 그는 지금쯤 거기에 도착했을 겁니다.

어휘 recommend 추천하다, 권하다 while ~하는 동안 in the near future 가까운 미래에 suggest -ing ~하는 것을 제안하다 by now 지금쯤이면

해설 (A) 질문의 요지와 관련 없으며, When의문문에 적합한 응답이다.
(B) 뉴욕에서 무엇을 하면 좋을 지 묻는 질문에 박물관에 가보라는 제안을 하고 있으므로 정답이다.
(C) 뉴욕이라는 장소에 가는 상황을 이용한 혼동보기이다.

Unit 03 Where 의문문

Part 2

CHECK UP
Answer 1. (A)　　2. (B)

1 [CnM] - [AmW]
Where can I find the bus going to downtown?
(A) The bus stop's around the corner.
(B) Every ten minutes.

시내로 가는 버스는 어디에서 찾을 수 있나요?
(A) 모퉁이를 돌면 버스 정류장이 있습니다.
(B) 10분마다요.

어휘 around the corner 모퉁이에

2 [BrW] - [AuM]
Where's the key to the auditorium?
(A) A musical performance.
(B) Actually, it's never locked.

강당 열쇠는 어디에 있나요?
(A) 음악 공연입니다.
(B) 사실, 그곳은 절대 잠그지 않습니다.

어휘 auditorium 강당　performance 공연　locked 잠긴

Practice
Answer　　1. (A)　　2. (B)　　3. (A)　　4. (A)　　5. (C)　　6. (A)

1 [CnM] - [BrW]
Where is the supply room?
(A) At the end of the hallway.
(B) It's being renovated.

비품실은 어디에 있나요?
(A) 복도 끝에 있습니다.
(B) 현재 보수 공사 중입니다.

어휘 supply room 비품실　at the end of ~의 끝에　hallway 복도　renovate 개조하다, 보수하다

해설 비품실의 위치를 묻고 있으므로 복도 끝에 있다며 장소를 알려주는 (A)가 정답이다.

2 [AuM] - [CnM]
Where is Anthony going?
(A) From Montreal.
(B) To get a sandwich.

Anthony는 어디에 가나요?
(A) 몬트리올에서요.
(B) 샌드위치 사러요.

해설 Anthony가 어디에 가는지 묻고 있으므로 샌드위치를 사러 간다고 응답한 (B)가 정답이다. (A)는 출신을 묻는 Where did Anthony come from?에 가능한 응답이다.

3 [AmW] - [AuM]
Where did you get these golf clubs?
(A) I bought them in town.
(B) Try it on, please.

이 골프채들은 어디에서 났나요?
(A) 시내에서 구입했습니다.
(B) 한번 입어 보세요.

어휘 golf club 골프채　in town 시내에서　try on ~을 입어 보다

해설 골프채를 어디서 구했는지 출처를 묻고 있으므로 시내에서 샀다고 응답한 (A)가 정답이다.

Part 2　27

4 [CnM] - [BrW]

Where can I leave these boxes?

(A) Put them under the table.
(B) It'll take a month or so.
(C) It happened in Istanbul.

이 박스들은 어디에 놓을까요?
(A) 테이블 아래에 두세요.
(B) 한 달 정도 걸립니다.
(C) 그것은 이스탄불에서 일어났습니다.

어휘 leave 놓아두다 take (~의 시간이) 걸리다 or so ~ 정도

해설 박스를 놓을 위치를 묻고 있으므로 테이블 아래라고 구체적 장소를 알려주는 (A)가 정답이다. (B)는 시간이 얼마나 걸리는지 묻는 How long ~?에 가능한 응답이다. (C)는 Istanbul이라고 장소를 알려주지만 질문의 요지와 거리가 먼 오답이다.

---

5 [AmW] - [AuM]

Where will the trade show be held?

(A) The admission fee is 20 dollars.
(B) The beginning of next month.
(C) At the Anaheim Convention Center.

무역 박람회는 어디에서 열리나요?
(A) 입장료는 20달러입니다.
(B) 다음 달 초예요.
(C) Anaheim 컨벤션 센터에서요.

어휘 be held (행사 등이) 열리다 admission fee 입장료 at the beginning of ~의 시작에

해설 박람회가 열리는 장소를 묻고 있으므로 Anaheim 컨벤션 센터라고 구체적 장소를 밝혀 응답한 (C)가 정답이다. (A)는 trade show라는 행사에서 연상할 수 있는 admission fee를 이용한 오답이다. (B)는 의문사 Where를 When으로 잘못 들었을 때 고를 수 있는 오답이다.

---

6 [AmW] - [AuM]

Where can I store these electric cables?

(A) In the bottom drawer of your desk.
(B) From the stationery store.
(C) The power has been turned on.

이 전선은 어디에 보관할까요?
(A) 책상의 맨 아래 서랍 안에요.
(B) 문구점에서요.
(C) 전원이 들어왔습니다.

어휘 store 보관하다, 두다 electric cable 전선 bottom 바닥 stationery 문구류

해설 전선을 보관할 장소를 묻고 있으므로 책상 맨 아래 서랍에 두라며 장소를 알려주는 (A)가 정답이다. (B)는 질문의 store를 반복한 오답이다. (C)는 질문의 electric cables라는 사물에서 연상할 수 있는 power를 이용한 오답이다.

Unit 04 When의문문

Part 2

CHECK UP

Answer 1. (A) 2. (A)

1 [CnM] - [BrW]

When are you leaving for Los Angeles?
(A) At the end of this month.
(B) For a couple of weeks.

어휘 leave for ~을 향해 떠나다 a couple of 두어 개의

로스앤젤레스로 언제 떠날 건가요?
(A) 이번 달 말에요.
(B) 2주 동안요.

2 [BrW] - [CnM]

When are we expecting our clients?
(A) In 20 minutes.
(B) At the airport.

어휘 expect (오는 것을) 기대하다, 기다리다

우리가 고객들을 언제 만나게 될까요?
(A) 20분 후에요.
(B) 공항에서요.

Practice

Answer 1. (B) 2. (B) 3. (B) 4. (B) 5. (A) 6. (C)

1 [AuM] - [AmW]

When will the performance begin?
(A) No, she didn't win.
(B) At two o'clock.

어휘 performance 공연

공연은 언제 시작되나요?
(A) 아니요, 그녀는 이기지 않았습니다.
(B) 2시에요.

해설 공연의 시작 시간을 묻고 있으므로 2시라고 구체적 시간을 알려주는 (B)가 정답이다.

2 [BrW] - [AmW]

When does your subscription expire?
(A) I got the renewal information.
(B) Next month.

어휘 subscription 정기 구독 expire (기간이) 만료되다 renewal 갱신, 계약 연장

정기 구독은 언제 끝나요?
(A) 저는 계약 연장 정보를 얻었습니다.
(B) 다음 달에요.

해설 정기 구독 만료 일자를 묻고 있으므로 다음 달이라고 응답한 (B)가 정답이다. (A)는 질문의 expire라는 단어에서 연상할 수 있는 renewal을 이용한 오답이다.

3 [AmW] - [CnM]

When will the orders be shipped?
(A) A free shipment.
(B) They were sent out yesterday.

어휘 ship 발송하다, 배송하다 shipment 발송, 배송 send out 보내다, 발송하다

주문한 것들은 언제 발송되나요?
(A) 무료 배송입니다.
(B) 어제 발송되었습니다.

해설 발송 일자를 묻고 있으므로 어제 발송되었다며 날짜를 알려주는 (B)가 정답이다. (A)는 질문의 동사 ship의 파생어 명사 shipment를 이용한 오답이다.

---

4 [AmW] - [BrW]

When will someone come to check the printer?

(A) The printouts are ready.

(B) Maybe tomorrow.

(C) Put it here.

언제 프린터를 확인하러 사람이 오나요?
(A) 출력물은 준비되었습니다.
(B) 아마 내일이요.
(C) 그건 여기에 두세요.

어휘 printout 출력물

해설 프린터를 확인하러 사람이 언제 오는지 묻고 있으므로 구체적인 시간인 내일이라고 알려주는 (B)가 정답이다. (A)는 질문의 printer와 관련 있는 단어 printout을 이용한 오답이다.

---

5 [AuM] - [AmW]

When will the office renovations be completed?

(A) Sooner than expected.

(B) For about a month.

(C) Please send me the estimate.

사무실 개조는 언제 끝날 건가요?
(A) 예상보다 일찍요.
(B) 한 달 정도요.
(C) 저에게 견적서를 보내주세요.

어휘 renovation 개조, 보수 complete 완료하다 estimate 견적서

해설 사무실 개조가 끝나는 시점을 묻고 있으므로 예상보다 일찍이라는 대략적인 시기를 언급한 (A)가 정답이다. (B)는 시간 표현으로 응답하였으나, 기간을 나타내므로 How long ~? 질문에 가능한 응답이다.

---

6 [CnM] - [BrW]

When was the last time you saw Mr. Greene?

(A) By chance.

(B) He's my supervisor.

(C) In July.

Greene 씨를 마지막으로 본 게 언제인가요?
(A) 우연히요.
(B) 그는 제 상사입니다.
(C) 7월이에요.

어휘 by chance 우연히 supervisor 상사, 관리자

해설 Greene 씨를 만난 시점을 묻고 있으므로 7월이라며 구체적 시점을 밝혀 응답한 (C)가 정답이다. (A)는 만난 방법을 묻는 How의 문문에 가능한 응답이다. (B)는 신분이나 직업을 묻는 Who의문문에 가능한 응답이다.

Actual Test

Answer 1. (C) 2. (B) 3. (C) 4. (A) 5. (B) 6. (C)
         7. (A) 8. (A) 9. (C) 10. (A) 11. (B) 12. (B)

---

1 [BrW] - [AuM]

Where can I put my umbrella?

(A) It's raining today.

(B) Very soon.

(C) Leave it at the door.

우산은 어디에 둘까요?
(A) 오늘 비가 옵니다.
(B) 얼마 안 있으면요.
(C) 문간에 두세요.

어휘 leave 놓아두다

해설 (A) umbrella라는 사물에서 연상할 수 있는 raining을 이용한 오답이다.
(B) 시간을 묻는 When의문문에 가능한 응답이다.
(C) 우산을 둘 장소를 묻는 질문에 문간에 두라고 응답하였으므로 정답이다.

2 [AmW] - [AuM]

When can we take a break?

(A) Sorry, it's broken.

(B) In a few minutes.

(C) I will take you there.

어휘 break 휴식 broken 고장 난

해설 (A) 동사 break(고장 내다)의 과거분사형 broken을 이용한 오답이다.
(B) 휴식을 취하는 시점을 묻는 질문에 몇 분 후에라는 시간을 알려주고 있으므로 정답이다.
(C) 질문의 요지와 관련 없고, take만 들었을 때 고를 수 있는 오답이다.

우리는 언제 휴식을 취할 수 있나요?
(A) 죄송합니다만, 고장 났습니다.
(B) 몇 분 후에요.
(C) 제가 그곳으로 모시겠습니다.

---

3 [AmW] - [CnM]

Where is the closest subway station?

(A) I'm leaving in an hour.

(B) Please keep the door closed.

(C) There's one on Crawford Street.

어휘 close 가까운 subway station 지하철 역 closed 닫힌

해설 (A) 출발 시각을 묻는 When의문문에 가능한 응답이다.
(B) 질문의 단어 closest와 유사한 발음인 closed를 이용한 오답이다.
(C) 지하철 역의 위치를 묻는 질문에 구체적 거리명을 알려주므로 정답이다.

가장 가까운 지하철 역은 어디인가요?
(A) 저는 한 시간 안에 떠납니다.
(B) 문을 닫아 두세요.
(C) Crawford 가에 하나 있습니다.

---

4 [BrW] - [AuM]

When is the budget proposal due?

(A) No later than Thursday.

(B) At the meeting room.

(C) Yes, it is.

어휘 budget 예산 proposal 제안서 due 제출 마감인 no later than 늦어도 ~까지

해설 (A) 예산안의 마감 시한을 묻는 질문에 늦어도 목요일까지라며 구체적 시점을 알려주고 있으므로 정답이다.
(B) 질문의 요지와 관련 없으며, Where의문문에 가능한 응답이다.
(C) 의문사 의문문에 Yes로 응답했으므로 무조건 오답이다.

예산안은 언제가 제출 마감인가요?
(A) 늦어도 목요일까지요.
(B) 회의실에서요.
(C) 네, 그렇습니다.

---

5 [CnM] - [AmW]

Where can we keep these tools for the next few weeks?

(A) At the end of this month.

(B) There's room in the warehouse.

(C) Well, next time then.

어휘 room 공간 warehouse 창고

해설 (A) 장소를 묻는 질문에 시점으로 응답하므로 오답이다.
(B) 도구를 보관할 장소를 묻는 데 창고에 공간이 있다고 응답하므로 정답이다.
(C) 질문의 요지와 관련 없는 오답이다.

앞으로 몇 주 동안 이 도구들을 어디에 보관할 수 있을까요?
(A) 이번 달 말에요.
(B) 창고에 공간이 있습니다.
(C) 그럼 다음에요.

6 [BrW] - [CnM]

When are you taking your summer vacation?

(A) I certainly will.

(B) In Havana.

(C) The first week of August.

여름 휴가를 언제 가시나요?
(A) 물론 그럴 겁니다.
(B) 하바나에서요.
(C) 8월 첫째 주예요.

어휘 take a vacation 휴가를 가다

해설 (A) 휴가를 떠날 지 여부를 묻는 일반의문문에 가능한 응답이다.
(B) 휴가 가는 장소를 묻는 Where의문문에 가능한 응답이다.
(C) 휴가 가는 시점을 묻는 질문에 8월 첫째 주라고 구체적 시점을 알려주고 있으므로 정답이다.

---

7 [CnM] - [AmW]

When will the budget planning be completed?

(A) Before the end of this week.

(B) With the department head.

(C) They'll receive a draft.

예산 기획안은 언제 완성되나요?
(A) 이번 주말 전에요.
(B) 부서장님과요.
(C) 그들이 초안을 받을 것입니다.

어휘 planning 기획(안) department head 부서장 draft 초안

해설 (A) 예산 기획안이 완성되는 때를 묻는 질문에 이번 주말 전이라며 시점을 알려주고 있으므로 정답이다.
(B) 시점을 묻는 질문에 직위를 밝혀 응답하므로 오답이다.
(C) 질문의 budget planning에서 연상할 수 있는 draft를 이용한 오답이다.

---

8 [AuM] - [BrW]

Where can I find a dental clinic nearby?

(A) Down the street.

(B) Last month, I think.

(C) Why not?

근처의 치과를 어디에서 찾을 수 있나요?
(A) 거리를 따라 내려가면 있어요.
(B) 제 생각에는 지난달이에요.
(C) 왜 안 돼요?

어휘 dental clinic 치과 nearby 근처의

해설 (A) 치과의 위치를 묻는 질문에 가는 방향을 알려주고 있으므로 정답이다.
(B) 위치를 묻는 질문에 시점으로 응답하므로 오답이다.
(C) 상대방의 말에 반문하는 표현이므로 질문과 관련이 없는 오답이다.

---

9 [AmW] - [CnM]

Where can I find the vacation request form?

(A) The findings are impressive.

(B) The room is currently vacant.

(C) I'll give you one.

휴가 신청서를 어디에서 구할 수 있나요?
(A) 조사 결과는 인상적입니다.
(B) 그 방은 현재 비어 있습니다.
(C) 제가 하나 드릴게요.

어휘 request form 신청 양식 finding 발견, 조사 결과 vacant 비어 있는

해설 (A) 질문의 동사 find의 파생어 명사 findings를 이용한 오답이다.
(B) 질문의 vacation과 유사한 발음의 vacant를 이용한 오답이다.
(C) 신청서를 구하는 장소를 묻는 질문에 장소를 언급하는 대신 '내가 주겠다'며 우회적으로 응답하고 있다.

10 [BrW] - [AuM]

When does Mr. Trenton take over as regional manager?

(A) I didn't know he was promoted.

(B) Thanks but I'm not interested.

(C) Please hand it over to me.

Trenton 씨는 언제 지점장을 맡게 될 예정인가요?
(A) 그가 승진한 것을 몰랐어요.
(B) 감사합니다만, 저는 관심 없습니다.
(C) 그것을 저에게 넘겨 주세요.

어휘 take over 넘겨받다, 인수하다 be promoted 승진하다 hand over 건네주다

해설 (A) Trenton이라는 인물이 지점장을 맡는 시점을 묻는 질문에 구체적 시간을 알려주는 대신 그러한 사실을 몰랐다며 우회적으로 응답하고 있다.
(B) 질문의 요지와 전혀 관련 없는 오답이다.
(C) 질문의 over를 반복 사용한 오답이다.

11 [CnM] - [AmW]

Where's a good place to rent a camping car?

(A) I parked it in the garage.

(B) Across the street from City Hall.

(C) He drove it too fast.

캠핑카를 빌릴 수 있는 좋은 장소가 어디인가요?
(A) 그것을 차고에 주차했습니다.
(B) 시청에서 길 건너편에 있는 곳이요.
(C) 그는 그것을 너무 빨리 몰았어요.

어휘 rent 빌리다 garage 차고 city hall 시청

해설 (A) 장소로 응답하였으나, 질문의 요지와 거리가 먼 오답이다.
(B) 캠핑카를 빌릴 수 있는 장소를 묻고 있으므로, 시청 건너편이라고 구체적으로 밝히는 정답이다.
(C) 질문의 car에서 연상할 수 있는 동작 drove를 이용한 오답이다.

12 [AuM] - [BrW]

When's the repair work supposed to be finished?

(A) I can call the repairman.

(B) Sometime this week.

(C) I suppose so.

수리 작업은 언제 끝나기로 되어 있나요?
(A) 저는 수리공을 부를 수 있습니다.
(B) 이번 주 내로요.
(C) 그런 것 같습니다.

어휘 be supposed to ~하기로 되어 있다 suppose 추정하다, 생각하다

해설 (A) 질문의 repair를 반복 사용한 오답이다.
(B) 수리 작업의 완료 시점을 묻는 데 대해 이번 주라고 구체적으로 알려주고 있으므로 정답이다.
(C) 동의를 나타내는 표현으로서 질문과 관련 없는 오답이다.

Unit 05 How 의문문

Part 2

CHECK UP

Answer 1. (A)   2. (A)

1 [CnM] - [AmW]

How was your business trip to Mexico?
(A) I was pretty busy.
(B) She is also out of town.

멕시코 출장은 어땠나요?
(A) 무척 바빴습니다.
(B) 그녀 역시 다른 지역에 가 있습니다.

어휘 business trip 출장 pretty 매우 out of town 외지에 있는

2 [BrW] - [AuM]

How do you get to work?
(A) I usually ride my bicycle.
(B) Before lunch.

어떻게 출근하시나요?
(A) 저는 주로 자전거를 타고 갑니다.
(B) 점심 시간 전에요.

어휘 get to ~에 도착하다 ride (탈것을) 타고 가다

Practice

Answer 1. (B)   2. (B)   3. (B)   4. (B)   5. (C)   6. (A)

1 [CnM] - [BrW]

How can I register for the seminar?
(A) I loaned him a few books.
(B) You can fill out this form.

어떻게 하면 세미나에 등록할 수 있나요?
(A) 그에게 책을 몇 권 빌려주었습니다.
(B) 이 양식을 작성하시면 됩니다.

어휘 register for ~에 등록하다 loan 빌려주다 fill out (빈칸을 채워) 작성하다

해설 세미나에 등록하는 방법을 묻고 있으므로 신청서를 작성하라며 구체적 방법을 알려주는 (B)가 정답이다.

2 [AuM] - [CnM]

How do you get to the airport?
(A) At around 6.
(B) I use public transportation.

공항에는 어떻게 가십니까?
(A) 6시경에요.
(B) 대중교통을 이용합니다.

어휘 around ~쯤, ~경 public transportation 대중교통

해설 공항에 가는 방법을 묻고 있으므로, 대중교통을 이용한다며 이동수단을 알려주는 (B)가 정답이다.

3 [AmW] - [AuM]

How many languages does the candidate speak?
(A) Look it up in a dictionary.
(B) Five, I guess.

그 지원자는 몇 개 국어를 할 줄 압니까?
(A) 사전에서 찾아보세요.
(B) 아마 5개일 겁니다.

어휘 candidate 후보, 지원자 look up (사전 등에서) 찾아보다

34

해설 지원자가 구사하는 언어의 수를 묻고 있으므로 5개라며 구체적 숫자를 밝혀 응답한 (B)가 정답이다. (A)는 질문의 languages에서 연상할 수 있는 사물 dictionary를 이용한 오답이다.

---

4 [CnM] - [BrW]

How long have you worked on this project?

(A) It takes a year or so.
(B) Less than three months.
(C) It's not working.

이 프로젝트를 얼마동안 진행해 왔습니까?
(A) 1년 정도 걸립니다.
(B) 3개월이 좀 안 됩니다.
(C) 그것은 작동하지 않습니다.

어휘 less than ~ 이하의 work (기계 등이) 작동하다

해설 프로젝트 작업 기간을 묻고 있으므로 거의 3개월이라며 구체적 기간으로 응답한 (B)가 정답이다. (A)는 기간으로 응답하였으나 질문의 요지와 거리가 먼 오답이다. (C)는 질문의 worked의 파생어인 working을 이용한 오답이다.

---

5 [AuM] - [CnM]

How did you learn about the historical building?

(A) It's quite old.
(B) Every now and then.
(C) I searched for it in newspapers.

그 역사적 건물에 대해 어떻게 알았습니까?
(A) 그것은 꽤 오래되었습니다.
(B) 가끔씩이요.
(C) 신문에서 찾아봤습니다.

어휘 learn about ~에 대해 알다 historical 역사적인 every now and then 때때로, 가끔 search for 찾다, 검색하다

해설 역사적 건물에 대해 알게 된 방법을 묻고 있으므로 신문을 검색했다고 응답한 (C)가 정답이다. (A)는 질문의 historical building에서 연상할 수 있는 상태인 old를 이용한 오답이다.

---

6 [AuM] - [BrW]

How can I join the digital media committee?

(A) Contact Ms. Anderson.
(B) They meet every Monday.
(C) My supervisor does.

디지털 미디어 위원회에 어떻게 가입할 수 있을까요?
(A) Anderson 씨에게 연락하세요.
(B) 그들은 매주 월요일에 모입니다.
(C) 제 부서장이 합니다.

어휘 contact 연락하다

해설 위원회에 가입할 방법을 묻고 있는 질문에 Anderson 씨에게 연락하라고 제안하는 (A)가 정답이다.

Unit 06 Why 의문문

Part 2

CHECK UP
Answer 1. (A) 2. (B)

1 [CnM] - [BrW]
Why do you like playing outdoor sports?
(A) Because they are refreshing.
(B) Only after the game.

야외 운동을 왜 좋아하나요?
(A) 기분을 상쾌하게 해주기 때문입니다.
(B) 경기가 끝난 후에만요.

어휘 refreshing 상쾌하게 해주는

2 [BrW] - [CnM]
Why is the accountant position still open?
(A) Yes, I like my job.
(B) We weren't able to find the right person.

회계사 자리는 왜 아직 구인 중이죠?
(A) 네, 저는 제 일을 좋아합니다.
(B) 우리는 적임자를 찾을 수 없었습니다.

어휘 accountant 회계사 position 일자리

Practice
Answer 1. (B) 2. (A) 3. (B) 4. (B) 5. (B) 6. (B)

1 [AuM] - [AmW]
Why don't you take the morning class?
(A) I don't have any.
(B) It starts too early.

아침 수업을 듣는 것이 어때요?
(A) 저는 하나도 없습니다.
(B) 너무 일찍 시작합니다.

어휘 take a class 수업을 듣다

해설 아침 수업을 들어 보라는 권유에 대해 너무 이른 시간에 시작한다고 대답한 (B)가 정답이다.

2 [BrW] - [AmW]
Why are there so many boxes in the hallway?
(A) The new office furniture just arrived.
(B) Yes, they are mine.

복도에 왜 상자들이 그렇게 많이 있죠?
(A) 새 사무용 가구가 막 도착했습니다.
(B) 네, 그것은 제 것입니다.

해설 복도에 상자들이 있는 이유를 묻고 있으므로 가구가 도착해서라며 이유를 알려주는 (A)가 정답이다. (B) Why의문문에 yes로 응답하고 있으므로 오답이다.

3 [AmW] - [CnM]
Why should we send the shipment by express mail?
(A) The tracking number is outdated.
(B) The delivery is supposed to arrive this Friday.

우리는 왜 빠른우편으로 그 발송물을 보내야 하죠?
(A) 추적 번호가 오래된 것입니다.
(B) 그 배송물이 이번 주 금요일에 도착하기로 되어 있어서요.

어휘 express mail 빠른우편 tracking 추적 outdated 오래된, 구식인 be supposed to ~하기로 되어 있다

해설 빠른우편을 이용하는 이유를 묻고 있으므로 금요일까지 배송물이 도착해야 한다고 밝힌 (B)가 정답이다. 질문의 shipment라는 사물에서 연상할 수 있는 tracking number를 이용한 오답이다.

4 [AmW] - [BrW]

Why didn't you ask for a refund?

(A) No, I haven't.
(B) I never thought about it.
(C) By credit card.

왜 환불을 요청하지 않았나요?
(A) 아니요, 저는 안 했습니다.
(B) 그건 생각도 못 했습니다.
(C) 신용 카드로요.

어휘 ask for ~을 요청하다 refund 환불

해설 환불을 요청하지 않은 이유를 묻는 질문에 그렇게 할 생각을 한 적이 없다며 우회적으로 응답한 (B)가 정답이다. (A)는 의문사 의문문에 No로 응답한 오답이다. (C)는 질문의 refund에서 연상할 수 있는 결제 수단인 credit card를 이용한 오답이다.

5 [AuM] - [AmW]

Why are they renovating the lecture room?

(A) Starting on Sunday.
(B) To accomodate more people.
(C) Some advance reservations.

그들은 왜 강의실을 보수하고 있죠?
(A) 일요일부터 시작합니다.
(B) 더 많은 사람을 수용하기 위해서요.
(C) 미리 해 둔 예약이요.

어휘 renovate 보수하다 lecture 강의, 강연 accommodate (인원을) 수용하다

해설 보수 공사를 하는 이유를 묻고 있으므로 더 많은 사람을 수용하기 위해서라고 응답한 (B)가 정답이다. (A)는 요일로 응답하고 있으므로 When의문문에 가능한 응답이다. (C)는 질문의 renovating과 유사한 발음의 reservations를 이용한 오답이다.

6 [CnM] - [BrW]

Why was the factory's opening rescheduled?

(A) It opens early.
(B) The workforce wasn't ready.
(C) On the assembly line.

공장 개장 일정은 왜 변경되었죠?
(A) 그곳은 일찍 문을 엽니다.
(B) 인력이 준비되지 않았습니다.
(C) 조립 라인에서요.

어휘 opening 개장, 개점 reschedule 일정을 변경하다 workforce 인력 assembly line 생산 조립 라인

해설 일정이 변경된 이유를 묻고 있으므로 작업 인력이 준비가 안 되었다고 응답한 (B)가 정답이다. (A)는 질문의 opening의 동사형 opens를 이용한 오답이다. (C)는 질문의 factory라는 장소에서 연상할 수 있는 시설 assembly line을 이용한 오답이다.

Actual Test

Answer	1. (C)	2. (A)	3. (A)	4. (A)	5. (C)	6. (A)
	7. (A)	8. (C)	9. (C)	10. (A)	11. (A)	12. (B)

1 [BrW] - [AuM]

How can I get to the nearest bus stop?

(A) It's bound for Kensington Street.
(B) Every 30 minutes.
(C) Turn left and go two blocks.

가장 가까운 버스 정류장에 어떻게 가야 하죠?
(A) 그것은 Kensington 가행입니다.
(B) 30분마다요.
(C) 좌회전한 후에 두 블록을 가세요.

어휘 be bound for (교통편이) ~행이다

해설 (A) 가는 방법을 묻는 질문에 버스의 행선지를 알려주고 있으므로 오답이다.
(B) How often으로 묻는 질문에 가능한 응답이다.
(C) 버스 정류장에 가는 방법을 묻는 질문에 구체적 방향을 알려주고 있으므로 정답이다.

2 [AmW] - [AuM]

Why was the design assistant so late?

(A) Because he got caught in a traffic jam.

(B) No later than tomorrow.

(C) Near Delphi Station.

디자인 조수는 왜 그렇게 늦었나요?
(A) 교통 체증 때문에 꼼짝할 수 없었답니다.
(B) 늦어도 내일까지입니다.
(C) Delphi 역 근처요.

어휘 assistant 비서, 조수 traffic jam 교통 체증 no later than 늦어도 ~까지

해설 (A) 늦은 이유를 묻는 질문에 교통체증에 갇혀 있었다고 응답하므로 정답이다.
(B) 시간 표현으로 응답하고 있으므로 When의문문에 가능한 응답이다.
(C) 질문의 요지와 거리가 먼 오답이다.

---

3 [AmW] - [CnM]

How would you like your haircut?

(A) I just want a trim.

(B) As long as it takes.

(C) It looks fine.

머리를 어떻게 잘라 드릴까요?
(A) 다듬기만 해주세요.
(B) 시간이 걸리는 대로요.
(C) 좋아 보입니다.

어휘 trim 다듬기 as long as ~만큼 오래

해설 (A) 머리 모양을 어떻게 해야 할지 묻는 질문에 다듬기만 해달라고 구체적 방법을 알려주고 있으므로 정답이다.
(B) 기간을 나타내므로 How long ~ 의문문에 가능한 응답이다.
(C) 개인적 느낌을 나타내므로 How do you like your haircut?(머리 자른 게 어떠세요?) 등에 가능한 응답이다.

---

4 [BrW] - [AuM]

Why was the time management class canceled?

(A) No one registered.

(B) She's on her way now.

(C) Yes, I'm planning to go.

시간 관리 강좌는 왜 취소되었나요?
(A) 아무도 등록하지 않았습니다.
(B) 그녀는 지금 오는 중입니다.
(C) 네, 저는 갈 계획입니다.

어휘 management 관리, 경영 register 등록하다 on one's way 오는 중인

해설 (A) 강좌가 취소된 이유를 묻는 질문에 아무도 등록하지 않았다고 응답하므로 정답이다.
(B) 질문의 요지와 거리가 먼 오답이다.
(C) 의문사 의문문에 Yes로 응답하므로 오답이다.

---

5 [CnM] - [AmW]

How did you like the medical conference?

(A) To prepare for the presentation.

(B) I brought it with me.

(C) The guest speaker delivered a wonderful speech.

의학 총회는 어땠나요?
(A) 프레젠테이션을 준비하기 위해서요.
(B) 저는 그것을 가지고 왔습니다.
(C) 초청 연사가 멋진 강연을 했습니다.

어휘 medical 의학의 conference 총회, 대규모 회의 guest speaker 초청 연사 deliver a speech 연설하다

해설 (A) 질문의 conference에서 연상할 수 있는 상황인 presentation을 이용한 오답이다.
(B) 질문의 요지와 거리가 먼 오답이다.
(C) 회의에 대한 소감을 묻는 질문에 연사의 강연이 좋았다고 응답하므로 정답이다.

6 [BrW] - [CnM]

How's the new copy machine working?

(A) It's very fast.
(B) In two more weeks.
(C) I'll make a copy.

새 복사기는 어떻게 작동하고 있나요?
(A) 아주 빨라요.
(B) 2주 더 후에요.
(C) 제가 복사할게요.

어휘 make a copy 복사하다 (= copy)

해설 (A) 복사기의 작동 상태를 묻는 질문에 속도가 빠르다고 응답하므로 정답이다.
(B) 상태를 묻는 질문에 시간으로 응답하므로 오답이다. When의문문에 가능한 응답이다.
(C) 질문에 등장한 단어 copy를 반복한 오답이다.

---

7 [CnM] - [AmW]

Why haven't the clients from Tokyo arrived yet?

(A) Their flight was delayed.
(B) Welcome to the conference center.
(C) The meeting starts at ten o'clock.

도쿄에서 오는 고객들은 왜 아직 도착하지 않았나요?
(A) 그들의 항공편이 지연되었습니다.
(B) 콘퍼런스 센터에 오신 것을 환영합니다.
(C) 회의는 10시에 시작됩니다.

어휘 delay 지연시키다

해설 (A) 고객들이 도착하지 않은 이유를 묻는 질문에 항공편이 지연되었다고 상황을 설명하고 있으므로 정답이다.
(B) 환영한다는 응답이므로 이유를 묻는 질문의 요지와 거리가 먼 오답이다.
(C) 질문의 clients에서 연상할 수 있는 상황인 meeting을 이용한 오답이다.

---

8 [AuM] - [BrW]

How should I put all the sales records together?

(A) A new sales record.
(B) Yes, please.
(C) In alphabetical order.

이 매출 기록을 어떻게 구성할까요?
(A) 새 매출 기록이요.
(B) 네, 그렇게 해주세요.
(C) 알파벳 순서로요.

어휘 put together 합치다, 구성하다 alphabetical 알파벳 순서의 order 순서

해설 (A) 질문의 sales record를 반복 사용한 오답이다.
(B) 의문사 의문문에 yes로 응답하므로 오답이다.
(C) 자료를 합치는 방법을 묻는 질문에 알파벳 순서라고 구체적인 방법을 제시하므로 정답이다.

---

9 [AmW] - [CnM]

How often should new articles be uploaded?

(A) On Friday.
(B) It's been put off.
(C) At least twice a day.

새 기사는 얼마나 자주 올라가나요?
(A) 금요일이에요.
(B) 연기되었습니다.
(C) 적어도 하루에 두 번이요.

어휘 article 기사 upload 업로드하다, 자료를 올리다 put off 연기하다, 미루다 at least 적어도

해설 (A) 요일을 나타내므로 When의문문에 가능한 응답이다.
(B) 질문의 요지와 거리가 먼 오답이다.
(C) 새 기사가 올라가는 빈도를 묻는 질문에 하루에 두 번이라고 구체적으로 알려주고 있으므로 정답이다.

Part 2 39

10 [AuM] - [BrW]

Why did you use the survey results for the marketing strategy?

(A) They're reliable.
(B) Last month's issue.
(C) About consumer spending.

어휘 survey 설문 조사 result 결과 strategy 전략 reliable 신뢰할 만한 consumer 소비자 spending 지출, 소비

해설 (A) 설문 결과를 이용한 이유를 묻는 데 대해 신뢰할 만해서라고 응답하므로 정답이다.
(B) 질문의 요지와 거리가 먼 오답이다.
(C) 질문의 survey results에서 연상할 수 있는 이슈인 consumer spending을 이용한 오답이다.

마케팅 전략에 왜 그 설문 조사 결과들을 이용했나요?
(A) 그것들은 신뢰할 만합니다.
(B) 지난 호입니다.
(C) 소비자 지출에 관해서요.

---

11 [BrW] - [AuM]

Why are you taking a management skills course?

(A) It'll help me get a promotion.
(B) A two hour session.
(C) The managers are having a meeting.

어휘 take a course 강좌를 듣다 get a promotion 승진하다 session 수업 (시간)

해설 (A) 경영 기술 강좌를 듣는 이유를 묻는 질문에 승진에 도움이 된다고 응답하므로 정답이다.
(B) 질문의 course에서 연상할 수 있는 단어인 session을 이용한 오답이다.
(C) 질문의 management의 파생어인 manager를 이용한 오답이다.

왜 경영 기술 강좌를 듣습니까?
(A) 승진하는 데 도움이 될 겁니다.
(B) 2시간짜리 수업입니다.
(C) 관리자들은 회의 중입니다.

---

12 [CnM] - [AmW]

Why did he turn down our job offer for the financial analyst position?

(A) A cover letter, I guess.
(B) He wants more benefits.
(C) No, I wouldn't disagree.

어휘 turn down 거절하다 job offer 취업 제안 financial analyst 금융 분석가 position 직책, 직위

해설 (A) 질문의 job offer에서 연상할 수 있는 cover letter를 이용한 오답이다.
(B) 일자리 제안을 거절한 이유를 묻는 질문에 더 많은 복지 혜택을 원해서라고 응답하므로 정답이다.
(C) 의문사 의문문에 No로 응답하므로 오답이다.

그는 왜 금융 분석가직에 대한 우리의 취업 제안을 거절했나요?
(A) 자기 소개서일 겁니다.
(B) 그는 더 많은 복지 혜택을 원합니다.
(C) 아니요, 저는 반대하지 않을 겁니다.

Unit 07 Which의문문

Part 2

CHECK UP Answer 1. (A)   2. (B)

1 [CnM] - [BrW]

Which movie are you going to watch?
(A) The one at 7:30.
(B) She is going to do it.

어느 영화를 볼 건가요?
(A) 저녁 7시 30분에 하는 거요.
(B) 그녀는 그것을 할 겁니다.

2 [BrW] - [CnM]

Which coffee house is the closest to the office?
(A) They close early.
(B) The one on Elm Street.

사무실에서 가장 가까운 커피숍이 어느 곳인가요?
(A) 그들은 일찍 문을 닫습니다.
(B) Elm 가에 있는 것이요.

Practice Answer 1. (A) 2. (B) 3. (B) 4. (B) 5. (A) 6. (C)

1 [AuM] - [AmW]

Which light is broken?
(A) The one in the bathroom.
(B) No, thank you.

어느 전등이 고장 났나요?
(A) 화장실에 있는 것이요.
(B) 고맙지만 사양하겠습니다.

어휘 / light 빛, 전등 broken 고장 난

해설 고장 난 전등이 어느 것인지 묻고 있으므로 화장실에 있는 것이라고 응답한 (A)가 정답이다.

2 [BrW] - [AmW]

Which desk is yours?
(A) Isn't it yours?
(B) The one next to the printer.

어느 책상이 당신 것인가요?
(A) 그건 당신 것이 아닌가요?
(B) 프린터 옆에 있는 것이요.

어휘 / next to ~ 옆에

해설 어느 책상인지 묻고 있으므로 프린터 옆에 있는 것이라며 위치를 알려주는 (B)가 정답이다.

3 [AmW] - [CnM]

Which carpet color did you choose?
(A) Sure, I'll have some.
(B) The one you suggested.

카펫 색상을 어느 것으로 골랐나요?
(A) 물론이죠, 조금 마실게요.
(B) 당신이 제안해 주신 것으로요.

어휘 / suggest 제안하다, 권하다

해설 카펫 색상을 어느 것으로 골랐는지 묻고 있으므로, 당신이 권해 준 것이라고 구체적으로 지칭하여 응답한 (B)가 정답이다. (A)는 질문의 carpet을 유사한 발음의 coffee로 잘못 들었을 경우에 혼동할 수 있는 오답이다.

4 [AmW] - [BrW]

Which names are missing from the guest list?

(A) I'm going to invite them.

(B) New clients still haven't been added.

(C) Yes, they're staying for a while.

초대 손님 명단에서 어떤 이름이 빠져 있나요?
(A) 저는 그들을 초대할 겁니다.
(B) 새 고객들이 아직 추가되지 않았어요.
(C) 네, 그들은 한동안 머물 겁니다.

어휘 missing 빠진, 분실된 add 추가하다 for a while 한동안

해설 명단에서 어떤 이름이 빠져 있는지 묻고 있으므로 새 고객들이라며 대상을 언급한 (B)가 정답이다. (A)는 질문의 guest에서 연상할 수 있는 동작인 invite를 이용한 오답이다.

---

5 [AuM] - [AmW]

Which subject are we discussing at the meeting?

(A) The quarterly loss.

(B) I enjoy meeting everyone.

(C) From one to two o'clock.

우리는 회의에서 어떤 주제를 논의할 건가요?
(A) 분기별 손실이요.
(B) 저는 모든 사람을 만나기를 즐깁니다.
(C) 1시부터 2시까지요.

어휘 subject 주제 discuss 논의하다 quarterly 분기마다의 loss 손실

해설 회의에서 논의할 주제가 어떤 것인지 묻고 있으므로 분기별 손실이라고 구체적 사안을 제시한 (A)가 정답이다.

---

6 [CnM] - [BrW]

Which subway line will you take to Pioneer Square?

(A) Ms. Chang is.

(B) No, maybe later.

(C) I need to check the map first.

Pioneer 광장으로 가는 데 어떤 지하철 노선을 탈 건가요?
(A) Chang 씨입니다.
(B) 아니요, 어쩌면 나중에요.
(C) 우선 지도를 확인해 봐야 합니다.

어휘 square 광장

해설 어느 지하철 노선을 탈 것인지 묻는 질문에 특정 노선을 말하는 대신 지도를 확인해야 한다며 우회적으로 응답한 (C)가 정답이다.

Unit 08 be동사/조동사 의문문

Part 2

CHECK UP
Answer 1. (B)   2. (B)

1 [BrW] - [AuM]
Do you have time to help me?
(A) I don't have a watch.
(B) Sure. What can I do?

저를 도와주실 시간이 있나요?
(A) 시계가 없습니다.
(B) 물론입니다. 제가 무엇을 할까요?

어휘 watch 손목시계

2 [AmW] - [AuM]
Are you going to the street festival?
(A) A week ago.
(B) I'm planning to.

거리 축제에 갈 건가요?
(A) 일주일 전에요.
(B) 그럴 계획입니다.

어휘 ago ~ 전에 plan to ~할 계획이다

Practice
Answer   1. (A)   2. (A)   3. (A)   4. (B)   5. (C)   6. (A)

1 [AmW] - [CnM]
Are the items in this section on sale?
(A) Yes, but today only.
(B) They are sorted by price.

이 코너에 있는 제품들은 세일중인가요?
(A) 네, 하지만 오늘에 한해서입니다.
(B) 가격별로 분류되었습니다.

어휘 section 구획, 코너 on sale 세일 중인 sort 분류하다

해설 제품 세일 여부를 묻고 있으므로, Yes라고 긍정한 뒤 오늘에 한해서라고 덧붙인 (A)가 정답이다. (B)는 질문의 items에서 연상할 수 있는 상태인 sorted를 이용한 오답이다.

2 [BrW] - [AuM]
Did you review the meeting agenda?
(A) No, I had too much work to do.
(B) Try to contact an agent.

회의 안건을 검토해 보았나요?
(A) 아니요, 저는 할 일이 너무 많았어요.
(B) 에이전트에게 연락해 보세요.

어휘 review 검토하다 agenda 의제, 안건

해설 회의 안건을 검토했는지 여부를 묻고 있으므로 No라고 부정한 뒤 일이 너무 많았다고 이유를 덧붙인 (A)가 정답이다. (B)는 질문의 agenda와 유사한 발음의 agent를 이용한 오답이다.

3 [CnM] - [AmW]
Is the payroll manager in today?
(A) Yes, but he's at a meeting.
(B) I can manage it.

경리부장님은 오늘 계시나요?
(A) 네, 그런데 지금 회의 중이십니다.
(B) 제가 그것을 할 수 있습니다.

어휘 payroll 급여부, 경리부 in a meeting 회의 중인 manage 잘 해내다, 어떻게든 ~하다

해설 경리부장이 자리에 있는지 여부를 묻고 있으므로 Yes라고 긍정한 뒤에 회의 중이라고 덧붙인 (A)가 정답이다. (B)는 질문의 manager의 파생어인 동사 manage를 이용한 오답이다.

---

4 [BrW] - [CnM]

Can you come in an hour early on Wednesday?

(A) It's been delivered.
(B) I should be able to do that.
(C) The door's open.

수요일에 한 시간 일찍 올 수 있나요?
(A) 그것은 배달되었어요.
(B) 그렇게 할 수 있을 겁니다.
(C) 문이 열려 있습니다.

어휘 come in 들어오다, 오다

해설 한 시간 일찍 올 수 있는지 묻는 질문에 그렇게 할 수 있을 것 같다며 간접적인 긍정의 뜻을 나타낸 (B)가 정답이다. (C)는 질문의 come in에서 연상할 수 있는 상태인 door's open을 이용한 오답이다.

---

5 [CnM] - [AmW]

Are you going to take the visitors out to dinner?

(A) Yes, please.
(B) What about today?
(C) No, they're leaving this afternoon.

방문객들을 데리고 나가 저녁 식사를 대접할 건가요?
(A) 네, 그렇게 해주세요.
(B) 오늘은 어떤가요?
(C) 아니요, 그들은 오늘 오후에 떠납니다.

어휘 take A to B A를 B에 데리고 가다 leave 출발하다, 떠나다

해설 방문객들과 저녁 식사를 하러 나갈지 여부를 묻고 있으므로 No라고 부정한 뒤 그들이 오후에 떠나야 한다며 일정을 덧붙인 (C)가 정답이다.

---

6 [AuM] - [BrW]

Has your application for a work visa been approved?

(A) It's still being processed.
(B) No, it's broken.
(C) The Chinese Embassy.

취업 비자 신청이 승인되었나요?
(A) 아직 처리 중입니다.
(B) 아니요, 그것은 고장 났습니다.
(C) 중국 대사관입니다.

어휘 application 신청(서) work visa 취업 비자 approve 승인하다 process 처리하다 embassy 대사관

해설 비자 신청이 승인되었는지 여부를 묻고 있으므로 Yes/No로 응답이 가능하지만 No를 생략한 뒤 아직 처리 중이라며 상황을 설명한 (A)가 정답이다. (B)는 No라고 응답하였으나, 다음 내용이 질문에 어울리지 않으므로 오답이다. (C)는 질문의 visa에서 연상할 수 있는 기관인 Embassy를 이용한 오답이다.

Actual Test

| Answer | 1. (A) | 2. (C) | 3. (A) | 4. (B) | 5. (C) | 6. (A) |
| | 7. (A) | 8. (A) | 9. (A) | 10. (C) | 11. (B) | 12. (A) |

---

1 [AmW] - [CnM]

Is this the final proposal?

(A) Yes, it is.
(B) No, he hasn't proposed.
(C) I finally met him.

이것이 최종 제안서인가요?
(A) 네, 그렇습니다.
(B) 아니요, 그는 제안하지 않았습니다.
(C) 마침내 그를 만났습니다.

어휘 propose 제안하다

해설 (A) 제안서가 최종본인지 확인하는 질문에 그렇다고 응답하므로 정답이다.
(B) 질문의 proposal의 파생어인 동사 proposed를 이용한 오답이다.
(C) 질문의 final의 파생어인 부사 finally를 이용한 오답이다.

---

2 [BrW] - [AuM]

Can you carry those boxes by yourself?
(A) On the top shelf.
(B) I already have one.
(C) I could use some help.

그 상자들을 혼자 운반할 수 있겠어요?
(A) 맨 꼭대기 선반에요.
(B) 저는 이미 하나 가지고 있어요.
(C) 좀 도와주면 좋겠네요.

어휘 carry 운반하다, 나르다 by oneself 혼자 could use ~을 얻을 수 있으면 좋겠다 help 도움

해설 (A) 장소로 응답하므로 질문과 거리가 먼 오답이다.
(B) 질문과 전혀 관련 없는 오답이다.
(C) 박스를 혼자 운반할 수 있는지 묻는 질문에 도움이 필요하다고 간접적으로 요청하고 있으므로 정답이다.

---

3 [CnM] - [AmW]

Was the new advertising campaign discussed at the staff meeting?
(A) No, we didn't have time.
(B) I'd like that.
(C) At the presentation.

직원회의에서 새 광고 캠페인이 논의되었나요?
(A) 아니요, 우리는 시간이 없었어요.
(B) 저는 그게 좋습니다.
(C) 프레젠테이션에서요.

어휘 advertising campaign 광고 캠페인 staff meeting 직원회의

해설 (A) 직원회의에서 광고 캠페인이 논의되었는지 여부를 묻는 질문에 No라고 부정한 뒤 시간이 없었다고 이유를 덧붙이고 있으므로 정답이다.
(B) 좋아하는 것을 나타내는 응답으로서 질문과 거리가 먼 오답이다.
(C) 질문의 advertising, meeting 등에서 연상할 수 있는 활동인 presentation을 이용한 오답이다.

---

4 [AuM] - [BrW]

Do you have time to organize these tools?
(A) Yes, I need a few extra.
(B) Can I do it after lunch?
(C) A hand-held flashlight.

이 도구들을 정리할 시간이 있나요?
(A) 네, 저는 몇 개 더 필요해요.
(B) 점심 식사 후에 해도 될까요?
(C) 손전등이요.

어휘 organize 정리하다 hand-held 손으로 들고 사용하는 flashlight 손전등

해설 (A) Yes라고 응답하나, 이어지는 내용이 질문과 관련 없으므로 오답이다.
(B) 도구들을 정리할 시간이 있느냐는 질문에 대해 점심 후에 해도 되는지 되묻고 있으므로 정답이 된다.
(C) tool의 한 종류인 flashlight을 이용한 오답이다.

---

5 [CnM] - [AmW]

Has the repair person fixed your air conditioner yet?
(A) I think that's fair.
(B) It costs about $100.
(C) He has just finished.

수리공이 에어컨을 아직 안 고쳤나요?
(A) 그게 정당하다고 생각합니다.
(B) 100달러 정도 듭니다.
(C) 그가 막 끝냈습니다.

어휘 repair 수리 fix 고치다 air conditioner 에어컨 fair 공정한 cost 비용이 ~ 들다

해설 (A) 질문의 repair와 유사한 발음의 fair를 이용한 오답이다.
(B) 비용을 이야기하고 있으므로 수리 여부를 묻는 질문과 거리가 먼 오답이다.
(C) 수리를 했는지 여부를 묻고 있는 질문에 방금 끝냈다고 응답하므로 정답이다.

6 [BrW] - [AuM]

Are you working from home today?

(A) No, I'll be at the office.

(B) He will pick me up.

(C) Please take your time.

오늘은 집에서 일하시나요?
(A) 아니요, 회사에 있을 겁니다.
(B) 그가 저를 데리러 올 겁니다.
(C) 천천히 하세요.

어휘 work from home 집에서 일하다 pick up ~을 데리러 가다[오다]

해설 (A) 집에서 일하는지 여부를 묻는 질문에 No라고 부정한 뒤 다른 장소를 알려주고 있으므로 정답이다.
(B) 질문의 요지와 거리가 먼 오답이다.
(C) 질문의 요지와 거리가 먼 오답이다.

---

7 [CnM] - [BrW]

Has anyone shown you around the factory yet?

(A) Yes, the manager gave me a tour.

(B) I can help you anytime.

(C) Manufacturing equipment, I think.

누가 공장을 구경시켜 주었나요?
(A) 네, 과장님이 견학을 시켜 주셨습니다.
(B) 언제든 도와드릴 수 있어요.
(C) 생산 장비인 것 같아요.

어휘 show around 구경시켜 주다 tour 관광, 견학 manufacturing 생산, 제조 equipment 기계

해설 (A) 누가 공장을 구경시켜 주었는지 여부를 묻는 질문에 과장이 견학을 시켜 주었다고 응답하므로 정답이 된다.
(B) 때를 묻는 When의문문이나, 감사를 나타내는 Thank you 등에 가능한 응답이다.
(C) 질문의 factory에서 연상할 수 있는 사물인 Manufacturing equipment를 이용한 오답이다.

---

8 [AmW] - [AuM]

Are you sure the train will leave on time?

(A) Sure, I checked the schedule.

(B) We had a train to catch.

(C) Five days a week.

기차가 정시에 출발하는 게 확실해요?
(A) 물론이죠. 제가 시간표를 확인했어요.
(B) 우리는 기차를 타야 합니다.
(C) 일주일에 5일이요.

어휘 on time 정시에, 제시간에 catch (버스·기차 등에) 시간에 맞춰 타다

해설 (A) 기차가 제시간에 출발하는지 여부를 묻는 질문에 Sure라고 강하게 긍정한 뒤 이유를 덧붙여 설명하므로 정답이다.
(B) 질문의 train을 반복 사용한 오답이다.
(C) 질문의 요지와 거리가 먼 오답이다.

---

9 [CnM] - [BrW]

Has Mr. Abbot reported the mechanical problem yet?

(A) It's being investigated.

(B) No, he started talking.

(C) I can't help you with that.

Abbot 씨가 기계 문제를 이미 보고했나요?
(A) 그것을 조사 중입니다.
(B) 아니요, 그는 말하기 시작했습니다.
(C) 저는 그것을 도와드릴 수 없습니다.

어휘 report 보고하다 mechanical 기계의 investigate 조사하다

해설 (A) 문제를 보고했는지 여부를 묻는 질문에 No를 생략한 뒤 바로 그 이유를 알려주고 있으므로 정답이다.
(B) No로 응답했지만 질문의 요지와 거리가 먼 오답이다.
(C) 질문의 요지와 거리가 먼 오답이다.

10 [AuM] - [CnM]

Are you coming to the retirement party?

(A) He's planning to retire.

(B) Just book the banquet room.

(C) Sure, can I go with you?

어휘 retirement 은퇴, 퇴직 retire 은퇴하다, 퇴직하다 book 예약하다 banquet room 연회장

해설 (A) 질문의 retirement의 파생어인 동사 retire를 이용한 오답이다.
(B) 질문의 party와 비슷한 뜻의 단어 banquet을 이용한 오답이다.
(C) 파티에 올 것인지 묻는 질문에 Sure라고 긍정한 뒤, 같이 가도 되는지 묻고 있으므로 정답이다.

11 [AmW] - [AuM]

Is the office space on the 12th floor available?

(A) There is space in the cabinet.

(B) Yes, and it's fully furnished.

(C) No, I'm not available.

어휘 available (물건을) 구할 수 있는, (사람이) 시간을 낼 수 있는 fully furnished 모든 가구가 갖추어진

해설 (A) 질문의 space를 반복 사용한 오답이다.
(B) 사무실을 이용할 수 있는지 여부를 묻는 질문에 Yes라고 긍정한 뒤, 가구가 완비되어 있다고 덧붙이고 있으므로 정답이다.
(C) 질문의 available을 반복 사용한 오답이다.

12 [AuM] - [BrW]

Did Ms. Adler contact you about the parking permit?

(A) No, I haven't heard from her yet.

(B) Across the street from the park.

(C) They finalized the contract.

어휘 parking permit 주차권 hear from ~로부터 소식을 듣다 finalize 마무리하다 contract 계약(서)

해설 (A) 연락을 받았는지 여부를 묻는 질문에 No라고 부정한 뒤 상황을 알려주고 있으므로 정답이다.
(B) 질문의 parking의 파생어인 park를 이용한 오답이다.
(C) 질문의 contact과 유사한 발음의 contract을 이용한 오답이다.

Unit 09 부정/부가의문문

Part 2

CHECK UP

Answer 1. (B) 2. (A)

1 [AmW] - [CnM]

You confirmed the hotel reservations, didn't you?
(A) It was a two-week conference.
(B) Yes, I just made a phone call.

호텔 예약을 확인하셨죠, 그렇지 않았나요?
(A) 2주간의 총회였습니다.
(B) 네, 방금 통화했습니다.

어휘 confirm 확정하다 reservation 예약

2 [BrW] - [AuM]

Haven't the replacement parts been ordered yet?
(A) You mean the ones for the sports car?
(B) It's the right place.

교체 부품이 아직 주문되지 않았나요?
(A) 스포츠카용 말이죠?
(B) 그곳이 알맞은 장소입니다.

어휘 replacement 교체, 대체 part 부품 order 주문하다 right 알맞은

Practice

Answer 1. (B) 2. (B) 3. (A) 4. (A) 5. (A) 6. (C)

1 [CnM] - [AmW]

Didn't you used to work at the Hongkong branch?
(A) I've already looked at it.
(B) Yes, have you been there?

홍콩 지사에서 근무하지 않으셨나요?
(A) 저는 그걸 이미 봤습니다.
(B) 네, 그곳에 있으셨나요?

어휘 used to ~ 했었다 branch 지사, 지점 already 이미

해설 홍콩 지사에서 근무했던 적이 있는지 묻고 있으므로 Yes라고 긍정한 뒤 상대방도 그곳에 있었는지 되묻는 (B)가 정답이다.

2 [BrW] - [CnM]

The hiring process starts tomorrow, doesn't it?
(A) He was promoted to a higher position.
(B) I think it begins today.

채용 절차가 내일 시작되죠, 그렇지 않나요?
(A) 그는 더 높은 직급으로 승진했습니다.
(B) 오늘 시작되는 것 같습니다.

어휘 hiring 채용 process 절차, 과정

해설 채용 절차의 시작 날짜를 확인하는 질문에 오늘이라고 정정해 주는 (B)가 정답이다. (A)는 질문의 hiring과 유사한 발음의 higher를 이용한 오답이다.

3 [CnM] - [AmW]

The project briefing hasn't ended yet, has it?
(A) No, but it'll be over soon.
(B) I certainly noticed it.

프로젝트 브리핑이 아직 안 끝났죠, 그렇죠?
(A) 아니요, 하지만 곧 끝날 겁니다.
(B) 저는 그것을 확실히 알아차렸습니다.

어휘 briefing 브리핑, 보고 be over 끝나다 notice 알아차리다

48

해설 브리핑이 끝났는지 여부를 확인하는 질문에 No라고 부정한 뒤 곧 끝날 것이라고 덧붙인 (A)가 정답이다.

---

4 [AuM] - [BrW]

Won't our clients be here by two o'clock?

(A) That's what they told me.
(B) The contact information is wrong.
(C) Did they?

우리 고객들이 여기에 2시까지 오지 않나요?
(A) 저한테 그들이 그렇게 얘기했죠.
(B) 연락처 정보가 틀렸습니다.
(C) 그들이 그랬나요?

어휘 contact information 연락처 정보

해설 고객들이 2시까지 오는지 확인하는 질문에 그들이 그렇게 얘기했다고 응답한 (A)가 정답이다. (C)는 미래 시제로 한 질문에 과거 시제로 응답하고 있으므로 오답이다.

---

5 [AmW] - [CnM]

You've canceled the magazine subscription, haven't you?

(A) No, I renewed it.
(B) Your prescription is ready.
(C) Send me the next issue.

잡지 정기 구독을 취소했죠, 그렇지 않나요?
(A) 아니요, 기한을 연장했습니다.
(B) 처방전이 준비되었습니다.
(C) 다음 호를 보내 주세요.

어휘 subscription 정기 구독   renew 갱신하다, ~의 기한을 연장하다   prescription 처방   issue (잡지·신문 등의) 판, 호

해설 정기 구독을 취소했는지 확인하고 있으므로 No라고 부정한 뒤 구독 기한을 연장했다고 덧붙여 응답한 (A)가 정답이다. (B)는 질문의 subscription과 유사한 발음의 prescription을 이용한 오답이다.

---

6 [BrW] - [AuM]

You haven't booked a flight to Rome yet, have you?

(A) Right, it is a long flight.
(B) I lost my suitcases at the airport.
(C) I haven't but I'll call tonight.

로마행 항공편을 아직 예약하지 않으셨죠, 그렇죠?
(A) 네, 긴 비행입니다.
(B) 공항에서 제 여행 가방을 잃어버렸습니다.
(C) 안 했지만 오늘밤에 전화할 겁니다.

어휘 flight 항공편, 비행기 여행   suitcase 여행 가방   lost 분실된

해설 로마행 항공편을 예약했는지 확인하는 질문에 Yes/No를 생략하고 아직 안 했지만 전화할 것이라고 밝히는 (C)가 정답이다. (A)는 질문의 flight을 반복 사용한 오답이다. (B)는 질문의 flight에서 연상할 수 있는 사물인 suitcases, airport 등을 이용한 오답이다.

Unit 10 제안/요청 의문문

Part 2

CHECK UP

Answer 1. (B) 2. (A)

1 [CnM] - [AmW]
How about joining us for lunch on Friday?
(A) I enjoyed it.
(B) What time?

금요일에 점심 식사 함께 하는 게 어때요?
(A) 아주 잘 먹었습니다.
(B) 몇 시에요?

2 [AuM] - [BrW]
Can I give you a hand with the paperwork?
(A) That'd be great.
(B) I prefer handmade ones.

서류 작업을 도와드릴까요?
(A) 그러면 아주 좋지요.
(B) 저는 손으로 만든 것을 선호합니다.

어휘 give A a hand A를 도와주다 paperwork 서류 작업 prefer 선호하다 handmade 손으로 만든

Practice

Answer 1. (A) 2. (B) 3. (B) 4. (A) 5. (B) 6. (C)

1 [CnM] - [AmW]
Why don't we share a taxi to City Hall?
(A) That's a good idea.
(B) No, she didn't ask him.

시청까지 함께 택시 타고 가는 게 어때요?
(A) 그거 좋은 생각입니다.
(B) 아니요, 그녀는 그에게 묻지 않았어요.

어휘 share 나누다, 공유하다

해설 택시를 함께 타고 가자고 제안하므로 좋은 생각이라고 응답하는 (A)가 정답이다.

2 [BrW] - [AuM]
Will you join us for the concert tonight?
(A) Yes, I did.
(B) Thanks, but I already have plans.

오늘 저녁 콘서트에 함께 가시겠어요?
(A) 네, 제가 그랬습니다.
(B) 고맙지만, 이미 계획이 있습니다.

해설 콘서트에 함께 가자는 제안에 대해 고맙지만 이미 계획이 있다며 거절하는 (B)가 정답이다. (A)는 과거에 한 일에 대해 긍정하고 있으므로 제안에 대한 응답으로 부적절하다.

3 [CnM] - [BrW]
Can anyone clean up the dirt on the carpet?
(A) No, I didn't clean it.
(B) I can do it in a minute.

누가 카펫의 먼지 좀 닦아 주시겠어요?
(A) 아니요, 저는 그것을 닦지 않았습니다.
(B) 제가 즉시 할 수 있습니다.

어휘 clean up 닦다 dirt 먼지, 오물 in a minute 곧바로, 즉시

해설 카펫을 닦아 달라는 요청에 대해 곧바로 하겠다며 응답한 (B)가 정답이다. (A)는 질문의 clean을 반복 사용한 오답이다.

50

4 [AuM] - [CnM]

Should we make an appointment to meet with Mr. Boris?

(A) His secretary will take care of it.
(B) A team leader was appointed.
(C) Do you know when?

우리가 Boris 씨와 만나려면 약속을 잡아야 하나요?
(A) 그의 비서가 그것을 처리할 겁니다.
(B) 팀장이 임명되었습니다.
(C) 언제인지 아시나요?

어휘 make an appointment 약속을 잡다, 예약하다 secretary 비서 take care of 처리하다 appoint 임명하다, 지명하다

해설 Boris 씨와 만나려면 약속을 잡아야 하는지 의견을 묻고 있는데 대해 그의 비서가 그 일을 처리한다며 우회적으로 응답한 (A)가 정답이다. (B)는 질문의 appointment의 파생어인 동사 appointed를 이용한 오답이다.

---

5 [AmW] - [AuM]

Would you like to receive the monthly newsletter?

(A) Please bring me the receipt.
(B) I've already signed up for it.
(C) A calendar of community events.

월간 소식지를 받아 보시겠습니까?
(A) 영수증을 가져다주세요.
(B) 저는 이미 신청했습니다.
(C) 지역 행사 캘린더요.

어휘 monthly 월마다의 newsletter 소식지, 뉴스레터 receipt 영수증 sign up for ~을 신청하다 community 커뮤니티, 지역 사회

해설 소식지를 받아 보라는 제안에 대해 이미 신청했다고 응답하는 (B)가 정답이다. (A)는 질문의 receive의 파생어인 명사 receipt를 이용한 오답이다. (C)는 질문의 monthly에서 연상할 수 있는 calendar를 이용한 오답이다.

---

6 [CnM] - [BrW]

Please drop off the draft of the proposal before you leave today.

(A) About the registration process.
(B) He is very professional.
(C) I definitely will.

오늘 퇴근하기 전에 제안서 초안을 저에게 주고 가세요.
(A) 등록 절차에 관해서입니다.
(B) 그는 매우 전문적입니다.
(C) 꼭 그렇게 할게요.

어휘 drop off 내려놓다 registration 등록 professional 전문의 definitely 분명히, 틀림없이

해설 제안서 초안을 달라고 요청하고 있으므로 그렇게 하겠다거나, 그렇게 하지 못할 것 같다는 식의 대답을 예상할 수 있다. 꼭 그렇게 하겠다고 응답한 (C)가 정답이다. (B)는 질문의 proposal과 유사한 발음의 professional을 이용한 오답이다.

Actual Test

Answer	1. (B)	2. (B)	3. (A)	4. (C)	5. (C)	6. (B)
	7. (B)	8. (A)	9. (B)	10. (B)	11. (C)	12. (C)

---

1 [AmW] - [AuM]

Doesn't this Korean restaurant accept credit cards?

(A) Their specials were fantastic.
(B) No, they only take cash.
(C) Thanks, but I've already eaten.

이 한식당은 신용 카드를 받지 않나요?
(A) 그곳의 특선 요리는 환상적이었어요.
(B) 아니요, 그곳은 현금만 받습니다.
(C) 고맙지만, 이미 먹었어요.

어휘 accept 받다, 접수하다 special 특선 요리, 특별식 cash 현금

해설 (A) 질문의 restaurant에서 연상할 수 있는 메뉴인 specials를 이용한 오답이다.
(B) 카드는 받지 않느냐는 질문에 대해 No라고 부정한 뒤 현금만 받는다고 덧붙이고 있으므로 정답이다.
(C) 질문의 restaurant에서 연상할 수 있는 동작인 eaten을 이용한 오답이다.

2 [AmW] - [AuM]

Would you like me to print out last year's sales figures?

(A) Thanks for inviting me.

(B) We'll need 15 copies.

(C) No, you can't buy it here.

작년 매출 자료를 출력해 드릴까요?
(A) 초대해 주셔서 감사합니다.
(B) 우리는 15부가 필요할 겁니다.
(C) 아니요, 그것은 여기에서 사실 수 없습니다.

어휘 print out 인쇄하다, 출력하다 sales figures 매출 수치, 매출액

해설 (A) 질문의 요지와 거리가 먼 엉뚱한 오답이다.
(B) 매출 자료를 출력해 주겠다는 제안에 대해 15부가 필요하다며 구체적인 요청 사항을 제시하므로 정답이다.
(C) 질문의 요지와 거리가 먼 오답이다.

---

3 [AuM] - [BrW]

Didn't Ms. Cohen transfer to a different branch?

(A) No, she retired last month.

(B) I gave her one.

(C) Up to 75 percent.

Cohen 씨는 다른 지점으로 전근 가지 않았나요?
(A) 아니요, 그녀는 지난달에 은퇴했어요.
(B) 제가 그녀에게 하나를 주었습니다.
(C) 최고 75퍼센트까지요.

어휘 transfer to ~로 전근가다, 이동하다 branch 지점, 지사 retire 은퇴하다 up to 최고 ~까지

해설 (A) Cohen 씨가 전근을 갔는지 확인하는 질문에 No라고 부정한 뒤, 은퇴했다는 새로운 사실을 알려주고 있으므로 정답이다.
(B)와 (C)는 질문의 요지와 거리가 먼 엉뚱한 대답이다.

---

4 [CnM] - [BrW]

Could you send me the complete product catalogue by noon?

(A) Sorry, we couldn't use it.

(B) Yes, by Thursday.

(C) I'll do it right away.

저에게 완전한 제품 카탈로그를 정오까지 보내 주시겠어요?
(A) 미안하지만, 우리는 그것을 사용할 수 없었습니다.
(B) 네, 목요일까지요.
(C) 곧바로 그렇게 하겠습니다.

어휘 complete 완전한, 전부 갖추어진

해설 (A) 질문의 요지와 거리가 먼 오답이다.
(B) Yes라고 수락하나 by Thursday는 질문의 by noon과 맞지 않으므로 오답이다.
(C) 정오까지 카탈로그를 보내 달라는 요청에 대해 바로 그렇게 하겠다고 응답하므로 정답이다.

---

5 [BrW] - [CnM]

Why don't we have the company picnic at Woodland Park?

(A) I'll pick him up.

(B) Where did you park today?

(C) Yes, it's close to the office.

Woodland 공원에서 회사 야유회를 하는 게 어때요?
(A) 제가 그를 데리러 가겠습니다.
(B) 오늘 어디에 주차했나요?
(C) 네, 그곳은 사무실에서 가까우니까요.

어휘 pick up ~을 데리러 가다 park 주차하다 close to ~에서 가까운

해설 (A) 질문의 picnic과 발음이 유사한 pick him up을 이용한 오답이다.
(B) 질문의 Park를 반복해 사용한 오답이다.
(C) 공원으로 야유회를 가자는 제안에 대해 Yes라고 동의한 뒤 사무실에서 가깝다고 덧붙이고 있으므로 정답이다.

6 [AuM] - [AmW]

Don't we have to submit the budget summary soon?

(A) He's a famous writer.

(B) It's due in two weeks.

(C) It was very thorough.

어휘 submit 제출하다 budget 예산 summary 요약, 개요 due 제출 마감인 thorough 철저한, 꼼꼼한

해설 (A) 질문의 요지와 거리가 먼 엉뚱한 대답이다.
(B) 예산안 개요를 제출해야 하지 않느냐는 질문에 2주 후가 마감이라며 제출 기한을 알려주므로 정답이다.
(C) 질문의 요지와 거리가 먼 오답이다. 개요의 상태가 어땠는지 물었을 때 가능한 대답이다.

우리는 예산안 개요를 곧 제출해야 하지 않나요?
(A) 그는 유명 작가입니다.
(B) 2주 후가 제출 마감입니다.
(C) 그것은 아주 철저했습니다.

---

7 [BrW] - [AmW]

Would you please fax your job application by Wednesday?

(A) No, there's no sales tax.

(B) That doesn't leave me much time.

(C) A one-hour interview.

어휘 fax 팩스로 보내다 job application 입사 지원서 sales tax 판매세 leave 남겨주다

해설 (A) 질문의 fax와 발음이 유사한 tax를 이용한 오답이다.
(B) 수요일까지 지원서를 보내 달라는 요청에 시간이 별로 없다고 응답하므로 정답이다.
(C) 질문의 job application에서 연상할 수 있는 상황인 interview를 이용한 오답이다.

수요일까지 입사 지원서를 팩스로 보내 주시겠어요?
(A) 아니요, 판매세는 없습니다.
(B) 그러면 저한테 남는 시간이 별로 없습니다.
(C) 1시간짜리 인터뷰요.

---

8 [AmW] - [CnM]

Ms. Crosby is the one who invented this accounting system, isn't she?

(A) Yes, she is the best.

(B) The new accountant was hired.

(C) Please sign in online.

어휘 accounting 회계 accountant 회계사 sign in 서명하고 들어가다

해설 (A) Crosby 씨가 회계 시스템을 개발한 사람이 맞는지 묻는 질문에 Yes라고 긍정한 뒤 그녀가 최고라고 칭찬하고 있으므로 정답이다.
(B) 질문의 accounting의 파생어인 accountant를 이용한 오답이다.
(C) 질문의 system에서 연상할 수 있는 online을 이용한 오답이다.

Crosby 씨가 이 회계 시스템을 고안한 분이죠, 그렇지 않나요?
(A) 네, 그녀는 최고입니다.
(B) 새 회계사가 고용되었습니다.
(C) 온라인으로 등록해주세요.

---

9 [AmW] - [BrW]

The price of gas is continuing to rise, isn't it?

(A) No, it starts tomorrow.

(B) For the time being, it seems.

(C) He changed his mind about the purchase.

어휘 continue 계속하다 rise 상승하다, 오르다 purchase 구입(품)

해설 (A) 질문의 요지와 거리가 먼 응답이다.
(B) 유가가 오르고 있지 않느냐는 질문에 당분간 그럴 것 같다며 동의하고 있으므로 정답이다.
(C) 질문의 price에서 연상할 수 있는 단어 purchase를 이용한 오답이다.

유가가 계속해서 오르고 있죠, 그렇지 않나요?
(A) 아니요, 내일 시작됩니다.
(B) 당분간은 그럴 것 같습니다.
(C) 그는 구입에 대해 마음을 바꿨습니다.

10 [AmW] - [AuM]

The manager from personnel left me a message, didn't he?

(A) No problem.

(B) I haven't gotten one.

(C) By e-mail, please.

인사부장이 저에게 메시지를 남겼죠, 그렇지 않나요?
(A) 문제 없습니다.
(B) 받지 못했습니다.
(C) 이메일로 주세요.

어휘 personnel 인사부 leave A a message A에게 메시지를 남기다

해설 (A) 감사 인사나 부탁에 적절한 응답이므로 오답이다.
(B) 인사부장이 메시지를 남기지 않았는지 확인하는 질문에 받지 않았다고 하므로 정답이다.
(C) 질문의 message에서 연상할 수 있는 수단인 e-mail을 이용한 오답이다.

---

11 [AuM] - [AmW]

Would you be interested in volunteering at the city's community center?

(A) So, how many people?

(B) It was very interesting.

(C) Oh, I don't have time.

시에서 운영하는 커뮤니티 센터에서 자원봉사하는 데 관심 있나요?
(A) 그래서, 사람들이 몇 명인가요?
(B) 그것은 아주 재미있었습니다.
(C) 아, 저는 시간이 없습니다.

어휘 volunteer 자원봉사하다 community center 커뮤니티 센터

해설 (A) 질문의 요지와 아무런 관계가 없는 엉뚱한 응답이다.
(B) 질문의 interested의 파생어인 interesting을 이용한 오답이다.
(C) 자원봉사할 생각이 있는지 묻는 질문에 시간이 없다며 거절하고 있으므로 정답이다.

---

12 [CnM] - [BrW]

Why don't we go over the sales data from the market research firm?

(A) Actually, it's on sale.

(B) I'm afraid I don't have a watch.

(C) You're right. We probably should.

시장 조사 업체에서 보낸 영업 데이터를 검토하는 게 어떨까요?
(A) 사실, 그것은 세일 중입니다.
(B) 미안하지만, 저는 시계가 없습니다.
(C) 맞아요. 그래야 할 겁니다.

어휘 go over 검토하다 firm 업체, 회사 on sale 세일 중인

해설 (A) 질문의 sales의 단수형인 sale을 이용한 오답이다.
(B) 질문의 요지와 거리가 먼 오답이다. 검토할 시간이 없다는 의미로 이해하면 고를 수 있는 오답이다.
(C) 데이터를 검토하자는 제안에 대해 옳다고 한 뒤, 그렇게 하자고 동의하고 있으므로 정답이다.

Unit 11 평서문

Part 2

CHECK UP

Answer 1. (B) 2. (A)

1 [CnM] - [AmW]

I'd like you to report the survey results by the end of this week.
(A) A news report mentioned that.
(B) OK, I'll do my best.

어휘 survey 설문 조사 mention 언급하다

이번 주말까지 설문 결과를 저에게 보고해 주세요.
(A) 한 뉴스 보도가 그것을 언급했습니다.
(B) 네, 최선을 다하겠습니다.

2 [BrW] - [AuM]

Ms. Kobayashi went to Beijing for her business trip.
(A) I've been there once.
(B) Let's make hotel arrangements.

어휘 arrangement 준비, 마련, 주선

Kobayashi 씨는 출장차 베이징에 갔습니다.
(A) 저도 거기에 한 번 가 본 적이 있습니다.
(B) 호텔을 준비합시다.

Practice

Answer 1. (A) 2. (B) 3. (B) 4. (A) 5. (A) 6. (C)

1 [CnM] - [BrW]

The museum closes at 6 during the weekdays.
(A) How about on weekends?
(B) Admission is $3 for adults.

어휘 weekday 주중 admission 입장(료)

박물관은 주중에는 6시에 문을 닫습니다.
(A) 주말에는 어떤가요?
(B) 입장료는 성인이 3달러입니다.

해설 박물관의 폐장 시간을 알려주는 말에 주말은 어떤지 되묻는 (A)가 정답이다. (B)는 질문의 museum에서 연상할 수 있는 admission을 이용한 오답이다.

2 [AuM] - [CnM]

I've completed all of my paperwork.
(A) Definitely, I will.
(B) Could you help me then?

어휘 complete 끝내다, 완성하다 definitely 확실히, 틀림없이

제 서류 작업을 끝냈습니다.
(A) 물론, 하겠습니다.
(B) 그럼 저를 좀 도와주시겠어요?

해설 서류 작업을 완료하였다고 알리는 데 대해, 도움을 요청하는 (B)가 정답이다. (A)는 서류 작업을 마칠 수 있냐고 묻는 질문에 어울리는 답변이다.

3 [AmW] - [AuM]

I'm here for a health checkup.
(A) According to your medical history.
(B) OK, your name is?

건강 검진을 받으러 왔습니다.
(A) 진료 내역에 의하면요.
(B) 알겠습니다. 성함이 어떻게 되시죠?

Part 2 55

어휘 health checkup 건강 검진　according to ~에 의하면

해설 건강 검진 때문에 왔다고 알려주고 있으므로 알겠다고 응답한 뒤 이름을 물어보는 (B)가 정답이다. (A)는 질문의 health에서 연상할 수 있는 medical을 이용한 오답이다.

---

4 [CnM] - [BrW]

I'm not familiar with these modern works of art.

(A) I thought you'd enjoy them.

(B) Sorry, I wasn't there.

(C) At the art museum.

저는 이런 현대 미술 작품들은 잘 모릅니다.
(A) 그것들을 좋아하실 거라고 생각했는데요.
(B) 죄송하지만, 저는 거기에 없었습니다.
(C) 미술관에서요.

어휘 be familiar with ~에 친숙하다, ~을 잘 알다　work of art 미술 작품

해설 현대 미술 작품들은 잘 모른다고 자신의 느낌을 말하고 있으므로 그것들을 좋아할 줄 알았다고 응답한 (A)가 정답이다. (C)는 질문의 works of art에서 연상할 수 있는 장소 art museum을 이용한 오답이다.

---

5 [AuM] - [CnM]

We offer customized services for website designs.

(A) Can you show me some samples?

(B) The customer is on the phone.

(C) Please register online.

저희는 맞춤형 웹사이트 디자인 서비스를 제공합니다.
(A) 샘플을 좀 보여 주시겠어요?
(B) 고객이 전화로 연결되어 있습니다.
(C) 온라인으로 등록해 주세요.

어휘 customized 맞춤 제작된　customer 고객　on the phone 통화중인　register 등록하다

해설 맞춤형 서비스를 제공한다고 알리는 데 대해 샘플을 보여 달라고 요청하는 (A)가 정답으로 적절하다. (B)는 질문의 customized와 유사한 발음의 customer를 이용한 오답이다. (C)는 질문의 website에서 연상할 수 있는 online을 이용한 오답이다.

---

6 [AmW] - [AuM]

I will help you with your research for the report.

(A) It's about the budget cuts.

(B) A long time ago.

(C) Great, when will you be available?

보고서를 위한 자료 조사를 제가 도와드리겠습니다.
(A) 예산 삭감에 대한 겁니다.
(B) 오래 전에요.
(C) 좋아요, 언제 시간이 되시나요?

어휘 budget 예산　cut 삭감, 감축　available 시간을 낼 수 있는

해설 자료 조사를 도와주겠다고 제안하는 말에 언제 시간을 낼 수 있느냐고 되묻는 (C)가 정답이다. (A)는 질문의 report에서 연상할 수 있는 주제 budget cuts를 이용한 오답이다. 무엇에 관한 보고서냐고 묻는 질문에 어울리는 대답이다.

Unit 12 간접/선택의문문

CHECK UP

Answer 1. (B)　2. (B)

1 [AuM] - [BrW]

Can you tell me who Mr. Ferrell is meeting with?
(A) You're probably right.
(B) Our company lawyer.

어휘 / lawyer 변호사

Ferrell 씨가 누구와 만나는지 얘기해 줄 수 있나요?
(A) 아마, 당신이 맞을 겁니다.
(B) 우리 회사 변호사요.

2 [AmW] - [AuM]

Would you prefer an aisle or a window seat?
(A) Let's meet outside.
(B) Either is fine with me.

어휘 / aisle 복도

복도 쪽 좌석을 원하세요, 아니면 창가 쪽 좌석을 원하세요?
(A) 밖에서 만납시다.
(B) 저는 둘 중 어느 것이든 괜찮습니다.

Practice

Answer　1. (B)　2. (B)　3. (B)　4. (A)　5. (C)　6. (C)

1 [CnM] - [BrW]

Can you tell me what the papers on your desk are?
(A) In the top drawer.
(B) A report, I'm working on.

어휘 / paper 문서, 서류　drawer 서랍　work on ~에 대해 작업하다

당신 책상 위의 서류들이 무엇인지 얘기해 줄 수 있나요?
(A) 맨 위 서랍에요.
(B) 제가 작업하고 있는 보고서입니다.

해설 / 책상 위 문서의 용도를 묻고 있으므로 작업 중인 보고서라고 응답한 (B)가 정답이다. (A)는 질문의 desk에서 연상되는 drawer를 이용한 오답이다. 보고서가 어디에 있는지 묻는 질문에 어울리는 대답이다.

2 [BrW] - [CnM]

Are you interested in a full-time or a part-time position?
(A) We'll only need half of it.
(B) I'd like to work three days a week.

어휘 / full-time 정규직의, 상근의　half 절반　part-time 시간제의

정규직과 시간제 일자리 중 어느 것에 관심 있나요?
(A) 우리는 그것의 절반만 필요합니다.
(B) 일주일에 3일 일했으면 합니다.

해설 / 정규직을 원하는지 시간제 근무를 원하는지 묻고 있으므로 일주일에 3일만 일하고 싶다며 시간제 일자리를 간접적으로 표현한 (B)가 정답이다. (A)는 질문의 part에서 연상할 수 있는 half를 이용한 오답이다.

3 [AuM] - [AmW]

Do you know who is attending the sales meeting in Toronto?

(A) In the conference center.

(B) It hasn't been decided yet.

어휘 sales 영업, 매출 conference 총회, 대회의

해설 영업 회의에 참석할 사람이 누구인지 묻는 질문이므로 구체적으로 참석하는 사람 이름을 언급하지 않고 아직 결정된 바 없다며 우회적으로 응답한 (B)가 정답이다. (A)는 질문의 meeting에서 연상 가능한 conference center라는 장소를 이용한 오답이다. 영업 회의가 어디서 열리는지 묻는 질문에 어울리는 대답이다.

토론토에서 있는 영업 회의에 누가 참석하는지 알고 있나요?
(A) 회의장에서요.
(B) 아직 결정되지 않았습니다.

---

4 [BrW] - [AmW]

Should we buy a new floor lamp or keep the old one?

(A) That depends on the price.

(B) In the catalogue.

(C) Not far from here.

어휘 floor lamp (바닥에 놓는) 스탠드 depend on ~에 달려 있다

해설 스탠드를 새로 살지, 아니면 예전 것을 그대로 쓸지를 묻는 질문에 가격에 따라 결정이 달라진다고 응답한 (A)가 정답이다. (C)는 장소를 묻는 질문에 어울리는 대답이다.

우리가 스탠드를 새로 사야 할까요, 아니면 예전 것을 계속 갖고 있어야 할까요?
(A) 그건 가격에 달려 있습니다.
(B) 카탈로그에서요.
(C) 여기서 멀지 않은 곳에서요.

---

5 [AmW] - [CnM]

Is it alright if I check my e-mail on your computer?

(A) It's not complete.

(B) She was told to do so.

(C) Yes, if it's urgent.

어휘 urgent 긴급한

해설 컴퓨터로 이메일을 확인해도 되는지 허락을 구하고 있으므로, 급하다면 그렇게 하라고 응답한 (C)가 정답이다. (A)는 질문의 computer와 유사한 발음의 complete를 이용한 오답이다.

당신 컴퓨터에서 내 이메일을 확인해 봐도 될까요?
(A) 그것은 완료되지 않았습니다.
(B) 그녀는 그렇게 하라는 말을 들었습니다.
(C) 네, 급하시다면요.

---

6 [AmW] - [BrW]

Can I ask why Ms. Trump is looking for an apartment in Chicago?

(A) No, it was the final destination.

(B) Please move it to the corner.

(C) She's got a new job there.

어휘 destination 목적지

해설 Trump 씨가 아파트를 구하는 이유를 묻고 있으므로 일자리를 얻어서라며 이유를 알려주는 (C)가 정답이다. (A)는 Chicago라는 장소에서 연상할 수 있는 destination을 이용한 오답이다. (B)는 질문의 요지와 아무런 관계가 없는 엉뚱한 오답이다.

Trump 씨가 왜 시카고에서 아파트를 찾는지 물어봐도 될까요?
(A) 아니요, 그곳이 최종 목적지였습니다.
(B) 그것을 구석으로 옮겨 주세요.
(C) 그곳에 있는 새 일자리를 얻었습니다.

Actual Test

Answer 1. (A)　2. (A)　3. (C)　4. (C)　5. (B)　6. (C)
　　　　7. (B)　8. (A)　9. (A)　10. (B)　11. (A)　12. (C)

1 [AuM] - [AmW]

Are you going to take a cab or a bus to the library?

(A) I'll walk.

(B) We had a great time.

(C) It takes half an hour.

도서관까지 택시를 탈 건가요, 아니면 버스를 탈 건가요?
(A) 걸어갈 겁니다.
(B) 우리는 즐거운 시간을 보냈습니다.
(C) 30분 걸립니다.

어휘 cab 택시　half an hour 30분

해설 (A) 택시를 탈지 버스를 탈지 묻는 질문에 '걷겠다'며 제3의 방법을 제시하고 있으므로 정답이다.
(B) 질문의 요지와 거리가 먼 응답이다. 모임이나 행사가 어땠는지 묻는 질문에 적당한 대답이다.
(C) 질문의 take를 반복 사용한 오답이다.

2 [CnM] - [BrW]

I made some corrections to the sales figures.

(A) Thanks, please e-mail them to me.

(B) It's in the rare books collection.

(C) He can fix it.

매출 수치를 일부 수정했습니다.
(A) 고마워요, 그것을 제게 이메일로 보내 주세요.
(B) 그것은 희귀 도서 컬렉션 안에 있습니다.
(C) 그가 그것을 고칠 수 있습니다.

어휘 make a correction 수정하다　sales figures 매출 수치　rare 희귀한, 드문

해설 (A) 수치를 수정했다고 알려 주는 말에 고맙다며 그것을 이메일로 보내 달라고 요청하고 있으므로 정답이다.
(B) 질문의 corrections와 발음이 유사한 collection을 이용한 오답이다.
(C) 질문의 요지와 거리가 먼 오답이다. 누가 고칠 수 있는지 묻는 질문에 어울리는 대답이다.

3 [AuM] - [BrW]

Do you need a help with the software installation or can you finish it yourself?

(A) Yes, he can do it.

(B) She is a fine engineer.

(C) It's almost done.

소프트웨어 설치를 도와드릴까요, 아니면 혼자 끝내실 수 있나요?
(A) 네, 그가 할 수 있습니다.
(B) 그녀는 훌륭한 엔지니어입니다.
(C) 거의 끝났습니다.

어휘 installation 설치, 설비　engineer 엔지니어, 공학자　almost 거의　done 끝난, 마친

해설 (A) 주어의 인칭이 맞지 않으므로 오답이다.
(B) 질문의 요지와 거리가 먼 오답이다.
(C) 소프트웨어 설치를 도와줄지 아니면 혼자 할 수 있는지 묻고 질문에 거의 다 되었다며 혼자 할 수 있다는 뉘앙스를 전달하고 있으므로 정답이다.

4 [AmW] - [CnM]

Should we postpone the interviews or cancel them?

(A) Sure, let's do that.

(B) It's rather short.

(C) I'd prefer to put them off.

면접을 미룰까요, 아니면 취소할까요?
(A) 물론이죠, 그렇게 합시다.
(B) 그건 좀 짧습니다.
(C) 연기하는 게 더 좋을 것 같습니다.

어휘 postpone 연기하다, 미루다　cancel 취소하다　rather 다소　put off 연기하다

해설 (A) 동의를 나타내고 있으므로 선택의문문에 어울리지 않는 오답이다.
(B) 질문의 요지와 거리가 먼 오답이다.
(C) 면접을 미룰지 취소할지 묻는 질문에 연기하는 것이 더 좋겠다고 응답하므로 정답이다. 질문의 postpone과 같은 의미인 put off를 사용한 것에 주의하자.

5 [BrW] - [AuM]

Can I ask why you want this printed in black-and-white?

(A) I'm sure it is.

(B) It's cheaper than in color.

(C) So do I.

이것을 왜 흑백으로 출력하기를 원하는지 물어봐도 될까요?
(A) 그렇다고 확신합니다.
(B) 그게 컬러로 하는 것보다 저렴합니다.
(C) 저도 그렇습니다.

어휘 in black-and-white 흑백으로 in color 컬러로

해설 (A) 간접의문문에 확실한 긍정을 나타내고 있으므로 오답이다.
(B) 흑백 출력을 원하는 이유를 묻고 있으므로 비용이 더 저렴해서라고 구체적 이유를 알려주는 정답이다.
(C) 동의를 나타내고 있으므로 질문의 요지와 거리가 먼 오답이다.

---

6 [CnM] - [AmW]

Should we call a moving company or move the furniture ourselves?

(A) It has been moved.

(B) The estimated price.

(C) Let's try doing it ourselves.

이사 업체를 부를까요, 아니면 우리가 직접 가구를 옮길까요?
(A) 그것은 이동되었습니다.
(B) 견적 가격이요.
(C) 우리가 직접 해봅시다.

어휘 moving company 이사 업체 estimated 견적의, 추정의

해설 (A) 질문의 move를 반복 사용한 오답이다.
(B) 질문의 moving company에서 연상할 수 있는 estimated price를 이용한 오답이다.
(C) 이사 업체를 이용할지 직접 가구를 옮길지 묻는 질문에 대해 직접 옮겨 보자고 제안하므로 정답이다.

---

7 [BrW] - [CnM]

There's a misprint in this employee handout.

(A) I will make 20 copies.

(B) Oh, where is it?

(C) Yes, the printer's fixed.

직원 배포 자료에 오자가 있어요.
(A) 제가 20부 복사할게요.
(B) 아, 어디에요?
(C) 네, 프린터는 수리되었습니다.

어휘 misprint 오자 handout 배포자료 make a copy 복사하다

해설 (A) 질문의 handout에서 연상할 수 있는 copies를 이용한 오답이다.
(B) 오자가 있다고 알려주는 말에 어디에 있는지 묻고 있으므로 정답이다.
(C) 질문의 misprint와 발음이 유사한 printer를 이용한 오답이다.

---

8 [CnM] - [AmW]

Do you prefer the front seats or the ones in the balcony?

(A) Either's fine with me.

(B) Yes, he just booked it.

(C) Let me reset it.

앞줄 좌석과 발코니 좌석 중 어느 것을 선호하세요?
(A) 저는 둘 다 상관없습니다.
(B) 네, 그가 방금 예약했어요.
(C) 제가 그것을 재설정하겠습니다.

어휘 prefer 선호하다 either 둘 중 어느 하나의 book 예약하다

해설 (A) 앞 좌석과 발코니 좌석 중 어느 것을 선호하는지 묻고 있는 질문에 둘 다 상관없다고 응답하고 있으므로 정답이다.
(B) seats에서 연상할 수 있는 동작인 book을 이용한 오답이다.
(C) 질문의 요지와 거리가 먼 엉뚱한 대답이다.

9 [AuM] - [BrW]

Do you think we should order in or eat out?

(A) Let's try out a new restaurant.

(B) Don't forget to save your money.

(C) It's a new specialty.

음식을 시켜 먹을까요, 아니면 외식하러 갈까요?
(A) 새로 연 레스토랑에 가 봅시다.
(B) 돈 절약하는 것을 잊지 마세요.
(C) 그건 새 특선 메뉴입니다.

어휘 order in (음식을) 주문해 먹다 eat out 외식하다 try out 사용해 보다 save 아끼다, 절약하다

해설 (A) 음식을 시켜 먹을지 외식할지 묻는 데 새로 연 레스토랑에 가보자며 외식을 선택하고 있으므로 정답이다.
(B) 질문의 요지와 거리가 먼, 조언을 해주는 대답이다.
(C) 질문의 eat out에서 연상할 수 있는 단어인 specialty를 이용한 오답이다.

---

10 [AmW] - [CnM]

I heard that you have a degree in chemical engineering.

(A) Are they in agreement?

(B) Yes, from Buffalo University.

(C) Sure, I'll do it right now.

화학공학 학위가 있으시다고 들었습니다.
(A) 그들은 합의를 했나요?
(B) 네, Buffalo 대학교에서 받았습니다.
(C) 물론입니다. 지금 바로 할게요.

어휘 degree 학위 chemical engineering 화학공학 agreement 합의, 동의

해설 (A) 질문의 degree와 발음이 유사한 agreement를 이용한 오답이다.
(B) 학위를 소지하고 있는지 확인하는 말에 Yes라고 긍정한 뒤 출신 대학을 알려주는 정답이다.
(C) 질문의 요지와 거리가 먼 오답이다. 뭔가를 해달라는 부탁에 대한 대답으로 어울린다.

---

11 [BrW] - [AuM]

I read that novel you recommended over the weekend.

(A) How did you like it?

(B) Yes, they were.

(C) It will be here by now.

주말 동안 당신이 추천해 준 소설책을 읽어 봤어요.
(A) 어땠어요?
(B) 네, 그랬습니다.
(C) 지금쯤 여기 있을 겁니다.

어휘 recommend 추천하다 by now 지금쯤

해설 (A) 소설을 읽어 보았다는 말에 어땠는지 소감을 물어보고 있으므로 정답이다.
(B) 그 소설들이 재미있었느냐는 질문에 적당한 대답이다.
(C) 질문의 요지와 거리가 먼 오답이다.

---

12 [CnM] - [AmW]

Ms. Lopez has recently been promoted to managing director.

(A) The accounting department.

(B) To go on a promotional tour.

(C) She deserves it.

Lopez 씨가 최근에 상무이사로 승진했습니다.
(A) 회계부요.
(B) 홍보 투어를 가려고요.
(C) 그녀는 그럴 만한 자격이 있어요.

어휘 recently 최근에 be promoted to ~로 승진되다 managing director 상무이사 accounting department 회계부 promotional 홍보의 deserve ~의 가치가 있다

해설 (A) 질문의 managing director에서 연상할 수 있는 department를 이용한 오답이다.
(B) 질문의 promoted의 파생어인 promotional을 이용한 오답이다.
(C) Lopez 씨가 승진했다는 소식에 그녀는 그럴 만한 자격이 있다고 응답하므로 정답이다.

Part Test 2

Answer

7. (B)	8. (C)	9. (C)	10. (B)	11. (B)	12. (A)	13. (B)	14. (A)	15. (C)	16. (A)
17. (B)	18. (B)	19. (A)	20. (A)	21. (C)	22. (B)	23. (C)	24. (A)	25. (B)	26. (C)
27. (B)	28. (A)	29. (B)	30. (C)	31. (C)					

---

7 [CnM] - [AmW]

Where is the user manual for this printer?

(A) It arrived on time.

(B) Miranda has it.

(C) A small repair is needed.

이 프린터의 사용 설명서는 어디에 있나요?
(A) 그것은 정시에 도착했습니다.
(B) 미란다가 가지고 있어요.
(C) 약간의 수리가 필요합니다.

어휘 user manual 사용 설명서 on time 시간에 맞춰, 정시에

해설 프린터 사용 설명서가 어디에 있는지 묻고 있는 질문에 구체적 장소를 알려주는 대신 Miranda가 가지고 있다며 우회적으로 응답한 (B)가 정답이다. (A)는 언제 도착했냐는 질문에 어울리는 대답이고 (C)는 질문의 printer에서 연상할 수 있는 repair라는 단어를 이용한 오답이다.

---

8 [BrW] - [AuM]

Should we discuss it after the news briefing?

(A) No, I've looked everywhere.

(B) A bit too short.

(C) Yes, that's a good idea.

뉴스 브리핑 이후에 우리가 그것에 대해 논의할까요?
(A) 아니요, 제가 모든 곳을 찾아봤어요.
(B) 좀 너무 짧습니다.
(C) 네, 그거 좋은 생각입니다.

어휘 briefing 브리핑, 요약 발표 everywhere 모든 곳 a bit 약간, 조금

해설 뉴스 브리핑 이후에 논의를 하자고 제안하므로, Yes라고 수락한 뒤 그거 좋은 생각이라고 덧붙여 응답한 (C)가 정답이다. (A)는 No라고 부정의 뜻을 나타내었으나 이어지는 문장이 질문과 의미가 통하지 않으며 (B)는 질문의 briefing에서 연상할 수 있는 short를 이용한 혼동보기이다.

---

9 [CnM] - [BrW]

How often is the mail picked up from here?

(A) Only with the boxes.

(B) I heard about it.

(C) Twice a week.

여기에서 우편물이 얼마나 자주 수거되나요?
(A) 그 상자들만으로요.
(B) 그 소식을 들었습니다.
(C) 일주일에 두 번이요.

어휘 mail 우편물 pick up 찾아 가다

해설 우편물을 얼마나 자주 수거하는지 묻고 있으므로 일주일에 두 번이라고 횟수를 언급한 (C)가 정답이다. (A)는 질문의 pick up에서 연상할 수 있는 사물인 boxes를 이용한 혼동보기이고 (B)는 어떤 소식을 들었냐는 질문에 어울리는 대답으로 정답과 거리가 멀다.

---

10 [AmW] - [AuM]

Why don't you have dinner with me?

(A) No, I haven't yet.

(B) Thanks, but I already ate.

(C) From 6 to 8 P.M.

저와 저녁 식사를 함께 하시겠어요?
(A) 아니요, 저는 아직 안 했습니다.
(B) 고맙습니다만, 벌써 먹었습니다.
(C) 저녁 6시에서 8시까지요.

해설 저녁 식사를 함께 하자는 제안에 고맙다고 일단 대답한 뒤 이미 먹었다고 말하며 우회적으로 거절하는 (B)가 정답이다. (A)는 제안에 대해 No라고 응답하였으나 이어지는 문장이 질문과 어울리지 않으며, (C)는 질문의 dinner에서 연상할 수 있는 저녁 6시~8시를 이용한 오답이다.

11 [AmW] - [AuM]

Which position were you assigned?

(A) Before midnight.
(B) The assistant manager in payroll.
(C) That's enough.

당신은 어느 자리에 배치되었나요?
(A) 자정 전에요.
(B) 급여부 대리요.
(C) 그건 충분합니다.

어휘 assign 임명하다, 지명하다 midnight 자정 assistant manager 대리 payroll 급여 대상자 명단

해설 어느 자리에 배치되었는지 묻고 있으므로 급여부 대리라고 구체적 직위로 응답하는 (B)가 정답이다. (A)와 (C)는 모두 질문과 거리가 먼 오답이다.

12 [AuM] - [CnM]

Who's in charge of taking notes at tomorrow's meeting?

(A) It hasn't been decided yet.
(B) They charged us for that.
(C) I've noticed it.

내일 회의에서 기록을 담당하는 사람은 누구죠?
(A) 아직 결정되지 않았습니다.
(B) 그들은 우리에게 그 요금을 청구했어요.
(C) 제가 알아챘습니다.

어휘 in charge of ~을 담당하는 take notes 기록하다 charge 요금을 청구하다

해설 회의에서 기록을 담당하는 인물이 누구인지 묻는 질문에 대해 구체적인 사람이나 이름을 언급하는 대신 아직 결정되지 않았다고 우회적으로 응답하는 (A)가 정답이다. (B)는 질문의 charge를 반복 사용한 오답이고 (C)는 질문의 notes와 유사한 발음의 notice를 이용한 혼동보기이다.

13 [CnM] - [BrW]

Hasn't the repair person fixed the fax machine?

(A) I'm leaving soon.
(B) Not yet.
(C) The accounting department.

수리공이 팩스기를 아직 고치지 않았나요?
(A) 저는 곧 떠납니다.
(B) 아직이요.
(C) 회계부요.

어휘 fix 고치다, 수리하다 accounting department 회계부

해설 수리공이 팩스기를 고쳤는지 여부를 확인하고 있으므로 아직 아니라고 응답하는 (B)가 정답이다. (A)와 (C)는 모두 정답과 거리가 먼 오답이다.

14 [AuM] - [CnM]

When will the quarterly sales report be submitted?

(A) Soon, but we're still working on it.
(B) He reports to the director.
(C) It's five pages long.

분기별 매출 보고서는 언제 제출되나요?
(A) 곧이요, 하지만 저희가 아직 작업 중입니다.
(B) 그는 이사님에게 보고합니다.
(C) 5페이지짜리입니다.

어휘 quarterly 분기마다의 submit 제출하다 report to ~에게 보고하다 director 이사, 임원

해설 분기별 보고서가 제출되는 날짜를 묻고 있는 질문에 '곧'이라고 한 뒤, 아직 작업 중이라며 현재 상황을 덧붙여 응답한 (A)가 정답이다. (B)는 질문의 report를 반복 사용한 오답이고, (C)는 보고서의 양을 묻는 질문에 어울리는 대답으로, 질문의 report에서 연상할 수 있는 pages를 이용한 오답이다.

15 [AmW] - [AuM]

Do you want me to drive you downtown this afternoon?

(A) It's out there.

(B) He won't be available until two o'clock.

(C) Thanks, but I'm going by myself.

어휘 / downtown 중심가로, 시내로 by oneself 혼자, 스스로

해설 / 차를 태워주겠다는 제안에 대해 고맙다고 한 뒤 혼자 가겠다고 하며 거절하는 (C)가 정답이다. (A)와 (B)는 모두 질문과 거리가 먼 오답이다.

오늘 오후에 시내까지 차로 태워 드릴까요?
(A) 그건 저기에 있습니다.
(B) 그는 2시까지 시간을 낼 수 없습니다.
(C) 고맙습니다만, 저 혼자 가겠습니다.

---

16 [AuM] - [BrW]

You sent the invoice to Clive, didn't you?

(A) No, not yet.

(B) He wasn't sure.

(C) I'll get you another one.

어휘 / invoice 송장, 청구서

해설 / 송장을 보냈는지 여부를 확인하고 있으므로 보냈다거나 아직 안 보냈다는 대답을 예상할 수 있다. No라고 부정한 뒤 아직은 아니라고 덧붙여 응답한 (A)가 정답이다. (B)와 (C)는 모두 질문과 거리가 먼 오답이다.

Clive에게 송장을 보냈죠, 그렇지 않나요?
(A) 아니요, 아직 안 보냈어요.
(B) 그는 확신하지 않았습니다.
(C) 다른 것으로 하나 가져다 줄게요.

---

17 [CnM] - [BrW]

Can I set up a time to get my teeth examined?

(A) Well, the exam results are ready.

(B) You don't need an appointment.

(C) Near the dental clinic.

어휘 / set up a time 시간을 정하다 examine 검사하다 dental clinic 치과

해설 / 치과 검진을 위한 시간을 잡을 수 있는지 묻는 질문에 구체적인 시간을 정해 주는 대신 예약은 필요 없다고 응답한 (B)가 정답이다. (C)는 질문의 teeth examined에서 연상할 수 있는 장소인 dental clinic을 이용한 오답이다. (A)는 검사 결과가 나왔는지 물었을 때 가능한 대답이다.

치과 검진을 위한 시간을 잡을 수 있나요?
(A) 음, 검사 결과는 준비되어 있습니다.
(B) 예약은 필요하지 않습니다.
(C) 치과 근처에서요.

---

18 [BrW] - [CnM]

Who's the head of the planning department?

(A) It's right ahead.

(B) Mr. Martin but he's on vacation.

(C) My boss is the new plant manager.

어휘 / right ahead 바로 앞에 on vacation 휴가 중인 plant 공장

해설 / 누가 기획부 부장인지 묻고 있으므로 Martin 씨라며 이름을 언급한 (B)가 정답이다. (A)는 질문의 head와 비슷한 발음의 ahead를 이용한 오답이고 (C)는 planning과 비슷한 발음의 plant를 이용한 오답이다.

기획부의 부장은 누구인가요?
(A) 바로 앞에 있습니다.
(B) Martin 씨인데, 지금 휴가 중이십니다.
(C) 제 상사가 새 공장장입니다.

---

19 [AuM] - [AmW]

Where's the computer training being held?

(A) In the conference room.

(B) The handouts are ready.

(C) The train is about to leave.

어휘 / handout 배포 자료

컴퓨터 교육은 어디에서 진행되나요?
(A) 대회의실에서요.
(B) 배포 자료가 준비되었습니다.
(C) 열차가 곧 떠나려고 합니다.

해설 컴퓨터 교육이 열리는 장소가 어딘지 묻고 있으므로 대회의실이라고 응답한 (A)가 정답이다. (B)는 질문의 training에서 연상할 수 있는 handouts를, (C)는 질문의 training과 비슷한 발음의 train을 이용한 오답이다.

---

20 [BrW] - [AmW]

You've registered for the beginner's art class, haven't you?

(A) Yes, the session starts tomorrow.
(B) The talk went well.
(C) Not too short.

초급자 미술 강좌에 등록하셨죠, 그렇지 않나요?
(A) 네, 수업이 내일 시작됩니다.
(B) 얘기는 잘 되었습니다.
(C) 그렇게 짧지 않습니다.

어휘 register for ~에 등록하다 session 수업 (시간) go well 잘되다

해설 미술 강좌에 등록했는지 여부를 확인하고 있으므로, Yes라고 긍정한 뒤 내일부터 수업이 시작된다고 덧붙이는 (A)가 정답이다. (B)와 (C)는 질문과 거리가 먼 오답이다.

---

21 [AmW] - [CnM]

Some information in these survey results isn't accurate.

(A) They informed me of the schedule.
(B) It's a new location, isn't it?
(C) We should check them again.

이 설문 결과에 있는 일부 정보가 정확하지 않습니다.
(A) 그들이 저에게 스케줄에 대해 알려주었어요.
(B) 그곳은 새로운 장소죠, 그렇지 않나요?
(C) 다시 확인해 봐야 합니다.

어휘 accurate 정확한

해설 설문 결과의 정보가 정확하지 않다고 지적하고 있으므로 이를 다시 확인해 보자고 제안하는 (C)가 정답이다. (A)는 질문의 information의 파생어인 동사 informed를 이용한 혼동보기이다.

---

22 [AmW] - [BrW]

How many guests are coming to the president's retirement party?

(A) A banquet hall.
(B) About two hundred.
(C) In a shuttle bus.

사장님의 퇴임 기념파티에 얼마나 많은 손님이 오시나요?
(A) 연회장이요.
(B) 약 200명이요.
(C) 셔틀버스에서요.

어휘 president 대표, 사장 banquet hall 연회장

해설 파티에 올 손님이 몇 명인지 묻고 있으므로 200명이라고 구체적인 수를 알려주는 (B)가 정답이다. (A)는 장소를 묻는 Where의문문에 적절한 응답이다.

---

23 [AuM] - [AmW]

Why haven't we seen Mr. Mao lately?

(A) It hasn't been accepted.
(B) Yes, he also watched it.
(C) I was wondering the same thing.

요즘 왜 Mao 씨가 안 보이죠?
(A) 그것은 받아들여지지 않았습니다.
(B) 네, 그도 그것을 보았습니다.
(C) 저도 똑같이 궁금했어요.

어휘 lately 최근에 accept 받아들이다 wonder 궁금해하다

해설 Mao 씨를 볼 수 없는 이유를 묻자, 적절한 이유 대신 자기도 그것이 궁금하다며 맞장구치는 (C)가 정답이다. (B)는 질문의 동사 seen과 유사한 의미인 watched를 이용한 혼동보기이다.

---

24 [CnM] - [BrW]

Should we paint the walls blue or green?

(A) What does Ms. Lawrence prefer?
(B) More or less.
(C) This room only.

벽들을 파란색으로 칠할까요, 녹색으로 칠할까요?
(A) Lawrence 씨는 어떤 것을 선호하시나요?
(B) 어느 정도는요.
(C) 이 방만이요.

어휘 prefer 선호하다 more or less 다소, 어느 정도

해설 벽을 어떤 색깔로 칠할지 묻는 선택의문문인데, 특정한 것을 선택하는 대신 Lawrence 씨는 무엇을 더 좋아하는지 묻는 (A)가 정답이다. (C)는 질문의 walls에서 연상할 수 있는 장소인 room을 이용한 오답이다.

---

25 [BrW] - [AuM]

I'd like some assistance finding information for this report.

(A) She's serving a customer.

(B) I have to finish my work first.

(C) His assistant's name is Catherine.

이 보고서를 위한 정보를 찾는 데 도움이 필요합니다.
(A) 그녀는 손님들을 접대하고 있습니다.
(B) 제 일을 먼저 끝내야 합니다.
(C) 그의 비서 이름은 Catherine입니다.

어휘 assistance 도움, 지원 serve 대접하다 assistant 비서, 조수

해설 정보를 찾는 데 도움이 필요하다는 말에 도와주겠다고 응하는 대신 자기 일을 먼저 끝내야 한다며 완곡하게 거절하는 (B)가 정답이다. (C)는 질문의 assistance와 유사한 발음의 assistant를 이용한 혼동보기이다.

---

26 [AmW] - [AuM]

There's a wonderful view of the city from our hotel suite.

(A) Yes, you are.

(B) Reservations are needed.

(C) How much is it per night?

저희 호텔 스위트룸에서는 멋진 시내 경치가 보입니다.
(A) 네, 당신은 그렇습니다.
(B) 예약이 필요합니다.
(C) 1박에 얼마인가요?

어휘 suite 스위트룸, 특실 reservation 예약 per ~마다, ~당

해설 호텔 스위트룸에서 멋진 시내 경치를 볼 수 있다고 소개하자 1박 하는 데 얼마인지 묻는 (C)가 정답이다. (B)는 질문의 hotel에서 연상할 수 있는 상황인 Reservations를 이용한 혼동보기이다.

---

27 [AmW] - [CnM]

How should the new product be demonstrated?

(A) At the convention.

(B) Ask Cooper for ideas.

(C) The customer survey proved it.

신제품을 어떻게 시연해야 하지요?
(A) 컨벤션에서요.
(B) Cooper에게 아이디어가 있는지 물어보세요.
(C) 고객 설문 조사는 그것을 증명했습니다.

어휘 demonstrate 시연하다, 시범을 보이다 convention 컨벤션, 집회 prove 증명하다

해설 제품 시연 방법을 묻고 있으므로, Cooper에게 물어보라고 우회적으로 응답하는 (B)가 정답이다. (A)와 (C)는 질문의 the new product be demonstrated에서 연상할 수 있는 convention과 customer를 각각 이용한 혼동보기이다. (A)는 Where로 물어봤을 경우에 어울리는 대답이다.

---

28 [BrW] - [AuM]

When will we start advertising our new compact car?

(A) At the beginning of next month.

(B) The research department.

(C) It has gotten great reviews.

우리는 소형차 광고를 언제 시작하나요?
(A) 다음 달 초에요.
(B) 연구부요.
(C) 그것은 아주 좋은 평가를 받았습니다.

어휘 compact car 소형차 research department 연구부 review 평가, 비평

해설 신차 광고를 시작하는 시점을 묻고 있으므로 다음 달 초라며 구체적인 시기를 언급한 (A)가 정답이다. (C)는 질문의 advertising, new compact car에서 연상할 수 있는 reviews를 이용한 오답이다.

29 [CnM] - [AmW]

Our plant is powered by renewable energy.

(A) He is in maintenance.

(B) Was it expensive to install?

(C) Solar panels have been removed.

우리 공장은 재생 에너지로 동력을 얻습니다.
(A) 그는 시설관리부에 있습니다.
(B) 설치하는 데 비쌌나요?
(C) 태양 전지판은 제거되었습니다.

어휘 power 동력을 공급하다 renewable energy 재생 에너지 maintenance 유지 보수, 관리 solar panel 태양 전지판 remove 제거하다

해설 공장이 재생 에너지로 동력을 공급받는다는 정보를 알려주고 있으므로 설치하는 데 비쌌냐고 물어보는 (B)가 정답이다. (C)는 질문의 renewable energy에서 연상할 수 있는 Solar panels를 이용한 혼동보기이다.

---

30 [BrW] - [CnM]

We planned to hire an expert to market our new products.

(A) The marketing strategy has failed.

(B) Let's check again tomorrow.

(C) Christine can recommend someone.

우리는 신제품을 마케팅할 전문가를 채용할 계획을 세웠습니다.
(A) 마케팅 전략은 실패하였습니다.
(B) 내일 다시 확인해 봅시다.
(C) Christine이 누군가를 추천할 수 있습니다.

어휘 expert 전문가 strategy 전략 recommend 추천하다

해설 마케팅 전문가를 고용할 계획이라고 하므로 Christine이 사람을 추천할 수 있다고 응답한 (C)가 정답이다. (A)는 질문의 market의 파생어인 marketing을 이용한 혼동보기이다.

---

31 [CnM] - [AmW]

Does Ms. Wheeler know why sales are weaker for one of the children shoes?

(A) How long will you be there?

(B) A shipping container.

(C) She is working on it.

Wheeler 씨는 왜 아동용 신발들 중에 한 가지의 매출이 더 저조한지 알고 있나요?
(A) 거기에 얼마나 오래 있을 건가요?
(B) 운송 컨테이너요.
(C) 그녀가 알아보고 있습니다.

어휘 shipping container 운송 컨테이너 work on ~을 가지고 작업하다

해설 아동용 신발 매출이 더 낮은 이유를 Wheeler 씨가 알고 있는지 묻고 있는 질문에 Yes/No로 응답하는 대신에 그녀가 원인을 알아보는 중이라고 응답한 (C)가 정답이다. (A)와 (B)는 모두 정답과 거리가 먼 오답이다.

메모

Part 3

Unit 01 주제/목적을 묻는 문제

Part 3

Practice	Answer	1. (B)	2. (A)	3. (A)	4. (B)	5. (C)
		6. (B)	7. (D)	8. (C)	9. (D)	10. (D)

Question 1 refers to the following message. [CnM]

M: Hello, this is Adam Simpson from Fuji Industries. I sent an e-mail this morning to place an order for 200 company brochures. But I'd like to increase the order to 500 units. Will you still be able to ship them to us by Friday?

문제 1 다음 메시지를 참조하시오.

남: 안녕하세요, 저는 Fuji 산업의 Adam Simpson 입니다. 오늘 오전에 회사 브로슈어 200부를 주문하는 이메일을 보냈습니다. 그런데 주문량을 500부로 늘리고자 합니다. 그래도 금요일까지 보내주실 수 있겠지요?

어휘 place an order 주문하다 brochure 브로슈어, 소책자 increase 늘리다, 증대하다 unit 단위 by ~까지 mailing list 우편 발송 목록

1 What is the **purpose** of the call?

(A) To join a mailing list
(B) To increase an order

전화의 목적은 무엇인가?
(A) 수신자 명단을 합치기 위해
(B) 주문량을 늘리기 위해

해설 전화한 목적은 But I'd like to increase the order to 500 units에서 알 수 있다. 주문량을 늘리기 위해서이므로 정답은 (B)가 된다.

Question 2 refers to the following conversation. [CnM] - [AmW]

M: We have a problem with the company dinner planned next week. I just found out that the banquet room we reserved is too small to accommodate all the guests we invited. All the other banquet rooms in the local hotels are fully booked.

W: Then, we have no choice but to limit the number of our guests. We'll send apology letters to those whose invitations are canceled.

문제 2 다음 대화를 참조하시오.

남: 다음 주로 계획된 회사 만찬 행사에 문제가 생겼습니다. 우리가 예약한 연회장이 초대 손님을 모두 수용하기에 너무 작다는 것을 방금 알았어요. 지역 호텔들의 다른 연회장은 예약이 모두 끝났고요.

여: 그렇다면, 초대 손님 숫자를 제한하는 수밖에 없겠네요. 초대가 취소된 손님들에게 사과 편지를 보낼 거예요.

어휘 reserve 예약하다 accommodate (인원을) 수용하다 fully booked 예약이 모두 끝난 have no choice but to ~하는 수밖에 없다 limit 제한하다 apology 사과 update 정보를 갱신하다, 업데이트하다 reduce 줄이다 expand 확장하다, 넓히다 reschedule 일정을 조정하다 reception 리셉션, 환영회

2 What are the **speakers discussing**?

(A) Updating an invitation list
(B) Reducing the cost of event
(C) Expanding a dining area
(D) Rescheduling a reception

화자들은 무엇을 논의하고 있는가?
(A) 초청자 명단 업데이트 하기
(B) 행사 비용 줄이기
(C) 식사 공간 확장하기
(D) 리셉션 일정 변경하기

해설 정답의 단서가 여러 군데 제시되므로 이를 종합하여 답을 유추한다. a problem with the company dinner planned / too small to accommodate all the guests / limit the number of our guests 등을 통해 회사 만찬 행사를 여는데 장소가 협소하여 초대 손님 인원수를 조정한다고 하므로 정답은 (A)가 된다.

Questions 3-4 refer to the following conversation. [CnM] - [BrW]

M: Daisy, I just ³ got two free tickets for a baseball game at Aces Ballpark. I'm wondering if you have time to go with me this Saturday.

W: Thanks for the offer. ³ I'm a huge fan of baseball and I'd like to go and watch the game. But unfortunately ⁴ I have to work this weekend.

M: That's too bad. You can still watch the game on TV after work.

문제 3-4 다음 대화를 참조하시오.

남: Daisy, Aces 야구장에서 하는 야구 경기의 공짜 티켓 두 장을 방금 얻었어요. 토요일에 저랑 같이 갈 수 있는지 궁금하네요.

여: 제안해 주셔서 감사해요. 저도 야구를 무척 좋아해서 가서 경기를 구경하고 싶어요. 하지만, 안타깝게도 이번 주말에 일해야 한답니다.

남: 그것 참 안됐네요. 그래도 경기는 일이 끝난 후에 TV로 보실 수 있어요.

어휘 wonder if ~인지 궁금하다 offer 제안 huge 엄청난, 매우 큰 unfortunately 안타깝게도 on weekend 주말에

3 What is the **conversation mainly** about?

(A) A sporting event
(B) A music festival

대화는 주로 무엇에 관한 것인가?
(A) 스포츠 행사
(B) 음악 축제

4 What is the **woman's problem**?

(A) She forgot her ticket.
(B) She has to go to work.

여자의 문제는 무엇인가?
(A) 티켓을 잃어버렸다.
(B) 출근해야 한다.

해설 3. 남자와 여자의 대화에 골고루 나오는 단서를 근거로 정답을 유추한다. got two free tickets for a baseball game / I'm a huge fan of baseball and I'd like to go and watch the game 에서 야구 경기 관람에 관한 이야기임을 알 수 있으므로 정답은 (A)가 된다.

4. 야구 경기를 가자는 남자에 제안에 대해 여자는 I have to work this weekend.라고 이야기하며 거절한다. 일을 해야 한다고 하므로 (B)가 정답이다.

Questions 5-6 refer to the following conversation. [CnM] - [BrW]

M: Hey, Kelly. Did you see ⁵ the advertisement in today's newspaper about the New York Shoe Expo? It's going to be held next week at the Granada Convention Center.

W: ⁶ That would be a good opportunity to unveil our entire shoe collection from winter boots to flip-flops. I wonder if we could set up a booth there and how much the entry fee would be.

M: There is more information about the advertisement on their website. Let me check.

남: 이봐요, Kelly. 오늘 신문에서 뉴욕 신발 박람회에 관한 광고 보았어요? 다음 주에 Granada 컨벤션 센터에서 열린대요.

여: 겨울 부츠에서 플립플롭에 이르는 우리의 모든 신발 컬렉션을 소개할 좋은 기회이겠네요. 우리가 거기에 부스를 설치할 수 있는지, 그리고 참가비는 얼마나 되는지 궁금하네요.

남: 박람회 웹사이트에 광고에 대한 정보가 더 있어요. 제가 확인해 볼게요.

어휘 advertisement 광고 be held (행사 등이) 열리다 convention center 컨벤션 센터 opportunity 기회 unveil 선보이다, 드러내다 entire 전체의, 전부의 flip-flops 플립플롭 (엄지발가락과 둘째 발가락 사이에 끈을 끼워서 신는 샌들) set up 세우다, 설치하다 booth 부스, 소규모 점포 entry fee 참가비 competition 경기, 대회 footwear 신발 present 소개하다

5 According to the man, **what** is being **advertised**?

(A) A community festival
(B) A sports competition
(C) A footwear show
(D) A restaurant opening

남자에 따르면, 무엇이 광고되고 있는가?
(A) 지역 사회 축제
(B) 스포츠 경기
(C) 신발 박람회
(D) 레스토랑 개장

6 **What does the woman propose?**

(A) Reserving hotel rooms

(B) Presenting products

(C) Purchasing tickets

(D) Inviting friends

여자는 무엇을 제안하는가?
(A) 호텔방을 예약하기
(B) 제품을 선보이기
(C) 티켓을 구매하기
(D) 친구들을 초대하기

해설 5. 남자가 처음에 언급하는 the advertisement in today's newspaper about the New York Shoe Expo에서 제화 박람회에 관한 광고를 보았는지 묻고 있으므로 정답은 (C)가 된다. Shoe Expo를 보기에서 footwear show로 바꾸어 표현했다.

6. 여자의 대화 That would be a good opportunity to unveil our entire shoe collection에서 박람회가 자기 회사의 신발 제품을 선보일 좋은 기회라고 하므로 정답은 (B)가 된다.

paraphrasing 6. unveil our entire shoe collection → Presenting products

---

Questions 7-8 refer to the following conversation. [BrW] - [AuM]

W: Hi, Roger. We came up with ⁷ many ideas for promoting our new line of cosmetics. One of them is ⁷ advertising our products on city buses.

M: That makes sense. Since the buses reach every corner of the city, thousands of people will see our products. ⁸ But my concern is that it will cost us too much money. Our advertising budget was cut by 20 percent this year.

문제 7-8 다음 대화를 참조하시오.
여: 안녕, Roger. 우리는 새 화장품 제품군 홍보를 위한 여러 가지 아이디어를 생각했어요. 그중 하나는 시내버스에 우리 제품을 광고하는 겁니다.
남: 그거 괜찮네요. 버스는 시내 구석구석을 다니니, 수천 명의 사람들이 우리 제품을 볼 테니까요. 하지만 비용이 너무 많이 들게 될 것이 걱정됩니다. 올해 우리 광고비 예산이 20퍼센트 삭감되었거든요.

어휘 come up with 생각해내다 promote 홍보하다 line 제품군 cosmetics 화장품 advertise 광고하다 make sense 말이 되다, 이치에 맞다 reach 이르다, 다다르다 concern 우려, 걱정 cost 비용이 들다 upcoming 앞으로 있을 assignment 업무, 과제 transportation 교통수단

---

7 **What are the speakers discussing?**

(A) An upcoming sale

(B) A bus tour

(C) A radio program

(D) An advertising campaign

화자들은 무엇에 대해 논의하고 있는가?
(A) 앞으로 있을 세일
(B) 버스 투어
(C) 라디오 프로그램
(D) 광고 캠페인

8 **What is the man concerned about?**

(A) Developing new products

(B) Completing an assignment on time

(C) Keeping costs within budget

(D) Finding convenient transportation

남자는 무엇을 걱정하는가?
(A) 신제품을 개발하는 것
(B) 제시간에 업무를 마치는 것
(C) 예산 내에서 비용을 유지하는 것
(D) 편리한 교통수단을 찾는 것

해설 7. 여자의 대화에 논의 대상이 드러나 있다. many ideas for promoting our new line of cosmetics / advertising our products on city buses에서 새로 나온 화장품을 버스에 광고하는 아이디어를 이야기하므로 정답은 (D)가 된다.

8. 마지막 남자의 대화 But my concern is that it will cost us too much money.를 보면, 버스 광고에 비용이 너무 많이 드는 것을 우려하고 있으므로 정답은 (C)가 된다.

Questions 9-10 refer to the following conversation. [AuM] - [AmW]

M: Clara, do you know how to track packages? ⁹ Mr. Evanston from Amori Manufacturing called me and said he hasn't received the parts he ordered last week. They should have arrived by now. I have to let him know the status of the shipment.

W: Hmm, why don't you ask Courtney? ¹⁰ She is in charge of monitoring all of the outgoing shipments. She can help you find out where the parts are.

M: I think she has already left for the day, so I'll have to wait until tomorrow. I'd better call Amori Manufacturing and let them know I'm trying to find out what happened to those items.

문제 9-10 다음 대화를 참조하시오.

남: Clara, 물건을 추적하는 방법을 알고 있나요? Amori 제작사의 Evanston 씨가 지난주에 주문한 부품을 못 받으셨다고 전화했어요. 지금쯤 도착했어야 하거든요. 제가 그에게 배송 현황에 대해 알려주어야 합니다.

여: 음. Courtney에게 물어보시겠어요? 그녀가 외부로 나가는 모든 발송품을 감시하는 일을 맡고 있습니다. 그녀가 부품이 어디에 있는지 찾는 걸 도와줄 수 있어요.

남: Courtney는 벌써 퇴근한 것 같으니 내일까지 기다려야 할 것 같아요. Amori 제작사에 전화해서 물건이 어떻게 되었는지 알아보는 중이라고 알려주는 게 좋겠습니다.

어휘 track 추적하다 part 부품 should have p.p ~했어야 한다 status 상태 in charge of ~을 담당하는 monitor 감시하다 outgoing (특정 장소에서) 나가는, 떠나는 leave for the day 퇴근하다 find out 알아보다 respond to ~에 응답하다 inquire about ~에 대해 문의하다 job application 입사 지원 incomplete 불완전한 office supply 사무용 비품 keep track of 추적하다

9 According to the man, **why** did Mr. **Evanston call**?

(A) To get information about sale
(B) To respond to a message
(C) To inquire about a job application
(D) To report an incomplete order

남자에 따르면, Evanston 씨는 왜 전화를 했는가?
(A) 판매 정보를 얻기 위해
(B) 메시지에 응답하기 위해
(C) 입사 지원에 대해 문의하기 위해
(D) 완료되지 않은 주문건을 신고하기 위해

10 According to the woman, **what** does **Courtney do**?

(A) Trains new employees
(B) Manages customer service
(C) Orders office supplies
(D) Keeps track of deliveries

여자에 따르면, Courtney는 어떤 일을 하는가?
(A) 신입 직원을 교육한다
(B) 고객 서비스를 관리한다
(C) 사무용품을 주문한다
(D) 배송품을 추적한다

해설 9. Evanston 씨가 전화한 목적은 남자의 첫 대화 Mr. Evanston from Amori Manufacturing called me and said he hasn't received the parts he ordered last week.에서 주문한 부품을 받지 못한 것을 알리기 위해서라고 하므로 정답은 (D)가 된다.

10. 여자의 대화 중, She is in charge of monitoring all of the outgoing shipments. She can help you find out where the parts are.에서 Courtney가 외부로 나가는 배송품을 감시하는 일을 맡고 있으므로 발송한 부품이 어디 있는지 알려줄 수 있을 것이라고 하므로 정답은 (D)가 된다.

Unit 02 장소/신분을 묻는 문제

Part 3

Practice Answer 1. (B) 2. (A) 3. (A) 4. (A) 5. (A)
6. (B) 7. (B) 8. (C) 9. (A) 10. (C)

Question 1 refers to the following message. [AmW]

W: Hi, Mr. Cage. We've received your order for twenty vacuum cleaners and they will be delivered by the end of the week. But right now I'd like to tell you about some other cleaning appliances our company is promoting.

문제 1 다음 메시지를 참조하시오.

여: 안녕하세요, Cage 씨. 저희는 귀하의 진공청소기 20대 주문을 받았고, 물건들은 주말까지 배송될 예정입니다. 그런데 지금은 저희 회사에서 현재 홍보 중인 다른 청소기 제품들에 대해 말씀 드리고자 합니다.

어휘 by the end of ~ ~ 말까지 appliance 전자제품 promote 홍보하다

1 Who most likely is the **woman**?

(A) A product developer
(B) A sales representative

여자는 누구이겠는가?
(A) 제품 개발자
(B) 영업 사원

해설 제품 주문을 받고(received your order) 이에 대한 배송을 책임지는 한편, 신제품을 소개하는(promoting) 업무를 하므로 (B) 영업 사원이 정답이 된다.

Question 2 refers to the following conversation. [CnM] - [AmW]

M: Hi, Abbey. What are all these boxes for on your desk? Are you packing up your belongings and moving to another office?

W: No, they are actually decorations from the birthday party we threw for Mr. Evans yesterday. I have to return them to maintenance. Will you help me carry the boxes?

문제 2 다음 대화를 참조하시오.

남: 안녕, Abbey. 책상 위에 이 상자들은 다 뭐에요? 소지품을 챙겨서 다른 사무실로 자리를 옮기기라도 하나요?

여: 아니요, 저것들은 우리가 어제 Evans 씨 생일 파티를 열어 줄 때 사용한 장식품들입니다. 저것들을 시설 관리팀에 돌려줘야 해요. 상자 옮기는 것 좀 도와주시겠어요?

어휘 pack up 짐을 싸다 belonging 소지품 decoration 장식품 throw a party 파티를 열다 maintenance 관리 warehouse 창고

2 Where most likely are the **speakers**?

(A) At an office
(B) At a restaurant
(C) At a department store
(D) At a warehouse

화자들은 어디에 있겠는가?
(A) 사무실
(B) 레스토랑
(C) 백화점
(D) 창고

해설 대화 곳곳에 나와 있는 on your desk / moving to another office / return them to maintenance 등의 단서들을 통해 회사 사무실임을 알 수 있다.

Questions 3-4 refer to the following conversation. [BrW] - [CnM]

W: Dylan, do you know if ³ the shipment of auto parts has arrived? We need them to ³ fix Mrs. Thomas's sports car. She is coming to pick it up tomorrow morning so we have to get started as soon as possible.

M: Let me check our records. Well, it seems like we didn't receive any shipments today. ⁴ I'll call the suppliers and ask if there are any problems.

문제 3-4 다음 대화를 참조하시오.

여: Dylan, 자동차 부품 배송품이 도착했는지 아시나요? Thomas 씨의 스포츠카를 수리하는 데 필요하거든요. Thomas 씨가 내일 아침에 차를 가지러 오기 때문에 우리는 가능한 한 빨리 작업을 시작해야 합니다.

남: 우리 기록을 확인해 볼게요. 음, 오늘은 아무런 배송품도 받지 않은 것 같습니다. 제가 공급업체에 전화해서 문제가 있는지 물어보겠습니다.

어휘 auto part 자동차 부품 pick up ~을 가지러 오다 as soon as possible 가능한 한 빨리 it seems like ~인 것 같다 supplier 공급업체 inform A of B A에게 B에 대해 알리다

3 **Where** do the **speakers** most likely **work**?

(A) At an auto mechanic shop
(B) At a delivery service

화자들은 어디에서 일하겠는가?
(A) 자동차 정비소
(B) 배송 서비스 업체

4 **What** will the **man** do next?

(A) Tell a supplier about an error
(B) Inform a customer of a charge

남자는 다음에 무엇을 하겠는가?
(A) 공급업체에 오류에 대해 이야기한다
(B) 고객에게 청구 비용에 대해 알린다

해설 3. 여자의 첫 대화 the shipment of auto parts has arrived / fix Mrs. Thomas's sports car를 보면, 자동차 부품을 받아서 차를 수리하는 자동차 정비소임을 알 수 있으므로 정답은 (A)이다.

4. 남자가 무엇을 할지는 마지막 대화 I'll call the suppliers and ask if there are any problems.에서 알 수 있다. 전화를 걸어 문제가 있는지 알아보겠다고 하므로 (A)가 정답이다.

paraphrasing 4. call the suppliers and ask if there are any problems → Tell a supplier about an error

Questions 5-6 refer to the following conversation. [CnM] - [BrW]

M: Hi, Ms. Seymour. This is Martin Ames, ⁵ the editor of Home Design Digest. I just read an article you wrote for Houses and Gardens magazine and was very impressed. So, I'd like to ask if you'd be interested in ⁵ writing a weekly column for our magazine.

W: That sounds good to me. But starting next month, I'm going to be teaching classes at the local community center. So I'm not sure whether I will have enough time to write a column on a regular basis.

M: Then, ⁶ how about once a month? I assume that would give you enough time to fulfill your other responsibilities.

문제 5-6 다음 대화를 참조하시오.

남: 안녕하세요, Seymour 씨. 저는 Martin Ames 라고 하며 Home Design Digest의 편집자입니다. 당신이 Houses and Gardens 잡지에 쓰신 기사를 방금 읽었는데, 깊은 인상을 받았습니다. 그래서, 저희 잡지에 주간 칼럼을 쓰실 의향이 있으신지 여쭤 보고자 합니다.

여: 그거 좋겠네요. 하지만, 저는 다음 달부터 지역 커뮤니티 센터에서 수업을 진행해야 합니다. 그래서 정기적으로 칼럼을 쓸 시간이 충분히 있을지 확실히 모르겠습니다.

남: 그렇다면, 한 달에 한 번은 어떻습니까? 그렇게 하면 다른 일을 하실 수 있는 충분한 시간이 되실 거라고 생각합니다.

어휘 editor 편집자 article 기사 impressed 깊은 인상을 받은 starting ~부터 local 지역의, 근방의 on a regular basis 정기적으로 assume 가정하다 fulfill 이행하다, 충족시키다 responsibility 해야 할 일, 책임 gardening 원예, 정원 가꾸기 contribute 기고하다 pay raise 급여 인상 recommendation 추천

5 What type of **business** does the **man work** for?

(A) A magazine publisher
(B) A gardening service
(C) A real estate agency
(D) A quality control department

6 What does the **man offer** to do?

(A) Contribute a magazine column
(B) Change a schedule
(C) Give a pay raise
(D) Provide a recommendation

해설 5. 남자가 어떤 업체에 근무하는지는 the editor of Home Design Digest / writing a weekly column for our magazine 등을 통해 알 수 있다. 잡지사의 편집자라고 하므로 (A)가 정답이다.

6. 남자가 주간 칼럼 기고를 요청하자 여자는 시간이 부족할 것 같다고 말한다. 이에 남자는 마지막 대화에서 how about once a month라고 말하며 칼럼 기고 일정을 한 달에 한 번으로 바꿔주겠다고 제안하고 있으므로 정답은 (B)가 된다.

Questions 7-8 refer to the following conversation. [AuM] - [CnM]

M1: ⁷ I heard our line of new camping gear will be launched sometime in October. ⁸ We have to get ready to start selling it.

M2: You're right. I met with some clients earlier this week and they already showed a lot of interest in our products.

M1: You know, this will be the perfect time ⁸ for us to try some of those sales strategies we learned at our summer workshop. I'm talking about the ones for reaching potential consumer groups.

M2: That's what I thought. We can divide consumer groups into smaller ones and focus on those who never came to our attention before. That will allow us to target more consumers and will promise more profits.

어휘 gear 장비 launch (제품을) 출시하다 potential 잠재적인 consumer 소비자 divide A into B A를 B로 나누다 focus on ~에 집중하다 come to one's attention ~의 관심을 끌다 target ~을 대상으로 하다 additional 추가의 release 발표하다, 선보이다 procedure 절차

---

7 What will the **company** do in **October**?

(A) Hire additional employees
(B) Release new products
(C) Update a computer system
(D) Review payroll procedures

8 In **what department** do the **speakers** most likely **work**?

(A) Human resources
(B) Payroll
(C) Sales
(D) Accounting

76

해설 **7.** 10월에 무엇을 하는지 묻고 있으므로 이 시점이 언급된 부분에 집중한다. 남자의 첫 대사 I heard our line of new camping gear will be launched sometime in October.에서 신제품 캠핑 장비가 출시된다고 하므로 (B)가 정답이다.

8. 화자들의 대화 중, We have to get ready to start selling it. / for us to try some of those sales strategies에서 제품 판매를 준비하고, 영업 전략을 시도해 본다고 하므로 이들이 영업부에서 일하는 것을 알 수 있다. 따라서 정답은 (C)가 된다.

paraphrasing **7.** be launched → Release

Questions 9-10 refer to the following conversation. [BrW] - [AuM]

W: ⁹This is the apartment I've been looking for. Thanks for showing me around. ⁹Everyone in your agency has been so kind and helpful.

M: I'm glad to hear that. Would you like to rent this apartment, or should I show you a few others?

W: I've got one last question before I make a decision. ¹⁰Can you tell me how I'd get to my office in Queens Plaza from here?

M: Well, the nearest subway station is a twenty minute walk and you'd have to transfer to a bus at Fisher's Market. But a better option would be to drive your own car. The expressway goes directly to Queens and it usually takes less than thirty minutes.

문제 9-10 다음 대화를 참조하시오.

여: 여기야 말로 제가 찾던 아파트입니다. 둘러보게 해주셔서 감사합니다. 중개소의 모든 분들이 너무 친절하고 많은 도움을 주셨어요.

남: 그 말씀을 들으니 기쁩니다. 이 아파트를 임차하실 건가요, 아니면 다른 곳들을 더 보여드릴까요?

여: 결정하기 전에 마지막으로 질문 하나만 하게요. 여기에서 Queens Plaza에 있는 제 사무실에 어떻게 가는지 알려주실 수 있나요?

남: 음, 가장 가까운 지하철역은 걸어서 20분 거리고, Fisher's Market에서 버스로 갈아타셔야 합니다. 하지만 차를 가지고 다니시면 더 좋을 겁니다. 고속도로가 Queens로 곧바로 이어지므로 보통 30분도 채 걸리지 않습니다.

어휘 make a decision 결정하다 transfer to ~로 갈아타다 option 옵션, 선택사항 expressway 고속도로 directly 직접, 곧바로 less than ~보다 적은 utility fee 공공요금 commute 통근하다

9 Who is the **man**?
(A) A real estate agent
(B) A career counselor
(C) A bus driver
(D) A tour guide

남자는 누구인가?
(A) 부동산 중개인
(B) 직업 상담사
(C) 버스 기사
(D) 관광 가이드

10 What does the woman **ask about**?
(A) What utility fees she will be charged
(B) Where she can purchase a car
(C) How she would commute to work
(D) When the apartment will be available

여자는 무엇에 대해 물어보는가?
(A) 어떤 공공요금을 내야 하는지
(B) 차를 어디에서 구입할 수 있는지
(C) 직장에 어떻게 통근할지
(D) 아파트에 언제 들어갈 수 있는지

해설 **9.** 두 화자의 초반 대화를 통해 남자의 직업을 유추할 수 있다. 여자는 첫 대화에서 남자에게 아파트를 보여 주어 고맙다고 말하고, 이에 대해 남자는 여자에게 아파트를 임차할지 여부를 묻고 있으므로 남자는 부동산 중개인임을 알 수 있다.

10. 여자의 두 번째 대화 Can you tell me how I'd get to my office ~ from here?에서 사무실까지 가는 방법을 묻고 있으므로 정답은 (C)가 된다.

paraphrasing **10.** get to my office → commute to work

Actual Test	Answer	1. (D)	2. (A)	3. (A)	4. (D)	5. (B)	6. (C)
		7. (D)	8. (B)	9. (B)	10. (D)	11. (B)	12. (D)

Questions 1-3 refer to the following conversation. [AmW] - [CnM]

W: Hi, Mr. Morris. This is Irene from Marble Manufacturing. [1] I'm calling all of our business partners to [3] invite them to the grand opening of our new manufacturing plant. I will be glad if you could come this Thursday.

M: Oh, I'm sorry. [2] I will be out of town for an automobile conference on that day. But one of my colleagues, William Lever will be able to make it on my behalf. Do you want me to transfer this call to him?

W: Oh, that would be great, thank you. I'm sure he will be interested in seeing [3] the way we innovated our facilities. I'd be happy to show him around.

문제 1-3 다음 대화를 참조하시오.

여: 안녕하세요, 모리스 씨. 저는 Marble 제작사의 Irene이라고 합니다. 저는 저희 새 제작 공장 개장식에 초대하려고 저희의 모든 협력사에 전화를 걸고 있습니다. 이번 주 목요일에 와주시면 감사하겠습니다.

남: 아, 죄송합니다. 저는 그날 자동차 콘퍼런스에 참석하게 되어 출장을 갑니다. 하지만, 제 동료인 William Lever가 제 대신 갈 수 있을 겁니다. 이 전화를 그에게 바꾸어 드릴까요?

여: 아, 그래 주시면 좋겠습니다. 감사합니다. 그분이 저희가 시설을 혁신한 방식에 관심을 갖게 되실 것이라 확신합니다. 제가 기꺼이 구경시켜 드리겠습니다.

어휘 grand opening 개장, 개업 manufacturing 제조, 제작 out of town 출장 중인, 타지에 있는 colleague 직장 동료 make it 시간에 맞춰 가다 on one's behalf ~을 대신하여 transfer a call 전화를 돌려 주다 innovate 혁신하다 facility 시설, 설비 show around 구경시켜 주다 serial number 제품 번호 distributor 배급업체, 유통업체 benefit package 복지 혜택 modify 수정하다, 고치다 assembly line 조립 라인

1 What is the conversation mainly about?

(A) A schedule change
(B) A colleague's promotion
(C) A product review
(D) An invitation to an event

대화는 주로 무엇에 관한 것인가?
(A) 스케줄 변경
(B) 동료의 승진
(C) 제품 평가
(D) 행사 초대

2 What problem does the man mention?

(A) He cannot visit the location.
(B) He has too much work.
(C) He lost his flight ticket.
(D) He does not have a serial number.

남자는 어떤 문제를 언급하는가?
(A) 그 장소에 갈 수 없다.
(B) 할 일이 너무 많다.
(C) 항공권을 잃어버렸다.
(D) 제품 번호를 갖고 있지 않다.

3 What has Marble Manufacturing recently done?

(A) Built a new facility
(B) Found a new distributor
(C) Changed a benefits package
(D) Modified an assembly line

Marble 제작사는 최근에 무엇을 했는가?
(A) 새 시설을 지었다
(B) 새 유통업체를 구했다
(C) 복지 혜택을 변경했다
(D) 조립 라인을 개선했다

해설 1. 여자는 첫 대화 I'm calling all of our business partners to invite them to the grand opening에서 전화를 건 목적을 밝히고, 이후에 행사에 갈 수 없는 남자가 다른 사람을 추천하고 있으므로 대화의 주제는 (D) 행사 초대가 된다.

2. 여자의 초대에 대해 남자는 그날 자동차 콘퍼런스 참석차 출장을 가야 한다(I will be out of town for an automobile conference on that day.)고 한다. 따라서 정답은 (A)가 된다.

3. 여자가 남자를 초대하며 말하는 invite them to the grand opening of our new manufacturing plant.에서 새 시설을 건축했다는 것을 알 수 있으므로 정답은 (A)가 된다. 마지막 대사의 the way we innovated our facilities에서도 이를 확인할 수 있다.

Questions 4-6 refer to the following conversation. [AuM] - [BrW]

M: Hi, Mary. ⁴I was just looking over the advertisement you finished for JT&T Electronics and you did a good job.

W: Thanks. ⁴It was a great campaign and I really enjoyed working on it.

M: ⁵Would you consider joining my team for our new contract with Tourbnb? They're a popular travel agency and they're looking to expand their market with some new advertisements.

W: It sounds exciting. But at this point, I really can't say for sure. I have a meeting with my boss, Mr. Brown, tomorrow afternoon though.

M: Hmm, ⁶Why don't I join the meeting and go over the details with both of you? I'm sure it will be helpful for him to allow you to join the new project.

W: That sounds good.

문제 4-6 다음 대화를 참조하시오.

남: 안녕하세요, Mary씨. 당신이 끝낸 제이티엔티 전자사 광고를 검토하고 있었는데 정말 잘 하셨네요.

여: 고마워요. 그것은 굉장한 캠페인이었고 저는 그 작업을 정말 즐겁게 했어요.

남: 제 팀에 합류해서 투어비앤비 계약 건을 같이 해보시겠어요? 그들은 인기 있는 여행사이고 새 광고로 시장을 넓히려고 하고 있어요.

여: 훌륭하네요. 하지만 현 시점에서 확실히 이야기 드릴 수 없네요. 하지만 제 상사 Brown씨와 내일 오후에 회의가 잡혀있어요.

남: 음. 제가 회의에 참석해서 세부사항을 두 분과 검토해보는 건 어떨까요? 확신컨대 그가 당신이 새 프로젝트에 합류하게 허락하는 데 도움이 될 겁니다.

여: 그거 좋겠네요.

어휘 | look over 검토하다 advertisement 광고 do a good job 잘하다 popular 인기 있는 travel agency 여행사 expand 확대하다, 확장시키다 for sure 확실히 though 그래도, ~이긴 하지만 go over 검토하다 helpful 도움이 되는

---

4 Where do the speakers most likely work?

(A) At a travel agency
(B) At an electronics company
(C) At a doctor's office
(D) At an advertising firm

화자들은 어디에서 근무할 것 같은가?
(A) 여행사
(B) 전자 회사
(C) 개인병원
(D) 광고회사

NEW
5 What does the woman mean when she says, "I really can't say for sure"?

(A) She is not allowed to give some information.
(B) She doesn't know if she can take on a new work yet.
(C) She is not happy with her current job.
(D) She has to correct some errors in a report.

여자가 "확실히 말할 수 없다"라고 말한 의미는 무엇이겠는가?
(A) 어떤 정보를 줄 수 없다.
(B) 여자는 새 업무를 맡을 수 있는지 아직 모른다.
(C) 여자는 현재 일에 만족하지 않고 있다.
(D) 여자는 보고서의 오류를 고쳐야 한다.

6 What does the man propose?

(A) Signing a contract
(B) Contacting a travel agent
(C) Joining a meeting
(D) Launching a new project

남자는 무엇을 제안하는가?
(A) 계약을 맺기
(B) 여행사에 연락하기
(C) 회의에 참여하기
(D) 새 프로젝트를 시작하기

해설 4. 남자의 대사 I was just looking over the advertisement you finished for JT&T Electronics and you did a good job에서 남자는 여자가 완료한 광고를 잘 했다고 칭찬했고, 여자의 대사 It was a great campaign and I really enjoyed working on it에서 여자가 굉장한 캠페인이었고 작업을 즐겁게 했다는 것을 참고해봤을 때, 화자들은 광고회사에서 일하는 것을 알 수 있다. 따라서 정답은 (D)이다.

5. 남자가 Would you consider joining my team for our new contract with Tourbnb?라고 말하며 여자에게 팀에 합류해 투어비앤비 계약 건을 같이 해보지 않겠냐고 제안하고 있으나, 여자는 아직 새 업무를 맡을 수 있을지 모른다며 "확실히 말할 수 없다"고 얘기하고 있다. 따라서 정답은 (B)이다.

6. 남자가 Why don't I join the meeting and go over the details with both of you라고 말하며 회의에 참석해 세부사항을 검토해보는 건 어떠냐고 제안하고 있으므로 정답은 (C)이다.

Questions 7-9 refer to the following conversation and a sign. [CnM] - [BrW]

M: ⁷Did you hear the news that our restaurant chain is taking part in the International Food Exposition next month? Our chef, Mr. Brown is also participating. I believe it'll be a great way to attract customers.

W: It's definitely good advertising. I heard you will be working at the event. Which days are you working?

M: ⁸I'll be only working on the first day of the festival. Susan and Kevin will be there on the second and third day. How about you?

W: ⁹Actually I'm planning on having a summer vacation during the exposition but I'll just drop by on the last day of the expo.

문제 7-9 다음 대화와 시각정보를 참조하시오.

남: 우리 식당 체인점이 다음달에 국제 음식 박람회에 참석할 것이라는 소식 들으셨나요? 우리 주방장 Brown씨도 참석한다고 하더라고요. 고객을 유치하기에 좋은 방법이 될 거라고 생각해요.

여: 분명히 좋은 광고죠. 저는 당신이 그 행사에서 일한다고 들었어요. 언제 일하나요?

남: 저는 행사 첫날에만 일하게 될 거예요. Susan과 Kevin이 둘째 날과 셋째 날 거기 있게 될 거예요. 당신은 어떤가요?

여: 사실 저는 박람회 기간 동안 여름휴가를 계획 중이에요. 그러나 박람회 마지막 날 들를게요.

어휘 take part in 참가하다 chef 주방장 attract customers 고객을 유치하다 definitely 분명히 plan on -ing ~할 계획이다 drop by 들르다 reporter 기자 exhibition 박람회 assist 돕다

---

7 Who most likely are the speakers?

(A) Magazine reporters
(B) Exhibition managers
(C) Tour guides
(D) Restaurant staff

화자들은 누구일 것 같은가?
(A) 잡지 기자
(B) 박람회 관리자
(C) 여행 가이드
(D) 식당 직원

NEW
8 Look at the graphic. When will the man work at the festival?

> International Food Exposition
> August 6-8
> Please register by Aug. 5

(A) On August 5
(B) On August 6
(C) On August 7
(D) On August 8

시각정보를 보시오. 남자는 언제 축제에서 일할 것인가?
(A) 8월 5일
(B) 8월 6일
(C) 8월 7일
(D) 8월 8일

9 What does the woman say she will do?

(A) Welcome visitors
(B) Go on vacation
(C) Assist a coworker
(D) Prepare some food

여자는 그녀가 무엇을 할 것이라고 말하는가?
(A) 방문객들을 맞이하기
(B) 휴가를 가기
(C) 동료를 돕기
(D) 음식을 준비하기

해설 7. 남자의 첫 대사 Did you hear the news that our restaurant chain is taking part in the International Food Exposition next month를 통해 화자들이 식당 직원임을 알 수 있다. 따라서 정답은 (D)이다.

8. 남자가 I'll be only working on the first day of the festival에서 첫날만 일한다고 했고, 시각정보에 국제 음식 박람회 첫날이 8월 6일 이므로 정답은 (B)이다.

9. 여자는 Actually I'm planning on having a summer vacation during the exposition 부분에서 휴가를 갈 거라고 했으므로 정답은 (B)이다.

Questions 10-12 refer to the following conversation and menu. [AmW] – [AuM]

W: Kevin, [11] we need to change the Lunch specials menu on the board. Many customers ordered chicken yesterday, so we have nothing in stock now.

M: Oh, really? What should we replace it with?

W: The chef will make beef sandwich instead of chicken today.

M: [12] Will the price be the same?

W: [12] Yes, you can keep it the same as the chicken.

M: OK. I'll go take care of that right away.

어휘 board 게시대 have nothing in stock 재고가 전혀 없다 replace 교체하다 chef 주방장 instead of ~대신에 take care of 처리하다 right away 당장, 즉각

---

10 Where most likely are the speakers?
(A) At a farm
(B) At a supermarket
(C) At a food delivery company
(D) At a sandwich bar

11 According to the woman, why will the lunch special be changed?
(A) A shipment did not arrive.
(B) A meal is sold out.
(C) A chef cooked the wrong dish.
(D) Some customers have complained.

NEW
12 Look at the graphic. How much will the new special cost?

Bacon sandwich	$6.50
Fish sandwich	$7.00
Turkey sandwich	$8.00
Chicken sandwich	$9.00

(A) $6.50
(B) $7.00
(C) $8.00
(D) $9.00

해설 10. 대화의 전반적인 내용을 살펴보았을 때 샌드위치 메뉴에 대한 이야기를 하고 있으므로 화자들은 샌드위치 전문식당에서 일하는 사람들임을 알 수 있으므로 정답은 (D)이다.

11. 대화 초반부에 여자가 손님들이 치킨을 주문해서 지금 재고가 없어서 게시판의 런치스페셜 메뉴를 바꿔야 한다(we need to change the Lunch specials menu on the board. Many customers ordered chicken yesterday, so we have nothing in stock now.)고 말하고 있으므로 정답은 (B)이다.

12. 점심 스페셜 메뉴를 치킨에서 비프로 수정하면서 가격은 그대로 유지하라(Yes, you can keep it the same as the chicken.)고 말하고 있으므로 시각정보에서 치킨 샌드위치와 동일한 가격임을 알 수 있다. 정답은 (D)이다.

Unit 03 방법/이유/수치, 문제점/우려/감정을 묻는 문제

Part 3

Practice Answer 1. (B) 2. (C) 3. (B) 4. (B) 5. (C)
6. (B) 7. (A) 8. (C) 9. (C) 10. (A)

Question 1 refers to the following message. [CnM]

M: As the summer vacation has started, we've been having a lot of student visitors. Besides, all of the museum tours are fully booked, so I'm turning people away. Maybe we can add more tours during the weekdays.

문제 1 다음 메시지를 참조하시오.

남: 여름 방학이 시작됨에 따라, 학생 방문객들이 많이 오고 있습니다. 게다가 모든 박물관 투어는 예약이 다 차서 제가 사람들을 되돌려 보내고 있어요. 우리는 주중에 투어를 더 많이 추가할 수 있을 겁니다.

어휘 tour 투어, 관람 fully booked 예약이 꽉 찬 turn away 돌려보내다 decrease 줄어들다, 감소하다

1 What problem does the speaker mention?

(A) The number of visitors have decreased.
(B) There are not enough tours.

화자는 어떤 문제를 언급하는가?
(A) 방문객 수가 줄었다.
(B) 투어가 충분하지 않다.

해설 all of the museum tours are fully booked / add more tours 등에서 박물관에 오는 사람이 너무 많아 투어를 늘려야겠다고 하므로 투어가 충분하지 않다는 (B)가 정답이 된다.

Question 2 refers to the following conversation. [BrW] - [CnM]

W: I just got a phone call from Mr. Owen from the city planning committee and he asked us to complete the stadium construction project earlier than scheduled. This means we'll have to put in extra hours to get everything done on time.

M: I understand. But I hope you will consider hiring additional workers.

문제 2 다음 대화를 참조하시오.

여: 방금 도시 계획 위원회의 Owen 씨로부터 전화를 받았는데, 그는 우리에게 주경기장 건설 프로젝트를 일정보다 빨리 완료하도록 요청했습니다. 이것은 우리가 제때에 모든 것을 끝내려면 더 많은 시간을 들여야 한다는 뜻이죠.

남: 알겠습니다. 하지만, 추가 직원 고용을 고려해 주셨으면 합니다.

어휘 committee 위원회 earlier than scheduled 일정보다 빨리 put in 투입하다 on time 시간에 맞춰, 제때에 consider -ing ~하는 것을 고려하다 additional 추가의 resolve 해결하다, 풀다 city council 시의회 budget 예산

2 How will the speakers probably resolve the issue?

(A) By contacting the city council
(B) By increasing advertising
(C) By hiring more employees
(D) By cutting budgets

화자들은 문제를 어떻게 해결하겠는가?
(A) 시의회에 연락함으로써
(B) 광고를 늘림으로써
(C) 직원을 더 고용함으로써
(D) 예산을 삭감함으로써

해설 남자의 대화 중 you will consider hiring additional workers에서 추가 직원 고용을 요청하고 있으므로 (C)를 정답으로 고를 수 있다.

82

Questions 3-4 refer to the following conversation. [BrW] - [CnM]

W: Mr. Swanson, I spoke to Kenny from Astoria Catering this morning. He said they're ³ not going to be able to set up foods and drinks for our opening event next week. The good news is I've found another catering service that just started business in the area.

M: Good to hear that. ⁴ Try and find out exactly what services they offer and how much time they need to prepare.

문제 3-4 다음 대화를 참조하시오.

여: Swanson 씨, 오늘 아침에 Astoria 출장 연회 서비스의 Kenny와 통화했습니다. 그 업체에서 다음 주 우리 개장 행사에 필요한 음식과 음료를 준비할 수 없다고 합니다. 좋은 소식은 제가 이 지역에서 얼마 전 영업을 시작한 다른 출장 연회 업체를 찾았다는 것입니다.

남: 그거 다행이네요. 그들이 정확히 어떤 서비스를 제공하는지, 그리고 준비하는 데 시간은 얼마나 걸리는지 알아보세요.

어휘 catering 출장 연회 set up 차리다, 공급하다 start business 영업을 시작하다 exactly 정확히 vendor 판매회사 complete 완성하다, 마무리하다 postpone 연기하다

3 What problems are the speakers discussing?
(A) A printing error has been found.
(B) A vendor cannot complete an order.

화자들은 어떤 문제에 대해 논의하고 있는가?
(A) 인쇄 오류가 발견되었다.
(B) 판매 회사가 주문을 완수할 수 없다.

4 What does the man ask the woman to do?
(A) Postpone a company event
(B) Find out additional information

남자는 여자에게 무엇을 하도록 요청하는가?
(A) 회사 행사를 연기할 것
(B) 추가 정보를 알아볼 것

해설 3. 여자의 첫 대화 중 not going to be able to set up foods and drinks for our opening event next week에서 다음 주로 예정된 행사에 출장 업체에서 식음료 서비스를 제공할 수 없게 되었다고 하므로 정답은 (B)가 된다.
4. 여자가 새로운 업체를 발견했다고 하자 남자는 Try and find out exactly what services they offer and how much time they need to prepare.라고 지시한다. 세부 사항을 더 알아보라고 하므로 정답은 (B)가 된다.

Questions 5-6 refer to the following conversation. [BrW] - [AuM]

W: Francis, ⁵ I'm working on the revisions to the floor plans for Jack's Department Store. But I need more information about the construction options that are available to us.

M: Well, I wish I could check that for you but ⁶ I'm just about to leave for the day. Do you mind waiting until tomorrow?

W: Actually, I really need to finish this draft by today. Is there any way I could look it up for myself?

문제 5-6 다음 대화를 참조하시오.

여: Francis, Jack's 백화점 평면도 수정 작업을 하는 중입니다. 그런데 우리가 이용할 수 있는 시공 옵션에 대한 정보가 더 필요해요.

남: 음, 제가 그것을 확인해 주고 싶지만, 막 퇴근하려는 참이라서요. 내일까지 기다려 주실 수 있어요?

여: 사실 오늘까지 초안을 꼭 끝내야 해서요. 제가 직접 알아볼 수 있는 방법이 없을까요?

어휘 revision 수정 floor plan 평면도, 설계도 be about to do 막 ~하려고 하다 leave for the day 퇴근하다 draft 초안 look up 찾아보다, 검색하다 architecture 건축 revise 수정하다, 고치다 browse 대강 훑어보다, 둘러보다 out of order 고장 난 permission 허가, 허락

5 What is the woman doing?
(A) Contacting an architecture firm
(B) Planning an advertising campaign
(C) Revising a floor plan
(D) Browsing a store catalog

여자는 무엇을 하고 있는가?
(A) 건축 회사에 연락한다
(B) 광고 캠페인을 계획한다
(C) 평면도를 수정한다
(D) 매장 카탈로그를 훑어본다

6 Why is the man unable to help the woman?
(A) He has to attend a meeting.
(B) He is leaving the office.
(C) His computer is out of order.
(D) He has not received permission.

남자는 왜 여자를 도와줄 수 없는가?
(A) 회의에 참석해야 한다.
(B) 퇴근하려고 한다.
(C) 컴퓨터가 고장 났다.
(D) 허가를 받지 못했다.

해설 5. 여자의 첫 대화 I'm working on the revisions to the floor plans에서 평면도 수정 작업을 하고 있다고 하므로 정답은 (C)가 된다.

6. 여자의 도와 달라는 요청에 대해 남자는 I'm just about to leave for the day.라며 퇴근하는 중이라고 응답한다. 따라서 정답은 (B)가 된다.

paraphrasing 5. working on the revisions to the floor plans → Revising a floor plan

6. leave for the day → leaving the office

Questions 7-8 refer to the following conversation. [AmW] - [AuM]

W: Jeremy, I heard that you just got back from a business trip in Istanbul! How did it go?

M: ⁷ After long hours of negotiations, we came to an agreement to maintain our partnership for the next five years. ⁸ The only problem was I forgot to bring the company credit card so I had to pay for all of the expenses myself.

W: That shouldn't be a problem. As long as you kept your receipts, the payroll department will reimburse you for the trip.

문제 7-8 다음 대화를 참조하시오.

여: Jeremy, 이스탄불 출장에서 방금 돌아왔다면서요! 어떻게 됐어요?

남: 오랜 시간의 협상 끝에 우리는 향후 5년 동안 파트너 관계를 유지하는 데 합의했습니다. 단 한 가지 문제가 있었다면, 제가 법인 카드를 가져가는 것을 깜빡해서 모든 비용을 제가 내야 했다는 것이지요.

여: 그건 문제 될 거 없습니다. 영수증을 가지고 있는 한 급여부에서 출장 비용을 환급해 줄 겁니다.

어휘 get back 돌아오다 negotiation 협상 come to an agreement 합의에 이르다 maintain 유지하다 expense 비용, 지출 as long as ~하는 한 payroll department 급여부 reimburse A for B A에게 B에 대해 환급해 주다 finalize 마무리 짓다 deal 거래 investigate 조사하다 conduct 수행하다, 실시하다 travel document 여행 관련 서류

---

7 Why did the **man** go to **Istanbul**?

(A) To finalize a deal
(B) To hold a training session
(C) To investigate a problem
(D) To conduct a job interview

남자는 왜 이스탄불에 갔는가?
(A) 거래를 마무리하기 위해
(B) 교육을 진행하기 위해
(C) 문제를 조사하기 위해
(D) 취업 면접을 실시하기 위해

8 What problem did the **man have** on his trip?

(A) He lost his travel expense receipts.
(B) His clients failed to provide directions.
(C) He did not have a necessary credit card.
(D) He forgot to bring travel documents.

남자는 출장에서 어떤 문제를 겪었는가?
(A) 여행 비용 영수증을 잃어버렸다.
(B) 고객들이 길을 가르쳐 주지 않았다.
(C) 필요한 신용 카드를 갖고 있지 않았다.
(D) 여행 관련 서류들을 가져가는 것을 잊어버렸다.

해설 7. 출장이 어땠는지 묻는 여자의 질문에 남자는 After long hours of negotiations, we came to an agreement라고 답하고 있으므로 출장에서 거래를 마무리 지었다는 것을 알 수 있다. 따라서 정답은 (A)이다.

8. 문제점에 대해 언급하는 The only problem was I forgot to bring the company credit card에서 법인 카드를 가져가지 않았다고 하므로 정답은 (C)가 된다.

paraphrasing 7. came to an agreement → finalize a deal

8. forgot to bring the company credit card → did not have a necessary credit card

Questions 9-10 refer to the following conversation. [BrW] - [CnM]

W: Gabriel, ⁹ I'm so excited about our two hundredth show on the air next week. Let's celebrate and have a party with all our staff members and special guests.

M: That sounds great. I'd suggest holding the party at one of the banquet rooms at Hotel Lucida.

W: I agree. Its location is convenient and the food is excellent. ¹⁰ Why don't you call them and see if we can book their banquet room for fifty people?

문제 9-10 다음 대화를 참조하시오.

여: Gabriel, 다음 주에 방송되는 우리 200회 쇼가 너무 흥분됩니다. 모든 스탭들과 특별 초대 손님을 모시고 축하 파티를 합시다.

남: 그거 좋겠군요. Lucida 호텔의 연회장에서 파티를 여는 것을 제안합니다.

여: 찬성이에요. 그곳은 위치가 편리하고 음식이 훌륭하죠. 거기에 전화해서 우리가 50명이 들어갈 수 있는 연회장을 예약할 수 있는지 알아봐 주겠어요?

어휘 on the air 방송 중인 celebrate 축하하다 suggest -ing ~하기를 제안하다 see if ~인지 알아보다 honor 영예를 주다, 예우하다 attract 끌어 들이다, 유치하다 milestone 이정표, 중대한 사건

9 According to the woman, **what** is the **purpose** of the event?
(A) To honor a special guest
(B) To attract more customers
(C) To celebrate a milestone
(D) To introduce a new product

여자에 따르면, 행사의 목적이 무엇인가?
(A) 특별 손님을 예우하기 위해서
(B) 더 많은 고객을 끌어 들이기 위해서
(C) 중요한 사건을 축하하기 위해서
(D) 신제품을 소개하기 위해서

10 **How many guests** will be invited?
(A) 50
(B) 100
(C) 150
(D) 200

몇 명의 손님이 초대될 것인가?
(A) 50명
(B) 100명
(C) 150명
(D) 200명

해설 9. 여자의 첫 대화 I'm so excited about our two hundredth show on the air next week. Let's celebrate and have a party에서 쇼가 200회가 된 것을 축하하기 위해 파티를 열자고 하므로 정답은 (C)가 된다.

10. 여자의 마지막 대사 Why don't you call them and see if we can book their banquet room for fifty people?에서 50명을 수용할 연회장을 알아보라고 하므로 50명이 초대될 것임을 알 수 있다.

Unit 04 미래에 할 일, 제안/요청사항을 묻는 문제

Part 3

Practice   Answer   1. (B)   2. (D)   3. (B)   4. (A)   5. (D)
                                    6. (D)   7. (C)   8. (D)   9. (C)   10. (D)

Question 1 refers to the following message. [CnM]

M: I just found our new intern starts work on November 5th. Isn't that when the International Biomass Conference takes place in Hongkong? All the staff members in our department will be out of town.

문제 1 다음 메시지를 참조하시오.
남: 새 인턴이 11월 5일에 근무하기 시작한다는 것을 방금 알았어요. 그날은 홍콩에서 국제 바이오매스 콘퍼런스가 열리는 때 아닌가요? 우리 부서 전 직원은 이곳에 없을 텐데요.

어휘 take place 일어나다, 발생하다   out of town 도시를 떠나서, 다른 지역에

---

1   **Where** will the **speaker** be on **November 5th**?

(A) At a training session
(B) At an international conference

화자는 11월 5일에 어디에 있을 것인가?
(A) 교육
(B) 국제 콘퍼런스

해설 11월 5일은 International Biomass Conference가 있는 때이고, All the staff members in our department will be out of town이라고 했으므로 부서 직원들이 모두 콘퍼런스에 참석할 것임을 알 수 있다.

Question 2 refers to the following conversation. [CnM] - [AmW]

M: Ms. Wells. I'm sorry but, employees are no longer allowed to park in the visitor's parking area. Please move your car.

W: Oh, I didn't know that. Then, which floor should I go to?

문제 2 다음 대화를 참조하시오.
남: Wells 씨, 죄송하지만 직원들은 더 이상 방문객 주차장에 주차하는 것이 허용되지 않습니다. 차를 옮겨 주시기 바랍니다.
여: 아, 몰랐네요. 그럼 어느 층으로 가야 하죠?

어휘 no longer 더 이상 ~하지 않다   be allowed to ~하도록 허용되다   obtain 얻다, 획득하다   permit 허가증   security guard 경비원

---

2   **What** will the **woman** do **next**?

(A) Obtain a parking permit
(B) Call a security guard
(C) Open a new office
(D) Move her car

여자는 다음에 무엇을 할 것인가?
(A) 주차 허가증을 얻는다
(B) 경비원을 부른다
(C) 새 사무실을 연다
(D) 차를 옮긴다

해설 남자가 Please move your car라고 요청하자 여자는 which floor should I go to라며 어디로 갈지 묻고 있으므로 여자가 차를 다른 곳으로 이동시킬 것임을 알 수 있다.

Questions 3-4 refer to the following conversation. [BrW] - [CnM]

W: Hi, I have an office on the eighth floor of this building and ³ I'm calling because the elevator isn't working.

M: Sorry for the inconvenience. ⁴ I'll send one of our maintenance crew members down and have him fix it. But I suggest using the stairs because it will take a while to finish the repair. Can you tell me which one is broken?

W: It's the south elevator that runs between the eighth and twentieth floors.

문제 3-4 다음 대화를 참조하시오.

여: 안녕하세요, 저는 이 건물 8층에 사무실이 있는데, 엘리베이터가 작동하지 않아서 전화 드립니다.

남: 불편을 드려 죄송합니다. 시설 관리 직원을 보내서 수리하도록 하겠습니다. 하지만 수리를 끝내려면 시간이 좀 걸릴 테니 계단을 이용하시기를 권합니다. 어느 것이 고장 났는지 알려주시겠습니까?

여: 8층과 20층 사이를 운행하는 남쪽 엘리베이터입니다.

어휘 inconvenience 불편 crew member 직원 stair 계단 a while 얼마간 broken 고장 난 run 운행하다 mechanical 기계의 device 장치

3 What problem does the woman report?

(A) An office door is locked.
(B) A mechanical device is broken.

여자는 어떤 문제를 신고하는가?
(A) 사무실 문이 잠겼다.
(B) 기계 장치가 고장 났다.

4 What does the man say he will do?

(A) Send a repair person
(B) Locate some tools

남자는 무엇을 하겠다고 하는가?
(A) 수리공을 보내겠다
(B) 도구를 찾아보겠다

해설 3. 여자의 첫 대화 I'm calling because the elevator isn't working에서 엘리베이터가 작동하지 않는다고 하므로 정답은 (B)가 된다.
4. 여자의 신고에 대한 남자의 응답 I'll send one of our maintenance crew members down~에서 시설 관리 직원을 보내 수리하도록 하겠다고 하므로 정답은 (A)가 된다.

paraphrasing 3. the elevator isn't working → A mechanical device is broken.
4. maintenance crew members → repair person

Questions 5-6 refer to the following conversation. [CnM] - [BrW]

M: Hi, I'm calling to report a problem with a stereo system I bought from your store last week. ⁵ It just doesn't turn on when I plug it in.

W: I'm sorry for the inconvenience. ⁶ Have you tried a different electric outlet? That sometimes fixes the problem.

M: Of course. I've tried that twice already but it didn't work.

문제 5-6 다음 대화를 참조하시오.

남: 안녕하세요, 지난주 당신의 매장에서 구입한 스테레오 시스템의 문제를 신고하려고 전화했습니다. 플러그를 꽂았는데 전원이 들어오지 않습니다.

여: 불편을 드려 죄송합니다. 다른 전원 콘센트에 꽂아 보셨나요? 때로는 그렇게 하면 문제가 해결되기도 합니다.

남: 물론입니다. 이미 두 번 그렇게 해봤는데, 작동하지 않습니다.

어휘 turn on 전원이 켜지다 plug in 플러그를 꽂다 electric outlet 전원 콘센트 work 작동하다 missing 잃어버린, 분실된 currently 현재

5 What is the problem?

(A) A delivery has not arrived yet.
(B) A part is missing from a package.
(C) An office is not currently open.
(D) Some equipment is not working.

무엇이 문제인가?
(A) 배송품이 아직 도착하지 않았다.
(B) 포장물에서 부품 하나가 빠져 있다.
(C) 사무실은 현재 문을 열지 않는다.
(D) 장비가 작동하지 않는다.

6 What does the **woman suggest** the man do?

(A) Buy some speakers

(B) Call back later

(C) Speak to a manager

(D) Try another power outlet

여자는 남자에게 무엇을 하라고 제안하는가?
(A) 스피커를 살 것
(B) 나중에 다시 전화할 것
(C) 매니저와 이야기할 것
(D) 다른 전원 콘센트에 꽂아 볼 것

해설 5. 문제에 대해 알리는 남자의 첫 대화 중 It just doesn't turn on when I plug it in.에서 전원이 들어오지 않는다고 하므로 장비가 작동하지 않는다는 (D)가 정답이 된다.

6. 남자의 문제점에 대해 여자는 Have you tried a different electric outlet?이라고 해결책을 제시한다. 다른 전원 콘센트에 꽂아 보라고 하므로 정답은 (D)가 된다.

paraphrasing 6. a different electric outlet → another power outlet

---

Questions 7-8 refer to the following conversation. [BrW] - [CnM]

W: Hi, Jim. I'm thinking about ⁷ getting a new apartment since my landlord is going to raise the rent. ⁷ Can you recommend any good neighborhoods around here?

M: Let me see. There's a new apartment complex in Montville. It's a bit far from the office but the rent is pretty reasonable.

W: My commute also matters to me. That's why it's difficult to find a place within my price range.

M: Then, ⁸ why don't you call a local real estate agency and hire an expert to help you?

문제 7-8 다음 대화를 참조하시오.

여: 안녕, Jim. 우리 집주인이 집세를 올린다고 해서 새 아파트를 구하는 것을 생각하고 있어요. 이 근방에 좋은 동네 있으면 추천해 주겠어요?

남: 어디 보자. Montville에 신축 아파트 단지가 한 군데 있습니다. 사무실에서 좀 멀지만, 집세가 꽤 저렴합니다.

여: 통근도 저에게는 중요해요. 그래서 제가 생각한 가격대 안에서 집을 구하기가 어려워요.

남: 그렇다면, 지역 부동산 중개소에 전화해서 전문가에게 도움을 요청하는 게 어떨까요?

어휘 landlord 집주인 complex 단지, 복합 건물 a bit 다소 pretty 꽤 reasonable (가격 등이) 적절한 commute 통근 matter 중요하다 price range 가격대 real estate agency 부동산 중개소 expert 전문가 locate 찾다, 발견하다 real estate agent 부동산 중개인

---

7 What does the **woman want help with**?

(A) Advertising a job opening

(B) Moving some furniture

(C) Locating an apartment

(D) Renting a vehicle

여자는 무엇에 대한 도움을 원하는가?
(A) 구인 광고하기
(B) 가구 옮기기
(C) 아파트 찾기
(D) 차량 빌리기

8 What does the **man suggest**?

(A) Making a budget

(B) Checking a local newspaper

(C) Driving to the office

(D) Contacting a real estate agent

남자는 무엇을 제안하는가?
(A) 예산을 편성하기
(B) 지역 신문을 확인하기
(C) 차를 운전해 사무실로 가기
(D) 부동산 중개인에게 연락하기

해설 7. 여자의 첫 대화 getting a new apartment / Can you recommend any good neighborhoods around here?에서 여자가 이사 갈 아파트를 추천해 달라고 하므로 정답은 (C)가 된다.

8. 남자가 제안하는 것을 묻고 있으므로 제안을 나타내는 표현에 집중한다. why don't you call a local real estate agency에서 부동산 중개소에 연락해 보라고 하므로 정답은 (D)가 된다.

paraphrasing 7. getting a new apartment → Locating an apartment

8. call a local real estate agency → Contacting a real estate agent

Questions 9-10 refer to the following conversation. [AuM] - [AmW]

M: Excuse me, we are new to this town and ⁹ we're looking for the Tin Hao restaurant. We believe it's somewhere around here but we can't seem to find it. Could you tell us how to get there?

W: Well, unfortunately it went out of business. But there are plenty of other Chinese restaurants to choose from. I can recommend some good ones if you want.

M: Great. We're very hungry right now, so ¹⁰ we'd appreciate it if you could direct us to the closest one.

W: It's just down the road from here. ¹⁰ Take a right at the next corner. You can't miss it.

문제 9-10 다음 대화를 참조하시오.

남: 실례합니다만, 저희는 이 도시에 처음 왔는데 Tin Hao 식당을 찾고 있습니다. 이 근처 어디에 있는 것 같은데 찾을 수가 없는 것 같습니다. 그곳에 가는 방법을 알려주시겠어요?

여: 음, 아쉽게도 그곳은 폐업했습니다. 하지만 다른 중국 식당이 많이 있습니다. 원하시면 제가 좋은 곳을 소개해 드릴 수 있습니다.

남: 잘됐군요. 저희는 지금 몹시 배가 고파서요. 저희에게 가장 가까운 곳으로 가는 길을 알려주시면 감사하겠습니다.

여: 여기에서 그냥 길을 따라 가시면 됩니다. 다음 코너에서 우회전하시면 됩니다. 찾기 쉬울 겁니다.

어휘 somewhere 어딘가에 go out of business 폐업하다 plenty of 수많은 appreciate 감사하다 direct ~에게 길을 안내하다 take a right 우회전하다 miss 놓치다 town map 시내 지도 present 제시하다

---

9 What is the **man** trying **to do**?

(A) Purchase a town map
(B) Fix a mechanical problem
(C) Find a restaurant
(D) Get tickets for an event

남자는 무엇을 하려고 하는가?
(A) 시내 지도를 구입한다
(B) 기계의 문제를 해결한다
(C) 식당을 찾는다
(D) 행사표를 구한다

10 What will the **man** likely **do next**?

(A) Turn left at the corner
(B) Call to reserve a table
(C) Present a coupon
(D) Visit a nearby restaurant

남자는 다음에 무엇을 하겠는가?
(A) 코너에서 왼쪽으로 돈다
(B) 전화해 테이블을 예약한다
(C) 쿠폰을 제시한다
(D) 근처 식당에 간다

해설 9. 남자의 첫 대화 we're looking for the Tin Hao restaurant에서 식당을 찾고 있다고 하므로 정답은 (C)가 된다.

10. 남자가 we'd appreciate it if you could direct us to the closest one이라고 말하며 가장 가까운 식당으로 가는 길을 알려 달라고 하고 여자가 Take a right at the next corner. You can't miss it.이라며 가는 방법을 알려준다. 따라서 남자는 식당에 갈 것이므로 정답은 (D)가 된다.

paraphrasing 9. looking for → Find

Actual Test

Answer	1. (C)	2. (C)	3. (D)	4. (C)	5. (D)	6. (B)
	7. (B)	8. (C)	9. (D)	10. (A)	11. (A)	12. (D)

Questions 1-3 refer to the following conversation. [AmW] - [CnM]

W: Good morning, this is Jane Coleen from the technical support department. I just received your message saying that you ¹ cannot access the Internet with your laptop computer.

M: Yes. It was working fine this morning, but after lunch the online network suddenly disconnected. ² I need to bring this laptop on a business trip tomorrow, so I'd appreciate if you could make sure it's working.

W: OK. I'm still in the middle of fixing some computers from the design department. So ³ I will be able to stop by your desk around 4 P.M. to take a look at it.

문제 1-3 다음 대화를 참조하시오.

여: 안녕하세요, 기술지원부의 Jane Coleen입니다. 노트북 컴퓨터로 인터넷에 접속할 수 없다는 당신의 메시지를 방금 받았습니다.

남: 네, 오늘 아침까지는 제대로 작동했는데, 점심 이후로 갑자기 온라인 네트워크 연결이 끊어졌습니다. 이 노트북을 내일 출장에 가지고 가야 하니, 제대로 작동되게 해주시면 감사하겠습니다.

여: 알겠습니다. 저는 아직 디자인부의 컴퓨터들을 수리하는 중입니다. 그러니 오후 4시 경에 당신의 자리에 들러서 살펴볼 수 있습니다.

어휘 technical support department 기술지원팀 access 접속하다 laptop computer 노트북 컴퓨터 disconnect 연결이 끊기다 make sure (that) ~을 확실히 하다 in the middle of ~하는 중인 stop by 들르다 reject 거절하다 organize 정리하다 dispose of 처분하다 address 문제를 다루다 prior 사전의, 앞선 workstation 작업하는 곳, 작업대

---

1 What problem did the man report?

(A) He sent a message to the wrong person.
(B) His proposal has been rejected.
(C) He cannot access the Internet.
(D) His business schedule has been changed.

남자는 어떤 문제점을 보고했는가?
(A) 다른 사람에게 메시지를 보냈다.
(B) 그의 제안이 거절당했다.
(C) 인터넷에 접속할 수 없었다.
(D) 업무 스케줄이 변경되었다.

2 What will the man do tomorrow?

(A) Organize some documents
(B) Dispose of old computers
(C) Leave for a business trip
(D) Ask for technical advice

남자는 내일 무엇을 할 것인가?
(A) 서류를 정리한다
(B) 오래된 컴퓨터를 처분한다
(C) 출장을 떠난다
(D) 기술적 조언을 요청한다

3 How will the woman address the problem?

(A) By calling a technical service center
(B) By giving the man prior notice
(C) By reporting to a supervisor
(D) By visiting the man's workstation

여자는 어떻게 문제를 처리할 것인가?
(A) 기술 서비스 센터에 전화해서
(B) 남자에게 사전 공지를 해서
(C) 상사에게 보고해서
(D) 남자가 근무하는 자리에 가서

해설 1. 남자의 문제점은 여자의 첫 대화 cannot access the Internet with your laptop computer에서 알 수 있다. 노트북으로 인터넷을 접속할 수 없다고 하므로 정답은 (C)가 된다.

2. 남자가 내일 할 일을 묻고 있으므로 tomorrow가 언급된 부분에 집중한다. I need to bring this laptop on a business trip tomorrow에서 내일 출장이 있다는 것을 알 수 있으므로 정답은 (C)가 된다.

3. 여자의 마지막 대화 중 I will be able to stop by your desk around 4 P.M.에서 4시에 남자의 자리로 가겠다고 하므로 정답은 (D)가 된다.

paraphrasing 3. stop by your desk → visiting the man's workstation

Questions 4-6 refer to the following conversation. [BrW] - [CnM]

W: Simon, everyone in the office says that you did a great job at the trade show in Baltimore last week. **⁴ Your product demonstration of our wireless projector appealed to many local vendors. ⁴ We've already had several big orders rushing in.**

M: I'm glad to hear it helped increase our sales. But I've got a minor problem. In order to get reimbursed for the business trip, I'm supposed to submit the receipts for my expenses. But **⁵ I forgot to ask for receipts for my meals.**

W: Well then, **⁶ let me ask the manager in the accounting department** whether he can authorize reimbursement without receipts.

문제 4-6 다음 대화를 참조하시오.

여: Simon, 사무실 사람들이 모두 그러는데 당신이 지난주 볼티모어에서 열린 무역 박람회에서 일을 아주 잘 해냈다면서요. 당신의 무선 프로젝터 제품 시연이 여러 지역 판매 업체들의 관심을 끌었어요. 이미 큰 주문이 몇 개 들어오고 있어요.

남: 그것이 우리 매출 증대에 도움이 되었다니 기쁩니다. 그런데 한 가지 사소한 문제가 있습니다. 출장비를 환급 받으려면 지출에 대한 영수증을 내야 하는데요. 깜빡하고 식사 대금 영수증을 달라고 하지 않았습니다.

여: 그렇다면, 제가 회계부장에게 영수증 없이도 환급을 승인해 줄 수 있는지 물어볼게요.

어휘 product demonstration 제품 시연 wireless 무선의 projector 프로젝터 appeal to ~의 흥미를 불러일으키다 rush in 몰려들다 increase 늘리다, 증대하다 minor 사소한 in order to do ~하기 위해 reimburse (비용을) 환급하다 be supposed to ~하기로 되어 있다 ask for 요청하다 meal 식사 authorize 승인하다 praise 칭찬하다 donate 기부하다 charity 자선 improve 개선하다 behind schedule 일정보다 늦은 confirmation 확인, 확약 trade show 무역 박람회 employment 채용, 고용

---

4 Why is the man praised?
(A) He donated money to a charity event.
(B) He recently received a promotion.
(C) He successfully promoted some products.
(D) He improved a product's design.

남자는 왜 칭찬받았는가?
(A) 자선 행사에 돈을 기부했다.
(B) 최근에 승진했다.
(C) 제품을 성공적으로 홍보했다.
(D) 제품 디자인을 개선했다.

5 Why is the man concerned?
(A) Product presentations are behind schedule.
(B) Travel preparations are incomplete.
(C) A confirmation e-mail hasn't been received.
(D) Some expense receipts are missing.

남자는 왜 염려하는가?
(A) 제품 발표회가 늦어지고 있다.
(B) 여행 준비가 끝나지 않았다.
(C) 확인 이메일을 받지 못했다.
(D) 지출 영수증 일부가 빠져 있다.

6 What does the woman say she will do?
(A) Attend a trade show
(B) Talk to the accounting manager
(C) Review a production process
(D) Inquire about employment

여자는 무엇을 하겠다고 하는가?
(A) 무역 박람회에 참가한다
(B) 회계부장에게 이야기한다
(C) 생산 공정을 검토한다
(D) 채용에 대해 문의한다

해설 4. 남자를 칭찬하는 여자의 첫 대화 Your product demonstration ~ appealed to many local vendors. We've already had several big orders rushing in.에서 제품 시연이 많은 판매 업체들의 관심을 끌었고, 주문이 많이 들어오고 있다고 하므로 정답은 (C)가 된다.
5. 남자가 염려하는 바는 두 번째 대화 I forgot to ask for receipts for my meals.에서 알 수 있는데, 식사 대금에 대한 영수증 청구를 잊었다고 하므로 정답은 (D)가 된다.
6. 일부 영수증이 없다고 하는 남자의 말에 대해 여자는 let me ask the manager in the accounting department라고 말하며 회계부장에게 물어보겠다고 하므로 정답은 (B)가 된다. ask와 비슷한 의미의 Inquire about이 포함된 (D)를 답으로 고르지 않도록 주의한다.

paraphrasing 5. forgot to ask for receipts for my meals → Some expense receipts are missing.
6. ask the manager in the accounting department → Talk to the accounting manager

NEW

Questions 7-9 refer to the following conversation and a price list. [BrW] - [CnM]

W: Hello, [7] I'm calling to place an order for invitation cards for my daughter's wedding. I'd like to order three packs, please.

M: Sure. Have you checked our website? We are currently having a promotion for all kinds of cards. It says you can get discounts if you order more than a hundred. Would you like to take advantage of this offer?

W: Thanks, [8] but I think three packs will be enough at this point.

M: No problem. Do you have a design you'd like to use for the cards?

W: Hmm... Let me first talk to my daughter and ask if she has something special in mind. Oh! I have a question. [9] How can I send you the image for the design?

M: Our design team employee will contact you and give you detailed information about it in an hour.

문제 7-9 다음 대화와 가격표를 참조하시오.

여: 안녕하세요, 제 딸의 결혼식 초대장을 주문하려고 전화하는데요. 세 통을 주문하고 싶어요.
남: 물론이죠. 저희 웹사이트는 확인해 보셨나요? 현재 저희는 모든 종류의 카드에 대해 프로모션을 진행하고 있어요. 웹사이트에 보시면 100장이상 주문하시면 할인을 받을 수 있다고 나와 있어요. 이 할인을 이용하시겠어요?
여: 감사합니다만, 현재로서는 3통이면 충분해요.
남: 문제없습니다. 카드에 사용하고 싶으신 디자인이 있나요?
여: 흠... 먼저 제 딸이랑 얘기해서 특별히 염두에 두고 있는 게 있는지 물어볼게요. 아! 저 질문이 하나 있는데요. 디자인을 위한 이미지를 어떻게 보내야 하나요?
남: 우리 디자인 팀 직원이 한 시간 내에 연락해서 자세한 정보를 드릴 거예요.

어휘 place an order 주문하다 invitation 초대, 초대장 currently 현재 promotion 홍보, 판촉 take advantage of ~을 이용하다 pack 꾸러미, 통 offer 제안, 제공가격, 할인 at this point 현재는 have sth in mind 무언가를 염두에 두다 detailed 자세한 business card 명함 label 라벨 printing shop 인쇄소

---

7 What does the woman want to order?

(A) Business cards
(B) Invitation cards
(C) Birthday cards
(D) Greeting cards

여자는 무엇을 주문하고 싶어하는가?
(A) 명함
(B) 초대장
(C) 생일카드
(D) 연하장

NEW

8 Look at the graphic. How much will the woman's order cost?

Quantity	Price
1 pack (25 cards)	$ 60
2 packs (50 cards)	$ 85
3 packs (75 cards)	$ 110
4 packs (100 cards)	$ 135 ($125)

(A) $ 60
(B) $ 85
(C) $ 110
(D) $ 125

시각정보를 보시오. 여자의 주문은 얼마겠는가?
(A) 60달러
(B) 85달러
(C) 110달러
(D) 125달러

9 What does the woman ask the man?

(A) When to visit the printing shop
(B) Where to order the cards
(C) How to design the cards
(D) How to send an image

여자는 남자에게 무엇을 묻는가?
(A) 언제 인쇄소를 방문할지
(B) 어디서 카드를 주문할지
(C) 카드를 디자인하는 방법
(D) 이미지를 보내는 방법

해설 7. 여자의 대화 첫 부분 I'm calling to place an order for invitation cards for my daughter's wedding에서 결혼식 초대장을 주문하려고 한다는 사실을 알 수 있으므로 정답은 (B)이다.

8. 여자가 I think three packs will be enough at this point.라고 했으므로, 3통 75장에 해당하는 (C) $110가 정답이다.

9. 여자가 How can I send you the image for the design이라고 묻고 있으므로 정답은 (D)이다.

Questions 10-12 refer to the following conversation and chart. [CnM] – [BrW]

M: Hi, Jane. ¹⁰ I'm going to order tickets for the play online. Do you have a preference for seating?

W: Hmm… I always like to sit close to the stage because I can see the actors better that way.

M: OK. ¹¹ There are still seats available in front, on the left, near the entrance.

W: Great. Do we need to get there early to find a parking space?

M: Hmm…¹² Why don't we just take a subway? I don't want to waste time finding a place to park.

문제 10-12 다음 대화와 챠트를 참조하시오.

남: 안녕, 제인. 온라인으로 연극표를 주문하려고 하는데요. 선호하는 좌석이 있나요?

여: 음… 저는 앞 자리로 하면 배우들을 더 잘 볼 수 있어서 항상 무대 가까이에 앉는 게 좋아요.

남: 좋아요. 아직 입구 근처에 앞쪽의 왼쪽 좌석은 남아 있네요.

여: 잘됐네요. 주차 공간을 찾으려면 거기에 일찍 가야 하나요?

남: 음… 그냥 지하철을 타는 게 어때요? 주차할 곳을 찾느라 시간을 낭비하고 싶지 않네요.

어휘 play 연극 preference 선호, 좋아하는 것 seat 좌석 close 가까이 stage 무대 actor 배우 entrance 입구 parking space 주차 공간 take a subway 지하철을 타다 waste time -ing ~하는 데 시간을 낭비하다

---

10 What are the speakers planning to attend?

(A) A play
(B) A product demonstration
(C) A concert
(D) A retirement celebration

화자들은 어디에 참석할 계획인가?
(A) 연극
(B) 제품 설명회
(C) 콘서트
(D) 은퇴식

NEW
11 Look at the graphic. Where will the speakers sit?

Entrance	Stage		Exit
	Section A	Section B	
	Section C	Section D	

(A) Section A
(B) Section B
(C) Section C
(D) Section D

시각정보를 보시오. 화자들은 어디에 앉을 것인가?
(A) A구역
(B) B구역
(C) C구역
(D) D구역

12 What does the man suggest doing?

(A) Giving away maps
(B) Purchasing tickets on-site
(C) Inviting another coworker
(D) Taking public transportation

남자는 무엇을 하자고 제안하는가?
(A) 지도 나누어주기
(B) 티켓을 온라인으로 구매하기
(C) 다른 동료 초대하기
(D) 대중교통 이용하기

해설 10. 대화의 초반에 남자가 온라인으로 연극표를 주문하려고 하는데요. (I'm going to order tickets for the play online.)라고 말하는 부분에서 연극을 보러 갈 것임을 알 수 있으므로 정답은 (A)이다.

11. 남자가 남은 좌석을 설명하는 부분에서 아직 입구 근처에 앞쪽의 왼쪽 좌석은 남아 있네요.(There are still seats available in front, on the left, near the entrance.)라고 말하고 있으므로 시각정보에서의 A구역에 좌석이 남았음을 알 수 있다. 정답은 (A)이다.

12. 마지막 부분에 남자가 주차할 곳을 찾느라 시간을 낭비하고 싶지 않아 그냥 지하철을 타는게 어떠냐(Why don't we just take a subway? I don't want to waste time finding a place to park.)고 말하고 있으므로 정답은 (D)이다.

Unit 05 사내업무

Part 3

Practice	Answer	1. (B)	2. (B)	3. (B)	4. (A)	5. (D)
		6. (B)	7. (C)	8. (B)	9. (A)	10. (B)

Question 1 refers to the following conversation. [CnM] - [AmW]

M: We've just received an order for a thousand business cards from Lamanza Manufacturing. But right now, we don't have enough workers on the schedule to print them all today.

W: No problem. I'll call some of our workers and ask them to work an extra shift.

문제 1 다음 대화를 참조하시오.

남: 우리는 방금 Lamanza 제작사로부터 1,000장의 명함을 주문 받았습니다. 하지만 지금 스케줄을 보면 명함을 오늘 하루에 다 인쇄할 인력이 충분하지 않습니다.

여: 문제 없습니다. 직원 몇 명한테 연락해서 추가 근무를 해달라고 부탁하겠습니다.

어휘 order 주문 business card 명함 shift 교대 근무 시간

1 Where do the speakers most likely work?

(A) At a manufacturing plant
(B) At a printing company

화자들은 어디에서 근무하겠는가?
(A) 제조 공장
(B) 인쇄소

해설 근무 장소를 묻고 있으므로 주요 단서를 통해 정답을 유추한다. 남자의 대사 received an order for a thousand business cards / to print them all today에서 명함을 인쇄하는 인쇄소임을 알 수 있으므로 정답은 (B)가 된다.

Question 2 refers to the following conversation. [CnM] - [BrW]

M: We are going to conduct product testing on our new microwave oven. We'll choose ten customers at random and ask them to use our oven for a week. Afterwards we'll interview them to find out if they had any problems.

W: That's a good idea, but I have a suggestion. It would be better to collect feedback from at least twenty users.

문제 2 다음 대화를 참조하시오.

남: 우리의 새 전자레인지에 대한 제품 테스트를 실시하려고 합니다. 10명의 소비자를 무작위로 선택하여 일주일 동안 우리 전자레인지를 사용하도록 부탁할 겁니다. 그런 다음 그들을 인터뷰를 해서 어떤 문제가 있었는지 알아볼 것입니다.

여: 그거 좋은 생각이지만, 한 가지 제안이 있어요. 적어도 20명의 사용자들로부터 피드백을 받는 것이 더 좋을 겁니다.

어휘 conduct 수행하다, 실시하다 microwave oven 전자레인지 at random 무작위로 feedback 피드백, 의견 at least 적어도 manufacturing 제조, 생산 process 절차, 과정 appliance 전자제품 inspection 조사, 검사, 점검

2 What are the speakers mainly discussing?

(A) A manufacturing process
(B) A plan for testing an appliance
(C) An inspection of a factory
(D) New researchers

화자들은 무엇에 관해 논의하는가?
(A) 제조 공정
(B) 전자 제품 테스트 계획
(C) 공장 조사
(D) 새로운 연구자들

해설 남자의 첫 대화에 단서가 제시되어 있다. conduct product testing on our new microwave oven / choose ten customers at random and ask them to use our oven 등에서 사용자를 선택하여 신제품 테스트를 실시하는 것이 주된 논의 내용임을 알 수 있다.

94

Questions 3-4 refer to the following conversation. [BrW] - [CnM]

W: Hi, Jeremy. How are the preparations coming along for ³ the president's retirement party tomorrow? Have you checked the guest list?

M: Yes, I've ⁴ called each person on the list to make sure they attend the party. There will be 250 guests in total. But I learned that ten people are vegetarians, so we should add a meatless food option to our menu selection.

문제 3-4 다음 대화를 참조하시오.

여: 안녕하세요, Jeremy. 내일 사장님 퇴임식 파티 준비는 어떻게 되고 있나요? 손님 명단은 확인했나요?

남: 네. 제가 명단에 있는 각 사람에게 전화해서 파티 참석 여부를 확인하였습니다. 모두 250명이 올 겁니다. 그런데, 손님 중 10명이 채식 주의자라는 것을 알았기 때문에 우리 음식 선택 메뉴에 고기가 없는 음식을 추가해야 합니다.

어휘 retirement 은퇴, 퇴임 make sure 확인하다 attend 참석하다 in total 통틀어 vegetarian 채식주의자 meatless 고기가 없는 option 옵션, 선택 사항 confirm 확인하다, 확정하다 arrange 마련하다, 준비하다

3 What **event** will **take place** tomorrow?

(A) A wedding

(B) A retirement party

내일 어떤 행사가 열리는가?
(A) 결혼식
(B) 퇴임 기념 파티

4 What does the **man say** he did?

(A) Confirmed the invitation list

(B) Arranged for food options

남자는 무엇을 했다고 하는가?
(A) 초청 명단을 확인했다
(B) 음식 메뉴를 준비했다

해설 3. 질문에서 내일 어떤 행사가 있는지 묻고 있으므로 tomorrow가 언급되는 부분에 집중한다. the president's retirement party tomorrow에서 퇴임식 파티가 있다는 것을 알 수 있으므로 (B)가 정답이다.

4. 남자의 대화 중 called each person on the list to make sure they attend the party를 보면 초대 손님 각자에게 전화해서 파티 참석 여부를 확인했다고 하므로 정답은 (A)가 된다.

paraphrasing 4. make sure they attend the party → Confirmed the invitation list

---

Questions 5-6 refer to the following conversation. [BrW] - [CnM]

W: Darren, ⁵ have you finished setting up the marketing strategy for our new product? It's due this afternoon.

M: It's almost done. ⁵ ⁶ All I need to do is get the final approval from my manager. ⁶ But he's out of the office meeting with clients. I'll be able to submit it once I have the proposal signed.

문제 5-6 다음 대화를 참조하시오.

여: Darren, 신제품 마케팅 전략 수립이 마무리되었나요? 오늘 오후가 마감이에요.

남: 거의 끝났습니다. 부서장님께 최종 승인을 받기만 하면 됩니다. 하지만 지금 사무실에 안 계시고 고객들을 만나고 있는 중이십니다. 제안서에 서명을 받는 대로 그것을 제출할 수 있을 겁니다.

어휘 set up 세우다, 수립하다 strategy 전략 due 제출 마감 기한인 approval 승인 submit 제출하다 proposal 제안서 sign 서명하다 quarterly 분기별 access 접속, 접근 available 구할 수 있는, 이용할 수 있는 supervisor 감독, 부서장 signature 서명 incomplete 불완전한

5 What is the **topic** of the conversation?

(A) A quarterly budget

(B) A software upgrade

(C) A meeting with clients

(D) A marketing proposal

대화의 주제는 무엇인가?
(A) 분기별 예산
(B) 소프트웨어 업그레이드
(C) 고객들과의 미팅
(D) 마케팅 제안서

6 According to the man, **why** is he **unable to complete** his work?

(A) Internet access is not available.

(B) He needs a supervisor's signature.

(C) He is busy with other projects.

(D) Product testing is incomplete.

남자의 말에 의하면, 그는 왜 일을 마무리할 수 없는가?
(A) 인터넷에 접속할 수 없다.
(B) 부서장의 서명이 필요하다.
(C) 다른 프로젝트로 바쁘다.
(D) 제품 테스트가 안 끝났다.

해설 5. 여자가 첫 대화 have you finished setting up the marketing strategy for our new product?에서 마케팅 전략이 완성되었는지 묻자, 남자는 All I need to do is get the final approval from my manager라며 부서장의 최종 승인을 기다리는 중이라고 한다. 따라서 대화 주제는 (D) 마케팅 제안서임을 알 수 있다.

6. 남자는 마지막 대화에서 부서장이 고객들을 만나는 중이라 사무실에 없어 제안서에 서명을 받을 수 없다고 말하므로 정답은 (B)가 된다.

Questions 7-8 refer to the following conversation. [BrW] - [AuM]

W: Hello, John. I'm adjusting **⁷ the work schedules of plant workers** for next week and Marcus told me he's going to be away on vacation. I'm wondering if you can **⁷ take a shift packing T-shirts** in place of him.

M: Of course, I could use the extra hours. **⁸ Will I ⁷ get the overtime rate for packing up clothes?**

W: According to the company policy, you will be paid an extra four dollars per hour for working overtime.

문제 7-8 다음 대화를 참조하시오.

여: 안녕하세요, John. 저는 공장 직원들의 다음 주 작업 일정을 조율하고 있는데요, Marcus가 휴가를 떠난다고 합니다. 당신이 그를 대신해 티셔츠 포장 작업을 맡아 줄 수 있는지 궁금해서요.

남: 물론입니다. 남는 시간을 이용하면 될 것 같습니다. 의류 포장 작업을 하면 초과 근무 수당을 받을 수 있을까요?

여: 회사 방침에 따르면, 초과 근무에 대해서는 시간당 4달러를 더 받게 될 겁니다.

어휘 adjust 조정하다, 조율하다 plant 공장 be away on vacation 휴가를 떠나다 take a shift 교대 근무하다 pack 포장하다 in place of ~를 대신하여 overtime 초과 근무의 rate 요금, 금액 according to ~에 따르면 per ~당, ~마다 power plant 발전소 procedure 절차 storage 보관, 저장

---

7 **Where** most likely do the speakers **work**?

(A) At a post office
(B) At a delivery service
(C) At a clothing factory
(D) At a power plant

화자들은 어디에서 근무하겠는가?

(A) 우체국
(B) 배송 서비스
(C) 의류 공장
(D) 발전소

8 **What** does the man **ask about**?

(A) A safety procedure
(B) A pay rate
(C) A business trip
(D) A storage location

남자는 무엇에 대해 묻는가?

(A) 안전 절차
(B) 급여 요율
(C) 출장
(D) 저장 위치

해설 7. 대화의 장소를 묻고 있으므로 흩어진 단서를 종합하여 정답을 유추한다. the work schedules of plant workers / take a shift packing T-shirts / get the overtime rate for packing up clothes? 등을 통해 화자들이 의류 공장에서 근무한다는 것을 알 수 있다.

8. 남자가 작업을 수락하고 여자에게 질문하는 Will I get the overtime rate for packing up clothes?에서 보면, 초과 근무 수당을 받는지 묻고 있으므로 정답은 (B)가 된다.

paraphrasing 8. overtime rate → pay rate

Questions 9-10 refer to the following conversation. [AmW] - [AuM]

W: Hi, Wendell. I'm asking everyone to ⁹ let me know when they are available to work during the holiday season. ¹⁰ I've hired a couple of new sales associates to help us out during that time.

M: That's great. When do you need to know? My wife and I are planning to visit our families and I'll have to check with her first.

W: By the end of the week. Not everyone in the office might get the schedules they want but I'll do my best to accommodate everyone.

문제 9-10 다음 대화를 참조하시오.

여: 안녕하세요, Wendell. 저는 모든 사람에게 휴가철 동안 언제 근무할 수 있는지 알려 달라고 부탁하고 있어요. 저는 그 기간 동안 우리를 도와줄 신입 영업 사원 몇 명을 고용했거든요.

남: 그거 잘됐군요. 언제까지 알려드려야 하나요? 아내와 저는 가족들을 방문할 계획이어서 아내에게 먼저 물어봐야 합니다.

여: 이번 주말까지요. 사무실의 모든 사람이 원하는 스케줄대로 할 수는 없겠지만 모두의 편의를 봐주기 위해 최선을 다할 겁니다.

어휘 let someone know ~에게 알려주다 available 시간을 낼 수 있는 hire 고용하다 a couple of 둘, 셋의 sales associate 영업 사원 by the end of ~말까지 accommodate ~의 요구에 부응하다 preference 선호(하는 것) survey 설문 조사 complete 완성하다 questionnaire 설문지 set up 세우다, 설치하다

---

9 What is the woman asking employees to submit?
(A) Schedule preferences
(B) Contact information
(C) Survey results
(D) Completed questionnaires

여자는 직원들이 무엇을 제출하도록 요청하는가?
(A) 선호하는 일정
(B) 연락처 정보
(C) 설문 조사 결과
(D) 완성된 설문지

10 What has the woman recently done?
(A) Opened a new store location
(B) Hired additional staff
(C) Added a new product line
(D) Set up an online store

여자는 최근에 무엇을 했는가?
(A) 새 매장을 열었다
(B) 추가 인력을 고용했다
(C) 신제품군을 추가했다
(D) 온라인 매장을 설립했다

해설 9. 여자의 첫 대화 let me know when they are available to work during the holiday season에서 직원들이 휴가철 동안 일할 수 있는 시간이 언제인지 알려 달라고 하므로 정답은 (A)가 된다.

10. 여자의 첫 대화 I've hired a couple of new sales associates에서 신입 영업 사원들을 고용했다고 하므로 정답은 (B)가 된다.

paraphrasing 9. when they are available to work → Schedule preferences

Unit 06 고용/인사

Part 3

Practice   Answer   1. (B)   2. (A)   3. (B)   4. (B)   5. (D)
                           6. (B)   7. (C)   8. (A)   9. (A)   10. (D)

Question 1 refers to the following conversation. [CnM] - [AmW]

M: Hi, Debora. Did you hear that Thomas was promoted to marketing director? The marketing department is planning a dinner party next Friday to celebrate.

W: Yes, I am really happy for him. He's been working hard for the last seven years and he deserves it. Why don't we collect some money and get him a present?

문제 1 다음 대화를 참조하시오.

남: 안녕, Debora. Thomas가 마케팅 이사로 승진했다는 소식 들었어요? 마케팅부에서 다음 주 금요일에 축하 파티를 계획 중이래요.
여: 네, 그가 잘 되어 정말 기뻐요. 지난 7년 동안 열심히 일해왔으니 그럴 만한 자격이 있죠. 우리가 돈을 좀 모아서 선물을 하는 게 어때요?

어휘 be promoted 승진하다 director 이사 celebrate 축하하다 deserve ~을 받을 자격이 있다 collect 모으다, 모금하다 anniversary 기념일 colleague 직장 동료 promotion 승진

1 What is the **topic** of the conversation?

(A) A company's anniversary

(B) A colleague's promotion

대화의 주제는 무엇인가?
(A) 회사 창립 기념일
(B) 동료의 승진

해설 주제를 묻고 있으므로 여러 단서를 종합해 정답을 유추한다. Thomas was promoted to marketing director / planning a dinner party ~ to celebrate / He's been working hard / he deserves it 등을 통해 마케팅 이사로 승진한 동료에 대해 이야기하고 있으므로 정답은 (B)가 된다.

Question 2 refers to the following conversation. [BrW] - [CnM]

W: Thank you for coming in for an interview. I want to say that I'm very impressed with your previous work designing buildings. You've also worked with some large architecture firms. Can you tell me why you are applying for the position with us?

M: Your company has earned a reputation for providing a superior service and I'd like to share the values that make it possible.

문제 2 다음 대화를 참조하시오.

여: 인터뷰에 와주셔서 감사합니다. 당신이 이전에 작업한 건물 설계들에 매우 깊은 인상을 받았다는 점을 말씀 드리고 싶습니다. 대형 건축 회사들에서도 일하셨네요. 왜 저희 회사 일자리에 지원했는지 이유를 말씀해 주시겠어요?
남: 귀사는 최고의 서비스를 제공하는 것으로 명성을 얻어왔고, 저는 그러한 것을 가능하게 하는 가치관을 공유하고 싶습니다.

어휘 be impressed with ~에 인상을 받다 previous 이전의 apply for ~에 지원하다 earn reputation 명성을 얻다 superior 최상의 values 가치관 past 과거의 recommendation 추천

2 What about the man **impressed** the **woman**?

(A) His past employment

(B) His academic record

(C) His communication skills

(D) His recommendation letters

남자의 어떤 점이 여자에게 깊은 인상을 주었는가?
(A) 과거 근무 경력
(B) 학업 성적
(C) 의사소통 능력
(D) 추천서

해설 여자의 첫 번째 대화 중 I'm very impressed with your previous work designing buildings에서 이전에 작업했던 건축 설계에 깊은 인상을 받았다고 하므로 (A)가 정답이다.

Questions 3-4 refer to the following conversation. [BrW] - [CnM]

W: Hello, Mr. Clark. This is Janice Monroe from Human Resources at Bellswonton Incorporated. I'm just calling to confirm that [3] your first day on the job is next Monday. Is that correct?

M: Of course. I'm looking forward to it. By the way, [3] should I report to the human resources office when I'm at work?

W: Yes, I'd like you to drop by first thing in the morning. And be sure to [4] bring two photos of yourself since we'll be issuing you an employee identification badge.

문제 3-4 다음 대화를 참조하시오.

여: 안녕하세요, Clark 씨. 저는 Bellswonton 사 인사부의 Janice Monroe입니다. 당신의 첫 출근일이 다음 주 월요일이라는 것을 확인시켜 드리려고 전화했습니다. 그 날짜가 맞지요?

남: 물론입니다. 저는 그날을 고대하고 있습니다. 그런데 회사에 가게 되면 인사부에 가서 보고를 해야 하나요?

여: 네, 아침에 가장 먼저 저희에게 들러 주시기 바랍니다. 그리고 사원증을 발급해 드려야 하니 본인의 사진 2장을 꼭 가져오셔야 합니다.

어휘 human resources 인적 자원, 인사(부) incorporated 주식회사 confirm 확인해 주다 first day on the job 출근 첫날 report to ~에게 보고하다 drop by 들르다 first thing in the morning 아침에 맨 먼저 be sure to 반드시 ~하다 issue 발급하다 employee identification badge 사원증 submit 제출하다

---

3 **Where** should the man **go next Monday**?

(A) To a financial meeting
(B) To the human resources office

남자는 다음 주 월요일에 어디에 가야 하는가?
(A) 재무 회의
(B) 인사부

4 **What** does the woman **ask** the man to **do**?

(A) Submit a form
(B) Bring some photos

여자는 남자에게 무엇을 하도록 요청하는가?
(A) 양식을 제출할 것
(B) 사진을 가져올 것

해설 3. 여자의 대화 your first day on the job is next Monday에서 월요일이 남자의 첫 출근일임을 알 수 있다. 이어지는 남자의 대화 중 should I report to the human resources office when I'm at work?를 보면 인사부에 들러야 하는지 묻고 있는데 여자가 Yes라고 응답하고 있으므로 남자는 월요일에 인사부에 가야 된다는 것을 알 수 있다.

4. 여자의 마지막 대화 bring two photos of yourself에서 남자에게 사진을 가져오라고 하므로 정답은 (B)가 된다.

Questions 5-6 refer to the following conversation. [CnM] - [BrW]

M: Hello, Ms. Mason. [5] This is Steve Sanders from the personnel department at Austin Manufacturing. I'm calling about our job opening. One of my colleagues has recommended you as a general manager and I'd like to offer you the position. Are you interested?

W: It would be an honor. But I am currently employed, so I would have to give my company at least four weeks' notice. [6] When do you want me to start?

문제 5-6 다음 대화를 참조하시오.

남: 안녕하세요, Mason 씨. 저는 Austin 제작사 인사부의 Steve Sanders입니다. 저희 회사에 빈자리가 있어서 전화 드렸습니다. 회사 동료 중 하나가 총괄 매니저로 당신을 추천하여 그 직책을 제안하고자 합니다. 관심 있으신지요?

여: 영광입니다. 하지만 제가 지금 직장이 있는 상태라서요, 우리 회사에 적어도 4주 전에 통보를 해야 합니다. 언제 일을 시작하기를 원하시나요?

어휘 personnel department 인사부 colleague 직장 동료 general manager 총괄 매니저 offer 제안하다 honor 영광 currently 현재 employed 고용되어 있는 notice 통지, 통보 at least 적어도 requirement 자격 요건

---

5 **What department** does the man **work in**?

(A) Payroll
(B) Maintenance
(C) Marketing
(D) Personnel

남자는 어떤 부서에서 근무하는가?
(A) 급여부
(B) 시설관리부
(C) 마케팅부
(D) 인사부

6 What does the woman **ask about**?

(A) The time of an interview

(B) The date a job begins

(C) The requirements for a position

(D) The name of a customer

여자는 무엇에 대해 묻는가?
(A) 면접 시간
(B) 근무 시작일
(C) 직책의 자격 요건
(D) 고객 이름

해설 5. 남자가 자신을 소개하는 This is Steve Sanders from the personnel department에서 인사부에 근무하는 것을 밝히고 있으므로 정답은 (D)가 된다.

6. 여자는 마지막 대화의 When do you want me to start?에서 언제부터 근무하기를 원하는지 묻고 있으므로 정답은 (B)가 된다.

Questions 7-8 refer to the following conversation. [BrW] - [AuM]

W: Hello. This is Diana Rich. ⁷ **I applied for the engineering position last week and sent you my résumé. I read that candidates will be contacted for a job interview by July 10th which was yesterday. ⁷ I'm just calling to see if I'm being considered for the interview.**

M: I'm sorry about the delay, but we are still reviewing applicants' résumés. We haven't made a decision yet. ⁸ **We will notify applicants by e-mail in three days.**

W: I see. Well, I'm still very much interested in the job. Can you confirm that you have my correct e-mail address?

문제 7-8 다음 대화를 참조하시오.

여: 안녕하세요, 저는 Diana Rich입니다. 저는 지난주에 엔지니어 직책에 지원했고 이력서를 보내드렸습니다. 지원자는 7월 10일까지 취업 면접 일정을 연락받게 된다고 들었는데요, 그게 어제였습니다. 제가 면접 대상자로 고려되고 있는지 확인하기 위해 전화 드렸습니다.

남: 늦어져서 죄송합니다만, 저희는 아직 지원자들의 이력서를 검토 중이고 아직 결정을 내리지 않았습니다. 지원자들에게는 3일 안에 이메일로 통보할 것입니다.

여: 알겠습니다. 저는 아직 그 일자리에 관심이 많습니다. 제 이메일 주소가 정확한지 확인해 주시겠어요?

어휘 apply for ~에 지원하다 position 일자리, 직책 résumé 이력서 candidate 지원자, 후보 contact 연락하다 be considered for ~의 대상으로 고려되다 applicant 지원자 make a decision 결정하다 notify 통지하다 inquire about ~에 대해 문의하다 payment 지급 금액, 보수 confirm 확인하다, 확정하다 reservation 예약 application 신청, 지원 located 위치한, 자리한

---

7 Why is the woman **calling** the company?

(A) To inquire about a payment

(B) To confirm a reservation

(C) To ask about a job application

(D) To find out where an office is located

여자는 왜 회사에 전화하는가?
(A) 급여에 대해 문의하기 위해
(B) 예약을 확인하기 위해
(C) 일자리 지원에 대해 문의하기 위해
(D) 사무실이 어디에 있는지 알아보기 위해

8 According to the man, **when** will **applicants** be **contacted**?

(A) In three days

(B) Next week

(C) By the end of this week

(D) In a month

남자의 말에 의하면, 지원자들은 언제 연락받을 것인가?
(A) 3일 후
(B) 다음 주
(C) 이번 주말
(D) 한 달 후

해설 7. 여자가 전화한 목적을 묻고 있으므로 여러 단서를 종합해 정답을 유추한다. I applied for the engineering position / I'm just calling to see if I'm being considered for the interview.에서 일자리에 지원한 후 전형 결과가 어떻게 되었는지 알아보기 위해 전화했음을 알 수 있으므로 정답은 (C)가 된다.

8. 남자의 대화 중 We will notify applicants by e-mail in three days.에서 3일 안에 이메일로 통지할 것이라고 하므로 정답은 (A)가 된다.

Questions 9-10 refer to the following conversation. [AuM] - [AmW]

M: Hi, this is Gabriel Lipton calling from Urban Greenery. I'm returning ⁹ your call about the part-time designer position you applied for.

W: Thanks for calling me back. ¹⁰ I was wondering ⁹ what the salary for new workers is. ⁹ ¹⁰ It wasn't made clear to me from the description of the job opening on your website.

M: Typically, ⁹ we offer new employees a salary of 30 dollars per hour. But it is negotiable depending on the applicant's experience and qualifications.

어휘 return one's call ~에게 답신 전화를 하다　call back 다시 전화하다　make clear 분명히 하다　description 직무 소개　job opening 일자리　negotiable 협상 가능한　depending on ~에 따라　qualification 자질, 자격　ongoing 진행 중인　reorganization 조직 개편　contract 계약　termination 종료, 만료

문제 9-10 다음 대화를 참조하시오.

남: 안녕하세요, 저는 Urban Greenery의 Gabriel Lipton입니다. 지원하신 시간제 디자이너 직책에 대해 전화하셔서 답변 전화 드립니다.

여: 전화 주셔서 감사합니다. 저는 신입 직원의 급여가 얼마인지 궁금합니다. 귀사 웹사이트의 채용 공고에서는 그 부분이 명확하지 않아서요.

남: 보통 신입 직원에게는 시간당 30달러의 급여를 지급합니다. 하지만 지원자의 경력과 자질에 따라 협상 가능합니다.

---

9 What are the speakers mainly **discussing**?

(A) A job opening
(B) An ongoing project
(C) A company reorganization
(D) A contract termination

화자들은 무엇에 대해 주로 이야기하고 있는가?
(A) 일자리
(B) 진행 중인 프로젝트
(C) 회사 조직 개편
(D) 계약 종료

10 What does the woman **request** more **information** about?

(A) A company's location
(B) A hiring process
(C) An online store
(D) A starting salary

여자는 무엇에 대한 추가 정보를 요청하는가?
(A) 회사 위치
(B) 채용 절차
(C) 온라인 매장
(D) 초임

해설 9. 대화의 주제를 묻고 있으므로 여러 단서를 종합하여 정답을 유추한다. your call about the part-time designer position / what the salary for new workers is. / It wasn't made clear to me from the description of the job opening / we offer new employees a salary of 30 dollars per hour 등을 보면, 시간제 디자이너 직책의 급여에 대한 문의와 답변을 하고 있으므로 대화의 주된 내용은 (A) 일자리에 관한 것임을 알 수 있다.

10. 여자가 한 말 I was wondering what the salary for new workers is.에서 신입 직원이 받는 급여를 궁금해하고 있음을 알 수 있다. 또한, It wasn't made clear to me from the description of the job opening에서 급여를 분명하게 밝히지 않았다고 추가 설명까지 하고 있어서 (D) 초임을 궁금해하는 것을 알 수 있다.

Actual Test

Answer	1. (C)	2. (B)	3. (A)	4. (D)	5. (A)	6. (B)
	7. (C)	8. (A)	9. (D)	10. (B)	11. (B)	12. (B)

Questions 1-3 refer to the following conversation. [AmW] - [CnM]

W: Hello, this is Eva in product development. I'm calling to [1] see how the product testing for our new hair conditioner is coming along.

M: Actually, it's already finished. [2] I e-mailed the results to Katrina in your department last Friday.

W: Did you? She left for a business trip that day and must have forgotten to report them to me. Can you send me the file?

M: No problem. I still have the report on my computer, so I can send it to you again right away. Mostly, the focus group liked how conditioner made their hair softer, but they thought [3] the smell was too strong and unpleasant.

문제 1-3 다음 대화를 참조하시오.

여: 여보세요, 저는 제품 개발부의 Eva입니다. 우리의 새 헤어컨디셔너 제품 테스트가 어떻게 진행되고 있는지 알아보려고 전화했습니다.

남: 사실, 이미 끝납니다. 지난 금요일에 제가 당신 부서의 Katrina에게 이메일로 결과를 보냈습니다.

여: 그러셨어요? 그녀가 그날 출장을 떠나서 제게 보고하는 것을 잊은 게 분명해요. 그 파일을 제게 보내 주실 수 있겠어요?

남: 물론입니다. 아직 제 컴퓨터에 보고서가 있으니, 지금 바로 다시 보낼 수 있습니다. 대체적으로, 포커스 그룹은 컨디셔너가 머리카락을 더 부드럽게 만드는 것은 좋아했지만 냄새가 너무 강하고 불쾌하다고 생각했습니다.

어휘 finished 완료된, 마무리된 report 보고하다 focus group 포커스 그룹 (시장 조사를 위해 각 계층을 대표하는 소수의 사람들로 이뤄진 그룹) unpleasant 불쾌한 confirm 확인하다, 확정하다 complain 불평하다 inquire 문의하다 arrange 마련하다, 준비하다 misplace 엉뚱한 곳에 두다 overpriced 너무 비싼 out of stock 재고가 없는

1 Why is the woman calling?

(A) To confirm an e-mail address
(B) To complain about a hair product
(C) To inquire about a product test
(D) To ask about a store's location

여자는 왜 전화하는가?
(A) 이메일 주소를 확인하기 위해
(B) 헤어 제품에 대해 불평하기 위해
(C) 제품 테스트에 대해 문의하기 위해
(D) 매장 위치에 대해 물어보기 위해

2 What does the man say he did last Friday?

(A) Arranged a business trip
(B) Sent some results
(C) Repaired a computer
(D) Misplaced some documents

남자는 지난주 금요일에 무엇을 했다고 말하는가?
(A) 출장 준비를 했다
(B) 결과를 보냈다
(C) 컴퓨터를 수리했다
(D) 서류를 엉뚱한 곳에 두었다

3 According to the man, what is the problem with the hair conditioner?

(A) It doesn't smell good.
(B) It isn't available online.
(C) It is overpriced.
(D) It is out of stock.

남자의 말에 의하면, 헤어컨디셔너의 문제점은 무엇인가?
(A) 냄새가 좋지 않다.
(B) 온라인으로 구입할 수 없다.
(C) 가격이 너무 비싸다.
(D) 재고 물량이 없다.

해설 1. 여자가 전화하는 목적은 첫 대화 중 see how the product testing for our new hair conditioner is coming along에서 알 수 있다. 제품 테스트의 진행 상황을 묻고 있으므로 정답은 (C)가 된다.

2. 금요일에 한 일을 묻고 있으므로 Friday가 언급되는 부분에 집중한다. I e-mailed the results to Katrina in your department last Friday.에서 제품 테스트 결과를 Katrina에게 보냈다고 하므로 정답은 (B)가 된다.

3. 제품 테스트 결과를 간략히 알려주는 남자의 마지막 대화 중 the smell was too strong and unpleasant를 보면 냄새가 너무 강하고 불쾌했다고 하므로 정답은 (A)가 된다.

paraphrasing 3. the smell was too strong and unpleasant → It doesn't smell good.

Questions 4-6 refer to the following conversation. [BrW] - [CnM]

W: Good morning, Jack. ⁴ I'm here to ask whether I can change my work schedule and work from home next month.

M: It's possible. But I can only arrange that for you if there is a valid reason.

W: Well, my husband will be away on business in Texas ⁵ next month so I'll have to take care of my children all by myself. And I wasn't able to find anyone who can baby-sit them.

M: That is acceptable. But, I'd like to remind you that your request for telecommuting must be reviewed by our department head first. ⁶ I will let you know when the approval is confirmed.

문제 4-6 다음 대화를 참조하시오.

여: 안녕하세요, Jack. 제가 근무 스케줄을 변경해 다음 달에 집에서 근무할 수 있는지 물어보려고 왔어요.

남: 가능합니다. 하지만 타당한 이유가 있어야만 그렇게 주선해 드릴 수 있어요.

여: 음, 남편이 다음 달에 텍사스로 출장을 가서 저 혼자 아이들을 돌봐야 합니다. 그리고 아이들을 대신 돌봐줄 사람도 구하지 못했어요.

남: 그렇다면 납득할만하군요. 하지만 재택근무 신청은 우리 부서장에 의해 먼저 검토되어야만 한다는 점을 상기시켜 주고 싶네요. 승인이 확정되면 알려줄게요.

어휘 work from home 집에서 일하다 arrange 주선하다, 준비하다 valid 유효한, 타당한 be away on business 사업차 멀리 가 있다 take care of 돌보다 baby-sit 아이를 돌보다 acceptable 받아들일 수 있는 remind 상기시키다 telecommuting 재택근무 department head 부서장 approval 승인, 찬성 confirm 확인하다, 확정하다 share a ride 차를 나누어 타다, 카풀하다 adjust 조정하다 transfer 전근하다 office supply 사무용품 notify 통지하다 go over 검토하다 supervisor 감독, 부서장

4 What does the woman want to do?
 (A) Attend a workshop
 (B) Move to a different city
 (C) Share a ride to work
 (D) Adjust her work schedule

여자는 무엇을 하기를 원하는가?
 (A) 워크숍에 참석하기
 (B) 다른 도시로 이사하기
 (C) 차를 함께 타고 출근하기
 (D) 근무 스케줄을 조정하기

5 What does the woman say she has to do next month?
 (A) Take care of her children
 (B) Transfer to a different department
 (C) Leave work earlier
 (D) Order office supplies

여자는 다음 달에 무엇을 해야 한다고 말하는가?
 (A) 아이들을 돌보기
 (B) 다른 부서로 전근하기
 (C) 더 일찍 퇴근하기
 (D) 사무용품을 주문하기

6 What does the man say he will do?
 (A) Change her work shift
 (B) Notify her of the result
 (C) Go over the request
 (D) Report a problem to his supervisor

남자는 무엇을 하겠다고 하는가?
 (A) 여자의 근무 시간을 변경하기
 (B) 여자에게 결과를 통보하기
 (C) 요청 사항을 검토하기
 (D) 부서장에게 문제점을 보고하기

해설 4. 여자의 첫 대화 I'm here to ask whether I can change my work schedule and work from home에 원하는 것이 드러나 있다. 근무 일정을 바꿀 수 있는지 물어보고 있으므로 정답은 (D)가 된다.

5. next month(다음 달)에 여자가 할 일을 묻고 있으므로 이것이 언급되는 부분에 집중한다. 여자의 두 번째 대화에 언급되는 next month so I'll have to take care of my children에서 아이들을 돌봐야 한다고 하므로 정답은 (A)가 된다.

6. 남자의 마지막 대화, I will let you know when the approval is confirmed.에서 승인이 확정되면 알려주겠다고 하므로 정답은 (B)가 된다.

paraphrasing 4. change my work schedule → Adjust her work schedule
 6. let you know when the approval is confirmed → Notify her of the result

NEW
Questions 7-9 refer to the following conversation with three speakers. [AmW] - [AuM] - [CnM]

W: Good morning, Steven. Let me introduce your new colleague, David Wilson. David, this is Steven Miller, one of our media sales managers.

M1: ⁷ Welcome to the Brooklyn branch of New York Post. You're from the Queens regional office, right?

M2: Yes, I am. It's nice to meet you.

W: David's office is still under renovation. ⁸ So you two will share Steven's office until the renovation works are done at the end of the month. Steven's been working at the newspaper for a long time. How many years has it been?

M1: ⁹ It'll be ten years next month.

W: That's great. So, David, if you have any questions, Steven's a good person to ask.

M2: OK. Thanks. I'm confident that he will be of great help.

문제 7-9 다음 세 명의 대화를 참조하시오.

여: 안녕하세요, Steven씨. 당신의 새로운 동료 David Wilson씨를 소개해 드릴게요. David, 이 분은 우리 미디어 영업 매니저 중 한 분인 Steven Miller씨예요.

남1: 뉴욕신문사의 브룩클린 지사에 오신 걸 환영합니다. 퀸즈 지사에서 오신 거 맞죠?

남2: 네. 만나서 반갑습니다.

여: David씨의 사무실이 아직 보수 중이에요. 그래서 이번 달 말 수리공사가 끝날 때까지 두 분이 Steven씨의 사무실을 함께 사용하게 될 거예요. Steven씨가 여기 신문사에서 오랫동안 일해 왔어요. 몇 년 되셨죠?

남1: 다음달이면 10년이 되네요.

여: 훌륭하네요. David 그러니 질문이 있으면 Steven씨가 묻기 좋은 사람이에요.

남2: 네. 고맙습니다. 분명히 도움이 많이 될 거라 생각되네요.

어휘 colleague 동료 branch 지점, 지사 be under renovation 보수 중이다, 수리 중이다 confident 자신감 있는, 확신하는 take place 일어나다, 발생하다 interior 내부, 내부의 decade 10년

---

7 Where is the conversation most likely taking place?
(A) At an interior design company
(B) At a construction firm
(C) At a newspaper company
(D) At a graphic design firm

대화가 어디에서 일어날 것 같은가?
(A) 인테리어 회사
(B) 건설회사
(C) 신문사
(D) 그래픽 디자인 회사

8 What does the woman say the men will do this month?
(A) Share an office
(B) Move to a branch office
(C) Launch a new marketing campaign
(D) Go on a business trip

여자는 그가 이번 달에 무엇을 할 것이라고 말하는가?
(A) 사무실을 함께 사용한다
(B) 지사로 이전한다
(C) 새 마케팅을 시작 한다
(D) 출장을 간다

9 How long has Steven been working for the firm?
(A) Half a year
(B) Two years
(C) Twelve months
(D) A decade

Steven씨는 회사에서 얼마나 오래 일해 왔는가?
(A) 반년
(B) 2년
(C) 12개월
(D) 10년

해설 7. 첫 번째 남자가 첫 대사에서 뉴욕신문사의 브룩클린 지사에 오신 걸 환영한다고(Welcome to the Brooklyn branch of New York Post) 말하고 있으므로 정답은 (C)이다.

8. 여자가 David씨의 사무실이 아직 수리 중이라 이번 달 말 수리공사가 끝날 때까지 두 분이 Steven씨의 사무실을 함께 사용하게 될 거라고(So you two will share Steven's office until the renovation works are done at the end of the month) 말하고 있으므로 정답은 (A)이다.

9. 회사에서 얼마간 일했냐는 질문에 다음달이면 10년이 된다고 하고 있으므로(It'll be ten years next month) 정답은 (D)이다.

NEW
Questions 10-12 refer to the following conversation and a floor plan. [CnM] - [AmW]

M: Good morning. ¹⁰ **I'm here to install this copy machine**.

W: Oh, yes. That's ordered by Mr. Kevin Collins, right?

M: Yes, that's right. Where can I leave it?

W: Please put it at the coner of his office. ¹¹ **It's the first door by the entrance – next to the employee lounge**.

M: All right. Thanks. By the way, before I install this copier, ¹² **can I use this phone to call Mr. Collins?** He asked me to contact him before setting up the copier. I left my mobile phone in the truck downstairs.

W: Of course. That shouldn't be a problem.

문제 10-12 다음 대화와 평면도를 참조하시오.

남: 안녕하세요. 저는 이 복사기를 설치하러 왔는데요.
여: 아, 네. 케빈 콜린스씨가 주문한 거 맞죠?
남: 네, 맞아요. 이것을 어디에 둘까요?
여: 그의 사무실 구석에 두세요. 입구 옆 첫 번째 문이에요. 직원 휴게실 옆입니다.
남: 네. 고맙습니다. 그런데 제가 이 복사기를 설치하기 전에, Collins씨에게 전화하기 위해 이 전화를 좀 써도 될까요? 복사기를 설치하기 전에 그가 연락해 달라고 했거든요. 제 휴대폰은 아래층의 트럭에 두고 왔어요.
여: 물론이죠. 그건 문제되지 않습니다.

어휘 I'm here to~ 저는 여기 ~하러 왔습니다 install 설치하다 entrance 입구 employee lounge 직원 휴게실 downstairs 아래층에 break room 휴게실

10 Why has the man come to the building?
(A) To paint the break room
(B) **To get a copier installed**
(C) To install speakers
(D) To repair a phone

남자는 왜 이 건물에 왔는가?
(A) 휴게실을 페인트칠 하러
(B) 복사기를 설치하러
(C) 스피커를 설치하러
(D) 전화를 수리하러

NEW
11 Look at the graphic. Which room will the man most likely go to?
(A) Office 1
(B) **Office 2**
(C) Employee Lounge
(D) Conference Room

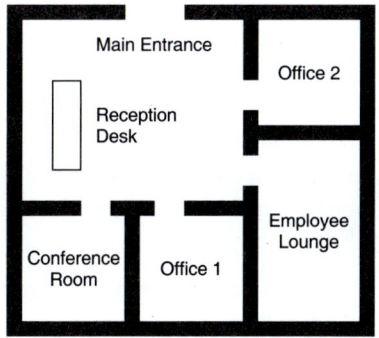

시각정보를 보시오. 남자는 어느 사무실에 갈 것 같은가?
(A) 1번 사무실
(B) 2번 사무실
(C) 직원 휴게실
(D) 회의실

12 What does the man ask to do?
(A) Make some copies
(B) **Use an office phone**
(C) Wait in the reception area
(D) Go to a truck downstairs

남자는 무엇을 하겠다고 요청하는가?
(A) 복사하기
(B) 사무실 전화 사용하기
(C) 로비에서 기다리기
(D) 아래층 트럭에 가기

해설 10. 첫 문장 I'm here to install this copy machine에서 복사기를 수리하러 이 건물에 왔음을 알 수 있으므로 정답은 (B)이다.
11. 복사기를 두어야 하는 위치를 설명하는 부분을 잘 들어야 한다. It's the first door by the entrance – next to the employee lounge에서 입구 옆 첫 번째 사무실, 직원 휴게실 옆이라는 것을 알 수 있으므로 정답은 (B)이다.
12. 요청사항을 묻는 문제의 중요한 단서인 Can I~? 부분에 정답의 단서가 있다. Can I use this phone to call Mr. Collins 부분에서 사무실 전화 사용하기를 요청하고 있다는 것을 알 수 있으므로 정답은 (B)이다.

Unit 07 사내시설/설비이용

Part 3

Practice — **Answer** 1. (B) 2. (B) 3. (A) 4. (B) 5. (B) 6. (B) 7. (A) 8. (D) 9. (B) 10. (A)

Question 1 refers to the following conversation. [AmW] - [CnM]

W: Henry, I've been having a problem with my e-mail account. I can send messages just fine, but I can't receive any.

M: Really? My account works fine. You should call the technical support and ask someone to look into the problem.

문제 1 다음 대화를 참조하시오.

여: Henry, 제 이메일 계정에 계속 문제가 있었는데요. 메시지를 보내는 것은 그냥 잘 되는데, 받는 것은 전혀 안 돼요.

남: 정말요? 제 계정은 잘되는데요. 기술 지원부에 전화해서 와서 봐달라고 요청해 보세요.

어휘 e-mail account 이메일 계정 fine 잘, 제대로 work 작동하다 technical support 기술 지원 take a look at 살펴보다 unable ~할 수 없는

---

1 What problem does the woman have?

(A) Her password is not working.
(B) She is unable to receive messages.

여자에게는 어떤 문제가 있는가?
(A) 패스워드가 통하지 않는다.
(B) 메시지를 수신할 수 없다.

해설 여자는 이메일 계정에 문제가 있다고 한 뒤, I can send messages just fine, but I can't receive any라고 하며 메시지를 수신할 수 없다고 문제점을 구체적으로 알린다. 따라서 정답은 (B)가 된다.

Question 2 refers to the following conversation. [CnM] - [BrW]

M: I can't believe that we were able to convert a garage into an art gallery in just eight months. Despite all those delays getting the electrical materials, we were still able to meet the deadline.

W: We were lucky to have Bruce in charge. He was very responsible and he knew exactly how to reorganize the schedule.

문제 2 다음 대화를 참조하시오.

남: 우리가 단 8개월 만에 창고를 미술관으로 바꾸었다니 믿을 수 없군요. 전기 재료를 늦게 구해서 그렇게 지연되었음에도 불구하고 우리는 마감일을 지킬 수 있었어요.

여: Bruce가 책임자였다는 게 우리로서는 정말 다행이었죠. 그는 책임감도 강하고 어떻게 스케줄을 조정하는지도 알고 있었지요.

어휘 convert A into B A를 B로 개조하다 electrical 전기의 material 재료 meet the deadline 마감일을 맞추다 in charge 책임을 맡은 responsible 책임감이 있는 reorganize 재조직하다, 개편하다 maintenance 유지, 보수, 시설 관리 procedure 절차 renovation 보수, 개조 budget 예산

---

2 What are the speakers mainly discussing?

(A) A maintenance procedure
(B) A building renovation
(C) A marketing plan
(D) A budget process

화자들은 무엇에 대해 논의하고 있는가?
(A) 시설 관리 절차
(B) 건물 개조
(C) 마케팅 계획
(D) 예산 처리 절차

해설 남자의 대화 중 convert a garage into an art gallery와 meet the deadline에서 건물 개조 공사에 대해 이야기하고 있음을 알 수 있으므로 정답은 (B)가 된다.

paraphrasing convert a garage into an art gallery → A building renovation

Questions 3-4 refer to the following conversation. [BrW] - [CnM]

W: Marcus, isn't it cold in here? [3] I'd like to turn off the air conditioning system for a while. Can you tell me how to do that?

M: Sorry, but that's not possible. [4] The building climate is controlled by a central cooling system, so we have to call the facilities department and [3] ask them to change the room temperature.

어휘 turn off (전원을) 끄다 for a while 잠시 동안 climate 기후 control 제어하다 central cooling system 중앙 냉방 시스템 facility 시설, 설비 room temperature 실내 온도 adjust 조절하다 broken 고장난 electricity 전기, 전력 inaccessible 접근할 수 없는

3 What does the **woman want** to do?
(A) Adjust the temperature
(B) Repair broken equipment

4 What problem does the **man mention**?
(A) The electricity has been turned off.
(B) The controls are inaccessible.

해설 3. 여자의 첫 대화 I'd like to turn off the air conditioning system과 남자의 대화 ask them to change the room temperature에서 여자가 온도를 조절하고 싶어 한다는 것을 알 수 있으므로 정답은 (A)가 된다.
4. 여자가 냉방 온도를 조절하는 방법을 묻자, 남자는 The building climate is controlled by a central cooling system, so we have to call the facilities department라고 하며 시설팀에 요청해야 가능하다고 하므로 정답은 (B)가 된다.

paraphrasing 3. turn off the air conditioning system → Adjust the temperature

---

Questions 5-6 refer to the following conversation. [CnM] - [BrW]

M: Ms. Satchel, I just noticed that the recycling bins are full of garbage and the hallway is getting messy. [5] Would you like me to empty them?

W: That would be nice. [6] It's primarily Lindsay's job but she is away on vacation for the rest of the week. I'd be glad if you could do that for her.

M: No problem. [5] I'm concerned about having the office area look clean and professional.

어휘 notice 알아차리다, 눈치채다 recycling 재활용 bin 쓰레기통 garbage 쓰레기 hallway 복도 messy 지저분한, 엉망인 empty 비우다 primarily 원래, 주로 rest 나머지 be concerned about ~에 관심이 있다 repaint 다시 페인트칠하다 work hour 근무 시간 advise 조언하다 sales associate 영업 사원

5 What is the **conversation about**?
(A) Repainting a wall
(B) Making an office clean
(C) Checking work hours
(D) Advising some customers

6 What does the **woman say** about **Lindsay**?

(A) She is having a meeting.

(B) She is on vacation.

(C) She has hired a sales associate.

(D) She has started a business.

여자는 Lindsay에 대해 무엇이라고 말하는가?
(A) 회의를 하고 있다.
(B) 휴가 중이다.
(C) 영업 사원을 고용했다.
(D) 사업을 시작했다.

해설 5. 대화의 주제를 묻고 있으므로 여러 단서를 종합하여 정답을 유추한다. 남자가 Would you like me to empty them?이라고 제안하자 여자는 그러는 것이 좋겠다고 응답하고, 남자는 마지막 대화에서 I'm concerned about having the office area look clean이라고 하므로 재활용 수거함을 비워서 사무실을 깨끗하게 하는 것이 주된 내용임을 알 수 있다. 따라서 정답은 (B)가 된다.

6. Lindsay라는 인물에 대해 묻고 있으므로 이름이 언급되는 부분에 집중한다. It's primarily Lindsay's job but she is away on vacation에서 Lindsay는 현재 휴가 중임을 알 수 있으므로 정답은 (B)가 된다.

Questions 7-8 refer to the following conversation. [BrW] - [AuM]

W: Sean, I just checked our company's updated website. **7 I was impressed how the improved search feature found much more accurate results.** I think the Web design firm we hired did a wonderful job.

M: I've already seen it. It also makes searching faster and easier. But, I noticed the Web page has a problem. **8 Whenever I try to view the list of our products, all I see is an error message.**

문제 7-8 다음 대화를 참조하시오.
여: Sean, 방금 업데이트된 우리 회사 웹사이트를 확인했어요. 개선된 검색 기능이 어떻게 훨씬 더 정확한 결과를 찾아 주는 지를 보고 깊은 인상을 받았습니다. 우리가 고용한 웹 디자인 회사가 일을 아주 잘 해주었네요.
남: 저도 이미 봤어요. 검색도 더 빠르고 쉽게 해주네요. 하지만 웹페이지에 문제가 있는 것을 발견했습니다. 우리 회사의 제품 목록을 보려고 할 때마다 에러 메시지만 보이네요.

어휘 updated 업데이트된, 최신의 impressed 깊은 인상을 받은 improved 개선된, 향상된 feature 특징, 기능 accurate 정확한 notice 알아차리다, 눈치채다 view 보다, 관찰하다 upgraded 업그레이드된, 개선된 function 기능 detailed 자세한, 상세한 outdated 오래된, 구식이 된 work 작동하다

---

7 What does the **woman like** about the **new website**?

(A) The upgraded search function

(B) The customer request page

(C) The larger photographs

(D) The detailed product information

여자는 새 웹사이트의 어떤 점을 마음에 들어 하는가?
(A) 업그레이드된 검색 기능
(B) 고객 요청 페이지
(C) 더 큰 사진들
(D) 상세한 제품 정보

8 What **problem** does the **man mention**?

(A) A product list is outdated.

(B) An Internet connection is slow.

(C) A server is not updated.

(D) A Web page is not working.

남자는 어떤 문제를 언급하는가?
(A) 제품 목록이 오래된 것이다.
(B) 인터넷 연결이 느리다.
(C) 서버가 업데이트되지 않았다.
(D) 웹페이지가 작동하지 않는다.

해설 7. 여자가 웹사이트에 대해 언급하는 첫 대화 중 I was impressed how the improved search feature found much more accurate results.를 보면 더 정확한 결과를 보여주는 검색 기능을 마음에 들어 하는 것을 알 수 있으므로 (A)가 정답이 된다.

8. 남자의 대화 중 Whenever I try to view the list of our products, all I see is an error message.에서 제품 목록 페이지를 보려고 할 때마다 에러 메시지가 뜬다고 하므로 정답은 (D)가 된다.

paraphrasing 7. the improved search feature → The upgraded search function

Questions 9-10 refer to the following conversation. [BrW] - [CnM]

W: Allen, the manager from the accounting department left you a message this morning. He said that he still had [9] a problem with the heating unit in his office.

M: Really? I thought [9] I had taken care of the problem. It was working fine when I checked it yesterday.

W: It doesn't seem so anymore. He said it still doesn't heat up and it just makes a loud banging noise.

M: Oh, that may be caused by something else. [10] I'll go look at it right now and fix the problem.

어휘 accounting department 회계부 leave a message 메시지를 남기다 heating unit 난방기 take care of 돌보다, 처리하다 heat up 가열되다 bang 퉁탕거리다 print out 출력하다 manual 사용 설명서

문제 9-10 다음 대화를 참조하시오.

여: Allen, 회계부장님이 오늘 아침에 당신에게 메시지를 남기셨어요. 그분의 사무실 난방 장치에 아직도 문제가 있다고 하십니다.

남: 정말요? 그 문제는 해결된 줄 알았는데요. 제가 어제 확인할 때는 정상적으로 작동했어요.

여: 더 이상 그렇지 않은 것 같아요. 부장님 말로는 여전히 난방이 되지 않고 시끄럽게 퉁탕거리는 소리가 난다고 합니다.

남: 아, 그럼 다른 원인 때문일 수도 있어요. 제가 지금 바로 가서 확인하고 문제를 해결하겠습니다.

---

9 What kind of work do the speakers most likely do?

(A) Accounting

(B) Maintenance

(C) Personnel management

(D) website design

화자들은 어떤 종류의 일을 하겠는가?

(A) 회계

(B) 시설 관리

(C) 인사 관리

(D) 웹사이트 디자인

10 What will the man do next?

(A) Visit the office

(B) Report to a manager

(C) Print out a user manual

(D) Call the customer service department

남자는 다음에 무엇을 하겠는가?

(A) 사무실에 찾아간다

(B) 부장에게 보고한다

(C) 사용 설명서를 출력한다

(D) 고객 서비스부에 전화한다

해설 9. 화자들이 종사하는 업무 분야를 묻고 있으므로 여러 단서를 종합해 정답을 유추한다. a problem with the heating unit / I had taken care of the problem. It was working fine when I checked it에서 난방기에 발생한 문제를 해결하는 일을 하고 있으므로 정답은 (B)가 된다. 대화에 언급된 accounting department만 듣고 (A)를 답으로 고르지 않도록 주의한다.

10. 남자의 마지막 대사 I'll go look at it right now에서 바로 회계부에 가서 확인해 보겠다고 하므로 정답은 (A)가 된다.

Unit 08 대외업무

Practice   Answer   1. (B)   2. (A)   3. (B)   4. (B)   5. (D)
                                      6. (C)   7. (B)   8. (C)   9. (A)   10. (B)

Question 1 refers to the following conversation. [AmW] - [CnM]

W: Hello, I'm inquiring about your moving services. My company is transferring me to Kansas City at the end of this month. I'd like to know how much that would cost.

M: No problem. If you give me your address, I'll send someone over. Once he looks over your furniture and goods, he'll provide you with an estimate.

문제 1 다음 대화를 참조하시오.

여: 안녕하세요, 귀사의 이사 서비스에 대해 문의하려고 합니다. 우리 회사에서는 이달 말에 저를 Kansas 시로 전근시키는데요, 그러면 비용이 얼마나 드는지 알고 싶습니다.

남: 문제 없습니다. 주소를 알려주시면 제가 사람을 보내겠습니다. 그가 당신의 가구와 물건들을 살펴보는 대로 견적을 내어 드릴 겁니다.

어휘 inquire 문의하다 transfer 전근시키다 at the end of ~의 말에 cost 비용이 ~ 들다 look over 훑어보다, 살펴보다 goods 물건, 소유물 estimate 견적(서) location 장소

1 What is the woman calling about?

(A) Purchasing some furniture

(B) Moving to a different location

여자는 무엇 때문에 전화하는가?

(A) 가구 구입하기

(B) 다른 지역으로 이사하기

해설 여자는 첫 대화에서 I'm inquiring about your moving services라고 목적을 밝힌 뒤, I'd like to know how much that would cost에서 이사에 필요한 비용을 알고 싶다고 하므로 정답은 (B)가 된다.

Question 2 refers to the following conversation. [BrW] - [CnM]

W: Hi, my name is Sandra Peters. I've heard good things about your gardening work from a friend. I'd like to get an estimate for routine garden maintenance.

M: I am glad to hear that. How often would you like to receive our service?

문제 2 다음 대화를 참조하시오.

여: 안녕하세요, 제 이름은 Sandra Peters입니다. 친구한테 당신이 정원 손질 작업을 잘하신다고 들었습니다. 정기적인 정원 유지 관리에 대한 견적을 받아 보고 싶습니다.

남: 그렇게 말씀해 주시니 기쁩니다. 얼마나 자주 저희 서비스를 받으시겠습니까?

어휘 gardening 원예, 정원 가꾸기 routine 정기적인 maintenance 유지, 보수, 관리

2 What type of service does the man provide?

(A) Gardening

(B) Painting

(C) Housecleaning

(D) Roofing

남자는 어떤 종류의 서비스를 제공하는가?

(A) 정원 손질

(B) 페인트칠

(C) 집안 청소

(D) 지붕 공사

해설 여자의 대화 중 I've heard good things about your gardening work를 보면 정원 손질 서비스에 대해 남자에게 묻고 있으므로 정답은 (A)가 된다.

Questions 3-4 refer to the following conversation. [CnM] - [BrW]

M: Hello. This is Michael Shepherd calling. I'm starting a new business, and ³ I need an accountant to help organize its finances.

W: Thank you for calling. If you are setting up a new company, ³ I would recommend Ms. Phillips. She's been with us for several years and ⁴ has a lot of experience in business start-up. Would you like me to transfer your call to her?

어휘 accountant 회계사 organize 정리하다, 체계화하다 finances 재정, 자금 set up 세우다, 설립하다 recommend 추천하다 start-up 조업 개시, 신규 업체 transfer one's call to 전화를 ~에게 돌리다 experienced 경험이 많은

문제 3-4 다음 대화를 참조하시오.
남: 안녕하세요. 저는 Michael Shepherd라고 합니다. 제가 새 사업을 시작하게 되어 재정을 정리해 줄 회계사가 필요합니다.
여: 전화 주셔서 감사합니다. 새 회사를 세우신다면, 저는 Phillips 씨를 추천하겠습니다. 그녀는 저희와 몇 년 동안 일해 왔는데, 신규 업체에 많은 경험이 있습니다. 그녀에게 전화를 돌려 드릴까요?

3 Where does the woman work?
(A) In a doctor's office
(B) In an accounting firm

여자는 어디에서 근무하는가?
(A) 개인 병원
(B) 회계 사무소

4 What does the woman say about Ms. Phillips?
(A) She just opened a new business.
(B) She is very experienced.

여자는 Philips 씨에 대해 무엇이라고 말하는가?
(A) 새 사업을 막 시작했다.
(B) 경험이 아주 많다.

해설 3. 남자가 여자에게 I need an accountant to help organize its finances라고 말하며 회계사가 필요하다고 요청하자 여자는 I would recommend Ms. Phillips. She's been with us for several years라고 적합한 인물을 소개하고 있으므로 여자는 회계 사무소에 근무한다는 것을 알 수 있다.

4. 여자가 Ms. Phillips에 대해 언급한 부분 중 has a lot of experience in business start-up을 보면 신규 업체에 많은 경험이 있다고 하므로 정답은 경험이 풍부하다는 (B)가 된다.

paraphrasing 4. has a lot of experience → is very experienced

---

Questions 5-6 refer to the following conversation. [BrW] - [AuM]

W: Ron, did you get the delivery from the print shop yet? They were supposed to send us the maps and brochures for our new tour packages.

M: I did. I looked over the materials, but they have to be redone. ⁵ The information on the price list was wrong. The shop manager promised to send us corrected copies by tomorrow morning.

W: Well, that's not going to work. I'm going to ⁶ call them and tell them to get it done by this afternoon. I want the brochures to be distributed to our regular customers tomorrow.

어휘 be supposed to ~하기로 되어 있다 brochure 브로셔, 소책자 redo 다시 하다 work 효과가 있다, 잘되다 distribute 나눠 주다, 배포하다 out of stock 재고가 없는 shipment 발송(품) lost 분실된, 잃어버린 incorrect 틀린, 부정확한 mailing list 우편물 발송 명단 postpone 연기하다 complete 완성하다

문제 5-6 다음 대화를 참조하시오.
여: Ron, 인쇄소에서 배송물을 이미 받았나요? 우리의 새 관광 패키지용 지도와 브로슈어를 보내 주기로 했는데요.
남: 받았습니다. 제가 자료를 살펴보았는데, 재작업해야 합니다. 가격표에 있는 정보가 틀렸습니다. 인쇄소 관리자가 내일 오전까지 수정본들을 보내 주겠다고 약속했습니다.
여: 음, 그렇게는 안 됩니다. 제가 전화해서 오늘 오후까지 해달라고 해야겠어요. 저는 브로슈어가 내일 단골 고객들에게 배포되기를 원해요.

5 What problem does the man mention?
(A) An item was out of stock.
(B) A shipment was late.
(C) A travel document was lost.
(D) Some information was incorrect.

남자는 어떤 문제점을 언급하는가?
(A) 물품의 재고가 바닥났다.
(B) 발송이 늦었다.
(C) 여행 관련 서류가 분실되었다.
(D) 일부 정보가 부정확하다.

6 What will the woman ask the agency to do?

(A) Contact a supervisor
(B) Update a mailing list
(C) Complete work earlier
(D) Postpone an event

여자는 대행 업체에 무엇을 하도록 요청하는가?
(A) 부서장에게 연락할 것
(B) 우편물 발송 명단을 업데이트할 것
(C) 작업을 더 일찍 끝마칠 것
(D) 행사를 연기할 것

해설 5. 인쇄소에서 보낸 브로슈어가 도착했는지 묻는 여자의 질문에 남자는 The information on the price list was wrong.에서 가격 정보가 틀렸다고 대답하므로 정답은 (D)가 된다.
6. 내일까지 재인쇄 작업이 완료될 것이라는 남자의 말에 여자는 call them and tell them to get it done by this afternoon이라며 오늘 오후에 완료하라고 이야기할 것이라고 하므로 정답은 (C)가 된다.

paraphrasing 5. wrong → incorrect
6. get it done by this afternoon → Complete work earlier

Questions 7-8 refer to the following conversation. [BrW] - [CnM]

W: Hello, this is Marie Besson. I'm calling because some of **⁷ your crew members are scheduled to stop by and plant some flower beds** at 3 P.M. but they haven't arrived yet.

M: I'm terribly sorry. **⁸ They haven't completed another job for a wedding yet.** They will probably get there an hour late.

W: That's alright. Do you think they'll still have time to **⁷ water my lawn**? They were supposed to do that after planting the flowers.

M: That shouldn't be a problem. I'll call them right now and make sure they finish everything today.

문제 7-8 다음 대화를 참조하시오.
여: 여보세요. 저는 Marie Besson입니다. 당신의 작업반원들이 오후 3시에 들러서 화단에 꽃을 심기로 예정되어 있는데, 아직 도착하지 않아서 전화했습니다.
남: 정말 죄송합니다. 그들이 결혼식을 위한 다른 작업을 아직 끝마치지 못했습니다. 아마 한 시간 늦게 그곳에 도착할 것입니다.
여: 괜찮습니다. 그들이 그래도 잔디에 물을 줄 시간이 있을까요? 꽃을 심고 난 후에 그렇게 하기로 되어 있었거든요.
남: 문제 없습니다. 제가 지금 바로 전화해서 그들이 반드시 오늘 모든 것을 끝내도록 하겠습니다.

어휘 crew member 작업반원 be scheduled to ~하기로 예정되어 있다 stop by 들르다 flower bed 화단 terribly 매우, 심각하게 complete 완성하다, 마치다 probably 아마도 water 물을 주다 be supposed to ~하기로 되어 있다 make sure 반드시 ~하게 하다 order 주문 break down 고장 나다 incorrect 잘못된, 틀린

---

7 What type of business does the man work for?

(A) A car rental agency
(B) A landscaping company
(C) A wedding-planning service
(D) A real estate firm

남자는 어떤 업종에 근무하는가?
(A) 자동차 임대 업소
(B) 조경 회사
(C) 웨딩 플래닝 서비스
(D) 부동산 회사

8 What caused the delay?

(A) An order has not been received.
(B) A system has broken down.
(C) Some work has not been finished.
(D) An address was incorrect.

지연의 원인은 무엇인가?
(A) 주문이 접수되지 않았다.
(B) 시스템이 고장 났다.
(C) 어떤 작업이 끝나지 않았다.
(D) 주소가 부정확하다.

해설 7. 직종을 묻는 문제이므로 여러 단서를 통해 정답을 유추한다. your crew members are scheduled to stop by and plant some flower beds / water my lawn 등을 통해 화단에 꽃을 심고, 잔디에 물을 주는 일을 하는 업체임을 알 수 있으므로 (B)가 정답이다.
8. 작업반원들이 도착하지 않았다는 여자의 말에 남자는 They haven't completed another job for a wedding yet.이라고 말하며 다른 작업이 끝나지 않았기 때문이라는 이유를 밝히므로 정답은 (C)가 된다.

paraphrasing 8. haven't completed another job → Some work has not been finished.

Questions 9-10 refer to the following conversation. [BrW] - [AmM]

W: Marco, I've been ⁹ working on the new company logo for over a week but I can't seem to come up with a good design. Mr. Henderson wanted us to do it ourselves, but I think we'd better hire outside help.

M: You're probably right, but it will be expensive to hire a professional designer. We're going to need to get approval from management first, and that might be difficult since they're trying to reduce expenses.

W: Then, ¹⁰ why don't we draw up a proposal that shows how the designer will help us get the work done faster?

문제 9-10 다음 대화를 참조하시오.

여: Marco, 저는 일주일 넘게 새 회사 로고 작업을 하고 있지만 좋은 디자인이 생각나지 않는 것 같아요. Henderson 씨는 우리가 직접 하기를 원했지만, 외부에서 도와줄 업체를 고용하는 것이 좋을 것 같아요.

남: 아마 당신 말이 맞을 거예요. 하지만 전문 디자이너를 고용하면 돈이 많이 들 겁니다. 먼저 경영진의 승인을 받아야 해요. 그리고 그들이 비용을 줄이려고 하니 어려운 일일 겁니다.

여: 그럼, 우리가 그 일을 더 빨리 끝내는 데 디자이너가 얼마나 도움이 될 수 있는지를 보여주는 제안서를 작성하는 게 어떨까요?

어휘 come up with 생각해 내다 hire 고용하다 probably 아마도 approval 승인, 허가 management 경영진 reduce 줄이다 expense 지출, 경비 draw up 작성하다 proposal 제안서 get A done A를 끝내다 train 교육시키다 colleague 직장 동료

---

9 What does the **woman** want to **design**?

(A) A logo
(B) A brochure
(C) A website
(D) Clothing

여자는 무엇을 디자인하기 원하는가?

(A) 로고
(B) 브로슈어
(C) 웹사이트
(D) 의류

10 What does the **woman offer** to do?

(A) Train new employees
(B) Write a proposal
(C) Schedule an interview
(D) Contact a colleague

여자는 무엇을 하자고 제안하는가?

(A) 신입 직원들을 교육할 것
(B) 제안서를 쓸 것
(C) 인터뷰 일정을 잡을 것
(D) 동료에게 연락할 것

해설 9. 여자의 첫 대화 중 working on the new company logo에서 회사 로고를 디자인하고 있다고 하므로 정답은 (A)가 된다.

10. 여자의 마지막 대화 중 why don't we draw up a proposal에서 제안서를 작성하는 것이 어떻겠냐고 제안하고 있으므로 정답은 (B)가 된다.

paraphrasing 10. draw up → Write

Actual Test

Answer 1. (B) 2. (A) 3. (D) 4. (C) 5. (B) 6. (A) 7. (B) 8. (B) 9. (B) 10. (A) 11. (A) 12. (C)

NEW
Questions 1-3 refer to the following conversation. [AuM] - [AmW]

M: Hey, Jennifer. ¹ It's about time to leave to cater the event of J&Y Insurance, but there aren't enough disposable knives and forks. Do you know where I can find them?

W: ² Oh, no. I ordered some from our supplier on Monday, but they still haven't delivered them. They are supposed to be delivered the next day. Actually, this isn't the first time this has happened.

M: Well, we're supposed to finish setting up their tables at J&Y Insurance by 11:00. So what do you suggest? I don't have time to stop by a store on the way.

W: ³ Then, I'll go buy and bring them to you.

M: Thanks, please let me know when you get the supplies. I'll text you the directions to the firm.

문제 1-3 다음 대화를 참조하시오.

남: Jennifer, J&Y 보험사의 행사에 음식을 준비해 주러 떠날 시간인데 일회용 칼과 포크가 충분하지 않네요. 어디서 찾을 수 있는지 아세요?

여: 어머, 어떡해요. 제가 월요일에 공급회사에 주문했는데, 아직 배송이 되지 않았네요. 원래 다음날 배송되게 되어 있는데요. 사실, 이런 일이 일어난 게 처음이 아니에요.

남: 음, 우리는 11시까지 J&Y보험사에 테이블 세팅을 끝내기로 되어있어요. 그래서 어떻게 하시겠어요? 저는 가는 길에 가게에 들를 시간이 없어요.

여: 그럼, 제가 그것들을 구입해서 가져다 드릴게요.

남: 고마워요. 물품을 가져오시면 저에게 알려주세요. 제가 회사 가는 길을 문자로 보내드릴게요.

어휘 cater 음식을 공급하다 insurance 보험 knife 나이프 supplier 공급업자 be supposed to ~하기로 되어있다 set up 설치하다 stop by 들르다 direction 가는 길, 방향 convenience store 편의점 be satisfied with ~에 만족하다

---

1 Where do the speakers most likely work?

(A) At an insurance company
(B) At a catering company
(C) At a courier
(D) At a convenience store

화자들은 어디에서 일할 것 같은가?
(A) 보험사
(B) 출장 음식 서비스 업체
(C) 택배회사
(D) 편의점

NEW
2 Why does the woman say, "This isn't the first time this has happened"?

(A) She is disappointed with a supplier.
(B) She is satisfied with the service.
(C) She wants to hire some more employees.
(D) She knows how to handle the matter.

여자는 왜 "이 일이 일어난 게 처음이 아니다"라고 말하는가?
(A) 여자는 공급사에 실망스러워 한다.
(B) 여자는 서비스에 만족해한다.
(C) 여자는 더 많은 직원을 고용하길 원한다.
(D) 여자는 문제를 해결하는 법을 안다.

3 What will the woman most likely do next?

(A) Bring some friends
(B) Speak with a manager
(C) Order tables
(D) Go to a store

여자는 다음에 무엇을 할 것 같은가?
(A) 몇몇 친구를 데려오기
(B) 매니저와 이야기하기
(C) 책상을 주문하기
(D) 상점에 가기

해설 1. 남자가 It's about time to leave to cater the event of J&Y Insurance라고 말하고 있으므로 화자들은 출장 음식 서비스 업체에서 일하고 있음을 알 수 있다. 정답은 (B)이다.

2. 여자가 Oh, no. I ordered some from our supplier on Monday, but they still haven't delivered them. They are supposed to be delivered the next day. Actually, this isn't the first time this has happened라고 하면서 배송을 제때에 하지 못한 업체에 실망스러워 하고 있다. 따라서 정답은 (A)이다.

3. 여자가 Then, I'll go buy and bring them to you라고 하면서 자기가 상점에 들러 칼과 포크를 사가지고 가겠다고 했으므로 정답은 (D)이다.

Questions 4-6 refer to the following conversation. [CnM] - [BrW]

M: ⁴ I've been hearing loud noises coming from the upper floors all morning. ⁴ It's very annoying and it's hard for me to focus on my work.

W: Me, too. I got an e-mail from the IT department saying that they will be installing network cable on the fourth floor all day.

M: In that case, I'd rather move to a place where there is less noise. ⁵ I'm supposed to finish a draft of the quarterly sales report by the end of the day.

W: ⁶ Why don't you go to the section right across from the conference room? I remember seeing an empty cubicle with a computer and a telephone. It would be quieter and more comfortable there.

> 어휘 | upper floor 위층 all morning 오전 내내 annoying 짜증나게 하는, 거슬리는 focus on ~에 집중하다 install 설치하다 in that case 그런 경우라면 be supposed to ~하기로 되어 있다 draft 초안 quarterly 분기별의 section 구역, 구획 conference room 회의실 cubicle 칸막이한 공간 comfortable 편안한 sort out 분류하다 booklet 소책자 consult with ~와 상의하다 forward 전송하다

문제 4-6 다음 대화를 참조하시오.

남: 오전 내내 위층에서 아주 시끄러운 소리가 들려오고 있어요. 무척 거슬려서 일에 집중하기가 어렵네요.

여: 저도요. IT부에서 이메일을 받았는데 4층에서 하루 종일 네트워크 케이블을 설치한다고 했어요.

남: 그렇다면, 소음이 덜한 곳으로 자리를 옮겨야겠어요. 오늘 퇴근 전까지 분기별 매출 보고서 초안을 마무리해야 하거든요.

여: 회의실 바로 맞은편에 있는 구역에 가는 게 어때요? 컴퓨터와 전화기가 있는 칸막이한 빈자리를 본 기억이 나요. 거기가 훨씬 더 조용하고 편할 거예요.

4 What problem are the speakers mainly discussing?

(A) A power outage
(B) Poor lighting
(C) Loud noises
(D) E-mail delays

화자들은 주로 어떤 문제점을 논의하고 있는가?
(A) 정전
(B) 희미한 조명
(C) 커다란 소음
(D) 이메일 지연

5 What does the man have to do today?

(A) Sort out some catalogues
(B) Prepare a sales report
(C) Discuss a schedule change
(D) Produce some booklets

남자는 오늘 무엇을 해야 한다고 말하는가?
(A) 카탈로그 분류
(B) 매출 보고서 준비
(C) 스케줄 변경 논의
(D) 소책자 제작

6 What does the woman suggest?

(A) Trying a different area
(B) Consulting with a manager
(C) Helping the man with a project
(D) Forwarding a message

여자는 무엇을 제안하는가?
(A) 다른 장소에 가 본다
(B) 부장과 상의한다
(C) 남자의 프로젝트 진행을 돕는다
(D) 메시지를 전달한다

> 해설 4. 남자는 첫 대화 I've been hearing loud noises / It's very annoying and it's hard for me to focus on my work.에서 소음으로 인해 일에 집중하기 어렵다고 불평하고 있으므로 정답은 (C)가 된다.
> 5. 남자의 둘째 대화 중 I'm supposed to finish a draft of the quarterly sales report by the end of the day.에서 분기별 매출 보고서 초안을 마무리해야 한다고 하므로 정답은 (B)가 된다.
> 6. 남자가 소음 때문에 불평하자 여자는 Why don't you go to the section right across from the conference room?이라고 말하며 다른 자리로 가라고 제안하므로 정답은 (A)가 된다.

> paraphrasing ▶ 5. finish a draft of the quarterly sales report → Prepare a sales report

NEW
Questions 7-9 refer to the following conversation with three speakers. [CnM] - [AmW] - [AuM]

M1: Nice to meet you Ms. Lopez. I'm the president of Innovation Interior. And this is Jason Hill, one of our top architects, who will be in charge of the remodeling project. Here is the estimate for your new offices and I brought Jason in case you have questions.

W: It's really nice to meet you both. I'm glad our New Jersey branch is moving to a bigger office building. ⁷ We don't have enough room in our current offices.

M2: ⁸ I heard you'd like to add a small employee lounge.

W: That's right. We'd like to have one next to the storage room.

M2: Well, there's certainly room for one.

W: Great! Do you think the project will take longer if we add that? It's important that the construction be finished by the end of September. ⁹ That's when inspectors come from the headquarters.

문제 7-9 다음 화자 세 명의 대화를 참조하시오.

남1: Lopez씨 만나서 반갑습니다. 저는 이노베이션 인테리어의 대표입니다. 이분은 리모델링 프로젝트 담당이신 우리 회사의 최고의 건축가이신 Jason Hill씨입니다. 여기 귀하의 새 사무실용 견적서가 있고요. 제가 궁금한 사항이 있을까 봐 Jason씨를 모셔왔습니다.

여: 두 분 모두 만나서 반가워요. 저는 저희 New Jersey 지사가 더 큰 사무실로 이전하게 되어 기뻐요. 현재 사무실에는 충분한 공간이 없거든요.

남2: 제가 듣기로 작은 직원 휴게실을 추가하고 싶어 하신다고 들었어요.

여: 맞아요. 창고 옆에 하나 두고 싶어요.

남2: 음, 분명히 하나 들어갈 공간은 있어요.

여: 좋네요! 우리가 그걸 추가하게 되면 프로젝트가 더 오래 걸릴 거라 생각하세요? 공사가 9월말까지 끝나는 것이 중요해요. 그때 본사에서 감사관들이 나오는 때거든요.

어휘 / architect 건축가 be in charge of ~의 담당이다 estimate 견적서 in case ~의 경우에 대비하여 room 공간 employee lounge 직원 휴게실 storage room 창고, 저장고 inspector 조사관 headquarters 본사 counter 계산대 conference room 회의실

---

7 According to the woman, why are they moving to a new office?

(A) The rent is too high.
(B) The space is too small.
(C) They want go near the airport.
(D) They are hiring new employees.

여자에 의하면, 왜 그들은 새 사무실로 이전하는가?
(A) 임대료가 너무 비싸다.
(B) 공간이 너무 작다.
(C) 그들이 공항 근처로 가고 싶다.
(D) 그들이 신입 직원들을 고용한다.

8 What addition has the woman requested?

(A) A counter
(B) A break room
(C) A conference room
(D) A storage room

여자는 어떤 추가물을 요청하였는가?
(A) 계산대
(B) 휴게실
(C) 회의실
(D) 창고

9 According to the woman, why must the work be completed in September?

(A) The main office will be closed.
(B) An inspection will take place.
(C) A conference is scheduled.
(D) Inspectors need an estimate.

여자에 의하면, 왜 작업이 9월에 끝나야 하는가?
(A) 본사가 문을 닫을 것이다.
(B) 조사가 실시될 것이다.
(C) 회의가 예정되어 있다.
(D) 조사관들이 견적서를 필요로 한다.

해설 7. 여자가 현재 사무실에는 충분한 공간이 없다(We don't have enough room in our current offices.)라고 말하고 있으므로 공간이 작아서 새 사무실로 이전한다고 볼 수 있다. 따라서 정답은 (B)이다.

8. 두 번째 남자가 작은 직원 휴게실을 추가하고 싶어 하신다고 들었다(I heard you'd like to add a small employee lounge)고 말하고 있으므로 정답은 (B)이다.

9. 여자가 공사가 9월말까지 끝나는 것이 중요하다고 한 이후 감사관들이 나오는 때라고(That's when inspectors come from the headquarters.) 말하고 있으므로 정답은 (B)이다.

Questions 10-12 refer to the following conversation and a screenshot. [CnM] – [AmW]

M: Hello Susan, this is Kevin Wong from sale department. ¹⁰ I urgently need to print out some document, but my computer isn't connecting to any of the printers on this floor for some reason. I've e-mailed it to you.

W: I see the e-mail you've sent. ¹¹ Let me print the attachment for you. Go to the printer in the break room on the first floor.

M: Thanks. I need ten copies of the budget report for the meeting today. Will you be there too?

W: No, I won't. ¹² I have to get to the airport by 3 o'clock. An important client is coming from France.

어휘 urgently 급하게 print out 출력하다 quarter 분기 budget report 분기 보고서 floor 층 attachment 첨부파일 break room 휴게실

---

10 Look at the graphic. What is the name of the man speaking?

Inbox		
Name	**Subject**	**Date**
Kevin Wong	Budget report	Sep 3
Calvin Harris	Hiring plan	Sep 2
Tyler Posey	Production schedule	Sep 2
Willy Smith	Sales projections	Sep 1

(A) Kevin Wong
(B) Calvin Harris
(C) Tyler Posey
(D) Willy Smith

11 How will the woman help the man?

(A) By printing out a document
(B) By going downstairs
(C) By booking a flight
(D) By setting up a new printer

12 Why will the woman be absent from a meeting?

(A) She is having a job interview.
(B) She has to deliver a package.
(C) She has to pick up a client.
(D) She is leaving for a trip.

문제 10-12 다음 대화와 시각정보를 참조하시오.

남: 안녕하세요 수잔씨. 저는 영업부서의 케빈 왕입니다. 제가 급하게 문서를 좀 출력해야 하는데요, 무슨 이유에서인지 제 컴퓨터가 여기 이 층에 있는 프린터 어디에도 연결이 안 되네요. 문서를 이메일로 당신에게 보냈어요.

여: 당신이 보낸 이메일을 보고 있어요. 첨부서류를 출력해 드릴게요. 1층에 있는 휴게실에 있는 프린터로 가세요.

남: 고맙습니다. 저는 오늘 회의에 사용할 분기 보고서가 10부가 필요해요. 당신도 거기 올 건가요?

여: 아니요. 저는 안갈거예요. 저는 3시까지 공항에 가야해요. 중요한 고객이 프랑스에서 오거든요.

시각정보를 보시오. 말하고 있는 남자의 이름은 무엇인가?
(A) 케빈 옹
(B) 캘빈 해리스
(C) 타일러 포세이
(D) 윌리 스미스

여자는 남자를 어떻게 도울 것인가?
(A) 서류를 출력함으로써
(B) 아래층에 내려감으로써
(C) 비행기 티켓을 예약함으로써
(D) 새 프린터를 설치함으로써

여자는 왜 미팅에 불참석하는가?
(A) 그녀는 구직 인터뷰가 있다.
(B) 그녀는 소포를 배송해야 한다.
(C) 그녀는 손님을 픽업해야 한다
(D) 그녀는 여행을 떠난다.

해설 10. 남자가 I urgently need to print out some document.라고 말하며 분기 보고서를 출력해야 한다고 했고, 시각정보에 분기 보고서로 이메일을 보낸 사람이 케빈 옹이므로 정답은 (A)이다.

11. 여자가 남자의 이메일을 받고 Let me print the attachment for you.라며 출력을 해주겠다고 하므로 정답은 (A)이다.

12. 여자는 I have to get to the airport by 3 o'clock. An important client is coming from France.라고 말하며 프랑스에서 오는 중요한 고객을 만나러 가야 한다고 하므로 정답은 (C)이다.

Unit 09 예약/주문

Part 3

Practice Answer 1. (A) 2. (B) 3. (A) 4. (B) 5. (C)
6. (C) 7. (C) 8. (C) 9. (C) 10. (A)

Question 1 refers to the following conversation. [AmW] - [CnM]

W: Good morning. You've reached Style Weekly. How can I help you?

M: Hi, this is Rupert Jackson. I'm a subscriber to your magazine. The final issue will be delivered this Thursday and I'd like to renew my subscription.

문제 1 다음 대화를 참조하시오.

여: 안녕하세요. Style Weekly에 전화 주셨습니다. 무엇을 도와드릴까요?

남: 안녕하세요. 저는 Rupert Jackson이라고 합니다. 귀사 잡지 정기 구독자입니다. 마지막 호가 이번 주 목요일에 배송될 겁니다. 정기 구독을 연장하고자 합니다.

어휘 reach (전화로) 연락하다 subscriber 정기 구독자 issue (책 등의) 호 renew 갱신하다, ~의 기한을 연장하다 subscription 정기 구독 moving 이사, 이동

---

1 What type of business does the woman work for?

(A) A magazine publisher

(B) A moving company

여자는 어떤 종류의 업체에서 근무하는가?
(A) 잡지 출판사
(B) 이사 업체

해설 여자는 Style Weekly라고 자신의 소속을 밝히고 있는데, 여자가 일하는 곳은 남자의 말을 통해 더 자세히 알 수 있다. a subscriber to your magazine / renew my subscription 등을 통해 여자가 잡지사에 근무하고 있음을 알 수 있다.

Question 2 refers to the following conversation. [BrW] - [CnM]

W: Bill, I need you to change my business schedule from San Diego. I was planning to return immediately after my meeting, but I have to stay an extra day.

M: No problem. I'll change the flight and hotel reservations and I can reschedule the taxi to take you to and from the hotel.

문제 2 다음 대화를 참조하시오.

여: Bill, San Diego에서 돌아오는 제 업무 스케줄을 변경해 주세요. 회의가 끝나고 바로 돌아올 계획이었는데 하루 더 머물러야 합니다.

남: 문제 없습니다. 항공편과 호텔 예약을 변경할게요. 그리고 호텔로 왕복하는 택시 스케줄도 변경해 드리겠습니다.

어휘 plan to ~할 계획이다 immediately 바로, 즉시 stay 머무르다 extra day 하루 더 to and from 왕복하여 opening 개장, 개막

---

2 What is the conversation mainly about?

(A) A hotel opening

(B) Travel plans

(C) A meeting

(D) A vacation

대화는 주로 무엇에 관한 것인가?
(A) 호텔 개장식
(B) 여행 계획
(C) 회의
(D) 휴가

해설 여자가 출장에서 돌아오는 일정이 늦어져 업무 스케줄을 변경해 달라고 요청하자 남자는 항공편, 호텔, 택시 일정을 조정하겠다고 응답하고 있다.

Questions 3-4 refer to the following conversation. [CnM] - [BrW]

M: Hello, ³ I'm calling to check if there are any seats available for the flight to Tokyo on Friday, May 18th.

W: Yes, but there are only a few left on that day. We've got a couple of tickets for aisle seats and one for window seats. The prices are the same.

M: Oh, I'm taking the flight with someone from my work so ⁴ I should ask him about which he'd like. I'll call you back in a minute and let you know about our decision.

어휘 seat 좌석 available 구할 수 있는, 이용할 수 있는 take a flight 항공편에 탑승하다 left 남아 있는 a couple of 두어 개의 aisle 복도 take (탈 것을) 타다 call back 다시 전화하다 decision 결정

3 What is the **purpose** of the man's call?

(A) To inquire about tickets
(B) To request an order form

4 What will the man probably do next?

(A) Send a brochure
(B) Contact a colleague

문제 3-4 다음 대화를 참조하시오.

남: 안녕하세요. 5월 18일 금요일 도쿄행 항공편에 자리가 있는지 알아보려고 전화했습니다.

여: 있습니다. 하지만 그날은 겨우 몇 좌석만 남아 있습니다. 복도 좌석 항공권 두세 장과 창가 좌석 항공권 한 장이 있습니다. 요금은 같습니다.

남: 아, 회사 사람과 함께 비행기를 탈 거라서 어느 쪽이 좋은지 그에게 물어봐야 합니다. 잠시 후에 다시 전화해 저희가 결정한 것을 알려 드리겠습니다.

남자가 전화 건 목적은 무엇인가?
(A) 항공권에 대해 문의하기 위해
(B) 주문 양식을 요청하기 위해

남자는 다음에 무엇을 할 것인가?
(A) 브로슈어를 보낸다
(B) 동료에게 연락한다

해설 3. 남자는 첫 대사 I'm calling to check if there are any seats available for the flight to Tokyo에서 도쿄행 항공편 좌석이 있는지 확인하고 싶다며 전화 건 목적을 밝히고 있다. 티켓에 관한 문의를 하고 있으므로 (A)가 정답이다.

4. 남자의 대화 I should ask him about which he'd like에서 동행할 사람에게 어느 좌석이 좋은지 물어봐야 한다고 했으므로 동료에게 연락할 것임을 알 수 있다.

paraphrasing 4. someone from my work → colleague / ask him → Contact a colleague

---

Questions 5-6 refer to the following conversation. [CnM] - [BrW]

M: Did you hear that ⁵ the annual music festival is canceled today?

W: Actually, it's not canceled, but just postponed until next week. ⁶ It is supposed to rain this weekend.

M: ⁶ I wonder why they postponed it just because of rain. The festival is always inside the local community center.

W: I heard that this year's ⁵ opening performance will be held in the outdoor stage in Mallow Park.

어휘 festival 축제, 페스티벌 wonder 궁금해하다 local 지역의, 지방의 community center 커뮤니티 센터 performance 공연, 상연 hold (행사 등을) 열다 outdoor 야외의 conference 총회 medical 의학의 predict 예상하다 place an order 주문을 하다 on time 제때에, 정시에

5 What type of **event** are the speakers **discussing**?

(A) An annual conference
(B) A sporting event
(C) A music festival
(D) A medical seminar

문제 5-6 다음 대화를 참조하시오.

남: 연례 음악 축제가 오늘 취소된 소식을 들었어요?

여: 사실 취소된 것은 아니고 그냥 다음 주로 연기되었어요. 이번 주말에 비가 온대요.

남: 왜 단지 비 때문에 연기했는지 궁금하네요. 축제는 항상 지역 커뮤니티 센터 안에서 열리잖아요.

여: 올해는 개막 공연이 Mallow 공원의 야외 무대에서 열릴 거라고 들었어요.

화자들은 어떤 종류의 행사에 대해 이야기하고 있는가?
(A) 연례 총회
(B) 스포츠 행사
(C) 음악 축제
(D) 의학 세미나

6 Why was the event **rescheduled**?

(A) Program schedules have been changed.

(B) Some musicians are not available.

(C) Bad weather is predicted.

(D) A food order was not placed on time.

행사 일정이 왜 변경되었는가?
(A) 프로그램 스케줄이 바뀌었다.
(B) 일부 음악가들이 나올 수 없다.
(C) 궂은 날씨가 예상된다.
(D) 식사 주문이 제때에 이루어지지 않았다.

해설 5. 남자의 첫 대화 중 the annual music festival, 여자의 대화 중 opening performance 등을 통해 화자들이 음악 축제에 관해 이야기하고 있음을 알 수 있다.

6. 행사 일정이 미뤄진 이유는 여자의 대화 It is supposed to rain this weekend.를 통해 비 때문임을 알 수 있다. 남자의 대화 I wonder why they postponed it just because of rain.에서도 재확인 할 수 있다.

paraphrasing 6. rain → Bad weather

Questions 7-8 refer to the following conversation. [AuM] - [AmW]

M: Good morning, ⁷ Royal Hotel and Convention Center. This is Carter. How may I help you?

W: Hi. ⁷ ⁸ I reserved some of your ball rooms via your website last week but ⁸ I've never got an e-mail confirmation. My name is Miranda Scott of Polar Engineering.

M: Let me check, Ms. Scott. OK, ⁷ I see your reservation here. I'll send you another one right now. Sorry for the inconvenience.

문제 7-8 다음 대화를 참조하시오.
남: 안녕하세요. Royal 호텔 앤드 컨벤션 센터입니다. 저는 Carter라고 합니다. 무엇을 도와드릴까요?
여: 안녕하세요. 저는 지난주에 귀사의 웹사이트를 통해 볼룸들을 예약했습니다. 그런데 확인 이메일을 받지 못했습니다. 저는 Polar 엔지니어링의 Miranda Scott입니다.
남: 확인해 보겠습니다. Scott 씨. 네, 여기 예약하신 것이 보이네요. 지금 이메일을 하나 더 보내드리겠습니다. 불편을 끼쳐 죄송합니다.

어휘 reserve 예약하다 ball room 볼룸, 연회장 via ~을 통해 confirmation 확정, 확약 reservation 예약 inconvenience 불편 agent 대리인, 중개인 technician 기술자 clerk 점원 book 예약하다 inquire 문의하다 vehicle 차량

---

7 Who is **the man**?

(A) A travel agent

(B) A software technician

(C) A hotel employee

(D) A store clerk

남자는 누구인가?
(A) 여행사 직원
(B) 소프트웨어 기술자
(C) 호텔 직원
(D) 가게 점원

8 What is the **purpose** of the **phone call**?

(A) To confirm the dates of a trip

(B) To book a hotel room

(C) To inquire about a reservation

(D) To reserve a vehicle

전화를 건 목적은 무엇인가?
(A) 여행 날짜를 확인하기 위해
(B) 호텔 방을 예약하기 위해
(C) 예약에 관해 문의하기 위해
(D) 차량을 예약하기 위해

해설 7. 남자의 직업은 첫 대사에서 Royal Hotel and Convention Center라고 자신의 소속을 밝히는 데서 알 수 있다. 만약 이를 놓쳤다 하더라도 다음에 나오는 I reserved some of your ball rooms / I see your reservation here.를 통해 남자는 호텔 직원이라는 것을 알 수 있다.

8. 전화를 건 목적은 여자가 말한 부분에서 단서를 확인할 수 있다. 웹사이트에서 볼룸들을 예약했으나(I reserved some of your ball rooms) 확인 메일을 받지 못했다(I've never got an e-mail confirmation)라고 하므로, 예약이 제대로 됐는지 확인하려고 전화를 걸었다는 것을 알 수 있다.

Questions 9-10 refer to the following conversation. [BrW] - [AuM]

W: Hi, Adam, I heard that we all are ⁹ going to training sessions this afternoon.

M: Yes, it's about the new mailing procedure. It starts at 11 o'clock.

W: Well, I'm going to be ⁹ ¹⁰ late for the session. I have ¹⁰ a meeting with the design department this morning and ¹⁰ I don't think it will finish before then. Besides there is no way I can reschedule that.

M: You don't have to worry about that. ⁹ The session will start with a general overview about the mailing system. If there are ⁹ handouts of any importance, I will get them for you.

문제 9-10 다음 대화를 참조하시오.

여: 안녕하세요, Adam. 우리 모두 오늘 오후 교육에 간다고 들었어요.

남: 네, 새로운 우편물 발송 절차에 관한 것이랍니다. 11시에 시작하고요.

여: 음, 저는 그 시간에 늦을 것 같아요. 오늘 오전에 디자인부와 회의가 있는데, 그 전에 끝날 것 같지 않아요. 게다가 회의 일정을 변경할 방법도 없고요.

남: 그건 걱정할 필요 없어요. 교육은 발송 시스템에 대한 일반적인 개요로 시작할 겁니다. 만약 중요한 배포 자료가 있다면 제가 받아 놓을게요.

어휘 training session 교육 (과정) procedure 절차 be late for ~에 늦다 way 방법, 수단 general 일반적인 overview 개관, 개요 handout 유인물, 배포 자료 of importance 중요한 contract 계약 conflict 충돌, 갈등

---

9 What are the speakers **mainly discussing**?

(A) A business contract
(B) A conference
(C) A training class
(D) A mail delivery

화자들은 주로 무엇에 대해 이야기하고 있는가?
(A) 비즈니스 계약
(B) 총회
(C) 교육 강좌
(D) 우편 배달

10 What is the **woman's problem**?

(A) She has a scheduling conflict.
(B) She has to work late.
(C) She doesn't have tickets.
(D) The program has been canceled.

여자의 문제는 무엇인가?
(A) 스케줄이 겹친다.
(B) 늦게까지 일해야 한다.
(C) 티켓이 없다.
(D) 프로그램이 취소되었다.

해설 9. 대화 전반에 걸쳐 going to training sessions / late for the session / The session will start / handouts 등을 통해 교육에 대해 이야기하고 있음을 알 수 있다.

10. 여자는 교육 시간에 늦을 것 같다(late for the session)고 한 뒤, 디자인부와의 회의(a meeting with the design department)가 교육 시간 전에 끝날 것 같지 않다(I don't think it will finish before then)고 하므로 회의 스케줄과 교육 스케줄이 겹치는 문제가 있음을 알 수 있다.

paraphrasing 9. training sessions → training class

Unit 10 제품구입/문의

Part 3

Practice **Answer** 1. (A) 2. (B) 3. (B) 4. (B) 5. (C)
6. (B) 7. (D) 8. (C) 9. (D) 10. (C)

Question 1 refers to the following conversation. [AmW] - [CnM]

W: Hello, I'm calling to get more information about your inventory tracking software. I'd like to learn about its features.

M: Why don't you try out the system? I will show you how well it meets your company's needs.

문제 1 다음 대화를 참조하시오.

여: 안녕하세요, 저는 귀사의 재고 추적 소프트웨어에 대한 더 자세한 정보를 얻고자 전화했습니다. 이 소프트웨어의 기능에 대해 알아보고 싶어서요.

남: 시스템을 시험 사용해 보시는 게 어떠세요? 제가 그것이 귀사의 요구에 얼마나 잘 맞는지 보여 드리겠습니다.

어휘 inventory 재고 tracking 추적 feature 성능, 특징 try out 시험적으로 사용하다 meet one's needs ~의 요구에 부응하다

1 What kind of product is the woman inquiring about?

(A) Computer software
(B) An alarm system

여자는 어떤 종류의 제품에 대해 문의하는가?
(A) 컴퓨터 소프트웨어
(B) 경보 시스템

해설 여자는 I'm calling to get more information about your inventory tracking software에서 소프트웨어에 대해 문의하려고 전화를 했다고 하므로 정답은 (A)가 된다.

Question 2 refers to the following conversation. [CnM] - [BrW]

M: I've just finished fixing your vacuum cleaner. There was a loose wire that was causing the problem. It should be working fine now.

W: Thanks for doing it so quickly. Now I can start cleaning and getting the place ready for a housewarming party.

문제 2 다음 대화를 참조하시오.

남: 진공청소기 수리를 막 끝냈습니다. 문제를 일으키는 느슨한 전선이 있었습니다. 지금은 제대로 작동할 겁니다.

여: 이렇게 빨리 처리해 주셔서 감사합니다. 이제 집 청소를 시작해 집들이 준비를 할 수 있겠네요.

어휘 vacuum cleaner 진공 청소기 loose 느슨한 wire 전선 work fine 제대로 작동하다 housewarming party 집들이

2 Who most likely is the man?

(A) A sales person
(B) A technician
(C) An interior designer
(D) An event organizer

남자는 누구이겠는가?
(A) 영업 사원
(B) 기술자
(C) 인테리어 디자이너
(D) 행사 기획자

해설 남자가 I've just finished fixing your vacuum cleaner. There was a loose wire that was causing the problem.이라고 말하는 것으로 보아 기계를 수리하는 사람임을 알 수 있으므로 정답은 (B)가 된다.

Questions 3-4 refer to the following conversation. [AmM] - [BrW]

M: Excuse me. I saw an advertisement saying that ³ your store is offering a special deal on some speakers. I'm interested in ³ buying a set.

W: Yes, we are ³ offering a 30% discount on Super Sonic's Play 3 models from last year. ⁴ We're selling off the last of our stock to make room for the new line of portable speakers.

> 어휘 / special deal 특별 할인 판매 discount 할인 sell off 팔아 치우다 stock 재고 make room 공간을 마련하다 portable 휴대용의 celebrate 축하하다 grand opening 개장식

3 What kind of products are the speakers discussing?
(A) Car accessories
(B) Audio devices

4 According to the woman, why is the store offering a discount?
(A) To celebrate its grand opening
(B) To reduce its stock

> 해설 / 3. 남자의 첫 대화 your store is offering a special deal on some speakers / buying a set / offering a 30% discount on Super Sonic's Play 3 models 등에서 특별 할인가로 제공하는 스피커에 대해 논의하고 있으므로 정답은 (B)가 된다.
> 4. 여자의 대화 We're selling off the last of our stock to make room for the new line of portable speakers에서 신제품을 놓을 자리를 마련하기 위해 재고를 팔려고 한다고 하므로 정답은 (B)가 된다.

> paraphrasing / 3. some speakers → Audio devices

Questions 5-6 refer to the following conversation. [BrW] - [AuM]

W: Hello, I'm calling about the photo-editing software that I purchased from your website. I've installed it but ⁵ I found it very complicated and confusing to use.

M: Actually, ⁶ we provide a series of instructional videos for our customers on our website.

W: That's wonderful. How can I watch them?

M: Well, you'll need your activation code. Log on to our website and type in the number that came with the software. Afterwards you'll be granted access for the video tutorial.

> 어휘 / photo-editing 사진 편집의 complicated 복잡한 confusing 혼란을 주는, 헷갈리는 instructional 교육용의 activation 활성화, 작동 type 타이핑하다 afterwards 이후에 grant 부여하다 access 접속(권한) tutorial 개별 지도, 사용 안내서 overpriced 너무 비싼 edit 편집하다 damaged 손상된, 파손된

5 What does the woman say about the product she's purchased?
(A) It is overpriced.
(B) It can edit audio files.
(C) It is difficult to use.
(D) It arrived damaged.

6 What service does the website provide?

(A) A software upgrade

(B) A user manual

(C) An access code

(D) A newsletter

해설 5. 여자는 구입한 소프트웨어에 대해 I found it very complicated and confusing to use에서 사용법이 복잡하고 헷갈린다고 하므로 정답은 (C)가 된다.

6. 여자가 제품을 사용하기 어렵다고 하자 남자는 웹사이트에서 고객들을 위한 교육용 비디오 시리즈를 제공한다고 하므로 정답은 (B)가 된다.

paraphrasing 5. complicated and confusing to use → difficult to use

6. a series of instructional videos for our customers → A user manual

---

Questions 7-8 refer to the following conversation. [BrW] - [CnM]

W: Excuse me, could you help me find indoor paint for my house? **⁷ I'm planning to do some remodeling in my bathroom.**

M: No problem. We carry a lot of different types and colors of paint. If you need some for your bathroom, **⁸ I'd suggest this waterproof paint from Henan Chemicals.** It will keep the walls from peeling and stop the spread of mold.

W: OK, that sounds perfect. How much does it cost?

문제 7-8 다음 대화를 참조하시오.

여: 실례지만, 집에 사용할 실내용 페인트 찾는 것 좀 도와주시겠어요? 화장실을 리모델링할 계획이에요.

남: 문제 없습니다. 저희는 여러 가지 종류와 색상의 페인트를 취급합니다. 화장실에 필요하신 거라면 Henan 화학에서 나온 이 방수 페인트를 추천하겠습니다. 페인트칠이 벗겨지지 않게 하고 벽에 곰팡이가 퍼지는 것을 막아줍니다.

여: 좋아요. 그게 딱 맞을 것 같네요. 가격은 얼마인가요?

어휘 indoor 실내의 remodeling 리모델링, 개조 carry (제품 등을) 취급하다 waterproof 방수가 되는 keep A from -ing A가 ~하지 못하게 하다 peel (페인트) 벗겨지다 spread 퍼짐, 확산 mold 곰팡이 take inventory 재고 조사를 하다 warehouse 창고 relocation 재배치, 이전

7 What does the woman say she will do?

(A) Take inventory of warehouse

(B) Start a small business

(C) Plan an office relocation

(D) Work on her home

8 What type of paint does the man recommend?

(A) Outdoor

(B) Fireproof

(C) Water-resistant

(D) Enamel

해설 7. 여자의 첫 대화 I'm planning to do some remodeling in my bathroom.에서 집의 욕실을 리모델링할 예정이라고 하므로 정답은 (D)가 된다.

8. 남자의 대사 I'd suggest this waterproof paint from Henan Chemicals.에서 방수용 페인트를 추천하므로 정답은 (C)가 된다.

paraphrasing 7. do some remodeling in my bathroom → Work on her home

8. waterproof → Water-resistant

Questions 9-10 refer to the following conversation. [BrW] - [CnM]

W: Hello, this is Kim Gallagher calling from Brooks Supermarket. Recently, more and more of our customers are asking about ⁹ one of your body wash products and we don't have it in stock. I have no idea what it is.

M: Oh, that's our brand-new moisturizing body wash, Fresh Awake. Fresh Awake is becoming our most popular product. If you want to know more about it, ¹⁰ I can send one of our sales associates to give you product information and bring some samples.

W: That would be great. ⁹ I'd like to find out what it is made of, how it is manufactured, and how it was reviewed by focus groups.

문제 9-10 다음 대화를 참조하시오.

여: 안녕하세요. 저는 Brooks 슈퍼마켓의 Kim Gallagher입니다. 최근에 점점 더 많은 고객들이 귀사의 한 바디워시 제품에 대해 문의하고 있는데, 저희는 재고가 없습니다. 그게 무엇인지 전혀 모르겠네요.

남: 아, 그건 새로 나온 모이스처라이징 바디워시 Fresh Awake라고 합니다. Fresh Awake는 저희의 가장 인기 있는 제품이 되고 있습니다. 그 제품에 대해 더 많이 알고 싶으시면 제가 영업 사원 한 명을 보내 제품 정보를 알려드리고 샘플을 전해드리도록 하겠습니다.

여: 그러면 아주 좋겠네요. 저는 그것이 무엇으로 만들어졌는지, 어떻게 제조되는지, 포커스 그룹에서 어떤 평가를 받았는지 알고 싶습니다.

어휘 in stock 재고가 있는 brand-new 새로 나온 moisturize 촉촉하게 하다, 수분을 제공하다 sales associate 영업 사원 manufacture 제조하다, 생산하다 review 검토하다, 평가하다 focus group 포커스 그룹 (시장 조사를 위해 각 계층을 대표하는 소수의 사람들로 구성된 그룹) register for ~에 등록하다 report 신고하다 inquire 문의하다 consult with ~와 상의하다 expert 전문가 arrange 준비하다, 주선하다 mail 우편으로 보내다

9 **Why** is the **woman calling**?
(A) To register for a course
(B) To report a problem
(C) To inquire about a delivery
(D) To request product information

여자는 왜 전화하는가?
(A) 강좌에 등록하기 위해
(B) 문제를 신고하기 위해
(C) 배송에 대해 문의하기 위해
(D) 제품 정보를 요청하기 위해

10 **What** does the **man offer** to do?
(A) Cancel a product order
(B) Consult with an expert
(C) Arrange for a salesperson to visit
(D) Mail some brochures

남자는 무엇을 하겠다고 제안하는가?
(A) 제품 주문을 취소한다
(B) 전문가와 상의한다
(C) 영업 사원이 방문하도록 주선한다
(D) 브로슈어를 우편으로 보낸다

해설 9. 여자가 전화를 건 이유를 묻는 문제이므로 여자의 대화에 나오는 단서를 종합하여 유추한다. 여자의 첫 대화 one of your body wash products and we don't have it in stock / I have no idea what it is.를 보면 고객들이 문의하는 제품에 대해 자신은 모르고 있다고 한다. 그리고 마지막 문장 I'd like to find out what it is made of, how it is manufactured, and how it was reviewed by focus groups.에서 제품에 대해 여러 사항을 알고 싶다고 하므로 정답은 (D)가 된다.

10. 남자는 신제품에 대해 설명한 뒤, 마지막 대사 I can send one of our sales associates to give you product information and bring some samples.에서 영업 사원을 보내 제품 정보와 샘플을 제공하겠다고 하므로 정답은 (C)가 된다.

Answer	1. (A)	2. (D)	3. (A)	4. (C)	5. (A)	6. (A)
	7. (C)	8. (A)	9. (C)	10. (D)	11. (C)	12. (A)

Actual Test

NEW
Questions 1-3 refer to the following conversation with three speakers. [CnM] - [BrW] - [AmW]

M: Where should I put these boxes?

W1: **² Is that the shipment of comic books and graphic novels?**

M: Yes, it just arrived.

W2: Why don't you put them in the storage area?

W1: **¹ We'll need to check each of the books thoroughly before we put them on display.**

M: Why? Is there a problem with books from Delacort Press?

W2: **³ The delivery we received two weeks ago had some torn covers and folded pages.**

W1: We need to make sure this shipment doesn't have the same problem.

문제 1-3 다음 화자 세 명의 대화를 참조하시오.
남: 박스들을 어디에 놓을까요?
여1: 만화책과 만화 소설이 배송된 것인가요?
남: 네, 방금 도착하였습니다.
여2: 그것들을 보관소에 두는 것이 어떨까요?
여1: 진열하기 전에 책을 한 권씩 꼼꼼히 확인해야 합니다.
남: 왜죠? Delacort Press에서 오는 책들에 문제가 있나요?
여2: 2주 전에 받은 배송물에는 표지가 찢어져 있고 페이지가 접혀 있는 것들도 있었어요.
여1: 이번 배송물에는 같은 문제가 없도록 확실히 하는 것이 좋겠어요.

어휘 shipment 탁송 화물 storage area 보관소 thoroughly 철저하게 on display 진열하여 torn 찢어진 fold 접다 make sure 확실히 ~하게 하다

1 Where do the speakers probably work?

   (A) At a bookstore
   (B) At a shoe store
   (C) At a printing press
   (D) At a shipping company

화자들은 어디에서 일할 것 같은가?
(A) 서점
(B) 신발 가게
(C) 신문사
(D) 배송 회사

2 What are the speakers mainly discussing?

   (A) The layout of an office
   (B) The size of a storage room
   (C) The design of products
   (D) A shipment of merchandise

화자들은 주로 무엇에 대해 논의하고 있는가?
(A) 사무실의 배치
(B) 저장고의 크기
(C) 제품들의 디자인
(D) 제품의 배송

3 What problem occurred two weeks ago?

   (A) Damaged items were received.
   (B) A sales receipt was not included.
   (C) A supplier went out of business.
   (D) A shipment was sent to the wrong address.

2주 전에 무슨 문제가 발생했는가?
(A) 손상된 제품들을 받았다.
(B) 영수증이 포함되지 않았다.
(C) 공급 업체가 폐업하였다.
(D) 배송이 잘못된 주소로 보내졌다.

해설 1. 여자가 We'll need to check each of the books thoroughly before we put them on display.라고 말한 것을 통해 책을 진열하는 곳이라는 것을 추측할 수 있으므로 (A)가 정답이다.

2. 화자들은 배송된 책들에 관해 이야기하고 있으므로 (D)가 정답이다.

3. 여자가 The delivery we received two weeks ago had some torn covers and folded pages.라고 말한 것을 통해 손상된 책들을 받았다는 것을 알 수 있으므로 (A)가 정답이다.

Questions 4-6 refer to the following conversation. [CnM] - [BrW]

M: Hi, Rachel. It's Marcel and I'm calling from Chicago. I've just finalized the contract with our clients, ⁴ **but my flight back was just cancelled.**

W: Too bad. But you will be back in time for ⁵ **the orientation for new employees**? You're supposed to ⁵ **lead the question and answer session tomorrow afternoon.**

M: I'm afraid I can't. Sorry to ask, but could you fill in for me? ⁶ **The session guidelines are ready and they are on my desk.**

W: Of course, I'd be happy to take care of that for you.

어휘 finalize 마무리하다 contract 계약 be back 돌아오다 in time for ~의 시간에 맞추어 be supposed to ~하기로 되어 있다 lead 이끌다, 지휘하다 question and answer session 질의응답 시간 I'm afraid ~ 유감이지만 ~이다 fill in for 대신하다, 대리하다 take care of 처리하다 break down 고장 나다 sponsorship 후원, 협찬

---

4 Why is the man calling?

(A) His car has broken down.
(B) He lost an important document.
(C) **His flight was canceled.**
(D) He has won a sponsorship.

남자는 왜 전화하는가?
(A) 차가 고장 났다.
(B) 중요한 서류를 잃어버렸다.
(C) 항공편이 취소되었다.
(D) 후원을 받았다.

5 What will take place tomorrow afternoon?

(A) **A training session**
(B) A press conference
(C) A client meeting
(D) A company banquet

내일 오후에는 어떤 일이 있을 것인가?
(A) 교육
(B) 기자 회견
(C) 고객 미팅
(D) 회사 연회

6 What will the woman take from the man's office?

(A) **Some manuals**
(B) Newspaper
(C) Certificates
(D) Résumés

여자는 남자의 사무실에서 무엇을 가져가겠는가?
(A) 안내서
(B) 신문
(C) 자격증
(D) 이력서

해설 4. 남자의 첫 대화 중 but my flight back was just cancelled에서 돌아가는 항공편이 취소되었다고 알리고 있으므로 정답은 (C)가 된다.

5. 내일 오후에 어떤 일이 있을지 묻고 있으므로 tomorrow afternoon이 언급되는 부분에 집중한다. the orientation for new employees / lead the question and answer session tomorrow afternoon에서 신입 직원 오리엔테이션 중 질의응답 시간을 갖게 된다는 것을 알 수 있으므로 정답은 (A)가 된다.

6. 남자는 여자에게 교육을 대신 해달라고 부탁한 뒤, The session guidelines are ready and they are on my desk.라고 말하며 자신의 책상에 수업 지침서가 준비되어 있다고 하므로 정답은 (A)가 된다.

paraphrasing 6. The session guidelines → Some manuals

NEW

Questions 7-9 refer to the following conversation and a coupon. [CnM] - [AmW]

M: Hi, **⁷ I'm having my bathroom remodeled this week** and I need to buy some paint for the wall.

W: OK, Do you have any brand of paint in mind you'd like to use?

M: **⁸ Well, how about Pro-Hide paint? I've used it in my kitchen.** Do you have that?

W: Sure. And, luckily for you, we're having a sale on that paint now. We have some coupons over there at the entrance. You can pick one up if you want.

M: Oh, great! My bathroom is pretty small. I'll probably only need 2 gallons. Uh… oh! **⁹ I almost forgot I also need some more paint for my kitchen. So I need 3 gallons of the Pro-Hide, please.**

문제 7-9 다음 쿠폰을 참조하시오.

남: 안녕하세요. 제가 이번 주에 저희 집 욕실을 리모델링 할 거라서요. 벽에 쓸 페인트를 사야 해요.

여: 네, 생각해두신 사용하고 싶은 페인트 브랜드 있으신가요?

남: 음, Pro-Hide 페인트는 어떤가요? 저희 부엌에 그걸 사용해 본 적이 있거든요. 그거 있나요?

여: 물론이죠. 그리고 운 좋게도 우리는 그 페인트를 할인 중이에요. 저쪽 출입구에 쿠폰이 있어요. 원하시면 하나 가져오세요.

남: 오, 잘됐네요! 저희 욕실이 좀 작아서 아마 2갤런만 필요할 거예요. 음… 오! 제가 부엌에 쓸 페인트가 좀 더 필요하다는 것을 잊을 뻔 했네요. Pro-Hide 페인트 3갤런 주세요.

어휘 remodel 개조하다, 리모델링하다 have sth in mind ~을 염두에 두고 있다 have a sale 할인을 하다 entrance 입구 pick up 가져가다 launch 시작하다, 출시하다 durable 오래가는, 내구성 있는 reasonable 합리적인

---

7 What is the man doing this week?

(A) Cooking some food
(B) Moving to a new house
(C) Renovating his bathroom
(D) Launching a new brand

남자는 이번 주에 무엇을 할 것인가?
(A) 음식 요리하기
(B) 새집으로 이사하기
(C) 욕실 리모델링하기
(D) 새로운 브랜드 출시하기

8 What does the man say about Pro-Hide paint?

(A) He has used it before.
(B) His neighbor recommended it.
(C) It is durable.
(D) The price is reasonable.

남자는 프로 하이드 페인트에 대해 무엇이라고 말하는가?
(A) 전에 써본 적이 있다.
(B) 그의 이웃이 추천해주었다.
(C) 내구성이 좋다.
(D) 가격이 합리적이다.

NEW

9 Look at the graphic. Which discount will the man receive?

(A) 5%
(B) 10%
(C) 15%
(D) 20%

Coupon
Save up to 20% !!

Buy .... Save
1 gallon 5%
2 gallons 10%
3 gallons 15%
4 gallons 20%

Valid in-store only
Promotion is valid from 24 Aug to 31

시각정보를 보시오. 남자는 어떤 할인을 받을 것인가?
(A) 5%
(B) 10%
(C) 15%
(D) 20%

해설 7. 대화 초반에 키워드 this week이 포함되어있는 문장 I'm having my bathroom remodeled this week에서 욕실 리모델링을 한다는 사실을 알 수 있으므로 정답은 (C)이다. have가 사역동사로 사용되었다는 것을 알아야 한다.

8. 페인트 브랜드를 나타내는 Pro-Hide paint가 키워드이며, 남자의 대사 I've used it in my kitchen에서 전에 써본 적이 있다는 것을 알 수 있으므로 정답은 (A)이다.

9. 남자의 말 I almost forgot I also need some more paint for my kitchen. So I need 3 gallons of the Pro-Hide, please. 부분과 도표를 함께 참고해야 한다. 총 3갤런을 구매할 것이라고 했으므로, 정답은 (C) 3갤런에 해당되는 쿠폰 할인율인 15%이다.

Questions 10-12 refer to the following conversation. [AuM] - [BrW]

W: Hi, Mr. Carlson. I'm calling from Doctor O'Brian's office. You have an appointment for a dental checkup tomorrow. Unfortunately, [10] the doctor won't be able to return from the medical conference by then. [10] I hope you don't mind if we reschedule for next week.

M: Well, I really need to get my teeth examined on that day. [11] I know you have another doctor in the office. Would it be possible for me to see him?

W: You can see him tomorrow at either 9:30 o'clock in the morning or 2 o'clock in the afternoon. Which time is convenient for you?

M: The afternoon would be better because I have to go to an auto repair shop and [12] pick up my car in the morning.

문제 10-12 다음 대화를 참조하시오.

여: 안녕하세요, Carlson 씨. 저는 O'Brian 박사님 진료실에서 전화 드립니다. 내일 치과 검진 예약을 하셨는데요. 공교롭게도 박사님께서 의학 학회에 가셔서 그때까지 돌아오실 수 없게 되었습니다. 괜찮으시다면 다음 주로 예약을 옮겨 드리려고 하는데요.

남: 음, 저는 그날 꼭 치과 검진을 받아야 합니다. 병원에 다른 의사 선생님도 계신 걸로 아는데요. 그 분께 진료를 받을 수 있을까요?

여: 그분은 오전 9시 30분이나 오후 2시에 보실 수 있습니다. 어느 시간이 편리하신지요?

남: 오후가 낫겠습니다. 오전에 자동차 수리점에 들러 차를 가지고 와야 하거든요.

어휘 appointment (진료) 예약 dental 치과의 checkup 검사, 검진 unfortunately 운 나쁘게도, 공교롭게도 medical conference 의학 학회 reschedule 일정을 다시 잡다 convenient 편리한 auto repair shop 자동차 수리점 pick up 찾다, 찾아 가다 confirm 확인하다, 확정하다 order 주문(품) referral 진료 의뢰서

---

10 Why is the woman calling?

(A) To confirm an order
(B) To inquire about a conference
(C) To provide a referral
(D) To reschedule an appointment

여자는 왜 전화하는가?
(A) 주문을 확인하기 위해
(B) 학회에 대해 문의하기 위해
(C) 진료 의뢰서를 제공하기 위해
(D) 예약을 다시 잡기 위해

11 What does the man want to do?

(A) Call a pharmacy
(B) Go to a different location
(C) See a new doctor
(D) Take public transportation

남자는 무엇을 하기를 원하는가?
(A) 약국에 전화하기
(B) 다른 장소에 가기
(C) 새로운 의사에게 진료를 받기
(D) 대중교통을 이용하기

12 What does the man say he has to do tomorrow morning?

(A) Pick up a car
(B) Finish a report
(C) Meet with a client
(D) Get a prescription

남자는 내일 오전에 무엇을 해야 한다고 말하는가?
(A) 차를 가지러 가기
(B) 보고서를 마무리하기
(C) 고객을 만나기
(D) 처방전을 받기

해설 10. 여자의 첫 대화 중 the doctor won't be able to return / I hope you don't mind if we reschedule for next week.를 보면 의사가 학술회의에 참석하여 내일까지 돌아오지 못하는 상황이고, 예약을 다음 주로 다시 잡는 것이 어떤지 묻고 있으므로 정답은 (D)가 된다.

11. 남자의 첫 대화 중 I know you have another doctor in the office. Would it be possible for me to see him?에서 다른 의사에게 진료를 받고 싶어 하므로 정답은 (C)가 된다.

12. tomorrow morning에 어떤 일을 할 것인지 묻고 있으므로 이에 집중해서 듣는다. 남자의 마지막 대화 pick up my car in the morning에서 차를 가지러 가야 한다고 하므로 정답은 (A)가 된다.

Unit 11 공공장소 1 (식당, 은행, 도서관 등)

Part 3

Practice

Answer 1. (A) 2. (C) 3. (B) 4. (A) 5. (B)
         6. (C) 7. (A) 8. (D) 9. (B) 10. (C)

Question 1 refers to the following conversation. [CnM] - [AmW]

M: Leslie, look! There are so many people waiting in line at the checkout counter. I don't understand why there are only two cashiers working right now. It's going to take us a while to pay for the groceries.

W: Yes, and we only have an hour left before our dinner guests arrive.

문제 1 다음 대화를 참조하시오.

남: Leslie, 저것 좀 봐요! 계산대에 많은 사람들이 줄 서서 기다리고 있어요. 지금 왜 계산원이 두 명만 일하고 있는지 이해가 안 되네요. 우리가 식료품 산 것을 계산하려면 한참 걸리겠어요.

여: 그러게요. 우리 저녁 식사 손님들이 도착할 때까지 한 시간밖에 안 남았어요.

어휘 wait in line 줄 서서 기다리다 checkout counter 계산대 cashier 계산원 take a while 한참 걸리다 pay for ~의 값을 지불하다 grocery 식료품 out of stock 재고가 없는

---

1 What problem does the man mention?

(A) The checkout line is too long.
(B) An item is out of stock.

남자는 어떤 문제점을 언급하는가?
(A) 계산대 줄이 너무 길다.
(B) 제품이 품절되었다.

해설 남자는 There are so many people waiting in line at the checkout counter.에서 계산대 앞에 줄 서서 기다리는 사람이 많다는 말을 하고 있으므로 정답은 (A)가 된다.

Question 2 refers to the following conversation. [CnM] - [BrW]

M: Hi, I'd like to check out these books on 19th century art history from your archive.

W: I'm terribly sorry, but we don't allow books from our archive to leave the library because they're very old and the pages can tear easily.

문제 2 다음 대화를 참조하시오.

남: 저는 기록 보관소에서 19세기 미술사에 관한 이 책들을 대출하고 싶습니다.

여: 정말 죄송하지만, 저희는 기록 보관소의 책들은 도서관 밖으로 대출을 허용하지 않습니다. 왜냐하면 책들이 매우 오래되어 페이지가 쉽게 찢어질 수 있기 때문입니다.

어휘 check out (도서 등을) 대출하다 archive 기록 보관소 terribly 매우, 심하게 allow 허용하다 tear 찢어지다 be about to 막 ~하려고 하다 fragile 상하기 쉬운, 깨지기 쉬운 restore 보수하다, 복원하다

---

2 What does the woman say about the books?

(A) They are about to be sold.
(B) They are available online.
(C) They are in fragile condition.
(D) They are being restored.

여자는 책들에 대해 무엇이라고 하는가?
(A) 곧 판매되려고 한다.
(B) 온라인에서 구할 수 있다.
(C) 파손되기 쉬운 상태에 있다.
(D) 복구되고 있는 중이다.

해설 여자는 책을 대출할 수 없다고 한 뒤, they're very old and the pages can tear easily에서 오래 되어 찢어지기 쉬운 상태라고 그 이유를 설명하고 있다. 따라서 정답은 (C)가 된다.

paraphrasing very old and the pages can tear easily → in fragile condition

130

Questions 3-4 refer to the following conversation. [CnM] - [BrW]

M: Excuse me, I just moved into this apartment building yesterday. ³ I was told that I can get a parking permit here.

W: Yes, I can help you with that. ³ A three-month permit is $150, and we also sell a one-year permit for $500.

M: Well, I'm only staying in town temporarily for my internship, so ⁴ a three-month permit would be perfect for me.

어휘 move into ~로 이사 오다 parking permit 주차권 temporarily 일시적으로, 임시로 internship 인턴사원 근무 perfect for 완벽한, 딱 맞는 lease 임대차 계약서

3 What would the man like to do?

(A) Sign a lease
(B) Purchase a parking permit

4 How long is the man going to stay?

(A) Three months
(B) One year

해설 3. 남자는 I was told that I can get a parking permit here에서 주차권을 얻고자 하며, 여자는 A three-month permit is $150, and we also sell a one-year permit for $500.에서 주차권의 가격을 말하고 있으므로 남자는 주차권을 구입하려는 것임을 알 수 있다.

4. 두 종류의 주차권 중 남자는 a three-month permit would be perfect for me에서 3개월짜리가 좋겠다는 말을 하고 있으므로 3개월간 머물 예정임을 알 수 있다.

Questions 5-6 refer to the following conversation. [AuM] - [AmW]

M: Excuse me, I was wondering if you have a book titled *A Glance Into Asia*. ⁵ It contains a lot of tourist information about traveling throughout Southeast Asia.

W: Hold on a minute while I check our database. Well, ⁶ it is scheduled to be published at the end of the month. I can put you on the waiting list, and we'll e-mail you the moment the book is released.

어휘 wonder if ~인지 궁금하다 hold on 기다리다 be scheduled to ~하기로 예정되어 있다 publish 출간하다 waiting list 대기자 명단 the moment ~하는 바로 그 순간, ~하자마자 release 선보이다, 출시하다 lost 분실된

5 What type of book is the man looking for?

(A) A science book
(B) A travel guide
(C) A mystery novel
(D) A dictionary

6 **Why** is the **book unavailable**?

(A) It has been lost.

(B) It has been purchased.

(C) It has not been published yet.

(D) It has not been returned.

책을 왜 구할 수 없는가?
(A) 분실되었다.
(B) 구입되었다.
(C) 아직 출간되지 않았다.
(D) 반납되지 않았다.

해설 5. 남자는 It contains a lot of tourist information about traveling throughout Southeast Asia.에서 책에 동남아시아 관광 정보가 잔뜩 담겨 있다고 하므로 정답은 (B)가 된다.

6. 여자의 대화 중 it is scheduled to be published at the end of the month에서 아직 책이 출간되지 않았다는 것을 알 수 있으므로 정답은 (C)가 된다.

Questions 7-8 refer to the following conversation. [AmW] - [CnM]

W: Hello, this is Jessica Hill. I'd like to speak to Dr. Evans about my prescription.

M: ⁷ Dr. Evans is busy examining a patient right now. But, I can help you with that. What's the problem?

W: Well, she prescribed two bottles of pills for my sleeping disorder, but ⁸ I lost the note she gave me. I'm not sure which one I should take before I go to bed.

문제 7-8 다음 대화를 참조하시오.

여: 안녕하세요, 저는 Jessica Hill입니다. 제 처방전에 관해 Evans 선생님과 이야기하고 싶습니다.

남: Evans 선생님께서는 지금 환자를 보시느라 바쁘십니다. 하지만, 제가 도와드릴 수 있습니다. 무슨 문제인가요?

여: 음, 선생님께서 제 수면장애에 대해 약물 두 병을 처방해 주셨는데, 선생님이 주신 메모를 잃어버렸습니다. 잠자기 전에 어느 것을 먹어야 할지 잘 모르겠네요.

어휘 prescription 처방전 examine 진찰하다 prescribe 처방하다 bottle 병 pill 알약 sleeping disorder 수면 장애 conference 총회, 학회 clinic 진료실, 개인 병원 confirm 확인하다, 확정하다 appointment (진료) 예약 refill a prescription 처방대로 약을 다시 짓다 clarify 명확히 하다 instructions 지시, 설명

---

7 **What** does the **man say** about **Dr. Evans**?

(A) She is with a patient.

(B) She is out of the office.

(C) She is at a conference.

(D) She has opened a new clinic.

남자는 Dr. Evans에 대해 무엇이라고 하는가?
(A) 환자와 함께 있다.
(B) 사무실에 없다.
(C) 학회에 참석하고 있다.
(D) 새 병원을 개업했다.

8 **Why** is the **woman calling**?

(A) To confirm an appointment

(B) To request copies of test results

(C) To refill a prescription

(D) To clarify a doctor's instructions

여자는 왜 전화를 거는가?
(A) 진료 예약을 확인하기 위해
(B) 검사 결과 사본을 요청하기 위해
(C) 처방대로 약을 다시 짓기 위해
(D) 의사의 지시를 명확히 하기 위해

해설 7. Evans 선생에 대해 묻고 있으므로 이름이 언급되는 부분에 집중한다. 남자의 대화 중 Dr. Evans is busy examining a patient right now.에서 지금 환자를 진료하는 중이라고 하므로 정답은 (A)가 된다.

8. 여자의 마지막 대화 중 I lost the note she gave me. I'm not sure which one I should take before I go to bed.에서 의사가 준 복약 지도 메모를 잃어버려 약 먹는 방법을 정확히 모르기 때문에 전화한 것임을 알 수 있으므로 정답은 (D)가 된다.

paraphrasing 7. examining a patient → with a patient

Questions 9-10 refer to the following conversation. [BrW] - [CnM]

W: Hi, ⁹ I'm calling to apply for a small business loan. I'd like to ⁹ speak to Carl Gibson.

M: I'm sorry, but Mr. Gibson doesn't work here anymore. ¹⁰ He's been transferred to our branch office in Elmwood about a month ago. But I can put you in touch with the person in charge of business loan applications.

W: Well, Mr. Gibson was very helpful and I'd really like to ⁹ consult with him again, if possible.

문제 9-10 다음 대화를 참조하시오.

여: 안녕하세요, 소규모 사업 자금 대출을 신청하려고 전화 드립니다. Carl Gibson 씨와 통화하고 싶습니다.

남: 죄송합니다만, Gibson 씨는 더 이상 이곳에 근무하지 않습니다. 한 달 전 Elmwood 지점으로 전근되었습니다. 하지만 제가 사업 자금 대출신청을 담당하는 사람에게 연결해 드릴 수 있습니다.

여: 음, Gibson 씨가 저를 아주 많이 도와주셔서, 가능하다면 그 분과 다시 상의하고 싶습니다.

어휘 apply for 신청하다 loan 대출 transfer 전근 가다 branch 지점, 지사 put A in touch with A가 ~와 연락이 되게 해주다 in charge of ~을 담당하는 application 지원, 신청 consult with ~와 상담하다 transfer 보내다, 이체하다 advance payment 선금금, 전도금 location 위치 attend 참석하다

9 Why is the **woman calling**?

(A) To transfer some money

(B) To discuss a business loan

(C) To request an advance payment

(D) To inquire about an office location

여자는 왜 전화를 거는가?
(A) 돈을 이체하기 위해
(B) 사업 자금 대출을 논의하기 위해
(C) 선금금을 요청하기 위해
(D) 사무실 위치를 문의하기 위해

10 Why is Mr. **Gibson unavailable** to help the woman?

(A) He works for a different company.

(B) He is attending a conference.

(C) He has been transferred.

(D) He is on vacation.

Gibson 씨는 왜 여자를 도와줄 수 없는가?
(A) 다른 회사에 근무한다.
(B) 회의에 참석 중이다.
(C) 전근되었다.
(D) 휴가 중이다.

해설 9. 여자는 첫 대화 I'm calling to apply for a small business loan에서 사업 자금 대출을 신청하기 위해서라며 전화한 목적을 밝히고 있다. 이어지는 speak to Carl Gibson / consult with him 등을 통해 사업 자금 대출과 관련해 특정 인물과 상의하고 싶어 한다는 것을 알 수 있으므로 정답은 (B)가 된다.

10. 남자의 대화 중 He's been transferred to our branch office in Elmwood에서 Gibson 씨가 다른 지점으로 옮겨간 것을 알 수 있으므로 정답은 (C)가 된다.

Unit 12 공공장소 2 (교통/주차, 숙박, 부동산)

Part 3

Practice   **Answer**   1. (B)   2. (A)   3. (B)   4. (A)   5. (D)
  6. (C)   7. (B)   8. (B)   9. (A)   10. (C)

Question 1 refers to the following conversation. [CnM] - [AmW]

M: Hi, I'm in town for the technology convention and I'd like to rent a car for the weekend.

W: What type of car would you like? We have a wide selection of vehicles from compact cars to spacious SUVs.

문제 1 다음 대화를 참조하시오.
남: 안녕하세요. 저는 기술 회의 참석차 이 도시에 왔는데, 주말에 사용할 차를 빌리고 싶습니다.
여: 어떤 종류의 차를 원하시나요? 저희는 소형차부터 넓은 SUV까지 다양한 종류의 차량들이 있습니다.

어휘 in town 도시에 있는   convention (대규모) 회의, 컨벤션   rent 빌리다, 임차하다   a wide selection of 다양한 종류의   compact car 소형차   spacious 넓은

1 What type of business does the woman most likely work for?

(A) A hotel chain
(B) A car rental company

여자는 어떤 분야에서 일하겠는가?
(A) 호텔 체인
(B) 자동차 대여 업체

해설 남자가 자동차를 빌리겠다(I'd like to rent a car)고 하자, 여자는 다양한 차종이 있다(We have a wide selection of vehicles from compact cars to spacious SUVs.)고 소개하므로 정답은 (B)가 된다.

Question 2 refers to the following conversation. [BrW] - [CnM]

W: Mark, I've just found a perfect spot for our new warehouse. It's close to our office and it seems like a great place for storage. Do you have time this afternoon to look around with me?

M: Sure. But, are you sure it has enough space for our inventory?

문제 2 다음 대화를 참조하시오.
여: Mark, 방금 우리의 새 물류 창고에 딱 맞는 장소를 발견했어요. 사무실에서도 가깝고 보관하기에 아주 좋은 장소인 것 같아요. 오늘 오후에 저와 함께 둘러보실 시간이 있나요?
남: 물론이죠. 그런데 우리 재고를 보관할 만큼 충분한 공간이 있다는게 확실해요?

어휘 spot 장소, 지점   warehouse 물류 창고   close 가까운   seem like ~인 것 같다   storage 보관   look around 둘러보다   inventory 재고   rental 임대의, 임차되는   availability 이용할 수 있음   estimate 견적(서)

2 What does the man ask about?

(A) The size of a rental space
(B) The location of a building
(C) The availability of parking
(D) The estimate of construction

남자는 무엇을 묻고 있는가?
(A) 임대 공간의 크기
(B) 건물의 위치
(C) 주차 가능 여부
(D) 공사 견적

해설 물류 창고에 적합한 장소를 찾았다는 여자의 말에 남자는 are you sure it has enough space for our inventory라고 말하며 공간이 정말 충분한지 묻고 있으므로 정답은 (A)가 된다.

Questions 3-4 refer to the following conversation. [CnM] - [BrW]

M: Hi, ³ I just checked out of room 256, and I think I left my sunglasses inside. ⁴ I've looked through my suitcase, but I can't seem to find them. ³ Could you send someone up there to look for them?

W: Sure. ³ I'll call someone from our housekeeping staff to see if there are any personal belongings left behind.

어휘 check out (호텔 등에서) 체크아웃하다 leave 남겨 두다 suitcase 여행 가방 housekeeping 하우스키핑(호텔의 객실 관리 서비스 부서) staff 직원들 personal belongings 개인 소지품 leave behind 두고 가다 reservation 예약 incorrect 부정확한, 틀린

---

3 Where does the **woman** most likely **work**?

(A) At a grocery store

(B) At a hotel

4 What is the **man's problem**?

(A) He cannot find an item.

(B) A reservation is incorrect.

해설 3. 남자가 I just checked out of room 256 / Could you send someone up there to look for them?에서 체크아웃을 했는데 물건을 두고 온 것 같으니 확인해 달라고 요청하자 여자는 I'll call someone from our housekeeping staff to see if there are any personal belongings ~라고 하며 사람을 보내 확인해 주겠다고 응답하므로 여자가 근무하는 곳은 호텔임을 알 수 있다.

4. 남자는 I've looked through my suitcase, but I can't seem to find them.에서 선글라스를 찾을 수 없다고 하므로 정답은 (A)가 된다.

Questions 5-6 refer to the following conversation. [BrW] - [AmM]

W: Hi, Daniel. ⁵ I'm going to Montreal for my internship at a Canadian company. I might be staying for six months and I am wondering if you have any suggestions for places to stay.

M: Well, since you will be there for a while, ⁶ how about renting an apartment instead of staying in a hotel? It will probably help you save some money.

어휘 suggestion 제안 for a while 한동안 instead of ~ 대신에 probably 아마도 save 절약하다, 아끼다 tourist site 관광지 conduct 진행하다, 실시하다 research 연구, 조사 contact 연락을 취하다 travel agency 여행사

---

5 Why is the **woman going** to **Montreal**?

(A) To visit tourist sites

(B) To take a course

(C) To conduct research

(D) To work as an intern

6 What does the **man suggest** the **woman** do?

(A) Open a bank account

(B) Contact a university

(C) Stay in an apartment

(D) Go to a travel agency

해설 5. 여자는 I'm going to Montreal for my internship at a Canadian company.에서 캐나다 회사에서 인턴 근무를 하기 위해 몬트리올에 간다고 하므로 정답은 (D)가 된다.

6. 여자가 어디에 머무르면 좋을지 제안해 달라고 하자, 남자는 how about renting an apartment instead of staying in a hotel?에서 호텔에 머물지 말고 아파트를 세내라고 하므로 정답은 (C)가 된다.

Questions 7-8 refer to the following conversation. [BrW] - [AuM]

W: Hello, my name is Linda Davis. ⁷ I made a reservation to pick up a rental car here at nine in the morning. ⁸ But my flight from Singapore arrived late. Is the car still available?

M: Of course. We understand such delays are unavoidable, so ⁷ we hold your reservations for an extra three hours.

W: Thank you. By the way, can I make a payment by company credit card?

M: Certainly, Ms. Davis. And since this is ⁷ your second time renting from us, we'll offer you a fifteen percent discount.

문제 7-8 다음 대화를 참조하시오.

여: 안녕하세요, 저는 Linda Davis라고 합니다. 오늘 오전 9시에 이곳에서 렌터카를 찾아 가기로 예약했습니다. 하지만 싱가포르에서 타고 오는 항공편이 늦게 도착했어요. 그래도 차를 가져갈 수 있나요?

남: 물론입니다. 저희는 그런 지연 상황을 피할 수 없다는 것을 이해합니다. 그래서 당신의 예약을 추가로 3시간 연장해 두었습니다.

여: 감사합니다. 그런데, 법인 카드로 지불할 수 있나요?

남: 물론입니다. Davis 씨. 이번이 두 번째로 저희 차량을 대여받으시는 것이기 때문에 15퍼센트 할인해 드리겠습니다.

어휘 make a reservation 예약하다 pick up 찾다, 찾아 오다 rental car 렌터카, 임대차 available 구할 수 있는 delay 지연, 지체 unavoidable 피할 수 없는 hold 유지하다, 보유하다 make a payment 지불하다 discount 할인 delay 지연시키다

---

7 **Where** does the **conversation** most likely **take place**?

(A) At a library
(B) At a rental car agency
(C) At a photo studio
(D) At an airport check-in counter

대화는 어디에서 이루어 지겠는가?
(A) 도서관
(B) 자동차 대여 업체
(C) 사진관
(D) 공항 체크인 카운터

8 What **problem** does the **woman mention**?

(A) Her car would not start.
(B) Her flight was delayed.
(C) A bank was closed.
(D) A reservation was canceled.

여자는 어떤 문제점을 언급하는가?
(A) 차가 시동이 걸리지 않는다.
(B) 항공편이 지연되었다.
(C) 은행이 문을 닫았다.
(D) 예약이 취소되었다.

해설 7. I made a reservation to pick up a rental car here / we hold your reservations / your second time renting from us 등을 통해 대화가 이루어지는 곳은 자동차 대여 업체임을 알 수 있다.

8. 여자의 첫 대화 중 I made a reservation to pick up a rental car here at nine in the morning. But my flight from Singapore arrived late.에서 오전 9시에 차를 찾아 가기로 했는데, 항공편의 도착이 늦어졌다고 하므로 정답은 (B)가 된다.

Questions 9-10 refer to the following conversation. [AmW] - [CnM]

W: Warren, have you heard about Madison's Organic Foods? It's [9] a new organic food market that opened last week. I've only been there once but I can guarantee you that [9] it has the largest selection in the entire city.

M: Of course, [9] I've already shopped there twice. I was impressed by how inexpensive it was for organic produce.

W: I agree. And [10] I would recommend buying some of the bread in its bakery. I will try to get there early because it sells out so quickly.

문제 9-10 다음 대화를 참조하시오.

여: Warren, Madison's 유기농 식품이라는 곳에 대해 들어 봤어요? 지난주에 새로 문을 연 유기농 식품 시장이에요. 저는 한 번만 가 봤지만, 시내에서 가장 물건 종류가 많은 곳이라고 장담해요.

남: 물론이죠. 저는 거기에서 이미 두 번 쇼핑했어요. 저는 유기농 농산물치고는 값이 무척 싸서 인상적이었어요.

여: 저도 동의해요. 그리고 그곳의 베이커리에서 빵을 사 보시길 권합니다. 빵이 워낙 빨리 다 팔리기 때문에 저는 그곳에 일찍 가려고 노력하지요.

어휘 organic 유기농의 guarantee 보장하다 selection 선택 가능한 물건들 entire 전체의 shop 쇼핑하다 impressed 깊은 인상을 받은 inexpensive 값싼 produce 농산물 recommend 추천하다 sell out 매진되다 schedule 일정을 잡다 appointment 약속, 예약

---

9 **What** are the **speakers discussing**?

(A) A local market
(B) A festival schedule
(C) A city tour
(D) A new restaurant

화자들은 무엇에 대해 논의하고 있는가?

(A) 지역 시장
(B) 축제 일정
(C) 시내 관광
(D) 새로운 식당

10 **What** does the **woman suggest** the **man** do?

(A) Use a discount coupon
(B) Schedule an appointment
(C) Purchase some products
(D) Visit a different city

여자는 남자가 무엇을 하도록 제안하는가?

(A) 할인 쿠폰을 사용할 것
(B) 예약 일정을 잡을 것
(C) 제품을 구입할 것
(D) 다른 도시를 방문할 것

해설 9. a new organic food market / it has the largest selection / I've already shopped there 등을 보면 새로 생긴 유기농 식품 시장에 대해 이야기하고 있으므로 정답은 (A)가 된다.

10. 여자는 I would recommend buying some of the bread에서 베이커리의 빵을 사보도록 권하고 있으므로 정답은 (C)가 된다.

paraphrasing 10. buying some of the bread → Purchase some products

Actual Test

Answer 1. (C) 2. (B) 3. (A) 4. (A) 5. (B) 6. (C) 7. (D) 8. (B) 9. (B) 10. (C) 11. (B) 12. (B)

NEW
Questions 1-3 refer to the following conversation with three speakers. [AuM] – [AmW] – [BrW]

M: Susan, ¹ I'm surprised to see the doubled online subscriptions this quarter.

W1: Yeah, I'm also excited to see the increase. I wonder how we got so many new subscribers in such a short time.

M: I have no idea. We haven't even launched our advertising campaign for our new magazine yet. Do you know why, Jennifer?

W2: ² I heard a popular blogger recently reviewed the magazine. She gave us a great rating. The number of subscribers has increased substantially since then.

M: Great! ³ I'm going to speak with our marketing director. He wants to discuss more promotional ideas.

문제 1-3 다음 화자 세 명의 대화를 참조하시오.

남: 수잔씨, 이번 분기에 온라인 구독이 두배가 된 걸 보니 놀랍군요.

여1: 네, 저도 상승된 걸 보니 기뻐요. 어떻게 우리가 짧은 시간에 이렇게 많은 새 구독자를 유치하게 되었는지 궁금해요.

남: 저도 모르겠어요. 우리는 아직 새 잡지에 대한 광고조차 시작하지 않았거든요. 왜 그런지 아세요, 제니퍼씨?

여2: 유명한 블로거가 최근에 잡지를 평가했다고 하더라고요. 그 블로거가 훌륭한 평가를 내렸어요. 그 때 이후로 구독자의 수가 상당히 증가했어요.

남: 잘됐네요. 저는 마케팅 이사님과 이야기 하도록 할게요. 그는 더 많은 홍보 아이디어에 대해 이야기하고 싶어해요.

어휘 be surprised 놀라다 doubled 두배가 된 subscription 정기구독 quarter 분기 launch 시작하다, 출시하다 advertising campaign 홍보 캠페인 rating 순위, 평가 the number of ~의 수 substantially 상당히 promotional 홍보의

1 According to the speakers, what has recently increased?

   (A) The price of a monthly publication
   (B) The number of publishers
   (C) The number of subscribers
   (D) The cost of advertising

화자들에 의하면, 최근에 무엇이 증가하였나?
(A) 월간 출판물의 가격
(B) 출판사의 수
(C) 정기 구독자의 수
(D) 광고비용

2 Why did the increase occur?

   (A) A new campaign was launched.
   (B) The publication received a positive review.
   (C) The company hired new salespeople.
   (D) The company opened a new branch.

왜 증가분이 발생하였는가?
(A) 새로운 캠페인이 시작되어서.
(B) 출판물이 긍정적인 평가를 받아서.
(C) 회사가 새 영업사원들을 고용해서.
(D) 회사가 새 지점을 개설해서.

3 What will the man do next?

   (A) Meet with his boss
   (B) Hire some more bloggers
   (C) Establish a publishing company
   (D) Publish a new magazine

남자는 다음에 무엇을 할 것인가?
(A) 상사 만나기
(B) 블로거를 더 고용하기
(C) 출판사 설립하기
(D) 새 잡지 발간하기

해설 1. 남자 대화의 초반에 이번 분기에 온라인 구독이 두배가 된 걸 보니 놀랍군요.(I'm surprised to see the doubled online subscriptions this quarter.)라고 말하는 부분에서 잡지의 구독자수가 증가하였음을 알 수 있으므로 정답은 (C)이다.

2. 두 번째 여자에게 물은 의견에 대한 답변에서 유명한 블로거가 최근에 잡지를 평가했고 그 블로거가 훌륭한 평가를 내렸다(I heard a popular blogger recently reviewed the magazine. She gave us a great rating.)고 말하는 부분에서 잡지가 긍정적인 평가를 받아서 판매가 증가했음을 알 수 있으므로 정답은 (B)이다.

3. 남자의 대화 마지막 부분에 마케팅 이사님과 이야기 하도록 하겠다(I'm going to speak with our marketing director.)는 부분에서 정답이 (A)임을 알 수 있다.

NEW

Questions 4-6 refer to the following conversation and signs. [BrW] - [AuM]

W: Good morning. Welcome to the Furniture design factory. How can I help you?

M: Hello, I'm Jake Perez. ⁴I saw a sign over there saying that drivers have to check in here at the security booth.

W: Sure, that's right. What brings you to the factory today?

M: I'm a furniture designer from Home Accents and ⁵I have an important meeting with the production manager, Robert Wilson 10 o'clock.

W: Yes, let me first confirm that you're on the visitors' list. OK, I see your name here.

M: Great! Where can I park?

W: Mr. Wilson is in the building for carpenters on the east so you can go straight ahead to parking area A. ⁶But here, display this tag in your car's windshield. Without one of these, you might get a ticket from security.

문제 4-6 다음 대화와 시각정보를 참조하시오.

여: 안녕하세요. 가구 디자인 공장에 오신 것을 환영합니다. 무엇을 도와드릴까요?

남: 안녕하세요, 저는 Jake Perez인데요. 제가 저 쪽에서 운전자들은 여기 경비초소에 신고해야 한다는 간판을 보았어요.

여: 네, 맞아요. 오늘 공장에는 왜 오셨나요?

남: 저는 홈 액센트에서 온 가구 디자이너인데요. 생산매니저 Robert Wilson씨와 10시에 중요한 회의가 있어요.

여: 네, 먼저 당신이 방문자 목록에 있는지 확인해 보도록 할게요. 네, 여기 이름이 있네요.

남: 좋아요. 어디에 주차를 할 수 있을까요?

여: 윌슨씨는 동쪽에 있는 목수들이 있는 건물에 있으니 직진하셔서 A주차구역으로 가세요. 그런데 여기 이 식별 표를 차량 앞 유리에 놓아 주세요. 이 식별 표가 없으면 경비실에서 딱지를 받게 될 수도 있어요.

어휘 / sign 간판, 표지판 security booth 경비초소 carpenter 목수 go straight 직진하다 windshield 창유리 ticket 딱지, 티켓

NEW

4 Look at the graphic. Which sign does the man refer to?

(A) Sign 1
(B) Sign 2
(C) Sign 3
(D) Sign 4

Visitors Must Sign In at Security booth	This is a smoke-free building
1	2
Approach Gate SLOWLY	Safety helmets must be worn
3	4

시각정보를 보시오. 남자는 어떤 간판을 말하는 것인가?
(A) 1번 간판
(B) 2번 간판
(C) 3번 간판
(D) 4번 간판

5 Why is the man at the factory?

(A) To schedule an interview
(B) To hold a meeting
(C) To deliver wood for furniture
(D) To take a tour of the site

남자는 왜 공장에 있는가?
(A) 인터뷰 일정을 잡으려고
(B) 회의를 하려고
(C) 가구용 목재를 배송하려고
(D) 부지 견학을 하려고

6 What does the woman give to the man?

(A) A ticket for a concert
(B) A safety helmet
(C) A parking permit
(D) A key to the building

여자는 남자에게 무엇을 주는가?
(A) 콘서트 관람티켓
(B) 안전모
(C) 주차 허가증
(D) 건물 열쇠

해설 4. 남자가 운전자들은 경비초소에 신고해야 한다는 간판을 보았다고, I saw a sign over there saying that drivers have to check in here at the security booth라고 말하고 있다. 따라서 방문객들은 경비초소에 등록을 해야 한다고 표시된 첫 번째 간판 (A)가 정답이다.

5. 남자가 대화 중반에 생산매니저 로버트 윌슨씨와 10시에 중요한 회의가 있다고, I have an important meeting with the production manager, Robert Wilson 10 o'clock이라고 말하고 있으므로 정답은 (B)이다.

6. 여자의 마지막 대사에서 식별 표를 차량 앞 유리에 놓아달라고, display this tag in your car's windshield라고 하므로 정답은 (C)이다. 대화의 this tag가 문제의 보기에서는 A paring permit으로 패러프레이징 된 점에 유의한다.

Questions 7-9 refer to the following conversation. [AmW] - [AuM]

W: Hello, my name is Jerry Jordan. I run a business here in the downtown area and [7] **I came to your bank to ask about getting a loan for a renovation.** Sales at the store have been skyrocketing lately so I'm planning to add display cases.

M: OK. First of all, [8] **I'd like you to fill out this form for your credit assessment.** Then, [8] **I'll show you some loan options** you can choose from and [8] **I'll guide you through the application process.**

W: Thank you very much. And is there any additional paperwork I should prepare?

M: [9] **All of the documents required for the application are listed on our website.**

문제 7-9 다음 대화를 참조하시오.

여: 안녕하세요. 제 이름은 Jerry Jordan입니다. 저는 이곳 시내에서 사업체를 운영하는데, 개조 공사를 위해 대출을 받을 수 있는지 문의하려고 이 은행에 들렀습니다. 최근에 매출이 급등해 추가로 진열장을 만들 계획입니다.

남: 알겠습니다. 일단은 고객님의 신용 평가를 위해 여기에 있는 양식을 작성해 주십시오. 그리고 나서 선택하실 수 있는 대출 상품을 몇 가지 보여드리겠습니다. 그리고 대출 절차를 상세히 안내해 드리겠습니다.

여: 정말 감사합니다. 그리고 제가 준비해야 할 추가 서류가 있나요?

남: 신청에 필요한 모든 서류는 저희 웹사이트에 목록으로 제시되어 있습니다.

어휘 run 운영하다 downtown 시내의 loan 대출 renovation 보수, 개조 skyrocket 치솟다, 급상승하다 lately 최근에 display case 진열장 fill out (양식을) 기입하다, 작성하다 assessment 평가 option 옵션, 선택 사항 guide through 상세히 안내하다 process 절차 paperwork 문서, 서류 require 필요로 하다, 요구하다 list 목록으로 나열하다 warehouse 창고 promote 홍보하다 remodel 리모델링하다 recent 최근의

---

7 What does the woman say she plans to do?

(A) Start a new business
(B) Visit a warehouse
(C) Promote an event
(D) Remodel a store

여자는 무엇을 할 계획이라고 말하는가?
(A) 새 사업 시작
(B) 창고 방문
(C) 행사 홍보
(D) 매장 리모델링

8 Who is the man?

(A) A real estate agent
(B) A bank employee
(C) A career counselor
(D) A construction manager

남자는 누구인가?
(A) 부동산 중개업자
(B) 은행 직원
(C) 직업 상담가
(D) 공사 현장 관리자

9 According to the man, what can the woman find on the website?

(A) A company history
(B) A list of necessary documents
(C) Directions to a building
(D) Samples of recent projects

남자의 말에 의하면, 여자는 웹사이트에서 무엇을 찾을 수 있는가?
(A) 회사의 역사
(B) 필요한 서류 목록
(C) 건물로 가는 길 안내
(D) 최근 프로젝트 샘플

해설 7. 여자의 첫 대화 중 I came to your bank to ask about getting a loan for a renovation.에서 매장 개조 공사를 위해 대출을 받으려고 한다고 하므로 정답은 (D)가 된다.

8. 남자의 첫 대화 중 I'd like you to fill out this form for your credit assessment. / I'll show you some loan options / I'll guide you through the application process 등에서 대출 신청에 관한 업무 처리를 하겠다고 하므로 은행 직원임을 알 수 있다.

9. 남자의 마지막 대화 All of the documents required for the application are listed on our website.에서 웹 사이트에서 필요한 서류를 알려주고 있다고 하므로 정답은 (B)가 된다.

Questions 10-12 refer to the following conversation. [AuM] - [BrW]

M: Jill, I never imagined this town would have such a fancy restaurant. How did you find out about it?

W: ¹⁰ My parents brought me here for our family reunion last month. I liked the atmosphere but what really appealed to me was the food.

M: I can see that from the menu. ¹¹ I wish I could order everything on it. So what do you recommend?

W: The last time I was here, I had a tenderloin steak with mushroom sauce. You should try it. And ¹² whatever dessert you choose, you won't get disappointed.

어휘 imagine 상상하다 fancy 멋진, 근사한 family reunion 가족 모임 atmosphere 분위기 appeal to ~의 마음을 끌다 recommend 추천하다 tenderloin (쇠고기 등의) 안심 get disappointed 실망하다 review 평가하다 advertise 광고하다 unusual 별난, 색다른 reasonable (가격이) 적당한

문제 10-12 다음 대화를 참조하시오.

남: Jill, 나는 이 동네에 이렇게 멋진 레스토랑이 있을 줄은 상상도 못했어요. 어떻게 알게 되었나요?

여: 부모님께서 지난달 가족 모임 때 저를 이곳에 데려 오셨어요. 분위기도 좋지만 정말 마음에 들었던 것은 음식이었어요.

남: 메뉴를 보니 그럴 것 같네요. 여기에 있는 것을 다 주문할 수 있다면 좋겠네요. 그럼 어떤 것을 추천하겠어요?

여: 지난번에 저는 버섯 소스를 얹은 안심 스테이크를 먹었어요. 꼭 한번 드셔 보세요. 그리고 디저트는 어떤 것을 골라도 실망하지 않으실 거예요.

---

10 How did the woman learn about the restaurant?

(A) A friend of hers recommended it.
(B) It was reviewed in a newspaper.
(C) She visited it with her family.
(D) It was advertised on television.

여자는 레스토랑에 대해 어떻게 알게 되었나?
(A) 친구가 추천해 주었다.
(B) 신문에 평가 기사가 실렸다.
(C) 가족과 그곳을 방문했다.
(D) 텔레비전에 광고되었다.

11 What does the man ask the woman to do?

(A) Call a waiter
(B) Suggest a menu item
(C) Make a reservation
(D) Pick up a business card

남자는 여자에게 무엇을 해달라고 요청하는가?
(A) 웨이터를 부를 것
(B) 메뉴 품목을 추천할 것
(C) 예약을 할 것
(D) 명함을 찾아 올 것

12 What does the woman say about the restaurant?

(A) It has many food choices.
(B) It serves excellent desserts.
(C) The interior design is unusual.
(D) The prices are reasonable.

여자는 레스토랑에 대해 무엇이라고 말하는가?
(A) 여러 음식을 선택할 수 있다.
(B) 훌륭한 디저트를 내놓는다.
(C) 인테리어가 색다르다.
(D) 가격이 적당하다.

해설 10. 여자의 첫 대화 중에 My parents brought me here for our family reunion에서 부모님이 가족 모임 때 자신을 그 레스토랑에 데리고 온적이 있다고 하므로 정답은 (C)가 된다.

11. 남자는 여자에게 I wish I could order everything on it. So what do you recommend?에서 어떤 메뉴를 추천할지 묻고 있으므로 정답은 (B)가 된다.

12. 여자의 마지막 대화 중 whatever dessert you choose, you won't get disappointed에서 디저트는 어떤 것을 골라도 훌륭하다는 것을 알 수 있으므로 정답은 (B)가 된다.

Part Test 3

Answer

32. (D)	33. (B)	34. (D)	35. (C)	36. (B)	37. (A)	38. (C)	39. (D)	40. (A)	41. (B)
42. (C)	43. (A)	44. (A)	45. (C)	46. (D)	47. (A)	48. (D)	49. (A)	50. (A)	51. (C)
52. (D)	53. (D)	54. (B)	55. (A)	56. (B)	57. (A)	58. (B)	59. (A)	60. (B)	61. (D)
62. (A)	63. (C)	64. (D)	65. (A)	66. (C)	67. (B)	68. (D)	69. (C)	70. (C)	

Questions 32-34 refer to the following conversation. [BrW] - [CnM]

W: Hi, ³² **I want to send this package by air mail to Lyon, France. But** ³³ **I am not sure about the postal code.**

M: ³² **That's OK, I'll look it up for you.** Do the contents of your package weigh more than 10 kilograms?

W: No. They are some clothes and personal belongings.

M: Alright. ³⁴ **Please write the recipient's address and phone number on this form** while I check the postal code for you.

문제 32-34 다음 대화를 참조하시오.

여: 안녕하세요. 이 소포를 프랑스 리옹까지 항공 우편으로 보내고 싶습니다. 하지만 우편 번호를 확실히 모르겠어요.

남: 괜찮습니다. 제가 알아봐 드리겠습니다. 소포 내용물의 무게가 10킬로그램이 넘나요?

여: 아니오. 옷가지와 개인 소지품입니다.

남: 좋습니다. 제가 우편 번호를 확인하는 동안 이 양식에 받는 사람의 주소와 전화번호를 적어 주세요.

어휘 / package 소포 air mail 항공 우편 postal code 우편 번호 look up (정보를) 찾아보다, 검색하다 content 내용물 weigh 무게가 ~ 나가다

---

32 Where does the man most likely work?
(A) At an airport
(B) At a gift shop
(C) At a travel agency
(D) At a post office

남자는 어디에서 근무하겠는가?
(A) 공항
(B) 선물 가게
(C) 여행사
(D) 우체국

33 What information does the woman ask for?
(A) Some directions
(B) A postal code
(C) An exchange rate
(D) An account number

여자는 어떤 정보를 요청하는가?
(A) 길 안내
(B) 우편 번호
(C) 환율
(D) 계좌 번호

34 What does the man ask the woman to do?
(A) Wait in line
(B) Wrap up the package
(C) Weigh a box
(D) Fill out a form

남자는 여자에게 무엇을 하라고 요청하는가?
(A) 줄 서서 기다릴 것
(B) 소포를 포장할 것
(C) 박스의 무게를 달 것
(D) 양식을 작성할 것

해설 32. 여자의 첫 대화 I want to send this package by air mail to Lyon, France. But I am not sure about the postal code.에서 여자가 소포를 보내려고 하는데 우편 번호를 모른다고 하자 남자가 That's OK, I'll look it up for you.라며 알아봐 주겠다고 하므로 남자는 우체국에서 근무하는 것을 알 수 있다.

33. 여자는 I am not sure about the postal code에서 우편 번호를 모른다고 하므로 여자가 요청하는 것은 (B)가 된다

34. 남자의 마지막 대화 중 Please write the recipient's address and phone number on this form에서 양식에 수신인 주소와 전화번호를 적어 넣으라고 하므로 정답은 (D)가 된다.

Questions 35-37 refer to the following conversation. [AmW] - [CnM]

W: Excuse me, sir. ³⁵ Which subway line should I take to Central Valley Airport?

M: Let me see. ³⁵ You should get on the Central Line, the blue one. It runs every 30 minutes. ³⁵ You can take the escalator over there down to the platform.

W: Thank you. ³⁶ But if I wait 30 minutes, I'll be late for my flight. I have to catch a plane that departs at 10:40 A.M.

M: Well, if you're in such a hurry, ³⁷ why don't you take a taxi instead? It will be much faster.

문제 35-37 다음 대화를 참조하시오.

여: 실례합니다. Central Valley 공항으로 가려면 어느 지하철 노선을 타야 하나요?

남: 가만 있자. 중앙선을 타셔야 합니다. 파란색 라인이요. 열차는 30분 간격으로 운행합니다. 저쪽에 있는 에스컬레이터를 타시고 승강장으로 내려가시면 됩니다.

여: 감사합니다. 하지만 30분을 기다린다면 저는 비행기 시간에 늦을 거예요. 오전 10시 40분에 출발하는 비행기를 타야 하거든요.

남: 음, 그렇게 급하시다면 대신에 택시를 타는 것은 어떻습니까? 그게 훨씬 더 빠를 겁니다.

어휘 get on (탈 것에) 타다 run 운행하다 every ~마다, 매 ~ be late for ~에 늦다 catch (탈것을) 잡아 타다 depart 출발하다 in a hurry 급한, 서두르는 instead 대신에 charge (요금을) 청구하다 fee 수수료 miss 놓치다

35 Where most likely does this conversation take place?

(A) At a local hotel
(B) At a tourism center
(C) At a subway station
(D) At an airport

대화는 어디에서 이루어지는가?
(A) 지역 호텔
(B) 관광 센터
(C) 지하철역
(D) 공항

36 What is the woman concerned about?

(A) Being charged for a fee
(B) Missing a flight
(C) Making clients wait
(D) Finding a subway map

여자는 무엇을 염려하는가?
(A) 수수료가 청구되는 것
(B) 항공편을 놓치는 것
(C) 고객들을 기다리게 하는 것
(D) 지하철 노선도를 발견하는 것

37 What does the man suggest the woman do?

(A) Use another type of transportation
(B) Go to a different bank
(C) Look for a street sign
(D) Contact a supervisor

남자는 여자에게 무엇을 하라고 제안하는가?
(A) 다른 종류의 교통수단을 이용할 것
(B) 다른 은행에 갈 것
(C) 도로 표지판을 찾아볼 것
(D) 부서장에게 연락할 것

해설 35. 여자의 첫 대사 Which subway line should I take to Central Valley Airport?에서 공항으로 가려면 어느 지하철 노선을 타야 하는지 묻자, 남자는 You should get on the Central Line / You can take the escalator over there down to the platform.과 같이 지하철 노선과 승강장으로 가는 방법을 알려주고 있으므로 대화 장소는 지하철역임을 알 수 있다.

36. 여자의 대화 중 But if I wait 30 minutes, I'll be late for my flight.에서 비행기 출발 시간에 늦을 것이라고 말하므로 여자가 걱정하는 것은 (B)가 된다.

37. 여자가 비행기를 타지 못할까 걱정하자 남자는 why don't you take a taxi instead?에서 지하철 대신 택시 타는 것을 제안하고 있으므로 정답은 (A)가 된다.

paraphrasing 37. take a taxi instead → Use another type of transportation

Questions 38-40 refer to the following conversation. [BrW] - [AuM]

W: Hi, George. I'd like you to do me a favor. ³⁸ I need you to lead the training session on the new accounting software next week.

M: Well, I might be able to do that. But Melisa usually does the training, doesn't she?

W: Yes, but this time, ³⁹ so many employees have signed up that we are going to hold another session. She will teach half of them in conference room A and you will be with the other half in conference room B.

M: OK. Then, ⁴⁰ please send me the training materials by e-mail, so I can review what I should cover in advance.

문제 38-40 다음 대화를 참조하시오.

여: 안녕하세요, George. 제 부탁 하나 들어주시면 좋겠어요. 다음 주에 새 회계 소프트웨어에 대한 교육을 진행해 주셨으면 해요.

남: 음, 할 수는 있을 거예요. 그런데 보통 Melisa가 교육을 진행하지 않았나요?

여: 네. 하지만 이번에는 워낙 많은 직원들이 수강 신청을 해서 수업을 하나 더 개설할 거예요. 그녀는 A 회의실에서 그들의 절반을 가르치고 당신은 B 회의실에서 다른 절반과 함께 있게 될 겁니다.

남: 알겠습니다. 그럼 저에게 이메일로 교육 자료를 보내 주세요. 그러면 내가 다루어야 할 것을 미리 검토할 수 있을 거예요.

어휘 do A a favor A의 부탁을 들어주다 lead 이끌다, 지휘하다 session (수업) 시간 accounting 회계 sign up 수강 신청하다 conference room 회의실 material 자료, 재료 cover 다루다 in advance 미리, 사전에 attend 참석하다 make it (장소 등에) 시간 맞춰 가다 participant 참가자 hold (행사 등을) 열다 make an advance payment 선금을 내다

---

38 What does the woman ask the man to do?

(A) Change a password
(B) Upgrade software
(C) Lead some training
(D) Attend a conference

여자는 남자에게 무엇을 하라고 요청하는가?
(A) 패스워드 변경
(B) 소프트웨어 업그레이드
(C) 교육 진행
(D) 회의 참석

39 Why does the woman need assistance?

(A) A guest speaker can't make it.
(B) She is a new employee.
(C) A conference room is not ready.
(D) A class has too many participants.

여자는 왜 도움을 필요로 하는가?
(A) 초청 강사가 시간 맞춰 올 수 없다.
(B) 신입 직원이다.
(C) 회의실이 준비되지 않았다.
(D) 수업에 참가자가 너무 많다.

40 What does the man suggest doing?

(A) Sending him some information
(B) Holding a social event
(C) Speaking to an expert
(D) Making an advance payment

남자는 무엇을 할 것을 제안하는가?
(A) 자신에게 정보를 보내줄 것
(B) 사교 행사를 열 것
(C) 전문가와 이야기할 것
(D) 선금을 낼 것

해설 38. 여자의 첫 대화 중 I need you to lead the training session on the new accounting software에서 남자에게 회계 소프트웨어 교육을 진행하도록 요청하고 있으므로 정답은 (C)가 된다.

39. 남자가 이유를 묻자 여자는 너무 많은 인원이 교육을 신청해서 수업을 하나 더 개설해야 한다(so many employees have signed up that we are going to hold another session)고 하므로 정답은 (D)가 된다.

40. 남자는 여자의 부탁을 수락하며 please send me the training materials by e-mail에서 교육 자료를 이메일로 보내달라고 제안하고 있으므로 정답은 (A)가 된다.

paraphrasing 39. so many employees have signed up → A class has too many participants.

Questions 41-43 refer to the following conversation. [AuM] - [BrW]

M: Hi, Ms. Barton, this is Aaron calling from My Space Cleaning Services. ⁴¹ I'd like to confirm that we will be vacuum-cleaning carpets in your office tomorrow. We should get there at about 10 in the morning.

W: Good to hear that. ⁴² I'm expecting you and I told people in the office to come to work after lunch. Is there anything we need to do?

M: Nothing. We will take care of everything when we get there. I'll just need you to make sure that the office door is opened.

W: Sure. ⁴³ I will have our receptionist open the door for you.

문제 41-43 다음 대화를 참조하시오.

남: 안녕하세요, Barton 씨. 저는 My Space 청소 서비스의 Aaron이라고 합니다. 내일 저희가 Barton 씨 사무실의 카펫을 진공 청소할 예정임을 확인해 드리고자 합니다. 저희는 오전 10시 경에 그 곳에 도착할 것입니다.

여: 반가운 소식이군요. 기다리고 있을게요. 그리고 사무실 직원들에게 내일 점심 이후에 출근하라고 이야기해 두었어요. 저희가 해야 할 일이 있나요?

남: 없습니다. 저희가 그곳에 가면 모든 것을 처리하겠습니다. 사무실 문이 열려 있게만 해주시기 바랍니다.

여: 물론입니다. 안내 직원에게 문을 열어 드리도록 하겠습니다.

어휘 confirm 확인해 주다 vacuum-clean 진공 청소하다 get 도착하다, 이르다 expect 기다리다 take care of 처리하다 make sure 확실히 ~하게하다 receptionist 안내 직원 appliance 가전제품 obtain 얻다, 입수하다 identification badge 사원증 notify 알리다, 통지하다 unlock (잠긴 것을) 열다

---

41 What service does the man's company provide?

(A) Appliance repair

(B) Carpet cleaning

(C) Lawn care

(D) Car washing

남자의 회사는 어떤 서비스를 제공하는가?
(A) 가전제품 수리
(B) 카펫 청소
(C) 잔디 관리
(D) 세차

42 What has the woman done to prepare for the work?

(A) Obtained identification badges

(B) Signed some documents

(C) Notified employees

(D) Moved furniture

여자는 작업에 대비해 어떤 일을 했는가?
(A) 사원증들을 입수했다
(B) 문서에 서명했다
(C) 직원들에게 알렸다
(D) 가구를 옮겼다

43 What will the receptionist be asked to do?

(A) Unlock a door

(B) Provide office keys

(C) Wait at the main entrance

(D) Prepare some forms

안내 직원은 무엇을 하도록 요청받을 것인가?
(A) 잠긴 문을 열어 줄 것
(B) 사무실 열쇠를 제공할 것
(C) 정문에서 기다릴 것
(D) 서식을 준비할 것

해설 41. 남자가 전화 건 목적을 밝히는 첫 대화 중 I'd like to confirm that we will be vacuum-cleaning carpets in your office에서 사무실의 카펫을 청소할 것이라고 하므로 정답은 (B)가 된다.

42. 여자는 I'm expecting you and I told people in the office to come to work after lunch.에서 청소하러 올 것을 예상하고 직원들에게 오후에 출근하라고 알렸다고 하므로 정답은 (C)가 된다.

43. 여자는 마지막에 I will have our receptionist open the door for you.에서 안내 직원에게 문을 열어 주도록 하겠다고 하므로 정답은 (A)가 된다.

paraphrasing 43. open the door → Unlock a door

Questions 44-46 refer to the following conversation. [AmW] - [AuM]

W: Chris, it has been six months since you transferred to our department. ⁴⁴ How do you like the sales job so far?

M: I'm really enjoying it. It feels great to contribute to our company's growth by promoting our software to customers and open up new markets. But there is one issue I'd like to address. ⁴⁵ Many of my clients often ask me when the new software will be released. They always show a lot of interest in our product.

W: Well, currently ⁴⁶ the research and development department is still working on it. You know how lengthy and challenging it is to make software that appeals to consumers in this competitive market.

문제 44-46 다음 대화를 참조하시오.

여: Chris, 당신이 우리 부서에 전근 온 지 6개월이 되었네요. 지금까지 해보니 영업 업무가 어때요?

남: 아주 재미있습니다. 고객들에게 우리 소프트웨어를 홍보하고 새로운 시장을 개척해 회사의 성장에 기여하는 것은 정말 기분 좋은 일입니다. 하지만 말씀 드리고 싶은 것이 하나 있습니다. 많은 고객분들이 새 소프트웨어는 언제 출시되는지 자주 묻습니다. 그들은 항상 우리 제품에 많은 관심을 보이고 있어요.

여: 음, 연구개발이 아직 진행 중입니다. 이런 경쟁이 심한 시장에서 소비자의 마음을 끄는 소프트웨어를 만든다는 것이 얼마나 긴 시간이 걸리고 힘든 일인지 알고 있잖아요.

어휘 contribute 기여하다 promote 홍보하다 address (문제를) 제기하다 release 공개하다, 선보이다 currently 현재 lengthy 긴, 장황한 challenging 힘든, 어려운 consumer 소비자 competitive 경쟁이 심한 reduction 감소, 축소 excessive 지나친, 과도한 launch 출시, 개시 branch 지점, 지사

44 What area does the man work in?

(A) Sales
(B) Product design
(C) Advertising
(D) Human resources

남자는 어떤 부문에서 일하는가?
(A) 영업
(B) 제품 디자인
(C) 광고
(D) 인사

45 What is the man concerned about?

(A) The reduction of a market share
(B) The excessive number of meetings
(C) The launch of a new product
(D) The length of the research

남자는 무엇을 염려하는가?
(A) 시장 점유율의 감소
(B) 지나치게 많은 회의
(C) 신제품 출시
(D) 연구 기간

46 What is the company currently doing?

(A) Redesigning a marketing campaign
(B) Hiring new employees
(C) Opening a branch office
(D) Developing software

회사는 현재 무엇을 하고 있는가?
(A) 마케팅 캠페인을 다시 기획하고 있다
(B) 신입 직원을 채용하고 있다
(C) 지점을 개설하고 있다
(D) 소프트웨어를 개발하고 있다

해설 44. 여자의 첫 대화의 질문 How do you like the sales job so far?를 보면 남자에게 영업 업무가 어떤지 묻고 있으므로 남자는 영업 부문에 종사한다는 것을 알 수 있다.

45. 남자가 염려하는 것은 남자의 대화 But there is one issue I'd like to address. 다음에 언급되어 있다. 이어지는 Many of my clients often ask me when the new software will be released.에서 신제품 출시 시기에 대해 많은 고객들이 문의한다고 하므로 정답은 (C)가 된다.

46. 여자의 마지막 대화 the research and development department is still working on it, ~ and challenging it is to make software에서 연구개발팀이 소프트웨어 개발을 진행 중임을 알 수 있으므로 정답은 (D)가 된다.

paraphrasing 45. when the new software will be released → The launch of a new product
46. make software → Developing software

Questions 47-49 refer to the following conversation. [AuM] – [BrW]

M: Sophia, [48] have you checked the e-mail I sent you this morning? [47] It's about the cost estimate for the remodeling project of our building. It will start once the budget is approved.

W: Umm… [48] I've been out of town all morning with my important client. I heard you met with the contractor, so [49] could you just drop by my office at around four o'clock and tell me what he said about the project?

M: Well, [49] I'll be in a meeting with the marketing team manger by that time. Is early tomorrow morning okay with you?

W: Yes. Then, please visit my office at nine in the morning. See you.

문제 47-49 다음 대화를 참조하시오.

남: 소피아, 제가 오늘 아침에 보내드린 메일 확인 해보셨나요? 우리 건물 리모델링 프로젝트비용 견적에 대한 건데요. 그건 일단 예산이 승인되고 나면 시작될 거예요.

여: 음… 오늘 오전 내내 중요한 고객을 만나느라 도시를 떠나 있었어요. 도급업자를 만났다고 들었는데 제 사무실에 4시경에 들러서 프로젝트에 대해서 그 업자가 말한 것을 말해주시겠어요?

남: 저는 그 시간에 마케팅 팀 매니저와의 회의가 잡혀있어요. 내일 아침 일찍 괜찮으신가요?

여: 네. 그럼 제 사무실에 9시에 와주세요. 그때 봐요.

어휘 check 확인하다 cost estimate 비용 견적서 budget 예산 approve 승인하다 contractor 도급업자 drop by 들르다 be reluctant to ~하기를 꺼려하다

47 What is the conversation mainly about?

(A) Building repairs
(B) Promotional campaign
(C) Interior design
(D) Computer software

대화는 주로 무엇에 대한 것인가?
(A) 건물 수리
(B) 홍보 캠페인
(C) 실내 디자인
(D) 컴퓨터 소프트웨어

48 Why does the woman say, "I've been out of town all morning with my important client"?

(A) She wants the man to visit her office right away.
(B) She is reluctant to meet the client.
(C) She is not interested in the project.
(D) She did not have time to look at a document.

여자는 왜 "제가 오늘 오전 내내 중요한 고객을 만나느라 도시를 떠나 있었어요."라고 말하는가?
(A) 여자는 남자가 사무실에 곧장 와주기를 원한다.
(B) 여자는 고객을 만나고 싶어 한다.
(C) 여자는 프로젝트에 관심이 없다.
(D) 여자는 문서를 볼 시간이 없었다.

49 What does the man say he will do this afternoon?

(A) Meet with a marketing team manager
(B) Call his colleague
(C) Return a phone call
(D) Update a schedule

남자는 오늘 오후에 무엇을 할 것이라고 말하는가?
(A) 마케팅 팀 매니저 만나기
(B) 동료에게 전화
(C) 회신 전화를 주기
(D) 스케줄 업데이트

해설 47. 첫 부분에 이메일이 우리 건물 리모델링 프로젝트비용 견적에 대한 건(It's about the cost estimate for the remodeling project of our building.)이라고 말하고 있으므로 정답은 (A)이다.

48. 이메일을 확인했냐는 남자의 질문(have you checked the e-mail I sent you this morning?)에 오전 내내 중요한 고객을 만나느라 도시를 떠나 있었다(I've been out of town all morning with my important client.)고 말하고 있으므로 문서를 볼 시간이 없었다는 간접적 변명으로 볼 수 있다. 정답은 (D)이다.

49. 사무실에 4시경에 들러 달라는 부탁(could you just drop by my office at around four o'clock)에 그 시간에 마케팅 팀 매니저와의 회의가 잡혀 있다(I'll be in a meeting with the marketing team manger by that time.)고 말하고 있으므로 정답은 (A)이다.

Questions 50-52 refer to the following conversation. [CnM] - [AmW]

M: Hi, I'm calling to report a problem with a computer I bought from your store two days ago. ⁵⁰ It doesn't seem to be working right when I turn it on.

W: I'm sorry to hear that. ⁵¹ Did you make sure all the cables are plugged in and then try restarting your computer?

M: Yes, I've done that twice already and it didn't fix the problem. I can't see anything on the screen when I turn the power on. The RT 2000 is the latest model, so it's supposed to be in top condition, right?

W: Oh, unfortunately many of those models have been reported to have a manufacturing defect. If you give me your address, ⁵² I'll send you a replacement right away.

문제 50-52 다음 대화를 참조하시오.

남: 안녕하세요, 이틀 전에 당신의 매장에서 구입한 컴퓨터에 문제가 생겨 신고하려고 전화 드렸습니다. 전원을 켜도 제대로 작동하는 것 같지 않습니다.

여: 죄송합니다. 모든 케이블이 제대로 꽂혀 있는지 확인하시고 컴퓨터를 다시 시작해 보셨나요?

남: 네, 이미 두 번이나 그렇게 했는데, 문제가 해결되지 않았습니다. 전원을 켜도 화면에 아무 것도 보이지 않습니다. RT 2000은 최신 모델이니까 제품 상태가 최상이어야 하지 않나요?

여: 아, 안타깝게도 그 모델 중 많은 제품들이 제조상의 결함이 있다고 보고되었습니다. 저에게 주소를 알려주시면 곧바로 교체품을 보내 드리겠습니다.

어휘 report 보고하다, 신고하다 turn on 전원을 켜다 make sure 확인하다, 확실히 하다 plug in ~의 플러그를 꽂다 restart 다시 시작하다 latest 최신의, 최근의 be supposed to ~하기로 되어 있다 condition 상태 unfortunately 안타깝게도 manufacturing 제조, 생산 defect 결함 replacement 교체(품), 대체(품) work 작동하다 missing 잃어버린, 분실된 currently 현재 supervisor 감독, 부서장 invoice 운송장, 청구서

50 What is the problem?

(A) Some equipment is not working.
(B) A part is missing from a package.
(C) A store is not currently open.
(D) A delivery has been delayed.

무엇이 문제인가?
(A) 장비가 작동하지 않는다.
(B) 포장 상품의 부품이 분실되었다.
(C) 매장이 현재 문을 열지 않았다.
(D) 배송이 지연되었다.

51 What does the woman suggest the man do?

(A) Change the cables
(B) Call back later
(C) Restart a computer
(D) Try another store

여자는 남자에게 무엇을 하라고 제안하는가?
(A) 케이블을 교체할 것
(B) 나중에 다시 전화할 것
(C) 컴퓨터를 다시 시작할 것
(D) 다른 매장에 가 볼 것

52 What does the woman offer to do?

(A) Give a refund
(B) Speak to her supervisor
(C) Send an invoice
(D) Replace a product

여자는 무엇을 하겠다고 제안하는가?
(A) 환불해 줄 것
(B) 부서장에게 이야기할 것
(C) 송장을 보낼 것
(D) 제품을 교체해 줄 것

해설 50. 남자의 첫 대화 It doesn't seem to be working right when I turn it on.에서 컴퓨터가 제대로 작동하지 않는다고 하므로 정답은 (A)가 된다.

51. 컴퓨터의 상태를 알리는 남자에게 여자는 Did you make sure all the cables are plugged in and then try restarting your computer?라고 말하며 전선의 플러그를 제대로 꽂고 컴퓨터를 다시 시작해 보라고 제안하므로 정답은 (C)가 된다.

52. 여자는 마지막 대화 I'll send you a replacement right away.에서 교체품을 보내 주겠다고 하므로 정답은 (D)가 된다.

paraphrasing 50. a computer → Some equipment / doesn't seem to be working right → is not working

52. send you a replacement → Replace a product

NEW

Questions 53-55 refer to the following conversation with three speakers. [BrW] - [CnM] - [AuM]

W: Good morning, Chris and Daniel. ⁵³The management decided to replace our accounting software with a latest one. So a technician from Hi-tech Software is coming this Thursday for installation.

M1: That sounds great. Our existing one is a bit inconvenient to use.

W: That's what employees say. So Chris, ⁵⁴can you have someone from your technical support team come over to help with the installation?

M1: Certainly. What time will it be on Thursday?

W: The technician said that he's visiting at around 2.

M2: Will there be a training session on how to use the new system?

W: Yes, Daniel. The training session is scheduled right after the installation. Is that fine with your team?

M2: Unfortunately, ⁵⁵some of our staff won't be available on that day because they'll be on a business trip to Paris. Could you please arrange another training session next week?

W: Hmm... I'll call Hi-Tech Software and check if it's possible right away.

문제 53-55 다음 대화와 목록을 참조하시오.

W: 안녕하세요, Chris씨, Daniel씨. 경영진은 우리의 회계 소프트웨어를 최신식으로 교체하기로 결정했어요. 그래서 하이 테크 소프트웨어의 기술자가 이번 주 목요일에 설치하러 올 거예요.

M1: 잘됐네요. 우리의 기존 제품은 사용하기에 좀 불편해요.

W: 그게 바로 직원들이 이야기하고 있는 거예요. 그래서 말인데요 Chris씨, 당신의 기술지원팀에서 누군가를 오게 해서 설치를 도와주실 수 있으신가요?

M1: 물론이죠. 목요일 몇 시에 설치하나요?

W: 정비사가 2시경에 방문한다고 했어요.

M2: 새로운 시스템 사용법에 대한 교육 세션이 있을 예정인가요?

W: 네, Daniel씨. 교육 세션은 설치 직후에 예정되어있어요. 당신 팀과 그때 시간이 맞나요?

M: 불행히도, 우리 직원들 중 일부는 파리로 출장가 있게 될 거라서 그날에 참석하지 못하겠네요. 다음 주에 다른 교육 세션을 준비 해 주실 수 있으신가요?

W: 음… 하이 테크 소프트웨어에 지금 바로 연락해서 가능한지 확인해 볼게요.

어휘 drop by 들르다 management 경영진 replace 교체하다 latest 최신의 installation 설치 existing 기존의 inconvenient 불편한

---

53 According to the woman, what will happen on Thursday?

(A) A grand opening ceremony
(B) Office move to London
(C) An installation of a computer
(D) Software system replacement

여자에 의하면, 목요일에 무슨 일이 일어날 것인가?
(A) 개관식
(B) 런던으로의 사무실 이전
(C) 컴퓨터의 설치
(D) 소프트웨어 시스템 교체

54 What does the woman ask one of the men to do?

(A) To come to a board meeting
(B) To send a technician
(C) To install software in person
(D) To help with a job interview

여자는 남자에게 무엇을 해달라고 부탁하는가?
(A) 이사회 회의에 와줄 것
(B) 기사를 보내줄 것
(C) 직접 소프트웨어를 설치할 것
(D) 일자리 면접을 도와줄 것

55 Why can't all of the staff attend the training session?

(A) Some of them will be out of town.
(B) Some furniture will be installed.
(C) They will give a presentation.
(D) They will be on a trade show.

왜 모든 직원이 교육 세션에 참석할 수 없는가?
(A) 그들 중 몇몇은 도시를 떠나있을 것이라서.
(B) 가구가 설치될 것이라서.
(C) 프레젠테이션을 할 것이라서.
(D) 무역박람회에 참석할 것이라서.

해설 53. The management decided to replace our accounting software with a latest one.(경영진은 우리의 회계 소프트웨어를 최신식으로 교체하기로 결정했어요.)에서 소프트웨어 시스템을 교체할 것임을 알 수 있으므로 정답은 (D)이다.

54. can you have someone from your technical support team come over to help with the installation?(당신의 기술 지원 팀에서 누군가를 오게 해서 설치를 도와주실 수 있으신가요?) 부분에서 기사를 보내달라고 한다는 것을 알 수 있으므로 정답은 (B)이다.

55. some of our staff won't be available on that day because they'll be on a business trip to Paris.(우리 직원들 중 일부는 파리로 출장가 있게 될 거라서 그날에 참석하지 못하겠네요.) 부분에서 직원들 중 몇 명이 파리로 출장을 가서 도시에 없을 것이라고 말하고 있으므로 정답은 (A)이다.

NEW
Questions 56-58 refer to the following conversation. [AuM] - [BrW]

M: Hi, Emily. ⁵⁶ My supervisor mentioned that you're training our new employees.

W: Yeah, I still have lots of things to do and the training starts tomorrow morning. I've been so busy preparing for the training documents. I haven't had time to do anything else.

M: Well, ⁵⁷ I finished my project early. What do you need?

W: Thank you so much. ⁵⁸ Could you please finish making copies for employee handbook? I also need you to staple them together.

M: Okay. No problem.

문제 56-58 다음 대화와 목록을 참조하시오.

남: 안녕하세요. Emily씨. 제 상사가 당신이 신입 직원들을 훈련할거라고 하더라고요.

여: 네, 아직도 할 일은 많은데 훈련이 내일 오전에 시작하네요. 저는 교육문서를 만드느라 너무 바빴어요. 다른 걸 할 시간이 없었거든요.

남: 아, 저는 제 일을 일찍 끝냈는데요. 무엇이 필요하신가요?

여: 정말 고마워요. 직원 안내서 복사하는 걸 좀 끝내주시겠어요? 그리고 스테이플러도 좀 찍어주세요.

남: 네, 그렇게 해 드릴게요.

> **어휘** / supervisor 관리자 lots of 많은 be busy -ing ~하느라 바쁘다 finish -ing ~하는 것을 마치다 staple 스테이플러로 고정하다 employee handbook 직원 안내서 installation 설치 follow up on 후속조치를 취하다 lead 이끌다, 지휘하다

---

56 What is the woman preparing for?
(A) A job interview
(B) A training session
(C) A remodeling
(D) An installation of a copier

여자는 무엇을 준비하는가?
(A) 일자리 인터뷰
(B) 교육 세션
(C) 보수공사
(D) 복사기 설치

NEW
57 What does the man imply when he says, "I finished my project early"?
(A) He has time to help her.
(B) He is too busy to help her.
(C) He would like to leave now.
(D) He thinks he deserves a promotion.

남자가 "저는 제 일을 일찍 끝냈는데요"라고 말한 의도는 무엇인가?
(A) 그가 그녀를 도울 시간이 있다.
(B) 그는 너무 바빠서 그녀를 도울 수 없다.
(C) 그는 지금 떠나고 싶다.
(D) 그는 승진을 받을 자격이 된다고 생각한다.

58 What will the man most likely do next?
(A) Go to a printing shop
(B) Follow up on a request
(C) Lead a training
(D) Deliver a speech

남자는 다음번에 무엇을 할 것 같은가?
(A) 인쇄소 가기
(B) 요청사항 처리하기
(C) 훈련 지휘하기
(D) 연설하기

> **해설** / 56. 첫 남자의 대사 My supervisor mentioned that you're training our new employees.(제 상사가 당신이 신입직원들을 훈련할거라고 하더라고요.)에서 여자가 교육준비를 하고 있다는 것을 알 수 있으므로 정답은 (B)이다.
>
> 57. I finished my project early.(저는 제 일을 일찍 끝냈는데요.) 이후 문장인 What do you need?(무엇이 필요하신가요?)에서 도와줄 의도라는 것을 알 수 있으므로 정답은 (A)이다.
>
> 58. 남자의 긍정답변 이전의 여자의 요청문장인 Could you please finish making copies for employee handbook? I also need you to staple them together.(직원 안내서 복사하는 걸 좀 끝내주시겠어요? 그리고 스테이플러도 좀 찍어주세요.)에서 남자가 다음번에 여자의 요청사항을 처리할 것임을 알 수 있으므로 정답은 (B)이다.

NEW
Questions 59-61 refer to the following conversation and an invitation. [CnM] - [AmW]

M: Hello, is this Rachel Bieber? My name is Brian Davis. ⁵⁹ I received the invitation for your company's anniversary party this weekend. I'm calling to confirm I'll be attending.

W: Hello, Mr. Davis, I'm glad you'll be able to join us. We prepared meal for visitors. Which meal option would you like?

M: Well, ⁶⁰ I prefer meat dishes. What do you have?

W: ⁶⁰ There are two meat dish options. Which one do you prefer?

M: ⁶⁰ Oh, definitely not the burger.

W: OK, then. Also, there are not enough parking spaces in the building so ⁶¹ I recommend you to take a bus or subway.

문제 59-61 다음 대화와 일정을 참조하시오.

남: 안녕하세요. Rachel Bieber씨죠? 제 이름은 Brian Davis예요. 저는 이번 주말 귀사의 기념일 파티 초대장을 받았습니다. 참석하겠다고 확인해드리려고 전화합니다.
여: 안녕하세요, Davis씨. 당신이 참석할 수 있게 되어서 기쁘네요. 저희가 방문객들을 위해 음식을 준비 했는데요, 어떤 음식을 선택을 하시겠어요?
남: 음, 저는 고기요리를 선호해요. 어떤 게 있나요?
여: 고기요리는 두 가지가 있는데요. 어떤 것을 더 선호하시나요?
남: 아, 버거는 절대 안 먹겠어요.
여: 그럼 알겠습니다. 그리고 건물에 충분한 주차 공간이 없어서요, 버스나 지하철을 타고 오시기를 권해드려요.

어휘 / invitation 초대장 anniversary party 기념일파티 dish 요리 encourage 권하다

59 What kind of event is being held?
(A) An anniversary event
(B) A costume party
(C) A company retreat
(D) A retirement dinner

어떤 종류의 행사가 열리는가?
(A) 기념일 행사
(B) 변장 파티
(C) 회사 단합대회
(D) 은퇴식

NEW
60 Look at the graphic. Which meal will the man have?
(A) Option 1
(B) Option 2
(C) Option 3
(D) Option 4

You're Invited to a Special Event!
Saturday, Sep 2, 7:00 P.M.
RSVP to Rachel 555-0123

Choose one:
1. Turkey Burgers
2. Beef steak
3. Tomato Galette
4. Sweet Corn Pizza

시각정보를 보시오. 어떤 음식을 남자는 먹을 것인가?
(A) 1번
(B) 2번
(C) 3번
(D) 4번

61 What does the woman encourage the man to do?
(A) Bring his own food
(B) Park near the building
(C) Wear a suit
(D) Take public transportation

여자는 남자에게 무엇을 하라고 권하는가?
(A) 음식을 가지고 올 것
(B) 건물 주변에 주차할 것
(C) 정장을 입을 것
(D) 대중교통을 이용할 것

해설 59. 남자가 첫 대사에서 I received the invitation for your company's anniversary party this weekend라고 했으므로, 회사 기념일 행사가 열릴 것이라는 것을 알 수 있다. 따라서 정답은 (A)이다.

60. 남자가 I prefer meat dishes. What do you have라고 말하며 고기요리를 선호한다고 하면서 어떤 게 있냐고 묻는 데 대해 두 가지 고기요리가 있다고 말을 하자 Oh, definitely not the burger.라고 말하면서 버거는 먹지 않을 것임을 나타내고 있으므로 정답은 (B) 2번에 해당하는 비프스테이크이다.

61. 여자가 I recommend you to take a bus or subway라고 버스나 지하철을 타고 오기를 권한다고 했으므로 정답은 (D)이다.

NEW
Questions 62-64 refer to the following conversation with three speakers. [AuM] - [BrW] - [AmW]   문제 62-64 다음 대화를 참조하시오.

M: Kate, ⁶²did you know that the post office on the fifth Avenue has relocated? Now a bank is being built in its place.

W1: No, that's quite news to me. Vivian! Did you know that?

W2: Yes, I heard about it. The post office just moved to a new location on the tenth Avenue last week.

M: Oh, really? Do you know the address? ⁶³I need to send a parcel to my friend in LA later today.

W2: I don't, but ⁶⁴I can give you directions. Are you driving there?

남: Kate, 5번가에 있는 우체국이 이전했다는 걸 알고 있었나요? 현재 은행이 그 자리에 지어지고 있어요.

여1: 아니요. 금시초문인데요. Vivian! 알고 있었어요?

여2: 네, 그 소식 들었어요. 우체국이 지난주에 10번가에 있는 새 위치로 이전했어요.

남: 아, 정말이요? 주소를 아시나요? 오늘 오후에 LA에 있는 제 친구에게 소포를 보내야 하는데요.

여2: 잘 모르겠어요. 하지만 제가 방향을 알려드릴 수 있어요. 거기에 운전해 가실 건가요?

어휘 post office 우체국 relocate 이전하다 place 장소 location 위치, 장소 address 주소 parcel 소포 direction 위치, 가는 길

62 What does the woman say about the post office?
 (A) It has moved to a different place.
 (B) It has new hours.
 (C) It is close to a bank.
 (D) It has added new services.

63 What does the man plan to do today?
 (A) Open a bank account
 (B) Meet a coworker
 (C) Mail a package
 (D) Apply for a job

64 What will the woman probably do next?
 (A) Print a map
 (B) Call the post office
 (C) Offer the man a ride
 (D) Provide directions

남자는 우체국에 대해 뭐라고 이야기하는가?
 (A) 다른 장소로 이전했다.
 (B) 업무시간이 바뀌었다.
 (C) 은행에서 가깝다.
 (D) 새로운 서비스를 추가했다.

남자는 오늘 무엇을 할 계획인가?
 (A) 은행 계좌 개설
 (B) 동료 만나기
 (C) 소포 보내기
 (D) 일자리에 지원하기

여자가 다음에 무엇을 할 것 같은가?
 (A) 지도 출력하기
 (B) 우체국에 전화하기
 (C) 남자를 차로 태워다 주기
 (D) 방향 알려주기

해설 62. 남자의 말 중 did you know that the post office on the fifth Avenue has relocated 부분에서 우체국이 다른 장소로 이전했다는 것을 알 수 있으므로 정답은 (A)이다.

63. 남자의 말 중 I need to send a parcel to my friend in LA later today. 부분에서 소포를 보내야 한다고 했으므로 정답은 (C)이다.

64. 여자의 마지막 대사에서 I can give you directions. Are you driving there?라며 방향을 알려줄 수 있다고 했으므로 정답은 (D)이다.

NEW
Questions 65-67 refer to the following conversation and weather forecast. [CnM] - [AmW]

M: The weather forecast says it will rain all day next Tuesday. ⁶⁵ I'm afraid we'll have to reschedule the company picnic.

W: Well... here's the weather report. It's going to be sunny later next week.

M: You're right. ⁶⁶ Twenty-five degrees is nice, and there shouldn't be any rain. So, let's reschedule it for then.

W: ⁶⁷ I'd better call the caterer and let them know about the date change.

M: That's right. Hopefully, they won't charge us extra for delaying our food order by a few days.

문제 65-67 다음 대화를 참조하시오.

남: 일기예보에서 다음 주 화요일은 하루 종일 비가 내린다고 하네요. 안타깝지만 회사 야유회 일정을 다시 잡아야겠어요.

여: 음… 여기 일기예보가 있네요. 다음 주 후반에 날씨가 맑을 거라고 하네요.

남: 맞아요. 25도 온도는 좋고 비도 내리지 않을 거라네요. 그러니 그때로 잡도록 해요.

여: 출장뷔페 업체에 전화해서 날짜가 변경되었다고 알리는 게 좋겠어요.

남: 맞아요. 바라건대 며칠 음식주문을 연기했다고 추가비용을 부과하지 않았으면 좋겠네요.

어휘 weather forecast 일기 예보 reschedule 일정을 다시 잡다 sunny 맑은 caterer 출장뷔페 outing 야유회 retirement 은퇴 book 예약하다

---

65 What activity are the speakers mainly discussing?

(A) A corporate outing
(B) An awards ceremony
(C) An anniversary party
(D) A retirement party

화자들은 어떤 행사에 대해 주로 말하고 있는가?
(A) 회사 야유회
(B) 시상식
(C) 기념일 파티
(D) 은퇴파티

NEW
66 Look at the graphic. Which day do the speakers choose?

Weather Forecast

Tuesday	Wednesday	Thursday	Friday
23°C	24°C	25°C	33°C

(A) Tuesday
(B) Wednesday
(C) Thursday
(D) Friday

시각정보를 보시오. 어떤 요일을 화자들은 선택하겠는가?
(A) 화요일
(B) 수요일
(C) 목요일
(D) 금요일

67 What does the woman say she will do?

(A) Mail some invitations
(B) Contact a catering company
(C) Book a flight
(D) Call the weather center

여자는 무엇을 하겠다고 하는가?
(A) 초대장을 메일로 보내기
(B) 출장뷔페 회사에 연락하기
(C) 비행편을 예약하기
(D) 기상청에 연락하기

해설 65. 남자가 안타깝지만 회사 야유회 일정을 다시 잡아야겠다고, I'm afraid we'll have to reschedule the company picnic이라고 말하고 있으므로, 화자들은 회사 야유회에 대해 이야기 하고 있음을 알 수 있다. 따라서 정답은 (A)이다.

66. 남자가 25도 온도는 좋고 비도 내리지 않을 거라네요. 그러니 그때로 잡도록 해요.(Twenty-five degrees is nice, and there shouldn't be any rain. So, let's reschedule it for then.)라고 말하고 있으므로 맑은 날씨인 목요일로 날짜를 선택했음을 알 수 있다. 정답은 (C)이다.

67. 여자가 출장뷔페에 전화해서 날짜가 변경되었다고 알리는 게 좋겠다고, I'd better call the caterer and let them know about the date change라고 말하고 있으므로 정답은 (B)이다.

NEW
Questions 68 - 70 refer to the following conversation and review. [AuM] - [BrW]

M: Emily, come take a look at this dinereivew website. Our restaurant received some bad reviews.

W: Wow, they're definitely areas we need to change as soon as possible. ⁶⁸ I'm afraid we are losing customers.

M: Well, ⁶⁹ at least we're renovating the interior of our store soon, so its atmosphere will improve. I heard romantic lighting will also be added on each table.

W: That's right, but ⁶⁹ let's discuss the other weakness at our next staff meeting.

M: Hmm... ⁷⁰ Why don't we hire a consultant and seek advice on how to deal with this? We certainly don't want any more bad reviews.

문제 68-70 다음 대화를 참조하시오.

남: Emily, 와서 이 디너리뷰 웹사이트를 좀 보시오. 우리식당이 좋지 않은 평가를 좀 받았어요.

여: 우와, 그것들은 분명히 우리가 가능한 한 빨리 바꾸어야 할 분야네요. 손님을 잃게 될까 봐 걱정이에요.

남: 음, 적어도 우리는 곧 가게 내부를 수리하니까 분위기는 좋아질 거에요. 제가 듣기로 로맨틱한 조명이 각 테이블에 추가될 거라고 해요.

여: 맞아요. 하지만 다음번 직원회의에서 다른 약점에 대해 논의하도록 해요.

남: 흠… 우리가 자문위원을 고용해서 어떻게 이 문제를 해결할지 조언을 구하는 건 어떨까요? 분명히 더 이상의 좋지 않은 평가를 받길 원하진 않잖아요.

어휘   take a look at ~을 보다   review 평가   definitely 분명히   as soon as possible 가능한 한 빨리   renovate 수리하다   interior 내부   atmosphere 분위기   lighting 조명   weakness 약점   staff meeting 직원회의   consultant 자문위원   advice 조언

---

68 What does the woman say she is worried about?

(A) Exceeding an advertising budget
(B) Installing a lighting fixtures
(C) Hosting a conference
(D) Failing to attract customers

여자는 무엇이 걱정스럽다고 말하는가?
(A) 광고예산의 초과
(B) 조명 설치
(C) 회의 주최
(D) 고객 유치 실패

NEW
69 Look at the graphic. Which category will be discussed in the next staff meeting?

(A) Service
(B) Prices
(C) Menu
(D) Atmosphere

http://www.dinereview.com	
Perse Restaurant review	
Service	★★★★★
Prices	★★★★
Menu	★★
Atmosphere	★★

시각정보를 보시오. 어떤 분야가 다음번 직원회의에서 논의될 것인가?
(A) 서비스
(B) 가격
(C) 메뉴
(D) 분위기

70 What does the man suggest doing?

(A) Changing printed menus
(B) Selling a restaurant
(C) Listening to expert advice
(D) Providing a discount

남자는 무엇을 하자고 제안하는가?
(A) 메뉴판 변경
(B) 식당 매각
(C) 전문가 조언 듣기
(D) 할인 해주기

해설 68. I'm afraid we are losing customers 부분에서 여자가 좋지 않은 고객평가로 인하여 손님을 잃을까 봐 걱정하는 것을 알 수 있으므로 정답은 (D)가 된다.

69. 좋지 않은 평가를 받은 두 분야는 메뉴와 분위기이다. 분위기는 내부수리를 통해 좋아질 것이라 했고, Let's discuss the other weakness at our next staff meeting 부분에서 나머지 다른 약점에 대해 다음번 직원회의에서 논의하자고 말하고 있으므로 정답은 (C)이다.

70. 남자가 말하는 Why don't we hire a consultant and seek advice on how to deal with this에서 자문위원을 고용해서 어떻게 이 문제를 해결할지 조언을 구하자고 했으므로 정답은 (C)이다.

Part 4

Part 4

Unit 01 주제/목적을 묻는 문제

Practice Answer 1. (A) 2. (D) 3. (B) 4. (A) 5. (B)
6. (C) 7. (C) 8. (D) 9. (D) 10. (B)

Question 1 refers to the following talk. [AuM]

The first thing we are going to go over is our closing procedure, which primarily involves cleaning the kitchen. Now, I posted the checklist by the sink. It explains the basic steps for keeping a kitchen clean and sanitary from washing dishes to wiping countertops and mopping the floors.

문제 1 다음 담화를 참조하시오.

일단 우리가 검토해야 하는 것은 폐점 절차로서 주방 청소에 관한 것입니다. 제가 지금 싱크대에 체크리스트를 붙여 놓았습니다. 체크리스트는 설거지에서부터 조리대를 닦고 바닥 걸레질을 하는 것까지 주방을 청결하고 위생적으로 유지하는 기본 절차를 설명하고 있습니다.

어휘 go over 검토하다 closing 닫기, 폐점 procedure 절차 primarily 주로, 주요하게 involve 관여하다, 포함하다 post 게시하다 sanitary 위생적인 wipe (걸레로) 닦다 countertop 조리대 위 mop 대걸레질을 하다 safety 안전, 보안 inspection 점검, 조사

1 What is the **main topic** of the **talk**?

(A) A cleaning procedure
(B) A safety inspection

담화의 주제는 무엇인가?
(A) 청소 절차
(B) 안전 점검

해설 주제를 묻고 있으므로 여러 단서를 종합하여 정답을 유추한다. closing procedure / cleaning the kitchen / keeping a kitchen clean and sanitary 등을 통해 레스토랑에서 주방 청소에 대해 이야기하고 있다는 것을 알 수 있다. 따라서 담화 주제는 (A)가 된다.

Question 2 refers to the following announcement. [CnM]

Attention everyone! Next Monday, the new packaging machinery is being delivered. This machine will allow us not only to keep up but also to increase our production. It will take several hours to complete the installation and then we conduct a trial run to make sure the package machine is functioning properly.

문제 2 다음 안내를 참조하시오.

여러분 모두에게 알려드립니다! 다음 주 월요일에 새 포장 기계가 배달될 것입니다. 이 기계는 우리의 생산력을 유지시킬뿐만 아니라 증대시켜 줄 것입니다. 설치를 마치기까지 몇 시간이 걸릴 것이며, 그 다음에는 포장 기계가 제대로 작동하는지 확인하기 위해 시험 작동을 할 것입니다.

어휘 packaging 포장 keep up 계속하다, 유지하다 increase 증대시키다 complete 완성하다 installation 설치, 설비 conduct 수행하다, 실시하다 function 작동하다, 기능하다 properly 적절하게, 제대로 merger 합병

2 What is the **announcement** mainly **about**?

(A) A factory inspection
(B) A company merger
(C) A new employee orientation
(D) A machine installation

안내는 무엇에 관한 것인가?
(A) 공장 점검
(B) 기업 합병
(C) 신입 직원 오리엔테이션
(D) 기계 설치

해설 여러 단서를 통해 정답을 유추한다. 새 기계가 도착할 것이고(the new packaging machinery is being delivered), 기계를 설치한 후(complete the installation) 시험적으로 작동해 볼 것이라고(conduct a trial run) 하므로 안내에서 알리고자 하는 것은 (D)임을 알 수 있다.

Questions 3-4 refer to the following announcement. [BrW]

I'd like to remind everyone that ³ our department outing will be in two weeks. This is the company's way of saying thank you for all of your hard work. You can also get to know each other better and have a little fun. This year, ³ we are having a picnic at Moritz Park. You can either use public transportation or share a ride with your colleagues. But we need to ³ prepare the food and activities. So, ⁴ please be sure to sign up in advance so we know how many people are coming.

문제 3-4 다음 안내를 참조하시오.

여러분 모두에게 2주 후에 우리 부서 야유회가 있다는 것을 알려 드립니다. 이 행사는 회사에서 여러분의 노고에 대해 감사를 표시하는 방식입니다. 여러분께서는, 또한, 서로를 더 잘 알게 되고 즐거운 시간을 가질 수 있을 것입니다. 올해는 Moritz 공원에서 야유회를 가질 것입니다. 여러분께서는 대중교통을 이용하시거나 동료들과 차를 나눠 타고 오실 수 있습니다. 하지만 우리는 음식과 활동을 준비해야 합니다. 그러니 몇 분이 오시는지 저희가 알 수 있도록 미리 신청하시기 바랍니다.

어휘 remind 상기시키다 department 부서 outing 야유회 get to ~하게 되다 public transportation 대중교통 ride 차를 타고 가기 colleague 직장 동료 sign up 신청하다 in advance 미리 hike 하이킹, 도보여행

3 What is the speaker announcing?
(A) A nature hike
(B) A department picnic

화자는 무엇을 안내하고 있는가?
(A) 자연 속 하이킹
(B) 부서 야유회

4 What are employees asked to do?
(A) Register in advance
(B) Bring food to share

직원들은 무엇을 하도록 요청받는가?
(A) 미리 등록한다
(B) 나눠 먹을 음식을 가져온다

해설 3. 안내 초반부 our department outing will be in two weeks에서 부서 야유회에 대해 공지하고 있다. 이를 놓쳤다 하더라도, 뒤에 이어지는 we are having a picnic / prepare the food and activities 등을 통해 야유회에 관해 알려주고 있음을 알 수 있다.
4. 안내의 마지막 부분의 please be sure to sign up in advance ~에서 참석 인원 확인을 위해 미리 신청해 달라고 요청하므로 정답은 (A)가 된다.

paraphrasing 3. our department outing → A department picnic
4. sign up in advance → Register in advance

Questions 5-6 refer to the following news report. [AmW]

In local business news. Yesterday Harvey Norman, the C.E.O. of Core Technology announced that ⁵ the acquisition of Digitaldrawer Software has been finalized. Norman stated that the following reorganization would allow for a more efficient business model, and would give the company a much larger presence on the Internet. Norman also speculated that ⁶ Core Technology's profits would increase by nearly 12% each year as a result of this deal.

문제 5-6 다음 뉴스 보도를 참조하시오.

지역 경제 뉴스입니다. 어제 Core 테크놀러지의 최고경영자인 Harvey Norman 씨가 Digitaldrawer 소프트웨어 사의 인수를 마쳤다고 발표했습니다. Norman 씨는 뒤이은 조직 개편으로 더욱 효율적인 사업 모델이 가능해질 것이고 이는 인터넷 상에서 회사 존재감을 더욱 크게 해 줄 것이라고 말했습니다. Norman 씨는 또한, 이 거래의 결과로 Core 테크놀러지 사의 수익이 매년 거의 12% 증가할 것이라고 예상했습니다.

어휘 acquisition 인수 reorganization 조직 개편 allow for ~이 가능하게 하다 presence 존재, 현존 speculate 추측하다 retailer 소매업체

5 What is the news report mainly about?
(A) A review of a new product
(B) An acquisition of a company
(C) An upgrade of accounting software
(D) An online retailer's business model

뉴스 보도는 주로 무엇에 관한 것인가?
(A) 신제품 평가
(B) 회사 인수
(C) 회계 소프트웨어 업그레이드
(D) 온라인 소매업체의 사업 모델

6 According to Mr. **Norman**, **what will** likely **happen**?

(A) A website's address will change.

(B) New employees will be hired.

(C) Annual profits will increase.

(D) An advertising campaign will launch.

Norman 씨에 따르면, 어떤 일이 생기겠는가?
(A) 웹사이트 주소가 바뀐다.
(B) 신입 직원들이 채용된다.
(C) 연간 수익이 증가한다.
(D) 광고 캠페인이 시작된다.

해설 5. 뉴스 초반부 the acquisition of Digitaldrawer Software has been finalized에서 특정 회사의 기업 인수 작업이 완료되었다고 한 뒤, 이로 인한 영향과 전망 등을 전하고 있으므로 뉴스의 주제는 기업 인수에 관한 것임을 알 수 있다. 따라서 정답은 (B)가 된다.

6. Norman 씨가 전망한 바를 알리는 Norman also speculated that 다음을 보면, Core Technology's profits would increase by nearly 12% each year에서 매년 12퍼센트에 달하는 수익 증가가 있을 것이라고 하므로 정답은 (C)가 된다.

Questions 7-8 refer to the following talk. [AuM]

Ladies and gentlemen, I'd like to welcome you all to Noa Industries' management training seminar. Today, you are going to ⁷ learn how to be an effective team leader, and we'll explore ⁷ how to establish strong relationships with your team members and encourage them to trust and respect you. Now, I'm handing out a list of training schedules but we don't have enough for everyone. So, please ⁸ share with the people sitting next to you. Let's get started.

문제 7-8 다음 담화를 참조하시오.

신사 숙녀 여러분. Noa 산업의 경영 훈련 세미나에 오신 것을 환영합니다. 오늘 여러분께서는 효과적인 팀 리더가 되는 방법에 대해 배울 것이며, 팀원과 견고한 관계를 형성하고 그들이 여러분을 신뢰하고 존경할 수 있게 격려하는 법에 대해 알아볼 것입니다. 제가 이제 교육 스케줄표를 나눠 드릴 것인데, 모든 분들께 드릴 만큼 충분치 않습니다. 그러니 옆에 계신 분들과 함께 보시기 바랍니다. 그럼 시작하겠습니다.

어휘 management 경영, 관리 effective 효과적인 explore 조사하다, 탐구하다 trust 신뢰하다, 믿다 respect 존경하다 hand out 나눠 주다, 배포하다 next to ~의 옆에 procedure 절차 consumer 소비자 investment 투자 practice 실행, 관행 handout 배포 자료, 유인물

---

7 What is the topic of the seminar?

(A) Hiring procedures

(B) Consumer trends

(C) Leadership skills

(D) Investment strategies

세미나의 주제는 무엇인가?
(A) 채용 절차
(B) 소비자 동향
(C) 리더십 기술
(D) 투자 전략

8 What are the listeners asked to do?

(A) Take a break

(B) Discuss business practices

(C) Go to another location

(D) Share a handout with coworkers

청자들은 다음에 무엇을 하라고 요청받는가?
(A) 휴식을 취한다
(B) 사업 관행에 대해 논의한다
(C) 다른 장소로 간다
(D) 동료들과 유인물을 공유한다

해설 7. 화자는 learn how to be an effective team leader라고 세미나의 목적을 밝히고 있다. 다음에 이어지는 how to establish strong relationships with your team members에서도 팀을 이끄는 리더로서 갖추어야 할 기술에 대해 이야기한다고 하므로 정답은 (C)가 된다.

8. 마지막에 화자는 유인물을 옆자리 동료와 함께 볼 것(share with the people sitting next to you)을 제안하고 있으므로 정답은 (D)가 된다.

paraphrasing 7. how to be an effective team leader → Leadership skills

Questions 9-10 refer to the following announcement. [AmW]

Since its foundation in 1990, the Keystone Corporation has been committed to supporting our local community. We will be [9] holding our annual food drive again this February. For the entire month, we will be [9] encouraging employees to bring in non-perishable food items such as [10] grains, dried food or canned food so we can donate them to our city's orphanages and homeless shelters. Each department will be given [10] a collection box to be placed in their office [10] where food can be deposited.

문제 9-10 다음 안내를 참조하시오.

1990년에 설립된 이래로 Keystone 사는 지역 사회를 지원하는 데 헌신해 왔습니다. 우리는 올 2월에 연례 식품 기부 행사를 열 것입니다. 2월 한 달 동안 직원 여러분께 곡물, 건조 식품, 통조림과 같은 상하지 않는 음식을 가져오시도록 권장할 것이며, 저희는 그것들을 시내 고아원과 노숙자 쉼터에 기부할 수 있을 것입니다. 각 부서에 사무실에 놓을 수거함을 드릴 것이며 그곳에 식품을 놓도록 할 것입니다.

어휘 foundation 설립, 창립 be committed to ~에 헌신하다 food drive 식품 기부 행사 entire 전체의 encourage 권장하다, 장려하다 bring in 가져오다 non-perishable 상하지 않는 grain 곡물 dried 건조된, 마른 canned 통조림으로 된 donate 기부하다 orphanage 고아원 homeless 노숙자 shelter 보호소, 쉼터 deposit (특정한 곳에) 두다, 놓다 participation 참여, 참가

---

9 What is the **purpose** of the **announcement**?

(A) To welcome new employees
(B) To advertise a community book club
(C) To celebrate a company's anniversary
(D) To encourage participation in an event

이 안내의 목적은 무엇인가?
(A) 신입 직원을 환영하기 위해
(B) 지역 독서 클럽을 광고하기 위해
(C) 회사 창립 기념일을 축하하기 위해
(D) 행사 참여를 장려하기 위해

10 What are the **listeners asked** to **put in boxes**?

(A) Reading materials
(B) Packaged food
(C) Damaged equipment
(D) Request forms

청자들은 상자에 무엇을 넣도록 요청받는가?
(A) 읽을거리
(B) 포장된 식품
(C) 파손된 기계
(D) 신청 양식

해설 9. holding our annual food drive / encouraging employees to bring in non-perishable food items 등을 통해 회사에서 주최하는 식품 기부 행사에 직원들의 참여를 격려하기 위한 안내임을 알 수 있으므로 정답은 (D)가 된다.

10. 직원들에게 grains, dried food or canned food와 같은 종류의 식품을 가지고 오라고 한 뒤, 이를 수거함에 넣으라고 하므로 정답은 (B)가 된다.

paraphrasing 10. canned food → Packaged food

Unit 02 장소/신분을 묻는 문제

Part 4

Practice	Answer	1. (B)	2. (C)	3. (A)	4. (A)	5. (C)
		6. (A)	7. (B)	8. (A)	9. (C)	10. (A)

Question 1 refers to the following telephone message. [CnM]

Hi, Dana. This is Glenn Adams in the purchasing department. I noticed that there was a mistake on the order you've placed. It was for some floor lamps, but the order form was never submitted. I want to check to see if you still are interested in these.

문제 1 다음 전화 메시지를 참조하시오.

안녕하세요, Dana. 저는 구매부의 Glenn Adams 입니다. 당신이 하신 주문에 착오가 있는 것을 발견했습니다. 플로어 스탠드들에 대한 것이었는데, 주문서가 제출되지 않았습니다. 아직 이것들을 주문하실 의향이 있는지 확인하고자 합니다.

어휘 purchasing 구매 department 부, 과 notice 알아차리다 place an order 주문하다 (= order) form 양식, 서식 submit 제출하다, 제시하다

---

1 What department does the caller work in?

(A) Sales

(B) Purchasing

전화하는 사람은 어느 부서에서 일하는가?
(A) 영업
(B) 구매

해설 남자가 자신을 소개하는 말 This is Glenn Adams in the purchasing department.에서 구매부에 근무한다며 소속을 밝히고 있으므로 정답은 (B)가 된다.

Question 2 refers to the following telephone message. [BrW]

This message is for Ms. Chase. This is Halle calling from Hampton Dene Pharmacy. Your prescription is ready to be picked up. Since your purchase has been paid in full by your credit card, you can go right to the express checkout counter and pick up your prescription.

문제 2 다음 전화 메시지를 참조하시오.

이 메시지는 Chase 씨께 남깁니다. 저는 Hampton Dene 약국의 Halle라고 합니다. 당신의 조제약이 준비 되었습니다. 이미 신용카드로 약 값을 모두 결제하셨기 때문에 빠른 계산대로 곧바로 가셔서 약을 받아 가시면 됩니다.

어휘 prescription 조제(약) pick up 찾아 가다 in full 전부 express 급행의, 신속한 checkout counter 계산대

---

2 Where does the speaker work?

(A) At a supermarket

(B) At a bank

(C) At a pharmacy

(D) At a credit card company

화자는 어디에서 일하는가?
(A) 슈퍼마켓
(B) 은행
(C) 약국
(D) 신용카드 회사

해설 This is Halle calling from Hampton Dene Pharmacy, Your prescription is ready를 통해 화자는 약국에서 근무한다는 것을 알 수 있다.

Questions 3-4 refer to the following announcement. [AmW]

³ Thank you for visiting the Total Contemporary Art Gallery today. As of today, ³ we have an exhibit of a variety of oil paintings by local artists. The exhibit will last for only two weeks. Due to public interest, we will extend the hours during the exhibit. ⁴ We will be open from 9 o'clock A.M. to 8:00 P.M. on weekdays, except for Mondays.

문제 3-4 다음 안내를 참조하시오.

오늘 Total Contemporary 미술관을 방문해주신 여러분께 감사드립니다. 오늘부터 저희는 지역 화가들의 다양한 유화를 전시합니다. 전시회는 2주간만 계속될 것입니다. 그러나 대중의 관심 때문에, 우리는 전시회 동안 개장 시간을 연장할 것입니다. 월요일을 제외한 주중에는 오전 9시부터 오후 8시까지 문을 엽니다.

어휘 exhibit 전시 a variety of 다양한 last 계속되다, 지속되다 due to ~로 인해 public interest 대중의 관심 extend 연장하다, 늘이다 weekday 주중 except for ~를 제외하고

3 **Where** is this **announcement** being **made**?
   (A) At an art gallery
   (B) At a community center

안내는 어디에서 이루어지는가?
(A) 미술관
(B) 커뮤니티 센터

4 **What** day is the **museum closed**?
   (A) On Mondays
   (B) On Tuesdays

박물관이 휴관하는 요일은 언제인가?
(A) 월요일
(B) 화요일

해설 3. Thank you for visiting the Total Contemporary Art Gallery / we have an exhibit of a variety of oil paintings 등을 통해 미술관에서 이루어지는 안내라는 것을 알 수 있다.

4. 관람 시간을 안내하는 We will be open from 9 o'clock A.M. to 8:00 P.M. on weekdays, except for Mondays.를 보면 월요일에는 문을 열지 않는다는 것을 알 수 있으므로 정답은 (A)가 된다.

Questions 5-6 refer to the following telephone message. [BrW]

Hi, Mr. Hardman. ⁵ This is Nicole Scott from Arcadia Realty. I'm calling to ⁵ set up an appointment for you to see a two-bedroom apartment that's just become available. ⁶ It's located in a school district and almost twice the size of your present space. I'd be happy to show you this property anytime tomorrow or before 6 P.M. Please call me back and let me know when you're available for a showing.

문제 5-6 다음 전화 메시지를 참조하시오.

안녕하세요, Hardman 씨. 저는 Arcadia 부동산의 Nicole Scott입니다. 방금 매물로 나온 침실 2개짜리 아파트를 보여 드릴 약속을 잡으려고 전화했습니다. 아파트는 학군 내에 위치해 있고 지금 계신 곳보다 넓이도 거의 두 배나 됩니다. 내일은 아무 때나 오늘은 오후 6시 전에 이 집을 보여 드렸으면 합니다. 저한테 전화 주셔서 언제 보여 드릴 시간이 가능한지 알려 주시기 바랍니다.

어휘 realty 부동산 set up an appointment 만날 약속을 정하다 available 구입할 수 있는, (사람이) 시간을 낼 수 있는 be located 위치하다 district 지구, 구역 showing 전시, 보이기 rent 임대료 reasonable 적절한

5 **Where** most likely does the **speaker work**?
   (A) At a public school
   (B) At a warehouse
   (C) At a real estate agency
   (D) At a law firm

화자는 어디에서 일하겠는가?
(A) 공립학교
(B) 창고
(C) 부동산 중개소
(D) 법률 회사

6 **What** does the **speaker say** about the **property**?
   (A) It is large.
   (B) Its rent is reasonable.
   (C) It has been renovated.
   (D) It is in a good location.

화자는 부동산에 대해 무엇이라고 말하는가?
(A) 크다.
(B) 임대료가 적당하다.
(C) 개조 공사를 했다.
(D) 좋은 위치에 있다.

해설 5. 메시지의 This is Nicole Scott from Arcadia Realty / set up an appointment for you to see a two-bedroom apartment 등을 통해 부동산 중개소에 근무한다는 것을 알 수 있다.

6. 부동산 매물에 대해 상세히 소개하는 It's located in a school district and almost twice the size of your present space.를 보면 학군 내에 있고 크기가 지금 사는 곳에 비해 두 배나 된다고 하므로 정답은 (A)가 된다.

paraphrasing 6. twice the size of your present space → large

Questions 7-8 refer to the following announcement. [CnM]

⁷ Welcome aboard Pacific Airlines Flight 707 bound for Sydney. ⁷⁸ This flight has been put off due to unfavorable weather conditions at its destination. We're sorry for the inconvenience this may have caused. According to the weather forecast, it will clear up in an hour or so. The expected arrival time in Sydney is 6:45 P.M. For your safety, please make sure that you ⁷ keep your seatbelt fastened while the seatbelt sign is turned on. Thank you for choosing Pacific Airlines and we hope you have a pleasant flight.

문제 7-8 다음 안내를 참조하시오.

시드니행 Pacific 항공 707편 탑승을 환영합니다. 본 항공편은 도착지의 악천후로 지연되었습니다. 이로 인해 불편을 드려 사과 말씀 드립니다. 일기 예보에 따르면 한 시간 정도 지나면 날씨가 맑아질 것이라고 합니다. 시드니 도착 예상 시간은 오후 6시 45분입니다. 여러분의 안전을 위해 안전벨트 표시등이 켜져 있는 동안은 반드시 안전벨트를 계속 매십시오. Pacific 항공을 선택해 주셔서 감사드리며 즐거운 여행 되시기 바랍니다.

어휘 aboard 탑승하여 bound for ~행의 put off 지연시키다, 연착시키다 due to ~로 인해 unfavorable 호의적이지 않은, 상황이 나쁜 weather condition 기상 상태 destination 도착지 inconvenience 불편 according to ~에 의하면 weather forecast 일기 예보 clear up 날씨가 개다 expected arrival time 도착 예상 시간 safety 안전 make sure 반드시 ~하다 fasten 단단히 매다 turn on (불을) 켜다 pleasant 즐거운, 기쁜 crew member 승무원 railroad track 철로 device 도구, 장치 work 작동하다

---

7 Where is this **announcement** being **made**?

(A) In a restaurant

(B) In an airplane

(C) At a department store

(D) At an airport

이 안내 방송이 이루어지고 있는 곳은 어디인가?
(A) 식당
(B) 기내
(C) 백화점
(D) 공항

8 According to the speaker, **what** is the **problem**?

(A) Bad weather has caused delays.

(B) A crew member is late.

(C) Railroad tracks are being repaired.

(D) Some device is not working.

화자에 따르면, 무엇이 문제인가?
(A) 기상 악화로 지연 사태가 발생했다.
(B) 승무원이 늦었다.
(C) 철로가 수리 중이다.
(D) 일부 기기가 작동하지 않는다.

해설 7. Welcome aboard Pacific Airlines Flight 707 / This flight has been put off, keep your seatbelt fastened 등을 통해 항공기 안에서 이루어지는 안내 방송임을 알 수 있으므로 정답은 (B)가 된다.

8. 안내의 초반부 This flight has been put off due to unfavorable weather conditions at its destination.에서 도착지의 날씨가 좋지 않아 항공기 착륙이 지연되고 있다고 한다. 따라서 문제가 되는 것은 나쁜 날씨로 인한 지연 상황이므로 정답은 (A)가 된다.

paraphrasing 8. unfavorable weather conditions → Bad weather

Questions 9-10 refer to the following telephone message. [AuM]

Hello, my name is Gary Lohan and I manage an office building on 6th Avenue in Midtown. ⁹ I'm calling about a new tax policy I read about in the newspaper. I understand that ¹⁰ the city will provide property owners tax credit if they install solar panels as a primary power source. ⁹ I am quite interested in taking advantage of this tax plan. Could you send me more information about that? I'd like to see what options are available to me.

문제 9-10 다음 전화 메시지를 참조하시오.

안녕하세요. 저는 Gary Lohan이라고 하며 미드타운 6번 대로에 있는 사무실 건물을 관리하고 있습니다. 신문에서 읽은 새 세금 정책 때문에 전화를 걸었습니다. 시에서 건물주들이 주 전력 공급원으로 태양 전지판을 설치하면 세금 공제를 해준다고 알고 있습니다. 저는 그 세금 계획안의 혜택을 보는 데 관심이 많습니다. 그것에 관해 더 많은 정보를 주실 수 있나요? 어떤 선택 사항이 있는지 알아보고 싶습니다.

어휘 manage 관리하다 tax 세금 policy 정책, 방침 property 부동산 owner 주인 tax credit 세금 공제 solar panel 태양 전지판 primary 주요한 power source 전력 공급원 quite 매우 take advantage of 이용하다 option 옵션, 선택 사항 mayor 시장 collector 징수원 encourage 권장하다 renewable energy 재생 에너지 housing 주택, 주거 promote 홍보하다, 촉진하다 recycling 재활용 improve 향상시키다, 개선하다

9 **Who** most likely is the **listener**?
 (A) A building manager
 (B) A city mayor
 (C) A tax collector
 (D) A newspaper reporter

청자는 누구이겠는가?
(A) 건물 관리자
(B) 시장
(C) 세금 징수원
(D) 신문 기자

10 **What** is the **purpose** of the **city program**?
 (A) To encourage renewable energy use
 (B) To offer cheap housing
 (C) To promote recycling
 (D) To improve building safety

시 프로그램의 목적은 무엇인가?
(A) 재생 에너지 사용을 권장하기 위해
(B) 저렴한 주택을 제공하기 위해
(C) 재활용을 촉진하기 위해
(D) 건물 안전을 개선하기 위해

해설 9. I'm calling about a new tax policy에서 세금 정책에 대해 문의하고 있으므로 메시지를 듣는 이는 세금 관련 종사자임을 알 수 있다. I am quite interested in taking advantage of this tax plan. Could you send me more information about that? 등에서도 세금에 대한 정보를 요청하고 있다는 것을 알 수 있으므로 정답은 (C)가 된다.

10. 시에서 실시하는 세금 정책을 설명하는 the city will provide property owners tax credit if they install solar panels as a primary power source를 보면 태양 전지판을 전력 공급원으로 사용하는 건물주에게 세금 공제를 해준다고 하므로 정답은 (A)가 된다.

paraphrasing 10. solar panels as a primary power source → renewable energy use

Actual Test	Answer	1. (C)	2. (A)	3. (B)	4. (C)	5. (A)	6. (A)
		7. (B)	8. (A)	9. (C)	10. (C)	11. (A)	12. (D)

Questions 1-3 refer to the following announcement. [AmW]

[1] Attention, Golden-times Supermarket shoppers. This is manager Mary Fincher announcing some [1] special deals we have for you today. All customers with our reward savings cards will [1] get a 10 percent discount on any purchase of home improvement supplies. If you don't have the card, [2] simply visit the service counter now and sign up for it. You'll be able to start using your card immediately. And don't miss out on the savings on our dairy products. [3] Stop by aisle 5 where we are offering all customers a buy one-get one free promotion on one-liter cartons of milk. Thank you for shopping with us, and have a pleasant day.

문제 1-3 다음 안내를 참조하시오.

Golden-times 슈퍼마켓 쇼핑객들에게 안내 말씀 드립니다. 저는 Mary Fincher 점장이며 오늘 여러분을 위해 준비한 특가 상품을 안내해 드립니다. 저희 보상 적립 카드를 소지하신 고객님들께서 주거 개선 용품을 구입하시면 10퍼센트 할인을 받으실 수 있습니다. 카드가 없으시면 지금 바로 서비스 카운터에 가셔서 신청하시면 됩니다. 카드는 바로 사용하실 수 있습니다. 그리고 저희 유제품 할인 코너도 놓치지 마십시오. 홍보 행사로서 모든 고객에게 1리터짜리 곽 우유를 1+1로 제공하는 5번 통로에 들리세요. 저희 매장을 이용해 주셔서 감사 드립니다. 좋은 하루 되십시오.

어휘 special deal 특가 상품 reward savings card 보상 적립 카드 discount 할인 purchase 구입(품) home improvement 주거 개선 sign up for 신청하다 immediately 즉시, 바로 miss out on 놓치다 savings 저금, 적립 dairy product 유제품 stop by 들르다 aisle 복도, 통로 promotion 홍보 행사 carton 종이 팩, 곽 mail 우편으로 보내다 toll-free 수신자 부담의 promotional 홍보의 complaint 불만 enter ~에 참가하다

1 Where most likely is the announcement being made?

(A) At a café
(B) At a bank
(C) At a supermarket
(D) At a hardware store

안내는 어디에서 이루어지겠는가?
(A) 카페
(B) 은행
(C) 슈퍼마켓
(D) 철물점

2 How can customers sign up for a reward card?

(A) By going to the service counter
(B) By mailing in an application
(C) By visiting a website
(D) By calling a toll-free number

고객들은 어떻게 보상 카드를 신청할 수 있는가?
(A) 서비스 카운터에 가서
(B) 신청서를 우편으로 보내서
(C) 웹사이트에 방문함으로써
(D) 수신자 부담 전화로 전화를 걸어서

3 What does the speaker remind customers to do?

(A) Take a free shopping bag
(B) Get a promotional item
(C) Submit their complaints
(D) Enter a contest

화자는 고객에게 무엇을 하도록 상기시켜 주는가?
(A) 무료 쇼핑백을 가져갈 것
(B) 홍보 상품을 구입할 것
(C) 고객 불만을 제기할 것
(D) 콘테스트에 참가할 것

해설 1. Attention, Golden-times Supermarket shoppers / special deals / get a 10 percent discount on any purchase 등을 통해 슈퍼마켓에서 이루어지는 안내임을 알 수 있다.

2. 보상 카드 신청 방법에 대해 묻고 있으므로 sign up for가 등장하는 부분에 집중한다. simply visit the service counter now and sign up for it에서 서비스 카운터에 가서 신청할 수 있다고 하므로 정답은 (A)가 된다.

3. 안내의 마지막 부분 Stop by aisle 5 where we are offering all customers a buy one-get one free promotion에서 1+1 홍보 상품을 이용하라고 하므로 정답은 (B)가 된다.

Questions 4-6 refer to the following announcement and schedule. [CnM]

Hooker Furnishings is excited to announce the beginning of our monthly furniture sale! ⁴ Starting on December 1st 2017, everything in our branch will be marked down at least 50%! Nowhere else in town will you find better deals on the greatest chairs, sofas, recliners, and other household furnishings. ⁵ Come visit us on the first day of sale for a live concert in the evening. The performance will begin at 7 P.M. ⁶ Buy more than $200 and receive an additional 10% discount in our store. Our entire inventory must go! Come visit us at 345 Greenlawn Road, Lousiville, and pick up some great furniture at unbeatable prices!

문제 4-6 다음 발표와 스케줄을 참조하시오.

Hooker Furnishings은 우리 월간 가구 세일 시작을 발표하게 되어 기쁘게 생각합니다. 2017년 12월 1일부터 시작해서 우리 지점의 모든 제품은 적어도 50% 할인에 들어갑니다! 도시 어디에서도 최고의 의자, 소파, 리클라이너 그리고 다른 가정용 가구에 대한 더 나은 조건을 찾아보실 수 없을 겁니다. 저녁에 있는 라이브 콘서트를 위해 세일 첫날 저희를 방문해 주세요. 공연은 7시에 시작할 것입니다. 200불 이상을 구매하시고 저희 가게에서 추가 10 퍼센트의 할인을 받으세요. 우리의 모든 재고는 팔려야 합니다. 345 그린론로드, 루이스빌에 있는 저희를 방문해 주시고 멋진 가구를 최저가 가격에 가지고 가세요!

어휘 beginning 초 mark down 가격을 인하하다 at least 적어도 nowhere 어디에도, 아무데도 performance 공연 additional 추가의 inventory 재고

4 What is the purpose of the announcement?
(A) To announce the launch of a new product
(B) To recruit some employees
(C) **To promote some furniture**
(D) To get some feedback

이 발표의 목적은 무엇인가?
(A) 신제품 출시 발표
(B) 직원 채용
(C) 가구 홍보
(D) 피드백을 받기

NEW
5 Look at the graphic. When should the listeners go to see a concert?

Date	Events planned
Dec 1	Live concert
Dec 2	Barbeque party
Dec 3	Dance competition
Dec 4	Celebrity autograph event

(A) **On December 1**
(B) On December 2
(C) On December 3
(D) On December 4

시각정보를 보시오. 청자들은 언제 콘서트를 보러 가야 하는가?
(A) 12월 1일
(B) 12월 2일
(C) 12월 3일
(D) 12월 4일

6 How can the listeners get an additional discount?
(A) **By purchasing over a certain amount**
(B) By mentioning a coupon
(C) By picking up items in person
(D) By visiting the main office

청자들은 어떻게 추가 할인을 받을 수 있는가?
(A) 특정 금액을 초과하여 구매함으로써
(B) 쿠폰을 언급함으로써
(C) 직접 물품을 수령함으로써
(D) 본사를 방문하여

해설 4. 2017년 12월 1일부터 시작해서 우리 지점의 모든 제품은 적어도 50% 할인에 들어갑니다.(Starting on December 1st, 2017, everything in our branch will be marked down at least 50%!)라고 하는 부분에서 가구 홍보가 목적임을 알 수 있으므로 정답은 (C)이다.

5. 콘서트를 보려면 첫날 가야 한다(Come visit us on the first day of sale for a live concert in the evening.)고 말하고 있고 첫날은 도표에 의하면 12월 1일이므로 정답은 (A)이다.

6. 200불 이상을 구매하시고 저희 가게에서 추가 10 퍼센트의 할인을 받으세요.(Buy more than $200 and receive an additional 10% discount in our store.)라고 하는 부분에서 특정 금액 이상을 구매하면 추가 할인을 받을 수 있다는 것을 알 수 있으므로 정답은 (A)이다.

Questions 7-9 refer to the following telephone message. [AuM]

Hello, Ms. Cole. **⁷ This is Kevin calling from Highline Auto Repair.** You asked us to replace a flat tire of your sedan. Well, one of our mechanics inspected the tire and said that it really doesn't need to be replaced. We could just patch it. **⁸ That would definitely save you some money since buying a new tire is expensive.** If you still want the tire to be replaced, you can tell me. **⁹ Please give me a call and let me know what you want to do.** Thanks.

문제 7-9 다음 전화 메시지를 참조하시오.

안녕하세요, 콜씨. 저는 하이라인 자동차 수리점의 케빈입니다. 저희에게 귀하 차량의 펑크 난 타이어를 교체해 달라고 요청하셨는데요. 음, 저희 수리공이 타이어를 점검해 봤는데 교체할 필요는 없다고 하네요. 저희가 그냥 때워드릴 수 있습니다. 새 타이어를 사는 것은 비싸기 때문에 그렇게 하는 것이 분명히 돈을 절약하는 방법입니다. 그래도 타이어 교체하시기를 원하시면 저에게 얘기해주시면 됩니다. 전화 주셔서 어떻게 하기 원하시는지 제게 알려주시기 바랍니다. 감사합니다.

어휘 replace 교체하다 flat tire 펑크 난 타이어 mechanic 수리공 inspect 점검하다 patch 때우다 puncture 펑크 definitely 분명히 expensive 비싼 give 사람 a call ~에게 전화하다

---

7 Where does the speaker work?

(A) At a delivery service

(B) At a car repair shop

(C) At a technical school

(D) At a tire manufacturer

화자는 어디서 일하는가?
(A) 배달 서비스
(B) 자동차 수리 샵
(C) 기술 학교
(D) 타이어 제조 업체

NEW
8 Why does the speaker say, "We could just patch it"?

(A) It is only a small puncture.

(B) The machine is expensive.

(C) A new car is available.

(D) All we need is just a little piece of cloth.

남자는 왜 "저희가 그냥 때워드릴 수 있습니다"라고 말하는가?
(A) 작은 펑크에 불과하다.
(B) 기계가 비싸다.
(C) 신차를 구입할 수 있다.
(D) 단지 작은 천 조각만 필요하다.

9 What does the speaker ask Ms. Cole to do?

(A) Prepare an estimate

(B) Confirm a delivery

(C) Return a call

(D) Inspect a repair

화자는 콜 씨에게 무엇을 해달라고 요청하는가?
(A) 견적서 준비
(B) 배송 확인
(C) 전화 회신
(D) 수리 검사

해설 7. 자동차 수리점에서 연락드린다(This is Kevin calling from Highline Auto Repair.)라고 이야기하고 있으므로 정답은 (B)이다.
8. 다음 문장에 새 타이어를 사는 것은 비싸기 때문에 그렇게 하는 것이 분명히 돈을 절약하는 방법(That would definitely save you some money since buying a new tire is expensive.)이라고 말하고 있으므로 정답은 (A)이다.
9. 마지막 부분에 Please give me a call and let me know what you want to do.라며 전화해서 어떻게 할 건지 알려달라고 했으므로 정답 (C)이다.

Questions 10-12 refer to the following telephone message and survey. [CnM]

Hello, this is Joe Mayer from Blue Pool, the manager of Customer relations. [1] We asked members of our pool to respond to a survey evaluating our overall facilities and I wanted to thank you for taking part in it.
[2] As a token of our appreciation, we will give you a discount coupon that can be used when renewing your membership. Also, [3] I'm looking at your feedback and I see you're not satisfied with our cafeteria. If you don't mind, I'd like to ask you a few more questions about it. Would you please give me a call back at 555-5726?

문제 10-12 다음 전화 메시지와 설문지를 참조하시오.

안녕하세요, 저는 Blue Pool 고객관리의 Joe Mayer 부장입니다. 저희는 우리의 수영장 회원들에게 전반적인 저희 시설을 평가하는 설문에 응답해주실 것을 요청 드렸었고, 설문에 응답해 주신 데 대해 감사의 인사를 전하고 싶습니다. 감사의 표시로, 저희 측에서 회원권을 갱신하실 때 사용할 수 있는 할인쿠폰을 드리겠습니다. 또한, 제가 귀하가 작성하신 의견을 보고 있는데 귀하께서 저희 구내식당에 만족하지 않으신 걸로 나와 있네요. 괜찮으시면, 그것에 대해 몇 가지 여쭤보고 싶은 것이 있습니다. 555-5726으로 회신 주시겠습니까?

어휘 customer relations 고객관계 pool 수영장 respond to ~에 응답하다 evaluate 평가하다 facility 시설 take part in ~에 참가하다 token 표시 renew 갱신하다 fitness instructor 피트니스 강사 analyst 분석가 expert 전문가 valid 유효한

10 Who is the message most likely for?
(A) A fitness instructor
(B) A data analyst
(C) A swimming pool member
(D) A marketing expert

누구를 위한 메시지일 것 같은가?
(A) 피트니스 강사
(B) 데이터 분석가
(C) 수영장 회원
(D) 마케팅 전문가

11 What does the speaker say about the coupon?
(A) It can be used for renewing membership.
(B) It allows you to access the facilities.
(C) It needs to be confirmed.
(D) It is valid only for a month.

화자는 쿠폰에 대해 뭐라고 하는가?
(A) 회원 자격 갱신에 사용할 수 있다.
(B) 시설에 접근할 수 있도록 해준다.
(C) 확인이 필요하다.
(D) 한 달간만 유효하다.

12 Look at the graphic. Which category does the speaker request more information about?
(A) Cleanliness
(B) Location
(C) Staff friendliness
(D) Cafeteria

Feedback Survey	
Cleanliness	★★★★ 4 stars
Location	★★★★ 4 stars
Staff friendliness	★★★★★ 5 stars
Cafeteria	★★ 2 stars

시각정보를 보시오. 화자는 어떤 범주에 대해 더 많은 정보를 요청하는가?
(A) 청결도
(B) 위치
(C) 직원 친화성
(D) 구내식당

해설 10. 우리의 수영장 회원들에게 전반적인 저희 시설을 평가하는 설문에 응답해주실 것을 요청 드렸다(We asked members of our pool to respond to a survey evaluating our overall facilities)라는 표현에서 수영장 회원에게 보내는 메시지라는 것을 알 수 있다. 따라서 정답은 (C)이다.

11. 감사의 표시로 저희 측에서 회원권을 갱신하실 때 사용할 수 있는 할인쿠폰을 드리겠습니다.(As a token of our appreciation, we will give you a discount coupon that can be used when renewing your membership.)라는 표현에서 정답은 (A)임을 알 수 있다.

12. 고객이 만족하지 못한 범주에 해당하는 구내식당에 대해 좀 더 알아보고자 한다는 것을 도표에서 확인할 수 있으므로 정답은 (D)이다.

Unit 03 방법/이유/수치, 문제점/우려사항을 묻는 문제

Part 4

Practice Answer 1. (B) 2. (C) 3. (B) 4. (A) 5. (D)
6. (A) 7. (C) 8. (D) 9. (D) 10. (B)

Question 1 refers to the following talk. [BrW]

I'd like to remind you that we are going to use the new product for cleaning. It is supposed to be able to get strong stains out of the carpet better than the product we've been using. But be sure to use it only in the most extreme stains because this new cleaner costs more than the other products.

문제 1 다음 담화를 참조하시오.

여러분께 우리가 청소 작업에 새 제품을 이용할 것임을 상기시켜 드립니다. 이것은 지금까지 우리가 사용해온 제품에 비해 카펫의 지독한 얼룩을 더 잘 제거할 수 있을 것입니다. 하지만 반드시 가장 심한 얼룩에만 사용하도록 하세요. 왜냐하면 새 세제는 다른 제품들보다 더 비싸기 때문입니다.

어휘 remind 상기시키다, 알리다 be supposed to ~하기로 되어 있다 stain 얼룩 be sure to 반드시 ~하다 cost 비용이 ~ 들다 damage 손상시키다 alternative 대안, 대체품

---

1 Why is the **speaker concerned** about the **new product**?

(A) It could damage the carpets.

(B) It is more expensive than other alternatives.

화자는 왜 신제품에 대해 우려하는가?
(A) 카펫을 손상시킬 수 있다.
(B) 다른 대체품보다 더 비싸다.

해설 새 제품 사용에 관해 당부하는 be sure to use it only in the most extreme stains because this new cleaner costs more than the other products에서 다른 제품보다 값이 더 비싸다는 말을 하고 있으므로 정답은 (B)가 된다.

paraphrasing cost more than the other products → more expensive than other alternatives

---

Question 2 refers to the following talk. [AuM]

Here at M&M Cell Phone Online store, we offer a wide variety of mobile phones at affordable prices. Right now, you will receive a complimentary wireless headphone when you purchase the latest mobile phones. To redeem this offer on our website, simply enter the promotion code 'CP2014' at the payment step. This offer is good until the end of this week.

문제 2 다음 담화를 참조하시오.

이곳 M&M 휴대폰 온라인 매장에서는 적당한 가격의 다양한 휴대폰을 제공합니다. 지금 최신 휴대폰을 구입하시면 무선 헤드폰을 무료로 드립니다. 웹사이트에서 이 증정품을 받으시려면 결제 단계에서 프로모션 코드 'CP2014'를 입력하시기만 하면 됩니다. 이번 혜택은 이번 주까지만 유효합니다.

어휘 a wide variety of 매우 다양한 ~ affordable 지불할 수 있는 complimentary 무료의 wireless 무선의 latest 최신의, 최근의 redeem 상품[현금]으로 교환하다 offer 제공, 제공하는 물건 enter 입력하다 good 유효한

---

2 How can **listeners redeem** the **offer**?

(A) By visiting a retailer

(B) By calling a business

(C) By entering an offer code

(D) By completing a customer survey

청자들은 어떻게 증정품을 받을 수 있는가?
(A) 소매업체를 방문함으로써
(B) 업체에 전화함으로써
(C) 할인 코드를 입력함으로써
(D) 고객 설문지를 작성함으로써

해설 질문의 포인트인 redeem이 언급되는 부분에 집중한다. To redeem this offer on our website, simply enter the promotion code에서 프로모션 코드를 입력하라고 하므로 정답은 (C)가 된다.

paraphrasing promotion code → offer code

168

Questions 3-4 refer to the following announcement. [CnM]

Before we start today's meeting, I'd like to make an announcement. In order to accommodate all employee vehicles, our current parking area is going to be expanded significantly. ³ The construction will begin next Tuesday and will last for two months. So until the work is complete, ⁴ you can leave your car in the public parking garage right across the street.

문제 3–4 다음 안내를 참조하시오.

오늘 우리가 회의를 시작하기 전에, 안내 말씀 드리겠습니다. 모든 직원 차량을 수용하기 위해 현재 주차장이 대대적으로 확장될 것입니다. 공사는 다음 주 화요일에 시작되어 두 달간 진행될 것입니다. 그러니 작업이 끝날 때까지 여러분께서는 차를 길 바로 건너편에 있는 공영 주차장에 두실 수 있습니다.

어휘 / make an announcement 발표하다, 안내하다 in order to ~하기 위해 accommodate 수용하다 vehicle 차량 expand 확장하다, 넓히다 significantly 상당히, 크게 last 지속되다 complete 완료된, (양식을) 작성하다 leave 놓아두다 parking garage 주차장 right across ~ 바로 건너편에 nearby 근처의

3 How long will the **construction take**?

(A) A month
(B) Two months

공사는 얼마나 오래 걸릴 것인가?
(A) 한 달
(B) 두 달

4 What does the **speaker encourage listeners** to do?

(A) Use a nearby garage
(B) Complete a survey

화자는 청자들에게 무엇을 하도록 권장하는가?
(A) 근처 주차장을 이용할 것
(B) 설문지를 작성할 것

해설 3. 공사에 걸리는 기간을 묻고 있으므로 construction이 언급되는 부분에 집중한다. The construction will begin next Tuesday and will last for two months.에서 2달간 진행될 것이라고 하므로 정답은 (B)가 된다.

4. you can leave your car in the public parking garage right across the street에서 차를 길 건너편 공영 주차장에 주차할 것을 권하고 있으므로 정답은 (A)가 된다.

paraphrasing 4. right across the street → nearby

Questions 5-6 refer to the following announcement. [AuM]

I am thrilled to announce that ⁵ the annual employee luncheon will be held next Friday. This function is designed to have employees in different departments meet in a casual environment. It's a great opportunity ⁶ to learn about work and projects from other departments and get to know each other better. Please be sure to sign up by Wednesday so we know how many people are coming.

문제 5–6 다음 안내를 참조하시오.

연례 직원 오찬회가 다음 주 금요일에 있다는 것을 알려드리게 되어 정말 기쁩니다. 이번 행사는 여러 부서의 직원들이 가벼운 분위기에서 만나는 것을 목적으로 합니다. 다른 부서에서 하는 일이나 프로젝트에 대해 배우고 서로에 대해 더 잘 알게 될 수 있는 좋은 기회가 될 것입니다. 몇 분이 참석하실지 우리가 알 수 있도록 수요일까지 신청하시기 바랍니다.

어휘 / annual 연례의 luncheon 오찬 be designed to 하기 위해 고안되다 department 부서, 과 casual 편안한, 가벼운 environment 환경, 분위기 opportunity 기회 sign up 신청하다 function 파티, 행사 evaluate 평가하다 recruit 모집하다

5 When will the **function be held**?

(A) Tuesday
(B) Wednesday
(C) Thursday
(D) Friday

행사는 언제 열릴 것인가?
(A) 화요일
(B) 수요일
(C) 목요일
(D) 금요일

6 What are the **listeners expected** to do?

(A) To learn more about the organization
(B) To practice some sales techniques
(C) To evaluate market research
(D) To recruit potential clients

청자들은 무엇을 할 것으로 기대되는가?
(A) 조직에 대해 더 많이 알게 된다
(B) 영업 기법을 연습한다
(C) 시장 조사를 평가한다
(D) 잠재 고객을 모집한다

해설 5. 행사가 언제 열리는지 묻고 있으므로 function이나 이와 유사한 단어에 집중한다. the annual employee luncheon will be held next Friday에서 금요일에 오찬 행사가 있을 것이라고 하므로 정답은 (D)가 된다. 마지막 문장의 sign up by Wednesday를 듣고 (B)를 정답으로 고르지 않도록 주의한다.

6. to learn about work and projects from other departments에서 직원들은 행사를 통해 회사의 다른 부서에서 진행되는 일이나 프로젝트에 대해 알 수 있을 것이라고 하므로 정답은 (A)가 된다.

paraphrasing 5. luncheon → function

Questions 7-8 refer to the following announcement. [CnM]

Max and Associates provides tax management and accounting services to individual and corporate clients. Our tax professionals will make sure your taxes are done correctly and help you get the biggest tax return possible. As the deadline for filing your taxes approaches, ⁷ we have hired new experts to better serve your needs. ⁸ See our full-page ad in this month's issue of Economy Monthly magazine to learn more about our services.

문제 7-8 다음 안내를 참조하시오.

Max and Associates에서는 개인과 기업 고객들에게 세금 관리와 회계 서비스를 제공합니다. 저희 세금 전문가들은 여러분의 세금이 올바르게 처리되도록 해드릴 것이며 가능한한 많은 세금을 환급받도록 도와드릴 것입니다. 세금 신고 기한이 다가옴에 따라 저희는 여러분의 요구에 더 잘 부응하기 위해 전문가들을 새로 고용했습니다. 저희 서비스에 대해 더 자세히 알고 싶으시면 Economy Monthly 이달 호에 게재된 저희 전면 광고를 보시기 바랍니다.

어휘 tax 세금 management 관리 accounting 회계 individual 개인의 corporate 기업의 professional 전문가 correctly 올바르게 tax return 세금 환급, 소득 신고 file (문서 등을) 제출하다 approach 다가오다 expert 전문가 serve one's needs ~의 요구를 들어주다 expand 확대하다 meet the deadline 마감 기한에 맞추다

---

7 What did the **firm recently** do?

(A) Move to a new office
(B) Expand the services it provides
(C) **Hire new employees**
(D) Meet its deadline

업체는 최근에 무엇을 했는가?
(A) 새 사무실로 옮겼다
(B) 제공하는 서비스를 확대했다
(C) 직원들을 새로 고용했다
(D) 마감 기한에 맞추었다

8 According to the advertisement, **how** can **listeners get** more **information**?

(A) By viewing a website
(B) By visiting an office
(C) By calling an associate
(D) **By reading a magazine**

광고에 따르면, 청자들은 어떻게 정보를 더 얻을 수 있는가?
(A) 웹사이트를 봄으로써
(B) 사무실을 방문함으로써
(C) 동료에게 전화함으로써
(D) 잡지를 읽음으로써

해설 7. we have hired new experts to better serve your needs에서 고객의 요구에 더 잘 부응하기 위해 직원들을 새로 고용했다고 하므로 정답은 (C)가 된다.

8. 정보 확인에 대해 언급한 See our full-page ad in this month's issue of Economy Monthly magazine to learn more about our services.에서 잡지 광고에서 정보를 찾아보라는 말을 하고 있으므로 정답은 (D)가 된다.

Questions 9-10 refer to the following telephone message. [AuM]

Thank you for calling the Panda Electronics customer service center. ⁹ Please note that all the lines are busy as we are experiencing a higher volume of calls than usual. We apologize for the delay. If you'd like us to direct your call, please listen carefully to the following options. Press 1 to make a new order. Press 2 if you would like to check the status of an order. ¹⁰ Press 3 to report mechanical problems for a product you purchased. A customer service representative will be with you shortly. And don't forget to have your customer account number ready; it will help our staff to process your request faster and more efficiently.

문제 9-10 다음 전화 메시지를 참조하시오.

Panda 전자 고객 서비스 센터에 전화 주셔서 감사합니다. 평소보다 통화 수신량이 많아 현재 모든 직원이 통화 중임을 유의해 주시기 바랍니다. 통화 지연에 대해 사과 말씀 드립니다. 전화를 돌려 드리기를 원하시면 다음 선택 사항을 잘 들어 주십시오. 주문을 하시려면 1번을 누르세요. 주문 상태를 확인 하시려면 2번을 누르세요. 구입하신 물건의 기계상의 문제점을 신고 하시려면 3번을 눌러 주세요. 고객 서비스 담당 직원이 곧 도와드릴 것입니다. 그리고 고객 계정 번호를 준비해 두는 것을 잊지 마십시오. 그러면 저희 직원들이 여러분의 요청을 더욱 빠르고 효과적으로 처리하는 데 도움이 될 것입니다.

어휘 note 유의하다 line 전화선 experience 경험하다, 겪다 volume (~의) 양 than usual 평소보다 apologize for ~에 대해 사과하다 delay 지연, 지체 direct (다른 곳으로) 돌리다 following 다음의, 뒤이은 option 선택 사항, 옵션 make an order 주문하다 status 상태 report 신고하다, 알리다 representative 담당자, 직원 shortly 곧 account 계정, 계좌 process 처리하다 efficiently 효율적으로 immediately 즉시, 바로 shut down (기계를) 멈추다, 정지시키다

9 Why are callers unable to speak with a representative immediately?

(A) The call center is not open yet.
(B) A computer system is shut down.
(C) Fewer staff are working today.
(D) More customers than usual are calling.

전화한 사람들은 왜 담당 직원과 바로 통화할 수 없는가?
(A) 콜센터가 아직 문을 열지 않았다.
(B) 컴퓨터 시스템이 멈추었다.
(C) 오늘 더 적은 수의 직원들이 근무한다.
(D) 평소보다 더 많은 고객들이 전화를 건다.

10 Why would callers press 3 on their phones?

(A) To purchase an item
(B) To report a problem
(C) To make a payment
(D) To request a catalog

전화한 사람들은 왜 3번을 눌러야 하는가?
(A) 제품을 구입하기 위해
(B) 문제를 신고하기 위해
(C) 결제를 하기 위해
(D) 카탈로그를 요청하기 위해

해설 9. 직원과 즉시 통화할 수 없는 이유를 묻고 있으므로, 전화가 모두 통화 중임을 알리는 Please note that all the lines are busy 다음에 정답이 제시되어 있다. we are experiencing a higher volume of calls than usual에서 평소보다 통화량이 더 많다고 하므로 (D)가 정답이다.

10. 3번을 눌러야 하는 이유를 묻고 있으므로 press 3가 언급되는 부분에 집중한다. Press 3 to report mechanical problems for a product you purchased에서 구입한 제품의 기계상의 문제를 신고하기 위해서라고 하므로 정답은 (B)가 된다.

Unit 04 미래에 할 일, 제안/요청사항을 묻는 문제

Part 4

Practice Answer 1. (B) 2. (B) 3. (B) 4. (A) 5. (C)
6. (D) 7. (A) 8. (D) 9. (B) 10. (C)

Question 1 refers to the following telephone message. [AmW]

Hello, Matt. This is Laura. I'm really sorry that I missed out on our meeting about office relocation. Since we are both very busy, instead of rescheduling the meeting, why don't you give me a call to talk about the issue whenever it is convenient for you?

문제 1 다음 전화 메시지를 참조하시오.

안녕하세요, Matt. Laura예요. 사무실 이전에 관한 미팅에 못 가서 정말 미안해요. 우리 둘 다 너무 바쁘니까, 미팅 일정을 다시 잡는 대신, 당신이 편리한 시간에 저에게 전화를 해서 그 문제에 대해 이야기하는 것이 어떨까요?

어휘 miss out on 놓치다 relocation 이사, 이전 instead of ~ 대신에 reschedule 일정을 변경하다 give A a call A에게 전화를 하다 convenient 편리한

1 What does the speaker suggest doing?
(A) Meeting at her office
(B) Talking on the telephone

화자는 무엇을 하기를 제안하는가?
(A) 자신의 사무실에서 만나기
(B) 전화로 이야기하기

해설 제안하는 바를 묻고 있으므로 제안을 나타내는 why don't you 다음에 집중한다. give me a call to talk about the issue에서 전화상으로 문제에 대해 이야기하는 것을 제안하고 있으므로 정답은 (B)가 된다.

Question 2 refers to the following talk. [CnM]

Good evening, and welcome to the 12th World Environment Awards ceremony. As you know, the theme of this year's event is waste water recycling and tonight's awards will be given to engineers and researchers who have made significant contributions in this area.

문제 2 다음 담화를 참조하시오.

안녕하십니까? 12회 세계 환경 시상식에 오신 것을 환영합니다. 여러분께서 아시다시피 올해 행사의 주제는 폐수 재활용이고, 오늘밤의 상들은 이 부문에서 지대한 공헌을 한 엔지니어와 연구자들에게 주어질 것입니다.

어휘 awards ceremony 시상식 waste water 폐수 recycling 재활용 make a contribution 공헌하다, 기여하다 significant 중요한, 지대한 area 영역, 부문 launch 시작하다, 출범하다 present 주다, 수여하다 release 발표하다, 알리다

2 What will happen at the event?
(A) A recycling campaign will be launched.
(B) Awards will be presented.
(C) Employees will be trained.
(D) Research results will be released.

이 행사에서는 어떤 일이 있을 것인가?
(A) 재활용 캠페인이 시작될 것이다.
(B) 상이 수여될 것이다.
(C) 직원들이 교육을 받을 것이다.
(D) 연구 결과가 발표될 것이다.

해설 welcome to the 12th World Environment Awards ceremony / tonight's awards will be given to engineers and researchers 등을 보면 시상식에서 엔지니어와 연구자들에게 상을 줄 것이라고 하므로 정답은 (B)가 된다.

Questions 3-4 refer to the following announcement. [AmW]

Welcome to our monthly neighborhood meeting here at Sunset Heights. [3] As a member of the association board, I'm happy to announce that [4] we've received permission from the city to hold our first street festival. The next step is to form a committee of local residents to start organizing the event. Those who are interested in participating should e-mail me by August 1st.

문제 3-4 다음 안내를 참조하시오.

이곳 Sunset Heights의 월간 주민 회의에 오신 여러분을 환영합니다. 주민 협의회 회원으로서 저는 시로부터 우리의 첫 거리 축제를 열도록 허가를 받았음을 알려드리고자 합니다. 다음 단계는 지역 주민들로 구성된 위원회를 만들어 축제 준비를 시작하는 것입니다. 참여에 관심 있는 분들은 저에게 8월 1일까지 이메일을 보내 주셔야 합니다.

어휘 monthly 매달의, 월례의 association board 협의회 permission 허가, 허락 hold (행사 등을) 열다 step 단계 form 이루다, 형성하다 committee 위원회 resident 주민 organize 조직하다, 준비하다 participate 참가하다 renovate 개조하다

3 Who is the speaker?
(A) A city planner
(B) A board member

화자는 누구인가?
(A) 도시 계획 입안자
(B) 협의회 회원

4 What has the group received permission to do?
(A) Host an event
(B) Renovate a community center

이 단체는 무엇을 하도록 허가를 받았는가?
(A) 행사 주최
(B) 커뮤니티 센터 개조

해설 3. 화자가 자신에 대해 소개하는 As a member of the association board를 보면 주민 협의회 회원임을 알 수 있으므로 정답은 (B)가 된다.

4. 무엇에 대한 허가를 받았는지 묻고 있으므로 permission이 언급되는 부분에 집중한다. we've received permission from the city to hold our first street festival에서 거리 축제 개최에 대한 허가임을 알 수 있으므로 정답은 (A)가 된다

paraphrasing 4. hold our first street festival → Host an event

---

Questions 5-6 refer to the following talk. [CnM]

The first agenda for today's meeting is about [5] creating an advertising campaign for our new rubber gloves. There are other companies that manufacture household cleaning gloves, but what makes our product unique is its exceptional durability. So, [5] I'd like you to come up with an advertising campaign that'll make this selection prominent. Now, [6] let me hand out some samples so you can familiarize yourself with this innovative product.

문제 5-6 다음 담화를 참조하시오.

오늘 회의의 첫 안건은 우리 신제품 고무장갑의 광고 캠페인 제작에 관한 것입니다. 가정용 청소 장갑을 생산하는 회사는 많지만, 우리 제품을 독특하게 만드는 것은 우수한 내구성입니다. 그래서 저는 이러한 선택을 부각시키는 광고 캠페인을 여러분께서 고안해 주셨으면 합니다. 그럼 여러분께서 이 혁신적인 제품에 익숙해질 수 있도록 제가 샘플을 좀 나누어 드리겠습니다.

어휘 agenda 안건, 의제 rubber 고무 manufacture 제조하다, 생산하다 household 가정용 unique 독특한, 고유한 exceptional 남다른, 유별난 durability 내구성 come up with 생각해 내다 selection 선택, 선정 prominent 두드러진, 눈에 띄는 hand out 나눠 주다 familiarize oneself with ~에 익숙해지다, ~에 정통하다 go over 검토하다 proposal 제안서 assignment 업무, 과제 contractor 하청업자 distribute 배포하다

5 Who is the intended audience for the talk?
(A) A product development team
(B) A board of directors
(C) An advertising department
(D) A group of consumers

이 담화는 누구를 대상으로 한 것인가?
(A) 제품 개발팀
(B) 이사회
(C) 광고부
(D) 소비자 그룹

6 What will the **speaker** most likely **do next**?

(A) Go over a proposal

(B) Review work assignments

(C) Meet with the contractors

(D) Distribute some product samples

화자는 다음에 무엇을 하겠는가?
(A) 제안서를 검토한다
(B) 업무 배정을 검토한다
(C) 하청업자와 만난다
(D) 제품 샘플을 나눠준다

해설 5. 담화를 듣는 대상을 묻고 있으므로 담화 초반이나, 흩어진 단서를 통해 정답을 유추한다. creating an advertising campaign / I'd like you to come up with an advertising campaign 등에서 광고를 만드는 이들임을 알 수 있으므로 정답은 (C)가 된다.

6. 담화 마지막 부분의 let me hand out some samples에서 샘플을 나눠 주겠다는 말을 하고 있으므로 정답은 (D)가 된다.

paraphrasing 6. hand out → Distribute

Questions 7-8 refer to the following announcement. [BrW]

Good evening and welcome to the annual conference of the Architectural Engineering Association, ⁷ here at the gorgeous Prince Hotel. Tonight, I'm proud to introduce Mr. Ryan Moore. Mr. Moore is a professor of architectural engineering at Middleton University and renowned architect whose designs can be seen around the globe. And also, ⁸ he will be giving a lecture on 19th century architectural heritage in Europe tomorrow at the Clean City's convention center.

문제 7-8 다음 안내를 참조하시오.

안녕하십니까, 이곳 아름다운 Prince 호텔에서 열리는 건축공학협회 연례 총회에 오신 여러분을 환영합니다. 오늘밤 여러분께 Ryan Moore 씨를 소개하게 되어 자랑스럽습니다. Moore 씨는 Middleton 대학교 건축공학과 교수이시고, 세계 곳곳의 건물을 디자인한 저명한 건축가이십니다. 그리고 또한, 그는 내일 Clean City's 컨벤션 센터에서 유럽의 19세기 건축 유산에 관한 강연을 하실 예정입니다.

어휘 be proud to ~하게 되어 자랑스럽다 architectural engineering 건축공학 renowned 저명한, 유명한 around the globe 전 세계에 give a lecture 강연을 하다 heritage 유산 lead 이끌다 conduct 진행하다, 실시하다 attend 참석하다 reception 리셉션, 연회 take place 일어나다, 생기다

---

7 Where is the **conference taking place**?

(A) In a hotel

(B) In a university

(C) In a convention hall

(D) In an engineering company

총회는 어디에서 열리는가?
(A) 호텔
(B) 대학교
(C) 컨벤션홀
(D) 엔지니어링 회사

8 According to the speaker, **what** will **happen tomorrow**?

(A) A manager will lead a tour.

(B) A chef will conduct a workshop.

(C) Guests will attend a reception.

(D) A lecture will take place.

화자에 의하면, 내일 어떤 일이 있을 것인가?
(A) 매니저가 투어를 이끌 것이다.
(B) 요리사가 워크숍을 진행할 것이다.
(C) 초대 손님들이 리셉션에 참석할 것이다.
(D) 강연이 진행될 것이다.

해설 7. 총회가 열리는 장소는 here at the gorgeous Prince Hotel에서 호텔임을 알 수 있으므로 정답은 (A)가 된다.

8. 내일 일어날 일을 묻고 있으므로 tomorrow가 언급된 부분에 집중한다. he will be giving a lecture on 19th century architectural heritage in Europe tomorrow에서 교수가 강연을 한다고 하므로 정답은 (D)가 된다.

Questions 9-10 refer to the following telephone message. [AuM]

Hello, Mr. Parker. My name is Will Bregman and **9** **I'm editor-in-chief of a magazine called Byte.** **9** **Our magazine covers** the latest news and research in Information Technology and we're looking for IT experts to serve as advisers. As an adviser, **10** **you will be required to read the draft articles thoroughly and confirm they're accurate** and they've covered the most recent issues in the field. If you're interested in this offer please give me a call at 708-8882.

문제 9-10 다음 전화 메시지를 참조하시오.

안녕하세요, Parker 씨, 저는 Will Bregman이라고 하며 Byte라는 잡지의 편집장입니다. 저희 잡지는 IT 분야의 최신 뉴스와 연구를 다루며 고문으로 일하실 IT 전문가를 찾고 있습니다. 고문으로 일하시면 기사 초고를 꼼꼼히 읽으시고 기사 내용이 정확한지, 이 분야에서 가장 최근 이슈를 다루고 있는지를 확인해 주셔야 합니다. 이 제안에 관심이 있으시면 저에게 708-8882로 전화주시기 바랍니다.

어휘 editor-in-chief 편집장 cover (기사 등을) 다루다, 취급하다 Information Technology 정보 통신 기술(IT) serve (일정 기간 동안) 일하다 adviser 조언가, 고문 be required to ~해야 한다 draft 초안의, 초고의 article 기사, 글 thoroughly 철저하게, 꼼꼼히 confirm 확인하다, 확정하다 accurate 정확한 offer 제안, 제의 give A a call A에게 전화하다

9 Who is the **speaker**?

(A) An engineer
(B) A magazine editor
(C) A medical student
(D) An event organizer

화자는 누구인가?
(A) 엔지니어
(B) 잡지 편집자
(C) 의대생
(D) 행사 기획자

10 According to the speaker, **what** will **Mr. Parker** be **required** to do?

(A) Present at an IT seminar
(B) Hold a fundraiser
(C) Review some articles
(D) Appear in an advertisement

화자에 따르면, Parker 씨는 무엇을 해야 할 것인가?
(A) IT 세미나에 참석한다
(B) 모금 행사를 연다
(C) 기사를 검토한다
(D) 광고에 출연한다

해설 9. 처음 자신을 소개하는 I'm editor-in-chief of a magazine에서 화자가 잡지사 편집자임을 알 수 있다. 이어지는 Our magazine covers 등에서도 이를 확인할 수 있다.

10. Parker 씨가 해야 할 일을 묻고 있으므로 required to do나 이와 유사한 표현이 언급되는 부분에 집중한다. you will be required to read the draft articles thoroughly and confirm they're accurate에서 기사 초고를 꼼꼼히 읽고 정보가 정확한지 확인하게 될 것이라고 하므로 정답은 (C)가 된다.

paraphrasing 10. read the draft articles thoroughly and confirm → Review some articles

Actual Test	Answer	1. (C)	2. (B)	3. (A)	4. (B)	5. (C)	6. (D)
		7. (B)	8. (A)	9. (C)	10. (B)	11. (C)	12. (C)

Questions 1-3 refer to the following telephone message and the expense report. [AmW]

Hi, John, it's Jessica from accounting. How was the trade fair in Las Vegas? I hope you enjoyed your trip. ¹ **By the way, I'm working on the expense report you submitted for your business trip and I can't find one of the receipts.** The trade fair was for four days and I see you've been to several restaurants and hotels. ² **You requested reimbursement for expenses of 45 dollars on Nov. 2 and 30 dollars on Nov. 3, but I can't find the receipt for them.** It wasn't included with your report. I cannot process whole payment without it. ³ **If you don't have it anymore, give me a call and I'll explain what you need to do in more detail.**

문제 1-3 다음 전화 메시지와 비용 보고서를 참조하시오.

안녕하세요, John씨. 저는 회계부서 Jessica입니다. 라스베가스 무역박람회는 어떠셨어요? 즐겁게 다녀오셨기를 바라요. 그런데, 제가 출장 건으로 당신이 제출한 비용 보고서 작업을 하는 중인데 영수증 중 하나를 못 찾겠어요. 무역박람회가 4일간이었는데 제가 보니까 몇 군데 식당이랑 호텔에 가셨네요. 11월 2일 45불, 11월 3일에 30불에 대한 비용상환 청구를 하셨는데 그것에 대한 영수증을 찾을 수 없네요. 영수증에 포함되어 있지 않았어요. 그 영수증 없이는 전체 지불을 해드릴 수가 없어요. 만약 당신이 영수증을 가지고 있지 않으시다면, 제게 전화주세요. 제가 어떻게 하셔야 하는지 자세히 설명해드릴게요.

어휘 accounting 회계 trade fair 무역박람회 work on ~에 대한 작업을 하다 expense report 비용보고서 business trip 출장 receipt 영수증 reimbursement 상환 expense 비용 process 처리하다 in detail 자세히 postpone 연기하다 missing 분실된 payment method 지불 방법, 납입 방법

1 Why is the speaker calling?
 (A) The trade fair was cancelled.
 (B) The business trip has been postponed.
 (C) A receipt is missing.
 (D) Payment method is declined.

화자가 전화한 이유는?
(A) 무역박람회가 취소되어서.
(B) 출장이 연기되어서.
(C) 영수증이 없어서.
(D) 납입 방법이 거절되어서.

NEW
2 Look at the graphic. Which expense needs to be confirmed?
 (A) Car Rental
 (B) Restaurant
 (C) Hotel
 (D) Parking

Date	Description	Amount
Nov. 2	car rental	$ 150
Nov. 2	Restaurant	$ 45
Nov. 2	Hotel (2nights)	$ 140
Nov. 3	Restaurant	$ 30
Nov. 4	Hotel (3nights)	$ 210
Nov. 5	Parking	$ 20

시각정보를 보시오. 어떤 비용이 확인되어야 하는가?
(A) 자동차 대여
(B) 식당
(C) 호텔
(D) 주차

3 What does the speaker ask the listener to do?
 (A) Contact her
 (B) Give her an itinerary
 (C) Schedule a trade fair
 (D) Send her an e-mail

화자는 청자에게 무엇을 해달라고 부탁하는가?
(A) 여자에게 연락하기
(B) 여자에게 여행일정표를 주기
(C) 무역박람회 일정을 잡아주기
(D) 여자에게 이메일 보내기

해설 1. By the way 뒤에 출장 건으로 당신이 제출한 비용 보고서 작업을 하는 중인데 영수증 중 하나를 못찾겠다(I'm working on the expense report you submitted for your business trip and I can't find one of the receipts.)고 하는 것으로 보아 화자는 영수증이 없어서 연락하는 것임을 알 수 있다. 정답은 (C)이다.

2. 11월 2일 45불, 11월 3일에 30불에 대한 비용상환 청구를 하셨는데 그것에 대한 영수증을 찾을 수 없네요(You requested reimbursement for expenses of 45 dollars on Nov. 2 and 30 dollars on Nov. 3, but I can't find the receipt for them.)라는 부분과 비용보고서 목록을 살펴보면 식당 비용이 확인되어야 한다는 것을 알 수 있으므로 정답은 (B)이다.

3. Jessica의 자동응답 메시지 마지막 부분에 만약 당신이 영수증을 가지고 있지 않으시다면, 제게 전화주세요, 제가 어떻게 하셔야 하는지 자세히 설명해드릴게요.(If you don't have it anymore, give me a call and I'll explain what you need to do in more detail.)라고 하는 부분에서 여자에게 연락 달라고 부탁하고 있으므로 정답은 (A)이다.

Questions 4-6 refer to the following telephone message. [CnM]

Hello, [4] this is John Goldman from Deluxe Electronics. I want to [4] thank you again for coming in to interview for the quality control position in the electronic circuit assembly department last Friday. I was impressed by your résumé and your work experience. We'd like you to come in this week to talk with Mr. Sanderson, our factory supervisor. I'm sorry to ask you with such short notice. But [5] Mr. Sanderson will be away on a business trip next week. And we want to fill the position quickly. [6] Please call me back as soon as possible so we can schedule a time for the next interview. Thank you.

문제 4-6 다음 전화 메시지를 참조하시오.

안녕하세요. 저는 Deluxe 전자의 John Goldman 이라고 합니다. 지난 금요일 저희 전자 회로 조립부 품질 관리직 면접에 와주셔서 다시 한 번 감사합니다. 저는 귀하의 이력서와 업무 경력에 깊은 인상을 받았습니다. 이번 주 내로 오셔서 공장장이신 Sanderson 씨와 이야기를 나누셨으면 합니다. 이렇게 급하게 요청을 하게 되어 매우 죄송합니다. 하지만 Sanderson 씨께서는 다음 주에 출장으로 자리를 비우시게 됩니다. 그리고 저희는 이 자리에 인력을 빨리 충원하길 원합니다. 가능한 한 빨리 저에게 답신 전화를 주셔서 다음 면접을 위한 일정을 잡았으면 합니다. 감사합니다.

어휘 quality control 품질 관리 position 직위, 직책 electronic circuit 전자 회로 assembly 조립 supervisor 감독, 관리자 short notice 촉박한 통보 be away 부재 중이다 fill a position 자리를 채우다 schedule 일정을 잡다 organize 조직하다, 준비하다 reception 축하 연회 recently 최근에 unavailable 이용할 수 없는, 만날 수 없는 submit 제출하다 proposal 제안서

---

4 What kind of company does the speaker work for?

(A) A travel agency
(B) An electronics company
(C) An event-planning company
(D) An employment agency

화자는 어떤 업종의 회사에 근무하는가?
(A) 여행사
(B) 전자 회사
(C) 이벤트 기획사
(D) 채용 대행 업체

5 What does the speaker say about Mr. Sanderson?

(A) He is organizing a reception.
(B) He was recently promoted.
(C) He will be unavailable next week.
(D) He has approved a budget.

화자는 Sanderson 씨에 대해 무엇이라고 말하는가?
(A) 그는 축하 연회를 준비한다.
(B) 그는 최근에 승진했다.
(C) 그는 다음 주에 자리에 없다.
(D) 그는 예산을 승인했다.

6 What does the speaker ask the listener to do?

(A) Submit a proposal
(B) Review some documents
(C) Attend a seminar
(D) Schedule an appointment

화자는 청자에게 무엇을 하도록 요청하는가?
(A) 제안서를 제출할 것
(B) 서류를 검토할 것
(C) 세미나에 참석할 것
(D) 만날 약속을 정할 것

해설 4. 첫머리의 this is John Goldman from Deluxe Electronics에서 전자 제품 업체라고 자신의 소속을 밝히고 있다. 이어지는 thank you again for coming in to interview for the quality control position in the electronic circuit assembly department에서도 전자 부품 조립부에 면접 보러 온 것을 감사하고 있으므로 정답은 (B)가 된다.

5. Sanderson 씨에 관해 언급된 부분 Mr. Sanderson will be away on a business trip next week에서 다음 주에 출장을 갈 것이라고 하므로 정답은 (C)가 된다.

6. 화자의 요청을 나타내는 끝 부분 Please call me back as soon as possible so we can schedule a time for the next interview.에서 전화를 해서 다음 면접 일정을 잡아야 한다고 하므로 정답은 (D)가 된다.

paraphrasing 5. away on a business trip → unavailable
6. a time for the next interview → an appointment

Questions 7-9 refer to the following telephone message. [AuM]

Hello, this is Jack pitt, the president from Design Fabric Manufacturers. [7] I just heard from one of my sales representatives that you inquired about ordering T-shirts for your company's anniversary outing. We have a wide selection of colors and designs to choose from. You will easily find what you need online at www.designfabric.com. Also, [8] if you haven't decided what to print in the shirts, please let me know as soon as possible. It can take a lot of time. [9] We offer free shipping for orders over $150. If you need help just give me a call at any time. My direct number is 555-8267. Thank you.

문제 7-9 다음 전화 메시지를 참조하시오.
안녕하십니까? 저는 디자인 페브릭 메뉴팩처러의 대표 잭 피트입니다. 제 영업 사원들 중 한 명이 당신 회사의 기념일 야유회를 위한 티 셔츠 주문에 대해 문의했다는 소식을 들었어요. 다양한 색상과 디자인을 선택하실 수 있어요. www.designfabric.com. 에서 필요로 하시는 것을 쉽게 찾을 수 있을 것입니다. 또한, 셔츠에 무엇을 프린트할지 결정하지 못하셨으면 가능한 한 빨리 저에게 알려 주세요. 시간이 많이 걸릴 수 있습니다. 우리는 150달러 이상의 주문에 대해 무료 배송을 제공해 드립니다. 도움이 필요하시면 언제든지 전화 주세요. 제 직통 전화 번호는 555-8267입니다. 감사합니다.

어휘 president 대표 sales representative 영업사원 anniversary 기념일 outing 야유회 a wide selection of 다양한 place an order 주문하다 in person 직접, 몸소

---

7 What is the speaker calling about?
(A) Outing
(B) T-Shirts
(C) Printer
(D) Internet

화자는 무엇을 문의하고 있는가?
(A) 야유회
(B) 티셔츠
(C) 프린터
(D) 인터넷

NEW
8 What does the speaker imply when he says, "It can take a lot of time"?
(A) An order should be placed soon.
(B) Additional copier is needed.
(C) Changes cannot be made to a color.
(D) Free shipping is not available.

화자가 "시간이 많이 걸릴 수 있습니다"라고 말한 의도는 무엇인가?
(A) 주문이 곧 이루어져야 한다.
(B) 추가 복사기가 필요하다.
(C) 색상을 변경할 수 없다.
(D) 무료 배송을 이용할 수 없다.

9 How can the listener get free shipping?
(A) By purchasing online
(B) By visiting the store in person
(C) By ordering over a certain amount
(D) By choosing a certain color

청자는 어떻게 무료 배송을 받을 수 있나?
(A) 온라인으로 구매하여
(B) 직접 점포를 방문하여
(C) 일정량 이상을 주문하여
(D) 특정 색상을 선택하여

해설 7. 제 영업 사원들 중 한 명이 당신 회사의 기념일 야유회를 위한 티셔츠 주문에 대해 문의했다는 소식을 들었어요.(I just heard from one of my sales representatives that you inquired about ordering T-shirts for your company's anniversary outing.)라고 말하는 부분에서 정답은 (B)임을 알 수 있다.

8. 셔츠에 무엇을 프린트할지 결정하지 못하셨으면 가능한 한 빨리 저에게 알려 주세요. 시간이 많이 걸릴 수 있습니다.(if you haven't decided what to print in the shirts, please let me know as soon as possible. It can take a lot of time.)라는 부분에서 빨리 주문을 해야 한다는 의도로 이야기하고 있다는 것을 알 수 있으므로 정답은 (A)이다.

9. 우리는 150달러 이상의 주문에 대해 무료 배송을 제공해 드립니다.(We offer free shipping for orders over $150.)에서 특정 금액 이상을 주문하면 무료배송을 해준다는 것을 알 수 있으므로 정답은 (C)이다.

Questions 10-12 refer to the following advertisement. [BrW]

¹⁰ Looking for cosmetics that will make your skin brighter and healthier? Then, don't miss out on Orlane's new hydration cream. Unlike other companies that use harsh chemicals, ¹¹ Orlane has developed unique skin care products specially formulated with 100% natural ingredients. This nourishing all natural facial cream immediately moisturizes and provides your skin with ample vitamins and antioxidants. ¹² Orlane products are only available at a pharmacy. So, if you want your skin to look young for a longer time, visit the nearest store in your neighborhood.

문제 10-12 다음 광고를 참조하시오.

피부를 더 밝고 건강하게 해 줄 화장품을 찾고 계신가요? 그렇다면 Orlane에서 새로 나온 수분 크림을 놓치지 마세요. 유독성 화학 물질을 사용하는 다른 업체들과는 달리, Orlane은 100퍼센트 천연 성분을 원료로 특별히 제조된 스킨케어 제품을 개발했습니다. 이 풍부한 영양을 주는 순수 천연 성분의 페이셜 크림은 여러분의 피부를 즉시 촉촉하게 해주고 풍부한 비타민과 항산화 성분을 공급합니다. Orlane 제품은 약국에서만 구입하실 수 있습니다. 그러니까 더 오래도록 피부가 젊게 보이기를 원하신다면 여러분의 동네에서 가장 가까운 매장을 찾아 주시기 바랍니다.

어휘 cosmetic 화장품 hydration 수화 작용, 수분 공급 unlike ~와 달리 harsh chemical 유독 화학 물질 unique 유일한, 독특한 formulate 만들어 내다 ingredient 성분, 원료 nourishing 영양분이 많은, 영양이 되는 facial 얼굴의 moisturize 수분을 공급하다 ample 충분한 antioxidant 항산화제 pharmacy 약국

10 What is the advertisement for?

(A) Footwear
(B) **Cosmetics**
(C) Household goods
(D) Laundry detergent

광고는 무엇에 관한 것인가?
(A) 신발
(B) 화장품
(C) 가정용품
(D) 세제

11 What is special about Orlane's products?

(A) They dry quickly.
(B) They are for outdoor use.
(C) **They are made from natural ingredients.**
(D) They do not cause allergic reactions.

Orlane의 제품들은 어떤 점이 특별한가?
(A) 빨리 건조된다.
(B) 야외용이다.
(C) 천연 성분으로 만들어졌다.
(D) 알레르기 반응을 일으키지 않는다.

12 Where can listeners buy Orlane's merchandise?

(A) On the Internet
(B) At a supermarket
(C) **At a pharmacy**
(D) In a hardware store

청자들은 Orlane의 상품을 어디에서 구입할 수 있는가?
(A) 인터넷
(B) 슈퍼마켓
(C) 약국
(D) 철물점

해설 10. 광고의 첫 문장 Looking for cosmetics that will make your skin brighter and healthier?에 정답의 단서가 제시되어 있다. 화장품에 대한 광고이므로 정답은 (B)가 된다.

11. 제품의 어떤 점이 특별한지 묻고 있으므로 special이나 이와 같은 표현이 언급되는 부분을 집중해 듣는다. 중반부 unique가 언급되는 Orlane has developed unique skin care products specially formulated with 100% natural ingredients.를 보면 순수 천연 성분으로 만들어졌다고 하므로 정답은 (C)가 된다.

12. 제품 구입 장소는 광고의 마지막 부분 Orlane products are only available at a pharmacy.에서 알 수 있는데, 약국에서 구입할 수 있다고 하므로 정답은 (C)가 된다.

paraphrasing 11. unique → special

Unit 05 전화 메시지

Part 4

Practice — Answer 1. (B) 2. (B) 3. (A) 4. (B) 5. (B) 6. (C) 7. (A) 8. (D) 9. (C) 10. (D)

Question 1 refers to the following telephone message. [BrW]

Hello. You've reached the customer order line for Amazon Electronics. A customer representative will be with you shortly to take your order. While you're waiting, we invite you to visit our website at amazone.com to sign up for our savings reward card.

문제 1 다음 전화 메시지를 참조하시오.

안녕하세요. Amazon 전자의 고객 주문 전화에 연결되셨습니다. 고객 담당 직원이 곧 나와서 귀하의 주문을 받게 될 것입니다. 기다리시는 동안 저희 웹사이트 amazone.com을 방문해 보시고 적립 보상 카드를 신청하시기를 권해 드립니다.

어휘 reach ~에 닿다, 연락하다 order 주문 line 전화(선) customer representative 고객 담당 직원 shortly 곧 take an order 주문을 받다 invite A to do A가 ~하도록 부탁하다 sign up for 신청하다

1 Why most likely is the **listener calling**?

(A) To confirm a payment
(B) To place an order

청자는 왜 전화를 걸겠는가?
(A) 납부 확인을 위해
(B) 주문을 하기 위해

해설 A customer representative will be with you shortly to take your order.에서 고객 담당 직원이 나와 주문을 받을 것이라고 말을 하고 있으므로 전화 건 이유는 주문을 하기 위해서임을 알 수 있다.

paraphrasing take your order → place an order

Question 2 refers to the following telephone message. [AuM]

Hello. My name is Paul Olson, and I am running a restaurant at 139 Georgia Street. I looked at the website, and I'd like to get more information about your food supplies. I'm considering adding a vegetarian menu, and I'm particularly interested in having fresh vegetables delivered to my restaurant on a daily basis.

문제 2 다음 전화 메시지를 참조하시오.

안녕하세요. 저는 Paul Olson이라고 하며, Georgia 가 139에서 식당을 운영하고 있습니다. 웹사이트를 살펴보았는데, 귀사에서 공급하는 식자재에 대해 더 많은 정보를 얻고자 합니다. 저희는 채식 메뉴를 추가하는 것을 고려 중인데, 저는 매일 우리 식당으로 신선한 채소를 배송받는 데 특히 관심이 있습니다.

어휘 run 운영하다 supply 공급(품) consider 고려하다 vegetarian 채식의 particularly 특별히 on a daily basis 매일, 날마다 train 교육하다

2 What is the speaker planning to do?

(A) Offer a meal voucher
(B) Change a menu
(C) Train an employee
(D) Deliver a package

화자는 무엇을 할 계획인가?
(A) 식사권 제공
(B) 메뉴 변경
(C) 직원 교육
(D) 포장물 배달

해설 I'm considering adding a vegetarian menu에서 채식 메뉴를 추가할 생각이라고 하므로 정답은 (B)가 된다.

paraphrasing adding a vegetarian menu → Change a menu

Questions 3-4 refer to the following telephone message. [CnM]

Hello, ³ this is Adrian from Creating Minds Marketing Agency. Yesterday, I made a dinner reservation at your restaurant for some of our employees and clients. I've requested a table for six people and selected the food for a three-course meal. But I've just found out that two of the guests are vegetarians, so ⁴ we'd like to add a vegetarian option to our dinner order.

문제 3-4 다음 전화 메시지를 참조하시오.
안녕하세요. 저는 Creating Minds 마케팅 대행사의 Adrian입니다. 어제 제가 저희 직원과 고객들을 위해 당신의 레스토랑에 저녁 식사 예약을 했습니다. 6인용 테이블과 3코스 식사를 요청했습니다. 하지만 저희 고객 중 두 분이 채식주의자라는 것을 방금 알았기 때문에 저녁 식사에 채식 메뉴 옵션을 추가했으면 합니다.

어휘 / make a reservation 예약을 하다 client 고객 select 선택하다, 고르다 vegetarian 채식주의자

3 Where does the **caller work**?

(A) At a marketing firm
(B) At a hotel

전화하는 사람은 어디에서 근무하는가?
(A) 마케팅 회사
(B) 호텔

4 What is the **purpose** of the telephone **call**?

(A) To request a large room
(B) To change a menu order

전화의 목적은 무엇인가?
(A) 큰 방을 요청하기 위해
(B) 주문한 메뉴를 바꾸기 위해

해설 3. this is Adrian from Creating Minds Marketing Agency에서 마케팅 회사에 근무한다고 자신의 신분을 밝히고 있으므로 정답은 (A)가 된다.
  4. we'd like to add a vegetarian option to our dinner order에서 채식 메뉴를 추가하기를 원하므로 정답은 (B)가 된다.

Questions 5-6 refer to the following telephone message. [AmW]

Hi, this message is for Ms. Adams. ⁵ This is Rene Crosby from Happy Party Supplies. I am calling to get some additional information about ⁵ the order you placed for a graduation party. ⁶ The person who took the order forgot to note the exact number of invitations. We can arrange anything from a small group of four people up to fifty. Please call me back at 555-0186 when you're free and ⁶ let me know how many guests you'd like to invite.

문제 5-6 다음 전화 메시지를 참조하시오.
안녕하세요. 이것은 Adams 씨에게 남기는 메시지입니다. Happy 파티용품의 Rene Crosby입니다. 졸업 파티를 위해 넣은 주문에 대해 추가 정보를 얻고자 전화 드렸습니다. 주문 받은 사람이 정확한 초대장 수량을 적어 놓는 것을 잊었습니다. 저희는 4명의 소그룹부터 50명에 이르기까지 어떤 것이든 준비할 수 있습니다. 시간 있으실 때 555-0186으로 답신 전화 주셔서 몇 분이나 초대하실지 알려주세요.

어휘 / additional 부가적인 place an order 주문을 하다 graduation 졸업 note 적어 두다 invitation 초대장 arrange 준비하다 call back 답신 전화를 하다
  unavailable 구할 수 없는 incomplete 불완전한

5 Where does the **caller work**?

(A) At a banquet hall
(B) At a party supply store
(C) At a florist
(D) At a bakery

전화하는 사람이 일하는 곳은?
(A) 연회장
(B) 파티용품점
(C) 화원
(D) 제과점

6 What **problem** does the **speaker mention**?

(A) A delivery will be delayed.
(B) A requested item is unavailable.
(C) An order form is incomplete.
(D) A price was quoted incorrectly.

화자는 어떤 문제를 언급하고 있는가?
(A) 배달이 지연될 것이다.
(B) 요청받은 물품을 구할 수 없다.
(C) 주문서가 불완전하다.
(D) 가격 견적이 잘못되었다.

해설 5. 화자가 자신의 신분을 밝히는 This is Rene Crosby from Happy Party Supplies.와 the order you placed for a graduation party에서 파티용품과 관련한 곳에서 일하는 것을 알 수 있다.

6. The person who took the order forgot to note the exact number of invitations / let me know how many guests you'd like to invite 등을 통해 주문이 제대로 이루어지지 않았다는 것을 알 수 있으므로 (C)가 정답이다.

Questions 7-8 refer to the following telephone message. [AmW]

Hi, my name is Georgia Arkin and ⁷ I am calling about running an advertisement in your newspaper's website. This is the first time I've ever tried to submit an online advertisement. I've logged onto your website several times and ⁸ entered the text for the ad. Everything works fine until that point. ⁸ But whenever I click the 'Submit' button, all of the text disappears and I only get an error message saying "An internal error occurred.".

문제 7-8 다음 전화 메시지를 참조하시오.

안녕하세요, 제 이름은 Georgia Arkin이라고 하며, 당신의 신문사 웹사이트에 광고를 내려고 전화했습니다. 인터넷 광고를 하려는 것은 이번이 처음입니다. 여러 번 귀사의 웹사이트에 접속해 광고에 넣을 문구를 입력했습니다. 그때까지는 모든 것이 순조로웠습니다. 그러나 '제출' 버튼을 누를 때마다, 모든 글이 사라지고 "내부 오류가 발생했습니다"라는 오류 메시지만 나옵니다.

어휘 running an advertisement 광고를 하다 submit [place] an advertisement 광고를 내다 log onto ~에 접속하다 enter 입력하다 text 글, 문서 work fine 일이 잘되다 whenever ~할 때마다 submit 제출 disappear 사라지다 internal 내부적인 occur 발생하다

---

7 What kind of business is the speaker calling?

(A) A newspaper
(B) A bookstore
(C) A computer firm
(D) An employment agency

화자는 어떤 업체에 전화하는가?
(A) 신문사
(B) 서점
(C) 컴퓨터 회사
(D) 직업 소개소

8 What is the speaker having trouble with?

(A) Finding a website
(B) Submitting a résumé
(C) Setting up some equipment
(D) Placing an advertisement

화자는 어떤 어려움을 겪고 있는가?
(A) 웹사이트 찾기
(B) 이력서 제출
(C) 장비 설치
(D) 광고 내기

해설 7. 전화 건 목적을 밝히는 I am calling about running an advertisement in your newspaper's website를 보면 신문에 광고를 내기 위해서 전화를 했다는 것을 알 수 있으므로 정답은 (A)가 된다.

8. 전화하는 사람이 겪고 있는 문제점은 entered the text for the ad. / But whenever I click the 'Submit' button, all of the text disappears에서 알 수 있는데 광고에 넣을 텍스트를 제출하려고 할 때마다 에러 메시지가 뜬다고 하므로 정답은 (D)가 된다.

Questions 9-10 refer to the following telephone message. [BrW]

Hello, Mr. Fernandez. This is Jay Wong from the Malt Beverage Company. As head of the project committee, I'm pleased to inform you that ⁹ we chose your firm for our building renovation. ⁹ There were many proposals from other architects, but what really appealed to us was your innovative design that made the most of our available space. Congratulations! ¹⁰ I'll be sending copies of the contract agreement later today for your firm to review. Thank you.

문제 9-10 다음 전화 메시지를 참조하시오.

안녕하세요, Fernandez 씨. Malt 음료회사의 Jay Wong입니다. 사업 위원회 회장으로서, 우리 건물의 개조 공사에 귀사를 선택했음을 알려드리게 되어 기쁩니다. 다른 건축가들로부터 많은 제안이 있었지만 정말로 우리의 흥미를 끈 것은 활용 가능한 공간을 최대한 이용한 귀사의 혁신적인 디자인이었습니다. 축하합니다! 귀사가 검토하도록 오늘 오후에 도급 계약서 사본들을 보내겠습니다. 감사합니다.

어휘 head of committee 위원회 회장 pleased 기쁜 inform 알리다 firm 회사, 법인 renovation 개조, 수리 proposal 제안, 제의 architect 건축가 appeal to ~의 관심을 끌다 innovative 혁신적인 make the most of 최대한 활용하다 contract 도급, 하청 review 살펴보다

---

9 Who is the speaker most likely calling?

(A) A lawyer
(B) A librarian
(C) An architect
(D) A committee member

화자가 전화하는 상대는 누구이겠는가?
(A) 변호사
(B) 사서
(C) 건축가
(D) 위원

10 What does the speaker say she will do?

(A) Organize a meeting
(B) Talk to a colleague
(C) Revise a schedule
(D) Send some documents

화자는 무엇을 하겠다고 말하는가?
(A) 회의를 준비한다
(B) 동료하게 이야기한다
(C) 일정을 수정한다
(D) 문서를 보낸다

해설 9. 여러 단서를 통해 누구에게 전화를 걸었는지 유추해야 한다. we chose your firm for our building renovation, There were many proposals from other architects, but what really appealed to us was your innovative design 등에서 상대방이 건물 디자인에 종사하는 인물임을 알 수 있으므로 정답은 (C)가 된다.

10. 화자가 하려는 일은 마지막 문장의 I'll be sending copies of the contract agreement에서 알 수 있다. 도급 계약서를 보내겠다고 하므로 정답은 (D)가 된다.

paraphrasing copies of the contract agreement → some documents

Unit 06 회의, 연설

Part 4

Practice Answer 1. (B) 2. (B) 3. (B) 4. (A) 5. (B) 6. (D) 7. (A) 8. (B) 9. (B) 10. (A)

Question 1 refers to the following talk. [AmW]

The first item on today's agenda is the new recycling program. The management decided to hire a new recycling company, because with the old company, we have to use several recycling bins. Many of you complained they were taking up too much space in the office.

문제 1 다음 담화를 참조하시오.

오늘 회의의 첫 번째 안건은 새로운 재활용 프로그램입니다. 경영진은 재활용품 처리 업체를 새로 고용하기로 결정했는데, 왜냐하면 기존 업체를 이용하면 우리는 재활용 수거함을 여러 개 사용해야 하기 때문입니다. 많은 분들께서 수거함이 사무실 자리를 너무 많이 차지한다고 불평했습니다.

어휘 recycling 재활용 management 경영진 recycling bin 재활용 수거함

---

1 What change is being made?

(A) An office location will be changed.

(B) A service provider will be replaced.

어떤 변동 사항이 생기는가?
(A) 사무실 위치가 바뀔 것이다.
(B) 서비스 제공 업체가 교체될 것이다.

해설 변동 사항에 대해 언급하는 hire a new recycling company를 보면 재활용품 처리를 위해 새로운 업체를 고용하기로 했다고 하므로 (B)가 정답이다.

paraphrasing hire a new recycling company → A service provider will be replaced.

Question 2 refers to the following talk. [AuM]

I've called this budget meeting to let you know that our budget planning for the next quarter is due in two weeks. As you know, our profits have gone up over the past two quarters but our operating cost has also increased. So, I'm asking you to come up with some strategies to bring the cost down.

문제 2 다음 담화를 참조하시오.

제가 이 예산 회의를 소집한 것은 여러분께 우리의 다음 분기 예산 기획 마감 기한이 2주 후에 마감이라는 것을 알리기 위해서입니다. 여러분도 아시다시피, 지난 2분기 동안 수익은 상승했지만 운영비 또한, 늘어났습니다. 그래서 여러분께 비용을 줄일 수 있는 전략을 제시하시기를 부탁드립니다.

어휘 call a meeting 회의를 소집하다 budget 예산 planning 기획, 계획 quarter 4분의 1, 분기 due 마감 기한인 profit 수익, 이윤 go up 상승하다, 올라가다 operating cost 운영비 increase 늘어나다, 증가하다 come up with 생각해 내다 strategy 전략 bring down 줄이다, 낮추다 feedback 의견, 피드백

---

2 What does the speaker want to do?

(A) Provide feedback

(B) Reduce costs

(C) Interview a job candidate

(D) Postpone a deadline

화자는 무엇을 하기를 원하는가?
(A) 의견 제공
(B) 비용 삭감
(C) 입사 지원자 면접
(D) 마감일 연기

해설 화자가 원하는 바는 I'm asking you to 다음에 드러나 있다. come up with some strategies to bring the cost down에서 비용을 줄이기 원한다는 것을 알 수 있으므로 정답은 (B)가 된다.

Questions 3-4 refer to the following talk. [CnM]

³ The first issue I'd like to discuss is the upgrade in employee identification badges. The badge you're currently using won't work with the new security system we are installing, so you'll have to get a new one issued by the security office. ⁴ The security office will e-mail you to let you know when your appointment is. If you can't make the time that's assigned to you, ask Donovan Burton to arrange a different time.

문제 3-4 다음 담화를 참조하시오.

오늘 논의할 첫 번째 안건은 사원증 업그레이드입니다. 여러분께서 현재 사용하고 계신 사원증은 지금 설치하고 있는 새 보안 시스템에서는 소용이 없게 될 것입니다. 그러니 경비실에서 사원증을 새로 발급 받으셔야 합니다. 경비실에서는 여러분에게 이메일로 각자의 약속 시간을 알려줄 것입니다. 배정된 시간에 가실 수 없으면 Donovan Burton 씨에게 요청하여 다른 시간으로 정하시기 바랍니다.

어휘 employee identification badge 사원증 currently 현재로서 work 작동하다, 효과가 있다 issue 발급하다 security office 경비실 appointment 약속, 예약 assign 할당하다, 배정하다 arrange 마련하다, 정하다 revise 수정하다 replacement 교체(품)

3 What change is the speaker **discussing**?
  (A) Revised work schedules
  (B) Badge replacements

화자는 어떤 변동 사항을 논의하고 있는가?
  (A) 수정된 근무 스케줄
  (B) 사원증 교체

4 What will employees **receive** by **e-mail**?
  (A) An appointment time
  (B) A Web address

직원들은 이메일로 무엇을 받을 것인가?
  (A) 약속 시간
  (B) 웹 주소

해설 3. 주제를 묻고 있으므로 초반에 집중한다. The first issue I'd like to discuss 다음에 제시되는 the upgrade in employee identification badges에서 사원증 업그레이드가 주제임을 알 수 있다. 경비실에 가서 사원증을 새로 발급받아야 하고, 이를 위해 방문 시간을 이메일로 알려줄 것이라는 내용에서도 정답을 확인할 수 있다.

4. 이메일로 받는 것을 묻고 있으므로 e-mail이 언급되는 부분에 집중한다. The security office will e-mail you to let you know when your appointment is.에서 약속 시간을 전달받을 것이라고 하므로 정답은 (A)가 된다.

paraphrasing 3. upgrade → replacements

Questions 5-6 refer to the following talk. [BrW]

⁵ Welcome to the orientation program for new employees. Over the next three days you'll learn about important company policies and programs. You are required to attend all sessions ⁵ before you start working at the factory floor. This is mandatory because the company is committed to maintaining the highest level of workplace safety. ⁶ At the end of the orientation, each of you will be given a certificate that shows you have successfully completed the training.

문제 5-6 다음 담화를 참조하시오.

신입 사원 오리엔테이션에 오신 것을 환영합니다. 앞으로 3일 동안 여러분께서는 회사의 주요 방침과 프로그램에 대해 배우실 겁니다. 여러분께서는 공장에서 근무를 시작하시기 전에 모든 교육에 참가하셔야 합니다. 이것은 의무 사항이며, 이는 회사에서 작업장 안전 수준을 최고로 유지하는 데 전념하기 때문입니다. 오리엔테이션이 끝나면 여러분 각자가 교육을 성공적으로 마쳤다는 것을 보여 주는 수료증을 받으실 것입니다.

어휘 orientation 오리엔테이션 policy 정책, 방침 be required to ~해야 한다 attend 참석하다 session (교육) 시간 mandatory 의무적인 be committed to ~에 전념하다 maintain 유지하다 workplace 작업장 safety 안전, 보안 certificate 수료증, 증명서 complete 완성하다 certified 자격증을 갖춘, 공인된 overseas 해외의, 외국의 executive 임원, 중역

5 **Who** most **likely** are the **listeners**?
  (A) Certified inspectors
  (B) New factory workers
  (C) Overseas clients
  (D) Company executives

청자는 누구이겠는가?
  (A) 공인된 검사관
  (B) 공장 신입 직원
  (C) 해외 고객
  (D) 회사 중역

6 What will listeners **receive** at the **end** of the **program**?

(A) A tour of a facility

(B) An instructional manual

(C) An evaluation form

(D) **A certificate of completion**

청자들은 프로그램 마지막에 무엇을 받게 될 것인가?
(A) 시설 견학
(B) 교재
(C) 평가서
(D) 수료증

해설 5. Welcome to the orientation program for new employees. / before you start working at the factory floor 등을 통해 공장에서 새로 일을 시작하는 직원들임을 알 수 있다.

6. 프로그램이 끝날 때 무엇을 받게 될 것인지 묻고 있으므로, A the end of the orientation이 언급되는 부분에 집중한다. 담화의 마지막 문장 At the end of the orientation 다음에 each of you will be given a certificate that shows you have successfully completed the training을 보면 교육을 완수한 것을 증명하는 수료증을 받게 된다고 하므로 정답은 (D)가 된다.

Questions 7-8 refer to the following announcement. [AmW]

I've called this meeting to give you an update on our company's plans. **7 In order to make our office more energy-efficient**, we're going to install solar panels and a new lighting system in every building. As a result, **8 we expect to reduce utility costs significantly**. And also I'd like to remind you that during the construction, you'll hear loud noises in and around each building. We are sorry for the inconvenience.

문제 7-8 다음 안내를 참조하시오.

회사 계획에 대한 최신 소식을 알려드리기 위해 회의를 소집했습니다. 사무실의 에너지 효율을 더 높이기 위해서 우리는 태양 전지판과 새로운 조명 시스템을 모든 건물에 설치할 것입니다. 그 결과 우리는 에너지 비용을 크게 줄일 것으로 기대합니다. 그리고 또한, 공사가 진행되는 동안 각 건물 안팎에서 커다란 소음을 듣게 되실 것임을 상기시켜 드립니다. 불편을 끼쳐 드려 죄송합니다.

어휘 in order to do ~하기 위해 energy-efficient 에너지 효율적인 solar panel 태양 전지판 lighting 조명 as a result 그 결과 utility cost 에너지 비용 significantly 중대하게, 현저하게 remind 상기시키다, 다시 알려주다 inconvenience 불편 efficiency 효율성 expand 확대하다, 넓히다 maintenance 시설 관리

---

7 What does the **company plan to do**?

(A) **Improve energy efficiency**

(B) Expand a workspace

(C) Update computer systems

(D) Replace some machinery

회사는 무엇을 할 계획인가?
(A) 에너지 효율성 향상
(B) 작업 공간 확대
(C) 컴퓨터 시스템 업데이트
(D) 기계 교체

8 What **benefit** does the **speaker mention**?

(A) Easier maintenance

(B) **Reduced expenses**

(C) Increased production

(D) More office space

화자는 어떤 이점을 언급하는가?
(A) 더 쉬운 시설 관리
(B) 비용 절감
(C) 생산 증가
(D) 더 넓은 사무 공간

해설 7. 회사에서 계획하고 있는 것을 묻고 있으므로 담화의 In order to 다음에 집중한다. make our office more energy-efficient에서 사무실의 에너지 효율성을 높이기 위해 태양 전지판과 조명을 설치한다고 하므로 정답은 (A)가 된다.

8. 에너지 효율성 향상을 위한 노력의 결과를 언급하는 As a result 다음의 we expect to reduce utility costs significantly에서 에너지 비용을 줄일 것으로 기대한다고 하므로 정답은 (B)가 된다.

Questions 9-10 refer to the following announcement. [AuM]

As the new director of advertising here at the IPP Agency, I'm here to lead the weekly meeting. I've worked in the advertising industry for over a decade and ⁹ I joined your company three weeks ago. Our agenda for today is to discuss ¹⁰ the use of social media in advertising. I think there are ¹⁰ a lot of different strategies we can use to make our existing campaigns more effective. Let me start by giving you an overview of social media.

문제 9-10 다음 안내를 참조하시오.

저는 오늘 IPP 대행사의 신임 광고 디렉터로서 주간 회의를 진행하기 위해 이 자리에 섰습니다. 저는 광고업계에 10년 넘게 종사해 왔고 3주 전에 이 회사에 입사했습니다. 오늘 논의할 주제는 광고에서의 소셜 미디어 활용에 관한 것입니다. 우리의 기존 광고 캠페인을 더욱 효과적으로 만들기 위해 우리가 사용할 수 있는 다른 전략이 많이 있다고 생각합니다. 소셜 미디어의 개요를 설명하는 것으로 시작하겠습니다.

어휘 lead 이끌다, 진행하다 decade 10년 existing 기존의 effective 효과적인 overview 개관, 개요 launch 착수하다, 시작하다 present 발표하다 a range of 다양한 (범위의) productivity 생산성 lower 낮추다 operational cost 운영비, 경상비

---

9 What has the speaker recently done?
 (A) Published a book
 (B) Joined a different company
 (C) Launched an advertising campaign
 (D) Presented at a conference

화자는 최근에 무엇을 했는가?
 (A) 책을 출간했다
 (B) 다른 회사에 입사했다
 (C) 광고 캠페인을 시작했다
 (D) 콘퍼런스에서 발표를 했다

10 What does the speaker want to talk about?
 (A) Using a range of strategies
 (B) Improving employee productivity
 (C) Lowering operational costs
 (D) Increasing training opportunities

화자는 무엇에 대해 이야기하고 싶어 하는가?
 (A) 다양한 전략 사용
 (B) 직원 생산성 향상
 (C) 운영비 절감
 (D) 교육 기회 확대

해설 9. 최근에 한 일을 묻고 있으므로 recently나 그와 비슷한 시간 표현이 언급되는 부분에 집중한다. I joined your company three weeks ago에서 3주 전에 이 회사에 입사했다고 하므로 정답은 (B)가 된다.

10. 화자가 이야기하고자 하는 바는 광고에서 소셜 미디어를 활용하는 법(the use of social media in advertising), 다양한 광고 전략(a lot of different strategies we can use)이라고 했다. 따라서 정답은 (A)가 된다.

paraphrasing 10. a lot of different strategies → a range of strategies

Actual Test

Answer 1. (D) 2. (A) 3. (C) 4. (D) 5. (A) 6. (C) 7. (A) 8. (B) 9. (C) 10. (A) 11. (B) 12. (B)

Questions 1-3 refer to the following excerpt from a meeting. [CnM]

I have an important announcement to make. As you know, **¹ the store will be closed for a couple of days next month for our annual inventory**. In an effort to make the process easier, we will be using new record keeping software. **² One great feature of this software is that it sends automatic alerts whenever we are running low on a certain item**, so we'll have extra time to order more. The new system will help us avoid the problem of running out of products, like ³ **when we sold out of raincoats during the monsoon season last year**. This system will prevent a similar situation from happening again. A series of training sessions will be held so you can get familiar with the new system before we check our stock.

문제 1-3 다음 회의 발췌문을 참조하시오.

여러분께 알려드릴 중요한 사항이 있습니다. 아시겠지만, 매장은 우리의 연례 재고 조사를 위해 다음 달에 이틀 정도 문을 닫을 것입니다. 그 과정을 더 쉽게 만들기 위한 노력의 일환으로 우리는 새로운 기록보관 소프트웨어를 사용할 것입니다. 이 소프트웨어의 큰 장점은 특정 품목의 재고가 부족할 때마다 자동으로 경고를 보낸다는 것입니다. 그래서 우리는 주문할 여유 시간을 확보할 수 있습니다. 이 새 시스템은 지난해 우기에 비옷이 품절되는 사태와 같이 상품이 소진되는 문제를 피할 수 있도록 도와줄 것입니다. 이 시스템은 유사한 문제가 다시 일어나지 않도록 해줄 것입니다. 일련의 교육 시간을 마련해서 여러분이 재고 확인에 들어가기 전에 새로운 시스템에 익숙해질 수 있도록 할 것입니다.

어휘 inventory 재고 조사 in an effort to do ~하기 위한 노력의 일환으로 process 과정, 절차 record 기록 feature 성능, 기능 automatic 자동의 alert 경고 run low on ~가 부족해지다 run out of ~가 소진되다 sold out 품절된 monsoon season 우기, 장마철 prevent A from -ing A가 ~하는 것을 막다 warehouse 창고 track 추적하다 understaffed 인력이 부족한 force 어쩔 수 없이 ~하게 하다 price 가격을 책정하다

---

1 Why will the store be closed next month?

(A) To send an update to clients
(B) To renovate a warehouse
(C) To install a new computer program
(D) To take an inventory

매장은 왜 다음 달에 문을 닫을 것인가?
(A) 고객들에게 최신 소식을 보내기 위해서
(B) 창고를 개조하기 위해서
(C) 새 컴퓨터 프로그램을 설치하기 위해서
(D) 재고 조사를 하기 위해서

2 What feature of the software does the speaker mention?

(A) It sends automatic alerts.
(B) It tracks a shipment.
(C) It offers sample data.
(D) It works with other programs.

화자는 소프트웨어의 어떤 기능을 언급하고 있는가?
(A) 자동으로 경고를 보낸다.
(B) 발송물을 추적한다.
(C) 샘플 데이터를 제공한다.
(D) 다른 프로그램과 함께 작동한다.

3 What problem did the business have last year?

(A) It was understaffed.
(B) A rainstorm forced it to close.
(C) It sold out of a product.
(D) Some clothing was priced incorrectly.

업체는 작년에 어떤 문제를 겪었는가?
(A) 직원이 부족했다.
(B) 폭풍우 때문에 문을 닫아야만 했다.
(C) 제품이 품절되었다.
(D) 일부 의류에 가격이 잘못 책정되었다.

해설 1. 다음 달에 어떤 일이 있을지 묻고 있으므로 next month가 언급되는 부분에 집중한다. the store will be closed for a couple of days next month for our annual inventory에서 재고 조사가 있을 것이라고 하므로 정답은 (D)가 된다.

2. 제품의 특징을 언급한 One great feature of this software is that it sends automatic alerts whenever we are running low on a certain item에서 재고가 부족해질 때마다 자동으로 경고를 보낸다고 하므로 (A)가 정답이다.

3. 작년에 있었던 일을 묻고 있으므로 last year가 언급되는 부분에 집중한다. when we sold out of raincoats during the monsoon season last year를 보면, 장마철에 비옷의 재고가 바닥났다고 하므로 정답은 (C)가 된다.

Questions 4-6 refer to the following telephone message and work schedule. [AuM]

M: Hi Jessica, it's Richard, the editor-in-chief. [4] I was pleased to hear that we'll be hiring some more editors for our publisher. We're really short-staffed for meeting the deadline of our monthly magazine. But we haven't hired anyone new for the last six months, so [5] I'd like to meet to discuss how many editors we will hire this time. I'm looking at my schedule right now, and I have some free time today. I heard you will also be at the weekly staff meeting this afternoon. I'll be presiding over the meeting. Let's meet after that's over to discuss the matter. [6] I have time between that meeting and interview with the new mayor at 4 P.M. Let me know if that works for you. Thanks.

문제 4-6 다음 전화 메시지와 업무 스케줄을 참조하시오.

안녕하세요 Jessica씨, 저는 편집장 Richard예요. 저는 우리가 출판사를 위해 편집자들을 몇 명 채용할거라는 소식을 듣고 기뻤어요. 우리는 우리 월간잡지 마감일을 맞추는 데 정말 일손이 부족했어요. 하지만 지난 6개월간 아무도 채용을 안 했어요. 그래서 저는 우리가 이번에 몇 명의 편집자를 채용할 건지 이야기를 나누기 위해 만났으면 해요. 지금 제가 제 일정을 보고 있는데 오늘 시간이 좀 있어요. 제가 듣기로 당신도 오늘 오후 주간 직원회의에 오신다고 들었어요. 제가 그 회의를 주재할거예요. 그 회의가 끝나고 나서 만나 그 문제에 대해 논의하도록 해요. 저는 회의와 4시에 있을 신임시장과의 인터뷰 사이에 시간이 있어요. 그 시간 괜찮으신지 저에게 알려주세요. 고마워요.

어휘 editor-in-chief 편집장 be pleased to ~해서 기쁘다 hire 고용하다 editor 편집자 publisher 출판사 short-staffed 일손이 부족한 preside over 주재하다 mayor 시장 advertising firm 광고회사 on-the-job training 현장 실습

---

4 Where most likely does the speaker work?

(A) At an advertising firm
(B) At an employment agency
(C) At a library
(D) At a publishing company

화자는 어디서 일할 것 같은가?

(A) 광고 회사에서
(B) 직업 소개소에서
(C) 도서관에서
(D) 출판사에서

5 What would the speaker like to discuss with the listener?

(A) The number of new hires
(B) On-the-job training
(C) Promotion decisions
(D) An upcoming meeting

화자는 청자와 무엇에 대해 이야기하고 싶어 하는가?

(A) 신입 채용인원의 수
(B) 현장 실습
(C) 승진 결정
(D) 다가오는 회의

NEW

6 Look at the graphic. What time does the speaker want to meet?

(A) At 10:00 A.M.
(B) At 11:00 A.M.
(C) At 3:00 P.M.
(D) At 4:00 P.M.

Today's Schedule	
09:00	
10:00	Conference call
11:00	Training Interns
12:00	
13:00	
14:00	Weekly staff meeting
15:00	
16:00	Interview with the new mayor
17:00	
18:00	

시각정보를 보시오. 화자는 몇시에 만나기를 원하는가?

(A) 오전 10시
(B) 오전 11시
(C) 오후 3시
(D) 오후 4시

해설 4 저는 우리가 출판사를 위해 편집자들을 몇 명 채용할거라는 소식을 듣고 기뻤어요.(I was pleased to hear that we'll be hiring some more editors for our publisher)라고 말하는 부분에서 화자가 출판사에서 일한다는 것을 알 수 있으므로 정답은 (D)이다.

5 저는 우리가 이번에 몇 명의 편집자를 채용할 건지 이야기를 나누기 위해 만났으면 한다(I'd like to meet to discuss how many editors we will hire this time.)고 말하는 부분에서 채용인원 수에 대해 얘기 나누고 싶어 한다는 것을 알 수 있다. 정답은 (A)이다.

6 주간 직원회의와 신임사장 인터뷰 사이에 시간이 된다(I have time between that meeting and interview with the new mayor at 4 P.M.)고 말하고 있고, 일정표에 3시가 빈 시간이므로 정답은 (C)이다.

Questions 7-9 refer to the following excerpt from a meeting. [AmW]

The last item on the agenda of today's staff meeting is **7 to address the parking situation**. **8 In order to accommodate more vehicles, 7 8 we are going to introduce a new parking policy**. So starting next Monday, the parking area in front of the school will be reserved for carpoolers. We encourage every employee to consider sharing rides, so that you can take advantage of this convenient parking location. Its… It is not only good for our planet if you share rides but also it is good for our parking situation. If you and other employees plan on coming to work together in the same car, **9 you should ask Mr. Chan in the administration office for a permit to park in the carpool area**. Thank you for your cooperation.

문제 7-9 다음 회의 발췌문을 참조하시오.
오늘 직원회의의 마지막 안건은 주차 문제를 다루는 것입니다. 우리는 더 많은 차량을 수용하기 위해서 새 주차 정책을 도입할 것입니다. 그리하여 다음 주 월요일부터 학교 앞 주차 공간은 카풀 이용자들에게 배정될 것입니다. 전 직원은 자동차 함께 타기를 잘 생각해 보고, 이 편리한 주차 장소의 혜택을 누리기를 권장합니다. 이것은… 차를 공유하는 것은 우리 지구를 위해서만 좋은 것이 아니라, 우리 주차 상황을 위해서도 좋은 것입니다. 여러분이 다른 직원들과 같은 차를 타고 출근할 계획이라면 관리실의 Chan 씨에게 카풀 전용 구역 주차권을 요청하셔야 합니다. 협조해 주셔서 감사합니다.

어휘 address 집중적으로 다루다 vehicle 차량 introduce 도입하다 be reserved for ~을 위해 지정되다 carpooler 카풀 이용자 encourage 권장하다, 장려하다 consider 고려하다 take advantage of 이용하다 administration office 관리실, 행정실 permit 허가증 cooperation 협조, 협력

---

7 What is the announcement about?

(A) A company policy
(B) An expansion plan
(C) An upcoming event
(D) A client visit

안내는 무엇에 관한 것인가?
(A) 회사 정책
(B) 확장 계획
(C) 곧 있을 행사
(D) 고객 방문

8 What problem is the speaker addressing?

(A) Work areas are too crowded.
(B) There is not enough parking space.
(C) An expansion project has been delayed.
(D) A hotel reservation has been changed.

화자는 어떤 문제점을 다루고 있는가?
(A) 작업 공간이 너무 붐빈다.
(B) 주차 공간이 충분하지 않다.
(C) 확장 프로젝트가 지연되고 있다.
(D) 호텔 예약이 변경되었다.

9 Why are the listeners asked to contact Mr. Chan?

(A) To lease a vehicle
(B) To register for classes
(C) To obtain a permit
(D) To update contact information

청자들은 왜 Chan 씨에게 연락하도록 요청받는가?
(A) 차량을 빌리기 위해
(B) 강좌에 등록하기 위해
(C) 허가증을 받기 위해
(D) 연락처를 업데이트하기 위해

해설 7. to address the parking situation / we are going to introduce a new parking policy 등을 보면 주차 문제를 위해 새 정책을 도입할 것이라고 하므로 정답은 (A)가 된다.

8. In order to accommodate more vehicles, we are going to introduce a new parking policy에서 주차 공간 확보를 위해 새 정책을 도입한다고 하므로 정답은 (B)가 된다.

9. Mr. Chan에 대해 언급되는 부분을 보면, you should ask Mr. Chan in the administration office for a permit to park in the carpool area에서 카풀 전용 구역의 주차 허가증을 그에게 요청하라고 하므로 정답은 (C)가 된다.

Questions 10-12 refer to the following telephone message and coupon. [BrW]

W: Hi, it's Kathy, and [10] **I'm calling with some information about the party that we're organizing for the new smartphone launch event.** [11] **It will be on October 1**, and I'm really glad to hear that 20 people from the office are coming. This is an event for in-house members only. After the event, we're having dinner together at a newly opened restaurant. [11] **But unfortunately, it looks like we can't use the coupon from Farmhouse Diner after all**. Next week, we are having a huge event for customers and distributors. There will be over a thousand people. We need to discuss ways to advertise the event. [12] **Would it be possible for your team to design and print some invitations for the event**?

문제 10-12 다음 전화 메시지와 쿠폰을 참조하시오.

안녕하세요, 저는 Kathy,예요. 저는 새로운 스마트폰 출시 행사를 위해 우리가 준비하고 있는 파티에 대한 정보를 가지고 연락 드리는데요. 파티는 10월 1일에 열릴 예정이에요. 사무실에서 20명이 오신다니 정말 기쁘네요. 이 행사는 사내 직원들만을 위한 행사입니다. 이 행사 이후에 우리는 새롭게 문을 연 식당에서 함께 식사를 할겁니다. 하지만 안타깝게도 우리는 결국 팜하우스 다이너 식당에서 받은 쿠폰을 사용할 수는 없겠네요. 다음 주에 우리는 고객들과 유통회사를 위한 대규모 행사를 할 예정입니다. 그 행사에는 1000명 이상이 올거예요. 우리는 그 행사를 홍보할 방법에대해 논의해야 해요. 당신 팀에서 행사용 초대장을 디자인하고 출력해 주실 수 있겠어요?

어휘 organize 준비하다 launch 출시 invitation 초대, 초대장 advertise 광고하다 product launch party 제품 출시 파티 retirement party 퇴직 파티 expiration date 만료일 give away 나누어 주다

---

10 What kind of event is being held?

(A) A product launch party
(B) A birthday party
(C) A retirement party
(D) A costume party

어떤 종류의 행사가 열릴 것인가?

(A) 제품 출시 파티
(B) 생일 파티
(C) 퇴직 파티
(D) 코스튬 파티

NEW
11 Look at the graphic. Why is the speaker unable to use the coupon for the event?

(A) It can be used only when there are over 30 people.
(B) The event will take place after the expiration date.
(C) It is for in-house members only.
(D) It is designed for event planners.

Farmhouse Diner

Mention this and get 10% off
2620 Northside dr
Clearwater, Florida
(352) 555- 2351
www.farmhousediner.com
Valid until Sep. 30

시각정보를 보시오. 왜 화자는 행사의 쿠폰을 사용할 수 없는가?

(A) 30명 이상이 있을 때만 사용할 수 있으므로
(B) 행사가 만료일 이후에 진행되므로
(C) 사내 회원 전용이므로
(D) 이벤트 기획자를 위해 고안되었으므로

12 What does the speaker ask the listener to do?

(A) Place an order for a copier
(B) Create some invitation cards
(C) Distribute some gifts
(D) Give away coupons

화자는 청자에게 무엇을 해달라고 요청하는가?

(A) 복사기 주문
(B) 초대장 만들기
(C) 선물 나누어 주기
(D) 쿠폰 나누어 주기

해설 10 새로운 스마트폰 출시 행사를 위해 우리가 준비하고 있는 파티에 대한 정보를 가지고 연락 드리는데요.(I'm calling with some information about the party that we're organizing for the new smartphone launch event.)라고 하는 부분에서 제품출시 파티가 열릴 것을 알 수 있으므로 정답은 (A)이다.

11 앞부분에서 행사날짜가 10월 1일로 명시되어 있고, 안타깝게도 우리는 결국 팜하우스 다이너 식당에서 받은 쿠폰을 사용할 수는 없겠네요.(But unfortunately, it looks like we can't use the coupon from Farmhouse Diner after all.)라고 말하고 있으며 쿠폰에 9월 30일까지 유효하다고 명시되어 있으므로 정답은 (B)이다.

12 당신 팀에서 행사용 초대장을 디자인하고 출력해 주실 수 있겠어요?(Would it be possible for your team to design and print some invitations for the event?)라며 초대장을 만들어달라는 요청을 하고 있으므로 정답은 (B)이다.

Unit 07 안내, 공지

Part 4

Practice	Answer	1. (B)	2. (B)	3. (A)	4. (B)	5. (D)
		6. (A)	7. (B)	8. (C)	9. (C)	10. (A)

Question 1 refers to the following announcement. [AuM]

Good evening, ladies and gentlemen. Welcome to the Berkshire Theater. Tonight's show is the opening of the new musical, 'The Inside Story' performed by local amateur musicians.

문제 1 다음 안내를 참조하시오.

안녕하십니까, 신사 숙녀 여러분. Berkshire 극장에 오신 것을 환영합니다. 오늘의 오프닝 공연은 지역 아마추어 뮤지션들이 펼치는 새로운 뮤지컬 공연 The Inside Story입니다.

어휘 / opening 개막, 오프닝 perform 공연하다, 상연하다

1 Where is the announcement most likely being made?

(A) In a television studio
(B) In a theater

안내는 어디에서 이루어지고 있겠는가?
(A) 텔레비전 스튜디오
(B) 극장

해설 / 안내가 이루어지는 장소를 묻고 있다. 시작 부분에서 듣는 대상을 언급한 뒤 Welcome to 다음에 극장 이름을 언급하고 있으므로 정답은 (B)가 된다. 이어지는 Tonight's show에서도 이를 확인할 수 있다.

Question 2 refers to the following announcement. [BrW]

Attention, Red-Star Line passengers. It's been reported that there is a problem with the railroad tracks in Springfield station. Emergency repairs are being made now but this train will have to end service at the Orchard station. Everyone is asked to exit when we reach the Orchard.

문제 2 다음 안내를 참조하시오.

Red-Star 노선 승객 여러분께 안내 말씀 드리겠습니다. Springfield 역의 선로에 문제가 발생했다는 보고가 들어왔습니다. 지금 긴급 보수 공사가 진행되고 있으나, 이 열차는 Orchard 역에서 운행을 마쳐야 합니다. Orchard 역에 도착하면 모두 하차해 주시기 바랍니다.

어휘 / report 보고하다 railroad track 철로, 선로 emergency 비상사태 make a repair 수리를 하다 end 종료하다, 끝마치다 exit 빠져나가다, 퇴장하다 cause 유발하다, 초래하다 delay 지연, 지체 crew member 승무원 automatic 자동의

2 According to the speaker, what is the problem?

(A) Bad weather has caused delays.
(B) Railroad tracks are being repaired.
(C) A crew member is late.
(D) An automatic door is not closing.

화자에 따르면, 무엇이 문제인가?
(A) 나쁜 날씨로 인해 지연 사태가 발생했다.
(B) 선로가 수리 중이다.
(C) 승무원이 늦었다.
(D) 자동문이 닫히지 않는다.

해설 / a problem with the railroad tracks와 Emergency repairs are being made를 보면, 선로에 문제가 생겨 현재 수리가 진행 중인 것을 알 수 있다.

paraphrasing ▶ Emergency repairs are being made → Railroad tracks are being repaired

Questions 3-4 refer to the following announcement. [CnM]

Attention, Fresh Farm customers. Today, we're launching our healthy eating campaign to help you improve your diets and health. ³ This offer includes a special cooking class by award winning chef Julian LeBlanc. Mr. LeBlanc has invented the recipes specifically for people who are looking for ways to make tasty healthy meals. Don't forget to stop by food section D. ⁴ You can sample some of dishes Mr. LeBlanc made from organic ingredients.

문제 3-4 다음 안내를 참조하시오.

Fresh Farm을 이용해 주시는 고객 여러분께 안내 말씀 드립니다. 오늘, 저희는 고객 여러분의 식단과 건강을 증진하는 데 도움이 되는 건강 식습관 캠페인을 시작합니다. 이 행사에는 수상 경력이 있는 요리사 Julian LeBlanc 씨의 특별 요리 교실도 포함되어 있습니다. LeBlanc 씨는 특별한 맛좋은 건강식을 원하는 분들을 위한 요리법을 개발하였습니다. D 식품 코너에 잊지 말고 들르세요. LeBlanc 씨가 유기농 재료로 만든 요리를 시식하실 수 있습니다.

어휘 launch 출시하다, 시작하다 improve 개선하다, 향상시키다 diet 식단 offer (특별) 행사 include 포함하다 award winning 수상 경력이 있는 chef 요리사 invent 고안하다 recipe 레시피, 조리법 specifically 특히 tasty 맛있는 stop by 들르다 sample 시식하다 organic 유기농의 ingredient 재료

3 According to the speaker, **what** will **happen** today?

 (A) A cooking class
 (B) Some renovation work

화자에 따르면, 오늘 어떤 일이 있을 것인가?
(A) 요리 교실
(B) 개조 공사

4 **Why** should customers **visit section D**?

 (A) To find cooking supplies
 (B) To get some samples

고객들은 왜 D 코너에 들러야 하는가?
(A) 조리 도구를 구매하기 위해
(B) 샘플을 얻기 위해

해설 3. 고객들을 위한 건강 식습관 캠페인의 일환으로 a special cooking class 행사를 갖는다고 하므로 정답은 (A)가 된다.
4. section D가 언급되는 부분을 정확히 들어야 한다. You can sample some of dishes에서 요리사가 만든 음식을 시식하기 위해 서임을 알 수 있다.

paraphrasing 4. sample some of dishes → get some samples

Questions 5-6 refer to the following announcement. [BrW]

Welcome neighbors and friends. ⁵ I am proud to announce the result of our Community Center's recent renovation project. I'd especially like to thank all our citizens who made generous donations. We couldn't have done it without you. In addition to making building repairs, we've also enlarged ⁶ the dining area not just for conventions but also for weddings, concerts, even fashion shows. It can hold up to a thousand people.

문제 5-6 다음 안내를 참조하시오.

이웃과 친구 여러분을 환영합니다. 최근 있었던 커뮤니티 센터의 개조 공사 결과를 알려 드리게 되어 매우 자랑스럽게 생각합니다. 저는 특히 넉넉한 기부를 해주신 시민 여러분들께 감사 말씀 드리고 싶습니다. 여러분이 없었다면 저희는 이 일을 할 수 없었을 것입니다. 건물을 수리하는 것에 더하여 저희는 연회장을 확장함으로써 컨벤션뿐만 아니라 결혼식, 콘서트, 패션쇼 등을 열 수 있게 되었습니다. 연회장은 천 명의 인원을 수용할 수 있습니다.

어휘 result 결과 recent 최근의 renovation 개조, 보수 especially 특히 citizen 시민 make a donation 기부하다 generous 관대한 in addition to ~에 더하여 enlarge 확대하다, 넓히다 dining area 식사 공간, 연회장 hold 수용하다 up to 최대 ~까지 anniversary 기념일 property 부동산 merger 합병 completion 완성, 완료 multi-purpose 다목적의

5 What is being **celebrated**?

 (A) The anniversary of a business
 (B) The purchase of a property
 (C) The success of a merger
 (D) The completion of a renovation

무엇을 기념하고 있는가?
(A) 회사 창립 기념일
(B) 부동산 매입
(C) 합병의 성공
(D) 개조 공사의 완료

6 **What change** has been made?

(A) A multi-purpose space has been added.

(B) A new website has been launched.

(C) An opening has been canceled.

(D) A showroom has been enlarged.

어떤 변화가 있었는가?
(A) 다목적 공간이 추가되었다.
(B) 새 웹사이트가 오픈되었다.
(C) 개장식이 취소되었다.
(D) 전시장이 확장되었다.

해설 5. 담화에서 다루는 중심 화제는 I'm proud to announce 다음에 나타나 있다. the result of our Community Center's recent renovation project라고 하므로 개조 공사가 끝난 후 이를 기념하고 있음을 알 수 있다.

6. 개조 공사 이후 어떤 변화가 있었는지 묻고 있으며, 이는 we've also enlarged 다음에 나타나 있다. 컨벤션, 결혼식, 패션쇼 등의 다양한 용도로 사용되는 연회장을 증축했다고 하므로 정답은 (A)가 된다.

paraphrasing 5. the result of our Community Center's recent renovation project → The completion of a renovation

---

Questions 7-8 refer to the following announcement. [AuM]

Ladies and gentlemen. I hope you are all enjoying our annual Banking Convention. The schedule says that our guest speaker, Mr. Smith will be giving the keynote address directly after lunch. Unfortunately, we have ⁷ ⁸ a problem with the audio-video equipment in conference room A, so we will no longer be able to use it. Instead, ⁷ we've arranged a new place on the fourth floor of this building. Don't forget to bring all your personal belongings and the printed materials with you because we no longer have extra handouts to be distributed. Thank you and enjoy the convention.

문제 7-8 다음 안내를 참조하시오.

신사 숙녀 여러분. 연례 은행업 컨벤션이 여러분께 즐거운 시간이 되기를 바랍니다. 일정표에 따르면 초대 연사이신 Smith 씨의 기조연설이 점심 식사 직후에 있을 것입니다. 안타깝게도 A 회의실의 시청각 장비에 문제가 생겼습니다. 그래서 저희는 더 이상 그곳을 이용할 수 없습니다. 대신 이 건물 4층에 장소를 새로 마련하였습니다. 여러분께서는 모든 개인 소지품과 인쇄물을 잊지 말고 가져가시기 바랍니다. 왜냐하면 저희는 여러분께 나눠 드릴 수 있는 여분의 자료를 갖고 있지 않기 때문입니다. 감사 말씀 드리며, 좋은 시간 되시기 바랍니다.

어휘 annual 매년의, 해마다의 keynote address 기조연설 (= keynote speech) directly 곧바로 audio-video 시청각의 arrange 마련하다 personal belongings 개인 소지품 material 자료 handout 배포 자료 distribute 나눠 주다 restriction 제한 renewal 갱신, 연장 leak 물이 새다 work (기계 등이) 작동하다

---

7 **What** does the announcement **concern**?

(A) The cancellation of a speech

(B) A change in location

(C) Parking restrictions

(D) A membership renewal

이 안내는 무엇에 관한 것인가?
(A) 연설 취소
(B) 장소 변경
(C) 주차 제한
(D) 멤버십 갱신

8 What **problem** does the speaker **mention**?

(A) A flight was delayed.

(B) The ceiling of the room is leaking.

(C) Some equipment is not working.

(D) Some programs are not available.

화자는 어떤 문제점에 대해 언급하는가?
(A) 항공편이 지연되었다.
(B) 방 천장에서 물이 샌다.
(C) 일부 장비가 작동하지 않는다.
(D) 일부 프로그램에 참여할 수 없다.

해설 7. 안내에서 전달하고자 하는 주제를 묻는 질문이다. a problem ~ in conference room A / we've arranged a new place를 통해 기존 장소에 문제가 생겨 새로운 곳으로 옮긴다고 하므로 정답은 (B)가 된다.

8. a problem with the audio-video equipment in conference room A에서 회의실 시청각 장비에 문제가 있다는 말을 하고 있다.

paraphrasing 8. a problem with the audio-video equipment → Some equipment is not working.

Questions 9-10 refer to the following announcement. [AmW]

May I have your attention, please? As you know, **⁹ ¹⁰ the security system of the museum will be upgraded** this weekend. This means that the security company has to remove the building's old surveillance cameras and alarms and replace them with the new ones. So, we need to make sure that ⁹ **all the displayed artworks** are put away securely. Before you leave on Friday, I'd like employees to carry away the paintings and sculptures and put them in the safe underground. Managers will supervise the whole moving process and ensure it's locked correctly. Thanks for your cooperation.

문제 9-10 다음 안내를 참조하시오.

여러분 주목해 주시겠습니까? 여러분께서도 아시다시피 박물관 보안 시스템이 이번 주말에 업그레이드될 것입니다. 이는 곧 보안 업체에서 건물에 설치된 구식 감시 카메라와 경보 장치를 제거하고 새 것으로 교체할 것임을 의미합니다. 따라서 우리는 모든 전시 중인 예술 작품을 안전하게 다른 곳으로 치워야 합니다. 금요일 퇴근하시기 전에 직원들께서는 그림과 조각품을 지하 금고로 옮겨 주시기 바랍니다. 관리자들이 전 과정을 감독할 것이며 금고가 제대로 잠겼는지 확인할 것입니다. 협조해 주셔서 감사합니다.

어휘 security system 보안 시스템 remove 제거하다 surveillance camera 감시 카메라 replace A with B A를 B로 교체하다 artwork 예술 작품 securely 안전하게 carry away 운반해 가다 safe 금고 underground 지하의 supervise 감독하다 extend 연장하다, 늘이다 stock 재고

9 **Where** is the **announcement** being made?

(A) In an office
(B) In a factory
(C) In a museum
(D) In a parking lot

이 안내는 어디에서 이루어지는가?
(A) 사무실
(B) 공장
(C) 박물관
(D) 주차장

10 **What change** is being announced?

(A) A security system will be upgraded.
(B) Employees will be given free vacation.
(C) A project deadline is being extended.
(D) New stock will be available.

어떤 변동 사항을 안내하고 있는가?
(A) 보안 시스템이 업그레이드될 것이다.
(B) 직원들이 무료 휴가를 받게 될 것이다.
(C) 프로젝트 마감 시한이 연장될 것이다.
(D) 재고가 새로 입고될 것이다.

해설 9. 안내가 이루어지는 장소는 담화의 초반부에 언급되었다. the security system of the museum에서 박물관임을 알 수 있다. 또한, 다음에 언급되는 all the displayed artworks에서도 이를 확인할 수 있다.

10. the security system of the museum will be upgraded에서 박물관 보안 시스템이 업그레이드될 것임을 알 수 있다.

Unit 08 인물 소개

Part 4

Practice Answer 1. (B) 2. (D) 3. (B) 4. (A) 5. (A)
6. (D) 7. (A) 8. (C) 9. (C) 10. (A)

Question 1 refers to the following talk. [CnM]
Good evening. I'm pleased to announce the winner of the Promax Advertising Awards. This year's recipient is Chime Advertising. The agency was selected for its successful TV commercials for Pierce Automotive's full-sized luxury car, Darius.

문제 1 다음 담화를 참조하시오.
안녕하십니까? Promax 광고 대상의 수상자를 발표하게 되어 기쁩니다. 올해의 수상자는 Chime 광고사입니다. 이 대행사는 Pierce 자동차의 대형 럭셔리 자동차 Darius의 성공적인 TV 광고로 인해 수상자로 선정되었습니다.

어휘 recipient 수상자 select 선정하다 commercial 상업 광고 full-sized car 대형차 propose 제안하다

1 What is the purpose of the talk?
(A) To propose a design
(B) To announce an award winner

담화의 목적은 무엇인가?
(A) 디자인 제안을 위해
(B) 수상자 발표를 위해

해설 I'm pleased to announce the winner에서 수상자를 발표하게 되어 기쁘다고 하므로 담화의 목적은 수상자 발표임을 알 수 있다.

Question 2 refers to the following talk. [AmW]
Now, I'd like to introduce our last speaker at this year's gathering of the news reporters, Roy Andrews. Mr. Andrews began his career as a reporter covering business news for the Center Daily Times. And, he worked his way up to the position of editor-in-chief in five years. Now before Mr. Andrews gives his talk, I'd like to remind everyone to participate in the reception afterward.

문제 2 다음 담화를 참조하시오.
자, 올해 뉴스 기자 모임의 마지막 연사이신 Roy Andrews 씨를 소개하고자 합니다. Andrews 씨는 Center Daily Times에서 경제 뉴스를 보도하는 기자로 일을 시작했습니다. 그리고 5년 후 그는 편집장의 위치에까지 올랐습니다. 이제 Andrews 씨께서 강연을 시작하시기 전에, 저는 여러분께 강연 이후 리셉션 행사에 참석해 주실 것을 상기시켜 드리는 바입니다.

어휘 gathering 모임 cover 보도하다, 취재하다 work one's way up 높은 위치에 오르다, 승진하다 give a talk 강연을 하다 remind 상기시키다 participate in ~에 참가하다 reception 리셉션 afterward 이후에 invite A to do A가 ~하도록 정중히 요청하다 book signing 저자 사인회

2 What is the audience invited to do after the talk?
(A) Go to a book signing
(B) Register for a seminar
(C) Renew a membership
(D) Attend a reception

청중은 강연이 끝난 뒤에 무엇을 하도록 요청 받는가?
(A) 도서 사인회에 가기
(B) 세미나에 등록하기
(C) 멤버십을 연장하기
(D) 리셉션에 참석하기

해설 담화의 후반, 행사 일정을 상기시켜 주는 I'd like to remind 다음의 everyone to participate in the reception afterward.에서 강연이 끝난 후에 리셉션에 참석해 달라고 하므로 정답은 (D)가 된다.

paraphrasing participate in → Attend

Questions 3-4 refer to the following talk. [AuM]

³ I'm honored to introduce tonight's guest speaker, Dr. Nicolas Cooper. Dr. Cooper has been a professor in the Department of Psychology at the University of Western Ontario since 2005. ⁴ Many of you have read his recently published book, *Rational Behavior*, which offers many new insights into the understanding of human nature.

문제 3-4 다음 담화를 참조하시오.

오늘밤 초대 연사이신 Nicolas Cooper 박사님을 소개해 드리는 것을 영광으로 생각합니다. Cooper 박사님은 2005년부터 웨스턴온타리오 대학교에서 심리학과 교수직을 맡아 오셨습니다. 많은 분들께서는 박사님이 최근 출간한 '이성적인 행동'이라는 책을 읽어 보셨을 겁니다. 이 책은 인간 본성에 관한 이해에 있어 많은 새로운 통찰력을 제공합니다.

어휘 be honored to do ~해서 영광이다 psychology 심리학 recently 최근에 rational 이성적인 insight 통찰력 understanding 이해 nature 본질, 본성

3 What is the **purpose** of the **talk**?

(A) To award a prize

(B) To introduce a guest speaker

담화의 목적은 무엇인가?
(A) 상을 주기 위해서
(B) 초청 연사를 소개하기 위해서

4 According to the speaker, **what** has **Dr. Cooper recently done**?

(A) Published a book

(B) Opened a school

화자에 의하면, Cooper 박사는 최근에 무엇을 했는가?
(A) 책을 출간했다
(B) 학교를 열었다

해설 3. I'm honored to introduce tonight's guest speaker에서 초청 연사를 소개한다고 하므로 정답은 (B)가 된다.

4. Cooper 박사가 최근에 한 일을 묻고 있으므로 recently가 언급되는 부분에 집중한다. Many of you have read his recently published book에서 책을 출간했다는 것을 알 수 있으므로 정답은 (A)가 된다.

Questions 5-6 refer to the following announcement. [CnM]

Good evening. Before we begin honoring our award recipient, ⁵ we'd like to thank our local sponsor CP Industries. CP Industries has been in business for over 50 years here in Lexington and we are grateful for their continued support. Now, our first award goes to an extraordinary man, Sean O'Neill. ⁶ Sean has devoted countless hours volunteering at our city's community center. He has formed an afterschool sports team and organized many activities for the young people in the city.

문제 5-6 다음 안내를 참조하시오.

안녕하세요. 오늘밤 수상자를 발표하기 전에, 우리는 지역 후원 업체인 CP 산업에 감사 말씀을 전하고 싶습니다. CP 산업은 이곳 Lexington 지역에서 50년 넘게 사업체를 운영해 왔으며, 우리는 그들의 지속적인 후원을 감사히 생각합니다. 이제 우리의 첫 번째 상은 정말 대단한 인물인 Sean O'Neill 씨께 드립니다. Sean은 커뮤니티 센터에서 자원봉사를 하며 수많은 시간을 바쳤습니다. 그는 시내의 젊은이들을 위해 방과후 스포츠팀을 구성하였고, 여러 가지 활동을 조직하였습니다.

어휘 honor 영예를 주다, 상을 주다 recipient 수상자 sponsor 후원자, 후원하다 grateful 감사하는 continued 지속된, 계속된 extraordinary 놀라운, 비범한, 대단한 devote 바치다, 헌신하다 countless 셀 수 없는, 수많은 form 구성하다, 형성하다 organize 조직하다, 준비하다 municipal 지방 자치제의 charitable 자선의 raise (돈을) 모으다 fund 자금, 기금 mentor 멘토 역할을 하다, 조언하다

5 Who is **sponsoring** the **awards** banquet?

(A) A local business

(B) A research institute

(C) A municipal government

(D) A charitable organization

누가 시상식을 후원하는가?
(A) 지역 기업
(B) 연구소
(C) 지방 자치 정부
(D) 자선 단체

6 What is Sean O'Neill winning an award for?

(A) Sponsoring the city's artists

(B) Raising funds for public libraries

(C) Mentoring school teachers

(D) Volunteering at a community center

Sean O'Neill이 상을 받는 이유는 무엇인가?

(A) 화가들을 후원하는 것

(B) 공공도서관을 위해 기금을 모금하는 것

(C) 학교 교사에게 멘토 역할을 하는 것

(D) 커뮤니티 센터에서 자원봉사를 하는 것

해설 5. 후원자가 누구인지 묻고 있으므로 sponsor가 언급되는 부분에 집중한다. we'd like to thank our local sponsor CP Industries 에서 지역 기업임을 알 수 있으므로 (A)가 정답이다.

6. Sean O'Neill의 활동상을 소개하는 Sean has devoted countless hours volunteering at our city's community center.에서 커뮤니티 센터에서 많은 시간 봉사했다는 것을 알 수 있으므로 정답은 (D)가 된다.

Questions 7-8 refer to the following talk. [AuM]

I'd like to welcome everybody to the first seminar for healthcare professionals. Today, we are fortunate enough to be hearing from the renowned Phil Sykes. As you know, ⁷ **Mr. Sykes has been one of the leading doctors in the field of healthcare** for over forty years. ⁸ **Just last week, he left his role as Chief of Medicine at Sacred Heart Hospital to become Hospital Director at St. Joseph's Hospital.** The topic of his speech today will be how to manage a hospital's budget during a time of cutbacks.

문제 7-8 다음 담화를 참조하시오.

의료 전문가를 위한 첫 번째 세미나에 오신 여러분을 환영합니다. 오늘, 우리는 운 좋게도 저명한 Phil Sykes 씨의 강연을 듣게 되었습니다. 여러분께서도 알다시피, Sykes 씨는 40년 넘도록 보건 의료 분야의 일류 의사 중 한 분이셨습니다. 바로 지난주, Sacred Heart 병원의 학과장 자리를 떠나 St. Joseph's 병원의 병원장이 되셨습니다. 오늘 그의 연설 주제는 감축 시기 동안 병원 예산을 어떻게 관리하는가가 되겠습니다.

어휘 healthcare 건강 관리, 의료 professional 전문가 fortunate enough 다행히도 renowned 유명한 left one's role 이임하다 chief 국장 director 총책임자 budget 예산 cutback 삭감, 감축, 감액

---

7 Who is Phil Sykes?

(A) A doctor

(B) A teacher

(C) An architect

(D) An athlete

Phil Sykes는 누구인가?

(A) 의사

(B) 교사

(C) 건축가

(D) 운동선수

8 What has Mr. Sykes recently done?

(A) Written a report

(B) Given an interview

(C) Changed jobs

(D) Donated to charity

Sykes 씨는 최근에 무엇을 했나?

(A) 보고서를 작성했다

(B) 인터뷰에 응했다

(C) 이직했다

(D) 자선 단체에 기부했다

해설 7. Phil Sykes에 대해 소개하는 초반 Mr. Sykes has been one of the leading doctors in the field of healthcare에서 그가 의사임을 알 수 있으므로 정답은 (A)가 된다.

8. Sykes 씨의 최근 행보를 언급하는 Just last week, he left his role as Chief of Medicine at Sacred Heart Hospital to become Hospital Director at St. Joseph's Hospital.에서 그의 근무처와 직위가 바뀐 것을 알 수 있으므로 정답은 (C)가 된다.

Questions 9-10 refer to the following talk. [AmW]

I hope you've all had a great time here at the International Technology Convention. Our next speaker, Mrs. Samantha Grady, is currently preparing her presentation. ⁹ Mrs. Grady is a well-respected website designer who has become one of the leaders in her field through her innovative work. Right now, ¹⁰ she is going to talk about ten steps you should take to make sure that your customer is satisfied with their product. Afterwards, please move to Conference Room C, where you will be able to view a video demonstration on website design.

문제 9-10 다음 담화를 참조하시오.

여러분 모두 이곳 국제 과학기술 컨벤션에서 즐거운 시간 보내셨기를 바랍니다. 다음 연사인 Samantha Grady 씨께서 현재 발표를 준비하고 있습니다. Grady 씨는 혁신적인 작품을 통해 자신의 분야에서 선두주자가 된 촉망받는 웹사이트 디자이너입니다. 이제 곧, 그녀가 고객이 제품에 만족하도록 하기 위해 여러분이 취해야 할 10가지 단계에 대해 얘기할 것입니다. 그 후에는, 웹사이트 디자인에 대한 시범 동영상을 보실 수 있는 C 회의실로 이동해 주시기 바랍니다.

어휘 well-respected 높이 평가되는, 존경받는 innovative 혁신적인 take steps 조치를 취하다, 절차를 밟다 make sure 확실히 ~하다 afterwards 나중에, 그 뒤에 video demonstration 시범 동영상 ensure 반드시 ~하게 하다, 보장하다 advertise 광고하다, 광고를 내다 invest 투자하다 budget 예산

---

9 Who most likely is **Mrs. Grady**?

(A) A property developer
(B) A bank clerk
(C) A website designer
(D) A sales assistant

Grady 씨는 누구이겠는가?
(A) 부동산 개발업자
(B) 은행원
(C) 웹사이트 디자이너
(D) 판매 보조원

10 According to the speaker, **what** will Mrs. **Grady** talk about?

(A) How to ensure customer satisfaction
(B) How to advertise for new employees
(C) How to invest money wisely
(D) How to plan a budget

화자에 따르면, Grady 씨는 무엇에 대해 이야기할 것인가?
(A) 고객 만족 보장 방법
(B) 신입 사원 모집 광고 방법
(C) 현명한 투자 방법
(D) 예산 수립 방법

해설 9. Grady 씨에 대해 소개하는 담화의 초반부 Mrs. Grady is a well-respected website designer who has become one of the leaders에서 그녀가 웹사이트 디자이너임을 알 수 있으므로 정답은 (C)가 된다.

10. Grady 씨가 이야기할 주제에 대해 언급하는 she is going to talk about 다음의 ten steps you should take to make sure that your customer is satisfied with their product에서 고객 만족을 위해 취해야 하는 10가지 단계에 대해 이야기할 것이라고 하므로 정답은 (A)가 된다.

paraphrasing 10. make sure that your customer is satisfied → ensure customer satisfaction

Actual Test

Answer	1. (B)	2. (C)	3. (B)	4. (A)	5. (C)	6. (C)
	7. (A)	8. (C)	9. (C)	10. (D)	11. (A)	12. (D)

Questions 1-3 refer to the following announcement and schedule. [BrW]

Hello, everyone. Thank you all for coming to this photography conference 2018 here in San Francisco. You are in the biggest photography show in the country. ¹We invited many renowned photographers today for amateur photographers like you and I hope you enjoy the sessions. I have one change to announce for this morning. ²Unfortunately, due to her busy schedule, Ms. Helen Aniston can't join us today. So, Mr. Kevin Edwards will fill in for her. He'll give a lecture on exposure control. ³We have prepared snacks and drinks in the lobby so please help yourselves.

문제 1-3 다음 안내와 스케줄을 참조하시오.

안녕하세요 여러분. 모든 분들께 여기 샌프란시스코에서 열리는 2018 사진 회의에 참석해 주신 데 대해 감사 드립니다. 당신은 전국에서 가장 큰 사진쇼에 와 있습니다. 오늘 여러분과 같은 아마추어 사진 작가들을 위해 많은 유명 인사들을 초대했습니다. 여러분들이 즐거운 시간을 보내시기를 바랍니다. 오늘 아침 일정에 변경에 대해 발표할 내용이 하나 있습니다. 안타깝게도, 그녀의 바쁜 스케줄 때문에, 헬렌 애니스톤은 오늘 우리와 함께 할 수 없게 되었습니다. 그래서, 케빈 에드워즈 씨가 그녀를 대신할 것입니다. 그는 카메라 빛 노출 조절에 관해 강의를 할 것입니다. 우리는 로비에 스낵과 음료수를 준비해 놨으니 마음껏 드시기 바랍니다.

어휘 photography conference 사진회의 invite 초대하다 give a lecture 강의하다 snacks and drinks 다과 professional 전문가 participant 참가자 take a picture 사진을 찍다

---

1 Who is the conference intended for?

(A) Conference organizers
(B) Photographers
(C) Health-care professionals
(D) Automobile engineers

회의는 누구를 위한 것인가?
(A) 회의 주최자
(B) 사진 작가
(C) 헬스 케어 전문가
(D) 자동차 기술자

NEW
2 Look at the graphic. Which session has been changed?

Dec 12 - Morning	Speaker
Session 1	Sharon Allen
Session 2	Fred Hough
Session 3	Helen Aniston
Session 4	David Cook

(A) Session 1   (B) Session 2
(C) Session 3   (D) Session 4

시각정보를 보시오. 어떤 세션이 변경되었나?
(A) 세션 1
(B) 세션 2
(C) 세션 3
(D) 세션 4

3 What are listeners encouraged to do?

(A) Serve dinner for participants
(B) Have some refreshments
(C) Give a speech
(D) Take a picture of the conference

청자들은 무엇을 하도록 격려하는가?
(A) 참가자들을 위한 저녁 식사 제공
(B) 다과를 먹을 것
(C) 연설하기
(D) 컨퍼런스 사진찍기

해설 1. 오늘 여러분과 같은 아마추어 사진 작가들을 위해 많은 유명 인사들을 초대했다(We invited many renowned photographers today for amateur photographers like you)라고 말하는 부분에서 컨퍼런스가 사진 작가들을 위한 것임을 알 수 있으므로 정답은 (B)이다.

2. 헬렌의 바쁜 스케줄 때문에 참석을 못했다(Unfortunately, due to her busy schedule, Ms. Helen Aniston can't join us today)고 말하고 있고 일정표에 3번째 세션에 헬렌이 연사로 나와 있으므로 정답은 (C)이다.

3. 로비에 스낵과 음료수를 준비해 두었다(We have prepared snacks and drinks in the lobby so please help yourselves)는 부분에서 정답은 (B)임을 알 수 있다.

Questions 4-6 refer to the following speech. [CnM]

Good afternoon, and welcome to the Durban City Library. Before we continue [4] this week's workshop on improving business writing skills, I'd like to remind you that [5] computer room A will be closing for maintenance at 7 this evening. If anyone plans on staying late, please move to either room B or C. There are no staff members working in those rooms, so [6] if you need any help with your computers, please call the technical support at extension 2022. If there are no questions, we will further discuss the importance of choosing good writing materials.

문제 4-6 다음 연설을 참조하시오.

안녕하세요, Durban 시립 도서관을 찾아 주신 것을 환영합니다. 비즈니스 글쓰기 기술 향상에 관한 이번 주의 워크샵을 계속하기 전에, A 컴퓨터실은 오늘 저녁 7시에 보수 공사로 인해 폐쇄된다는 것을 알려드리고자 합니다. 늦게까지 계실 분이 있으시면, B나 C 컴퓨터실로 이동하시기 바랍니다. 이 두 방에는 근무하는 직원이 없으므로, 컴퓨터 이용과 관련해 도움이 필요하시면 기술 지원팀 내선번호 2022로 전화 주십시오. 질문이 없으시면 좋은 글쓰기 재료 선정의 중요성을 더 논의하겠습니다.

어휘 improve 개선하다, 향상시키다 maintenance 유지, 보수 stay late 늦도록 남아 있다 staff member 직원 importance 중요성 preparation 준비 enroll in ~에 등록하다

---

4 What is the topic of the workshop?

(A) Business writing skills
(B) Food preparation
(C) Computer repair
(D) Interior decorating

워크샵의 주제는 무엇인가?
(A) 비즈니스 글쓰기 기술
(B) 음식 준비
(C) 컴퓨터 수리
(D) 인테리어 장식

5 According to the speaker, what will close at 7 P.M.?

(A) A cafeteria
(B) A parking lot
(C) A computer room
(D) A research center

화자에 의하면, 무엇이 오후 7시에 문을 닫는가?
(A) 구내식당
(B) 주차장
(C) 컴퓨터실
(D) 연구 센터

6 What are listeners encouraged to do?

(A) Enroll in a workshop
(B) Submit their assignment
(C) Contact the technical support
(D) Order computer equipment

청자들은 무엇을 하도록 권장되는가?
(A) 워크샵에 등록하기
(B) 과제를 제출하기
(C) 기술 지원팀에 연락하기
(D) 컴퓨터 장비를 주문하기

해설 4. 워크숍에 대해 언급하는 this week's workshop on improving business writing skills에서 비즈니스 글쓰기 기술 향상에 관한 워크숍임을 알 수 있으므로 정답은 (A)가 된다.

5. 7시에 대해 언급하는 computer room A will be closing for maintenance at 7 this evening에서 A 컴퓨터실이 보수 공사 관계로 문을 닫는다고 하므로 정답은 (C)가 된다.

6. 청자에게 당부하는 바를 묻고 있으므로 후반부에 집중한다. if you need any help with your computers, please call the technical support at extension 2022를 보면 기술 지원팀에 연락하라고 하므로 정답은 (C)가 된다.

paraphrasing 6. call → Contact

Questions 7-9 refer to the following excerpt from a meeting. [AuM]

Everybody, could I have your attention please? ⁷ I would like to present the newest member of our team to you. Her name is ⁸ Sheryl McClair and she joined us from Goldluck Clothing, where she worked for ten years developing new fashion products. Before that, she completed her Ph.D. in Fashion Design at the university of Toronto. We are overjoyed to welcome an employee of Sheryl's caliber to our team. Right now, she is going to talk to you about the range of clothing products she will be working on. Sheryl will have her own team specifically dedicated to this design task, and we are currently looking for members to fill various positions on it. ⁹ If you would like to work on this sub-team, please speak to your manager immediately. Now… uh, please welcome Sheryl McClair.

문제 7-9 다음 회의 발췌문을 참조하시오.

여러분, 주목해 주시겠습니까? 여러분께 저희 팀의 새 멤버를 소개하고자 합니다. 그녀의 이름은 Sheryl McClair로 Goldluck 의류에서 패션 신상품 개발을 10년간 하다가 우리 회사로 왔습니다. 그 전에는 토론토 대학교에서 패션 디자인 박사 과정을 마쳤습니다. 저희는 우리 팀에 Sheryl과 같은 역량을 지닌 사원을 맞이하게 되어 매우 기쁩니다. 이제 그녀가 자신이 착수하게 될 새 의류 제품군에 대해 이야기할 것입니다. Sheryl은 특히 이 디자인 업무를 전담하는 그녀만의 팀을 이루게 될 것이며, 우리는 현재 이 팀의 여러 자리를 채울 직원들을 구하는 중입니다. 이 하부 팀에서 일하고 싶다면, 즉시 본인의 상사에게 말씀해 주세요. 이 제… 아, Sheryl McClair를 환영해 주시기 바랍니다.

어휘 / develop 개발하다 complete 끝내다, 완수하다 overjoy 몹시 기쁘다 caliber 역량 work on ~에 공을 들이다, 착수하다 dedicated 헌신적인, 전념하는 task 일, 과제 fill a position 자리를 채우다 immediately 즉시, 곧 sales figure 매출액 attendance 출석 outing 야유회 contract 계약서 disruptive 지장을 주는, 방해하는 behavior 행동, 행위

---

7 What is the main purpose of this talk?

(A) To present a new staff member
(B) To discuss sales figure
(C) To introduce a new uniform
(D) To request attendance at an outing

담화의 주된 목적은 무엇인가?
(A) 새 직원을 소개하려고
(B) 매출액을 논의하려고
(C) 새 유니폼을 소개하려고
(D) 야유회 참석을 요청하려고

8 What is Sheryl McClair's area of expertise?

(A) Risk assessment
(B) Overseas sales
(C) Product development
(D) Employee training

Sheryl McClair의 전문 분야는 무엇인가?
(A) 위험 평가
(B) 해외 판매
(C) 상품 개발
(D) 직원 훈련

NEW
9 According to the speaker, why should listeners speak to their managers?

(A) To schedule their vacation days
(B) To collect a copy of a new contract
(C) To express interest in joining a team
(D) To report disruptive employee behavior

화자에 따르면, 왜 청자들은 자신의 상사에게 이야기해야 하는가?
(A) 휴가 날짜를 정하기 위해
(B) 새 계약서 사본을 모으기 위해
(C) 팀 합류에 관심이 있음을 나타내기 위해
(D) 일을 방해하는 직원의 행동을 보고하기 위해

해설 7. 담화의 초반부 I would like to present the newest member of our team to you.를 보면 새 팀원을 소개한다고 하므로 정답은 (A)가 된다.

8. Sheryl McClair라는 인물에 대해 소개하는 Sheryl McClair and she joined us from Goldluck Clothing, where she worked for ten years developing new fashion products에서 의류 제품 개발에 종사하는 것을 알 수 있으므로 정답은 (C)가 된다.

9. 담화의 후반부 manager가 언급되는 부분에 집중한다. If you would like to work on this sub-team, please speak to your manager immediately.에서 팀에 합류하려는 의향이 있는 사람은 자신의 상사에게 이야기하라고 하므로 정답은 (C)가 된다.

Questions 10-12 refer to the following announcement. [BrW]

Good morning, everybody! **10 I wanted to announce that for the summer season we would like to have new uniforms made for all our staff.** The new uniforms will be far more fashionable and comfortable than the current ones. I'm sure you will like the design we've selected. Before we make the order, **11 the uniform designer will visit us next Monday to take your measurements.** There will be two fitting sessions, one before and another one after our opening hours. **12 Please select the time slot that best suits you and put your name on the schedule board by the end of this week.**

문제 10-12 다음 안내를 참조하시오.

안녕하세요, 여러분! 저는 우리가 여름철 동안 전 직원들을 위해 새로운 유니폼을 만들고자 한다는 것을 알리고 싶습니다. 새 유니폼은 지금 것보다 훨씬 더 유행에 앞서고 편안합니다. 여러분이 저희가 선정한 디자인을 마음에 들어할 것이라고 장담합니다. 주문하기 전에 유니폼 디자이너가 다음 주 월요일에 방문해서 여러분의 치수를 잴 예정입니다. 두 번의 가봉 시간이 있습니다. 하나는 영업 시간 전이고, 나머지 하나는 영업시간이 끝난 후입니다. 본인에게 가장 알맞은 시간대를 정하셔서 이번 주말까지 일정 게시판에 이름을 기재하시기 바랍니다.

어휘 select 선정하다 make an order 주문하다 take one's measurement ~의 치수를 재다 fitting (옷의) 가봉 session (특정 활동의) 시간 opening hours 영업시간 time slot 시간대 suit ~에게 알맞다 board 게시판 job application 취업 지원(서) review 검토하다 expense 비용, 경비 receipt 영수증

---

10 What is being announced?

(A) A fitting location
(B) A survey of staff opinions
(C) A new hiring policy
(D) A change in uniforms

무엇이 안내되고 있는가?
(A) 가봉 장소
(B) 직원들의 의견에 관한 설문 조사
(C) 새 고용 정책
(D) 유니폼 변경

11 What will happen next Monday?

(A) Sizes of the staff will be taken.
(B) An office will be reopened.
(C) Web designs will be presented.
(D) Job applications will be reviewed.

다음 주 월요일에 무슨 일이 있을 것인가?
(A) 직원들의 치수를 측정할 것이다.
(B) 사무실이 다시 문을 열 것이다.
(C) 웹 디자인이 발표될 것이다.
(D) 취업 지원서들이 검토될 것이다.

12 What are listeners asked to do by the end of the week?

(A) Report to their supervisors
(B) Call the design department
(C) Turn in expense reports
(D) Select a time for measurement

청자들은 이번 주말까지 무엇을 하도록 요청받는가?
(A) 부서장에게 보고한다
(B) 디자인부에 전화한다
(C) 비용 보고서를 제출한다
(D) 치수 측정할 시간을 정한다

해설 10. 공지 주제를 알리는 안내의 초반부 I wanted to announce that for the summer season we would like to have new uniforms made for all our staff.에서 유니폼을 새로 제작할 것이라고 말하므로 정답은 (D)가 된다.

11. 월요일에 어떤 일이 있을지 묻고 있으므로 Monday가 언급되는 부분에 집중한다. the uniform designer will visit us next Monday to take your measurements를 보면 신체 치수를 측정할 것이라고 하므로 정답은 (A)가 된다.

12. 청자들에게 요청하는 바를 언급하는 마지막 문장 Please select the time slot that best suits you and put your name on the schedule board by the end of this week.에서 자신에게 가장 편리한 시간대를 고르라는 말을 하고 있으므로 정답은 (D)가 된다.

paraphrasing 11. take your measurements → Sizes of the staff will be taken.

Unit 09 관광, 견학

Part 4

Practice	Answer	1. (A)	2. (D)	3. (B)	4. (A)	5. (C)
		6. (D)	7. (C)	8. (A)	9. (C)	10. (B)

Question 1 refers to the following announcement. [AuM]

I'd like to thank everyone for visiting the Delbridge Museum of Natural History. Today, I'll be taking you through the museum's collection of rare dinosaur fossils which have been gathered from all over the world. Because many of our displays include delicate specimens, please refrain from using flash when taking photographs.

문제 1 다음 안내를 참조하시오.

Delbridge 자연사 박물관을 방문해 주신 여러분께 감사 말씀 드립니다. 오늘, 저는 여러분을 모시고 전 세계에서 수집된 희귀 공룡 화석들을 둘러보도록 하겠습니다. 많은 전시품들에는 민감한 표본들이 포함되어 있으므로 사진을 찍으실 때는 플래시 사용을 삼가 주시기 바랍니다.

어휘 rare 희귀한 dinosaur 공룡 fossil 화석 gather 수집하다, 모으다 all over the world 전 세계에서 display 전시(품) delicate 민감한, 예민한 specimen 견본, 표본 refrain from -ing ~하기를 삼가다, 자제하다 make a noise 소음을 내다

1 What does the speaker ask the listeners to refrain from doing?

(A) Taking pictures with flash
(B) Making unnecessary noises

화자는 청자들에게 무엇을 삼가라고 부탁하는가?
(A) 플래시를 터뜨려 사진 찍는 것
(B) 불필요한 소음을 내는 것

해설 청자들에게 주의 사항을 전달하는 please refrain from using flash when taking photographs를 보면, 플래시를 터뜨려 사진 찍는 것을 삼가 달라고 하므로 정답은 (A)가 된다.

Question 2 refers to the following talk. [CnM]

Welcome to Cape Coast Park. This is one of the best places in the world for whale watching. You'll be able to see humpback whales that migrate down here from Alaska every winter. We're starting here in the tourist center where documentary videos of locally sighted whales are available.

문제 2 다음 담화를 참조하시오.

Cape Coast 공원에 오신 여러분을 환영합니다. 이곳은 전 세계에서 고래를 관찰할 수 있는 최적의 장소 중 하나입니다. 여러분께서는 매년 겨울 알래스카에서 이곳으로 이동해 내려오는 혹등고래를 보실 수 있을 겁니다. 저희는 이곳 관광 센터에서 출발할 것인데, 이곳에서는 이 지역에서 목격되는 고래에 대한 다큐멘터리 비디오를 보실 수 있습니다.

어휘 watching 관찰, 구경 humpback whale 혹등고래 migrate (철 따라) 이동하다 locally 지역적으로 sight 목격하다

2 Where is the talk most likely taking place?

(A) In a theater
(B) In an auditorium
(C) At a local market
(D) At a nature center

담화는 어디에서 이루어지겠는가?
(A) 극장
(B) 강당
(C) 지역 마켓
(D) 자연 구역 안내 센터

해설 담화는 고래 관찰이 가능한 자연보호 구역 내에서 이루어지는 것을 알 수 있는데, 특히 We're starting here in the tourist center에서 관광 센터라고 언급하고 있으므로 정답은 (D)가 된다.

Questions 3-4 refer to the following talk. [BrW]

Good morning. I'm Sandra and ³ I'll be taking you through the factory and talking to you a little about the art of glassmaking. ⁴ We have built our reputation for using age-old techniques that have been replaced by modern methods in most other factories. In a minute, our glassmakers will demonstrate how to make glass by using these traditional techniques.

어휘 / art 기술 glassmaking 유리 제조(술) reputation 명성 age-old 아주 오래된, 예부터 전해 오는 in a minute 곧 있으면 demonstrate 시범을 보이다 traditional 전통적인

3 **What** type of **business** does the **speaker** probably **work for**?
   (A) An art museum
   (B) A glass factory

4 According to the speaker, **what** made the **business special**?
   (A) It uses traditional methods.
   (B) It offers classes to the public.

해설 3. 화자가 일하는 곳을 묻고 있으므로 자신을 소개하는 초반부에 집중한다. I'll be taking you through the factory and talking to you a little about the art of glassmaking에서 유리 공장을 견학시켜 주고 유리 제조 기술에 대해 알려주겠다고 하므로 정답은 (B)가 된다. art를 듣고 (A)를 정답으로 고르지 않도록 유의한다.

4. 유리 공장에 대해 설명하는 We have built our reputation for using age-old techniques ~ in most other factories.에서 다른 곳과 달리 옛날 방식을 이용하는 것으로 명성을 쌓아 왔다고 하므로 정답은 (A)가 된다.

paraphrasing 4. age-old techniques → traditional methods

Questions 5-6 refer to the following talk. [AmW]

⁵ Welcome to the Blake House. I'm glad you could join us today to learn about the life of Riley Blake. He was considered by many to be ⁵ one of the greatest nonfiction writers of his time. ⁵ This house was his home, the place where he both lived and worked. It is now a museum with a small collection documenting his life. After we make our way through the house, ⁶ we will move on to the media room next door where we will see a short video clip about the author's life and career.

어휘 / nonfiction 논픽션 document 기록하다 make one's way through ~으로 나아가다 move on to ~로 이동하다 video clip 비디오 클립 tour 관람하다, 구경하다 material 자료

5 **What** are the **listeners doing**?
   (A) Visiting an art gallery
   (B) Watching a play
   (C) Touring a house
   (D) Attending a book signing

6 What will listeners do next?

(A) Purchase souvenirs
(B) Make a donation
(C) Review written materials
(D) Watch a film

해설 5. Welcome to the Blake House. / one of the greatest nonfiction writers / This house was his home, the place where he both lived and worked. 등을 통해 청자들이 한 작가의 집을 구경하고 있음을 알 수 있으므로 정답은 (C)가 된다.

6. 다음 할 일을 묻고 있으므로 후반부에 집중한다. we will move on to the media room next door where we will see a short video clip에서 짧은 영상을 볼 것이라고 하므로 정답은 (D)가 된다.

paraphrasing 6. see a short video clip → Watch a film

Questions 7-8 refer to the following talk. [AmW]

Welcome to the Cultural Heritage Museum. You are listening to ⁷ the audio tour guide to the Journey musical instrument exhibit. Here, you will find ⁷ a wide range of instruments used by our ancestors throughout history. The instruments here come to us from countries all over the world. If you look carefully, you will notice that each display has a black number beside it. For a detailed description of each item, just press that number on the touch screen of your audio device. ⁸ If you would like to pause a recording at any time, just press 1.

문제 7-8 다음 담화를 참조하시오.
문화유산 박물관에 오신 것을 환영합니다. 여러분은 Journey 악기 전시회에 대한 음성 해설 안내를 듣고 계십니다. 여기서 여러분은 우리 선조들이 역사적으로 사용해왔던 다양한 악기들을 발견할 것입니다. 여기 있는 악기들은 전 세계의 나라들로부터 온 것들입니다. 유심히 살펴보시면, 각 전시품 옆에 검은 숫자가 있음을 알게 될 것입니다. 각 악기의 세부 사항에 대해서는, 음성 기기의 터치스크린 위에 있는 그 번호를 누르시기만 하면 됩니다. 언제든 녹음 내용을 잠깐 멈추고 싶으시다면, 1번을 눌러 주세요.

어휘 heritage 유산, 유물 musical instrument 악기 exhibit 전시(회) a wide range of 다양한 ancestor 조상 notice 깨닫다 detailed 자세한, 상세한 description 설명, 묘사 press 버튼 등을 누르다 device 기기, 장치 pause 멈추다

7 What is being shown in the Journey exhibit?

(A) Contemporary art
(B) Ancient fossils
(C) Historical instruments
(D) Modern technology

8 Why are the listeners instructed to press 1 on their audio device?

(A) To pause an audio recording
(B) To hear information on opening times
(C) To reset the device
(D) To speak to an operator

해설 7. Journey 전시회에 대해 언급한 the audio tour guide to the Journey musical instrument exhibit / a wide range of instruments used by our ancestors에서 악기 전시회임을 알 수 있으므로 정답은 (C)가 된다.

8. 1번을 누르라는 지시가 언급된 If you would like to pause a recording at any time, just press 1.에서 녹음을 일시 정지하려고 할 때라고 하므로 정답은 (A)가 된다.

paraphrasing 7. a wide range of instruments used by our ancestors → Historical instruments

Questions 9-10 refer to the following talk. [AuM]

I'd like to welcome everybody to the Interactive Science Center. ⁹ We hope that you and your family enjoy the science exhibits that we have on show for you today. Our exhibits are unique in that you can interact with every single one of them in some way. As you approach each station, you will see a green button. Simply press this button to start the exhibit and listen to the instructions. Press the red button at any time to reset it back to the start. We hope that you are able to recommend our Science Center to your friends. Before you leave, ¹⁰ please remember to fill out your customer satisfaction survey and return it to the front desk.

문제 9-10 다음 담화를 참조하시오.

양방향 과학 센터에 오신 여러분을 환영합니다. 저희가 오늘 여러분을 위해 진열한 과학 전시품들을 여러분과 여러분의 가족들이 즐겨 주시기를 바랍니다. 저희 전시물들은 여러분이 어떤 식으로든 그것들 하나하나와 상호 작용할 수 있기에 저희 전시회는 특별합니다. 여러분들이 각 구역에 다가가면, 녹색 단추를 보시게 될 것입니다. 전시를 시작하도록 이 버튼을 누르기만 하시고 설명에 귀 기울여보세요. 시작으로 돌아가도록 재설정하시려면 언제든지 빨간 버튼을 누르십시오. 여러분이 저희 과학 센터를 친구들에게 추천하실 수 있기를 바랍니다. 가시기 전에 고객 만족 설문지를 작성하여 안내 데스크에 돌려주실 것을 부탁드립니다.

어휘 interactive 양방향의, 상호 소통하는 on show 진열되어 interact with ~와 상호작용하다, 서로 교감하다 in some way 어떤 식으로든 every single 하나하나의 approach 접근하다, 다가가다 instruction 지시 reset 재설정하다 recommend 추천하다 fill out (빈칸을 채워) 작성하다 customer satisfaction survey 고객 만족 설문지 front desk 안내 데스크 questionnaire 설문지

9 What is **on display** in the center?

(A) Historical documents
(B) Famous artwork
(C) Science exhibits
(D) Precious metals

센터에는 무엇이 전시되고 있는가?
(A) 사료
(B) 유명 예술품
(C) 과학 전시회
(D) 귀금속

10 What are **listeners reminded** to do?

(A) Visit the gift shop
(B) Fill out a questionnaire
(C) Watch a video
(D) Purchase a membership

청자들에게 무엇을 하도록 상기시키고 있는가?
(A) 기념품점 방문
(B) 설문지 작성
(C) 비디오 시청
(D) 회원권 구입

해설 9. 전시를 안내하는 담화의 초반부 We hope that you and your family enjoy the science exhibits that we have on show for you today.에서 과학 전시회를 하고 있다는 것을 알 수 있으므로 정답은 (C)가 된다.

10. 청자들에게 요청하는 바를 묻고 있으므로 담화 후반부에 집중한다. please remember to fill out your customer satisfaction survey에서 고객 만족 설문지를 작성해 달라고 하므로 정답은 (B)가 된다.

paraphrasing 10. customer satisfaction survey → questionnaire

Unit 10 광고

Part 4

Practice	Answer	1. (A)	2. (C)	3. (B)	4. (A)	5. (A)
		6. (C)	7. (B)	8. (D)	9. (A)	10. (D)

Question 1 refers to the following advertisement. [BrW]

Are you looking for a fast bread maker machine? Our brand-new YD200 is on the market now. This appliance has a special quick bake function that makes bread in just one hour. And it comes with a cook book that includes recipes for 40 breads and doughs, plus baking tips.

문제 1 다음 광고를 참조하시오.

빠른 속도의 제빵기를 찾으시나요? 저희의 신제품 YD200이 지금 시중에 나왔습니다. 이 제품에는 특별히 신속한 제빵 기능이 있어 1시간 만에 빵을 만들 수 있습니다. 그리고 40가지 빵과 반죽에 관한 레시피에 더하여 베이킹 관련 팁이 포함된 요리책도 증정합니다.

어휘 / bread maker 제빵기 appliance 가전제품 function 기능 recipe 레시피, 조리법 dough 반죽 plus 더하여, 게다가 tip 팁, 요령

1 What kind of **product** is being **demonstrated**?

(A) A kitchen appliance
(B) A cook book

어떤 제품이 소개되고 있고 있는가?
(A) 주방용품
(B) 요리 책

해설 / bread maker machine / This appliance 등을 통해 주방용품의 하나인 제빵기를 소개하는 것임을 알 수 있다.

Question 2 refers to the following advertisement. [CnM]

Jack's Home and Tool Center is your one-stop shopping destination for various home improvement supplies. Besides having the best selection, Jack's guarantees 100% customer satisfaction. If you're not pleased with your purchase, simply return it and receive a refund for the entire cost.

문제 2 다음 광고를 참조하시오.

Jack's 가정용구 센터는 다양한 주거 개선 용품을 한 번에 쇼핑할 수 있는 곳입니다. 최고의 상품 구성을 갖춘 것 이외에도, Jack's는 100퍼센트 고객 만족을 보장합니다. 구입하신 물건이 마음에 들지 않으시면, 제품을 반품하시고 모든 비용을 환불 받으실 수 있습니다.

어휘 / one-stop 한 번에 다 해결할 수 있는 destination 장소, 목적지 home improvement 주거 개선 besides ~ 이외에 guarantee 보증하다 customer satisfaction 고객 만족 be pleased with ~에 만족하다 entire 전체의, 전부의 trial 시험 사용 extended 연장된, 늘어난 warranty 품질 보증 unlimited 무제한의

2 According to the advertisement, **what** can **customers receive**?

(A) A free trial
(B) An extended warranty
(C) A full refund
(D) Unlimited exchanges

광고에 의하면, 고객은 무엇을 받을 수 있는가?
(A) 무료 시험 사용
(B) 연장된 품질 보증
(C) 전액 환불
(D) 무제한 교환

해설 / 고객 정책과 관련한 simply return it and receive a refund for the entire cost에서 전체 금액을 환불받을 수 있다고 하므로 정답은 (C)가 된다.

Questions 3-4 refer to the following advertisement. [AuM]

Do you wish you could [3] have better software for your inventory? Then, IVC is the answer! [3] Inventory control software allows you to select specific features to meet your needs of your business. [4] By customizing the software, you'll spend less time [3] keeping track of items and more time selling them.

문제 3-4 다음 광고를 참조하시오.

재고 관리를 위해 더 나은 소프트웨어가 있었으면 하십니까? 그렇다면 IVC가 정답입니다! 재고 관리 소프트웨어는 여러분의 업무상 요구에 부응해 특정 기능을 선택하실 수 있도록 해드립니다. 필요에 맞게 소프트웨어를 설정함으로써, 여러분께서는 제품을 입·출고를 기록하는 데 더 적은 시간을 들이고, 제품을 판매하는 데 더 많은 시간을 보낼 수 있을 겁니다.

어휘 inventory 재고 조사 specific 특정한 feature 특징, 성능 meet one's needs ~의 요구에 부응하다 customize 맞춤으로 만들다 keep track of 계속 파악하고 있다, 기록하다 describe 묘사하다, 설명하다 emphasize 강조하다 customizable 맞춤 사용할 수 있는 inexpensive 저렴한

3 What **product** is being **described**?

(A) A security system
(B) **A software program**

어떤 제품이 묘사되고 있는가?
(A) 보안 시스템
(B) 소프트웨어 프로그램

4 What does the speaker **emphasize** about the **product**?

(A) **It is customizable.**
(B) It is inexpensive.

화자는 제품의 어떤 점을 강조하는가?
(A) 원하는 대로 바꿀 수 있다.
(B) 저렴하다.

해설 3. have better software for your inventory / Inventory control software / keeping track of items 등을 통해 재고 관리를 위한 소프트웨어를 광고하고 있음을 알 수 있다.
4. 제품의 이용 방법을 설명하는 By customizing the software에서 소프트웨어를 요구에 맞게 조작할 수 있다고 하므로 정답은 (A)가 된다.

paraphrasing 3. software → A software program
4. customizing the software → customizable

Questions 5-6 refer to the following advertisement. [AmW]

[5] Mango Foods Market, the ideal destination for the finest natural and organic foods, is proud to announce the opening of [6] our newly expanded Pearl District location. [6] Our expanded store now features a demonstration area, so we'll have even more space for our cooking classes that are offered every Sunday, free of charge. This week's class will teach you how to make apple scrub.

문제 5-6 다음 광고를 참조하시오.

최상급의 천연 및 유기농 식품을 위한 이상적 장소인 Mango 식품 마켓은 Pearl 지구 지점이 확장 오픈한 것을 알리게 되어 자랑스럽습니다. 넓어진 매장은 이제 시연 공간을 갖추게 되어 매주 일요일마다 무료로 제공되는 요리 교실을 위한 더 많은 공간이 생겼습니다. 이번 주 강좌에서는 애플 스크럽 만드는 법을 가르쳐 드립니다.

어휘 fine 고급의, 최상품의 expanded 확장된, 넓힌 district 지구, 지역 feature ~이 특징이다 demonstration 시범, 시연 free of charge 무료로 launch 출시하다 merge 합병하다 enlarge 넓히다

5 What **type of business** is being **advertised**?

(A) **A food market**
(B) An art school
(C) A cooking academy
(D) A jewelry store

어떤 유형의 업종이 광고되고 있는가?
(A) 식품 마켓
(B) 미술 학교
(C) 요리 학교
(D) 보석 상점

6 What change has been made at the business?

(A) It launched a new website.

(B) It merged with another company.

(C) The floor space has been enlarged.

(D) A product line has been expanded.

> **해설** 5. 상호명을 밝히는 Mango Foods Market에서 식품을 취급하는 마켓이라는 것을 알 수 있다. 이어지는 the ideal destination for the finest natural and organic foods에서도 이를 확인할 수 있다. cooking class, Pearl District 등을 듣고 (C)나 (D)를 답으로 고르지 않도록 유의한다.
>
> 6. our newly expanded Pearl District location / Our expanded store 등에서 매장이 확장되었음을 알 수 있으므로 정답은 (C)가 된다. 담화의 expanded를 반복한 (D)를 정답으로 고르지 않도록 유의한다.

Questions 7-8 refer to the following advertisement. [CnM]

7 Pioneer Business Solutions provides tax and accounting services to individuals and businesses in a variety of industries. We strive to meet each client's specific needs in planning for the future and achieving their goals in an ever-changing business and tax environment. This year, **7** we have hired 10 new certified accountants to better serve your needs. **8** See our full-page ad in the Fortune Weekly Magazine to learn about our services in detail.

> **어휘** tax 세금 accounting 회계 individual 개인 business 기업, 사업체 a variety of 다양한 strive to ~하기 위해 노력하다 meet one's needs ~의 요구에 부응하다 specific 특정한 achieve 달성하다, 이루다 ever-changing 늘 변화하는 certified 자격증을 소지한, 공인된 accountant 회계사 full-page 전면의 in detail 자세하게 view 보다

7 What service does Pioneer Business Solutions **provide**?

(A) Shipping

(B) Accounting

(C) Telephone

(D) Food delivery

8 How can listeners **get** more **information** about the company?

(A) By viewing the website

(B) By visiting the office

(C) By calling the company

(D) By reading the magazine

> **해설** 7. 업체명이 언급되는 담화의 첫 문장 Pioneer Business Solutions provides tax and accounting services에서 세금 및 회계 서비스를 제공한다는 것을 알 수 있다. 뒤에 언급되는 we have hired 10 new certified accountants to better serve your needs에서도 이를 확인할 수 있다.
>
> 8. 업체에 대한 정보를 얻는 방법은 마지막 문장 See our full-page ad in the Fortune Weekly Magazine to learn about our services in detail.에 언급되어 있다. 잡지에 실린 전면 광고를 보라고 하므로 정답은 (D)가 된다.

Questions 9-10 refer to the following advertisement. [BrW]

Attention customers. Thanksgiving is nearly upon us and until the end of the week, **9 we offer discounts on all vegetables in store. 10 The cashier will deduct the 30 percent discount from your final bill.** If you are looking for party supplies, we have coupons available for collection at the checkout counter. These coupons will entitle you to a discount at Harvey's Party Supplies next door. Thanks for choosing us today and we hope to see you again.

문제 9-10 다음 광고를 참조하시오.

고객 여러분께 알려드립니다. 추수감사절이 가까이 다가오고 있어 주말까지 매장의 모든 채소류를 할인하고 있습니다. 계산원은 여러분의 최종 계산서에서 30퍼센트의 할인액을 빼드릴 것입니다. 파티용품을 찾고 계신다면, 계산대에서 가져가실 수 있는 할인권이 있습니다. 이들 쿠폰은 옆 건물의 Harvey's 파티용품점에서 할인을 받을 수 있도록 해줄 것입니다. 오늘 저희 매장을 찾아 주셔서 감사드리며 여러분을 다시 뵙게 되기를 바랍니다.

어휘 discount on ~에 대한 할인 cashier 계산원 deduct 빼다, 공제하다 bill 계산서, 청구서 checkout counter 계산대 entitle 권리[자격]를 부여하다

9 What is being advertised?

(A) Vegetables
(B) Desserts
(C) Party supplies
(D) Dairy product

무엇을 광고하고 있는가?
(A) 채소
(B) 디저트
(C) 파티용품
(D) 유제품

10 What is the discount being offered?

(A) 15 percent
(B) 20 percent
(C) 25 percent
(D) 30 percent

제공되는 할인율은 얼마인가?
(A) 15퍼센트
(B) 20퍼센트
(C) 25퍼센트
(D) 30퍼센트

해설 9. we offer discounts on all vegetables in store에서 정답은 (A)임을 알 수 있다. Party supplies는 계산대에서 받은 쿠폰을 이용하여 다른 매장에서 구입할 수 있는 물건이므로 이를 정답으로 고르지 않도록 주의한다.

10. 할인에 대해 언급하는 The cashier will deduct the 30 percent discount from your final bill.에서 할인율이 30퍼센트라는 것을 알 수 있으므로 정답은 (D)가 된다.

Answer	1. (D)	2. (A)	3. (C)	4. (C)	5. (B)	6. (A)
	7. (C)	8. (D)	9. (A)	10. (C)	11. (B)	12. (A)

Questions 1-3 refer to the following advertisement. [CnM]

Good morning shoppers! [1] Welcome to Outdoor Vivid, your bicycle store. Our annual sale begins today and will last for two weeks. Please visit us and you will find a wide range of exciting bikes such as Mountain bikes, Road bikes and Folding bikes. We also carry a variety of bike accessories like helmet, bike bags, locks and so on. [2] All bikes will be discounted from 10 to 20%! [3] If you have any inquiries about our product don't hesitate to contact us at 607-555-9651 at any time. Thank you.

문제 1-3 다음 광고를 참조하시오.

안녕하세요, 쇼핑객 여러분! 자전거 매장 Outdoor Vivid에 오신 것을 환영합니다. 저희 매장의 연간 세일이 오늘 시작되어 2주간 계속될 것입니다. 저희 매장에 방문하시면 여러분께서는 산악자전거, 로드 자전거, 접이식 자전거 등 다양한 종류의 훌륭한 자전거들을 보실 수 있을 겁니다. 저희는 또한, 헬멧, 자전거 가방, 자물쇠 등 다양한 자전거 액세서리도 취급합니다. 모든 자전거는 10~20% 할인됩니다! 저희 제품에 문의사항이 있으면 주저 말고 607-555-9651로 연락 주시기 바랍니다. 감사합니다.

어휘 shopper 쇼핑객 annual 연례의 last 지속되다 a wide range of 다양한 exciting 훌륭한 such as ~와 같은 bike 자전거 inquiry 문의 kitchen appliances 주방용품 art supplies 미술용품 arrival 도착 merchandise 상품 price reduction 가격할인

1 What does Outdoor Vivid sell?

(A) Office furniture
(B) Art supplies
(C) Kitchen appliances
(D) Bicycles

Outdoor Vivid는 무엇을 판매하는가?

(A) 사무용 가구
(B) 미술용품
(C) 주방용품
(D) 자전거

2 What is being announced?

(A) Price reductions
(B) Store hours
(C) The location of a store
(D) The arrival of new merchandise

무엇이 광고되고 있는가?
(A) 가격 할인
(B) 상점 영업시간
(C) 상점 위치
(D) 신상품 도착

3 What are listeners asked to do if they have questions?

(A) Send a letter
(B) Send an e-mail
(C) Call the shop
(D) Visit the website

질문이 있는 청자들은 어떻게 하라고 요청 받는가?
(A) 편지를 보낸다
(B) 이메일을 보낸다
(C) 매장에 전화한다
(D) 웹사이트를 방문한다

해설 1. 초반에 Welcome to Outdoor Vivid, your bicycle store.라고 직접적으로 자전거를 판매하는 매장이라고 밝히고 있으므로 정답은 (D)이다.

2. 광고의 중간 부분에서 All bikes will be discounted from 10 to 20%!라고 했으므로 가격 할인임을 알 수 있다. 정답은 (A)이다.

3. If you have any inquiries about our product don't hesitate to contact us at 607-555-9651 at any time 부분에서 문의사항이 있으면 언제든 전화하라고 말했으므로 정답은 (C)이다.

Questions 4-6 refer to the following announcement. [AmW]

⁴Attention shoppers. ⁵ ⁶We will be closing in ten minutes, so please make your way to the cash registers in front of the store. Don't forget that our summer sale begins tomorrow. Women's clothing are 50% off, and various accessories will be discounted as well. The sale will continue until next Monday. Once again, ⁶please go to the cash registers now. Thank you for shopping at Randolf's, and we hope to see you again soon.

문제 4-6 다음 안내를 참조하시오.
쇼핑객들은 주목하세요. 저희는 10분 뒤에 폐점할 예정이니, 가게 앞쪽에 있는 계산대로 가주세요. 저희 여름 세일이 내일 시작한다는 것을 잊지 마세요. 여성복은 50% 할인되고, 다양한 액세서리들도 할인될 겁니다. 이 세일은 다음 주 월요일까지 계속될 겁니다. 다시 한 번 말씀드립니다. 지금 계산대로 가주세요. Randolf에서 쇼핑해주셔서 감사드리며, 조만간 다시 또 뵙기를 바랍니다.

어휘 shopper 쇼핑객 make one's way to ~로 가다 cash register 계산대 various 다양한 accessories 액세서리 be discounted 할인되다 continue 계속되다

4 Who is this announcement intended for?
(A) Designers
(B) Product suppliers
(C) Customers
(D) Store managers

이 안내는 누구를 위해 의도되었는가?
(A) 디자이너들
(B) 제품 공급업자들
(C) 고객들
(D) 가게 매니저들

5 When will the store close?
(A) In 5 minutes
(B) In 10 minutes
(C) In 30 minutes
(D) In 50 minutes

가게는 언제 폐점할 것인가?
(A) 5분 후에
(B) 10분 후에
(C) 30분 후에
(D) 50분 후에

NEW
6 Why does the speaker say, "please go to the cash registers now"?
(A) The store is closing soon.
(B) New products will arrive.
(C) A designer will visit.
(D) A sale will begin.

화자는 왜 "지금 계산대로 가주세요"라고 말하는가?
(A) 상점이 곧 문을 닫으므로.
(B) 신상품이 도착할 것이므로.
(C) 디자이너가 방문할 것이므로.
(D) 세일이 시작될 것이므로.

해설 4. 시작할 때 Attention shoppers.라고 시작했으므로 정답 (C)이다.
5. 공지를 시작하며 화자는 We will be closing in ten minutes라고 말했으므로 정답은 (B)이다.
6. 공지 초반에 10분 후에 문을 닫는다(We will be closing in ten minutes)고 말하며 문을 곧 닫을 것이니 계산대에서 계산을 하라고 말하고 있으므로 정답은 (A)이다.

Questions 7-9 refer to the following advertisement. [AuM]

Hello, and [7] welcome to the Artbig National Museum. I'm Scott Brand, your guide for your tour today. Our tour will last approximately an hour, and I would like to remind you of some of the museum's rules. Taking pictures is not allowed in the building, so [8] please check your cameras at the service desk and get them back after the tour. Also, remember that food and beverages are not allowed in the gallery as well. If you are hungry, you will get a chance to have dinner after the tour at the museum's restaurant on the first floor. [9] Now, please follow me to the main gallery.

문제 7-9 다음 회의 발췌문을 참조하시오.

안녕하세요. Artbig 국립 박물관에 오신 것을 환영합니다. 저는 오늘 여러분의 가이드 Scott Brand 입니다. 저희 투어는 대략 1시간 정도 될 것이고 박물관 규칙 몇 가지를 알려드리고자 합니다. 건물 내에서 사진을 찍는 것은 허용되지 않으니, 서비스 데스크에 카메라를 맡기시고 투어가 끝나면 찾아가세요. 또한, 갤러리에서는 음식물이나 음료 역시 금지된다는 것을 기억해 주시기 바랍니다. 배가 고프시면, 투어가 끝난 후 1층에 있는 박물관 식당에서 저녁을 드실 기회가 있을 겁니다. 이제, 메인 갤러리로 저를 따라오세요.

어휘 approximately 대략, 약 remind A of B A에게 B를 상기시키다, 알리다 take pictures 사진을 찍다 allow 허용하다, 허락하다 check (보관소에) 맡기다 prohibit 금지하다 chance 기회

---

7 Where is the speaker?
(A) In a hotel
(B) In a restaurant
(C) In an art museum
(D) In an airport

화자는 어디에 있는가?
(A) 호텔에
(B) 식당에
(C) 미술 박물관에
(D) 공항에

8 What does the speaker recommend?
(A) Drinking in the gallery
(B) Taking flash photography
(C) Wearing warm clothes
(D) Leaving cameras behind

화자는 무엇을 추천하는가?
(A) 갤러리에서 음료수를 마실 것
(B) 플래시 사진을 찍을 것
(C) 따뜻한 옷을 입을 것
(D) 카메라를 두고 갈 것

9 What will most likely happen next?
(A) A tour will begin.
(B) Cameras will be handed out.
(C) Dinner will be served.
(D) A movie will be shown.

다음으로 무엇이 일어날 것인가?
(A) 투어가 시작될 것이다.
(B) 카메라가 배포될 것이다.
(C) 저녁 식사가 제공될 것이다.
(D) 영화가 상영될 것이다.

해설 7. 처음에 화자가 welcome to the Artbig National Museum이라며 청자들을 환영하고 있으므로 정답은 (C)이다.

8. 박물관 규칙에 대해 설명하며 please check your cameras at the service desk and get them back after the tour라고 했으므로 정답은 (D)이다.

9. 화자가 마지막에 Now, please follow me to the main gallery라고 했으므로 정답은 (A)이다.

Questions 10-12 refer to the following tour information and itinerary. [Brw]

Welcome to the Big Apple Bus Tour! Big Apple is a nickname for New York City. This city has been also called "The city that never sleeps". ¹⁰The subway runs around the clock and there are always cafes, restaurants and grocery stores that are open all night. Well, I hope you all enjoyed your lunch on Central Park lawn. ¹¹Please look out the window on the right and you'll see the beautiful public library, New York Public Library. We'll be spending an hour here and we're right here on time. ¹²We'll head over to Rockefeller Center at 2P.M. You can skate there for an hour if you want.

문제 10-12 다음 투어 정보와 일정표를 참조하시오.

빅 애플 버스 투어에 오신 것을 환영합니다! 빅 애플은 뉴욕 시의 별명입니다. 이 도시는 또한, 잠들지 않은 도시"라고도 불립니다. 지하철은 24시간 내내 운행되며, 밤새도록 문을 여는 카페, 식당, 식료품점이 있습니다. 자, 여러분 모두 센트럴 파크 잔디밭에서 점심을 맛있게 드셨기를 바랍니다. 오른쪽에 있는 창문을 보시면 아름다운 공립 도서관, 뉴욕 공립 도서관이 보일 거예요. 우리는 여기서 한 시간을 보낼 것이고, 우리는 여기에 제 시간에 도착해 있네요. 우리는 오후 2시에 록펠러 센터로 갈 겁니다. 여러분들이 원한다면 그곳에서 한 시간 동안 스케이트를 타실 수 있습니다.

---

10 What does the speaker say about New York City subway?

(A) It is clean and fast.
(B) It has been operating for a hundred year.
(C) It operates 24 hours.
(D) It is not popular anymore.

화자는 뉴욕 시 지하철에 대해서 뭐라고 말하는가?
(A) 깨끗하고 빠르다.
(B) 100년째 운영되고 있다.
(C) 24시간 운행된다.
(D) 더 이상 인기가 없다.

11 Look at the graphic. What time is this talk most likely being given?

(A) At noon
(B) At 1:00 P.M.
(C) At 2:00 P.M.
(D) At 3:00 P.M.

New York City tour Itinerary Saturday, Sep. 21, 2018	
Time	places
12:00 P.M.	Central park
1:00 P.M.	New York Public Library
2:00 P.M.	Rockefeller Center
3:00 P.M.	Time square

시각정보를 보시오. 이 담화는 몇시에 이루어지고 있는가?
(A) 정오에
(B) 오후 1시
(C) 오후 2시
(D) 오후 3시

12 What does the speaker say about the Rockefeller Center?

(A) Visitors can skate there.
(B) It's closed for holiday.
(C) Lunch is available there.
(D) It is a public library.

화자는 록펠러 센터에 대해서 뭐라고 말하는가?
(A) 손님들은 그곳에서 스케이트를 탈 수 있다.
(B) 공휴일에 문을 닫는다.
(C) 그곳에서 점심을 먹을 수 있다.
(D) 그것은 공공도서관이다.

해설 10. 지하철은 24시간 내내 운행된다(The subway runs around the clock~)는 부분에서 뉴욕 지하철이 24시간 운영한다는 것을 알 수 있으므로 정답은 (C)이다.

11. 오른쪽에 있는 창문을 보시면 아름다운 공립 도서관, 뉴욕 공립 도서관이 보일 거예요(Please look out the window on the right and you'll see the beautiful public library, New York Public Library)라고 말하는 부분과 도표를 보면 1시라는 것을 알 수 있으므로 정답은 (B)이다.

12. 마지막 부분에서 2시에 록펠러 센터로 갈것이고 거기서 원하면 스케이트를 탈 수 있다(We'll head over to Rockefeller Center at 2 P.M. You can skate there for an hour if you want.)고 말하고 있으므로 정답은 (A)이다.

Unit 11 라디오 방송 (토크, 날씨, 교통)

Practice Answer 1. (B) 2. (A) 3. (B) 4. (A) 5. (A) 6. (A) 7. (D) 8. (C) 9. (C) 10. (A)

Question 1 refers to the traffic report. [AuM]

And now for the traffic update. The repairs on Highway 66 have finally been completed. For the first time in months, motorists heading south will have no problems in getting home from work. It's only 3 o'clock, but unfortunately, the major freeways are already jammed with cars heading out of the city.

문제 1 다음 교통 정보를 참조하시오.

그럼 교통 소식을 전해 드리겠습니다. 66번 고속도로 보수 작업이 마침내 끝났습니다. 몇 달만에 처음으로 남쪽 방향으로 가시는 운전자들께서는 더 이상 퇴근하실 때 문제가 없을 것입니다. 하지만 불행히도, 아직 3시 밖에 안 되었지만 주요 고속도로는 이미 시내를 빠져나오는 차량들로 꽉 막혀 있습니다.

어휘 update 최근 소식 finally 마침내 completed 완료된 head ~로 향하다 unfortunately 아쉽게도 freeway 고속도로 jammed 꽉 막힌 heavy 많은, 심각한

---

1 What is the problem?

(A) Road repair

(B) Heavy traffic

무엇이 문제인가?
(A) 도로 보수
(B) 많은 교통량

해설 문제점을 전하는 unfortunately ~ 다음을 보면, It's only 3 o'clock but the major freeways are already jammed with cars에서 도로가 차량으로 꽉 막혀 있다고 하므로 정답은 (B)가 된다.

Question 2 refers to the radio broadcast. [AuM]

You're listening to the morning show on JQR radio. I'm your host Jerry Spencer. On today's program I'll be talking with Kelly Kruger, the president of Urban Fabric Foundation. Urban Fabric is a nonprofit organization that converts abandoned buildings into cultural spaces or homeless shelters.

문제 2 다음 라디오 방송을 참조하시오.

여러분은 JQR 라디오의 아침 방송을 듣고 계십니다. 저는 진행자 Jerry Spencer입니다. 오늘 프로그램에서는 Urban Fabric Foundation의 대표이신 Kelly Kruger 씨와 이야기를 나눌 것입니다. Urban Fabric은 비영리기관으로서 버려진 건물들을 개조하여 문화 공간이나 노숙자들을 위한 쉼터로 만드는 일을 하는 곳입니다.

어휘 host (방송 프로의) 진행자, 호스트 nonprofit 비영리의 organization 기관, 조직 convert A into B A를 B로 개조하다 shelter 보호소, 쉼터

---

2 Where does the speaker most likely work?

(A) At a radio station

(B) At a publishing house

(C) At a culture center

(D) At a real estate agency

화자는 어디에서 근무하겠는가?
(A) 라디오 방송국
(B) 출판사
(C) 문화 센터
(D) 부동산 중개소

해설 담화의 초반 프로그램을 소개하는 You're listening to the morning show on JQR radio. I'm your host Jerry Spencer.를 통해 화자가 일하는 곳은 라디오 방송국임을 알 수 있다.

Questions 3-4 refer to the radio broadcast. [BrW]

Good evening. You're listening to Exploration here at PRW Broadcasting, and I'm your host Barbara Bessette. On this evening's show, ³ we welcome a travel journalist Andrew Burgess. ⁴ Mr. Burgess will be discussing the small towns he traveled in China, ³ many of which are described in his new book, *The Inner most of China*.

문제 3-4 다음 라디오 방송을 참조하시오.

안녕하세요. 여러분께서는 PRW 방송국의 Exploration을 듣고 계시며, 저는 진행자인 Barbara Bessette입니다. 오늘 저녁 쇼에서는 여행 저널리스트인 Andrea Burgess 씨를 모십니다. Burgess 씨는 중국에서 여행했던 작은 마을에 대해 이야기하실 것인데, 그중 대다수는 그의 최근 저서 《The Inner most of China》에 소개되어 있습니다.

어휘 welcome 환영하다, 맞이하다 journalist 저널리스트, 언론가 describe 묘사하다, 서술하다 destination (여행의) 목적지

3 Who is being introduced?

(A) An artist

(B) A writer

누가 소개되고 있는가?

(A) 예술가

(B) 작가

4 What will Andrew Burgess discuss?

(A) Travel Destinations

(B) Local restaurants

Andrew Burgess는 무엇을 이야기할 것인가?

(A) 여행 목적지

(B) 지역 레스토랑

해설 3. 초대 손님을 소개하는 we welcome a travel journalist나, 후반의 many of which are described in his new book을 보면 소개받는 이는 작가임을 알 수 있다.

4. Burgess가 이야기할 주제가 언급된 Mr. Burgess will be discussing the small towns he traveled in China를 보면 중국에서 여행했던 작은 마을에 대해 이야기할 것이라고 하므로 정답은 (A)가 된다.

paraphrasing 4. the small towns he traveled → Travel destinations

Questions 5-6 refer to the radio broadcast. [CnM]

Welcome to Living Young on TUF Radio. Each week our program is ⁵ with an expert of health and fitness. Today our guest is Angela Cecil. ⁵ Angela is a well-known fitness instructor in this area. ⁵ She started working out to get fit and lose weight, and soon turned her hobby into a career. ⁶ Recently, she went to Okinawa, in Japan to research the traditional cooking techniques of the healthiest people in the world and ⁶ completed her second cookbook *Foods of the Wise*.

문제 5-6 다음 라디오 방송을 참조하시오.

TUF 라디오의 Living Young 청취를 환영합니다. 매주 저희 프로그램에서는 건강과 운동에 관한 전문가를 모십니다. 오늘의 게스트는 Angela Cecil 입니다. Angela는 이 지역에서 유명한 피트니스 강사이십니다. 그녀는 몸매를 가꾸고 살을 빼기 위해 운동을 시작했는데 곧 취미가 직업으로 바뀌었습니다. 최근에 그녀는 일본 오키나와에 가서 세계에서 가장 건강한 이들의 전통 요리 방법을 연구하였고, 그녀의 두 번째 요리책인 《Foods of the Wise》를 완성하였습니다.

어휘 expert 전문가 fitness 신체 단련, 운동 well-known 이름이 잘 알려진 instructor 강사 work out (규칙적으로) 운동하다 fit (몸이) 건강한, 맵시 있는 lose weight 몸무게를 빼다 turn A into B A를 B로 전환하다 complete 완수하다, 마치다 expertise 전문 지식 give a demonstration 시범을 보이다

5 What is Angela Cecil's area of expertise?

(A) Physical training

(B) Marketing

(C) Travel

(D) Financial planning

Angela Cecil의 전문 분야는 무엇인가?

(A) 신체 운동

(B) 마케팅

(C) 여행

(D) 재무 설계

6 What has **Angela Cecil recently** done?

(A) Published some research
(B) Started a new company
(C) Graduated from a university
(D) Given a cooking demonstration

Angela Cecil은 최근에 무엇을 했나?
(A) 연구 결과를 책으로 냈다
(B) 새 사업을 시작했다
(C) 대학을 졸업했다
(D) 요리 시범을 보였다

해설 5. 직업에 관해 묻고 있으므로 여러 단서를 종합해서 정답을 찾아야 한다. with an expert of health and fitness / Angela is a well-known fitness instructor / She started working out ~ turned her hobby into a career. 등을 통해 운동에 관한 전문가임을 알 수 있다.

6. Recently, she went to Okinawa ~ to research / completed her second cookbook을 보면 일본에서 요리를 연구한 뒤 그것을 책으로 냈다고 하므로 정답은 (A)가 된다.

Questions 7-8 refer to the radio broadcast. [CnM]

⁷ Join RFM Radio at the grand opening of Tanton Stadium this Sunday. The new stadium is located just off of Highway 61 and to celebrate, RFM are holding a wide range of sports competitions for children. Also, both children and parents will be able to ⁸ meet local soccer star Dan Petrescu. Places are limited in our competitions, so we advise you to call our station and reserve a place for your child to avoid disappointment. To register your child, simply call 555-4939 and our operator will do the rest. We hope to see you all there on Sunday for what should be a great day.

문제 7-8 다음 라디오 방송을 참조하시오.

이번 일요일 Tanton Stadium 개장식에 RFM 라디오와 함께 하세요. 새 경기장은 61번 고속도로 바로 외곽에 위치해 있습니다. 그리고 이를 축하하기 위해 RFM이 어린이들을 위한 다양한 운동 경기를 개최합니다. 또한, 어린이들과 부모님들 모두 지역 축구 스타인 Dan Petrescu를 만날 수 있습니다. 경기장 내 좌석이 한정되어 있으므로, 저희 방송국에 전화하셔서 여러분 자녀가 실망하지 않도록 좌석을 예매하시기를 권유 드립니다. 여러분 자녀를 등록하려면, 555-4939로 전화 주시면 저희 상담원이 나머지를 처리해 드릴 것입니다. 멋진 날이 될 일요일에 여러분 모두 뵙기를 희망합니다.

어휘 located off of ~ 외곽에 위치한 celebrate 축하하다 a wide range of 광범위한, 다양한 sports competitions 운동 경기 limit 한정하다 reserve a place 좌석을 예매하다 avoid 피하다 disappointment 실망, 낙심 operator 교환원 do the rest 나머지 일을 모두 떠맡아 하다 grand opening 대규모 개장

7 What is the **grand opening** celebration **for**?

(A) A hospital
(B) A museum
(C) An airport
(D) A stadium

무엇의 개장을 축하하기 위한 것인가?
(A) 병원
(B) 박물관
(C) 공항
(D) 경기장

8 Who is **Dan Petrescu**?

(A) A talk show host
(B) A TV presenter
(C) A soccer player
(D) A singer

Dan Petrescu는 누구인가?
(A) 토크쇼 진행자
(B) TV 진행자
(C) 축구 선수
(D) 가수

해설 7. 방송의 주요 소식을 알리는 첫 부분의 Join RFM Radio at the grand opening of Tanton Stadium this Sunday.를 보면 경기장이 새로 개장하는 것을 알 수 있으므로 정답은 (D)가 된다.

8. Dan Petrescu가 누구인지 묻고 있으므로 이름이 언급되는 곳에 집중한다. meet local soccer star Dan Petrescu를 보면 축구선수라고 하므로 정답은 (C)가 된다.

Questions 9-10 refer to the radio broadcast. [AmW]

All this week on RET Radio we will be discussing the upcoming food festival which is due to take place this weekend. The event will feature stalls from over forty countries, with each serving their country's own specialty food and drink. [9] This year's event is special because for the first time ever, all tickets have sold out in advance. However, we at RET Radio have [10] twenty VIP passes to give away. [10] To win one, simply be one of the first twenty callers to phone the station after 6 P.M. The number to call is 555-3920. Now, I'm going to play a song from up-and-coming artist Ned Stark.

문제 9-10 다음 라디오 방송을 참조하시오.

이번 주 내내 RET 라디오에서 이번 주말에 열리기로 예정된 다가오는 음식 축제에 대해 논하게 될 것입니다. 이 행사에서는 40개국이 넘는 각 나라의 특별한 음식과 음료를 제공하는 가판대가 마련될 것입니다. 올해 행사가 특별한 이유는 처음으로 모든 입장권이 이미 매진되었기 때문입니다. 하지만, RET 라디오에서 스무 개의 VIP 입장권을 경품으로 드립니다. 한 장을 받으려면, 오후 여섯 시 이후에 방송국으로 전화를 거는 첫 스무 명 중에 한 명이 되시기만 하면 됩니다. 전화번호는 555-3920입니다. 이제, 요새 뜨고 있는 Ned Stark의 노래를 틀어 드리겠습니다.

어휘 upcoming 다가오는, 곧 있을 be due to ~할 예정인 feature 나오다, 제공하다 stall 가판대, 좌판 specialty 특산물, 명물 sold out 매진된 in advance 사전에, 미리 give away ~을 선물로 주다, 거저 주다 win 얻다, 따다 celebrity 유명 인사 ex- 전직의 pass 입장권 up-and-coming 전도유망한, 떠오르는

9 **Why** is this **year's** festival **special**?
 (A) It will be attended by a celebrity.
 (B) It will be held over five days.
 (C) It has sold out in advance.
 (D) It will be opened by an ex-president.

왜 올해의 축제가 특별한가?
(A) 유명 인사가 참석할 것이다.
(B) 5일 이상 동안 개최될 것이다.
(C) 사전에 매진되었다.
(D) 전직 회장이 개회할 것이다.

10 **Why** should **listeners call** the station?
 (A) To win passes
 (B) To request a song
 (C) To make a complaint
 (D) To ask a question

왜 청취자들이 방송국에 전화해야 하는가?
(A) 무료 입장권을 받기 위해
(B) 노래를 신청하기 위해
(C) 항의하려고
(D) 질문하려고

해설 9. 축제가 특별한 점에 대해 언급하는 This year's event is special because for the first time ever, all tickets have sold out in advance.를 보면, 사전에 티켓이 모두 팔렸다고 하므로 정답은 (C)가 된다.

10. 방송국에 전화하라고 언급한 내용인 To win one, simply be one of the first twenty callers to phone the station을 보면 티켓을 얻으려면 전화하라고 하므로 정답은 (A)가 된다. To win one에서 one은 바로 앞에 언급된 twenty VIP passes to give away 중 하나를 가리킨다.

Unit 12 뉴스 보도

Part 4

Practice

Answer	1. (B)	2. (D)	3. (B)	4. (A)	5. (D)
	6. (D)	7. (B)	8. (C)	9. (A)	10. (C)

Question 1 refers to the following news report. [AuM]

And now for today's business news. At this morning's press conference, Eagle Enterprise introduced its new Chief Executive Officer, Tanaka Ryuichi. Mr. Ryuichi has previously served as the vice-president of overseas marketing at the company.

문제 1 다음 뉴스 보도를 참조하시오.

이제 오늘의 경제 뉴스를 전해드리겠습니다. 오늘 아침 기자 회견에서 Eagle Enterprise 사는 새로운 CEO로 Tanaka Ryuichi 씨를 소개했습니다. Ryuichi 씨는 이전에 회사에서 해외 마케팅 부사장을 역임했습니다.

어휘 press conference 기자 회견 Chief Executive Officer 최고 경영자 previously 이전에 serve ~로 재직하다 vice-president 부사장 overseas 해외의 merge with ~와 합병하다 make a change 변화를 주다 personnel 인사

1 Why is Eagle Enterprise in the news?

(A) It has merged with another company.

(B) It has made a personnel change.

Eagle Enterprise 사는 왜 뉴스에 나오는가?
(A) 다른 회사와 합병하였다.
(B) 인사 이동이 있었다.

해설 Eagle Enterprise introduced its new Chief Executive Officer / previously served as the vice-president of overseas marketing을 보면, Eagle Enterprise 사내의 임직원 승진에 대한 소식을 전하고 있으므로 정답은 (B)가 된다.

Question 2 refers to the following news report. [AmW]

Hello, this is Molly Williams with your local business news. This morning, Aurora World Inc., a leading domestic toy maker, reported its record sales in the third quarter. The company spokesperson, Nicolas Bloom attributes its sales growth to the company's recent introduction of a new line of train sets.

문제 2 다음 뉴스 보도를 참조하시오.

안녕하세요. 저는 Molly Williams이고 지역 경제 소식을 알려 드리겠습니다. 오늘 아침 국내에서 선두를 달리는 장난감 제조 업체 Aurora World 주식회사는 3분기 최대 실적을 올렸다고 발표했습니다. 회사 대변인인 Nicolas Bloom 씨는 매출 신장이 최근에 출시한 신제품인 기차 세트 부문에서 비롯되었다고 전했습니다.

어휘 leading 선두의, 앞서가는 domestic 국내의 report 알리다, 보도하다 record 기록적인 quarter 분기 spokesperson 대변인 attribute A to B A를 B의 덕택으로 돌리다 sales associate 영업 사원 launch 발족하다, 시작하다 release 출시하다, 공개하다

2 What change did Aurora World Inc. recently made?

(A) Upgrading a security system

(B) Hiring new sales associates

(C) Launching an advertising campaign

(D) Releasing a new line of products

Aurora World 주식회사에서 최근 어떤 변화가 있었는가?
(A) 보안 시스템 업그레이드
(B) 영업 사원 신규 채용
(C) 광고 캠페인 개시
(D) 신제품 라인 출시

해설 최근에 있었던 변화를 묻고 있으므로 recently가 언급되는 부분에 집중한다. the company's recent introduction of a new line of train sets에서 신제품을 출시한 것을 알 수 있으므로 정답은 (D)가 된다.

Questions 3-4 refer to the following news report. [BrW]

In local news, ³ the annual Madison Marathon Race will be held this Sunday. This citywide event is ³ a 20-kilometer foot race through the streets of the old town. Please note that some roads will be closed for the race on Sunday from 9 A.M. to 6 P.M. ⁴ You can find the list of these closures on the city website at www.madisoncity.net.

문제 3-4 다음 뉴스 보도를 참조하시오.
지역 소식 전해 드립니다. 연중 행사인 Madison 마라톤 경주가 이번 주 일요일에 열립니다. 시내 전역에서 벌어지는 이벤트인 20킬로미터 경주는 구시가지 도로를 통과할 것입니다. 경기를 위해 일요일 오전 9시부터 오후 6시까지 일부 도로가 폐쇄되는 것을 알아 두십시오. 어느 도로가 봉쇄되는지는 시청 웹사이트 www.madisoncity.net의 목록에서 찾아보실 수 있습니다.

어휘 be held (경기 등이) 열리다 citywide 도시 전역의 foot race 도보 경주 please note that절 ~임을 알아두다 closed 닫힌, 봉쇄된 closure 봉쇄

3 What is being announced?
(A) A construction project
(B) **A sporting event**

무엇이 안내되고 있는가?
(A) 건설 프로젝트
(B) 스포츠 경기

4 According to the speaker, what does the city website list?
(A) **Road closures**
(B) Cultural events

화자에 따르면, 시 웹사이트에는 어떤 목록이 있는가?
(A) 도로 폐쇄
(B) 문화 행사

해설 3. the annual Madison Marathon Race will be held / a 20-kilometer foot race 등을 통해 마라톤 경기가 열린다는 것을 알 수 있으므로 정답은 (B)가 된다.
4. 웹사이트 목록에서 무엇을 찾을 수 있는지 묻고 있으므로 website가 언급되는 곳에 집중한다. You can find the list of these closures on the city website를 보면 봉쇄되는 도로가 어디인지 알려 준다고 하므로 정답은 (A)가 된다.

paraphrasing 3. Marathon Race / foot race → A sporting event

Questions 5-6 refer to the following news report. [AmW]

Hello, this is Donna Montgomery with your news break. A spokesperson from the City Planning Commission released a statement this morning about ⁵ the DFW Airport's new international terminal. ⁶ After delays due to funding shortage, work on the project resumed last week and crews all worked overtime to ensure that the construction will be completed on May 1st as scheduled.

문제 5-6 다음 뉴스 보도를 참조하시오.
안녕하세요, 뉴스를 전해드릴 Donna Montgomery입니다. 도시 계획 위원회의 한 대변인은 오늘 아침 DFW 공항의 새로운 국제 터미널에 대한 성명을 발표했습니다. 자금 부족으로 공사 지연이 있었으나 프로젝트 작업은 지난주에 재개되었으며, 작업 인부들은 모두 5월 1일로 예정된 공사 완료일을 맞추기 위해 초과 근무를 하고 있습니다.

어휘 spokesperson 대변인 commission 위원회 release 발표하다 statement 성명 funding 자금 지원 shortage 부족 resume 재개되다, 다시 시작하다 work overtime 초과 근무하다 ensure that절 ~을 보장하다 complete 완성하다 as scheduled 예정대로 qualified 자격을 갖춘 shipment 배송 insufficient 부족한

5 What construction project is the speaker discussing?
(A) A shopping mall
(B) A conference center
(C) A subway line
(D) **An airport terminal**

화자는 어떤 공사 프로젝트에 대해 이야기하고 있는가?
(A) 쇼핑몰
(B) 회의장
(C) 지하철 노선
(D) 공항 터미널

6 What caused the delay?

(A) A shortage of qualified workers

(B) Late supply shipments

(C) Poor weather conditions

(D) Insufficient funding

무엇이 지연을 야기했는가?
(A) 자질 있는 인부의 부족
(B) 비품 배송 지연
(C) 열악한 기상 조건
(D) 부족한 자금

해설 5. 어떤 공사 프로젝트에 대해 논하고 있는지 묻고 있는데, the DFW Airport's new international terminal에서 공항 터미널임을 알 수 있으므로 정답은 (D)가 된다.

6. 공사 지연의 원인을 묻고 있으므로 delay가 언급되는 부분에 집중한다. After delays due to funding shortage에서 자금 부족 때문이라고 하므로 정답은 (D)가 된다.

paraphrasing 6. funding shortage → Insufficient funding

Questions 7-8 refer to the following news report. [BrW]

And finally, ⁷ the fifth annual Berkstead cooking contest takes place in the local park this weekend. ⁷ Both amateur and professional chefs can enter the competition and are encouraged to take part. Each entrant must pay ⁸ a small fee, which will be used for construction of a local youth center. To view a list of alternate places where you are able to park, please visit www.berkstead.net/event. All residents should be aware that because of the cooking contest, the main car park will be closed over the weekend.

문제 7-8 다음 뉴스 보도를 참조하시오.

그리고 끝으로, 이번 주말 인근 공원에서 5번째 연례 Berkstead 요리 대회가 열리겠습니다. 아마추어 및 전문 요리사 모두 출전할 수 있고 참가가 장려됩니다. 각 출전자는 지역 청소년 센터 건립 기금으로 쓰이게 될 소정의 수수료를 내야 합니다. 주차 가능한 다른 장소의 목록을 보시려면, www.berkstead.net/event를 방문하십시오. 모든 주민들께서는 요리 경연으로 인해 가장 큰 주차장이 주말 동안 폐쇄된다는 것을 명심하시기 바랍니다.

어휘 enter a competition 시합에 나가다 encourage 격려하다, 북돋우다 take part 참가하다 entrant 참가자 resident 거주자 alternate 대신하는 refurbishment 재단장

---

7 What is being announced?

(A) An election result

(B) A cooking competition

(C) A library refurbishment

(D) A restaurant opening

무엇을 알리고 있는가?
(A) 선거 결과
(B) 요리 경연
(C) 도서관 재단장
(D) 식당 개업

8 What will the fee be used for?

(A) Purchasing sports equipment

(B) Constructing a church

(C) Helping to fund a youth center

(D) Renovating a statue

수수료는 어디에 사용될 것인가?
(A) 운동 기구 구입
(B) 교회 건설
(C) 청소년 센터 자금 지원
(D) 조각상 보수

해설 7. 알림의 주요 대상을 묻고 있으므로 여러 단서를 통해 정답을 유추한다. the fifth annual Berkstead cooking contest takes place / Both amateur and professional chefs can enter the competition 등을 통해 요리 대회가 주제임을 알 수 있다.

8. 참가비의 사용처를 묻고 있으므로 fee가 언급되는 부분에 집중한다. a small fee, which will be used for construction of a local youth center를 보면 청소년 회관 건립에 사용될 것이라고 하므로 정답은 (C)가 된다.

Questions 9-10 refer to the following news report. [CnM]

⁹ Envirotec Ltd., one of the world's leading cell phone manufacturers, today announced that the release of the new Z900 model is to be postponed for two months. Speaking to reporters earlier this afternoon, Envirotec's CEO, Christian Eriksen, claims that ¹⁰ the Z900 model will not be available to the public until all the problems with the new software have been resolved. Mr. Eriksen also stated that a new release date will be announced online, and advised customers to check the company's website for further information.

문제 9-10 다음 뉴스 보도를 참조하시오.

세계 시장을 선도하는 휴대전화 제조 업체 중에 하나인 Envirotec 주식회사는 오늘 Z900 신 모델의 출시를 두 달간 연기한다고 밝혔습니다. Envirotec의 대표인 Christian Eriksen 씨는 Z900 모델이 새 소프트웨어와 관련된 모든 문제가 해결될 때까지 대중에 공개되지 않을 것이라고 오늘 오후 일찍 기자들에게 밝혔습니다. Eriksen 씨는 또한, 새 출시일이 온라인을 통해 발표될 것이며, 더 자세한 사항에 대해서는 고객들이 회사 웹사이트를 확인하라고 전했습니다.

어휘 manufacturers 제조 업체 announce 발표하다 release 출시 postpone 미루다, 늦추다 claim 말하다 resolve 해결하다 release date 출시 시기, 개봉일 further information 더 자세한 사항 invoice 운송장, 청구 내역서 be off sick 병가를 내다

---

9 What type of business is Envirotec Ltd.?

(A) A cell phone manufacturer
(B) A stationary store
(C) A post office
(D) A supermarket

Envirotec 주식회사는 무슨 업체인가?
(A) 휴대전화 제조사
(B) 문방구
(C) 우체국
(D) 슈퍼마켓

10 Why is there a delay?

(A) An invoice has been lost.
(B) An employee is off sick.
(C) There are some software issues.
(D) There is too much traffic on the roads.

왜 지연이 일어났는가?
(A) 송장이 분실되었다.
(B) 직원이 병가 중이다.
(C) 소프트웨어 문제가 있다.
(D) 도로 교통 체증이 심하다.

해설 9. 기업명이 언급되는 Envirotec Ltd., one of the world's leading cell phone manufacturers에서 휴대전화 제조 회사임을 알 수 있다.

10. 제품 출시가 지연되는 이유는 the Z900 model will not be available to the public until ~ 다음에 드러나 있다. all the problems with the new software have been resolved를 보면 소프트웨어 관련 문제가 해결될 때까지 출시가 지연된다는 것을 알 수 있으므로 정답은 (C)가 된다.

Answer	1. (B)	2. (C)	3. (D)	4. (C)	5. (B)	6. (A)
	7. (A)	8. (A)	9. (D)	10. (D)	11. (B)	12. (C)

Questions 1-3 refer to the radio advertisement. [AmW]

¹ Capital Choice Radio is pleased to provide support for the art exhibit that is taking place this week. ¹ Come to the Schweinstuber Museum on Friday and witness a live art demonstration from revered artist Sebastian Gastron. ² Sebastian is a very special guest of ours as he comes to us all the way from France. He is well known for his colorful and wonderfully detailed paintings. He was here last year and we're pleased to have him on board this year, too. The performance takes place at 8 P.M., so be sure to arrive in good time. Only 500 tickets are available and the event is expected to sell out fast. ³ To book a ticket, please visit our website at www.capitalchoice.net.

문제 1-3 다음 라디오 광고를 참조하시오.
Capital Choice 라디오는 이번 주에 열리는 미술 전시회를 후원하게 되어 기쁩니다. 금요일에 Schweinstuber 박물관에 오셔서 존경 받는 예술가 Sebastian Gastron의 생동감 있는 미술 시연회를 보세요. Sebastian은 멀리 프랑스로부터 온 매우 특별한 게스트입니다. 그는 다채로움과 놀랍도록 정밀한 그림으로 유명하지요. 그는 작년에도 여기 왔었는데, 올해도 그와 함께하게 되어 우리는 기쁩니다. 시연회는 저녁 8시에 있으니 부디 일찍감치 오도록 하세요. 500장의 티켓만 남아 있고 행사는 조기 매진이 예상됩니다. 입장권을 예매하시려면, 저희 웹사이트 www.capitalchoice.net을 방문해주세요.

어휘 witness 보다, 목격하다 demonstration 시연 revered 존경 받는 all the way from 멀리 ~에서 well known for ~로 잘 알려진 detailed 상세한 have on board ~와 함께하다 be sure to ~을 꼭 하다 in good time 제 시간에

1 What is being advertised?
(A) A music festival
(B) An art exhibit
(C) A business seminar
(D) A vacation package

무엇을 광고하고 있는가?
(A) 음악 축제
(B) 미술 전시회
(C) 사업 세미나
(D) 휴양 패키지

2 According to the speaker, what is special about Sebastian Gastron?
(A) He has done a lot of work for charity.
(B) He owns several properties.
(C) He is visiting from abroad.
(D) He is one of the world's richest men.

화자에 따르면, Sebastian Gastron의 특별한 점은 무엇인가?
(A) 자선을 위해 많은 일을 했다.
(B) 여러 부동산을 소유하고 있다.
(C) 해외에서 방문하는 것이다.
(D) 세계에서 가장 부유한 남자 중 하나다.

3 How can listeners get tickets?
(A) By asking Mr. Gastron
(B) By calling the radio station
(C) By writing to a newspaper
(D) By going online

청취자들은 입장권을 어떻게 얻을 수 있는가?
(A) Gastron 씨에게 요청해서
(B) 라디오 방송국에 전화해서
(C) 신문사에 편지를 보내서
(D) 온라인으로 들어가서

해설 1. 광고의 대상을 묻고 있으므로 담화 초반에 집중한다. Capital Choice Radio is pleased to provide support for the art exhibit ~을 보면 미술 전시회에 대한 것임을 알 수 있다. 이어지는 Come to ~ witness a live art demonstration에서도 이를 확인할 수 있다.
2. Sebastian Gastron이라는 인물에 대해 묻고 있으므로 이름이 언급되는 부분에 집중한다. Sebastian is a very special guest of ours as he comes to us all the way from France.를 보면 프랑스에서 방문한 특별 게스트라고 하므로 정답은 (C)가 된다.
3. 입장권 예약에 관해서는 담화의 마지막 To book a ticket, please visit our website at www.capitalchoice.net.에 드러나 있다. 웹사이트를 방문해서 예약하라고 하므로 정답은 (D)가 된다.

paraphrasing 2. all the way from France → visiting from abroad
3. visit our website → going online

Questions 4-6 refer to the following news report. [CnM]

Welcome to Fire909, the number one station for all local news. Well uh… Earlier today, [4] the mayor of Racton announced that the city council has devised plans to create an art museum in the city center. The new building will be erected opposite the cathedral and will display work from contemporary European artists. [5] Supporters of the museum claim that its construction is necessary to improve the cultural education of local children. However, [6] many local people oppose the construction, stating that the project cost is unacceptable. A town hall debate will take place next Tuesday. All members of the Racton community are invited to attend and make their views known.

문제 4-6 다음 뉴스 보도를 참조하시오.

모든 지역 뉴스를 위한 최고의 방송, Fire909에 오신 것을 환영합니다. 음… 오늘 아침 일찍, Racton 시의 시장은 시의회가 도시 중심에 미술관 건립 계획을 강구 중이라고 밝혔습니다. 신축 건물은 시 성당 맞은편에 세워질 것이며, 현대 유럽 예술가들의 작품을 전시하게 될 것입니다. 박물관 후원자들은 지역 아동들의 문화 교육을 향상시키기 위해 그 건립이 필요하다고 주장합니다. 그러나, 많은 주민들은 프로젝트의 비용을 용납할 수 없다며 건설에 반대하고 있습니다. 시청 토론회는 다음 화요일에 열립니다. 모든 Racton 시 주민 구성원들이 참석해 의사를 밝히도록 초청될 것입니다.

어휘 | station 방송(국) mayor 시장 city council 시의회 devise 창안하다, 고안하다 erect 건립하다, 설립하다 opposite ~의 반대에, 건너편에 cathedral 성당 contemporary 동시대의 supporter 지지자 oppose 반대하다 projected cost 소요 비용, 사업비 unacceptable 받아들일 수 없는 town hall 시청 debate 토론회 make ~ known ~를 알리다 preservation 보존, 보호 refurbishment 쇄신, 정비 enhance 높이다, 향상시키다 generate 창출하다 overcrowding 과밀 거주

---

4 What project has been proposed?

(A) The preservation of a forest

(B) The renovation of a cathedral

(C) The building of a museum

(D) The refurbishment of an office block

어떤 프로젝트가 제시되었는가?
(A) 삼림 보호
(B) 성당 보수
(C) 박물관 건립
(D) 사무실 단지 정비

5 Why do supporters say the project is necessary?

(A) To enhance the city's image

(B) To improve children's education

(C) To generate money for the city

(D) To attract more tourists

지지자들은 왜 이 계획이 필요하다고 하는가?
(A) 시 이미지의 제고를 위해
(B) 아이들 교육의 질을 향상시키기 위해
(C) 시를 위해 수익을 창출하려고
(D) 더 많은 관광객을 끌어들이기 위해

6 What are some residents concerned about?

(A) The construction cost

(B) Increased pollution

(C) Overcrowding

(D) The choice of engineer

일부 주민들은 무엇을 우려하는가?
(A) 건설 비용
(B) 공해 증가
(C) 과밀 인구
(D) 기술자 선정

해설 4. 뉴스 초반부 the mayor of Racton announced that the city council has devised plans to create an art museum을 보면 미술관 건립 계획을 발표했다고 하므로 정답은 (C)가 된다.

5. 지지자들의 의견을 묻고 있으므로 supporters가 언급되는 부분에 집중한다. Supporters of the museum ~ to improve the cultural education of local children.에서 어린이들의 문화 교육을 증진시키는 데 필요하다고 하므로 정답은 (B)가 된다.

6. 일부 주민의 우려 사항이 드러난 many local people oppose the construction, stating that the project cost is unacceptable을 보면 비용이 허용할 수 없는 수준이라고 하므로 이들이 걱정하는 바는 건설 비용임을 알 수 있다.

Questions 7-9 refer to the following broadcast. [BrW]

And now, ⁷ a special weather update from JBS. The National Weather Service has just revised their rain forecast for the Vermont area. ⁸ Now, we are expecting thunderstorms and heavy rain starting at around 5 P.M. and continuing through the night. Please avoid standing under trees and electricity poles. The renowned singer, ⁹ Mary White's concert scheduled to be performed at Woodford State park tonight has been rescheduled for next Saturday. We'll keep you informed of the weather updates. Thank you.

문제 7-9 다음 라디오 방송을 참조하시오.

이제 JBS에서 날씨 특보를 전해드립니다. 국립기상청이 이제 막 버몬트 지역의 비 예보를 수정하였습니다. 대략 오후 5시부터 시작해서 밤 사이 폭풍우와 폭우가 예상됩니다. 나무나 전봇대 밑에 서 있지 마시기 바랍니다. 오늘밤 우드포드 공원에서 있을 예정인 유명 가수 Mary White의 콘서트는 다음 주 토요일로 일정이 변경되었습니다. 새로운 날씨 소식이 들어오는 대로 계속 전해드리도록 하겠습니다. 감사합니다.

어휘 weather update 최신 날씨 정보 National Weather Service 국립기상청 revise 수정하다 forecast 예보 thunderstorm 폭풍우 heavy rain 폭우 avoid -ing ~하는 것을 피하다 electricity poles 전봇대 renowned 유명한 reschedule 재조정하다 be disappointed 실망하다 expect 예상하다 scattered shower 산발적인 소나기 continue throughout ~동안 계속

---

7 What is being announced?

(A) A weather forecast
(B) Election results
(C) A road closing
(D) Local activities

무엇이 공지되고 있는가?
(A) 일기 예보
(B) 선거 결과
(C) 도로 폐쇄
(D) 지역 활동

NEW
8 Why does the speaker say, "Please avoid standing under trees and electricity poles"?

(A) To inform listeners it could be dangerous
(B) To encourage listeners to enjoy the concert
(C) To avoid traffic jam
(D) To reschedule the concert

왜 화자는 "나무나 전봇대 밑에 서 있지 마십니다"라고 말하는가?
(A) 청자에게 위험할 수 있음을 알리기 위해
(B) 청자들이 콘서트를 즐기도록 하기 위해
(C) 교통 체증을 피하기 위해
(D) 콘서트 일정을 재조정하기 위해

9 What has been rescheduled?

(A) A store opening
(B) A construction work
(C) A sporting event
(D) A music concert

어떤 일정이 재조정 되었는가?
(A) 상점 개장
(B) 건설 작업
(C) 스포츠 경기
(D) 음악 콘서트

해설 7. a special weather update from JBS. 부분에서 인사하며 일기예보 보도를 시작하고 있으므로 정답은 (A)이다.

8. 앞 문장에서 대략 오후 5시부터 시작해서 밤 사이 폭풍우와 폭우가 예상된다(Now, we are expecting thunderstorms and heavy rain starting at around 5 P.M. and continuing through the night.)고 말하고 있고 다음 문장에서 위험할 수도 있으니 나무나 전봇대 밑에 서 있지 말라고 한 것으로 보아 정답은 (A)이다.

9. 마지막 부분에 화자는 오늘밤 우드포드 공원에서 있을 예정인 유명 가수 Mary White의 콘서트가 다음 주 토요일로 일정이 변경되었다(Mary White's concert scheduled to be performed at Woodford State park tonight has been rescheduled for next Saturday.)고 말하고 있다. 따라서 콘서트가 연기되었음을 알 수 있다. 정답은 (D)이다.

Questions 10-12 refer to the following broadcast and map. [AuM]

This is 99.3 WIT-FM radio, and now for the sports news. ¹⁰Unfortunately, the game scheduled to be held today has been postponed due to the heavy rain. I know you were all very excited to see the game between our team, Cubs and Bears. The game has been rescheduled for next Saturday evening at 6:30 at Cubs Field. ¹¹Tickets are already sold out but you can watch the ball game on the our WIT Sports television channel. For those who got tickets for the game, ¹²please note that the parking area that is near the home plate will be closed because of the construction planned throughout the next week. We'll be back in a minute after a commercial break.

문제 10–12 다음 방송과 지도를 참조하시오.

이 방송은 99.3 WIT–FM 라디오이고 지금은 스포츠 뉴스 시간입니다. 안타깝게도 오늘 예정된 경기는 폭우로 인해 연기되었습니다. 저는 여러분들이 우리팀 컵스와 베어스의 경기를 보기 기대하고 있는 것을 잘 알고 있습니다. 경기는 다음 주 토요일 저녁 6시 30분 컵스필드에서 하는 것으로 다시 일정이 잡혔습니다. 티켓들이 이미 매진되었지만 여러분들은 야구경기를 WIT 스포츠 텔레비전 채널에서 보실 수 있습니다. 게임 티켓을 소지하고 계신 분들은 다음 주 내내 있을 공사로 인하여 홈플레이트 주변의 주차장이 폐쇄되었음을 유의하시기 바랍니다. 광고가 끝난 후 잠시 뒤에 돌아오겠습니다.

어휘 be sold out 매진되다 note 유의하다 throughout ~내내 commercial break 광고 injure 부상을 입다 rainshower 소나기 predict 예상하다 expensive 비싼

---

10 Why was the baseball game rescheduled?

(A) Construction work was planned.
(B) Some players were injured.
(C) The stadium was being repaired.
(D) The weather was bad.

야구 경기 일정은 왜 변경되었는가?
(A) 건설 공사가 계획되어 있었다.
(B) 일부 선수들이 부상당했다.
(C) 경기장이 수리중이었다.
(D) 날씨가 좋지 않았다.

11 According to the speaker, why should some listeners watch a game on television?

(A) Rainshower is predicted.
(B) There are no tickets left.
(C) There is no available parking.
(D) The ticket is too expensive.

화자에 따르면, 왜 몇몇의 청자들은 텔레비전에서 게임을 시청하는가?
(A) 소나기가 예정되어 있다.
(B) 표가 남아 있지 않다.
(C) 주차할 수 있는 주차 공간이 없다.
(D) 티켓이 너무 비싸다.

12 Look at the graphic. Which parking area will be closed?

(A) Area A
(B) Area B
(C) Area C
(D) Area D

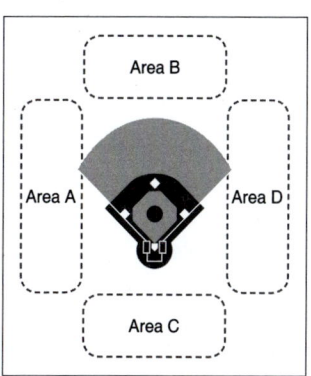

시각정보를 보시오. 어떤 주차 구역이 폐쇄되는가?
(A) A구역
(B) B구역
(C) C구역
(D) D구역

해설 10. 폭우로 야구경기가 연기되었다(Unfortunately, the game scheduled to be held today has been postponed due to the heavy rain.)라는 부분에서 정답은 (D)임을 알 수 있다.

11. 티켓들이 이미 매진되었지만 여러분들은 야구경기를 WIT 스포츠 텔레비전 채널에서 보실 수 있다(Tickets are already sold out but you can watch the ball game on the our WIT Sports television channel.)고 말하는 부분에서 표가 매진되어 야구장에 갈 수 없는 팬들이 경기를 텔레비전으로 시청할 것임을 알 수 있으므로 정답은 (B)이다.

12. 홈플레이트 주변의 주차장이 폐쇄될 것임을 알리는 부분(please note that the parking area that is near the home plate will be closed)에서 그림의 주차구역 C구역이 폐쇄될 것임을 알 수 있으므로 정답은 (C)이다.

Part Test 4

Answer

71. (C)	72. (D)	73. (C)	74. (D)	75. (A)	76. (D)	77. (B)	78. (D)	79. (D)	80. (D)
81. (A)	82. (B)	83. (D)	84. (C)	85. (A)	86. (D)	87. (B)	88. (A)	89. (D)	90. (A)
91. (B)	92. (A)	93. (C)	94. (C)	95. (C)	96. (B)	97. (A)	98. (B)	99. (D)	100. (C)

Questions 71-73 refer to the following telephone message. [AmW]

Hello, this is Lisa Walton. ⁷¹ I am calling your clinic about the vaccinations needed for my business trip to Africa. Next month, I will be leaving for a week-long business trip to Nairobi, Kenya and I understand that ⁷² I need a series of vaccination shots for yellow fever and malaria. I'd like to schedule an appointment with ⁷² Dr. Noyce and consult with him in detail. I'm leaving the office soon and then I'll be out for the rest of the day, but ⁷³ I'll be here tomorrow morning. Please call me then to set up an appointment. Thank you.

문제 71-73 다음 전화 메시지를 참조하시오.

안녕하세요, 저는 Lisa Walton입니다. 아프리카 출장에 필요한 예방 접종 때문에 귀병원으로 전화합니다. 다음 달에, 저는 일주일 정도 케냐의 나이로비로 출장을 갈 예정이며 황열병과 말라리아 예방 주사를 맞아야 한다는 것을 알고 있습니다. Noyce 박사님과 약속을 잡고 세부 사항에 대해 상담하고 싶습니다. 저는 곧 사무실을 떠날 것이고 그 다음 나머지 시간 동안 외출해 있을 것이지만, 내일 오전에는 여기에 있을 것입니다. 약속을 정하기 위해 그 때 전화 주세요. 감사합니다.

어휘 / clinic 병원, 의원 vaccination 예방 접종 leave for ~로 떠나다 week-long 일주일 간의 understand 파악하다 shot 주사 yellow fever 황열병 schedule an appointment with ~와 약속을 하다 the rest of the day 하루의 나머지 시간

71 What kind of business is the speaker calling?

(A) A hotel
(B) A travel agency
(C) A medical clinic
(D) A shipping company

화자는 어떤 업체에 전화하고 있는가?
(A) 호텔
(B) 여행사
(C) 병원
(D) 운송 회사

72 What does the speaker ask about?

(A) A prior notice
(B) Flight information
(C) Postage rates
(D) Vaccination requirements

화자는 무엇을 문의하고 있는가?
(A) 사전 공지
(B) 운항 정보
(C) 우편 요금
(D) 예방 접종 요구

73 When does the speaker say she will be available?

(A) This morning
(B) This afternoon
(C) Tomorrow morning
(D) Tomorrow afternoon

화자는 언제 시간을 낼 수 있다고 하는가?
(A) 오늘 오전
(B) 오늘 오후
(C) 내일 오전
(D) 내일 오후

해설 71. 전화 건 목적을 밝히는 I'm calling your clinic about the vaccinations에서 병원에 전화했음을 알 수 있으므로 (C)가 정답이다.

72. I need a series of vaccination shots for yellow fever and malaria / Dr. Noyce and consult with him in detail을 보면 여자는 예방 접종이 필요한데 이에 대해 Noyce 박사와 상의하고 싶다고 하므로 정답은 (D)가 된다.

73. 메시지 후반부 I'll be here tomorrow morning. Please call me then에서 내일 오전에 시간을 낼 수 있다고 하므로 (C)가 정답이다.

paraphrasing 73. be here tomorrow → available

228

Questions 74-76 refer to the following radio advertisement. [CnM]

Are you looking for ⁷⁴ a new computer for work? Do you want to buy ⁷⁴ a new DVD player for your lounge? If you've been thinking about ⁷⁴ purchasing new electronics for leisure or business, Globotec Solutions can help. ⁷⁵ Visit our newly expanded superstore to view the largest range of brands and models in the country. And to celebrate our re-opening, we are offering 20% off all electronics! So come and visit our store on Thirft Lane to make your dream purchase. ⁷⁶ But be quick – the sale must end this Sunday!

문제 74-76 다음 라디오 광고를 참조하시오.
업무용 새 컴퓨터를 찾고 있습니까? 거실에 놓을 새 DVD 플레이어를 사고 싶습니까? 여가나 비즈니스를 위해 새 전자 제품 구매를 생각하고 있다면, Globotec Solutions가 도와 드릴 수 있습니다. 국내에서 가장 다양한 종류의 브랜드와 모델을 보시려면 새롭게 확장된 저희 매장을 방문해 주십시오. 그리고 재개장 기념으로, 모든 가전 제품에 20퍼센트 할인 혜택을 제공하고 있습니다. 그러니 당신의 이상적인 구매를 위해 Thirft 거리에 있는 저희 가게에 와서 방문해 보세요. 하지만 서두르세요. 할인 행사는 이번 일요일에 종료됩니다!

어휘 / lounge 거실 expanded 확장된, 넓어진 a largest range of 가장 넓은 범위의, 매우 다양한 purchase 구매 electronics 가전 기기, 전자 제품 celebrate 축하하다, 기념하다 re-opening 재개장 renovate 개조하다; 새롭게 바꾸다 range 범위 employ 고용하다 vending machine 자판기

---

74 What merchandise is being advertised?
(A) Kitchen utensils
(B) Lighting
(C) Garden furniture
(D) Electronics

어떤 상품이 광고되고 있는가?
(A) 주방 기구
(B) 조명
(C) 정원 장식물
(D) 전자 제품

75 What change has taken place at the store?
(A) It has been renovated.
(B) New staff have been employed.
(C) A new range of products has been delivered.
(D) Vending machines have been added.

매장에 어떤 변화가 생겼는가?
(A) 새롭게 바뀌었다.
(B) 신입 직원이 고용되었다.
(C) 새 상품들이 배달되었다.
(D) 자판기들이 추가되었다.

76 When will the sale end?
(A) On Thursday
(B) On Friday
(C) On Saturday
(D) On Sunday

할인 행사는 언제 끝나는가?
(A) 목요일
(B) 금요일
(C) 토요일
(D) 일요일

해설 74. a new computer / a new DVD player / purchasing new electronics 등을 통해 전자 제품 광고임을 알 수 있다.
75. 매장에 대해 언급되는 Visit our newly expanded superstore를 보면 새롭게 확장되었다고 하므로 정답은 (A)가 된다.
76. 세일 종료 날짜는 마지막 말 But be quick - the sale must end this Sunday!에서 언급되고 있으므로 정답은 (D)가 된다.

paraphrasing 75. newly expanded → renovated

Questions 77-79 refer to the following message. [BrW]

Good morning, Mr. Ross. This is Mallory Simmons and **77 I'm calling about your booth at the 12th Home Appliances Trade Fair** next month. **77 We're delighted that you have chosen to participate.** But I have a question for you. According to your registration form, you're going to install tables and shelves for your product showcase, but **78 you didn't specify how much space you would need** for that. **77 79 I have to let our installation crew know how much room each booth requires by next week. 78 Could you call me back today with the information?** My phone number is 789-0123. Thank you.

문제 77-79 다음 메시지를 참조하시오.

안녕하세요, Ross 씨. 저는 Mallory Simmons라고 하며, 다음 달에 열리는 제12회 가전 제품 박람회 부스 때문에 전화 드립니다. 참가하시기로 결정해 주셔서 저희는 매우 기쁩니다. 하지만 한 가지 여쭤 볼 것이 있습니다. 신청 양식을 보면, 제품 전시를 위해 테이블과 선반을 설치하겠다고 하셨는데요, 그것들을 위한 공간이 얼마나 필요한지는 구체적으로 명시하시지 않았습니다. 저는 다음 주까지 설치 담당자들에게 각각의 부스에 얼마만큼의 공간이 필요한지 알려 줘야 합니다. 오늘 저에게 전화해서 정보를 알려 주실 수 있나요? 제 전화 번호는 789-0123입니다. 감사합니다.

어휘 booth 부스 delighted 매우 기쁜 take part in ~에 참여하다 according to ~에 의하면 registration form 신청 양식 showcase 전시, 공개 행사 specify 구체적으로 밝히다, 명시하다 crew 직원, 담당자 require ~을 필요로 하다 advisor 고문, 조언자 salesperson 영업 사원 confirm 확인하다, 확정하다 double-check 재차 확인하다 attendee 참가자 missing 빠진, 놓친 potential 잠재적인 reserve 예약하다 send out 발송하다 survey form 설문 양식

---

77 Who most likely is the speaker?

(A) A technical trainer advisor

(B) An event organizer

(C) A furniture salesperson

(D) A customer service representative

78 Why is the speaker calling?

(A) To confirm a reservation

(B) To double-check a list of attendees

(C) To make a recommendation

(D) To request missing information

79 What does the speaker say she will do next week?

(A) Meet with potential buyers

(B) Reserve some equipment

(C) Send out survey forms

(D) Contact coworkers

화자는 누구이겠는가?

(A) 기술 교육 고문

(B) 행사 준비자

(C) 가구 영업 사원

(D) 고객 서비스 담당자

화자는 왜 전화하는가?

(A) 예약을 확인하기 위해

(B) 참가자 명단을 재차 확인하기 위해

(C) 추천을 하기 위해

(D) 누락된 정보를 요청하기 위해

화자는 다음 주에 무엇을 할 것이라고 하는가?

(A) 잠재적인 구매자들과 만난다

(B) 일부 장비를 예약한다

(C) 설문 양식을 발송한다

(D) 동료들에게 연락한다

해설 77. 여자의 직업을 묻고 있으므로 담화에 흩어진 단서를 종합해 정답을 유추한다. I'm calling about your booth ~ Trade Fair / We're delighted ~ participate / I have to let our installation crew know ~ 등을 보면 무역 박람회 행사에 관련된 일을 하는 사람임을 알 수 있으므로 정답은 (B)가 된다.

78. you didn't specify how much space you would need / Could you call me back today with the information? 등을 보면 부스 공간이 얼마나 필요한지를 알려 주지 않아서 다시 알려 달라고 요청하고 있으므로 정답은 (D)가 된다.

79. 화자가 다음 주에 무엇을 할 것인지 묻고 있으므로 next week가 언급된 부분에 집중한다. I have to let our installation crew know ~ next week.를 보면 다음 주까지 설치 담당자에게 정보를 알려줘야 한다고 하므로 정답은 (D)가 된다.

paraphrasing 79. let our installation crew know → Contact coworkers

Questions 80-82 refer to the following advertisement. [AuM]

Does traveling to exotic destinations sound exciting to you? We have good news for you. **⁸⁰ Magnum Tours is holding a special information session for its newest packages** that offer a perfect getaway to the snowy paradise. **⁸¹ Just come to our office located in Market Street on Saturday**, February 3rd at 10 A.M. At the end of the session, one lucky person will win a seven-day ski trip to Interlaken, Switzerland for two in a raffle. **⁸² Those who participate in the event will be given a ticket for the draw** at the front door.

문제 80-82 다음 광고를 참조하시오.

이국적인 곳으로의 여행에 흥분되지 않으십니까? 희소식을 알려 드리겠습니다. Magnum Tours에서는 눈 덮인 천국으로 가는 완벽한 휴가를 제공하는 새로운 여행 패키지에 대한 특별 설명회를 개최합니다. 2월 3일 토요일 오전 10시에 Market 가에 있는 저희 사무실로 오십시오. 설명회 끝에 추첨을 통해 행운의 주인공 한 분이 두 명이 갈 수 있는 스위스 인터라켄으로의 7일짜리 스키 여행에 당첨되실 겁니다. 행사 참가자들께서는 정문에서 추첨권을 받으시게 됩니다.

어휘 exotic 이국적인 destination 목적지, 여행지 hold (행사 등을) 열다 information session 설명회 getaway 휴가, 휴양지 raffle 추첨, 제비뽑기 draw 추첨, 제비뽑기 promote 홍보하다 beverage 음료

---

80 What is the purpose of the event?

(A) To introduce a tour guide
(B) To announce a company outing
(C) To celebrate a grand opening
(D) To promote a travel service

행사의 목적은 무엇인가?
(A) 여행 가이드 소개
(B) 회사 야유회 공지
(C) 전격적인 개장 축하
(D) 여행 서비스 홍보

81 When are listeners invited to come?

(A) On Saturday
(B) On Sunday
(C) On Monday
(D) On Tuesday

참가자들은 언제 오도록 초대받는가?
(A) 토요일
(B) 일요일
(C) 월요일
(D) 화요일

82 What will be given to all participants?

(A) A brochure
(B) A raffle ticket
(C) A free beverage
(D) A discount coupon

모든 참가자에게 무엇이 주어질 것인가?
(A) 소책자
(B) 추첨권
(C) 무료 음료
(D) 할인 쿠폰

해설 80. 행사의 목적은 초반 Magnum Tours is holding a special information session for its newest packages에 드러나 있다. 새로 나온 여행 상품을 알리는 특별 설명회라고 하므로 행사의 목적은 여행 서비스를 알리기 위해서임을 알 수 있다.

81. 행사에 오도록 권유하는 Just come to our office located in Market Street on Saturday를 보면 토요일에 방문하라고 하므로 정답은 (A)가 된다.

82. 참가자에 대해 언급하는 담화의 마지막 말 Those who participate in the event will be given a ticket for the draw를 보면 제비뽑기에 참가할 수 있는 티켓을 나눠 준다고 하므로 정답은 (B)가 된다.

Questions 83-85 refer to the following excerpt from a meeting. [CnM]

Before we start the meeting, I would like to make an important announcement. ⁸³ Next month, regional sales managers in Southeast Asia will be coming to see our new manufacturing plants. They will be here for a week to learn how we operate and maintain drinking water purifying systems. ⁸⁴ We are planning to hold a welcoming party for them on March 15th. ⁸⁵ Tomorrow, you should receive an invitation by e-mail, so please let us know whether you will attend or not. I am looking forward to seeing you there.

문제 83-85 다음 회의 발췌록을 참조하시오.

회의를 시작하기에 앞서 중요한 발표를 하나 하고자 합니다. 다음 달에 동남아시아 지역 영업 담당자들이 우리의 새 제조 공장을 둘러보러 오실 겁니다. 그들은 이곳에 일주일 간 머물며 우리가 식수 정화 시스템을 어떻게 작동하고 유지하는지 배울 것입니다. 우리는 그들을 위해 3월 15일에 환영 파티를 열 것입니다. 내일, 여러분께서는 이메일로 초대장을 받으실 겁니다. 그러니 우리에게 참석할지 안 할지 여부를 알려 주시기 바랍니다. 그럼 여러분을 그곳에서 뵙길 기대하겠습니다.

어휘 make an announcement 안내하다, 공지하다 regional 지역의 manufacturing 제조, 생산 plant 공장 operate 작동하다, 운영하다 maintain 유지하다 drinking water 식수 purifying 정화, 정수 welcoming 환영하는 look forward to ~하기를 기대하다 colleague 동료 directory (이름, 주소 등이 나열된) 안내 책자

---

83 Who will visit the plant next month?

(A) Clients
(B) Investors
(C) Summer interns
(D) International colleagues

다음 달에 누가 공장을 방문하는가?
(A) 고객
(B) 투자자
(C) 하계 인턴
(D) 해외 동료 직원

84 What is being planned for March 15th?

(A) A design contest
(B) A job interview
(C) A welcome reception
(D) An awards ceremony

3월 15일에는 무엇이 계획되어 있는가?
(A) 디자인 콘테스트
(B) 면접
(C) 환영 리셉션
(D) 시상식

85 According to the speaker, what will listeners receive tomorrow?

(A) An invitation to an event
(B) A staff directory
(C) A training manual
(D) A registration form

화자에 따르면, 청자들은 내일 무엇을 받을 것인가?
(A) 행사 초대장
(B) 직원 주소록
(C) 교육 매뉴얼
(D) 등록 양식

해설 83. 다음 달이 언급되는 Next month, regional sales managers in Southeast Asia will be coming to see our new manufacturing plants.를 보면 동남아시아 영업 담당자들이 공장을 보러 온다고 하므로 정답은 (D)가 된다.

84. 3월 15일이 언급되는 We are planning to hold a welcoming party for them on March 15th.를 보면 환영 파티가 있을 것이라고 하므로 (C)가 정답이 된다.

85. tomorrow가 언급되는 부분 Tomorrow, you should receive an invitation by e-mail을 보면 이메일로 초대장을 받을 것이라고 하므로 정답은 (A)가 된다.

paraphrasing 84. a welcoming party → A welcome reception

Questions 86-88 refer to the following telephone message. [AuM]

Hi, my name is Leon Jackman and I'm calling from Lucas Home Improvement. ⁸⁶ I recently saw an advertisement saying that you are offering discounts on office furniture and I'd like to get more information. Our company is planning ⁸⁷ to purchase cubicles, desks and chairs for a branch location we are opening in Miami. We'll also need several file cabinets, bookshelves and safes. ⁸⁸ Could you send me a product catalogue by e-mail so I can look into which models are best for us?

문제 86-88 다음 전화 메시지를 참조하시오.

안녕하세요, 저는 Leon Jackman이라고 하고, Lucas Home Improvement에서 전화 드립니다. 최근에 귀사에서 사무용 가구에 대해 할인 혜택을 제공한다는 광고를 보았고, 정보를 더 얻고 싶습니다. 저희 회사는 마이애미에 개설하는 지점에 놓을 사무용 칸막이, 책상, 의자를 구입할 계획입니다. 또한, 여러 개의 파일 캐비닛과 책장, 금고도 필요할 겁니다. 어떤 모델이 우리에게 최적일지 확인해 볼 수 있도록 저에게 이메일로 제품 카탈로그를 보내 주시겠어요?

어휘 recently 최근에 offer a discount 할인을 제공하다 cubicle 칸막이 branch 지점, 지사 safe 금고 look into 자세히 알아보다 appliance 가전 제품 outdated 오래된, 구식의 equip 장비를 갖추게 하다 supplier 공급 업체

---

86 What did the caller see advertised?

(A) Factory equipment
(B) Home appliances
(C) Computers
(D) Office furniture

전화 건 이는 무엇에 대한 광고를 보았는가?
(A) 공장 장비
(B) 가전 제품
(C) 컴퓨터
(D) 사무용 가구

87 Why is the caller interested in making a purchase?

(A) His company's machinery is outdated.
(B) He needs to equip a new branch office.
(C) He will be moving to another city.
(D) He is having problems with his regular supplier.

전화 건 이는 왜 구매를 하고 싶어하는가?
(A) 회사의 기계가 오래되었다.
(B) 새 지점에 가구를 갖추어야 한다.
(C) 다른 도시로 이사를 갈 것이다.
(D) 기존 공급 업체와 문제가 있다.

88 What does the caller request?

(A) A product catalog
(B) A delivery schedule
(C) Directions to a nearby store
(D) A list of suppliers

전화 건 이는 무엇을 요청하는가?
(A) 제품 카탈로그
(B) 배송 일정
(C) 근처 매장으로 가는 방법
(D) 공급 업체 목록

해설 86. 메시지 초반의 I recently saw an advertisement saying that you are offering discounts on office furniture를 보면 사무용 가구에 대한 광고를 보았다고 하므로 정답은 (D)가 된다.

87. 구매하는 이유를 언급하는 to purchase cubicles, desks and chairs for a branch location we are opening in Miami를 보면 새 지점에 들여 놓을 사무용 가구들을 구입하기 위해서라고 하므로 정답은 (B)가 된다.

88. 요청하는 것을 묻고 있으므로 후반부에 집중한다. Could you send me a product catalogue by e-mail을 보면 이메일로 제품 카탈로그를 보내 달라고 하므로 정답은 (A)가 된다.

Questions 89-91 refer to the following telephone message. [CnM]

⁸⁹As the sales director of Energy Sports Drinks, I'm so happy to announce that the revenue has been steadily increasing since we tried a new advertising campaign last quarter. However, we still need to continue to create new commercials. ⁹⁰It's not easy to expand our share in the beverage market, but it's easy to be overtaken by our competitors. Please don't relax everyone. ⁹¹Now the marketing director, Kevin Holland will give a short presentation on creative marketing strategy. All right everyone, let's give him a big hand!

문제 89-91 다음 전화 메시지를 참조하시오.

에너지 스포츠 음료 영업 총괄자로서 우리가 작년에 새로운 광고를 시도한 이후 수익이 꾸준히 증가하고 있다는 것을 발표하게 되어 매우 기쁩니다. 그러나 음료시장에서 점유율을 확장하기 위해 우리는 계속 새로운 광고를 만들어내야 합니다. 우리가 음료시장에서 시장 점유율을 넓히는 것은 쉽지 않지만 경쟁업체에 추월당하기는 쉽습니다. 모두들 긴장을 풀지 맙시다. 이제 마케팅 총괄이신 케빈 홀랜드씨가 창의적인 마케팅 전략에 대한 간단한 프레젠테이션을 할 겁니다. 자 여러분, 그에게 큰 박수를 보냅시다!

어휘 director 임원, 이사, 총괄 revenue 수익 marketing campaign 마케팅 캠페인 strategy 전략 give a presentation 발표하다 give 사람 a big hand ~에게 큰 박수를 보내다

89 What kind of products does the company sell?
(A) Snack foods
(B) Sports gear
(C) Clothing
(D) Beverages

회사는 어떤 종류의 제품을 판매하는가?
(A) 간식용 음식
(B) 운동 장비
(C) 의류
(D) 음료

NEW
90 Why does the speaker say, "We still need to continue to create new commercials"?
(A) To cope with a highly competitive market
(B) To encourage new product development
(C) To reduce advertising costs
(D) To increase the amount of beverage purchases

화자는 왜 "우리는 계속 새로운 광고를 만들어내야 합니다"라고 말하는가?
(A) 경쟁이 심한 시장에 대처하려고
(B) 신제품 개발을 촉구하려고
(C) 광고비용을 줄이려고
(D) 음료 구입량을 늘리려고

91 What is Mr. Holland likely to do next?
(A) Hire marketing assistant
(B) Make a presentation
(C) Interview candidates
(D) Send a letter

홀랜드씨는 다음에 무엇을 할 것 같은가?
(A) 마케팅 보조 채용
(B) 프레젠테이션 하기
(C) 지원자 면접
(D) 편지 보내기

해설 89. 초반에 As the sales director of Energy Sports Drinks(에너지 스포츠 음료 영업 총괄자로서)라고 말하는 부분에서 바로 음료 회사임을 알 수 있다. 정답은 (D)이다.

90. 계속 새로운 광고를 만들어내야 한다는 말 다음 문장인 우리가 음료시장에서 시장 점유율을 넓히는 것은 쉽지 않지만 경쟁업체에 추월당하기는 쉽다(It's not easy to expand our share in the beverage market, but it's easy to be overtaken by our competitors.)고 말하는 부분에서 경쟁이 심한 시장에 대처하기 위함이라는 것을 알 수 있다. 따라서 정답은 (A)이다.

91. 이제 마케팅 총괄이신 케빈 홀랜드씨가 창의적인 마케팅 전략에 대한 간단한 프레젠테이션을 할 거(Now the marketing director, Kevin Holland will give a short presentation on creative marketing strategy)라고 말하는 부분에서 프레젠테이션을 할 것이라는 것을 알 수 있으므로 정답은 (B)이다.

Questions 92-94 refer to the following recorded message and schedule. [AmW]

Good morning, Olivia. It's Sally Rose in marketing. I have just finished making our new cellular phone model's promotional video and I sent it to you by e-mail. ⁹² Please first go over it as soon as possible. ⁹³ I'd like to meet with you to talk about adding some more promotional ideas. ⁹⁴ I was supposed to lead a budget meeting this afternoon but it was cancelled, so I'm free for an hour and we could meet then. Let me know if it's okay with you. Anyway I'm so sorry for such a short notice.

92 What does the speaker ask the listener to do?

(A) Review the video
(B) Buying a cellular phone
(C) E-mail some coworkers
(D) Have lunch with her

93 What does the speaker want to discuss with the listener?

(A) Traveling to South America
(B) Creating an e-mail account
(C) Adding promotional ideas
(D) Reducing department spending

NEW
94 Look at the graphic. When will the speaker and the listener most likely meet?

(A) 2:00 P.M.
(B) 3:00 P.M.
(C) 4:00 P.M.
(D) 5:00 P.M.

Sally Rose's Afternoon Schedule	
1:00 P.M.	Lunch with clients
2:00 P.M.	Meeting with the CFO
3:00 P.M.	Brainstorming for new product ideas
4:00 P.M.	Budget meeting
5:00 P.M.	Performance review

문제 92-94 다음 녹음 메시지와 스케줄을 참조하시오.

안녕하세요, Olivia씨. 저는 마케팅 부서의 Sally Rose입니다. 저는 이제 막 우리 휴대전화 모델의 홍보용 비디오를 만드는 것을 끝내고 이메일로 그것을 보냈습니다. 먼저 가급적 빨리 그것을 검토해 주시기 바랍니다. 몇 가지 홍보 아이디어를 더하는 것에 대한 이야기를 나누기 위해 당신과 만나고 싶습니다. 오늘 오후에 예산 회의를 하려고 했었는데 취소됐어요. 그래서 1시간 동안 시간이 되고 우리가 그때 만날 수 있을 겁니다. 괜찮으신지 알려주세요. 아무튼 급작스럽게 통보해 드려 죄송합니다.

화자는 청자에게 무엇을 해달라고 요청하는가?
(A) 비디오 검토
(B) 휴대전화 구매
(C) 몇몇 동료 이메일 보내기
(D) 여자와 점심먹기

화자는 청자와 무엇을 상의하고 싶어 하는가?
(A) 남미로의 여행
(B) 이메일 주소 만들기
(C) 홍보 아이디어 추가
(D) 부서 지출 감소

94. 시각정보를 보시오. 화자와 청자는 언제 만날 것 같은가?
(A) 오후 2시
(B) 오후 3시
(C) 오후 4시
(D) 오후 5시

해설 92. 휴대전화 모델 홍보용 비디오를 가능한 한 빨리 검토해달라(Please first go over it as soon as possible.)는 요청을 하고 있으므로 정답은 (A)이다.

93. 몇 가지 홍보 아이디어를 더하는 것에 대한 이야기를 나누기 위해 당신과 만나고 싶다(I'd like to meet with you to talk about adding some more promotional ideas.)고 이야기하는 부분에서 정답은 (C)임을 알 수 있다.

94. 오늘 오후에 예정되었던 예산 회의가 취소되어 그때 만날 수 있을 것(I was supposed to lead a budget meeting this afternoon but it was cancelled, so I'm free for an hour and we could meet then.)이라고 말하는 시간이 도표상에 4시로 나와 있으므로 정답은 (C)이다.

Questions 95-97 refer to the following telephone message and table. [BrW]

Hi, ⁹⁵I'm calling from Con Tesla Energy company to remind you that your gas bill was due on Feb 28. ⁹⁶Since your payment is a week overdue, a late fee has been added to your account balance. Please pay the bill plus your a week late fee by Mar 15. We offer a number of different ways to pay your bill. Find the one that's right for you on our website at www.contesla.com. ⁹⁷I strongly recommend you sign up for an automatic payment plan. It will save you 2% of your total bill. If you have questions about this option, please call us at 555-9175. Thank you.

문제 95-97 다음 전화 메시지와 도표를 참조하시오.

안녕하세요, 콘테슬라 에너지회사에서 귀하의 가스 요금 납부 기한이 2월 28일이었음을 상기시켜 드리고자 전화 드립니다. 지불 기한이 일주일 연체되었기 때문에 연체료가 미불금에 가산되었습니다. 청구요금에 일주일 연체료까지 더해 3월 15일까지 납부해 주시기바랍니다. 우리는 요금을 지불할 수 있는 여러 가지 방법을 제공합니다. 저희 웹사이트 www.contesla.com.에서 귀하에게 적절한 납부방법을 찾으세요. 저희는 귀하께서 자동이체 납부를 등록하시기를 강력하게 권합니다. 총 금액의 2%를 절약할 수 있습니다. 이 옵션에 대한 문의 사항이 있으시면 555-9175로 전화 주세요. 감사합니다.

어휘 gas bill 가스 요금 be due on ~의 마감[기한]은 ~까지이다 payment 지불 overdue 기한이 지난 late fee 연체료 balance 잔고 a number of 많은 sign up for 등록하다 construction firm 건설회사 promptly 즉시 utility company (수도, 전기, 가스등의) 공익사업

95 Where does the speaker most likely work?

(A) A construction firm
(B) An interior design company
(C) A utility company
(D) A web design company

화자는 어디서 일할 것 같은가?
(A) 건설 회사
(B) 인테리어 디자인 회사
(C) 공익 기업
(D) 웹 디자인 회사

NEW
96 Look at the graphic. How much is the listener's late fee?

Gas Bill Late Fee	
3 days	$ 10
7 days	$ 15
10 days	$ 20
Over 10 days	$ 25

(A) $10.00
(B) $15.00
(C) $20.00
(D) $25.00

시각자료를 보시오. 청자의 연체료는 얼마인가?
(A) 10.00불
(B) 15.00불
(C) 20.00불
(D) 25.00불

97 What does the speaker recommend doing?

(A) Registering for a plan
(B) E-mail her
(C) Paying a late fee promptly
(D) Calling an Internet service provider

화자는 무엇을 하기를 추천하는가?
(A) 납부제도에 등록하기
(B) 여자에게 이메일을 보내기
(C) 연체료를 즉시 납부하기
(D) 인터넷 서비스 제공 업체에 연락하기

해설 95. 에너지 회사에서 가스요금이 연체되었다는 점을 상기시키는 전화메시지(I'm calling from Con Tesla Energy company to remind you that your gas bill was due on Feb 28)이므로 정답은 (C)이다.

96. 지불 기한이 일주일 연체되어서 연체료가 붙는다(Since your payment is a week overdue, a late fee has been added to your account balance)고 이야기하고 있고 도표에 일주일에 해당하는 7일 연체 시 가산금이 15불이므로 정답은 (B)이다.

97. 자동이체 납부 등록하기를 강력하게 권하고(I strongly recommend you sign up for an automatic payment plan) 있으므로 정답은 (A)이다.

Questions 98-100 refer to the following announcement and brochure. [AuM]

Good afternoon, Jarco department store customers. We are based in Tokyo, Japan. ⁹⁸ **In celebration of the opening of Chicago branch here, we're offering discounts on several items today.** Check out our home appliances department on the second floor. We have Television sets, refrigerators, washing machines and computers. As it is a grand opening day today, ⁹⁹ **we're offering customers additional price cuts each hour until we close tonight.** ¹⁰⁰ **It's just 5 after 1 P.M. now and you can get additional 10 percent discount on the washing machine.** Please stop by our home appliance section and make a good bargain.

문제 98-100 다음 안내와 브로셔를 참조하시오.

안녕하세요. 자르코 백화점 고객 여러분. 우리는 일본 도쿄에 본사를 두고 있습니다. 여기 시카고 지사의 개업을 축하하여 오늘 몇 가지 품목을 할인해 드립니다. 2층에 있는 가전 제품 부서를 확인해 보세요. 우리는 텔레비전, 냉장고, 세탁기, 컴퓨터를 판매하고 있습니다. 오늘이 개점하는 날이라서 오늘밤 폐점할 때까지 매 시간마다 손님들께 추가 요금을 할인해 드립니다. 지금은 오후 1시 5분이고 세탁기를 10% 추가 할인해 드리는 시간입니다. 저희 가전 제품 코너에 들러서 싸게 사세요.

어휘 be based in ~에 본사를 두다 in celebration of ~을 축하하여 opening 개장 home appliance 가정용 전기제품 refrigerator 냉장고 washing machine 세탁기 additional 추가의 stop by 들르다 make a good bargain 싼값에 물건을 사다 promotion 승진 clearance sale 창고 정리 판매

98 What is the store celebrating?
(A) An employee promotion
(B) A grand opening
(C) A clearance sale
(D) An office move

이 가게는 무엇을 축하하고 있는가?
(A) 직원 승진
(B) 개장
(C) 재고 정리 판매
(D) 사무실 이동

99 When will the event end?
(A) Next month
(B) Next week
(C) In three days
(D) Tonight

행사는 언제 끝날 것인가?
(A) 다음 달
(B) 다음 주
(C) 3일 후
(D) 오늘밤

100 Look at the graphic. Which item can listeners buy at extra discount prices?
(A) TV sets
(B) Refrigerators
(C) Washing machines
(D) Computers

시각정보를 보시오. 어떤 품목을 추가 할인 가격으로 구입할 수 있는가?
(A) TV 세트
(B) 냉장고
(C) 세탁기
(D) 컴퓨터

Big Sale!
Get Additional 10% discount

Items	Time
TV sets	11:00A.M.~12:00P.M.
Refrigerators	12:00P.M.~01:00P.M.
Washing machines	01:00P.M.~02:00P.M.
Computers	02:00P.M.~03:00P.M.

Limited time only - Total discount up to 50%

해설 98. 여기 시카고 지사의 개업을 축하하여 오늘 몇가지 품목을 할인해 드린다(In celebration of the opening of Chicago branch here, we're offering discounts on several items today.)고 말하는 부분에서 개장을 축하하고 있음을 알 수 있으므로 정답은 (B)이다.
99. 오늘 개점하는 날이라서 오늘밤 폐점할 때까지 매 시간마다 손님께 추가 요금을 할인해 드린다(we're offering customers additional price cuts each hour until we close tonight)고 하는 부분에서 정답이 (D)임을 알 수 있다.
100. 지금은 오후 1시 5분이고 세탁기를 10% 추가 할인해 드리는 시간(It's just 5 after 1 P.M. now and you can get additional 10 percent discount on the washing machine.)이라고 하는 부분과 시각정보의 할인시간을 보면 정답이 (C)라는 것을 알 수 있다.

메모

Final Test

Final Test 1

Answer
1. (B) 2. (C) 3. (B) 4. (B) 5. (A) 6. (D)

1

[BrW]
(A) He is wearing a hat.
(B) He is preparing some food.
(C) He is making a purchase.
(D) He is lifting a tray.

(A) 남자가 모자를 쓰고 있다.
(B) 남자가 음식을 준비하고 있다.
(C) 남자가 물건을 사고 있다.
(D) 남자가 쟁반을 들어 올리고 있다.

어휘 make a purchase 물건을 사다 lift 들어 올리다 tray 쟁반

해설 (A) 남자가 모자를 쓰고 있지 않으므로 상태를 잘못 묘사한 오답이다.
(B) 남자가 주방에서 음식을 만드는 모습을 옳게 묘사한 정답이다.
(C) 남자가 물건을 구입하고 있지 않으므로 동작을 잘못 묘사한 오답이다.
(D) 남자가 쟁반을 들어 올리고 있지 않으므로 동작과 사물을 잘못 묘사한 오답이다.

2

[CnM]
(A) The man is arranging books on the shelf.
(B) They're moving some office equipment.
(C) Two women are sitting next to each other.
(D) A filing cabinet has been left open.

(A) 남자가 책장에 책을 정리하고 있다.
(B) 사람들이 사무실 장비를 옮기고 있다.
(C) 두 여자가 나란히 앉아 있다.
(D) 파일 캐비닛이 열려진 채로 있다.

어휘 arrange 정리하다 equipment 기기, 장비 next to each other 나란히 left ~인 채로 남겨진

해설 (A) 남자의 동작과 사물을 잘못 묘사한 오답이다.
(B) 등장인물의 동작과 사물을 모두 잘못 묘사한 오답이다.
(C) 여자들이 나란히 앉아 있는 모습을 옳게 묘사한 정답이다.
(D) 사진에 보이지 않는 사물을 이용한 오답이다.

3

[AmW]
(A) They are running next to the water.
(B) The woman is leaning against a railing.
(C) The man is riding a bicycle across the bridge.
(D) They are boarding a ship.

(A) 사람들이 물가에서 달리고 있다.
(B) 여자가 난간에 기대어 있다.
(C) 남자가 자전거를 타고 다리를 건너고 있다.
(D) 그들은 배에 탑승하고 있다.

어휘 lean against ~에 기대다 railing 난간 across ~을 건너 board ~에 탑승하다

해설 (A) 사람들의 동작과 장소를 잘못 묘사한 오답이다.
(B) 여자가 난간에 기대어 있는 모습을 옳게 묘사한 정답이다.
(C) 남자는 자전거를 세우고 있으므로 동작을 잘못 묘사한 오답이다.
(D) 등장인물의 동작과 장소를 잘못 묘사한 오답이다. 배는 보이지 않는다.

4

[AuM]
(A) People are swimming in a river.
(B) A bridge spans on a body of water.
(C) Numerous ships are sailing on the water.
(D) Street lamps line beside a highway.

(A) 사람들이 강에서 수영하고 있다.
(B) 물 위를 가로질러 다리가 놓여 있다.
(C) 수많은 배들이 물 위에 떠다니고 있다.
(D) 가로등이 고속도로 옆에 줄지어 서 있다.

어휘 span 가로지르다 numerous 수많은 line 줄지어 서다

해설 (A) 사람이 보이지 않으므로 오답이다.
(B) 강 위를 가로지르는 다리를 옳게 묘사하고 있으므로 정답이다.
(C) 물 위에 떠 있는 배는 한척 밖에 없으므로 사물을 잘못 묘사한 오답이다.
(D) 가로등의 상태를 잘못 묘사한 오답이다.

5

[CnM]
(A) They're waiting to get on a train.
(B) They are purchasing tickets.
(C) They're pointing to a door.
(D) They are running as a group.

(A) 사람들이 열차에 타려고 기다리고 있다.
(B) 사람들이 표를 구입하고 있다.
(C) 사람들이 문을 가리키고 있다.
(D) 사람들이 무리를 지어 달리고 있다.

어휘 get on (탈것에) 타다 point to ~을 가리키다

해설 (A) 사람들이 열차에 타기 위해 기다리는 모습을 옳게 묘사한 정답이다.
(B) 사람들이 표를 구매하고 있지 않으므로 동작을 잘못 묘사한 오답이다.
(C) 사람들이 문을 가리키고 있지 않으므로 동작을 잘못 묘사한 오답이다.
(D) 사람들이 달리고 있지 않으므로 동작을 잘못 묘사한 오답이다.

6

[BrW]
(A) Plants are growing in pots.
(B) Cars are stopped at the traffic signal.
(C) Fuel is being pumped into a vehicle.
(D) A motorcycle is parked near a tree.

(A) 식물들은 화분에서 자라고 있다.
(B) 차들이 신호등 앞에 정지해 있다.
(C) 차량에 기름이 주입되고 있다.
(D) 나무 근처에 오토바이가 주차되어 있다.

어휘 pot 화분 traffic signal 신호등 fuel 연료, 기름 pump into 주입하다 vehicle 차량

해설 (A) 식물은 화분이 아닌 화단에서 자라고 있으므로 위치를 잘못 묘사한 오답이다.
(B) 자동차와 신호등이 보이지 않으므로 사물을 잘못 묘사한 오답이다.
(C) 자동차도 보이지 않고 기름이 주유되는 모습도 아니므로 사물과 동작을 잘못 묘사한 오답이다.
(D) 나무 앞에 오토바이가 주차되어 있는 모습을 옳게 묘사한 정답이다.

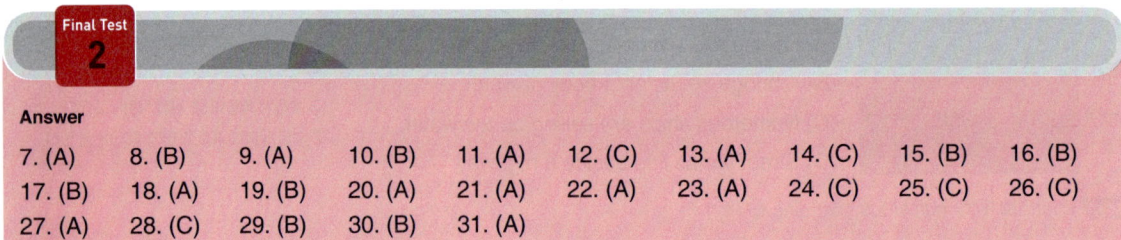

Final Test 2

Answer

7. (A)	8. (B)	9. (A)	10. (B)	11. (A)	12. (C)	13. (A)	14. (C)	15. (B)	16. (B)
17. (B)	18. (A)	19. (B)	20. (A)	21. (A)	22. (A)	23. (A)	24. (C)	25. (C)	26. (C)
27. (A)	28. (C)	29. (B)	30. (B)	31. (A)					

7 [CnM] - [AmW]

Where's the nearest bank?

(A) Across from the parking garage.

(B) Until 5 P.M.

(C) Monday to Friday.

가장 가까운 은행은 어디 있나요?
(A) 주차장 건물 맞은편이에요.
(B) 5시까지요.
(C) 월요일부터 금요일까지요.

어휘 parking garage 주차장 건물

해설 은행이 위치한 장소를 묻고 있으므로 주차장 맞은편이라고 응답한 (A)가 정답이다. (B), (C)는 은행 영업시간이나 요일을 묻는 질문에 적절한 응답이다.

---

8 [BrW] - [AuM]

What time will the training session begin?

(A) In the auditorium.

(B) Right after lunch.

(C) It will last one hour.

교육이 몇 시에 시작되나요?
(A) 강당에서요.
(B) 점심 식사 직후에요.
(C) 한 시간 정도 진행될 겁니다.

어휘 auditorium 강당 right after ~ 직후에

해설 교육이 시작되는 시간을 묻고 있으므로 점심 직후라고 시점을 밝혀 응답한 (B)가 정답이다. (A)는 장소를 묻는 질문에, (C)는 기간을 묻는 how long을 이용한 질문에 적절한 응답이다.

---

9 [CnM] - [BrW]

Who's the head of the marketing project?

(A) Ms. Morris is the manager.

(B) Yes, as of next week.

(C) It's a new market.

누가 마케팅 프로젝트 책임자입니까?
(A) Morris 씨가 담당자입니다.
(B) 네, 다음 주부터요.
(C) 신규 시장이에요.

어휘 head 수장, 우두머리 as of ~부로, ~부터

해설 마케팅 프로젝트 책임자를 묻고 있으므로 Ms. Morris라고 구체적인 이름을 직접 언급한 (A)가 정답이다. (B)는 When으로 물었을 때 가능한 대답이다.

---

10 [AuM] - [CnM]

Do you need help with your proposal outline?

(A) I usually search online.

(B) No, thanks. It is already complete.

(C) The new construction project.

제안서 개요를 짜는 데 도움이 필요하신가요?
(A) 저는 보통 온라인으로 조사합니다.
(B) 괜찮습니다. 벌써 끝냈습니다.
(C) 새로운 건설 프로젝트요.

어휘 outline 개요 complete 완료된, 끝마친

해설 제안서 개요를 만드는 데 도움이 필요한지 묻고 있으므로, 괜찮다고 사양한 뒤 이미 끝냈다고 이유를 설명한 (B)가 정답이다. (A)는 수단·방법을 묻는 How로 물었을 때 가능한 대답이다.

11 [AmW] - [AuM]

Which car model do you like best?

(A) That white one suits me.

(B) I'd rather take a taxi.

(C) I like playing racing games.

어느 차 모델을 가장 좋아하세요?
(A) 저 흰색 차가 저랑 잘 어울려요.
(B) 택시를 타는 것이 낫겠어요.
(C) 경주 게임하는 것을 좋아해요.

어휘 suit ~에 어울리다 would rather + 동사원형 ~하는 편이 낫다

해설 어떤 모델의 자동차를 좋아하는지 묻고 있으므로, 흰색 자동차라며 사물을 지칭하여 응답한 (A)가 정답이다.

12 [CnM] - [BrW]

This contract has to be sent through express mail.

(A) I've already contacted him.

(B) I haven't checked my mail box.

(C) I will make sure to do that.

이 계약서는 속달 우편으로 보내야 합니다.
(A) 이미 그를 만나봤습니다.
(B) 제 우편함을 확인 안 했어요.
(C) 꼭 그렇게 하겠습니다.

어휘 contract 계약서 express mail 특급우편 make sure to do 반드시 ~하다

해설 계약서를 속달 우편으로 보내야 한다고 당부하고 있으므로 반드시 그렇게 하겠다고 응답하는 (C)가 정답이다. (A)는 제시문의 contract와 발음이 유사한 contacted를 이용한 오답이다.

13 [AuM] - [CnM]

Where should we turn in the results of the test?

(A) I sent mine to the sales team.

(B) Yes, by Friday afternoon.

(C) About customer surveys.

테스트 결과를 어디로 제출해야 하나요?
(A) 제 것은 영업팀에게 보냈어요.
(B) 네, 금요일 오후까지요.
(C) 고객 설문에 대해서요.

어휘 turn in 제출하다 customer survey 고객 설문

해설 테스트 결과를 어디로 보내야 하는지 묻는 데에 정확한 장소를 언급하는 대신 내 것은 영업팀으로 보냈다며 우회적으로 대답을 한 (A)가 정답이다. (B)는 When, (C)는 What으로 묻는 질문에 적합한 대답이다.

14 [AmW] - [AuM]

Why don't you leave early today?

(A) I left it on your desk.

(B) It doesn't seem that late.

(C) I might. I don't have work to do.

오늘은 일찍 퇴근하는게 어때요?
(A) 그것을 당신의 책상 위에 두었어요.
(B) 그렇게 늦은 것 같지 않은데요.
(C) 그래야 할 것 같아요. 할 일이 없네요.

어휘 leave 떠나다, 물건을 두다

해설 일찍 퇴근하는 것이 어떻겠냐고 제안하고 있으므로, 그렇게 하는 것이 좋겠다고 한 뒤 할 일이 없다고 응답하는 (C)가 정답이다. (A)는 질문의 단어 leave를 다른 뜻의 과거 시제로 제시한 오답이다.

15 [AuM] - [BrW]

You will be joining us at the banquet, won't you?

(A) No, it's not finished.

(B) Yes, I hope so.

(C) I'll notify him about it.

저희 연회에 함께 하실거죠, 그렇지 않나요?
(A) 아니요, 아직 안 끝났어요.
(B) 네, 저도 그러길 바라요.
(C) 그에게 그것에 대해 알려줄 게요.

어휘 notify A about[of] B A에게 B에 대해 통지하다

해설 연회에 참석할 수 있는지 여부를 묻는 부가의문문이다. 이에 대해 그렇다고 동의한 뒤 I hope so라고 바람을 나타내는 (B)가 정답이다.

16 [AmW] - [AuM]

Who left this box in my office?

(A) It's just beside your desk.

(B) It might have been Daisy.

(C) I will leave soon.

누가 이 박스를 제 사무실에 두었나요?
(A) 당신 책상 바로 옆에요.
(B) Daisy일 겁니다.
(C) 저는 곧 떠날 겁니다.

어휘 leave ~을 남기다, 놓다

해설 사무실에 박스를 놓고 간 사람이 누구인지 묻고 있으므로 Daisy라고 구체적인 인물의 이름을 언급하여 응답한 (B)가 정답이 된다. (C)는 leave의 다른 뜻을 사용한 오답이다.

---

17 [CnM] - [BrW]

Why did you miss the seminar?

(A) It's not expensive.

(B) I didn't have time.

(C) I miss him very much.

세미나에 왜 안 왔습니까?
(A) 비싸지 않아요.
(B) 시간이 없었어요.
(C) 그를 몹시 보고 싶어요.

어휘 miss 참석하지 못하다, 결석하다

해설 세미나에 오지 않은 이유를 묻고 있으므로 시간이 없었다며 구체적인 이유를 알리는 (B)가 정답이다. (C)는 miss의 다른 뜻을 사용한 오답이다.

---

18 [BrW] - [CnM]

Would you like to pick up your package or have it delivered?

(A) I will come to your office.

(B) I'd like the cheaper ones.

(C) Yes, I will unpack my suitcase.

소포를 직접 가지러 가시겠습니까, 아니면 배송 받으시겠습니까?
(A) 제가 당신의 사무실로 가겠습니다.
(B) 저는 보다 저렴한 것이 좋습니다.
(C) 네, 제가 저의 여행 가방을 풀겠습니다.

어휘 pick up ~을 가지러 가다/오다 unpack (짐을) 풀다 suitcase 여행 가방

해설 소포를 가지러 올지 배송을 원하는지 묻는 선택의문문에 대해, 사무실로 가겠다며 첫 번째 옵션을 선택한 (A)가 정답이다. (B)도 선택의문문에 대한 대답이긴 하지만 질문과 어울리지 않는다.

---

19 [AuM] - [AmW]

When is Courtney moving to Hawaii?

(A) Until next year.

(B) As soon as she finds an apartment.

(C) Somewhere near the headquarters.

Courtney는 언제 하와이로 이사 가나요?
(A) 내년까지요.
(B) 그녀가 아파트를 구하는 대로요.
(C) 본사 근처 어딘가에요.

어휘 headquarters 본사, 본부

해설 이사 가는 시점을 묻고 있으므로 아파트를 구하자마자라고 시점을 알려주는 (B)가 정답이다. (A)는 기간이나 마감 시기를 말하고 있으므로 질문에 어울리지 않는 오답이다. (C)는 Where로 묻는 질문에 어울린다.

---

20 [BrW] - [AmW]

Was your vacation to Bali relaxing?

(A) No, it rained the whole time.

(B) Just try to rest.

(C) No, it's in Indonesia.

발리로 휴가 가서 휴식이 많이 되었나요?
(A) 아니요. 내내 비가 왔어요.
(B) 휴식을 취하도록 해봐요.
(C) 아니요. 그것은 인도네시아에 있습니다.

어휘 relaxing 편안하게 하는, 휴식이 되는 rest 휴식을 취하다

해설 발리에서 충분한 휴식을 취했는지 묻고 있는 be동사 질문이므로, no라고 응답한 뒤 계속 비가 왔다고 이유를 밝히는 (A)가 정답이다.

21 [AmW] - [CnM]

Has our shipment been delivered yet?

(A) No, I'm waiting for it.
(B) I shipped them yesterday.
(C) It has good quality.

배송품이 아직 배달되지 않았나요?
(A) 아니요, 기다리는 중이에요.
(B) 제가 어제 보냈습니다.
(C) 그것은 품질이 좋아요.

어휘 shipment 배송, 수송(품) ship 수송하다, 배송하다 quality 질

해설 배송품이 도착했는지 묻고 있으므로 no라고 응답한 뒤 기다리고 있는 중이라며 부연 설명한 (A)가 정답이다. (B)는 동사 ship을 이용한 엉뚱한 대답이다.

---

22 [AmW] - [BrW]

Who should I contact if I need assistance?

(A) Mr. Bennett will help you.
(B) Not that much.
(C) You may have to.

도움이 필요하면 누구에게 연락해야 합니까?
(A) Bennett 씨가 도와드릴 겁니다.
(B) 그만큼 많이는 아닙니다.
(C) 그래야 될 거예요.

어휘 assistance 도움, 원조

해설 누구에게 도움을 요청해야 하는지 묻고 있으므로 Bennett 씨가 도와줄 것이라며 이름을 밝혀 응답한 (A)가 정답이다.

---

23 [AuM] - [AmW]

Where did you buy your tickets for the theater performance?

(A) I bought them online.
(B) Yes, this week.
(C) A play by Dean Griffin.

극장 공연 티켓을 어디서 샀어요?
(A) 온라인으로 샀어요.
(B) 네, 이번 주예요.
(C) Dean Griffin의 연극이요.

어휘 performance 공연 play 연극

해설 극장 공연 티켓을 어디에서 구입했는지 묻고 있으므로 온라인으로 샀다고 출처를 밝혀 응답한 (A)가 정답이다. (C)는 질문의 performance에서 연상할 수 있는 play를 이용한 오답이다.

---

24 [CnM] - [BrW]

Why has the budget proposal been rejected?

(A) Yes, I proposed it yesterday.
(B) Not until this year.
(C) Some important information was missing.

예산안은 왜 거부되었나요?
(A) 네, 제가 어제 제안했어요.
(B) 올해까지는 아닙니다.
(C) 몇 가지 중요한 정보가 누락되었습니다.

어휘 reject 거부하다, 거절하다 missing 누락된, 사라진

해설 예산안이 거절된 이유를 묻고 있으므로 중요한 정보가 빠졌다며 이유를 밝혀 응답한 (C)가 정답이다. (A)는 질문의 proposal과 연계하여 동사 proposed를 이용한 오답이다.

---

25 [BrW] - [AuM]

Would you like your merchandise packaged?

(A) At least two dozen.
(B) I really like the blue one.
(C) It's not necessary.

상품을 포장해 드릴까요?
(A) 적어도 24개요.
(B) 파란 것이 마음에 드네요.
(C) 그럴 필요 없어요.

어휘 merchandise 제품, 상품 package 포장하다 at least 적어도 dozen 12개

해설 제품을 포장하기를 원하는지 묻는 데 대해 그렇게 하지 않아도 된다고 간접적으로 거절하는 (C)가 정답이다. (A)는 How many ~로 물었을 때 적당한 대답이다.

26 [AmW] - [AuM]

When does the new advertising campaign start?

(A) No, I don't want it removed.
(B) On the fourth floor.
(C) On April 2nd.

새 광고 캠페인은 언제 시작하나요?
(A) 아니요, 그것은 제거하고 싶지 않아요.
(B) 4층에요.
(C) 4월 2일에요.

어휘 advertising campaign 광고 캠페인 remove 제거하다

해설 광고 캠페인이 시작하는 때를 묻고 있으므로 4월 2일이라며 구체적 날짜로 응답한 (C)가 정답이다. (B)는 Where로 물었을 때 어울리는 대답이다.

---

27 [AmW] - [CnM]

Do you want this file printed out, or should I send it to you by e-mail?

(A) Either will be fine.
(B) I wrote it myself.
(C) He just got one yesterday.

이 파일을 인쇄할까요, 아니면 이메일로 보낼까요?
(A) 둘 다 상관없습니다.
(B) 제가 직접 썼습니다.
(C) 그는 어제 하나 받았습니다.

어휘 print out 인쇄하다, 출력하다

해설 파일을 인쇄할지 이메일로 보낼지 묻는 선택의문문에 대해 둘 다 상관없다고 응답하는 (A)가 정답이다.

---

28 [BrW] - [AuM]

Where should I sign this form?

(A) He was assigned to the project.
(B) We're buying a new washing machine.
(C) At the bottom of the page.

이 서식의 어디에 서명해야 합니까?
(A) 그에게 이 프로젝트가 배당되었습니다.
(B) 우린 새 세탁기를 살 겁니다.
(C) 이 페이지 맨 밑에요.

어휘 form 서식, 양식 assign 배당하다, 맡기다 bottom 바닥

해설 서식의 어느 부분에 서명을 해야 하는지 묻고 있으므로 페이지 맨 아랫부분이라고 위치를 알려주어 응답한 (C)가 정답이다. (A)는 질문의 sign과 유사한 발음의 assigned를 이용한 오답이다.

---

29 [CnM] - [AmW]

Can you please confirm my dinner reservation?

(A) We made some changes.
(B) I will check it right now.
(C) The restaurant across the street.

저녁식사 예약이 되었는지 확인해 주시겠어요?
(A) 저희가 일부 변경하였습니다.
(B) 지금 바로 확인해 보겠습니다.
(C) 길 건너편에 있는 식당입니다.

어휘 confirm 확인하다 make a reservation 예약을 하다

해설 저녁식사 예약 여부를 확인해 달라고 요청하므로, 지금 바로 확인해보겠다고 응답한 (B)가 정답이다. (C)는 질문의 dinner에서 연상할 수 있는 restaurant을 이용한 오답이다.

---

30 [BrW] - [CnM]

Have all the issues been addressed at the meeting?

(A) They are listed in the address book.
(B) I have no idea.
(C) No, they have received great reviews.

회의에서 모든 문제점들이 언급되었나요?
(A) 그것들은 주소록에 기재되어 있습니다.
(B) 저는 모르겠습니다.
(C) 아니요, 그것들은 좋은 평가를 받았습니다.

어휘 address v. (문제 등을) 처리하다, 다루다 n. 주소 list 목록으로 만들다

해설 회의에서 문제가 다뤄졌는지 묻는 질문에 yes/no가 아닌 '잘 모르겠다'며 우회적인 응답을 한 (B)가 정답이다. (A)는 address의 다른 뜻을 사용한 오답이다.

31 [CnM] - [AmW]

Ms. Hughes has been transferred to the headquarters in San Francisco.
(A) I heard that she got promoted.
(B) Thanks for your cooperation.
(C) I'll transfer it into her account.

Hughes 씨는 San Francisco 본사로 발령받았어요.
(A) 그녀가 승진했다고 들었습니다.
(B) 협조해 주셔서 감사합니다.
(C) 제가 그녀의 계좌로 송금하겠습니다.

어휘 transfer 전근시키다, (돈을) 이체하다 headquarters 본사, 본부 promote 승진시키다 account (은행) 계좌

해설 Hughes 씨가 본사로 전근가게 되었다는 정보를 알려 주는 데 대해 승진했다는 소식을 들었다고 답한 (A)가 가장 적절한 응답이다. (C)는 제시문의 transfer를 다른 뜻으로 반복 사용한 오답이다.

Final Test 3

Answer

32. (C)	33. (D)	34. (D)	35. (C)	36. (B)	37. (D)	38. (D)	39. (D)	40. (B)	41. (C)
42. (C)	43. (B)	44. (A)	45. (A)	46. (B)	47. (D)	48. (B)	49. (C)	50. (C)	51. (B)
52. (D)	53. (D)	54. (C)	55. (C)	56. (D)	57. (C)	58. (A)	59. (A)	60. (C)	61. (C)
62. (B)	63. (A)	64. (D)	65. (B)	66. (B)	67. (A)	68. (A)	69. (C)	70. (D)	

Questions 32-34 refer to the following conversation. [BrW] - [CnM]

W: Excuse me. ³³ I need to have my business suit dry cleaned for ³⁴ a job interview this Thursday. ³² ³³ Is there dry cleaning service available here at the hotel?

M: I'm sorry but we don't offer that service. But there is ³² a local dry cleaners across from the hotel. It's closed on Sundays. But it will open early on Monday morning.

W: That sounds great. ³⁴ I won't need my suit until Thursday afternoon anyway.

문제 32-34 다음 대화를 참조하시오.

여: 실례합니다. 목요일에 면접이 있어 이 비즈니스 정장을 드라이클리닝해야 합니다. 여기 호텔에서 드라이클리닝 서비스를 제공하나요?

남: 죄송하지만 그 서비스는 제공하지 않습니다. 하지만 호텔 건너편에 세탁소가 있습니다. 일요일은 문을 닫지만 월요일 오전에 일찍 문을 엽니다.

여: 좋습니다. 어쨌거나 목요일 오후까지는 정장이 필요 없으니까요.

어휘 | business suit 비즈니스 정장 dry cleaning service 드라이클리닝(세탁) 서비스 available 이용할 수 있는 deposit 보증금

---

32 Where are the speakers?
(A) At a bank
(B) At a shopping center
(C) **At a hotel**
(D) At a restaurant

화자들은 어디에 있는가?
(A) 은행
(B) 쇼핑 센터
(C) 호텔
(D) 레스토랑

33 What did the woman ask for?
(A) Placing an order
(B) Making a deposit
(C) Changing her room
(D) **Dry cleaning some clothes**

여자는 무엇을 요청하는가?
(A) 주문하기
(B) 보증금 내기
(C) 객실 교체
(D) 옷 드라이클리닝

34 When is the interview?
(A) On Sunday
(B) On Monday
(C) On Wednesday
(D) **On Thursday**

면접은 언제인가?
(A) 일요일
(B) 월요일
(C) 수요일
(D) 목요일

해설 | 32. 대화가 이루어지는 장소를 묻고 있다. 여자의 첫 번째 말 중 Is there dry cleaning service available here at the hotel?에서 호텔에서 이루어지는 대화임을 알 수 있다. a local dry cleaners across from the hotel에서도 이를 확인할 수 있다.

33. 여자가 요청하는 바를 묻고 있으므로 여자의 말에 집중한다. I need to have my business suit dry cleaned를 보면 정장을 드라이클리닝해야 한다고 하므로 정답은 (D)가 된다.

34. 면접에 대해 언급되는 a job interview this Thursday를 보면 목요일에 면접이 있다는 것을 알 수 있다. I won't need my suit until Thursday에서도 이를 확인할 수 있다.

Questions 35-37 refer to the following conversation with three speakers. [CnM] - [BrW] - [AmW]

M: Good morning. Amanda and Caroline. ³⁵ I'm planning on going to watch the new musical by Hendrik P. Junior this evening. Do you want to join me?

W1: I already watched the show last week with my friends. It was fantastic.

W2: Yes, I heard that musical is really great. ³⁶ But I just bought a new computer, and don't think I can afford it.

M: ³⁷ I can get you a ticket for a discounted price, if you want. I know a friend who works at the theater.

W2: Really? Then I guess I'll go with you tonight.

M: Okay, I'll call my friend now then.

문제 35-37 다음 세 명의 대화를 참조하시오.

남: 안녕하세요. Amanda씨, Caroline씨. 저는 오늘 저녁 Hendrik P. Junior의 새 뮤지컬을 보러 갈 계획이에요. 저와 함께 가실래요?
여1: 저는 이미 그 뮤지컬을 지난주에 제 친구들과 봤어요. 훌륭했어요.
여2: 네, 저도 그 뮤지컬이 정말 훌륭하다고 들었어요. 하지만 저는 막 새로운 컴퓨터를 샀고, 뮤지컬을 볼 형편이 안 될 것 같아요.
남: 원하신다면, 할인된 가격으로 표를 사드릴 수 있어요. 거기서 일하는 친구를 알거든요.
여2: 정말요? 그럼 오늘밤에 같이 가야겠네요.
남: 좋아요. 그럼 제가 지금 친구에게 전화를 할께요.

어휘 plan on -ing ~할 계획이다 watch 보다 musical 뮤지컬 join 함께하다, 참여하다 afford ~을 지불할 여유가 있다 ticket 티켓, 표 discounted 할인된 price 가격, 비용

---

35 What are the speakers talking about?
(A) A movie theater
(B) A computer
(C) A new musical
(D) A new book

화자들은 무엇에 대해 얘기하고 있는가?
(A) 영화관
(B) 컴퓨터
(C) 새로운 뮤지컬
(D) 새로운 책

36 What is the woman's problem?
(A) She saw a movie already.
(B) She doesn't have much money.
(C) She is busy tonight.
(D) Her computer is broken.

여자의 문제는 무엇인가?
(A) 그녀는 이미 영화를 봤다.
(B) 그녀는 돈이 많지 않다.
(C) 그녀는 오늘밤 바쁘다.
(D) 그녀의 컴퓨터가 고장 났다.

37 What does the man offer the woman?
(A) A free ticket
(B) His computer
(C) A theater membership
(D) A discounted price

남자는 여자에게 무엇을 제안하는가?
(A) 무료 티켓
(B) 그의 컴퓨터
(C) 극장 멤버십
(D) 할인 가격

해설 35. 남자의 말 I'm planning on going to watch the new musical by Hendrik P. Junior this evening.을 시작으로 화자들은 새 뮤지컬을 보러 가는 것에 대해 대화를 나누고 있기 때문에 정답은(C)이다.

36. 여자가 But I just bought a new computer, and don't think I can afford it.이라고 이야기했다. 즉, 새 컴퓨터를 구입하는 바람에 돈이 많이 남지 않아 뮤지컬 티켓 값을 지불할 수 있을지 모르겠다는 것이므로 정답은 (B)이다.

37. 남자는 I can get you a ticket for a discounted price, if you want. I know a friend who works at the theater.라며 친구가 극장에서 일해 할인된 가격으로 표를 구할 수 있다고 제안하므로 정답은 (D)이다.

Questions 38-40 refer to the following conversation. [AuM] - [AmW]

M: Hi, I'm looking for a brand of muffin mix called Homemade Master muffin. My sister loves that brand so much and ³⁸ she told me I can get one from here at this grocery store. Could you show me where it is?

W: Sure! That muffin mix is right here.

M: Great. But, I'm wondering... I've never made this before.

W: ³⁹ Don't worry. Here is a recipe on the back of the box. See?

M: Oh, you're right. Thanks!

W: The recipe's simple and it comes in three different flavors. Apple cinnamon, blueberry and cranberry.

M: I love cinnamon flavor so I'll take apple cinnamon. Where can I pay?

W: ⁴⁰ If you're going to the parking lot on the 4th floor you can pay over there.

M: Thank you.

문제 38-40 다음 대화를 참조하시오.

남: 안녕하세요. 저는 홈메이드 매스터 머핀이라는 머핀믹스 브랜드를 찾고 있는데요. 제 여동생이 그 브랜드를 매우 좋아해하는데요. 동생이 여기 식료품점에서 살 수 있다고 했어요. 어디에 있는지 알려 주시겠어요?

여: 물론이죠. 그 머핀믹스는 바로 여기 있어요.

남: 좋아요. 그런데 제가 궁금한데… 제가 이걸 전에 만들어 본 적이 없거든요.

여: 걱정마세요. 박스 뒤에 조리법이 있어요. 보이시죠?

남: 오, 그러네요. 고맙습니다.

여: 조리법이 간단하고 이 제품은 세 가지 다른 맛으로 출시되고 있어요. 애플 시나몬, 블루베리, 크랜베리 세가지요.

남: 저는 계피 맛을 좋아하니 애플 시나몬으로 하겠어요. 어디서 계산해야 하나요?

여: 4층에 있는 주차장에 가시는 거라면 이쪽에서 계산하시면 됩니다.

남: 고맙습니다.

어휘 / look for 찾다 muffin 머핀빵 grocery store 식료품점 recipe 조리법 cinnamon 계피 flavor 맛 task 일 apologize 사과하다 break 깨다 be interested in ~에 흥미가 있다 instruction 설명서 bakery 제과점 garage 차고

---

38 Where most likely are the speakers?

(A) At a parking lot
(B) At a ticket booth
(C) At a cooking school
(D) At a grocery store

화자들은 어디에 있는 거 같은가?

(A) 주차장에
(B) 매표소에
(C) 요리학교에
(D) 식료품점에

NEW
39 Why does the man say, "I've never made this before"?

(A) He is surprised that a task was difficult.
(B) He is apologizing for breaking a bottle.
(C) He is not interested in a product.
(D) He wants some instructions.

남자는 왜 "제가 이걸 전에 만들어 본 적이 없거든요"라고 말하는가?

(A) 일이 어려워서 놀라워한다.
(B) 그는 병을 깬 데 대해 사과한다.
(C) 그는 제품에 관심이 없다.
(D) 그는 설명을 원한다.

40 Where will the man most likely go next?

(A) To a bakery
(B) To a checkout counter
(C) To a garage
(D) To a different branch

남자는 다음에 어디를 갈 것 같은가?

(A) 빵집
(B) 계산대
(C) 차고
(D) 다른 지점

해설 / 38. 화자들의 대화 장소를 알 수 있는 남자의 대사인 동생이 여기 식료품점에서 살 수 있다고 했어요. (she told me I can get one from here at this grocery store.) 부분에서 대화 장소가 식료품점임을 알 수 있다. 따라서 정답은 (D)이다.

39. 남자가 전에 만들어 본 적이 없다며 망설이자 여자가 걱정 말라며 박스 뒤에 조리법이 있어요(Don't worry. Here is a recipe on the back of the box. See?)라고 말하고 있다. 남자의 의도는 제품에 대한 설명을 원하는 것임을 알 수 있으므로 정답은 (D)이다.

40. 남자가 계산을 어디에서 하냐고 묻자 여자가 4층에 있는 주차장에 가시는 거라면 이쪽에서 계산하시면 됩니다. (If you're going to the parking lot on the 4th floor you can pay over there.)라고 말하고 있으므로 정답은 (B)이다.

Questions 41-43 refer to the following conversation. [CnM] - [AmW]

M: Anna. **⁴¹ Have you finished reviewing the customer survey results I sent you last Friday?**

W: Yes. I went over them thoroughly and **⁴² I have some ideas I'd like to suggest. I can meet you in your office around two o'clock so we can talk about them.**

M: Well, would it be possible to meet tomorrow morning instead? **⁴³ I have to discuss the details of a contract with one of our lawyers this afternoon.** I expect it's going to take the rest of the day.

문제 41-43 다음 대화를 참조하시오.

남: Anna. 지난 금요일에 제가 보내 드린 소비자 설문결과를 다 검토했나요?

여: 네. 꼼꼼하게 살펴보았고, 몇 가지 제안할 아이디어가 있어요. 당신 사무실에서 2시 경에 만나서 그것에 대해 이야기했으면 합니다.

남: 음, 그보다는 내일 아침에 만나는 게 어떨까요? 오늘 오후에 우리 변호사들 중 한 분과 계약 세부 조항에 대해 논의해야 하거든요. 오늘 남은 시간 내내 걸릴 것 같습니다.

어휘 review 검토하다 survey 설문조사 go over 검토하다 thoroughly 철저하게 detail 세부 사항 contract 계약서 rest 나머지 specification 설명서, 사양 feedback 의견, 피드백 hiring 채용

---

41 What did the man give the woman last Friday?

(A) A marketing report
(B) Sales figures
(C) Survey results
(D) A letter of reference

남자는 지난 금요일 여자에게 무엇을 주었는가?
(A) 마케팅 보고서
(B) 매출 수치
(C) 설문 결과
(D) 추천서

42 Why does the woman offer to meet the man?

(A) To prepare a presentation
(B) To review product specifications
(C) To provide feedback on a report
(D) To make a hiring decision

여자는 왜 남자에게 만날 것을 제안하는가?
(A) 프레젠테이션을 준비하기 위해
(B) 제품 사양을 검토하기 위해
(C) 보고서에 관한 의견을 전달하기 위해
(D) 채용에 관한 결정을 내리기 위해

43 What does the man plan to do this afternoon?

(A) Contact a client
(B) Discuss a business contract
(C) Conduct some interviews
(D) Postpone a meeting

남자는 오후에 무엇을 할 계획인가?
(A) 고객에게 연락한다
(B) 사업 계약서에 대해 논의한다
(C) 면접을 진행한다
(D) 회의를 미룬다

해설 41. 지난주 금요일이 언급된 부분에 집중한다. 남자의 첫 대사 Have you finished reviewing the customer survey results I sent you last Friday?에서 설문 결과를 전해 주었다는 것을 알 수 있으므로 정답은 (C)가 된다.

42. 여자가 만날 것을 제안하는 I have some ideas I'd like to suggest. I can meet you in your office around two o'clock so we can talk about them.을 보면 설문 결과를 검토한 후 아이디어를 전달하기 위해서임을 알 수 있으므로 정답은 (C)가 된다.

43. 오후가 언급되는 부분에 집중한다. I have to discuss the details of a contract with one of our lawyers this afternoon.에서 변호사와 계약서 세부 사항에 대해 논의할 것임을 알 수 있으므로 정답은 (B)가 된다.

Questions 44-46 refer to the following conversation. [BrW] - [CnM]

W: Hi, Ron. **44 How was your business trip to Texas? Did you locate any good sites for our new manufacturing plant in the region?**

M: Yes. Actually, a couple of the other sites are being considered by the management but I think the property in Archer County might be our best option. **45 That site has the advantage of being large enough to build not only the plant but also a warehouse.**

W: Well, I'd like to see the full report about your research. Oh, and don't forget, today is the deadline to report your travel expenses. **46 Be sure to submit the receipts for your trip to the payroll department** before you leave this evening.

문제 44-46 다음 대화를 참조하시오.

여: 안녕하세요, Ron. Texas 출장은 어땠어요? 그곳에서 적절한 신축 공장 부지를 찾았나요?

남: 네. 사실 경영진에서 두어 군데를 두고 고민 중인데, 저는 Archer County가 최선의 선택인 것 같아요. 그 장소는 공장뿐만 아니라 창고도 지을 자리가 충분하다는 것이 장점입니다.

여: 음, 당신이 조사한 것을 완전히 정리한 보고서로 보고 싶네요. 아, 그리고 잊지 마세요. 오늘이 출장비 보고 마지막 날입니다. 오늘 저녁 퇴근하기 전에 출장비 영수증을 경리부에 제출하도록 하세요.

어휘 locate 찾다, 발견하다 manufacturing 제조, 생산 a couple of 두어 개의 site 장소, 부지 management 경영진 property 땅, 부지 advantage 장점, 이점 warehouse 물류창고 expense 비용, 경비 payroll department 경리부, 급여 지급부 inspect 조사하다, 점검하다 conference 회의, 총회 conveniently located 편리한 곳에 위치한 attract 유치하다, 끌어들이다 consumer base 소비자층 register for ~에 등록하다 estimate 견적서

---

44 What was the purpose of the man's trip?

(A) To look at building sites
(B) To inspect factory equipment
(C) To attend a conference
(D) To give a presentation

남자가 출장 간 목적은 무엇이었나?
(A) 건물 부지를 보기 위해
(B) 공장 설비를 점검하기 위해
(C) 총회에 참석하기 위해
(D) 프레젠테이션을 하려고

45 What does the man say about the Archer County site?

(A) It has enough space.
(B) It is conveniently located.
(C) It may attract new businesses.
(D) It has a broader consumer base.

남자는 Archer County 부지에 대해 무엇이라고 하는가?
(A) 공간이 충분하다.
(B) 편리한 위치에 있다.
(C) 새로운 사업을 유치할 수도 있다.
(D) 넓은 소비자층을 갖고 있다.

46 What does the woman remind the man to do?

(A) Register for a conference
(B) Submit his expense receipts
(C) Update a construction estimate
(D) Report a problem to his supervisor

여자는 남자에게 무엇을 하라고 상기시켜 주는가?
(A) 컨퍼런스에 등록하라
(B) 경비 지출 영수증을 제출하라
(C) 건설 견적서를 업데이트하라
(D) 상사에게 문제를 보고하라

해설 44. 출장 결과에 대해 묻는 여자의 첫 대사 중 How was your business trip to Texas? Did you locate any good sites for our new manufacturing plant in the region?에서 공장 부지를 찾기 위한 것이 목적이었다는 것을 알 수 있으므로 정답은 (A)가 된다.

45. Archer County 부지에 대해 언급한 남자의 대사 That site has the advantage of being large enough to build not only the plant but also a warehouse.를 보면 공장 건물과 창고를 지을 만큼 장소가 넓다고 하므로 정답은 (A)가 된다.

46. 여자의 마지막 대사 중 Be sure to submit the receipts for your trip to the payroll department ~를 보면, 출장비 영수증을 제출해야 한다고 알려주고 있으므로 정답은 (B)가 된다.

어휘 46. submit the receipts for your trip → Submit his expense receipts

Questions 47-49 refer to the following conversation with three speakers. [AuM] - [AmW] - [BrW]

M: Hi, Susan. ⁴⁷ Let me introduce you to our new marketing team assistant. This is Kathy Olivia.

W1: It's nice to meet you.

W2: It's very nice to meet you as well.

M: She'll meet the rest of the marketing team later today. ⁴⁸ Susan, I know you live in lower manhattan area and are looking for someone to share rides with. So I'm introducing you first.

W1: Yes! Kathy, where do you live?

W2: Near Zuccotti park and Broadway.

W1: Oh! That's really close to me! Would you be interested in carpooling together?

W2: Sure! That would be really great. ⁴⁹ Can I get your phone number so we can discuss it later today?

문제 47-49 다음 세 명의 대화를 참조하시오.

남: 안녕하세요 수잔씨. 새 마케팅팀 조수를 소개시켜 드릴게요. 이분은 Kathy Olivia씨예요.
여1: 만나서 반가워요.
여2: 저도 만나서 정말 반가워요.
남: 그녀는 오늘 오후에 나머지 마케팅 팀원들과 인사를 나눌거예요. Susan, 저는 당신이 남부 맨해튼 지역에 산다고 알고 있고 차량을 같이 타고 다닐 사람을 찾고 있다고 알고 있는데요. 그래서 당신을 먼저 소개시켜 드리는 거예요.
여1: 네! Kathy, 어디사세요?
여2: Zuccotti 공원과 Broadway 근처에 살아요.
여1: 아! 저랑 정말 가까운 데 사시네요! 같이 카풀하고 다니시겠어요?
여2: 물론이죠! 그러면 정말 좋겠네요. 오늘 오후에 좀 더 얘기할 수 있게 전화번호 좀 알려주시겠어요?

어휘 introduce 소개하다 assistant 조수 as well 또한, 역시 rest 나머지 later today 오늘 늦게 look for ~을 찾다 ride 타다, 탈것 be interested in ~에 관심이 있다 carpool 카풀을 하다(승용차를 함께 타다) so we can ~ 우리가 ~할 수 있도록 discuss ~에 대해 논의하다

---

47 In which department do the speakers work?
(A) Manufacturing
(B) Public Relations
(C) Human Resources
(D) Marketing

화자들은 어느 부서에서 일하는가?
(A) 제조부
(B) 홍보부
(C) 인사부
(D) 마케팅부

48 What does the man suggest that Susan do?
(A) Hiring an intern
(B) Drive to work together
(C) work in a national park
(D) Share an office

남자는 Susan에게 무엇을 하라고 제안하는가?
(A) 인턴을 고용
(B) 일터에 같이 차를 타고 출근하라고
(C) 국립공원에서 일하라고
(D) 사무실을 같이 쓰라고

49 What does Kathy Olivia ask for?
(A) A parking permit
(B) A map
(C) A telephone number
(D) A mailing address

Kathy Olivia는 무엇을 요청하는가?
(A) 주차 허가증
(B) 지도
(C) 전화번호
(D) 메일 주소

해설 47. 남자의 첫 대사에서 마케팅팀 직원을 소개시켜 주고 있으므로(Let me introduce you to our new marketing team assistant.) 정답은 (D)이다.
48. 남자가 Susan에게 카풀할 사람을 찾고있다는 점을 이야기 하고 있으므로(Susan, I know you live in lower manhattan area and are looking for someone to share rides with.) 정답은 (B)이다.
49. 마지막 대사에서 나중에 카풀에 대해 이야기하기 위해 전화번호를 받으려고 하고 있으므로(Can I get your phone number so we can discuss it later today?) 정답은 (C)이다.

Questions 50-52 refer to the following conversation. [CnM] – [BrW]

M: Hi, Jessica. ⁵⁰ Do you remember the client we met last Friday? We talked about updating their logo on the advertisement for their sneakers. They are planning on launching TV commercial soon. I think we need to work on the revision right away.

W: ⁵¹ I was about to leave for the weekly design team meeting. I guess I can ask Simon to update me later. Can you tell me exactly what they want to change?

M: Sure. Here's the request. They want us to make the color of the logo brighter.

W: I see. ⁵² Let me first send a quick e-mail to Mr. Chen in design team and discuss it with them as soon as possible.

M: Great, thanks. I appreciate your help.

문제 50-52 다음 대화를 참조하시오.

남: 안녕하세요, 제시카씨. 지난 금요일에 우리가 만난 고객을 기억하세요? 우리는 그들의 운동화 광고에 그들의 로고를 업데이트하는 것에 대해 이야기했는데요. 그 회사는 곧 TV광고를 시작할 계획이라고 하네요. 당장 수정 작업을 해야 할 것 같아요.

여: 저는 주간 디자인 팀 미팅 때문에 막 나가려던 참이었어요. 사이먼한테 나중에 저한테 회의 내용을 알려달라고 해야 할 것 같아요. 그들이 정확히 무엇을 바꾸고 싶어 하는지 말해 줄 수 있나요?

남: 물론이죠. 여기 요구 사항이 있어요. 그 회사는 우리가 로고의 색깔을 더 밝게 만들어 주기를 원해요.

여: 그렇군요. 먼저 디자인 팀의 첸씨에게 빠르게 이메일을 보내고 가능한 한 빨리 그들과 이 문제에 대해 논의하도록 할게요.

남: 좋아요. 도와 줘서 고마워요.

어휘 client 고객 update 갱신하다 logo 로고 sneakers 운동화 plan on -ing ~할 계획이다 commercial 광고 work on ~에 대한 작업을 하다 revision 수정 right away 즉시 be about to 막 ~하려하다 exactly 정확하게 as soon as possible 가능한 한 빨리

---

50 Where do the speakers most likely work?

(A) At a shoe-repair shop
(B) At a broadcasting station
(C) At an advertising agency
(D) At a footwear manufacturer

화자들은 어디서 일하겠는가?
(A) 신발 수리점
(B) 방송국
(C) 광고 대행사
(D) 신발 제조업체

NEW
51 Why does the woman say, "I can ask Simon to update me later"?

(A) She does not know what to do.
(B) She cannot attend the meeting.
(C) She wants her colleague to handle the matter.
(D) She wants the design team meeting to be postponed.

여자는 왜 "사이먼한테 나중에 저한테 회의내용을 알려달라고 해야할 것 같아요."라고 말하는가?
(A) 그녀가 무엇을 해야 할지 몰라서.
(B) 그녀가 회의에 참석할 수 없어서.
(C) 그녀는 그녀의 동료가 일을 처리해주기를 원해서.
(D) 그녀는 팀 회의가 연기되기를 원해서.

52 What does the woman plan to do?

(A) Update the e-mail system
(B) Reserve a meeting room
(C) Change her company's logo
(D) Contact some colleagues

여자는 무엇을 할 계획인가?
(A) 이메일 시스템을 갱신
(B) 회의실 예약
(C) 그녀의 회사의 로고를 변경
(D) 동료에게 연락

해설 50. 대화 첫부분에서 지난 금요일에 우리가 만난 고객을 언급하고 운동화 광고에 로고를 업데이트하는 것에 대해 이야기했다(Do you remember the client we met last Friday? We talked about updating their logo on the advertisement for their sneakers.)고 말하고 있으므로 화자들은 광고 대행사에서 일한다고 봐야 한다. 정답은 (C)이다.

51. 앞 문장에서 저는 주간 디자인 팀 미팅 때문에 막 나가려던 참이었다(I was about to leave for the weekly design team meeting. I guess I can ask Simon to update me later.)고 하는 것으로 보아 본인이 직접 회의에 참석을 못하니 나중에 사이먼에게 회의 내용을 알려달라고 하겠다는 것으로 보아야 한다. 정답은 (B)이다.

52. 대화의 마지막 부분에 먼저 디자인 팀에 있는 첸씨에게 빠르게 이메일을 보내겠다(Let me first send a quick e-mail to Mr. Chen in design team and discuss it with them as soon as possible.)고 말하고 있으므로 정답은 (D)이다.

Questions 53-55 refer to the following conversation. [CnM] - [BrW]

W: Hello, this is Ashley from the sales department. I'm calling to reserve a conference room for a meeting next week.

M: Sure, but you should know that the room hasn't been equipped with a video projector yet. 53 We are still waiting for the new projector to come in. It's supposed to arrive on Tuesday.

W: 54 My meeting is scheduled for Wednesday morning. 55 I'll be giving a product demonstration to some potential clients, so I'll definitely need the projector. Will you make sure that it is set up by then?

M: Well, if it arrives Tuesday morning, I'll have time to install it but if it comes late in the afternoon, there might not be enough time. I will call the equipment supplier and make sure they deliver it sometime in the morning.

문제 53-55 다음 대화를 참조하시오.

여: 여보세요. 저는 영업부 Ashley입니다. 다음 주에 회의가 있어 회의실을 예약하려고 전화 드렸습니다.

남: 네. 하지만 회의실에는 비디오 프로젝터가 아직 설치되지 않았음을 아셔야 합니다. 저희는 아직도 새 프로젝터가 도착하기를 기다리고 있습니다. 그것은 화요일에 도착하기로 되어 있습니다.

여: 회의는 수요일 오전으로 잡혀 있습니다. 잠재 고객들에게 제품 시연을 해야 해서 프로젝터가 꼭 필요합니다. 그 때까지 프로젝터가 설치되게끔 해주실 수 있나요?

남: 글쎄요. 프로젝터가 화요일 오전에 도착하면 설치할 시간이 있습니다만, 오후에 도착하면 시간이 충분하지 않을 수 있습니다. 제가 장비 공급 업자에게 전화해서 오전에 프로젝터가 도착하도록 해두겠습니다.

> **어휘** reserve 예약하다 be equipped with ~을 갖추다 be supposed to do ~하기로 되어 있다 be scheduled for ~로 일정이 잡혀 있다 give a demonstration 시연하다, 시범을 보이다 potential 잠재적인, 가능성 있는 set up ~을 설치하다 supplier 공급 업체

53 What is the man waiting for?

(A) A customer's order
(B) A product description
(C) A meeting agenda
(D) A piece of equipment

남자는 무엇을 기다리는가?

(A) 고객의 주문
(B) 제품 설명
(C) 회의 안건
(D) 장비

54 When does the woman want to use the conference room?

(A) On Tuesday morning
(B) On Tuesday afternoon
(C) On Wednesday morning
(D) On Wednesday afternoon

여자는 언제 회의실을 사용하고자 하는가?

(A) 화요일 오전
(B) 화요일 오후
(C) 수요일 오전
(D) 수요일 오후

55 What does the woman want to use the room for?

(A) A training class
(B) A recording session
(C) A client meeting
(D) A job interview

여자는 무엇 때문에 회의실을 사용하고자 하는가?

(A) 교육
(B) 녹음 일정
(C) 고객 미팅
(D) 면접

> **해설** 53. 여자가 회의실 예약을 문의하자 남자는 We are still waiting for the new projector to come in.에서와 같이 새로 주문한 프로젝터가 도착하길 기다린다고 응답하므로 정답은 (D)가 된다.
> 54. 회의 시간에 관해 언급한 여자의 두 번째 대사 My meeting is scheduled for Wednesday morning.에서 수요일 오전임을 알 수 있으므로 정답은 (C)가 된다.
> 55. 회의실 사용 목적을 밝히는 여자의 두 번째 대사 I'll be giving a product demonstration to some potential clients에서 고객에게 제품 시연을 해야 한다는 것을 알 수 있으므로 정답은 (C)가 된다.

> **어휘** 53. the new projector → A piece of equipment

Questions 56-58 refer to the following conversation. [CnM] - [BrW]

M: Excuse me, ⁵⁶ I'm looking for a place to buy a birthday cake for my colleague. Do you know where a bakery is near here?

W: Yes, there's one in the Macy's department store. It's already seven o'clock. ⁵⁷ You'd better hurry, because it closes at around eight.

M: Okay, thank you very much. Just one more thing, do you think I should walk or take a taxi? I have no idea how long it would take to get there.

W: ⁵⁸ Well, since it's rush hour now, I suggest you walk there. It'll only take about ten minutes.

M: Okay, thank you so much.

문제 56–58 다음 대화를 참조하시오.

남: 실례합니다. 저는 동료의 생일 케이크 살 곳을 찾고 있습니다. 여기 가까이에 빵집이 어디 있는지 아시나요?

여: 네, 메이시스 백화점에 하나 있어요. 벌써 7시네요. 백화점이 8시 경에 문을 닫으니까 서두르는 게 좋을 거예요.

남: 네, 정말 고마워요. 한 가지만 더요, 걸어가는 게 좋을까요, 택시를 타는 게 좋을까요? 가는 데 얼마나 걸릴지 전혀 모르겠어요.

여: 음, 지금 붐비는 시간이니 걸어가는 것을 권하겠어요. 10분 정도밖에 안 걸릴 거예요.

남: 네, 정말 고마워요.

어휘 colleague 동료 bakery 빵집, 제과점 near 가까이 department store 백화점 you'd better ~하는 것이 좋다 take a taxi 택시를 타다 I have no idea. 전혀 모르겠다 how long it would take 얼마나 걸릴지 get there (어떤 장소에) 도착하다 rush hour (출, 퇴근시의) 혼잡한 시간, 러시아워 suggest 제의하다, 권하다 only 겨우 ~만 (뿐, 밖에)

---

56 What is the man trying to find?

(A) A bookstore
(B) A record shop
(C) A gift shop
(D) **A bakery**

남자는 무엇을 찾으려 하는가?

(A) 서점
(B) 레코드점
(C) 선물 가게
(D) 빵집

57 Why should the man hurry?

(A) People are waiting for him.
(B) He is late for a party.
(C) **The store will close soon.**
(D) Cakes will be sold out.

남자는 왜 서둘러야 하는가?

(A) 사람들이 그를 기다리고 있다.
(B) 그는 파티에 늦었다.
(C) 가게가 곧 문을 닫는다.
(D) 케이크가 다 팔릴 것이다.

NEW
58 Why does the woman say, "It'll only take about ten minutes"?

(A) **She believes it's within walking distance.**
(B) She lives near the department store.
(C) She prefers to take a taxi.
(D) She doesn't know how to drive.

여자는 왜 "10분밖에 걸리지 않을 거예요"라고 말하는가?

(A) 걸어가는 거리 내에 있다고 믿고 있어서
(B) 여자가 백화점 근처에 살고 있어서
(C) 여자가 택시를 타는 것을 더 좋아해서
(D) 여자가 운전할 줄 몰라서

해설 56. 대화 초반 남자의 말 중 I'm looking for a place to buy a birthday cake for my colleague. Do you know where a bakery is near here?를 통해 동료의 생일 케이크를 사러 빵집을 찾고 있다는 것을 알 수 있다. 따라서 정답은 (D)이다.

57. 여자의 말 You'd better hurry, because it closes at around eight을 통해 백화점이 8시경에 닫는다는 것을 알 수 있고, 또한, 백화점 안에 있는 빵집도 곧 닫는다는 것을 알 수 있다. 따라서 정답은 (C)이다.

58. 앞 문장에서 여자가 Well, since it's rush hour now, I suggest you walk there. 라고 말하며 차가 막히는 시간대라 걸어가는 편이 낫다고 했고 10분 정도밖에 안 걸릴 거라고 하므로 정답은 (A)이다.

Questions 59-61 refer to the following conversation and list. [AmW] – [AuM]

W: [60] How's the brochure for Tourbee Travel coming along? I'm supposed to give the report on the progress to my sales manager tomorrow.

M: [59] I finished most of the sections of the brochure but I'm having trouble creating the tourist attractions section. I know a photography site but they have a fairly limited selection. Do you know any stock photo sites I can use?

W: Oh! Have you tried gettoimages.com yet? Our manager just paid for a one-month membership, which means you can access their photography database. [61] They have the largest selection of photos to choose from. Once you get to their site, you can browse by category. I'm sure it will be of great help.

문제 59-61 다음 대화와 목록을 참조하시오.

여: Tourbee 여행사용 안내책자 진행은 어떻게 되어가고 있나요? 내일 제가 영업부장에게 진척 상황을 보고하기로 되어있거든요.

남: 제가 안내책자의 대부분을 완성했지만 관광명소 부분 제작에 어려움을 겪고 있어요. 제가 사진 사이트를 하나 알고 있지만 선택폭이 꽤 제한되어 있어요. 제가 사용할 수 있는 광고사진 사이트를 알고 계세요?

여: 아! 게토이미지 닷컴을 이용해보셨나요? 우리 매니저가 1개월 회원권을 결제해 놔서, 그 사이트 사진 데이터베이스에 접근할 수 있어요. 선택할 수 있는 사진 양이 가장 방대해요. 일단 그 사이트에 들어가면, 범주별로 보실 수 있어요. 분명히 큰 도움이 될 거예요.

어휘 brochure 안내책자 progress 진전, 진척 tourist attractions 관광명소 stock photo 광고사진 stock photo 광고 사진 access 접근하다 once 일단~하면 browse 훑어보다 category 범주 itinerary 일정표 for free 무료로 various 다양한 give away 나누어주다

59 What project is the man working on?

(A) Designing a brochure
(B) Organizing a meeting
(C) Reviewing tourist attractions
(D) Planning an itinerary

남자는 어떤 프로젝트 작업중인가?
(A) 안내책자 만들기
(B) 회의 준비하기
(C) 관광명소 검토하기
(D) 일정표 짜기

60 Look at the graphic. Which category will the man most likely search?

(A) Category 1
(B) Category 2
(C) Category 3
(D) Category 4

http://gettoimages.com
gettoimages.com Categories
1 Food
2 Business
3 Travel
4 Animals

시각정보를 보시오. 남자는 어떤 범주를 가장 많이 검색할 것 같은가?
(A) 범주 1
(B) 범주 2
(C) 범주 3
(D) 범주 4

61 Why does the woman recommend using photographs from gettoimage.com?

(A) All the photographs are available for free.
(B) The photographs come in various sizes.
(C) They offer the biggest collection of photographs.
(D) They are giving away free coupons.

여자는 왜 게토이미지 닷컴의 사진을 사용하라고 권하는가?
(A) 모든 사진들이 무료 이용 가능해서.
(B) 사진이 다양한 사진으로 나와서.
(C) 그 사이트가 가장 다양한 사진을 제공하므로.
(D) 그 사이트가 무료 쿠폰을 배포하고 있어서.

해설 59. 여자의 여행사 안내책자 작업이 어떻게 진행되고 있냐는 질문에 남자가 안내책자의 대부분을 완성했다(I finished most of the sections of the brochure)고 말하고 있으므로 정답은 (A)이다.

60. 여자가 첫 대사에서 Tourbee라는 여행사 안내책자 진행사항이 어떻게 되고 있느냐(How's the brochure for Tourbee Travel coming along?)라고 물어보고 있으므로 사진 분류 중에 여행과 관련된 사진을 가장 많이 검색할 것으로 추론해 볼 수 있다. 따라서 정답은 (C)이다.

61. 여자가 선택할 수 있는 사진 양이 가장 방대하다(They have the largest selection of photos to choose from)고 했으므로 정답은 (C)이다.

Questions 62-64 refer to the following conversation. [BrW] - [AuM]

W: Hi, this is Hailey from the marketing department. I'm calling to report a broken light in one of the meeting rooms. The switch doesn't seem to be working properly. ⁶² Could a member of your maintenance crew come and fix it?

M: ⁶² I'll take a look at it this afternoon and see if I can fix it. ⁶³ What's the office number?

W: ⁶³ It's conference room C, right next to the employee lounge. Can you come right away? ⁶⁴ I'm supposed to have a meeting with our product development manager at two o'clock, and I want the problem to be fixed by then.

> 어휘 properly 적절하게, 제대로 maintenance (건물, 시설 등의) 보수 crew 직원 take a look at ~을 살펴보다 be supposed to do ~하기로 되어있다 set up 설치하다 replacement 교체, 대체 demonstrate 시범을 보이다, 시연하다

62 Who most likely is the man?
(A) A marketing manager
(B) A maintenance worker
(C) An interior designer
(D) A sales representative

63 What information does the woman provide?
(A) A room number
(B) A security password
(C) The installation instructions
(D) The name of a company

64 What does the woman plan to do at two o'clock?
(A) Set up video equipment
(B) Order a replacement part
(C) Demonstrate a new product
(D) Meet with a manager

문제 62–64 다음 대화를 참조하시오.

여: 안녕하세요. 마케팅 부서의 Hailey입니다. 회의실 한 곳의 조명이 고장났다는 것을 알리려 전화 걸었습니다. 스위치가 제대로 작동하지 않는 것 같아요. 시설 관리 직원이 와서 고쳐 줄 수 있을까요?

남: 오늘 오후에 제가 살펴보고 고칠 수 있는지 알아보겠습니다. 몇 호 회의실인가요?

여: 직원 휴게실 바로 옆에 있는 C 회의실입니다. 바로 와주실 수 있나요? 2시에 제품 개발 부장님과 미팅을 하기로 되어 있는데, 그때까지 문제가 해결되었으면 합니다.

남자는 누구이겠는가?
(A) 마케팅 부서장
(B) 시설 관리부 직원
(C) 인테리어 디자이너
(D) 영업 사원

여자는 어떤 정보를 제공하는가?
(A) 방 번호
(B) 보안 패스워드
(C) 설치 설명서
(D) 회사 이름

여자는 2시에 무엇을 할 계획인가?
(A) 비디오 장비를 설치한다
(B) 교체품을 주문한다
(C) 신제품을 시연한다
(D) 부장과 만난다

> 해설 62 여자가 Could a member of your maintenance crew come and fix it?에서 시설 관리 직원을 보내 고장난 부분을 수리해 달라고 요청하자 남자는 I'll take a look at it this afternoon and see if I can fix it.라며 살펴보고 수리하겠다고 응답하므로 정답은 (B)가 된다.
>
> 63. 남자가 What's the office number?라고 말하며 조명이 나간 회의실 호수를 묻자 여자는 It's conference room C, right next to the employee lounge.에서 C 회의실이라고 응답하고 있으므로 정답은 (A)가 된다.
>
> 64. 2시가 언급되는 부분에 집중한다. 여자의 마지막 대사 중 I'm supposed to have a meeting with our product development manager at two o'clock을 보면 2시에 제품 개발 부장과 회의를 하기로 되어 있다고 하므로 정답은 (D)가 된다.

Questions 65-67 refer to the following conversation and coupon. [CnM] - [AmW]

M: Guzzi Designer customer service, how may I help you?
W: Hello, ⁶⁵ I'm trying to purchase a designer purse from your website using a discount coupon that your store e-mailed me.
M: Oh, yes. For the online order discounts? What's the price of the purse you want to buy?
W: ⁶⁶ It's $1,000 exactly. But, when I enter the coupon code, nothing happens. The amount isn't reduced; it's still $1,000.
M: Hmm... I'm sorry. Actually several other customers called me about this issue today. There must be something wrong with the website. ⁶⁷ I can take your order over the phone now, if you want.
W: Oh, really? Okay, then I'll order the purse now.

문제 65-67 다음 대화와 쿠폰을 참조하시오.
남: 구찌 디자이너 고객 서비스입니다. 무엇을 도와드릴까요?
여: 안녕하세요. 제가 당신 상점에서 제게 이메일로 보내주신 쿠폰을 이용해 귀사 웹사이트에서 디자이너 지갑을 구매하려고 하는데요.
남: 아, 네. 온라인구매 할인 건에 대한 거죠? 구매하시고자 하는 지갑의 가격이 어떻게 되나요?
여: 정확히 1,000달러입니다. 그런데 제가 쿠폰 코드를 입력해도 아무 변화가 없네요. 총액이 감액되지 않고요. 여전히 1,000달러로 나옵니다.
남: 음… 죄송합니다. 사실 다른 고객 몇 분도 이 건에 대해 오늘 전화를 주셨는데요. 웹사이트에 뭔가 문제가 있는 게 틀림없어요. 원하시면 전화상으로 주문을 받아드릴 수 있습니다.
여: 아, 정말요? 좋아요. 그럼 지금 지갑을 주문할게요.

어휘 purse 핸드백 exactly 정확히 code 암호, 부호 reduce 줄이다 issue 문제, 사안 luggage 수하물 purse 핸드백, 지갑 jewelry 보석류 process 처리하다, 절차 be in stock 재고가 있다 expedite 진척시키다, 촉진시키다

65 What is the woman trying to buy?
(A) Some luggage
(B) A purse
(C) Designer jewelry
(D) Sports tickets

여자는 무엇을 구매하려고 하는가?
(A) 수하물
(B) 지갑
(C) 디자이너 보석
(D) 스포츠 티켓

NEW
66 Look at the graphic. Which discount will the woman receive?
(A) 5% off
(B) 10% off
(C) 15% off
(D) 20% off

Guzzi Designer Online Order Discounts Coupon code number: 0004855			
5% off	10% off	15% off	20% off
$500	$1,000	$1,500	$2,000

Visit our Online Shop!

시각정보를 보시오. 여자는 할인을 얼마나 받을 것인가?
(A) 5% 할인
(B) 10% 할인
(C) 15% 할인
(D) 20% 할인

67 What does the man offer to do?
(A) Process an order
(B) Check if the item is in stock
(C) Expedite a shipment
(D) Send her a discount coupon

남자는 무엇을 해주겠다고 제안하는가?
(A) 주문을 처리
(B) 물건이 재고가 있는지 확인
(C) 배송품 배송을 서두름
(D) 여자에게 할인 쿠폰을 보내줌

해설 65. 여자의 첫 대사에서 웹사이트에서 지갑을 사려고 한다(I'm trying to purchase a designer purse from your website)고 말하고 있으므로 정답은 (B)이다.
66. 구매하려는 핸드백 가격이 얼마냐는 남자의 질문에 여자가 정확히 1000달러(It's $1,000 exactly)라고 했고, 도표를 보면 1000$에 대한 할인율은 10%이므로 정답은 (B)이다.
67. 남자의 마지막 대사에서 원하면 주문을 전화로 받아준다(I can take your order over the phone now, if you want)고 했으므로 정답은 (A)이다.

Questions 68-70 refer to the following conversation and invoice. [CnM] - [AmW]

M: I have been using this cell phone for more than two years. I think it's time to replace it.

W: ⁶⁸ Which one do you have in mind?

M: ⁶⁹ My sister recently bought an UPhone 7 and I think I'll buy it too. Do you have that model in stock?

W: Of course. Here it is.

M: I just have one question before I buy the phone. Can I pay my bill online? I go on a business trip often and I might not be at home when the bill comes.

W: Yes, you can. Please just write down your account number here at the bottom of this page. Here is the detail for your mobile phone and the others.

M: OK, great! ⁷⁰ But I don't think I really need the extended warranty on it. Could you remove that from my bill?

W: Sure.

문제 68-70 다음 대화와 청구서를 참조하시오.

남: 제가 이 휴대전화를 2년 이상 사용했는데요. 교체해야 할 시기인 것 같아요.
여: 생각해 두신 모델이 있나요?
남: 제 여동생이 최근에 유폰 7을 샀는데 저도 그걸 사려고 해요. 재고 있나요?
여: 물론이죠. 여기 있습니다.
남: 제가 그 휴대전화를 사기 전에 질문이 하나 있는데요. 제가 온라인으로 요금을 낼 수 있나요? 제가 출장을 자주 가서 청구서가 올 때 집에 없을 수도 있거든요.
여: 네, 온라인으로 내실 수 있어요. 계좌번호를 여기 페이지 아래쪽에다가 적어주세요. 휴대전화와 다른 것들에 대한 세부사항이 여기 있습니다.
남: 네, 좋아요. 그런데 저는 보증 연장은 필요 없는 것 같아요. 그걸 청구서에서 빼주시겠어요?
여: 물론이죠.

어휘 replace 교체하다 in stock 재고가 있는 online 온라인으로 go on a business trip 출장 가다 warranty 보증

---

68 Who most likely is the woman?

(A) A sales clerk
(B) A technician
(C) A hotel clerk
(D) A travel agent

여자는 누구일 것 같은가?
(A) 영업사원
(B) 기술자
(C) 호텔직원
(D) 여행사 직원

69 What does the man ask about?

(A) A price list
(B) An online survey
(C) The availability of an item
(D) Phone accessories

남자는 무엇에 대해 물어보는가?
(A) 가격 리스트
(B) 온라인 설문조사
(C) 물건의 재고 여부
(D) 전화 악세사리

NEW
70 Look at the graphic. Which amount will be removed from the bill?

(A) $ 350
(B) $ 20
(C) $ 60
(D) $ 90

Item	Price
Mobile phone	$ 350
phone case	$ 20
Monthly service plan	$ 60
Extended warranty	$ 90
Total	$ 520

시각정보를 보시오. 청구서에서 어떤 가격이 빠지겠는가?
(A) $ 350
(B) $ 20
(C) $ 60
(D) $ 90

해설 68. 남자가 휴대전화를 교체해야 되겠다고 말하자, 여자는 Which one do you have in mind?(생각해 두신 모델이 있나요?)라고 묻고 있다. 이를 통해서 여자는 영업사원(a sales clerk)이라고 추측할 수 있다. 정답은 (A)이다.

69. 남자는 자신이 생각해 둔 모델을 언급하면서 그 모델의 재고가 있는지(Do you have that model in stock?)를 묻고 있다. 따라서 정답은 (C)이다.

70. 남자는 마지막에 I don't think I really need the extended warranty on it(저는 보증 연장은 필요 없는 것 같아요)이라고 말하면서 빼줄 수 있냐고 묻고 있다. 청구서에서 Extended warranty는 $90라고 명시되어 있으므로 정답은 (D)이다.

Final Test 4

Answer

71. (C)	72. (B)	73. (C)	74. (C)	75. (B)	76. (C)	77. (B)	78. (D)	79. (D)	80. (B)
81. (A)	82. (B)	83. (D)	84. (B)	85. (B)	86. (A)	87. (D)	88. (A)	89. (D)	90. (D)
91. (B)	92. (C)	93. (B)	94. (A)	95. (A)	96. (D)	97. (A)	98. (A)	99. (C)	100. (D)

Questions 71-73 refer to the following telephone message. [BrW]

Hello, Mr. Lopez. ⁷¹ This is Vivien Lane from Eastview Pharmacy. ⁷² I am calling to let you know that ⁷¹ your prescription has been filled and the medication is ready for you to pick up. ⁷³ I'd also like to remind you to read the instructions on the label very carefully since the dosage has been reduced. If you take the incorrect dosage, it could cause unwanted side effects. ⁷¹ If you are unable to come to the pharmacy, we'd be happy to deliver the medicine to your house upon your request.

문제 71-73 다음 전화메시지를 참조하시오.

안녕하세요. Lopez 씨. 저는 Eastview 약국의 Vivien Lane이라고 합니다. Lopez 씨의 처방약이 조제되었으며, 가지고 가실 수 있도록 준비되었다는 것을 알려 드리려고 전화했습니다. 복용량이 줄어들었으니 라벨에 적힌 지시 사항을 주의 깊게 읽으셔야 한다는 것도 상기시켜 드립니다. 잘못된 양을 복용하시면 원치 않는 부작용을 유발할 수 있습니다. 약국에 오실 수 없으시면 요청하실 경우 저희는 기꺼이 집으로 배달해 드립니다.

어휘 fill a prescription 약을 조제하다 medication 약(=medicine) pick up ~을 가져가다/오다 dosage 복용량, 투여량 incorrect 잘못된 unwanted 원치 않는 side effects 부작용 upon one's request ~가 요청하면

71 Where is the speaker calling from?
(A) A doctor's office
(B) A library
(C) A pharmacy
(D) A delivery service

화자는 어디에서 전화하는가?
(A) 병원
(B) 도서관
(C) 약국
(D) 배송 업체

72 What does the speaker ask Mr. Lopez to do?
(A) Request some documents
(B) Pick up some medication
(C) Make an appointment
(D) Place an order

화자는 Lopez 씨가 무엇을 하도록 요청하는가?
(A) 서류들을 요청하라
(B) 약을 가지고 가라
(C) 약속을 하라
(D) 주문을 하라

73 What does the speaker remind Mr. Lopez to do?
(A) Send a payment
(B) Provide identification
(C) Read written instructions
(D) E-mail his new address

화자는 Lopez 씨에게 무엇을 하라고 상기시켜 주는가?
(A) 지불금을 보내라
(B) 신분증을 제시하라
(C) 적혀 있는 지시 사항을 읽어 보라
(D) 새 주소를 이메일로 보내라

해설 71. 전화 건 이가 자신을 소개하는 말인 This is Vivien Lane from Eastview Pharmacy.를 보면 약국에서 근무한다는 것을 알 수 있다. 이어지는 your prescription has been filled / If you are unable to come to the pharmacy 등에서도 이를 확인할 수 있다.

72. 전화 건 목적이 드러나는 메시지 초반 I am calling to let you know that your prescription has been filled and the medication is ready for you to pick up.에서 약이 조제되었으니 이것을 가져가도록 하기 위해 전화했다는 것을 알 수 있으므로 정답은 (B)가 된다.

73. Lopez 씨에게 당부하는 I'd also like to remind you to read the instructions on the label very carefully since the dosage has been reduced.를 보면 라벨에 적힌 지시 사항을 주의해서 읽어보라는 말을 하므로 정답은 (C)가 된다.

Questions 74-76 refer to the following advertisement. [CnM]

If you're looking to make your home look better, visit Nina's Home Deco on Hershey Street. Our newly expanded showrooms feature unique pieces for the whole house. 74 You'll see why Nina is known for having the area's largest selection of household goods and interior items. 75 And when you visit the store, you'll also get a free copy of Nina's style guide. With photographs of sample furniture arrangements, our guide will inspire you as you decorate your home. 76 If you need a uniquely designed kitchen appliance such as a toaster or a coffee machine, you'll soon find it at Nina's. Starting next month, we'll have an assortment of household appliances too.

문제 74-76 다음 광고를 참조하시오.

여러분의 집이 더 멋지게 보이기를 기대한다면, Hershey 가에 있는 Nina's Home Deco에 오세요. 새로 확장한 전시실에는 집안 전체에서 쓸 수 있는 독특한 제품들을 갖추고 있습니다. 여러분께서는 왜 Nina가 이 지역에서 가장 많은 종류의 생활 용품과 인테리어 제품을 갖춘 것으로 유명한지 확인하시게 될 것입니다. 저희 매장에 방문하시면 Nina's 스타일 가이드 무료 책자를 받으실 수 있습니다. 샘플로 배치한 가구 사진을 담은 가이드 책은 여러분께서 집안을 꾸미시는 데 영감을 줄 것입니다. 특이한 디자인의 토스터나 커피 머신 같은 주방 용품이 필요하시면, 여러분은 Nina 매장에서 금세 찾게 될 것입니다. 다음 달을 시작으로, 저희는 갖가지 가전 제품도 구비할 예정입니다.

어휘 look to 기대하다 expanded 확장된 feature 특징을 이루다 household goods 생활 용품 inspire 영감을 불어넣다 appliance 용기; 가전제품 assortment 각양 각색의 물건 affordable (가격 등이) 알맞은 extended 연장된, 늘어난 warranty 품질보증 refreshment 다과, 가벼운 식사

74 According to the speaker, what is the store known for?
(A) Its affordable prices
(B) Its extended warranties
(C) Its large selection
(D) Its convenient location

화자의 말에 의하면, 이 상점은 무엇으로 알려졌는가?
(A) 적정 수준의 가격
(B) 연장된 품질 보증
(C) 많은 제품 구성
(D) 편리한 위치

75 What will customers be offered when they visit the store?
(A) Free refreshments
(B) A decorating guide
(C) Child-care services
(D) A discount coupon

고객들은 상점을 방문하면 무엇을 받게 될 것인가?
(A) 무료 다과
(B) 장식 가이드
(C) 탁아 서비스
(D) 할인 쿠폰

76 What new items will the store sell next month?
(A) Gardening tools
(B) Holiday decorations
(C) Household appliances
(D) Handmade jewelry

상점에서는 다음 달에 어떤 신제품을 판매할 것인가?
(A) 원예용 연장
(B) 명절용 장식
(C) 가전 제품
(D) 수제 장신구

해설 74. 매장의 특징을 설명하는 You'll see why Nina is known for having the area's largest selection of household goods and interior items.에서 가장 많은 종류의 제품을 갖춘 것으로 유명하다는 것을 알 수 있으므로 정답은 (C)가 된다.

75. 매장 방문시 혜택을 언급한 And when you visit the store, you'll also get a free copy of Nina's style guide.를 보면 스타일 가이드 책자를 받게 된다는 것을 알 수 있으므로 정답은 (B)가 된다.

76. 다음 달이 언급된 부분에 집중한다. If you need a uniquely designed kitchen appliance such as a toaster or ~. Starting next month, we'll have an assortment of household appliances too.를 보면 가정용 가전제품을 판매할 것이라는 말을 하고 있다. 따라서 정답은 (C)가 된다.

Questions 77-79 refer to the following excerpt from a meeting. [AuM]

The final item from today's agenda is [77] next year's marketing budget. Before Roger comes up here with budget report details, I would like to give you a short briefing. In order to improve our profits, [77] we should reduce overall marketing expenses. [78] One suggestion is to expand our Internet advertisement, which will enable us to reach a wider consumer base while saving costs on marketing. Another idea is to focus on rewarding our existing loyal customers by handing out regular promotional voucher codes and coupons. [79] We will discuss marketing techniques in detail after Roger's report.

문제 77-79 다음 회의 발췌 내용을 참조하시오.

오늘의 마지막 안건은 내년도 마케팅 관련 예산입니다. Roger가 예산 보고서의 상세 내역을 갖고 나오기 전에, 제가 간단히 브리핑을 하겠습니다. 우리의 수익을 늘리기 위해서는 전반적인 마케팅 비용을 줄여야 합니다. 한 가지 제안은 온라인 광고를 확대하는 것인데, 이는 우리가 마케팅 비용을 줄이면서, 더 넓은 소비자층에 접근하게 해 줄 것입니다. 다른 아이디어는 기존의 단골 고객들에게 정기적으로 홍보용 무료 이용권 코드와 쿠폰을 제공하는 보상 제도에 초점을 맞추는 것입니다. Roger가 보고서를 발표한 뒤에 마케팅 기법에 대해 더 자세한 이야기를 나누겠습니다.

어휘 budget 예산 detail 세부사항 briefing 브리핑, 요약보고 overall 전체적인 expand 확장하다 enable A to do A가 ~할 수 있게 하다 reach 이르다, 닿다 consumer base 소비자층 reward v. 보상하다 n. 보상 existing 기존의, 이전부터 존재하는 hand out 나눠주다 promotional 홍보용의, 프로모션 차원의 voucher 무료 이용권 submit 제출하다 statistics 통계

77 What is the talk mainly about?
 (A) Promotional items
 (B) Marketing costs
 (C) Company sales
 (D) Price increases

이 담화는 무엇에 관한 것인가?
 (A) 홍보 아이템
 (B) 마케팅 비용
 (C) 회사 매출
 (D) 가격 인상

78 Where does the speaker say the company should advertise?
 (A) In magazines
 (B) In newspapers
 (C) On the radio
 (D) On the Internet

화자는 회사가 어디에 광고를 해야 한다고 하는가?
 (A) 잡지
 (B) 신문
 (C) 라디오
 (D) 인터넷

79 What will Roger do next?
 (A) Submit statistics
 (B) Receive a reward
 (C) Review policies
 (D) Present a report

Roger는 다음에 무엇을 할 것인가?
 (A) 통계를 제시한다
 (B) 상을 받는다
 (C) 방침을 검토한다
 (D) 보고서를 발표한다

해설 77. next year's marketing budget / we should reduce overall marketing expenses 등을 보면 마케팅 비용을 줄이는 방안에 대한 회의임을 알 수 있으므로 정답은 (B)가 된다.

78. 마케팅 방안을 제안하는 One suggestion is to expand our Internet advertisement에서 인터넷 광고를 확대해야 한다고 하므로 정답은 (D)가 된다.

79. We will discuss marketing techniques in detail after Roger's report.에서 Roger가 보고서를 발표할 것임을 알 수 있으므로 정답은 (D)가 된다.

어휘 77. marketing budget, marketing expense → Marketing costs
 78. expand our Internet advertisement → advertise on the Internet

Questions 80-82 refer to the following telephone message. [AuM]

Hello, Ms. Mackenzie. This is Owen Smith from Human Resources at Proctor Technologies. [80] I'm glad to hear that you started working with us last week. I'm calling because [81] you have expressed interest in our car pool program. As you know, through this program, you'll be able to share a ride with your colleagues and it will make your commute much more convenient. I'm sending you the application form, which requires your name, address, and contact information. [82] Please submit the completed form to us by the end of this week. It will only take us a couple of days to process it and create a schedule for you.

문제 80-82 다음 전화 메시지를 참조하시오.

안녕하세요. Mackenzie 씨. 저는 Proctor Technologies사 인사과의 Owen Smith라고 합니다. 지난주에 저희 회사에 근무를 시작하셨다는 얘길 들었습니다. 제가 전화한 이유는 Mackenzie 씨께서 카풀 프로그램에 관심을 나타내셔서입니다. 아시다시피, 이 프로그램을 통해 Mackenzie 씨는 동료들과 차를 나눠서 탈 수 있고, 이것은 출퇴근을 훨씬 더 편하게 해 줄 겁니다. 제가 신청 양식을 보내드리는데, 여기에는 이름, 주소, 연락처가 필요합니다. 작성된 양식을 이번 주말까지 저희에게 보내 주십시오. 이를 처리하고 스케줄을 만들어 드리는 데 이틀 정도 소요될 것입니다.

어휘 express interest in ~에 관심을 나타내다 ride (차, 자전거 등을) 타기 commute 통근 application form 신청 양식 completed 완성된 a couple of 두어 개의 process 처리하다 fee 수수료

---

80 Who most likely is the listener?

(A) A job applicant
(B) **A new employee**
(C) A department manager
(D) A previous customer

청자는 누구이겠는가?
(A) 입사 지원자
(B) 신입 직원
(C) 부서장
(D) 이전 고객

81 What has Ms. Mackenzie expressed interest in?

(A) **Sharing rides to work**
(B) Changing work schedules
(C) Finding a new place to live
(D) Renting a company car

Mackenzie 씨는 어디에 관심을 보였는가?
(A) 출근할 때 차를 함께 타는 것
(B) 근무 시간을 변경하는 것
(C) 거주할 새 집을 찾는 것
(D) 회사 차량을 대여하는 것

82 What is Ms. Mackenzie asked to do?

(A) Pay an application fee
(B) **Submit a completed form**
(C) Call a hiring manager
(D) Send a job résumé

Mackenzie 씨는 무엇을 하도록 요청 받는가?
(A) 등록비를 지불하라
(B) 작성된 양식을 제출하라
(C) 채용 담당자에게 전화를 하라
(D) 이력서를 보내라

해설 80. 메시지의 초반부 I'm glad to hear that you started working with us last week.에서 청자는 지난주에 근무를 시작한 사람임을 알 수 있으므로 정답은 (B)가 된다.

81. 메시지의 중반부 you have expressed interest in our car pool program. As you know, through this program, you'll be able to share a ride with your colleagues에서 차를 함께 타는 카풀 프로그램에 관심을 보였다는 것을 알 수 있으므로 정답은 (A)가 된다.

82. 요청 사항이 언급된 메시지의 후반부 Please submit the completed form to us by the end of this week.를 보면 이번 주말까지 작성된 양식을 제출하라는 것을 알 수 있으므로 정답은 (B)가 된다.

어휘 81. share a ride with your colleagues → Sharing rides to work

Questions 83-85 refer to the following telephone message. [BrW]

Hello, Ms. Johnson. This is Pamela Lewis and I am calling in regard to [83] your business trip to Singapore from August 10 to 15. [83] I booked your flight and accomodations, and I am just waiting for e-mail confirmation. [83][84] I will e-mail you the e-ticket for your flight and directions to your hotel sometime this afternoon. Also, I need to let you know that I will be on vacation next week. So, if you have any questions regarding your reservation, you should contact Natalie Wright instead. [85] She is my new assistant, and she will be handling any additional details of your trip. She can be reached at extension 5655 or by e-mail NW@icommerce.com. Have a nice trip, and I will see you when I get back.

문제 83-85 다음 전화 메시지를 참조하시오.

안녕하세요, Johnson 씨. 저는 Pamela Lewis이고, 8월 10일부터 15일까지 가시는 싱가포르 출장 때문에 전화를 드립니다. 저는 Johnson 씨의 항공권과 숙박 예약을 했고, 이메일 확인을 기다리고 있습니다. 항공권 e티켓과, 호텔에 가는 방법을 오늘 오후에 이메일로 보내 드릴 것입니다. 또한, 알려 드릴 것이 있는데, 저는 다음 주에 휴가를 가게 됩니다. 그래서 예약과 관련해서 질문이 있으시면 Natalie Wright에게 대신 연락하셔야 합니다. Natalie는 새로 온 제 조수인데, 당신의 출장과 관련해서 추가적인 세부 사항을 다루게 될 것입니다. Natalie는 내선번호 5655나, 이메일 NW@icommerce.com으로 연락하실 수 있습니다. 즐거운 여행 되시고 제가 돌아오면 뵙겠습니다.

어휘 in regard to ~에 관하여 book 예약하다 accommodation 숙박, 호텔 confirmation 확인, 확약 direction 가는 방법 regarding ~에 관하여 reservation 예약 contact 연락하다 handle 다루다, 처리하다 reach 연락하다 extension 내선번호 destination 목적지, 도착지 leave for ~로 떠나다 task 업무, 직무 transportation 교통

83 What is the message mainly about?
(A) Vacation destinations
(B) Office equipment
(C) Dinner reservations
(D) Travel arrangements

메시지는 무엇에 관한 것인가?
(A) 휴가지
(B) 사무실 장비
(C) 저녁식사 예약
(D) 여행 준비

84 According to the message, what will the caller do this afternoon?
(A) Leave for a vacation
(B) E-mail some information
(C) Purchase a flight ticket
(D) Change a phone number

메시지에 따르면, 전화를 건 사람은 오늘 오후에 무엇을 할 것인가?
(A) 휴가를 떠난다
(B) 이메일로 정보를 보낸다
(C) 항공권을 구입한다
(D) 전화 번호를 변경한다

85 What is mentioned about Natalie Wright?
(A) She is the manager of a department.
(B) She will perform additional scheduling tasks.
(C) She will provide transportation to the airport.
(D) She works in the Singapore branch.

Natalie Wright에 대해서 무엇이 언급되었는가?
(A) 그녀는 한 부서의 과장이다.
(B) 그녀는 추가적인 스케줄 업무를 수행할 것이다.
(C) 그녀는 공항으로 가는 교통편을 제공할 것이다.
(D) 그녀는 싱가포르 지사에서 근무한다.

해설 83. 메시지의 주제를 묻고 있으므로 여러 단서를 종합해서 정답을 유추한다. your business trip / I booked your flight and accomodations / I will e-mail you the e-ticket for your flight and directions to your hotel ~ 등을 보면 출장을 위해 항공권과 호텔 예약을 다룬 내용임을 알 수 있으므로 정답은 (D)가 된다.

84. afternoon이 언급되는 I will e-mail you the e-ticket for your flight and directions to your hotel sometime this afternoon.을 보면 e티켓과 호텔로 가는 방법을 알려 준다고 하므로 정답은 (B)가 된다.

85. Natalie Wright에 대해 언급된 다음 문장 She is my new assistant, and she will be handling any additional details of your trip.을 보면 출장에 관한 추가적인 세부 사항을 다루게 될 것이라고 하므로 정답은 (B)가 된다.

어휘 85. handling any additional details of your trip → perform additional scheduling tasks

Questions 86-88 refer to the following advertisement. [CnM]

We are excited to announce that we'll be relocating to a downtown area this coming October. [87] We have a wide selection of dance supplies such as dance apparel, shoes and accessories. [86] To celebrate this move, we're having a big sale at our current location for three days from next Monday. You'd better visit us on the first day though. [88] You might not be able to get items you want on the second and third day. So hurry up! We look forward to seeing you there!

문제 86-88 다음 광고를 참조하시오.

우리는 다가오는 10월에 우리가 도심지로 이전할 것이라는 것을 발표하게 되어 기쁩니다. 우리는 댄스 의류, 신발, 액세서리 등 다양한 종류의 용품을 보유하고 있습니다. 이 이전을 기념하기 위해, 우리는 다음 주 월요일부터 3일 간 우리의 현재 위치에서 큰 세일을 할 예정입니다. 그렇지만 첫날에는 저희를 방문하시는 게 좋습니다. 두번째와 셋째 날에 원하는 아이템을 구할 수 없을 수도 있습니다. 서둘러 주세요! 그럼 그 곳에서 뵙겠습니다!

어휘 be excited to ~해서 기쁘다 relocate 이전하다 downtown area 도심지 a wide selection of 다양한 supply 물품, 용품 look forward to -ing ~하는 것을 고대하다

---

86 What is the advertisement mainly about?

(A) A moving sale
(B) A sports competition
(C) A street festival
(D) A factory opening

광고는 주로 무엇에 관한 것인가?
(A) 이전 할인
(B) 스포츠 경기
(C) 거리 축제
(D) 공장 개방

87 What type of business is being advertised?

(A) A moving company
(B) A clothing shop
(C) An electronics manufacturer
(D) A dance supplies store

어떤 종류의 사업을 광고하고 있는가?
(A) 이사 회사
(B) 의류 매장
(C) 전자 제품 제조 업체
(D) 댄스 용품 매장

88 Why does the speaker say, "You'd better visit us on the first day, though"?

(A) The inventory is limited.
(B) The store will be closed.
(C) The building is under renovation.
(D) Traffic is heavy.

왜 화자는 "그렇지만 첫날에는 저희를 방문하시는 게 좋습니다"라고 말하는가?
(A) 재고가 제한되어 있어서.
(B) 상점이 폐점될 것이라서.
(C) 그 건물은 수리중이라서.
(D) 교통량이 많아서.

해설 86. 이전을 기념하기 위해, 우리는 다음 주 월요일부터 3일 간 우리의 현재 위치에서 큰 세일을 할 예정(To celebrate this move, we're having a big sale at our current location for three days from next Monday.)이라고 하는 부분에서 이전 할인 행사에 대한 광고라는 것을 알 수 있으므로 정답은 (A)이다.

87. 우리는 댄스 의류, 신발, 액세서리 등 다양한 종류의 용품을 보유하고 있다(We have a wide selection of dance supplies such as dance apparel, shoes and accessories)고 하는 부분에서 댄스 용품 매장 광고를 하고있다는 것을 알 수 있으므로 정답은 (D)이다.

88. 두 번째와 셋째 날에 원하는 아이템을 구할 수 없을 수도 있다(You might not be able to get items you want on the second and third day.)고 다음 문장에서 이야기하고 있으므로 정답은 (A)이다.

Questions 89-91 refer to the following speech. [AmW]

Good morning, and welcome all to your first day of the Green Field Corporation. **89** I am Amber Morgan, the head of the human resources department, and **90** I will be giving you a tour of our company this morning as well as acquainting you with the work you'll be doing this summer. As you are well aware, **91** Green Field Corporation is one of the top ten leading computer graphics companies in the world with over 50 locations in Asia, Europe and North America. Our designers and engineers are among the most talented and skilled professionals in the industry. **90** After I've showed you around the building and introduced you to everyone, you will meet with Dean Richardson, the head of the web design team. **90** Now please follow me to the marketing department.

문제 89-91 다음 연설을 참조하시오.

안녕하세요, Green Field Corporation에 첫 출근하신 여러분을 환영합니다. 저는 인사부장인 Amber Morgan이라고 하며, 오늘 오전에 여러분께 회사를 안내해 드리고, 여러분께서 올 여름에 하게 될 업무를 알려드릴 것입니다. 여러분께서 잘 아시다시피, Green Field Corporation은 전 세계에서 10위 안에 드는 컴퓨터 그래픽 회사로서 아시아, 유럽, 북미 등지에 50개가 넘는 지사를 가지고 있습니다. 저희 디자이너들과 엔지니어들은 업계에서 가장 재능 있고 숙련된 전문가들입니다. 여러분에게 건물을 구경시켜 드리고 여러분을 모두에게 소개한 다음에, 여러분께서는 웹 디자인 팀장이신 Dean Richardson 씨를 만날 것입니다. 그럼 저를 따라서 마케팅 부서로 가겠습니다.

어휘 head 장, 우두머리 human resources department 인사부 tour 견학, 관광 acquaint 친밀하게 하다, 잘 알게 하다 aware 알고 있는 leading 앞서는, 선두의 talented 재능 있는 skilled 숙련된 professional 전문가 acquisition 인수 achievement 업적, 성과 analysis 분석

89 Where does the speaker work?
(A) In the research department
(B) In the web design department
(C) In the advertising department
(D) In the human resources department

화자는 어느 부서에서 근무하는가?
(A) 연구부
(B) 웹 디자인부
(C) 광고부
(D) 인사부

90 What is the talk about?
(A) A company acquisition
(B) Recent achievements
(C) A job opening
(D) A tour of a company

담화는 무엇에 관한 것인가?
(A) 기업 인수
(B) 최근 업적
(C) 채용 공고
(D) 회사 견학

91 What does the company specialize in?
(A) Tours of Asia
(B) Computer graphics
(C) Market analysis
(D) Interior design

회사는 어느 분야를 전문으로 하는가?
(A) 아시아 관광
(B) 컴퓨터 그래픽
(C) 시장 분석
(D) 인테리어 디자인

해설 89. 화자가 자신을 소개하는 초반의 I am Amber Morgan, the head of the human resources department에서 인사부장이라는 말을 하므로 정답은 (D)가 된다.

90. I will be giving you a tour of our company / After I've showed you around the building / Now please follow me to the marketing department. 등으로 보아 회사 내부 견학이 주된 내용임을 알 수 있으므로 정답은 (D)가 된다.

91. 회사에 대해 소개하는 Green Field Corporation is one of the top ten leading computer graphics companies에서 컴퓨터 그래픽 분야에서 선두를 달리는 업체 중에 하나라고 하므로 회사의 전문 분야는 컴퓨터 그래픽이라는 것을 알 수 있다.

Questions 92-94 refer to the following excerpt from a meeting. [CnM]

Good news to all sales employees! ⁹² I'm glad to let you know that we finally have decided to remodel our office. ⁹³ The construction is scheduled to start this week on Monday through Friday and during that time we'll be sharing the office with the marketing team. It's on the second floor as you know. ⁹⁴ Our new phone system will be installed on Monday so we will not have reliable phone connectivity that day. Please use e-mail or your mobile phone. I'm willing to answer any questions about the remodeling project. Please call me directly. Thank you.

문제 92-94 다음 회의 발췌문을 참조하시오.

모든 영업 사원들에게 반가운 소식을 전해드립니다! 우리가 마침내 사무실을 개조하기로 결정했다는 사실을 알려 드리게 되어 기쁩니다. 이번 주 월요일부터 공사를 시작할 예정이고 금요일까지 계속됩니다. 그 기간 동안에는 마케팅 팀과 함께 사무실을 공유할 예정입니다. 아시다시피 마케팅 팀은 2층에 있습니다. 우리의 새로운 전화 시스템은 월요일에 설치될 예정이므로 우리는 그날 믿을 만한 통신 연결 수단이 없을 것입니다. 이메일이나 휴대전화를 사용해 주세요. 저는 리모델링 프로젝트에 대한 어떠한 질문에도 대답해 드리도록 하겠습니다. 저한테 직접 전화해 주세요. 감사합니다.

어휘 finally 마침내 remodel 리모델링하다 construction 공사 share 공유하다 install 설치하다 reliable 믿을 만한 connectivity 연결 directly 직접 stadium 경기장

---

92 What is the talk mainly about?

(A) Construction work of a stadium
(B) Job openings in a department
(C) Plans to remodel an office
(D) Rules for using shared office

담화는 주로 무엇에 대한 것인가?
(A) 경기장 건설 공사
(B) 부서의 일자리 공석
(C) 사무실 리모델링 계획
(D) 공유 사무실 사용 규칙

93 How long will the construction last?

(A) For three days
(B) For a week
(C) For a month
(D) For a year

공사 기간은 얼마나 지속될 것인가?
(A) 3일 간
(B) 1주일 간
(C) 1개월 간
(D) 1년 간

NEW
94 Why does the speaker say, "Please use e-mail or your mobile phone"?

(A) Employees cannot use office telephone.
(B) Mobile phone is cheaper.
(C) They need to cancel the meeting.
(D) They are moving to a new office.

왜 화자는 "이메일이나 휴대전화를 사용하세요"라고 말하는가?
(A) 직원들이 사무실 전화를 사용할 수 없어서.
(B) 휴대전화가 더 저렴해서.
(C) 그들은 회의를 취소해야 해서.
(D) 그들은 새 사무실로 이사할 것이라서.

해설 92. 우리가 마침내 사무실을 개조하기로 결정했다는 사실을 알려 드리게 되어 기쁘다(I'm glad to let you know that we finally have decided to remodel our office)고 하는 부분에서 사무실 리모델링에 대한 이야기임을 알 수 있으므로 정답은 (C)이다.

93. 공사가 월요일부터 금요일까지 진행된다(The construction is scheduled to start this week on Monday through Friday)고 언급하고 있으므로 정답은 (B)이다.

94. 전화 시스템이 설치될 동안 통신 연결수단이 없을 것(Our new phone system will be installed on Monday so we will not have reliable phone connectivity that day)이라고 말하는 부분에서 전화사용이 안 되니 이메일이나 휴대전화를 사용하라고 말하고 있음을 알 수 있으므로 정답은 (A)이다.

Questions 95-97 refer to the following announcement and boarding pass. [AmW]

Attention all passengers on flight A503. ⁹⁵Due to sudden snowstorm, this flight scheduled to depart at 9 o'clock has been cancelled. Please accept our apologies for the inconvenience. We will do whatever we can to rebook your flight as soon as possible. ⁹⁶Please remain in your seat and take a look at your boarding passes. You'll see your seat number below. When your seat number is called, please come to the flight attendant near the exit. We only have 38 passengers so it'll not take long. ⁹⁷We will be also handing out meal coupons at the counter 52 that can be used in the airport. Thank you for your patience and cooperation.

문제 95–97 다음 안내와 탑승권을 참조하시오.

A503편의 모든 탑승객분들 주목해주시기 바랍니다. 갑작스런 눈보라로 인하여 9시에 출발할 예정이었던 이 비행기는 결항되었습니다. 불편에 대한 사과를 받아주시기 바랍니다. 우리는 가능한 한 빨리 여러분의 비행기를 재예약하기 위해 우리가 할 수 있는 모든 방법을 동원하도록 하겠습니다. 좌석에 앉아서 탑승권을 봐주시기 바랍니다. 아래 좌석 번호가 있을 겁니다. 자신의 좌석 번호가 불리면 출구 근처에 있는 비행기 승무원에게 와주세요. 우리는 탑승객이 38명밖에 되지 않아 오래 걸리지 않을 것입니다. 우리는 또한 공항에서 사용할 수 있는 식권을 52번 카운터에서 나누어 드릴 것입니다. 승객 여러분의 인내심과 협조에 감사드립니다.

어휘 passenger 승객 due to ~ 때문에 snowstrom 눈보라 depart 출발하다 apology 사과 inconvenience 불편 rebook 재예약하다 take a look at ~을 보다 boarding pass 탑승권 exit 출구 meal coupon 식권 get sick 병에 걸리다 be on strike 파업하다 be out of order 고장나다 counter 계산대 cafeteria 구내식당 reception desk 안내데스크

---

95 Why was the flight cancelled?

(A) The weather was bad.
(B) The captain got sick.
(C) The flight attendants were on strike.
(D) The airplane is out of order.

비행기는 왜 결항되었는가?

(A) 날씨가 좋지 않았다.
(B) 기장이 병이 났다.
(C) 승무원들이 파업 중이었다.
(D) 비행기가 고장났다.

NEW
96 Look at the graphic. Which number should Ryan Bond pay attention to now?

Ryan Bond	January 7, 2018		Skygo Airlines
Flight	Gate	Boarding area	Departing
AW9030	C20	B2	9:00 A.M.
Seat A23 Window			

(A) AW9030
(B) C20
(C) B2
(D) A23

시각정보를 보시오. 라이언 본드씨는 어떤 숫자에 지금 주목해야 하는가?

(A) AW9030
(B) C20
(C) B2
(D) A23

97 Where can passengers get meal coupons?

(A) At an airport counter
(B) At the airport cafeteria
(C) On the plane
(D) At the reception desk

승객들은 식권을 어디서 받을 수 있나?

(A) 공항 카운터에서
(B) 공항 구내식당에서
(C) 비행기에서
(D) 접수 데스크에서

해설 95. 갑작스런 눈보라로 인하여 9시에 출발할 예정이었던 이 비행기는 결항되었다(Due to sudden snowstorm, this flight scheduled to depart at 9 o'clock has been cancelled.)고 말하는 부분에서 날씨가 나빠서 결항된 것임을 알 수 있다. 따라서 정답은 (A)이다.

96. 좌석에 앉아서 탑승권을 봐주시기 바랍니다. 아래 좌석 번호가 있을 겁니다.(Please remain in your seat and take a look at your boarding passes. You'll see your seat number below.)라고 말하는 부분에 따라서 탑승권의 좌석 번호를 확인하면 좌석 번호에 해당하는 A23를 봐야 하므로 정답은 (D)이다.

97. 우리는 또한 공항에서 사용할 수 있는 식권을 52번 카운터에서 나누어 드릴 것(We will be also handing out meal coupons at the counter 52 that can be used in the airport.)이라고 말하는 부분에서 공항 52번 카운터에서 식권을 받을 수 있는 것을 알 수 있다. 따라서 정답은 (A)이다.

Questions 98-100 refer to the following telephone message and identification badge. [AuM]

Hi, **98 this message is for the head security officer, Mia Plamer**. My name is Lucas Brook in Sales. I lost my company Identification badge and you issued me a new one this morning but when I got back to my office, **99 I realized my extension number is incorrectly printed. Everything on the badge is okay. 100 Please get back to me as soon as get this message**. My extension is 128 not 121. Thank you.

문제 98-100 다음 전화 메시지와 신분증 배지를 참조하시오.

안녕하세요, 이 메시지는 보안 담당자 미아 플래머씨에게 전해드리는 메시지입니다. 저는 영업부의 루카스 브룩입니다. 제가 회사 ID 배지를 잃어버려서 귀하께서 오늘 아침에 제게 새 ID 배지를 발급해주셨습니다. 그런데 제 사무실로 돌아왔을 때, 저는 제 내선 번호가 잘못 인쇄되었다는 것을 알았습니다. 배지에 있는 다른것들은 모두 맞게 인쇄되었습니다. 이 메시지를 받자마자 저에게 회신 연락 바랍니다. 제 내선 번호는 121번이 아니라 128번입니다. 감사합니다.

어휘 identification badge 아이디 배지 issue 발급하다 extension number 내선번호 incorrectly 부정확하게 get back to 회신 연락주다 security 보안 maintenance 유지보수

98 Which department is the speaker calling?

(A) Security
(B) Maintenance
(C) Sales
(D) Human Resources

화자는 어느 부서에 전화하는가?

(A) 보안부서
(B) 유지보수부서
(C) 영업부서
(D) 인사부서

99 Look at the graphic. What information does the speaker say is incorrect?

(A) Jackson&Associates
(B) Lucas Brook
(C) 121
(D) 555-3847

Jackson&Associates

Address
331 5th Ave. NewYork, NewYork, 10118
Name Lucas Brook
Tel. 555-3847 **Ext.**121

시각정보를 보시오. 화자는 어떤 정보가 부정확하다고 말하는가?

(A) 잭슨&아소시아스
(B) 루카스 브룩
(C) 121
(D) 555-3847

100 What does the speaker ask the listener to do?

(A) Confirm e-mail
(B) Fax personal information
(C) Send text message
(D) Return a phone call

화자는 청자에게 무엇을 해달라고 요청하는가?

(A) 이메일 확인
(B) 개인 정보 팩스 발송
(C) 문자 메시지 보내기
(D) 전화 통화 회신

해설 98. 이 메시지는 보안 담당자 미아 플래머씨에게 전해드리는 메시지(this message is for the head security officer, Mia Plamer)라고 말하고 있으므로 보안부서에 전화하고 있다고 봐야 한다. 정답은 (A)이다.

99. 내선 번호가 잘못 인쇄되었다는 것을 알았다(I realized my extension number is incorrectly printed.)고 말하는 부분과 신분증 배지의 내선번호를 확인하면 121번이 잘못 인쇄되었음을 알 수 있으므로 정답은 (C)이다.

100. 이 메시지를 받자마자 저에게 회신 연락 바란다(Please get back to me as soon as get this message.)고 하는 부분에서 전화 회신을 달라고 한 것을 알 수 있다. 따라서 정답은 (D)이다.

新 완전절친
**TOEIC
베이직
LC**